C. V. WEDGWOOD

# Der Dreißigjährige Krieg

# Deß gwesten Pfaltzgrafen Glück vnd Vnglück.

Wer Glück vnd Vuglück wissen wil/
Der seh an deß Pfaltzgrafen spil.
Sehr glücklich war er in dem Reich /
So bald hett er nit seines gleich /
Jhm manglet nit an Leit vnd Land
Regieret weißlich mit Verstand
Ein Fraw von Königlichem Stam̃/
Die mehret jhm sein hohen Nam/
War glückhafftig mit jungen Erben
Sein Stam̃ so bald nit solt absterben.
Von reich vnd arm von jung vnd alten
Ward er in grosser Ehr gehalten.
Wie solches dann auch billich gschach
Weil er die höchste Chur versach
Auß Weltlichen Churfürsten vier
Dem Römischn Reich war er ein zier.
In Summ jhm war wol allermassen
Wann er sich nur hett gnügen lassen.
O Ehrgeitz du verfluchte sucht:
Hie sicht man dein vergiffte frucht/
Die Ehr vnd Würd machst manchem süß
Biß er kompt andern vnder dFüß.

Wie ansehlich wie zierlich wol
Wie dapffer alles Glücks so vol
War Pfaltzgraf Friderich zuuor/
Ehe das jhn Hoffart hebt empor.
Die besten Maister in dem Rath
Die waren da sein höchster schad
Der Blessen / Camerarins /
Kein Müh kein Arbeit sie verdruß/
Biß sie jhn in die höch gebracht
Vnd auß jhm einen König gmacht
Das hett doch in die läng kein bstand
Weil er sich brauchet frembder Land
Sein Reich war nit von diser Welt
Darumb er bald zu boden felt.
Wo felt er hin? Ins tieffe Möhr/
Verlassen von seim gantzen Heer /
Die Staden haben jhn auffgfangen
Thun mit dem newen Fisch jetzt prangen
Vnd halten jhn für ein Gschauessen
Das Glück hat seiner gar vergessen
Hat jhn zu spott gmacht vor der Welt
Vnd wie ein Spiegel fürgestellt

Daß sich ein jeder hinfürbaß
Am seinigen genügen laß
Wie gern wolten jhn seine Räth
(Die das Rath zu starck vmbgedräht)
Jetzt wider in die höch auffschwingen
Es wil jhn aber alls mißlingen
Er ist zu tieff hinab gesuncken
Er wer villeicht gar wol ertruncken
Wann nit Holland geholffen hett
Da es vmb jhn noch mißlich steht
Dann als er auß dem Netz gekrochen
Hand sie jhm weiter nichts versprochen
Als daß er mög bey jhnen wohnen
Jetzt seynd hindurch vil gute Cronen.
Der hett zuuor vil Leit vnd Land
Der hat jetzund ein läre Hand
Der vor hett auff dem Haupt ein Cron
Hat jetzt kaum ein gantz Hemet an
Helff Gott dem armen Friderich
Er kompt doch nimmer vbersich.

Getruckt im Jahr/ 1621.

C. V. WEDGWOOD

# Der Dreißigjährige Krieg

MIT EINER
BIBLIOGRAPHISCHEN NOTE
VON PROFESSOR DR. DIETER ALBRECHT

1972
BÜCHERGILDE GUTENBERG
FRANKFURT AM MAIN WIEN ZÜRICH

Mit Genehmigung des Paul List Verlages, München
Originaltitel ›The Thirty Years War‹ beim
Verlag Jonathan Cape, London
Aus dem Englischen übertragen von A. G. Girschick
Schutzumschlag Juergen Seuss, Frankfurt am Main
Druck Paul Robert Wilk, Seulberg
Bindearbeiten C. Fikentscher, Darmstadt
Printed in Germany 1972. ISBN 3 7632 1339 2

# INHALT


Vorwort .. .. .. .. .. .. .. .. .. .. .. .. .. .. .. .. .. 7

Deutschland und Europa 1618 .. .. .. .. .. .. .. .. .. 9

Ein König für Böhmen 1617–1619 .. .. .. .. .. .. .. .. 62

»Spannische Sturmglock und teutsches Warnglöcklein« 1619–1621 91

Kaiser Ferdinand und Kurfürst Maximilian 1621–1625 .. .. .. 123

Der Ostsee zu 1625–1628 .. .. .. .. .. .. .. .. .. .. .. 173

Stillstand 1628–1630 .. .. .. .. .. .. .. .. .. .. .. .. 200

Der König von Schweden 1630–1632 .. .. .. .. .. .. .. .. 233

Von Lützen bis Nördlingen – und weiter 1632–1635 .. .. .. 293

Der Kampf um den Rhein 1635–1639 .. .. .. .. .. .. .. .. 345

Der Zusammenbruch Spaniens 1639–1643 .. .. .. .. .. .. 374

Dem Frieden zu 1643–1648 .. .. .. .. .. .. .. .. .. .. 402

Der Friede – und nachher .. .. .. .. .. .. .. .. .. .. .. 438

Anmerkungen .. .. .. .. .. .. .. .. .. .. .. .. .. .. 459

Bibliographische Note .. .. .. .. .. .. .. .. .. .. .. 507

Personen- und Sachregister .. .. .. .. .. .. .. .. .. .. 511

# VORWORT

Geschriebene Geschichte spiegelt gewöhnlich etwas von der Zeit wider, in der sie abgefaßt wurde. Ich schrieb dieses Buch Ende der dreißiger Jahre, zur Zeit der Depression, des Hitler-Regimes in Deutschland und des Spanischen Bürgerkrieges, da die Not der Hungrigen, der Verschleppten, der Verfolgten und der Vertriebenen ein brennendes Anliegen war. Es war unvermeidlich, daß menschliches Elend zu einem Hauptthema des Buches wurde, und ich bedaure es nicht, darauf den Nachdruck gelegt zu haben. Der Dreißigjährige Krieg hat unermeßliches Leid verursacht, und ich glaube, daß es zu den wichtigen erzieherischen Aufgaben der Geschichte gehört, die Rückwirkungen der Politik auf das Leben der Menschen aufzuzeigen. Man darf aber auch nicht vergessen, daß der Dreißigjährige Krieg und seine mutmaßlichen Folgen ein allgemein verbreiteter Mythus in der deutschen Geschichte geworden ist. Jede Schwierigkeit, sei sie nun wirtschaftlicher, moralischer oder sozialer Natur, scheint sich auf die Auswirkungen dieses Konfliktes zurückführen zu lassen. Solch übertriebene Auffassungen sind irreführend. Die langfristigen Nachwirkungen des Krieges waren jeweils andere in den verschiedenen Teilen des Landes, und alle Verallgemeinerungen sind verdächtig. Es steht fest, daß der wirtschaftliche Niedergang Deutschlands lange vor dem Krieg einsetzte und daß der politische Zerfall des Reiches eher eine der Ursachen denn eine Folgeerscheinung war. Drei Fragen werden in den ersten und letzten Kapiteln dieses Buches behandelt, und ich hoffe, die Leser werden diese Ausführungen gegen die unmittelbare Darstellung der Zerstörung und des Leides in den anderen Kapiteln abwägen.

In der vorliegenden Ausgabe habe ich einige sachliche Irrtümer berichtigt, aber ich habe der Versuchung widerstanden, die zuversichtlichen Behauptungen über Charaktere und Motive, die ich in meinem jugendlichen Idealismus vorbrachte, durch das vorsichtigere Urteil meiner reifen Jahre zu ersetzen. Ich würde heute wohl nicht mehr so hart über einzelne Personen urteilen, aber das Grundthema des Buches möchte ich nicht ändern. Der schreckliche Verlauf dieses Krieges scheint mir ein warnendes Beispiel dafür zu sein, welches Unheil und welche Gefahren daraus erwachsen, wenn engherzige und beschränkte Männer die höchsten Stellungen innehaben.

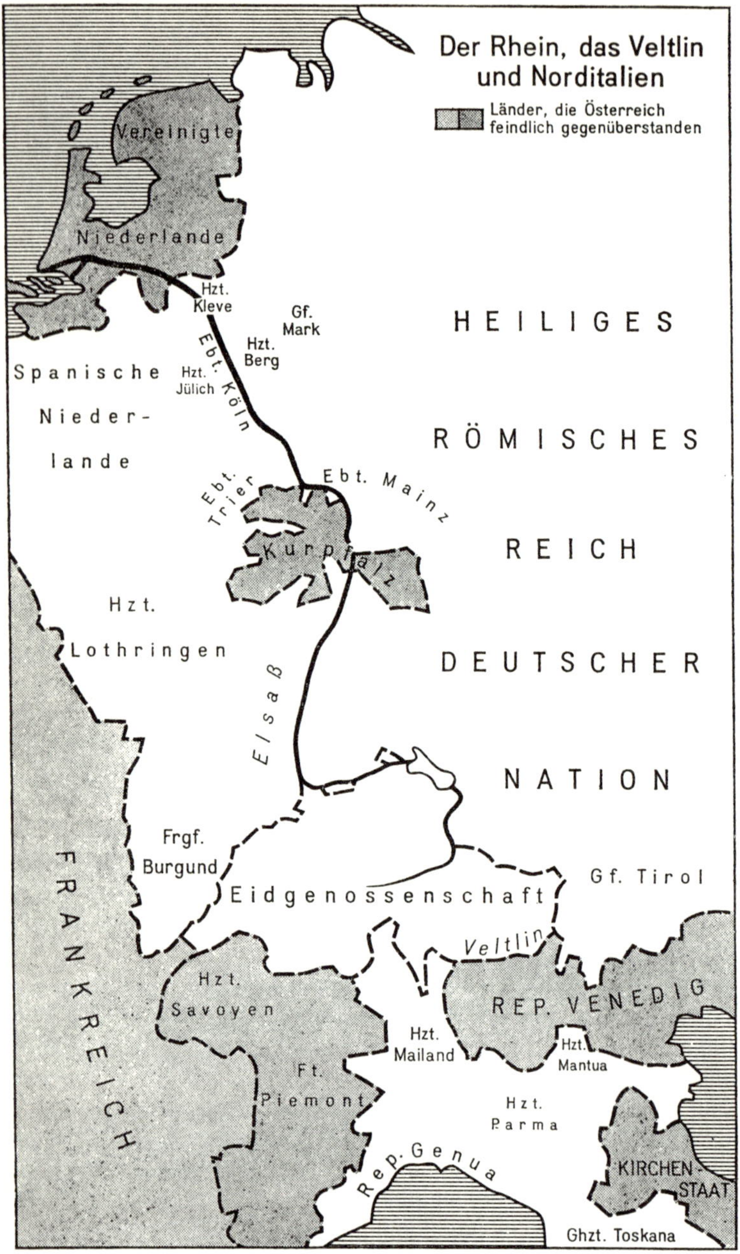
Der Rhein, das Veltlin und Norditalien
Länder, die Österreich feindlich gegenüberstanden
Vereinigte Niederlande
Hzt. Kleve
Gf. Mark
Hzt. Berg
Ebt. Köln
Hzt. Jülich
Spanische Niederlande
HEILIGES RÖMISCHES REICH DEUTSCHER NATION
Ebt. Trier
Ebt. Mainz
Kurpfalz
Hzt. Lothringen
Elsaß
Frgf. Burgund
Eidgenossenschaft
Gf. Tirol
Veltlin
FRANKREICH
Hzt. Savoyen
REP. VENEDIG
Hzt. Mailand
Hzt. Mantua
Ft. Piemont
Hzt. Parma
Rep. Genua
KIRCHENSTAAT
Ghzt. Toskana

# DEUTSCHLAND UND EUROPA
## 1618

Wie viele stehen herum und warten, / o Deutschland! /
um sich in deine Gewänder zu teilen?
Sind sie nicht schon vielen versprochen, die nur
auf die Stunde deiner Zerstörung warten?
Wie lange noch glaubst du im Wohlstand verbleiben zu können?
Wahrlich nur so lange, als es Spinola gefällt

PAMPHLET, 1620

### I

Das Jahr 1618 stand nicht vereinzelt da in jenen unruhigen Dezennien bewaffneter Neutralität, die sich von Zeit zu Zeit in der Geschichte Europas abspielen. In einer mit Angst vor Konflikten geladenen Atmosphäre kam es immer wieder zu politischen Explosionen. Die Diplomaten waren unschlüssig und erwogen die Schwere jeder neuen Krise, die Politiker prophezeiten, und die Kaufleute klagten über die unstete Marktlage und die Kursschwankungen, während die vierzig Millionen Bauern, auf denen das schwerfällige Gefüge der Zivilisation ruhte, ihre Felder bestellten, ihre Garben banden und sich nicht darum kümmerten, was ihre Herrscher in den fernen Residenzen beherrschte.

Die Beziehungen zwischen Frankreich und Spanien waren aufs äußerste gespannt, da beide auf die Beherrschung des Veltlins, dieser wichtigen Verbindung zwischen Italien und Österreich, Anspruch erhoben. In Paris fürchtete man einen unmittelbaren Bruch und europäischen Krieg[1]; in Madrid zweifelte man, ob die vor kurzem geschlossene Ehe der Infantin Anna mit dem jungen König von Frankreich der Spannung standhalten werde. Der siebzehnjährige Ludwig XIII. beantwortete die Annäherungsversuche seiner Gemahlin mit eisiger Gleichgültigkeit[2], so daß die Lösung einer nicht vollzogenen Ehe jeden Augenblick diese letzte Sicherung der Freundschaft zwischen den Herrscherhäusern Frankreichs und Spaniens zunichte machen konnte. Von Wien aus versuchten die österreichischen Verwandten des spanischen Königs vergeblich, einen jungen Erzherzog als Gemahl für eine französische Prinzessin zu empfehlen[3]; die Regentschaft in Paris beachtete den Vorschlag nicht, sondern begann Verhandlungen über eine Heirat mit dem ältesten Sohne des Herzogs von Savoyen, des erklärten Feindes der österreichischen und auch der spanischen Habsburger. Die Aufdeckung eines spanischen Anschlags zum Sturz der republikanischen Regierung Venedigs und ein Aufstand der Protestanten im Veltlin drohten Italien in einen Krieg zu verwickeln.

In Nordeuropa sicherte sich der ehrgeizige König von Schweden vom russischen Zaren Ingermanland und von Polen Livland und plante ein festes Bündnis mit Holland[4], das, wäre es zustande gekommen, ihre gemeinsame Beherrschung der nördlichen Gewässer Europas begründet hätte. Im Haag brach die Rivalität zwischen den beiden Religionsparteien immer wieder in offenen Aufständen aus, und die Witwe Wilhelms des Schweigers wurde, wenn sie sich auf der Straße zeigte, geschmäht. In London forderte der spanische Gesandte den Kopf Sir Walter Raleighs, während die den Palast umdrängende Menge Verwünschungen gegen den König ausstieß, der zu schwach war, um ihn zu retten. Und in Prag wurde eine unbeliebte katholische Regierung durch einen zeitgerechten protestantischen Aufstand gestürzt.

Die politische Welt war in einem Zustand nervöser Reizbarkeit, der sich genügend verschärft hatte, um irgendeinem der genannten Ereignisse übertriebene Bedeutung verleihen zu können. Alle gut Unterrichteten waren von der Wahrscheinlichkeit eines Krieges sattsam überzeugt und nur über den unmittelbaren Anlaß und das Ausmaß des Konfliktes im Zweifel; die materiellen und moralischen Gegensätze, die das politische Leben spalteten, lagen klar zutage.

Der 23. Mai 1618 war der Tag des Prager Aufstands; er wurde zum traditionellen Datum des Ausbruchs des Dreißigjährigen Krieges. Aber selbst führenden Männern in den zutiefst betroffenen Ländern wurde es erst nach siebzehn Monaten klar, daß dieser Aufstand mehr als jeder andere Vorfall jener stürmischen Zeiten den Brand entfacht hatte. Inzwischen verquickten sich die Angelegenheiten Böhmens allmählich mit den Problemen der europäischen Lage. Und diese ganze Lage war es, die den Krieg hervorbrachte.

## II

Die teilweise Ausmerzung gewisser administrativer und materieller Mängel in den letzten hundert Jahren hat die Zustände so sehr geändert, daß es nicht leicht ist, die Politik des siebzehnten Jahrhunderts ohne Kenntnis ihrer Maschinerie richtig einzuschätzen. Die Abwicklung der Regierungsgeschäfte ging nicht glatt vonstatten; die Politiker arbeiteten ohne zulängliche Hilfe; Ehrlichkeit, Tüchtigkeit und Loyalität waren verhältnismäßig rar, und der durchschnittliche Staatsmann scheint bei seiner Arbeit vorausgesetzt zu haben, daß ein beständiges Verschwinden von öffentlichen Geldern und von geheimen Nachrichten unvermeidbar war.

Das diplomatische Tempo Europas wurde von dem damals jeglichen Verkehr beherrschenden Transportmittel, dem Pferd, bestimmt, und politische Notwendigkeiten waren den sinnlosen Störungen durch Naturereignisse ausgesetzt; widrige Stürme oder schwere Schneefälle spielten bei der Abwendung oder Beschleunigung internationaler Krisen eine Rolle. Wichtige Entscheidungen mußten aufgeschoben oder in verzweifelten Fällen schnell einem untergeordneten Organ aufgebürdet werden, ohne daß eine höhere Stelle zu Rate gezogen werden konnte.

Die mangelhafte Übermittlung von Nachrichten schloß die öffentliche Meinung von jedem maßgebenden Einfluß auf die Politik aus. Die Bauernschaft lebte größtenteils in Unkenntnis der Geschehnisse um sie her, nahm deren Auswirkungen ohne zu murren hin und revoltierte nur, wenn die Zustände ganz unerträglich wurden. Unter der Stadtbevölkerung konnte infolge besser verbreiteter Aufklärung eine rudimentäre öffentliche Meinung zum Ausdruck kommen, aber nur die verhältnismäßig Wohlhabenden und Gebildeten erfaßten politische Informationen richtig oder bedienten sich ihrer. Die Mehrzahl des Volkes blieb machtlos, unwissend und teilnahmslos. Das öffentliche Wirken wie der Privatcharakter eines Staatsmannes nahmen dadurch eine unverhältnismäßige Bedeutung an, und dynastischer Ehrgeiz beherrschte die diplomatischen Beziehungen Europas.

Die Unsicherheit und Unbehaglichkeit der Lebensverhältnisse trugen dazu bei, daß die Verantwortungslosigkeit der Regierenden wuchs. Kriege hatten keine unmittelbaren Umwälzungen im Gefolge, da sie meistens mit Söldnerheeren geführt wurden und die Zivilbevölkerung – mit Ausnahme des eigentlichen Kampfgebietes – unbehelligt blieb, wenigstens bis es aus Geldbedarf zur Auferlegung einer außergewöhnlichen Abgabe vom Privatvermögen kam. Sogar im Kampfgebiet selbst waren die Härten des Krieges anfänglich weniger drückend als in der wohlausgeglichenen Zivilisation unserer Tage. Mord, Schändung, Raub, Folter und Hungersnot wirkten weniger aufreizend auf Menschen, deren Alltagsleben von alledem, wenn auch in milderen Formen, umgeben war. Raubüberfälle waren in Friedenszeiten häufig genug; die Folter wurde in den meisten Kriminalprozessen angewendet, und gräßliche und in die Länge gezogene Hinrichtungen wurden vor einer großen

Zuschauermenge vollstreckt; Seuchen und Hungersnöte hatten wiederholte und wahllose Verwüstungen zur Folge.

Selbst für die Gebildeten war der Ausblick in die Zukunft ohne Reiz. Unter einem Anstrich höflicher Umgangsformen verbargen sich primitive Lebensgewohnheiten. Trunkenheit und Grausamkeit waren allen Schichten gemeinsam; die Richter waren meist mehr streng als gerecht, die Zivilbehörden öfter brutal als tüchtig, und die Wohltätigkeit hinkte den Nöten des Volkes in weitem Abstande nach. Die unbehaglichen Lebensverhältnisse waren zu selbstverständlich, als daß sie Kritik hervorgerufen hätten. Es war erstaunlich, wie schutzlos der Europäer der Kälte des Winters und der Hitze des Sommers preisgegeben war; für den Winter waren die Häuser zu feucht und zugig, für den Sommer nicht luftig genug. Fürst und Bettler waren gleichermaßen an den Gestank des verfaulenden Unrats auf den Gassen gewöhnt, an die Ableitung der Fäkalien an den Häusern hin und an den Anblick von Aasvögeln, die auf den offen daliegenden Müllhaufen und den an den Galgen hängenden verwesenden Leichnamen herumhackten. Auf der Straße von Dresden nach Prag zählte ein Reisender »mehr als hundertvierzig Galgen und Räder, an denen Diebe hingen, einige noch frisch, andere schon halb verfault, und die Kadaver von Mördern, denen auf den Rädern Glied für Glied gebrochen worden war[5]«.

Der Druck des Krieges auf eine solche Gesellschaft mußte schon stark sein und lange dauern, bevor es dazu kam, daß die Massen sich offen auflehnten; dann aber gab es gewöhnlich kein Halten mehr.

Frankreich, England, Spanien, Deutschland — schon im siebzehnten Jahrhundert stößt der Historiker auf diese Konglomerate von Abstraktionen. Es gab wohl die ihres Daseins bewußte Nation, aber ihr Zusammenhang mit den Einzelpersonen, die sie bildeten, war schwer zu bestimmen; alle Völker hatten ihre Grenzprobleme, ihre Minderheiten und ihre Parteiungen. In manchen Berufen herrschte eine Duldsamkeit, die für den modernen Menschen etwas Erstaunliches hat: Niemand stieß sich etwa daran, daß ein Franzose ein Heer gegen die Franzosen befehligte, und Anhänglichkeit an eine Idee, eine Religion oder sogar an die Person eines Herrn wurde im allgemeinen höher eingeschätzt als Treue zu einem Land. Trotz allem erlangte die Idee der Nationalität eine gewisse politische Bedeutung. »Es ist notwendig«, schrieb Ben Jonson, der Zeitgenosse Shakespeares, »daß die Menschen ihr Vaterland lieben; wer das Gegenteil behauptet, spricht nicht aus dem Herzen, wenn auch seine Worte ihn entzücken mögen.«

In den meisten Fällen aber konnte der Herrscher die nationalen Gefühle seiner Untertanen ausbeuten, und die Dynastie war, mit wenigen Ausnahmen, in der europäischen Diplomatie von größerer Bedeutung als die Nation. Die Heiraten der Könige hielten die internationale Politik zusammen, und der persönliche Wille des Souveräns oder seine Familieninteressen waren die treibenden Kräfte. Für praktische Zwecke sind »Frankreich« und »Spanien« irreführende Bezeichnungen für die Dynastien der Bourbonen und der Habsburger.

Mittlerweile änderten sich die Grundlagen der Gesellschaft, und dadurch wurden die Herrscher vor neue Schwierigkeiten gestellt. In den meisten westeuropäischen Ländern war die Regierung aristokratisch und entstammte einer Gesellschaftsordnung, in welcher Landbesitz und Macht eins waren. Diese Regierungsform dauerte noch fort, als an Stelle von Landbesitz Geld die ausschlaggebende Machtrolle spielte. So blieb die politische Führung in den Händen derer, denen zur Durchsetzung ihres Willens die finanziellen Mittel fehlten, während die Klasse der Kaufleute, die wohl die Mittel besaß, aber keine Machtstellung innehatte, in ständiger Opposition war.

Der Aufstieg einer von Landbesitz unabhängigen Klasse war von einem entsprechenden Verfall der Bauernschaft begleitet. Im Feudalsystem, das auf den wechselseitigen Verpflichtungen zwischen dem Grundherrn und dem Pächter beruhte, hatte der Leibeigene eine anerkannte, wenn auch untergeordnete Stellung. Die laut gewordene Unzufriedenheit der Bauern datierte vom Zusammenbruch des Feudalismus, jener Zeit, in der die herrschende Klasse der Landbesitzer die Arbeitskraft ihrer Leibeigenen in Geld umsetzte und deren Dienstverhältnis ausbeutete, um aus ihren Landwirtschaften mehr herauszuschlagen.

Das Feudalsystem hatte eine Welt zur Voraussetzung, in der jedermann mit dem Land verbunden war und die Verantwortung für sein leibliches Wohlergehen bei dem Grundherrn lag. Als der Einklang dieser Voraussetzungen mit den Tatsachen schwächer wurde, fielen der Kirche und dem Staat neue Aufgaben zu. Langsamer Verkehr, schlechte Straßen und Geldmangel hinderten die Zentralregierung an der Schaffung des notwendigen Apparats zur Bewältigung dieser wachsenden Belastungen, so daß der Staat in wiederholten Fällen seine Befugnisse einer bereits bestehenden Institution übertragen mußte – dem Friedensrichter in England, dem Pfarrer oder örtlichen Gutsherrn in Schweden, dem Dorfvorsteher oder Stadtbürgermeister in Frankreich und dem Adel in Deutschland, Dänemark und Polen. Ohne die Unterstützung dieser unentbehrlichen Helfer konnte sich keine Regierung auf die Durchführung ihrer Maßnahmen verlassen. Dadurch erlangten die deutschen, dänischen und polnischen Adeligen und die englischen oberen Klassen eine Macht über die Zentralregierung, die durch ihre tatsächlichen Mittel nicht gerechtfertigt war, und das Gleichgewicht zwischen den Klassen der Grundbesitzer und der Kaufleute wurde so wiederhergestellt.

Es bestand jedoch keine angemessene Beziehung zwischen der gesetzgebenden und der Vollzugsgewalt, und auch keine klare Vorstellung über die Verwendung öffentlicher Gelder. Da die Besteuerung sich als Ersatz für die alte Waffendienstleistung entwickelt hatte, war es nicht zu vermeiden, daß das Volk Geldforderungen irrtümlich mit Kriegsmaßnahmen in Zusammenhang brachte. Die Idee einer Steuerleistung zugunsten öffentlicher Einrichtungen war noch kaum geboren. Parlamente, politische Korporationen, Stände, alle jene teilweise repräsentativen Körperschaften, die in vergangenen Jahrhunderten herangewachsen waren, meinten, daß allein eine außenpolitische Krise die Forderung von Geld rechtfertigte, und weigerten sich beharrlich, der Regierung die täglichen Verpflichtungen tragen zu helfen. Diese irrige Auffassung hatte nicht wenige Übel zur Folge. Unbekümmert verbrauchten die Herrscher ihre staatlichen Einkünfte im vornhinein, verkauften Krondomänen, verpfändeten ihre königlichen Privilegien und schwächten die Zentralregierung mehr und mehr.

Diese Verwirrung erklärt die unter den Mittelklassen des frühen siebzehnten Jahrhunderts verbreitete argwöhnische und verbitterte Einstellung gegen ihre Herrscher, eine Verbitterung, die sich in ständiger Obstruktion und gelegentlichen Revolten äußerte. Übergangszeiten sind immer Zeiten der Mißwirtschaft; daher war die vorwiegende Forderung die nach Leistungsfähigkeit. Der die herrschende Unsicherheit voll erfassende kleinere Teil der Bevölkerung, der seinen Einfluß geltend machte, war im allgemeinen bereit, jede Regierung anzuerkennen, die Frieden und Ordnung verbürgen konnte.

Die der Forderung nach politischer Mitbestimmung zugrunde liegende Ursache war daher nicht so sehr das Prinzip der Freiheit, sondern vielmehr das Verlangen nach einer leistungsfähigen Regierung. Theorien von Recht und Unrecht, von göttlicher Bestimmung oder angeborener Gleichheit der Menschen wurden zu Sammelrufen, zu Symbolen, für welche Menschen in aufrichtigster Überzeugung starben – ein König von England unter dem Beil nicht weniger bereitwillig als ein österreichischer Bauer auf dem Rad –, aber Erfolg oder Mißerfolg hingen letztlich von der Leistungsfähigkeit des Verwaltungsapparats ab. Nur wenige Menschen sind so selbstlos, daß sie ein unbehagliches Leben unter einer ihnen genehmen Regierung einem behaglichen unter einer ihnen nicht genehmen vorziehen. Die Ständeverfassung schlug in Böhmen fehl, weil sie schlechter gehandhabt wurde als der von ihr verdrängte Despotismus, gleichwie in England die Dynastie der Stuarts nicht stürzte, weil die Lehre vom Gottesgnadentum unhaltbar war, sondern weil ihre Regierung nichts taugte.

## III

Die Generation vor dem Dreißigjährigen Kriege ist wohl nicht tugendhafter gewesen als ihre Vorgänger, sie besaß aber sicherlich eine tiefere Religiosität. Die Reaktion auf den Materialismus der Renaissance, die um die Mitte des vorhergegangenen Jahrhunderts eingesetzt hatte, war auf ihrem Höhepunkt angelangt; die geistige Wiedergeburt hatte die Wurzeln der Gesellschaft erfaßt, und Religion war etwas Wirkliches für diejenigen geworden, denen Politik nichts bedeutete und die von Staatsangelegenheiten nichts wußten.

Theologische Streitfragen wurden zum alltäglichen Lesestoff aller Klassen, Predigten bestimmten ihre politische Meinung, und moralische Traktate waren ihr Zeitvertreib in Mußestunden. Unter den Katholiken nahm der Heiligenkult ein Ausmaß an wie seit Jahrhunderten nicht und gewann einen beherrschenden Einfluß auf die religiöse Grundstimmung der Gebildeten und der Massen. Wunder erhellten wieder einmal das Alltagsleben mit leuchtender Hoffnung. Die Veränderungen in der materiellen Welt, der Zusammenbruch der alten Tradition und die Unzulänglichkeit der absterbenden Konventionen trieben die Menschen dem Übersinnlichen und Unerklärlichen zu. Wen die offenen Arme der Kirche nicht aufnehmen konnten, der suchte Zuflucht im Okkulten. Das Rosenkreuzertum war von Deutschland nach Frankreich gedrungen, und die Illuminaten hatten in Spanien Fuß gefaßt. Hexenfurcht nahm unter den Gebildeten zu, und Teufelsanbetung verbreitete sich im Volke. Von den Einöden Nordschottlands bis zu den Mittelmeerinseln war man der schwarzen Magie ergeben, welche die Kelten in Irland und Wales und die Slawen in Rußland, Polen und Böhmen nicht weniger in Angst vor Vergeltung hielt als verständige Kaufleute in Deutschland und schwerfällige Freibauern in Südengland.

Abergläubische Neigungen fanden in einer Flugschriftenliteratur Nahrung, in der jedes seltsame Ereignis festgehalten und übertrieben wurde. Grausige Angstgefühle waren selbst den Gebildeten nicht fremd.

Ein hervorragender Gelehrter in Württemberg schrieb den Tod seines Bruders »entweder Räubern oder Gespenstern« zu[6]. Ein Mann wie der Fürst von Anhalt, jung und nüchternen Sinnes, beschreibt in seinem Tagebuch Geistererscheinungen[7], ohne sich irgendwie überrascht oder ungläubig zu zeigen. In der Familie der Kurfürsten von Brandenburg glaubte man steif und fest an die »Weiße Frau«, die erschien, um vor Todesfällen zu warnen, und einmal einen kecken, sie belästigenden Pagen so derb geohrfeigt hatte, daß er bald darauf starb[8]. Der Herzog von Bayern ließ seine Gemahlin exorzisieren, um den Fluch der Unfruchtbarkeit von ihr zu nehmen, mit dem er sie behaftet glaubte[9].

Ein scheinwissenschaftliches Interesse für Astrologie war Mode. Sogar Kepler behauptete, halb im Scherz, halb im Ärger, daß ein Astronom sich nur halten könne, wenn er den Narrheiten der Astrologie, der »törichten kleinen Tochter« der Astronomie[10], Vorschub leiste. Er war einer aus der kleinen Schar scharfsinniger Denker, welche die Unrast der Zeit dazu antrieb, nicht die Höhen des Glaubens zu erforschen, sondern das Gefüge und die Möglichkeiten der materiellen Welt. In der zweiten Hälfte des sechzehnten Jahrhunderts wurden Anatomieschulen in Padua, Basel, Montpellier und Würzburg gegründet. Versuche zur Bildung naturwissenschaftlicher Gesellschaften wurden 1603 in Rom und 1619 in Rostock unternommen[11]. In Kopenhagen und an allen Schulen Dänemarks förderte ein junger, aufgeklärter König den Unterricht in Physik, Mathematik und den Naturwissenschaften. Die Entdeckung des Blutkreislaufes durch William Harvey mußte innerhalb weniger Jahre die medizinische Praxis so revolutionieren, wie das Studium der materiellen Welt von Galilei revolutioniert worden war, als er behauptete, daß die Erde sich um die Sonne drehe.

Vor Galileis Entdeckung hatte man den Widerspruch zwischen Glauben und Wissenschaft teilweise zugegeben. Luther hatte gegen die »Hure Vernunft« gewettert. Philosophie, Wissenschaft und systematisches Denken galten als verläßlich, solange sie von der geoffenbarten Religion geleitet wurden. Die Wahrheit entsprang der unmittelbaren göttlichen Offenbarung; wissenschaftliche Tatsachen, für die der Mensch keinen besseren Beweis als seine eigenen Fähigkeiten hatte, konnten wohlberechnete Täuschungsversuche des Teufels sein. Der dem menschlichen Geist angeborene Konservativismus unterstützte die Kirchen in ihrer Gegnerschaft gegen die neuen Ansichten. Die Menschen wollten Gewißheiten, nicht neue zweifelhafte Probleme, und da die wissenschaftlichen Entdeckungen sie mit seltsamen Theorien über die Erde, auf der sie gingen, und über die Leiber, in denen sie lebten, in Erstaunen setzten, wandten sie sich mit um so größerem Eifer den festen Zusicherungen der Religion zu.

Niemals schienen die Kirchen mächtiger zu sein als in den ersten Jahrzehnten des siebzehnten Jahrhunderts. Und doch erlebte man es im Laufe einer einzigen Generation, daß die Kirchen ihrer politischen Macht entkleidet wurden. Dieser Zusammenbruch war bereits in der Lage des Jahres 1618 inbegriffen. Der Hauptstreit drehte sich darum, ob die Religion auf Offenbarung beruhe oder verstandesmäßig zu begründen sei, aber das Bewußtsein der Gefahr war nicht stark genug, um die Kirchen zusammenzubringen. Die unbedeutenderen Differenzen zwischen Katholiken und Protestanten stellten den wesentlicheren Gegensatz in den Schatten; die Kirchen hatten ihrer eigenen Zerstörung bereits die Szene gestellt.

Oberflächlich gesehen, schien es in Europa zwei Religionen zu geben, die katholische und die protestantische, in Wirklichkeit aber war die zweite so deutlich in sich gespalten, daß es drei Parteien waren, die einander feindlich gegenüberstanden. Die Reformation hatte zwei hervorragende Führer, Luther und Calvin, und war durch deren Lehren oder, genauer genommen, durch die politischen Folgen dieser Lehren in zwei aufeinander folgende und keineswegs einander ergänzende Bewegungen geteilt. Mehr Gefühls- als Verstandesmensch, war Luther den ehrgeizigen Bestrebungen der herrschenden Klassen leicht zum Opfer gefallen. Weltlichen Herrschern war seine Lehre willkommen, weil sie durch diese die Einmischung eines landfremden Papstes loswurden, und die junge Bewegung wurde, weil zu schwach, um auf eigenen Füßen zu stehen, zur Dienerin des Staates. Ihre geistliche Kraft wurde zwar nicht zerstört, aber wenigstens teilweise durch ihre weltliche Macht erstickt; die neue Kirche blühte infolge des Reichtums und des Ansehens ihrer Mitglieder und entwickelte sich, weil Könige sie beschützten und große Kaufleute sie billigten.

Damit soll das Luthertum nicht etwa verurteilt werden, denn die Menschen verfolgen ihre höchsten und auch ihre niedrigsten Ziele für ihre eigenen Zwecke, und weder die Fürsten noch das Volk nahmen den lutherischen Glauben im Geiste jenes leisen Zynismus an, den eine spätere Untersuchung der Beweggründe aufzudecken vermeinte. Sicherlich glaubten sie, weil sie glauben wollten, aber der Nachdruck in ihrem Innern lag auf dem Glauben, nicht auf Begehrlichkeit, und einige von ihnen wenigstens starben für ihren Glauben.

Überdies verlor die anfängliche Ablehnung des Papstes dadurch, daß sie von den weltlichen Machthabern sogleich dazu verwendet wurde, ihrem uralten Streit mit den geistlichen Behörden zu dienen, ihre ursprüngliche Bedeutung nicht ganz. Wenn die reformierte Kirche, sobald sie sich einmal hinter dem Staat verschanzt hatte, Rebellen auch wenig ermutigte — die Einheit der katholischen Christenheit war jedenfalls zerschlagen, dafür aber der freien Meinungsäußerung Bahn gebrochen.

Dennoch löste Luthers wohlgemeintes Eingreifen in geistliche Dinge das religiöse Problem nur für eine bestimmte Schicht der Gesellschaft. Das Entstehen eines neuen Glaubens, der von den herrschenden Mächten unverzüglich ausgebeutet wurde und daher der katholischen Kirche geistlich nicht überlegen war, verringerte die Unruhe im Volke nicht, sondern verstärkte sie. Die Wiedergeburt des katholischen wie auch des protestantischen Europas war nicht Luthers Werk, sondern die gleichzeitige Errungenschaft zweier Männer, die von entgegengesetzten Seiten her arbeiteten. Im Jahre 1536 veröffentlichte Calvin seine *Institutio Christianae Vitae*, nachdem zwei Jahre vorher Ignatius von Loyola die Gesellschaft Jesu gegründet hatte.

Luther, der warmherzige Deutsche, erblickte in der Religion die Hauptstütze und den Trost der Menschheit. Seine Mitmenschen erbarmten ihn, und er sprach, weil er nicht länger schweigen konnte. Für Calvin, den logischen, nüchtern denkenden Bretonen, war die Religion, als eine Offenbarung der göttlichen Vernunft, eine Sammlung unvermeidlicher Folgerungen aus den inspirierten Schriften, etwas an sich Gutes, ohne Rücksicht auf die materiellen Nöte des Menschengeschlechts. Die Grundlehren des Calvinismus sind die von der Gnade und von der Prädestination; das letzte Schicksal jeder Seele, sei es Himmel oder Hölle, ist von einem allwissenden Gott vorausbestimmt, und ein Mensch ist bei seiner Geburt entweder im Besitz dieser Gnade oder nicht.

Diese harte, so offensichtlich des Trostes ermangelnde Lehre hatte eine Eigenschaft, die sie über die lutherische hinaushob. Es war nicht nur eine neue Theologie, es war eine neue politische Theorie. Durch die Institution der Kirchenältesten vertraute Calvin das moralische Wohl der Gemeinde und die Aufsicht über die Diener Gottes Laien an. Diese neue Theokratie, die Gott über alles setzte, aber die Gemeinde über den Geistlichen, vereinigte die autoritären und repräsentativen Prinzipien mit der Theorie von der Verantwortung des Einzelmenschen gegenüber der Gemeinschaft. Mit der Ausbreitung der Organisation und Lehre des Calvinismus sahen sich die monarchischen Regierungen Europas eine nach der anderen von einer Religion herausgefordert, die an sich eine politische Rivalin darstellte.

Die katholische Kirche der Renaissance hatte eine Höhe kultureller Zivilisation erreicht, auf welcher die einfachen ethischen Lehren ihrer Gründer ganz und gar nicht mehr am Platze waren, und die Priesterschaft Roms hatte vergessen, daß die Barbaren jenseits der Alpen von ihrem Papst mehr verlangten, als daß er unter den europäischen Fürsten als Mäzen an erster Stelle stehe. Der verdoppelte Angriff von außen konnte jetzt nur noch durch eine innere Reform beantwortet werden, und in dieser bewies die katholische Kirche ihre unerschöpfliche Lebenskraft.

Der erste Schritt in der Richtung einer inneren Reform wurde in Rom getan, als im Jahre 1524 der Theatinerorden ins Leben trat. Dieser bahnbrechende Orden hatte keinen klösterlichen Charakter, obwohl seine Mitglieder das dreifache Gelübde der Keuschheit, der Armut und des Gehorsams ablegten; sie waren Weltpriester, deren Leben zum Teil der Kontemplation und dem Studium, zum Teil der Predigertätigkeit und der Arbeit unter dem Volke gewidmet war. Die Mitgliedschaft war auf die Söhne adeliger Familien beschränkt, und die Gründer beabsichtigten, den Orden zu einer Pflanzstätte für eine Priesterschaft von erneuerter geistlicher Macht zu machen. Man hatte sich an einen zu engen Kreis gewendet, und das Seminar wurde nicht zu einer Schule für Priester, sondern zu einem Treibhaus für zukünftige kirchliche Führer; von hier bezog die Gegenreformation nicht ihre Ortsgeistlichen, sondern ihre Bischöfe, Kardinäle und Päpste.

Erst mit der Gründung der Gesellschaft Jesu im Jahre 1534 nahm die Gegenreformation ihren wirklichen Anfang. Es war dies in gewissem Sinne der letzte und bedeutendste der Ritterorden; in seiner endgültigen Entwicklung eine Hierarchie bestausgebildeter Männer, die durch einen Eid zu blindem Gehorsam gegen ihre Vorgesetzten verpflichtet und von einem General befehligt waren, glich der Orden in seinem Aufbau im wesentlichen einem Heer. Als die katholische Kirche endlich aus dem tridentinischen Konzil für den Kampf gewappnet hervorging, hatte sie in den Jesuiten eine Streitmacht, die bereit war, den Glauben auf jede Weise und unter jedem persönlichen Opfer in jegliches Land der Erde zu tragen. Unter ihrem Einfluß wurde die in Spanien bodenständige Inquisition, als das wirksamste Instrument zur Aufdeckung und Ausrottung der Irrlehren, in Rom wieder eingesetzt.

Der Calvinismus gewann in Deutschland, Polen, Böhmen, Österreich, Ungarn und Frankreich an Boden, hatte jedoch nicht genug Kraft, um das Gewonnene zu behaupten. Als neue Religion reichte er nicht tief genug zu den Wurzeln der Tradition, wie es die Lehrtätigkeit der

Jesuiten tat. Zudem waren die Jesuiten eine für ihre Aufgabe besonders ausgewählte Truppe. Mit der Ausbreitung ihrer Religion wurden die Calvinisten zu einer Menge verstreuter Gemeinden verschiedenartigen Charakters, die der zentralen Leitung ermangelten. Abgesehen davon, konnten sie, trotzdem sie die tätigsten und erfolgreichsten unter den neuen Ketzern waren, ihre Aufgabe als Verteidiger und Verbreiter des protestantischen Glaubens nicht in dem Maße erfüllen, wie die Jesuiten es für die katholische Kirche taten. Sie bildeten den linken Kampfflügel der Protestanten, wie die Jesuiten den rechten der Katholiken, jedoch mit dem Unterschied, daß die Jesuiten eine verhältnismäßig einheitliche Sache verfochten, während die Calvinisten ihre protestantischen Gesinnungsgenossen, besonders die Lutheraner, fast mehr haßten als die Papisten.

Die einzige ernste Gegnerschaft, auf welche die Jesuiten innerhalb ihrer Kirche stießen, war die der Kapuziner, aber selbst die war mehr Rivalität als offene Opposition. Als verbesserter Zweig der Franziskaner war der Kapuzinerorden einige Jahre vor der Gesellschaft Jesu gegründet worden, konnte aber den Verlauf der Gegenreformation nicht in ähnlicher Weise bestimmend beeinflussen. In den ersten Jahren des siebzehnten Jahrhunderts standen die Kapuziner jedoch den Jesuiten an Glaubenseifer nicht nach, und im Verständnis politischer Intrigen waren sie ihnen weit voraus. Sie widmeten sich besonders der Diplomatie und hatten sich als private Vermittler der führenden katholischen Monarchen festgesetzt, aus welcher Tätigkeit die Jesuiten, die stets mehr an der Jugenderziehung interessiert waren, sie nicht zu verdrängen suchten. Wenn die zwei Orden gemeinsam vorgegangen wären, hätten sie alle zur Einigung der katholischen Christenheit gegen den Irrglauben notwendigen Mittel zur Verfügung gehabt. Im Verlauf der Jahre aber entwickelte sich ihre Rivalität zu einer gegensätzlichen Einstellung und erweiterte die Kluft der Entfremdung zwischen den katholischen Regierungen Europas, statt sie zu schließen. Es ist von Bedeutung, daß die Jesuiten am einflußreichsten in Spanien und Österreich waren, die Kapuziner hingegen in Frankreich.

So bestand eine Spaltung in der katholischen Kirche, nicht so offenkundig, aber ebenso schwerwiegend wie die zwischen den zwei führenden protestantischen Kirchen. Sollte es zu einem Konflikt zwischen Rom und den Häretikern kommen, dann mußte auf beiden Seiten eine Spaltung der Interessen eintreten, welche die Formierung der Parteien ernstlich verändern würde.

Inzwischen hatte der Haß unter den einander bekämpfenden Religionen an Bitterkeit zugenommen. Wer sich im Vertrauen auf ein fragwürdiges Privileg zu einer anderen als der landesüblichen Religion bekannte, schwebte in ständiger Gefahr. In einigen Gebieten Polens setzten die protestantischen Pastoren ihr Leben aufs Spiel; in Böhmen, Österreich und Bayern gingen die katholischen Priester bewaffnet[12]. Reisende waren aus demselben Grunde gefährdet; im Kanton Luzern und im Schwarzwald waren protestantische Kaufleute festgenommen und verbrannt worden[13].

In den ersten Jahren der Reformation hatten sich viele der katholischen Fürsten aus Schwäche zu Zugeständnissen an ihre protestantischen Untertanen gezwungen gesehen, so daß es, zum mindesten den amtlichen Ziffern nach, mehr protestantische Gemeinden in katholischen Ländern gab, als umgekehrt. Außer Italien und Spanien duldeten fast alle katholischen Staaten irgendeine protestantische Gemeinschaft in ihrer Mitte. Das verstärkte zweifellos das Gefühl der Benachteiligung und Gefahr in der katholischen Partei genauso, wie bei der geringsten Verletzung eines protestantischen Privilegs eine Welle der Entrüstung durch die protestantischen Regierungen ging.

Die Möglichkeit eines Zusammenstoßes war ständig gegeben. Allem Anschein nach war zu erwarten, daß der Katholizismus als der ältere und einheitlichere Glaube aus dem Konflikt siegreich hervorgehen werde. Kaum ein Jahrhundert war seit der Reformation verflossen, und die katholische Kirche gab sich der nicht unbegründeten Hoffnung hin, die Christenheit wieder zu einigen. Der Versuch schlug fehl. Dieser Fehlschlag hatte mehr als eine Ursache, aber eine davon hebt sich von allen andern ab. Das Geschick der Kirche verknüpfte sich verhängnisvoll mit dem des Hauses Österreich, und die durch die territoriale Machterweiterung dieser Dynastie hervorgerufene Eifersucht hatte für die katholische Kirche zur Folge, daß sich jene entzweiten, die sie hätten verteidigen sollen.

## IV

Im Jahre 1618 war die Dynastie der Habsburger die stärkste Macht in Europa. »*Austriae est imperare orbi universo*«, lautete ihr stolzer Wahlspruch, und innerhalb der engen Begrenzung der Welt, wie sie dem damaligen Durchschnittseuropäer vorschwebte, war das keine leere Prahlerei. Den Habsburgern gehörten Österreich, Tirol, die Steiermark, Kärnten, Krain, Ungarn (soweit nicht unter türkischer Herrschaft), Schlesien, Mähren, die Lausitz und Böhmen; weiter westlich Burgund, die Niederlande und Teile des Elsaß; in Italien das Herzogtum Mailand, die Lehen von Finale und Piombino und das Königreich Neapel, das sich über die ganze südliche Hälfte der Halbinsel einschließlich Siziliens und Sardiniens erstreckte. Habsburger waren die Könige von Spanien und Portugal, und Habsburger regierten in der neuen Welt in Chile, Peru, Brasilien und Mexiko. Sie rühmten sich, weit mehr durch Heiratspolitik als durch Eroberungen mächtig geworden zu sein, und wenn es an fremden Thronerbinnen mangelte, verstärkten sie den dynastischen Zusammenhalt durch Heiraten untereinander; es kam vor, daß ein Herrscher eines anderen Schwager, Schwiegersohn und Vetter zugleich und ihm so in Liebe und Pflicht dreifach verbunden war (so Philipp IV. von Spanien und Kaiser Ferdinand III. und Kurfürst Maximilian von Bayern und Kaiser Ferdinand II.).

Das Schauspiel einer so gewaltigen Machtanhäufung allein hätte den Neid der Nachbarherrscher erregen können, aber darüber hinaus hatten die Habsburger in der Jahrhunderthälfte vor 1618 ihren Rivalen eine Rechtfertigung für deren Feindschaft geliefert, indem sie ihre Politik zur Trägerin zweier Ideen gemacht hatten: Sie traten kompromißlos für den Absolutismus und die katholische Kirche ein, und sie verfochten diese Überzeugungen so unnachgiebig, daß die Welt zwischen ihnen und ihren Handlungen nicht mehr unterschied.

Das Oberhaupt des Hauses war der König von Spanien, der Repräsentant der älteren Linie; daher wurde die habsburgische Politik mit dem militanten rechten Flügel des Katholizismus, dem des hl. Ignatius und der Jesuiten, identifiziert. Außerdem ließ die Unterordnung von Sonderinteressen unter die Interessen des spanischen Königs eine der ältesten europäischen Fehden jäh hervortreten. Die Herrscher Frankreichs und Spaniens waren während der letzten drei Jahrhunderte Rivalen gewesen. Jetzt, da der König von Spanien das Oberhaupt einer Dynastie war, die den größten Teil Italiens und dazu den Oberrhein und die Niederlande beherrschte, war Frankreich an allen Landgrenzen bedroht. Während des letzten Viertels des sechzehnten Jahrhunderts hatte der König von Spanien Zündstoff angehäuft, indem er sich ständig in die innere Politik seines Nachbarn einmischte, um sogar die französische Krone von seiner Macht abhängig zu machen. Er hatte damit keinen Erfolg, und aus dem Konflikt ging der Gründer einer neuen Dynastie, der Bourbone Heinrich von Navarra, als Sieger hervor. Seine Ermordung im Jahre 1610, als er gerade zur Fortsetzung des Wettstreites bereit war, brachte Frankreich unter eine Regentschaft, die sich zur Ausführung seiner Pläne als zu schwach erwies. Es wurde ein Friede mit

Spanien geschlossen und der König fast noch als Knabe mit einer spanischen Prinzessin vermählt. Die vorübergehende trügerische Freundschaft verhüllte wohl die schlummernde Gegnerschaft zwischen Bourbonen und Habsburgern, aber sie änderte nichts an ihr. Diese Spannung hatte auch weiterhin grundlegenden Einfluß auf die europäische Lage.

Das unmittelbare Problem war der holländische Aufstand. Die sogenannten Vereinigten Provinzen, der protestantische Norden der Niederlande, hatten sich erfolgreich gegen Philipp II. von Spanien erhoben; nach vierzigjährigem Kampf hatten sie 1609 mit seinem Nachfolger einen Waffenstillstand unterzeichnet, durch den sie zwölf Jahre Unabhängigkeit gewannen, während welcher sie von Angriffen verschont blieben. Aber die Provinzen waren zu wertvoll, um ohne weiteres aufgegeben zu werden, und die spanische Regierung hatte diese lange Waffenruhe nicht als Vorspiel zum Frieden, sondern zu dem Zweck gewährt, die endgültige Unterwerfung der Rebellen in Ruhe vorbereiten zu können. Die Beendigung des Waffenstillstandes im Jahre 1621 würde eine europäische Krise herbeiführen – sie würde allen protestantischen Herrschern Gelegenheit bieten, eine freie Republik vor dem Untergang zu retten, oder aber für die Habsburger und die katholische Kirche der Anlaß zu weiteren Triumphen sein.

Die verhüllte Feindschaft zwischen Bourbonen und Habsburgern und der bevorstehende Angriff des Königs von Spanien auf die Holländer – sie bestimmten im Jahre 1618 die Handlungen der europäischen Staatsmänner.

Spanien war ein Lieblingsproblem der Politiker, die unaufhörlich von der Schwäche des Landes sprachen und alle Vorkehrungen gegen seine Stärke trafen. »Täglich wird mir die Schwäche der Regierung ... mehr und mehr bewußt. Die weiseste und einsichtsvollste Nation bescheidet sich, dies anzuerkennen und zu bedauern ... So sehr müßig und um ihre wichtigsten Angelegenheiten unbesorgt ist sie ..., daß der ganzen Welt die Hilflosigkeit und das Elend ihres Staates nicht verborgen bleiben kann«, sagte ein kluger Engländer schon 1605, und holländische und italienische Reisende stimmten ihm bei[14]. Und doch bemühte sich der König von England noch viele Jahre unverdrossen um ein Bündnis mit Spanien. Die Spanier seien ein unter Pfaffenherrschaft stehendes, im Verfall begriffenes Volk, erklärten deutsche Pamphletisten, sprachen jedoch im gleichen Atemzug von ungeheuren Heeren und geheimen Festungen am Rhein, was die Dekadenz der Schöpfer solcher Vorkehrungen recht seltsam illustrierte[15].

Die Wahrheit lag in der Mitte. Der wirtschaftliche Verfall Spaniens hatte begonnen und nahm beschleunigt zu, während die Bevölkerung, besonders in Kastilien, mit angsterregender Geschwindigkeit abnahm. Die Wirtschaftspolitik der Regierung hatte weder in der Industrie noch in der Landwirtschaft einen konstruktiven Charakter, und eine Finanzpolitik gab es überhaupt nicht. So groß waren die Ansprüche an die königlichen Einkünfte in den letzten drei Generationen gewesen, daß viele Steuern jetzt direkt an die Gläubiger der Krone gezahlt wurden, statt durch das königliche Finanzamt zu gehen. Im Jahre 1607 hatte die Regierung zum viertenmal in fünfzig Jahren sich ihrer Verbindlichkeiten für ledig erklärt, ohne dadurch mehr als eine sehr kurze Erholungsfrist zu erzielen. Die Befreiung des Klerus von den finanziellen Lasten des Gemeinwesens verstärkte den Druck auf die Mittelklassen und die Bauern, wodurch die Möglichkeit der Gesundung weiter gehemmt wurde. Trotz allem kann ein verfallender großer Staat mächtiger sein als ein kleiner, noch nicht erstarkter. England war erfolgreicher als Spanien, aber bei weitem nicht so mächtig, und sogar Frankreich hätte in einer Krise nicht aus Hilfsquellen schöpfen können, wie sie dieser einst großen und jetzt dahinsiechenden Monarchie noch immer zu Gebote standen. Die geschwächte Regierung hatte vier starke Rückhalte: die Silberminen der Neuen Welt, das Rekrutierungsreservoir Norditaliens, die Loyalität der südlichen Niederlande und den Genius des Genueser Kriegsmannes Ambrogio Spinola[16]. Die Regierung verfügte noch immer über ein Heer, das dem Rufe nach das beste in Europa war, und konnte es noch immer bezahlen, da die Goldbarren aus Peru fast ausschließlich dafür bestimmt waren[17]; sie hatte zur Wiederunterwerfung der Holländer eine Operationsbasis in Flandern und in Spinola einen Feldherrn, der dieser Aufgabe gewachsen war. Falls die blühenden nördlichen Provinzen wiedergewonnen werden konnten, war die wirtschaftliche Gesundung des gesamten spanischen Reiches möglich.

Die südlichen Provinzen der Niederlande, die Operationsbasis für den bevorstehenden Angriff, waren 1609 aus dem Krieg mit den Holländern verarmt und in finanzieller Abhängigkeit von Spanien hervorgegangen. Trotzdem boten sie den Anschein des Wohlstandes. Der Infantin Isabella, der Tochter Philipps II., bei ihrer Verehelichung mit ihrem Vetter, Erzherzog Albrecht, als Morgengabe gegeben, waren diese südlichen Provinzen rechtlich unabhängig, wenigstens bis zum Tod ihres Gemahls, wo sie, da die Ehe kinderlos war, an die spanische Krone zurückfallen würden. Es war daher natürlich, daß der betagte Erzherzog und seine Gemahlin, trotzdem sie in gewissenhafter Weise einheimische Beamte verwendeten und den Nationalstolz förderten, ihre Politik den Interessen ihres unvermeidlichen Erben, des Königs von Spanien, anpaßten[18].

Rührig, freigebig, wohltätig und gerecht, hatten sie sich lange dem Wohl ihrer Untertanen gewidmet. Eine tiefgründige religiöse Wiedergeburt gab dem nationalen Leben Kraft und Geschlossenheit. Ein mit Verständnis verschwenderischer Hof machte Brüssel zum künstlerischen Mittelpunkt Europas, und das gut disziplinierte und pünktlich bezahlte Heer bewirkte eine, wenn auch nur vorübergehende Anregung des wirtschaftlichen Lebens im ganzen Lande. Erzherzogin Isabella mit ihrer anmutigen und eindrucksvollen Persönlichkeit hatte mit Erfolg um die Liebe ihrer Untertanen geworben[19]: ihre Beliebtheit machte die Regierung populär, während gleichzeitig die unmittelbare wirtschaftliche Regsamkeit und die Unabhängigkeit der Provinzen die Tatsache verschleierten, daß das Land keine Zukunft hatte.

Die Grenze zwischen den südlichen und nördlichen Provinzen war willkürlich gezogen, nur daß sie sich mit der besten Verteidigungslinie deckte, welche die Holländer hatten halten können. Diese Grenze selbst war schon ein Sinnbild des unentschiedenen Streites, denn sie entsprach keiner religiösen oder sprachlichen Trennungslinie; südlich davon, in Flandern und Brabant, wurde ebenfalls niederländisch gesprochen, und nördlich davon, in Holland, Zeeland und Utrecht, lebten auch Katholiken, während es im Süden auch Protestanten gab[20]. Der Waffenstillstand hatte kein nationales oder religiöses Problem gelöst und die nur unter dem Angriffsdruck zusammenhaltende Einigkeit der Aufständischen fast zerstört.

Wie schwach die spanischen Niederlande innerlich auch sein mochten, standen sie doch wenigstens unter einer starken und beliebten Regierung. Von den sieben Provinzen der Vereinigten Niederlande hingegen beanspruchte eine jede das Allgemeinwohl nicht berücksichtigende Sonderrechte. Das Volk fürchtete die Minderheit der geheimen Anhänger des Katholizismus, welche wenigstens in drei Provinzen bedrohlich groß war, und die Protestanten selbst waren in zwei unversöhnliche Lager geteilt. Das einzig gegebene Einigungselement war Prinz Moritz von Oranien, der Sohn Wilhelms des Schweigers, der das Heer befehligte und Statthalter von fünf der sieben Provinzen war. Es fehlte ihm nicht an Feinden; eine wachsende Partei verdächtigte ihn dynastischen Ehrgeizes und fürchtete, daß ihr Land der Tyrannei der Habsburger nur entkommen sei, um unter die des Hauses Oranien zu geraten. Die zwei religiösen Richtungen, welche die protestantischen Untertanen des Prinzen Moritz entzweiten, deckten sich ungefähr mit der Einstellung seiner Anhänger und Gegner. Über kurz oder lang mußte es zu einem Zusammenstoß kommen.

Drohungen von außen vergrößerten die innere Gefahr. Die großartige Entfaltung des holländischen Handels hatte die Feindseligkeit der Engländer, einst verläßlicher Bundesgenossen, erregt, ganz zu schweigen von den Dänen und Schweden. Infolge der Abhängigkeit vom Handel und der Verwendung eines Großteils der Bodenfläche für Milchwirtschaft waren die Vereinigten Niederlande auf die Einfuhr von Getreide aus Polen und Dänemark und von Holz aus Norwegen angewiesen. In den Städten hatte erfolgreiche private Unternehmungslust das Nationalvermögen in wenigen Händen angehäuft, so daß unter der Bevölkerung große Armut und Unzufriedenheit herrschte.

England, die bedeutendste der drei nördlichen Mächte, hatte 1618 keine klaren Ziele und würde daher kaum eine bemerkenswerte Rolle in Europa spielen. Seine herrschenden Klassen waren zu protestantisch und dem Absolutismus zu abgeneigt, um ein Bündnis mit Spanien zu begünstigen; andrerseits hinderte sie wirtschaftliche Besorgnis, den Holländern zu helfen.

Die andern zwei nördlichen Mächte, Schweden und Dänemark, mit dem ihm untergeordneten Norwegen, würden kaum ruhig bleiben. Beide Länder waren lutherisch; in beiden wurde die Macht der Krone von einem ehrgeizigen niederen Adel in Grenzen gehalten, und beide standen unter der Herrschaft hochbegabter Könige, die durch Förderung der Kaufleute und Gewerbetreibenden die Macht des Hochadels zu beschränken suchten. Es schien, daß von diesen zwei Monarchen der jugendliche Gustav Adolf von Schweden mehr Erfolg haben würde. Bereits sein Vater hatte die Adeligen zum Teil gebändigt und nach dem Sieg über den russischen Zaren seinen Kaufleuten einen wichtigen Landstrich an der südlichen Ostsee gesichert. Christian von Dänemark wiederum beherrschte den Sund, wo er von jedem durchfahrenden Schiff einen Zoll einhob, dessen Erträgnisse zur Stärkung der Macht der Krone verwendet wurden. Als Herr über Holstein hatte er einen bedeutenden Halt in Norddeutschland.

Es gab noch eine Macht im Norden, oder besser den Schatten einer solchen – die Hanse. Diese einst sehr bedeutende Konföderation von Handelshäfen war im Abstieg, und diejenigen ihrer Mitglieder, die noch auf der Höhe waren, lösten sich los und wurden selbständig.

Dänemark, Schweden, die Hanse – sie alle waren gleich eifersüchtig aufeinander wie auf die Holländer. Sie mochten vorübergehende

Gruppenverbindungen eingehen, aber eine gemeinsame Abwehrliga gegen die Habsburger kam nicht in Frage.

Ein anderer Staat an der Ostsee, gleichermaßen mit Nord- und mit Zentraleuropa verbunden, war Polen, das im Osten an Rußland und die Türkei, im Süden an die habsburgischen Besitzungen in Schlesien und Ungarn grenzte. Der König von Polen, Sigismund, war mit den Dynastien im Norden und Süden verwandt. Als Sohn eines schwedischen Königs war er nach Erbrecht König von Schweden, hatte aber seinen Anspruch zufolge seiner Religion verloren. Als frommer Katholik und Schüler der Jesuiten war er sowohl seinem Glauben als auch seiner Politik nach – er hatte zäh gegen die Forderungen des polnischen Landtages gekämpft – einem Bündnis mit den Habsburgern geneigt. Zweimal hatte er sich eine Gemahlin aus dieser Familie erwählt.

Die Uneinigkeit unter den Königreichen im Norden und die Möglichkeit, daß Sigismund jedes von ihnen am Handeln hindern konnte, sowie die inneren Zwistigkeiten der Holländer und ihr Mißtrauen gegen ihren Herrscher eröffneten dem König von Spanien die Aussicht auf die Unterwerfung der Vereinigten Niederlande, sobald der Waffenstillstand zu Ende war. In diesem Fall würde Frankreich im Nordosten, im Osten und im Süden von den wiedervereinigten Ländern der Habsburger eingeschlossen sein. Mehr als andere Regierungen war daher die französische daran interessiert, die Unterwerfung der Holländer zu verhindern.

Im Jahre 1618 hatte Frankreich sich bereits von den Verwüstungen der Religionskriege erholt und unterhielt eine rege Ausfuhr von Wein und Getreide nach England, Deutschland, Italien und Spanien; die Häfen im Süden wetteiferten im Levantehandel mit Venedig und Genua, und Frankreich wurde zum europäischen Markt für Zucker, Seide und Gewürze. Das Anwachsen der Einkünfte des Königs aus Ein- und Ausfuhrzöllen stärkte die Macht der Krone. Andrerseits wurde die Handel und Landwirtschaft treibende Bevölkerung mit zunehmendem Wohlstand unlenksamer, und der Landadel war kritisch gestimmt und unruhig. Die große privilegierte protestantische Minderheit nahm den entschiedenen Katholizismus der königlichen Regierung übel und war für fremde Mächte eine Ermutigung zum Eingreifen. Zu dieser immer gegenwärtigen inneren Gefahr gesellte sich die weitere von außen, daß spanische und österreichische Agenten ständig mit den Herrschern des angrenzenden Savoyen und Lothringen intrigierten, welche Staaten Sprungbretter für Angriffe auf Frankreich waren.

Die französische Regierung konnte auf einen wichtigen Bundesgenossen hoffen. Als Haupt des katholischen Christentums hätte der

Papst den Kreuzzugsgeist der Politik der Habsburger mit Freuden begrüßen sollen, aber als italienischer Fürst fürchtete er die Zunahme ihrer Macht in Italien und auch im übrigen Europa. Es schien daher natürlich, daß er ihre Rivalen begünstigen würde. Die Eifersucht unter den zwei führenden katholischen Mächten zog sich scharf durch die religiöse Gruppierung Europas, und es hätte die vornehmste Mission des Papstes sein sollen, in der katholischen Welt Frieden zu stiften und sie zu einigen; es mangelte ihm jedoch sowohl an der geistlichen Autorität als auch an politischen Fähigkeiten, und der Vatikan trieb geraden Kurses von den Habsburgern weg den Bourbonen zu.

Für einige Zeit stand der französischen Regierung auch das Bündnis mit dem Herzog von Savoyen und der Republik Venedig zur Verfügung. Beide waren wichtig. Der Herzog von Savoyen beherrschte die Alpenpässe von Frankreich nach Italien und wurde deshalb von den Habsburgern und den Bourbonen eifrig umworben. Er neigte den Bourbonen zu, wenn seine Ängstlichkeit ihn nicht nötigte, den Habsburgern nachzugeben. Andrerseits grenzte das Gebiet der Republik Venedig auf einer Strecke von achtundvierzig Kilometern an das Veltlin. Dieses Tal war der Angelpunkt des gesamten Habsburgerreiches. Es war der Weg, auf dem Truppen- und Geldtransporte von Norditalien an den Oberlauf des Rheins und des Inns gelangten, um von dort nach Österreich oder den Niederlanden befördert zu werden. Das Gefüge des habsburgischen Reiches wurde durch spanisches Geld zusammengehalten und von spanischen Truppen gestützt. Man mußte nur das Veltlin absperren, und das Gebäude würde zusammenstürzen. Kein Wunder, daß die Republik Venedig sich erfolgreich gegen die Habsburger behaupten konnte und daß der Erzherzog von Steiermark und der König von Spanien auf Mittel sannen, diese Republik zu stürzen, bevor sie von ihr gestürzt würden.

Die Spanier strebten danach, das Veltlin allein zu beherrschen, konnten es sich aber nicht leisten, die Schweizer Eidgenossenschaft, deren Kanton Graubünden das Veltlin im Norden begrenzte, vor den Kopf zu stoßen. Sie begnügten sich daher, in Graubünden eine Partei zu bilden, welchem Beispiel die Franzosen unverzüglich folgten. Dieses eine Tal war der schwächste Punkt im habsburgischen Verteidigungssystem, und sein Besitz sollte in der Politik der nächsten zwanzig Jahre eine Rolle spielen, die in keinem Verhältnis zu dem wirklichen Wert stand, dessen es sich rühmte.

Von Spanien bis nach Polen, von Frankreich bis an die östlichen Grenzgebiete des schwedischen Finnlands und die vereisten Ostseehäfen wurde das Gewölbe der europäischen Politik durch den Schlußstein Deutschland zusammengehalten. Das gewaltige Gemengsel der voneinander abhängigen Staaten, das unter dem Namen des Heiligen Römischen Reiches Deutscher Nation bestand, bildete wie das geographische so das politische Zentrum Europas. In dem Wettstreit der Habsburger mit den Bourbonen, des Königs von Spanien mit den Holländern, der Katholiken mit den Protestanten mußte Deutschlands Rolle entscheidend sein. Dessen waren sich alle Regierungen bewußt, und jede von ihnen hatte versucht, ihren Interessen in diesem innerlich so gespaltenen Land eine Grundlage zu geben.

Der König von Spanien brauchte den Rhein, damit seine Truppen und Gelder leicht von Norditalien nach den Niederlanden gelangen konnten. Der König von Frankreich, und nicht weniger die Holländer, brauchten Verbündete am Rhein, um diese Transporte zu unterbinden. Die Könige von Schweden und Dänemark suchten gegeneinander wie auch gegen den König von Polen und die Holländer Verbündete an der Ostseeküste. Der Papst versuchte, in Deutschland eine gegen den habsburgischen Kaiser gerichtete katholische Partei zu gründen, und der Herzog von Savoyen intrigierte, um zum Kaiser gewählt zu werden.

In Rom, Mailand, Warschau, Madrid, Brüssel und dem Haag, in Paris, London, Stockholm, Kopenhagen, Turin, Venedig, Bern, Zürich und Chur war die Aufmerksamkeit auf das Heilige Römische Reich gerichtet. Das große Problem war die Rivalität zwischen den Dynastien der Habsburger und Bourbonen, und der zunächst erwartete Konflikt war der Streit zwischen dem König von Spanien und den holländischen Republikanern. Was aber tatsächlich den Krieg auslöste, war ein Aufstand in Prag und das Eingreifen eines Fürsten vom Rhein. Und nur die geographische Lage und die politischen Verhältnisse Deutschlands geben den Schlüssel zu seinem Verständnis.

## V

Deutschlands Verhängnis war vor allem seine geographische Lage und dann seine Tradition. Von altersher war es mehr eine Heerstraße als ein eingehegtes Land, ein Durchzugsgebiet für Völkerstämme und Heere; als schließlich die Wogen der Bewegung verebbten, setzten die Handelsleute Europas die alte Gepflogenheit fort.

Deutschland war ein Netzwerk von Straßen, an den Knotenpunkten zusammengeknüpft durch die großen Handelsplätze Frankfurt am Main,

Frankfurt an der Oder, Leipzig, Nürnberg und Augsburg. Westindischer Zucker gelangte nach Europa aus den Raffinerien Hamburgs, russische Pelze aus Leipzig, gesalzene Fische aus Lübeck und orientalische Seide sowie Gewürze aus Venedig über Augsburg; Salz, Eisen, Sandstein und Getreide wurden auf der Elbe und der Oder verschifft; spanische und englische, in Deutschland gesponnene Wolle konkurrierte auf dem europäischen Markt mit spanischen und englischen Stoffen, und das Holz zum Bau der Armada kam auf dem Seeweg von Danzig. Der ständige Durchzug von Kaufleuten sowie das Kommen und Gehen von Fremden hatten die Entwicklung Deutschlands mächtiger beeinflußt als jeder andere einzelne Umstand. Der Handel war Deutschlands Lebensblut, und es war dichter mit Städten besiedelt als die anderen europäischen Länder. Deutschlands kulturelle Mittelpunkte waren seine kleinen Städte, aber die Tätigkeit seiner Handelsleute und der Zustrom von Fremden zu den Messen in Leipzig und Frankfurt lenkte die Interessen der Deutschen von ihrem Lande weg nach außen.

Die politischen Überlieferungen Deutschlands unterstrichen eine Entwicklung, die von der geographischen Möglichkeit ihren Ausgang genommen hatte. Die Wiedererweckung des Römischen Reiches durch Karl den Großen war nicht bloß Phantasterei, da er über die Länder zu beiden Seiten des Rheins und der Alpen herrschte; als jedoch der Titel mit der Zeit an das sächsische Herzogshaus kam, das verhältnismäßig geringe Besitzungen in Frankreich und Italien hatte, wurde der Ausdruck »Römisches Reich« irreführend. Ein Widerstreit von klassischen und mittelalterlichen Ideen, Theorien und Tatsachen führte um das fünfzehnte Jahrhundert zu der beinahe entschuldigenden Änderung der Bezeichnung »Heiliges Römisches Reich« durch den Zusatz »Deutscher Nation«. Es war schon zu spät; die klassische Überlieferung und die Machtgier reizten die deutschen Herrscher zu Eroberungsfeldzügen nach Italien, und die Deutsche Nation war zu ihrem Verhängnis schon von Anbeginn im Banne der Idee des Heiligen Römischen Reiches.

Während die deutschen Herrscher dem Phantom einer Weltmacht nachjagten, versäumten sie die Gelegenheit, aus Deutschland eine Nationalmacht zu machen. Statt vom zentralisierten Staat aufgesogen zu werden, befand sich der deutsche Feudalismus in voller Zersetzung. Gewohnheit und die Schwäche der Zentralregierung brachten es mit sich, daß jeder kleine Reichsteil auf Kosten des Ganzen immer selbstherrlicher wurde, bis ein Kaiser mit blasphemischem Humor erklärte, im wahrsten Sinne des Wortes ein »König der Könige«[21] zu sein. Ausländische Fürsten hatten Lehen innerhalb des Reiches – der König von Dänemark war Herzog von Holstein, und die zerstreut liegenden großen Ländereien, welche den als burgundischen Kreis bekannten Reichsteil bildeten, waren, unter dem König von Spanien, in Wirklichkeit unabhängig. Unmittelbare Lehensmänner des Kaisers, wie der Kurfürst von Brandenburg, besaßen außerhalb des Reiches Länder, die der Oberhoheit des Kaisers nicht unterstanden.

Die lange Reihe von Habsburgern auf dem Kaiserthron hatte die Gefahr ernstlich verschärft. Gestützt auf ihre Macht in den Erbländern, hatten die Habsburger die kleineren Fürsten, die sie nicht beherrschen konnten, eingeschüchtert, und diese bekämpften nun ihrerseits alle Zentralisierungsversuche, weil sie von einer schon zu mächtigen Dynastie ausgingen. Der Zusammenhang der spanischen Königsfamilie mit der kaiserlichen Familie war das entscheidende Verhängnis, denn der Kaiser rief den König von Spanien zu Hilfe gegen diejenigen, die sich seiner Gewalt widersetzten, und die Fürsten rächten sich, indem sie an die Feinde Spaniens appellierten, vor allem an den König von Frankreich. Schritt für Schritt machten die deutschen Fürsten ihr Land zum zukünftigen Schlachtfeld für ausländische Rivalen.

Inzwischen war die Zwietracht im Innern immer verworrener geworden. Noch um die Jahrhundertwende – in Hessen-Kassel sogar bis 1628 – war die Primogenitur im Reich kein feststehendes Prinzip, und die Fürsten verteilten ihre Länder unter ihre Söhne, indem sie jedem unabhängige oder nahezu unabhängige Rechte gaben[22]. In einem einzigen Land konnten so nicht weniger als ein halbes Dutzend kleiner Staaten entstehen, jeder unabhängig, jeder mit einem Städtchen als Zentrum, oftmals nur einem Dorf mit einem königlichen Jagdhaus, welches dem Fürsten als Hauptstadt und Residenz diente. Jedes dieser Ländchen führte den Namen des Ursprungsstaates in Verbindung mit dem seiner eigenen Hauptstadt, wodurch die Geographie des Reiches mit Bezeichnungen wie Hessen-Kassel, Hessen-Darmstadt, Baden-Baden, Baden-Durlach beschwert wurde; außer der Kur- und Rheinpfalz gab es die verwandten Fürstentümer von Zweibrücken, Neuburg, Simmern und Sulzbach, und in dem kleinen Staat Anhalt bestanden im Jahre 1618 die vier Fürstentümer Zerbst, Dessau, Bernburg und Cöthen.

Verstreut unter diesen Fürstentümern lagen die freien Städte, kleinere oder größere Landesteile, die nur dem Kaiser unterstanden. Einige, wie Nürnberg und Ulm, besaßen ein größeres Gebiet; andere, wie Nordhausen oder Wetzlar, nichts anderes als gepflegte Obstanlagen und Gärten um ihre Wälle. Es gab sogar freie Reichsdörfer. Und dann lagen in diesem Wirrwarr von Grenzen noch die Gebiete der Kirche, Abteien und Fürstbistümer, mit eigenen Rechten, in allen Spielarten, von dem lückenlos in sich geschlossenen Bistum Münster bis zu den verstreuten Besitzungen von Freising, die durch dazwischen liegende Landstriche mehr als hundert Kilometer voneinander getrennt waren.

Das waren nur die wichtigsten Mitglieder dieser Föderation von Regierungen; zahllose freie Reichsritter und Grafen konnten wie Götz von Berlichingen von sich sagen, daß sie nur »von Gott, dem Kaiser und sich selbst« abhängig seien. Vielleicht zweihundert davon konnten auf Grund ihres Reichtums und Landbesitzes Anspruch auf Beachtung erheben, und nahezu zweitausend hatten eine den englischen Landjunkern ähnliche wirtschaftliche Stellung. So unterstand eine Bevölkerung von einundzwanzig Millionen der Regierungsgewalt von mehr als zweitausend gesonderten Behörden. Der niedere Adel, die Ritter und Freisassen des Kaisers schlossen sich dort, wo sie am dichtesten gesät waren, zu Bünden zusammen oder trafen, wo ihrer nur wenige waren, Abmachungen mit den obersten Verwaltungsbeamten der umliegenden Provinzen. Aber selbst wenn man solche Übereinkommen berücksichtigt, gab es noch immer mehr als dreihundert eigenrechtliche Stellen, die zu Konfliktquellen werden konnten.

Der Apparat der Reichsregierung reichte für die Lage nicht zu. In der Theorie konnte der Kaiser alle unabhängigen Herrscher zu einem Reichstag einberufen, ihnen seine Pläne vorlegen und nach ihrer Zustimmung trachten, um den Plänen Gesetzeskraft zu geben. Allgemeine Gesetze oder Steuern waren nur rechtskräftig, wenn sie auf einer solchen Versammlung beschlossen worden waren. Leider trat der Reichstag nie zusammen, ohne daß es zu fruchtlosen Zänkereien über Vorrang und Wahlrecht kam. Es war oft zweifelhaft, wieviele von den Fürsten, unter denen ein Land aufgeteilt war, im Reichstag wählen konnten. Als die vier Teile Brandenburgs in zwei zusammengezogen worden waren, hatte jeder Fürst zwei Stimmen. Als aber Anhalt sich in vier Teile aufspaltete, mußten seine Vertreter sich in eine Stimme teilen[23]. Wenn schließlich die Aufteilung eines Landes strittig geworden wäre, hätten die Rivalen unweigerlich gleiche Rechte beansprucht, in der Versammlung Verstimmung verursacht und nachher sich blutig befehdet.

Der Entstehung nach war der Reichstag eine beratende Köperschaft, und das Recht der individuellen Abstimmung war auf die ranghöheren weltlichen und geistlichen Fürsten beschränkt. Daher konnte eine verhältnismäßig kleine Zahl von Fürsten eine Mehrheit erzielen und sich über ihre Standesgenossen und die ihnen nicht Gleichgestellten rücksichtslos hinwegsetzen. Einige Fürsten hatten deshalb in letzter Zeit das Recht beansprucht, nicht an Beschlüsse gebunden zu sein, denen sie nicht persönlich zugestimmt hatten. Dieser Vorstoß machte den Reichstag als gesetzgebende Körperschaft des Gesamtreiches völlig wertlos. Wenn der Kaiser Deutschland nicht nur dem Namen nach regieren wollte, mußte er andere Mittel zur Gesetzgebung finden. Er verfiel darauf, mittels Verordnungen zu regieren, und benützte das Ansehen der Dynastie als Druckmittel, wo immer es möglich war. Es war zwar üblich, aber recht unbillig, den Kaiser der Gewaltherrschaft zu beschuldigen, weil er auf diese Weise ohne den Reichstag regierte; denn es war unmöglich geworden, mit ihm zu regieren.

Der Kaiser konnte sich so vom Reichstag freimachen, aber er konnte die Oberaufsicht des Kurfürstenkollegiums nicht umgehen. Obwohl das Ergebnis einer Kaiserwahl gewöhnlich vorauszusehen war, wurden die damit verbundenen Zeremonien nach dem Tode eines Kaisers immer gewissenhaft durchgeführt. Die sieben Kurfürsten waren die eigentlichen Herren des Reiches, denn ohne sie konnte kein Kaiser gewählt werden; nur mit ihrer Zustimmung konnte der Reichstag zusammentreten; sie konnten von ihrem Präsidenten zusammenberufen werden, ohne daß der Kaiser davon Kenntnis hatte, und ihre Beschlüsse waren bindend, ob sie nun die Bestätigung des Kaisers hatten oder nicht. Eine weitere Eigentümlichkeit des Kurfürstenkollegiums entzog es vollständig dem Einflusse der Habsburger: Es gab wohl sieben Kurfürsten, aber nur sechs hatten das Recht, bei den gewöhnlichen Sitzungen anwesend zu sein. Der König von Böhmen, der in Wirklichkeit kein Reichsfürst, sondern ein unabhängiger Nachbarmonarch war, konnte bei der Kaiserwahl stimmen, durfte sich aber sonst nie in die Angelegenheiten des Reiches einmischen. Die böhmische Königswürde war seit vielen Jahren in den Händen der Habsburger. So kam es, daß der habsburgische Thronbewerber wohl immer einer für ihn günstigen Stimme gewiß sein, aber nach seiner Wahl zum Kaiser keinen weiteren Einfluß auf die Beratungen des Kollegiums ausüben konnte. Da der Kaiser vor der Einberufung eines Reichstages die Kurfürsten befragen mußte, ebenso bevor er eine neue Steuer erließ oder eine bestehende abänderte, bevor er anheimgefallenes Land wieder zu Lehen gab oder bevor er ein Bündnis für das Reich schloß oder Krieg erklärte, war ihm keinerlei Recht zu selbständigem Handeln belassen.

Finanz- und Militärangelegenheiten waren ebensowenig seine Sache wie die Gesetzgebung. Für diese Zwecke war das Reich in zehn Kreise geteilt, jeder davon mit seinem Landtag und seinem gewählten Präsidenten. Falls ein Kreis angegriffen wurde, konnte der Präsident zwei

Nachbarkreise um Hilfe ersuchen, und falls sie zu dritt noch immer nicht im Stande waren, sich zu verteidigen, konnten zwei weitere Kreise angerufen werden. Falls auch dies die Lage nicht entspannte, konnten die fünf Kreise dann den Kurfürsten von Mainz ersuchen, die führenden Mitglieder des Reichstags nach Frankfurt zu berufen, eine Form der Versammlung ohne kaiserliche Zustimmung, die »Deputationstag« genannt wurde. Falls diese Versammlung darin übereinstimmte, daß der angegriffene Reichsteil weitere Hilfe benötigte, wandte sie sich an den Kaiser mit dem Ersuchen um einen allgemeinen Reichstag. Infolge dieser erstaunlichen Prozedur konnte eine Reichshälfte zur Gänze in einen Bürgerkrieg oder auswärtigen Krieg verwickelt sein, bevor jemand verpflichtet war, dem Kaiser hiervon auch nur Mitteilung zu machen.

Die Teilung in Kreise schwächte nur die Zentralgewalt, ohne irgendeines der Organisationsprobleme zu lösen. Diese ungewöhnlichen Beziehungen zwischen den Kreisen und ihren einzelnen Mitgliedern verursachten endlose Streitigkeiten, welche die Verantwortung jedes von ihnen für die Verteidigung, die Währung, den Frieden und die Verwaltung auf seinem Gebiet betrafen. Zudem war jeder Kreispräsident, obwohl rechtlich ein Funktionär des Reiches, tatsächlich der mächtigste unter den Fürsten seines Kreises, und seine Politik war daher der Ausfluß seiner persönlichen Meinung. Er konnte kaiserliche Edikte durchführen, aber dazu nicht gezwungen werden. Das Amt des Präsidenten vermehrte nur die Macht, die er als regierender Fürst bereits besaß.

Einzig die Rechtspflege bot dem Kaiser Gelegenheit, einzugreifen, aber auch diese Möglichkeit war beschränkt. Das Reichskammergericht war für alle Berufungen der örtlichen Rechtsbehörden zuständig, mit Ausnahme jener Fälle, und solcher gab es viele, in welchen dem regierenden Fürsten die letzte Rechtsentscheidung vorbehalten war. Falls jedoch das gerichtliche Verfahren verweigert oder verschleppt wurde, auch wenn dies durch den Fürsten selbst geschah, konnte das Reichskammergericht ihm den Fall entziehen. Dieses Recht konnte aber nur dann ausgeübt werden, wenn der Fürst schwach war und die Zentralbehörde starke örtliche Unterstützung fand. Die sonstigen vor das Reichskammergericht gebrachten Fälle waren Streitigkeiten zwischen unmittelbaren Lehensleuten des Kaisers und Friedensbrüche durch Waffengewalt. In diesem Falle war der Kaiser auch berechtigt, Reichstruppen gegen die Rebellen aufzubieten.

Das Reichskammergericht zu Wetzlar bestand aus vierundzwanzig Mitgliedern und einem Präsidenten. In ihren verschiedenen Eigenschaften als deutsche Kaiser, Erzherzöge von Österreich und Herzöge von Burgund hatten die Habsburger die Entscheidung über sechs Ernennungen, während die übrigen achtzehn den Fürsten und Kreispräsidenten überlassen waren. Eine Kommission, die aus einem Kurfürsten, zwei Fürsten, einem Reichsgrafen, einem regierenden Kirchenfürsten, dem Vertreter einer freien Stadt und den Bevollmächtigten des Kurfürsten von Mainz und des Kaisers bestand, trat alljährlich zusammen, um die Erkenntnisse des Gerichtshofes zu überprüfen und dem kodifizierten Gesetze Deutschlands einzuverleiben. Im Jahre 1608 hatte die Wahl eines protestantischen Präsidenten zur Folge, daß die katholischen Mitglieder sich weigerten, ihm die Ausübung seines Amtes zu gestatten. Seither ruhten alle Verfahren, und ihre Wiederaufnahme hing von der Lösung eines unlösbaren Problems ab.

Dieser Schwebezustand förderte das Anwachsen der kaiserlichen Macht. Noch ein anderer Gerichtshof hatte immer bestanden, mit dessen Hilfe der Kaiser Fälle der Thronfolge oder der Besitzrechte regierender Fürsten dem Reichskammergericht entziehen konnte. Das war der Reichshofrat, eine ganz aus kaiserlichen Räten bestehende Körperschaft, die sich mit Fragen der Thronfolge und Privilegien befaßte und über Verbrechen urteilte, die von unmittelbaren Lehensleuten des Kaisers begangen wurden. Das Reichskammergericht hatte nur in denjenigen Fällen das Recht der Strafverfolgung, in denen die Sicherheit des Gesamtreiches durch tatsächliche Revolten oder bewaffnete Reichsfriedensbrüche gefährdet war. Der Zusammenbruch des Reichskammergerichtes verstärkte daher zwangsläufig die Macht des Reichshofrates.

Die Kodifizierung der Reichsverfassung war nicht zu erzielen. Es wurde daher bei jeder Wahl dem neuen Kaiser ein Eid abverlangt, worin die Rechte seiner Untertanen langatmig aufgezählt wurden. Er mußte sich verpflichten, nur im Einverständnis mit dem Reichstag zu regieren und ohne allgemeine Zustimmung keine Ausländer als Reichsbeamte anzustellen, keinen Krieg zu erklären und keine Reichsacht über einen seiner Untertanen zu verhängen. Dieser Eid, die Wahlkapitulationen, erfuhr bei jeder neuen Wahl kleine Änderungen, und es waren immer Präzedenzfälle zu finden, um sich über viele, wenn schon nicht alle gesetzlichen Vorkehrungen hinwegzusetzen. Die Macht des Kaisers beruhte letztlich nicht auf der Verfassung, sondern auf Gewalt.

Das Reichsheer rekrutierte sich aus Kontingenten, die bei den einzelnen Staaten angefordert wurden, und der Sold wurde aus den vom Reichstag bewilligten Geldern bestritten. Diese Subsidien hatten den irreführenden Namen »Römische Monate« — für einen Monat wurden die Kosten des Heeres mit 128 000 Gulden angenommen. Aber sobald es wie üblich als Abschluß eines Streites über die Reichsgewalt zum Kampfe kam, war der Kaiser wahrscheinlich außerstande, ein Heer aufzustellen, wenn er es nicht aus seinen Privatmitteln tat. Da die Hilfsquellen der Habsburger größer waren als die ihrer Vorgänger, hatten sie sich gut im Sattel gehalten.

Wenn auch der Kaisertitel im Jahre 1618 nur noch ein leerer Name war, hatten die Habsburger dennoch nicht die Hoffnung aufgegeben, die mit ihm verbunden gewesene Macht wieder zu verwirklichen. Die so sehr überlieferungsbefangenen Deutschen waren stets von einer geheimen ehrfürchtigen Bewunderung für die Person des Kaisers erfüllt, sogar die verbissensten Exponenten der »deutschen Libertät« – eine Einstellung, die ein kluger Kaiser oft ausnützen konnte.

Der Ausdruck »die deutsche Libertät« war im sechzehnten Jahrhundert sehr beliebt geworden. In der Theorie waren damit die verfassungsmäßigen Rechte der einzelnen Herrscher des Reiches gemeint, in Wirklichkeit bezeichnete er alles, was die Laune oder der Vorteil der Fürsten diktieren konnte, eine ungeschminkte Wahrheit, die der persönlichen Aufrichtigkeit, mit der die meisten von ihnen an ihre eigenen Beweggründe glaubten, keinen Abbruch tut. Der entsprechende Sammelruf innerhalb der kleinen um den Kaiser gescharten Gruppe von Autoritariern war »Gerechtigkeit«; so wurde hier der Nachdruck auf die Regierung gelegt, während dort die Unabhängigkeit betont wurde. Es mußte am Ende zum Bruche kommen.

Eine klare Spaltung zwischen dem Kaiser und den ihm Untergeordneten hätte die Schwere des Unheils verringern können. Es war Deutschlands Verhängnis, daß seine Spaltungen nie klare waren. Die freien Städte fürchteten die Fürsten sogar noch mehr als diese den Kaiser, und obwohl sie der Idee von der »deutschen Libertät« anhingen, bezweifelten sie doch die Aufrichtigkeit der Fürsten in dieser Hinsicht. Voll Argwohn gegen die aristokratischen Landbesitzer, denen sie ihre Freiheit mit Gewalt abgerungen hatten, ließen sie lieber die Dinge auf sich beruhen, statt sich um etwas zu bemühen, das sie mit derjenigen Klasse hätten teilen müssen, der sie mißtrauten. Die katholischen Kirchenfürsten unterstützten den katholischen Kaiser, auf dessen Schutz gegen feindliche und oft irrgläubige Fürsten sie sich verließen. Ein hochentwickeltes Klassenbewußtsein trennte Gutsbesitzer, Bürger, Geistliche und Bauern, so daß das Gemeinwohl den Sonderinteressen geopfert wurde. Die Entwicklung des Militärwesens durch jede dieser Gruppen verschlimmerte die ohnehin schon gefährliche Lage.

Aber selbst unter solchen Umständen waren diese Klassen politisch nicht starr geschieden. Einige freie Städte schauten auf ihre Nachbarn mit verbitterter kaufmännischer Eifersucht. So verboten Lindau und Bregenz das Anlegen von Schiffen, die vorher den andern der beiden Häfen angelaufen hatten; Lübeck blickte mit scheelen Augen auf Hamburgs Wohlstand. Ein schwacher Fürst konnte von einem mächtigen Nachbarn eingeschüchtert werden und beim Kaiser Schutz suchen, oder ein Thronfolgestreit konnte ein Herrscherhaus in Parteien spalten, wie die Dynastien in Sachsen, Hessen und Baden gespalten waren. Persönliche und kleinliche Interessen zersplitterten die Partei der »deutschen Libertät« in zahllose einander befehdende Bruchteile.

Von allen diesen unabhängigen Fürsten, Prälaten, Grafen, Rittern und Herren genoß nur ungefähr ein Dutzend genug Ansehen, um in der europäischen Politik Geltung zu haben; um diese hervorstechenden Männer gruppierte sich der politische Ameisenhaufen des Reiches. Sie waren diplomatisch in einer zweideutigen Lage, da sie auf dem europäischen Schachbrett unbedeutende Figuren waren, daheim aber eine riesenhafte Rolle spielten. Ihre Politik spiegelte sowohl das Kleinliche wie auch die Größe ihrer Zwitterstellung wider, die von angesehener Diplomatie bis zur Hintertreppenintrige reichte, vom Prunk bis zur Knauserei, wie es die Lage gebot.

An erster Rangstelle standen die sieben Kurfürsten. Den Vorsitz im Kurfürstenkollegium führte der Kurfürst von Mainz, der im Verein mit den Kurfürsten von Köln und Trier den Vorrang vor allen deutschen Fürsten hatte. Diese drei vertraten die religiösen Interessen oder besser die der katholischen Kirche in der Reichsregierung, und ihr Ansehen ruhte mehr auf Tradition als auf Macht. Die übrigen vier Kurfürsten waren weltliche Fürsten — der König von Böhmen und die Herrscher der Pfalz, Sachsens und Brandenburgs.

Die Herrschaft über Böhmen und Ungarn war seit fast einem Jahrhundert in der Hand eines Mitglieds des Hauses Habsburg. Außerhalb der kaiserlichen Familie war der Kurfürst von der Pfalz der erste weltliche Fürst Deutschlands. Der Titel hatte sich in der süddeutschen Familie der Wittelsbacher, die einst im Besitz der Kaiserkrone gewesen war, durch viele Geschlechter fortgeerbt. Die Haupt- und Residenzstadt des Kurfürsten von der Pfalz war Heidelberg am Neckar, und sein Besitz umfaßte den größeren Teil des reichen Weingebietes zwischen Mosel, Saar und Rhein, ein unregelmäßiges Dreieck, das mit Territorien der Bischöfe von Speyer, Worms, Mainz und Trier durchsprenkelt war. Das war die Rheinpfalz oder Untere Pfalz; dem Kurfürsten gehörte jedoch auch die Oberpfalz, ein verhältnismäßig armes, landwirtschaftliches Gebiet zwischen der Donau und dem Böhmerwald. Andere Kurfürsten mochten reicher sein, aber der Pfalzgraf besaß zwei der deutschen Schlüsselstellungen, strategisch vorteilhafte Punkte am Rhein und an der Donau, von wo aus er die Verbindungen zwischen den zerstreuten habsburgischen Besitzungen bedrohen konnte.

Die Hauptstadt des sechsten Kurfürsten, des Herzogs von Sachsen, war Dresden, von wo er über die fruchtbaren Ebenen an der Elbe und Mulde herrschte. Es war eine reiche, dicht bevölkerte Provinz mit Leipzig, dem Markt Osteuropas, aus dem das Land seinen Reichtum zog. Eine enterbte ältere Linie derselben Familie regierte in einer Reihe kleinerer sächsischer Staaten – Gotha, Weimar, Altenburg –, die westlich vom Mutterland lagen.

Der siebente Kurfürst, der Markgraf von Brandenburg, hatte die größten, aber ärmsten Besitzungen, die nordöstliche Sandebene Deutschlands ohne die Handelsküste. Die Elbe und die Oder bewässerten sein Land, aber die Mündung der einen lag bei der freien Stadt Hamburg und die der andern in dem abgesonderten Herzogtum Pommern. Zur Hauptstadt hatte dieses dünn bevölkerte landwirtschaftliche Gebiet nur den kleinen, aus Holzbauten bestehenden Ort Berlin mit weniger als zehntausend Einwohnern. Erst 1618 erbte der Kurfürst Preußen mit der schönen Stadt Königsberg. Dieses entlegene Land jenseits der Weichsel gehörte nicht zum Reich, sondern war ein Lehen der polnischen Krone.

Außer den Kurfürsten gab es noch mehrere andere Fürsten von führendem Rang. Der Herzog von Bayern, Herrscher über fast eine Million Untertanen, hatte eine Stellung von unbestrittener Bedeutung. Er war ein entfernter Vetter des Kurfürsten von der Pfalz und das Haupt der jüngeren Linie der Wittelsbacher. Seine Länder bildeten das Bollwerk zwischen Österreich und den mitteldeutschen Fürstentümern. Das Herzogtum Bayern war vorwiegend landwirtschaftliches Gebiet und wies wenige Städte auf, und München glich trotz dem neuen herzoglichen Palast, der Kathedrale und den eindrucksvollen Toren mehr einem zu großen Dorf als einer Hauptstadt.

Der Herzog von Württemberg, der in Stuttgart residierte, der Markgraf von Baden und der Landgraf von Hessen waren ebenfalls Fürsten von einigem Ansehen. Der Herzog von Lothringen, der eine der Einfallsstraßen nach Frankreich beherrschte, spielte in der europäischen Diplomatie eine größere Rolle als in der Politik des Reiches. Die Herzöge von Braunschweig, Fürsten aus dem Geschlechte der Welfen, und weiter östlich die Herzöge von Mecklenburg und Pommern beherrschten die Politik im Norden des Reiches.

## VI

War es schon schwer, zwei deutlich abgegrenzte Parteien in der Frage der Reichsreform zu bilden, wenn so viele Strömungen dem Hauptinteresse der Fürsten zuwiderliefen, so machte die religiöse Uneinigkeit es schließlich unmöglich. Einzig und allein ein gemeinsamer Glaube hatte das zerfallende Reich zusammengehalten. Als der Protestantismus die verbündeten Fürstentümer trennte und die unternehmungslustigen Fürsten sich des neuen Glaubens als einer zusätzlichen Waffe gegen den Kaiser bemächtigten, lösten die Theorien von fünf Jahrhunderten sich in nichts auf.

Im Religionsfrieden von Augsburg wurde 1555 der Grundsatz formuliert *cuius regio eius religio*, auf Grund dessen jeder Reichsfürst befugt war, den katholischen oder den lutherischen Glauben in seinen Ländern mit Gewalt zu verbreiten, so daß Untertanen, die sich widersetzten, auswandern mußten. Dieser außergewöhnliche Kompromiß rettete wohl die Theorie von der religiösen Einigkeit der einzelnen Staaten, zerstörte sie jedoch hinsichtlich des Reiches.

Insoweit hätte der Religionsunterschied eine klarere Scheidung zwischen den Fürsten und dem Kaiser schaffen können, denn die Habsburger standen zum katholischen Glauben und waren bei ihren protestantischen Untertanen nicht beliebt, während die Besitzergreifung von vielen norddeutschen Bistümern durch die Lutheraner die Territorialmacht der Fürsten vergrößerte; aber der innerhalb des ersten Jahrzehnts nach dem Religionsfrieden von Augsburg in Erscheinung tretende Calvinismus zerstörte jede Aussicht auf einen klar umrissenen Streitfall.

»Der calvinistische Drache«, erklärte ein lutherischer Schriftsteller, »ist mit allen Greueln des Mohammedanismus schwanger[24].« Der fanatische Eifer, mit dem einige deutsche Fürsten den neuen Kult annahmen und propagierten, gibt diesem Ausspruch eine gewisse Berechtigung. Besonders der Pfalzgraf war es, der auf die roheste Art kund gab, daß er nicht an die Transsubstantiation glaubte. Eine Hostie in Stücke brechend, rief er spöttisch: »Was du doch für ein Gott bist! Du bildest dir ein, stärker zu sein als ich? Das wollen wir sehen[25]!« In seinen nüchternen, weißgetünchten Konventikelräumen diente eine Blechschale als Taufbecken, und jeder Teilnehmer am Abendmahl hatte seinen eigenen Holzbecher[26]. Der Landgraf von Hessen-Kassel sorgte außerdem dafür, daß möglichst grobes Brot für das Abendmahl verwendet wurde, um seine Untertanen über die materielle Natur des von ihnen Genossenen in keinerlei Zweifel zu lassen[27].

Die Lutheraner waren doppelt bestürzt. Obwohl sie die Symbole des alten Glaubens nicht mehr verehrten, hatten sie sie doch als äußere Zeichen ihres Gottesdienstes aus Pietät beibehalten und hegten vor dem Religionsfrieden, der ihnen ihre Freiheit verbürgt hatte, eine begreifliche Achtung. Sie fürchteten, daß die Calvinisten die ganze protestantische Bewegung in Verruf bringen könnten, und sie waren von panischem Schrecken ergriffen, als die Calvinisten, in krassem Gegensatz zu den Abmachungen von Augsburg, mit rücksichtsloser Gründlichkeit daran gingen, Proselyten zu machen. In einem Fall war der Grundsatz *cuius regio eius religio* einer verständlichen Abänderung unterworfen. Kein regierender Kirchenfürst, Abt, Bischof oder Erzbischof, durfte im Besitz seiner Länder bleiben, falls er zum Protestantismus übertrat. Diese wichtige Bestimmung, der »geistliche Vorbehalt«, wurde von den Calvinisten genauso wenig beachtet wie der Augsburger Religionsfriede selbst, dessen Bedingungen keine andere protestantische Konfession vorgesehen hatten als die lutherische.

Die Lutheraner begannen nun zu fürchten, daß die Augsburger Abmachungen, die ihre rechtliche Existenzgrundlage bildeten, umgestoßen werden könnten. Die Mißachtung kaiserlicher Edikte durch eine Partei, die erklärte, daß alle, die nicht mit ihr seien, gegen sie seien, bedrohte die Lutheraner nicht weniger als die Katholiken, und unter den Fürsten dieser beiden Konfessionen waren ungelenke Gesten freundschaftlicher Regungen zu bemerken. Zwischen demjenigen Flügel der Katholiken, der Kompromissen nicht zugänglich war, und den Calvinisten entstand eine Partei der Mitte.

In einer Hinsicht bestand kein Unterschied zwischen den Konfessionen, dem Katholizismus, dem Luthertum und dem Calvinismus; eine jede wurde vom Fürsten dazu benutzt, seiner Herrschergewalt Nachdruck zu verleihen. Für die Habsburger ging dies noch an, denn sie ließen sich in allen Angelegenheiten unbeirrbar vom Absolutismus leiten, aber bei den Fürsten, die nach Freiheiten riefen, war es ein schreiender Widerspruch, denn sie verlangten vom Kaiser, was sie ihren eigenen Untertanen verweigerten. Die freiheitlichen Bewegungen, die Auflehnungsausbrüche der Kaufleute und Bauern jagten den unglücklichen Herrschern, die zwischen Empörung von unten und Unterdrückung von oben einen unbehaglichen Stand hatten, Furcht ein. Zwei Kämpfe wurden da ausgefochten, der eine zwischen den Fürsten und dem Kaiser, der andere zwischen den Fürsten und dem Volk, und die Fürsten, die dem Anprall von beiden Seiten ausgesetzt waren, hielten in einer Hand die Fackel der Freiheit und in der andern das Schwert des Tyrannen.

Ohne daß sie sich dessen bewußt wurden, zerbrach das natürliche Bündnis zwischen denen, die Gewissensfreiheit forderten, und denen, die politische Freiheit verlangten. Die Religionspolitik der reformierten Fürsten verfälschte die zur Entscheidung stehende naturgemäße Frage und verdunkelte den Charakter des Gegensatzes zwischen den katholischen autoritären Staaten und ihren protestantischen Gegnern, ohne den Gegensatz zu zerstören. Die katholischen Mächte waren im Aufstieg. Ihre Stellung blieb geklärt, während die der Protestanten (der Calvinisten wie der Lutheraner) sich selbst widersprach.

Persönliche Launen oder Gewissensgrübeleien der Herrscher trieben mit dem Wohlergehen ihrer Untertanen Schindluder. Sachsen, Brandenburg und die Pfalz wechselten plötzlich vom Luthertum zum Calvinismus und wieder zurück, und diese Umschwünge hatten Enteignungen, Ausweisungen und Gewalttaten im Gefolge. In der Pfalz zerrte ein calvinistischer Regent das schreiende und widerstrebende Kind eines lutherischen Fürsten, das sein Nachfolger war, in die calvinistische Gemeinde[28]. In Baden, wo der Herrscher starb, als seine Gemahlin schwanger war, ließ der Regent die Witwe in den Kerker werfen und entführte den neugeborenen Prinzen, um ihn in seinem eigenen Glauben zu erziehen[29]. In Brandenburg erklärte der Kurfürst, daß er lieber seine einzige Universität niederbrennen als auch nur eine einzige calvinistische Doktrin an ihr dulden wolle[30]. Trotzdem wurde sein Nachfolger Calvinist und setzte einen Pastor in Berlin ein, worauf der lutherische Mob in das Haus des Neuangekommenen einbrach und es so gründlich plünderte, daß er am folgenden Karfreitag in einem hellgrünen Untergewand predigen mußte, da die Aufrührer ihm sonst nichts gelassen hatten[31].

Die Gebildeten mißbrauchten ihre Schaffenskraft zur Verfassung unflätiger Bücher, die von einem kritiklosen Publikum mit Freuden begrüßt wurden. Die Calvinisten forderten alle wahren Gläubigen zur Gewalt auf und fanden besonderen Gefallen an den mehr blutrünstigen Psalmen. Aber auch die Katholiken und Lutheraner waren nicht frei von Schuld, und Gewalt galt überall als Beweis wahren Glaubens. Die Lutheraner griffen die Calvinisten in den Straßen Berlins an; katholische Priester in Bayern gingen bewaffnet, um sich verteidigen zu können; in Dresden hielt der Mob das Leichenbegängnis eines italienischen Katholiken auf und riß den Leichnam in Stücke; in den Straßen von Frankfurt am Main kam es zu einer Prügelei zwischen einem protestantischen Pastor und einem katholischen Priester, und die calvinistischen Gottesdienste in der Steiermark wurden häufig durch

Jesuiten unterbrochen, die verkleidet unter der Gemeinde anwesend und so geschickt waren, daß sie den Gläubigen als Ersatz für deren Gebetbücher Breviere in die Hände spielten[32].

Solche Dinge geschahen nicht alle Tage und nicht allerorten. Es gab Jahre verhältnismäßiger Ruhe; es gab friedliche Gebiete; es gab Heiraten zwischen den Anhängern aller drei Konfessionen, und Freundschaft und friedliche Besprechungen; aber es gab keine Sicherheit. Der Einzelne mochte großzügig oder gleichgültig sein, der Ortsgeistliche (Priester oder Pastor) ein Mann, den alle Parteien achten konnten und es auch taten; aber überall, öffentlich und im geheimen, war Zündstoff angesammelt, und die Zentralbehörde war zu machtlos oder zu parteiisch, um den Ausbruch des Feuers verhindern zu können.

## VII

Mit einer chronisch kranken Verwaltung und auf einer in Auflösung begriffenen moralischen Grundlage waren das geistige Ansehen Deutschlands und sein gesellschaftliches Leben in Verfall geraten. Hie und da überragte ein großer Mann seine Zeitgenossen turmhoch: der sächsische Komponist Heinrich Schütz, der schlesische Dichter Martin Opitz, der Augsburger Architekt Elias Holl und der württembergische Theologe Johann Valentin Andreae. Aber diese Männer waren Seltenheiten. Obwohl es, besonders unter der herrschenden Klasse, Strömungen zur Verbesserung der Erziehung und zur Förderung einer deutschen Kultur gab, waren die Erfolge gering. Das geistige und soziale Leben Deutschlands, nicht weniger als das politische, war durch die Rivalität Frankreichs und Spaniens in den Schatten gestellt; am kaiserlichen Hof waren Lebensart, Kunst und Kleidung dem spanischen Vorbild angepaßt, an den Höfen von Stuttgart und Heidelberg dem französischen. Dresden und Berlin verachteten fremden Einfluß und büßten dafür geistig ein. Musik, Tanz und Dichtkunst kamen aus Italien, Bilder aus den Niederlanden, Romane und Moden aus Frankreich, Theaterstücke und sogar die Schauspieler aus England. Seinen beredten Aufruf zur Anerkennung der deutschen Sprache als literarischen Ausdrucksmittels schrieb Martin Opitz in lateinischer Sprache, um sicher Gehör zu finden. Eine Prinzessin von Hessen drechselte modische Verse in italienischer Sprache, der Kurfürst von der Pfalz schrieb französische Liebesbriefe, und seine englische Gemahlin fühlte sich nicht bemüßigt, Deutsch zu lernen.

Zu dieser Zeit war Deutschland in ganz Europa durch nichts so sehr berühmt wie durch Essen und Trinken. »Ochsen«, sagten die Franzosen, »hören auf zu trinken, wenn sie nicht mehr durstig sind; die Deutschen fangen dann erst an.« Reisende aus Spanien und Italien waren gleichermaßen erstaunt über die ungeheure Völlerei und den Mangel an Unterhaltungsgabe in einem Land, in dem die Wohlhabenden aller Klassen unter dem ohrenbetäubenden Lärm einer Blechmusik stundenlang bei Schmaus und Trunk saßen[33]. Die Deutschen verwahrten sich nicht gegen diese Anschuldigung. Ein deutsches Sprichwort lautete: »Uns Deutschen fällt's Geld durch den Bauch[34].« »Valete et inebriamini«, pflegte ein lebenslustiger Fürst seine Briefe an Freunde zu schließen[35]. Der Landgraf von Hessen gründete einen Mäßigkeitsverein, aber der erste Präsident starb an Trunksucht[36]. Ludwig von Württemberg, mit dem Beinamen »der Fromme«, trank zwei Herausforderer unter den Tisch. Da er selbst noch nüchtern genug war, um Anordnungen zu geben, ließ er sie auf einem Wagen, zusammen mit einem Schwein, nach Hause schaffen[37]. Dieses Laster hatte sich in allen Gesellschaftsschichten verbreitet. In Berlin brachen angetrunkene junge Kavaliere auf dem Heimweg in die Häuser friedfertiger Bürger ein und jagten sie auf die Straße; auf den Bauernhochzeiten wurde mehr für Essen und Trinken ausgegeben, als in einem Jahr erspart werden konnte, und die Brautpaare kamen öfter betrunken als nüchtern zur Kirche[38]. In Bayern, und mit geringerem Erfolg in Pommern, traf die Regierung wiederholt gesetzliche Maßnahmen, um dergleichen Ausschreitungen zu verhindern[39].

Auf einen solchen Ruf konnte kein vernünftiger Deutscher stolz sein, und doch gab es unter den einfältigeren Patrioten welche, die geneigt waren, die nationale Vorliebe für Braten und Wein zu verherrlichen. Sie beriefen sich auf Tacitus, der von ihren Vorfahren das Gleiche berichtete. Jene besondere Art von rassenmäßigem Nationalismus, die später in Deutschland ihre höchste Blüte erreichte, hatte bereits im sechzehnten Jahrhundert begonnen. Arminius, selbstgefällig zu Hermann germanisiert, war auf dem Wege, ein Nationalheld zu werden, und ein Gelehrter zumindest hatte zu beweisen versucht, daß die gesamte deutsche Rasse von einem vierten, nach der Sintflut geborenen Sohn Noahs abstamme[40]. Das Wort »teutsch« wurde gleichbedeutend mit »aufrecht« und »tapfer« gebraucht, und jeder Herrscher, der an den Bestand des Volkes appellierte, schrieb sich einen besonderen Anteil an deutschem Blut und deutschen Tugenden zu. Das Selbstbewußtsein der deutschen Nation blieb unbeeinträchtigt und war vielleicht die einzige

Gewähr für den Weiterbestand des Staates, dessen kulturelle und politische Lebenskraft erloschen zu sein schien.

Der Kräfteverbrauch im Religionsstreit war nicht die tiefere Ursache für die Unfruchtbarkeit des geistigen Lebens. Die Voraussetzungen, unter denen Deutschlands Größe entstanden war, existierten nicht mehr. Seine Kultur fußte auf den Städten, die aber im Verfall begriffen waren. Die Verkehrsunsicherheit in einem politisch aufgewühlten Lande und der Rückgang des Handels mit Italien hatten Deutschlands Wirtschaftsleben schwer getroffen. Außerdem war seine Währung völlig unverläßlich, denn es gab keine Zentralbehörde zur Überwachung der unzähligen lokalen Münzprägungen; Fürsten, Städte und Prälaten strichen willkürliche Münzgewinne ein. Das sächsische Herrscherhaus unterhielt 45 Münzen, der Herzog von Braunschweig 40; in Schlesien gab es 18 und im niederrheinischen Kreis 67[41].

Inzwischen verschlechterte sich der deutsche Kredit, und gefährliche Spekulationen führten zum Zusammenbruch eines großen Bankhauses nach dem andern. Das Haus Manlich in Augsburg fallierte schon 1573, das Haus Haug ein Jahr später; die größere Firma der Welser brach 1614 zusammen, und auch die weltberühmte Familie der Fugger konnte dem Sturm nicht standhalten, sondern ging kurz darauf mit einem Gesamtverlust von mehr als acht Millionen Gulden in Liquidation[42].

Dabei drosselte die schwedische, holländische und dänische Konkurrenz die Hanse, und in ganz Deutschland zeigten nur Hamburg und Frankfurt am Main eine stetig fortschreitende Blüte.

Der Verfall der Landwirtschaft wog sogar noch schwerer als der der Städte. Zwischen Bauern und Grundherren war nach dem Bauernkrieg das alte Gefühl der wechselseitigen Verbundenheit dem der Furcht voreinander gewichen. Die Grundbesitzer haschten begierig nach jeder Gelegenheit zur Vergrößerung ihrer Macht, und die Leibeigenschaft blieb entweder unverändert oder nahm zu[43]. Die Säkularisierung des kirchlichen Besitzes in Norddeutschland war ein weiterer Zankapfel, da die Bauern, obwohl schon lange protestantisch, für den weltlichen Herrn nicht dieselbe Anhänglichkeit fühlten wie vordem für die Bischöfe und Äbte[44]. Die Moral des kleinen freien Landbesitzers, des Ritters, war zweifellos gesunken; im allgemeinen war er ein fauler, verantwortungsscheuer und anspruchsvoller Herr. Die Jagdleidenschaft der Aristokratie hatte zur Folge, daß schädliches und gefährliches Wild sorgsam gehegt wurde und daß der Bauer seinem Herrn unentgeltliche Dienste bei Jagden leisten mußte, bei welchen ganze Striche bebauten Landes verwüstet wurden[45].

Armut, politische Unruhe, religiöse Zwietracht, widerstreitende Interessen und persönliche Eifersucht bildeten den Zündstoff für einen Krieg. An Feuer fehlte es nicht.

Im Jahre 1608 brachte ein Aufruhr unter den Katholiken und Protestanten der Reichsstadt Donauwörth das Reich für einige Monate an den Rand des Verderbens. Mit kaiserlicher Zustimmung entzog der Reichshofrat der Stadt ihre Rechte und gab den Katholiken die Kirche zurück, welche die Protestanten sich angeeignet hatten. Im protestantischen Deutschland erhob sich ein Sturm der Entrüstung gegen diese Entscheidung, und es wäre zum Kriege gekommen, wenn sich ein Führer gefunden hätte. Aber unter dem Gezänk der Parteien kühlte sich der Streit ab, denn die Städte wollten sich nicht den Fürsten verbünden, und die Lutheraner nicht den Calvinisten.

1609 zwang ein Aufstand in Böhmen den Kaiser, in diesem Land Religionsfreiheit zu garantieren, aber außer der Schwächung des kaiserlichen Ansehens hatte der Vorfall keine unmittelbaren Folgen.

1610 brachte der Tod des Herzogs von Cleve-Jülich, der ohne Erben starb, die dritte und schwerste Krise. Seine Länder Jülich, Cleve, Mark, Berg und Ravensberg waren von der holländischen Grenze bis Köln zerstreut und bildeten eine wesentliche militärische Basis für die Habsburger oder ihre Gegner. Zwei protestantische Thronbewerber traten mit ihren Ansprüchen hervor, und der Kaiser besetzte das Gebiet sogleich mit seinen Truppen, während die Entscheidung noch in der Schwebe war. Er konnte kaum weniger tun, um einen ernsten Zusammenstoß der Rivalen zu vermeiden, aber die protestantischen Fürsten deuteten sein Vorgehen als einen Versuch, die Länder für seine Dynastie zu annektieren, und Heinrich IV. von Frankreich argwöhnte, daß der König von Spanien, in dem Bestreben, sich diese wertvollen Gebiete für seine Operationen gegen die Holländer zu sichern, dem Kaiser dies eingegeben habe. Heinrich IV. verlor keine Zeit; im Verein mit einer Gruppe deutscher Verbündeter bereitete er einen Einfall vor, und nur seine Ermordung verhütete einen europäischen Krieg. Nach dem Tod des führenden Mannes schleppte sich der Streit von einer Verhandlung zur andern fort, bis einer der Bewerber versuchte, das Problem durch seinen Übertritt zum katholischen Glauben zu lösen. Sein Gegner, der Kurfürst von Brandenburg, wurde Calvinist und hoffte, damit die extreme protestantische Partei auf seine Seite zu bringen, was ihn aber in so viele private Schwierigkeiten verwickelte, daß er sich am Ende in eine vorübergehende Regelung fügen mußte, die Jülich und Berg seinem Rivalen zusprach und ihm nur Cleve, Mark und Ravensberg beließ.

Während das Reich von Krise zu Krise taumelte und sich immer mühsamer wieder aufrichtete, sorgten die einzelnen Fürsten für ihre eigene Sicherheit. Starke Verteidigungsvorkehrungen schienen vor allem notwendig, und ein Reisender staunte im Jahre 1610 über die bedrohliche Zurschautragung von Waffen selbst in den kleinsten Städten[46]. Ein englischer Vergnügungsreisender, der in roher Weise jäh aus dem Bereich eines herzoglichen Schlosses entfernt worden war, stellte empört fest, daß die Häuser »dieser minderen Fürsten« von hungrigen, altmodisch ergebenen Hellebardieren und einigen wenigen Scharfschützen bewacht wurden, so daß solche Paläste mehr Gefängnissen als freien und vornehmen Höfen herrschender Potentaten glichen[47]. Die Aufrüstung wurde durch Bündnisse ergänzt, bis das unheildrohende Netzwerk der Feindseligkeit eine Dichte erreichte, die es dem gewiegtesten Staatsmann unmöglich gemacht hätte, zu sagen, wo es schließlich zum Bruch kommen und wie sich die Gegner gruppieren würden. Salomon selbst, sagte der Hauptberater des Kaisers, hätte das deutsche Problem nicht lösen können[48]; innerhalb und außerhalb des Reiches hatte jeder Diplomat seine eigenen Ansichten und handelte danach, während er auf die unvermeidliche Explosion wartete.

## VIII

Als das zweite Jahrzehnt des siebzehnten Jahrhunderts zu Ende ging und das Reich auf seinem Kurs noch immer zwischen gefährlichen Klippen dahintrieb, kam man in Europa allgemein zur Überzeugung, daß der Ablauf des holländischen Waffenstillstandes im Jahre 1621 der Auftakt zu einem Krieg in Deutschland sein werde.

Ambrogio Spinola, der Genueser Feldherr des spanischen Heeres, vollendete mit Umsicht seinen Angriffsplan. Falls er das Menschenmaterial aus der norditalienischen Tiefebene in Flandern einsetzen und seine Verbindungen vom Mailändischen nach Brabant sichern konnte, hatte er seinen Krieg gewonnen. Die Kriegsmacht und die Geldmittel Hollands waren nicht unerschöpflich. Falls er sich auf den Nachschub von spanischem Gold über Genua und das Veltlin verlassen konnte und die Bevölkerung Norditaliens ihm das Kanonenfutter lieferte, konnte er den Feind zur Erschöpfung bringen. Von Mailand nach Brabant führte sein Weg durch das Veltlin, entlang dem Nordufer des Bodensees, durch das Elsaß und nordwärts am linken Rheinufer hinunter durch das Bistum Straßburg. Der Mittel- und Niederrhein war im Besitz freundlich gesinnter Mächte, der Erzbischöfe von Köln und Trier, sowie des neuen Herzogs von Jülich und Berg. Aber zwischen diesen freundlich gesinnten Gebieten von Straßburg und Trier lagen achtzig Kilometer Pfalz unter einem calvinistischen Fürsten. Solange dieser ein Verbündeter der Holländer war, blieb der Landweg am Rhein gefährdet, und spanische Truppen und Gelder würden auf dem Umweg zur See befördert werden müssen und so Spinolas Pläne auf unbestimmbare Zeit verschieben. Die Unterwerfung dieses Landstriches war daher von wesentlicher Bedeutung.

Spinolas von der gegnerischen Partei lange befürchtete Absichten machten die Rheinpfalz zum Angelpunkt der europäischen Politik und brachten ihren jugendlichen Herrscher in die Frontlinie diplomatischer Ränke. Der Kurfürst von der Pfalz stand nicht ganz allein. Die durch den Angriff auf Donauwörth unter den deutschen Städten entstandene Panik, die nach der kaiserlichen Besetzung von Cleve unter den protestantischen Fürsten noch ärger war, hatte es den Ratgebern des Kurfürsten von der Pfalz ermöglicht, wenigstens einige Fürsten zu überreden, ihre Feindseligkeiten beiseite zu stellen und ein Bündnis einzugehen, das unter dem Namen »Union« bekannt ist. Dem Namen nach protestantisch, war die Union in Wirklichkeit überwiegend calvinistisch. Als Kern einer Opposition gegen die Habsburger in Deutschland war sie nicht zu unterschätzen und erfreute sich der moralischen Unterstützung der Venezianer wie auch des finanziellen Beistandes der Holländer. Überdies hatte König Jakob I. von England seine einzige Tochter Elisabeth dem Kurfürsten von der Pfalz, Friedrich V., zur Frau gegeben.

Die für königliche Heiraten geltenden überkommenen Gepflogenheiten waren zu Beginn des siebzehnten Jahrhunderts schon ausgeprägt genug, um die englische Heirat zu einem aufsehenerregenden Ereignis zu machen. Prinzessin Elisabeth, die einzige überlebende Tochter Jakobs I., war eine der höchstgestellten Bräute Europas und war sowohl für den französischen als auch für den spanischen Thronerben in Betracht gekommen, vom König von Schweden ganz zu schweigen. Deutsche Kurfürsten konnten nur selten mit solchen Bewerbern rivalisieren, und die Partei des Kurfürsten fürchtete bis zum letzten Augenblick, daß ihre diplomatischen Bemühungen fehlschlagen könnten. Eine für eine protestantische Heirat bestehende Voreingenommenheit, das nachdrückliche Einschreiten des Prinzen von Wales und die augenblickliche Beliebtheit des angenehmen jungen Freiers beim König und seinen Ministern, bei der Braut und dem Volk von London — dies alles trug dazu bei, der kurpfälzischen Diplomatie zum Sieg zu verhelfen. Der Sieg brachte jedoch keine Früchte, denn England und die Kurpfalz hatten einander widersprechende Ziele. Die Staatsmänner Europas sahen in dem Kurfürsten den Angelpunkt der Habsburgerfrage, den zwangsläufigen Verbündeten der holländischen und protestantischen Regierungen, eine Figur von größter Wichtigkeit, aber doch nur eine Figur auf ihrem Schachbrett. Im Reich aber war er der Führer der protestantischen Partei und der erkorene Verteidiger der »deutschen Libertät«. Er und seine Minister waren Deutsche; nach ihrer Meinung ging es hauptsächlich um die Demütigung des Kaisers, die Festlegung der fürstlichen Rechte und die unbestrittene Religionsfreiheit in Deutschland. Die Feindseligkeit zwischen den Bourbonen und den Habsburgern und der drohende holländische Krieg waren für sie bloße Karten, die sie geschickt ausspielen mußten, um sich den Beistand fremder Mächte zu sichern.

Für den Kurfürsten und seine Freunde war der Unruheherd Europas weder Madrid noch Paris noch Brüssel noch der Haag, sondern Prag; aus einem einfachen Grund: Der regierende Kaiser Matthias war alt und kinderlos, so daß sich bei der nächsten Kaiserwahl eine günstige Gelegenheit bieten würde, die Thronfolge der Habsburger abzubrechen und einer protestantischen Mehrheit im Kurfürstenkollegium eine ausgezeichnete Möglichkeit zu geben, dies zu erreichen. Es gab drei katholische Kurfürsten, die drei Erzbischöfe, und drei protestantische, die von Sachsen, Brandenburg und der Pfalz. Der siebente Kurfürst, der König von Böhmen, war bei vielen Kaiserwahlen immer ein Katholik und immer ein Habsburger gewesen. Aber die böhmische Krone war nicht erblich, sondern eine Wahlkrone, und unter den Böhmen gab es viele Protestanten. Falls ein kühner deutscher Fürst einen Aufstand in Böhmen anzetteln und mit der böhmischen Krone den Habsburgern das Kaiserwahlrecht entwinden konnte, würde die protestantische Partei die katholische im Kurfürstenkollegium mit vier gegen drei Stimmen überstimmen und das Schicksal der kaiserlichen Dynastie besiegeln.

Andeutungen in dieser Richtung wurden zur Zeit der Heirat des Kurfürsten von der Pfalz gemacht[49]. Das böhmische Projekt war daher allen in der Union Zusammengeschlossenen bekannt; während aber die Ratgeber des Kurfürsten erwarteten, daß der englische König zur Verwirklichung dieses Projekts beitragen werde, hatte der König seinerseits angenommen, daß diese abseitigen deutschen Torheiten niemals in die Tatsachenwelt der europäischen Politik Eingang finden würden.

Die Gruppierung zeigte zwei Interessenkreise: die europäische Diplomatie, die einen weiten Kreis um Madrid, Paris, Brüssel und den Haag zog, und die deutsche Diplomatie, die sich um den Besitz der Kaisermacht und der böhmischen Krone drehte. Der Kurfürst von der Pfalz war ein wesentliches Bindeglied zwischen beiden. Selten in der Geschichte Europas hingen so schwerwiegende Folgen vom Charakter eines einzigen Mannes ab.

Kurfürst Friedrich V. war 1618 zweiundzwanzig Jahre alt und im neunten Regierungsjahr. Er war schlank und gut gewachsen, und der besondere Reiz seiner Umgangsformen verstärkte den angenehmen Eindruck seiner Gesichtszüge und schönen Augen[50]. Abgesehen von gelegentlicher Verdrießlichkeit war er ein freundlicher Gastgeber und guter Kamerad, edelmütig und leicht zu erfreuen. Vornehm, vertrauensvoll, nicht fähig, lange zu zürnen, zu hassen oder sich rasch zu entschließen, bemühte er sich gewissenhaft, seine Pflichten zu erfüllen, wenn auch die Freuden der Jagd, des Tennisspiels, des Schwimmens und selbst des Schlafens für ihn Versuchungen waren[51]. Ein ironisches Schicksal hatte ihm keine Laster, aber alle jene Tugenden beschert, die für einen regierenden Fürsten am wertlosesten sind. Er war weder körperlich noch geistig eine starke Natur, und die vornehme Erziehung, die sein ängstliches Wesen hätte aufrütteln[52] und ihn fähig machen sollen, für eine große Sache mit Ausdauer einzutreten, hatte das Wenige an Charakter, das ihm gegeben war, restlos zerweicht.

Seine Mutter, eine Tochter Wilhelms des Schweigers, war ihrem kranken, trunksüchtigen Gatten mit bewunderswert unerschütterlicher Standhaftigkeit ergeben geblieben, aber sie hatte ihren Sohn dem Bereich der unbeherrschten Launen seines Vaters entzogen, indem sie ihn zur Erziehung zu ihrer Schwester nach Sedan sandte, an den Hof des Herzogs von Bouillon, des Gemahls ihrer Schwester, des anerkannten Führers der calvinistischen Partei in Frankreich.

Als sein Vater starb, war Friedrich als ein zurückgebliebener Junge von vierzehn Jahren nach Heidelberg heimgekehrt und hatte seine Erziehung unter der Obhut Christians von Anhalt, der seines Vaters und jetzt sein Kanzler war, vollendet. Der empfindsame und anhängliche junge Prinz ließ sich willig nach den Ideen dieser älteren Personen formen, da er unbeirrbar an die Sendung glaubte, für die sie ihn ausersehen hatten; indem er sein Urteil völlig dem ihrigen unterordnete, wurde es ihm zur zweiten Natur, sich an den Herzog von Bouillon, an seinen Prediger oder an Christian von Anhalt zu wenden.

Keiner dieser Männer besaß die für eine europäische Krise erforderlichen Eigenschaften. Der Herzog von Bouillon war der ungestüme Aristokrat gewesener Tage, tapfer, ritterlich, ehrgeizig, aber ohne jede tiefere Einsicht. Der Prediger Schultz war, wie die meisten seiner Art, ein pedantischer, von der Macht über seinen von Gewissenszweifeln geplagten Herrn berauschter Frömmler.

Christian von Anhalt, der bedeutendste dieser drei Männer, war der Inhaber einer Fürstenwürde, hatte aber das Duodezfürstentum Anhalt-Bernburg Stellvertretern überlassen, um in der Pfalz ein besseres Betätigungsfeld für seine Talente zu finden. Er war ein unglaublich selbstbewußtes, geschäftiges Männchen mit einem Schopf knallroter Haare[53]. Militärisch, administrativ und diplomatisch glänzte er auf eine oberflächliche Weise. Wie großartig, zum Beispiel, hatte er die englische Heirat arrangiert! Er hatte sich aber nicht überlegt, daß der Tag der Abrechnung kommen mußte, wenn es dem englischen König aufging, daß er in einen deutschen Krieg hineingelockt wurde. Was England, die Vereinigten Niederlande, die deutschen Fürsten und später den Herzog von Savoyen betrifft, so beruhte die Diplomatie Christians von Anhalt auf einem sehr simplen Grundsatz: Er versprach immer alles. Er rechnete damit, daß bei Eintritt der deutschen Krise seine Verbündeten ihren Teil des Paktes erfüllen würden, bevor sie von ihm die Einlösung seiner Verpflichtungen verlangten. Er verrechnete sich, denn als es so weit war, hielt nicht eines seiner weit hergeholten Bündnisse stand.

Sein Meisterstück außerhalb Deutschlands war die englische Heirat; innerhalb Deutschlands war es die protestantische Union. Er hatte die durch das Urteil über Donauwörth entstandene Panik benützt, um diesen Bund zu schaffen, und ihn seither aufrecht gehalten. Aber Christian von Anhalt war nicht der Mann, der Vertrauen einflößte, und die Fürsten und Städte der Union verdächtigten ihn bereits, daß er die protestantische Sache und die »deutsche Libertät« zur Vergrößerung der Macht des Kurfürsten von der Pfalz ausnütze. Der Kurfürst war so offensichtlich in der Hand seines Ministers, daß er nichts tun konnte, um diese wachsenden Zweifel zu zerstreuen. Es war Friedrichs Verhängnis, völlig passiv und der Lage ganz und gar nicht gewachsen zu sein, so daß seine Verbündeten mit ihm dem sich auftuenden Abgrund zutrieben und weder Vertrauen faßten, um ihn zu unterstützen, noch einen Anlaß fanden, um mit ihm zu brechen.

Die einzige Entschuldigung für Christians von Anhalt offenkundige Unehrlichkeit ist die, daß er sich ständig selbst täuschte; niemand konnte eine herausforderndere Sicherheit, Herr der Lage zu sein, an den Tag legen als er. Zu diesem Selbstbewußtsein gesellten sich noch andere Eigenschaften, die darauf zielten, die Achtung seines Herrn an sich zu fesseln. Er war ein Ausbund aller privaten Tugenden, ein vorbildlicher

Ehegatte und vergötterter Vater, und sein Haushalt hätte allen deutschen Fürsten ein Vorbild sein können. Es ist leicht erklärlich, wieso der Kurfürst die damalige Etikette so weit verletzte, daß er seinen Minister »mon père« nannte und sich »dero sehr ergebener und dienstbeflissener Sohn« unterschrieb[54].

Ein anderer Einfluß im kurpfälzischen Haushalt, mit dem gerechnet werden mußte, ging von der Kurfürstin Elisabeth aus. Sie vereinigte strotzende Gesundheit und Munterkeit mit Charakter, Intelligenz und Schönheit. Ihre frische Gesichtsfarbe und Beseeltheit, die ihren Liebreiz ausmachten, erscheinen auf den verschmutzten und verblaßten Porträts nur als schwacher Abglanz versunkener Glorie. Die Pracht der nußbraunen Haare, die Feinheit der geröteten Wangen und die flinken Gesten, der wechselvolle Ausdruck der klugen regen Augen und des witzigen Mundes, die den »ungezügelten Humor« widerspiegeln, der ihre Zeitgenossen entsetzte und behexte – sie sind für immer verloren. Ihre Briefe offenbaren in gelegentlichen Streiflichtern eine mutige, leichtbeschwingte Natur und auch einen soliden Kern, Tapferkeit im Verein mit einer Entschlossenheit, an der Starrsinn und Stolz ihren Anteil hatten.

Ein aus den prosaischsten Gründen zustande gebrachter Ehepakt war binnen kurzem zu einer Liebesheirat gediehen. Elisabeth verachtete die Muttersprache ihres Gatten und lernte sie niemals; sie stritt mit seiner Familie und brachte seinen Haushalt durcheinander, aber sie lebte mit Friedrich in ständigen Flitterwochen, gab ihm Kosenamen aus dem damaligen modischen Liebesroman*, sandte ihm kleine Geschenke und schwelgte in den entzückendsten Neckereien und Versöhnungen. Es war aber nicht die Zeit für eine Idylle, und der Kurfürst von der Pfalz war nicht der Mann dafür.

Die protestantische Partei in Europa und die Anhänger der »deutschen Libertät« hatten ihren Blick auf Friedrich und seinen eleganten Hof zu Heidelberg gerichtet. Wer dagegen an die politische und religiöse Sendung der Habsburger glaubte, blickte nach Graz in der Steiermark, wo Erzherzog Ferdinand, ein Vetter des regierenden Kaisers, einen weniger anregenden Hof hielt. Seit dem Tod Philipps II. war in der Familie der Habsburger die Fähigkeit, etwas zu leisten, selten geworden. Sein Nachfolger als Oberhaupt des Hauses, Philipp III. von Spanien, war ein mittelmäßiger, unbedeutender Mann. Seine Tochter, die begabte Infantin

* In seinen Briefen an sie unterschrieb er sich »Céladon«, mit dem Namen des liebeskranken Schäfers in d'Urfées »Astrée«.

Isabella, die an der Seite ihres Gemahls, des Erzherzogs Albrecht, jetzt in den Niederlanden regierte, war als Frau und zufolge ihrer Kinderlosigkeit von einer führenden Rolle in der dynastischen Politik ausgeschlossen. Ihr Vetter, der alte Kaiser Matthias, hatte nur den einen Ehrgeiz, die Krise so lange hinauszuziehen, bis er im Grab in Sicherheit war. Auch er war ohne Nachkommen, und die Familie hatte seinen Vetter Ferdinand von Steiermark zu seinem Nachfolger auserkoren. Die Unterstützung dieser Nachfolge durch Philipp III. war durch ein besonderes Zugeständnis erkauft worden: Ferdinand hatte sich einverstanden erklärt, bei seiner Wahl zum Kaiser die habsburgischen Lehen im Elsaß seinen spanischen Vettern zu übertragen. Das war gleichbedeutend mit einem Versprechen, dem König von Spanien im Krieg gegen die Holländer jede mögliche Hilfe für seine Truppenverschiebungen zu gewähren. Spinola war hinsichtlich der Bedingungen des Vertrages lange vor dem Abschluß zu Rate gezogen worden[55]. Wieder einmal waren die inneren Angelegenheiten Deutschlands mit denen Europas verknüpft.

Ferdinand, der ein Patenkind Philipps II.[56] war, hatte frühzeitig die Absicht gefaßt, das von seinem Paten begonnene Werk zu vollenden. Seine Pflicht gegen die Kirche war ihm als Kind eingeimpft worden, denn er wurde im Jesuitenkolleg von Ingolstadt erzogen. Später unternahm er eine Wallfahrt nach Rom und Loretto, wo die irrige Meinung weitverbreitet war, daß er dort ein Gelübde zur Ausrottung des Irrglaubens in Deutschland getan habe[57]. Ein solches Gelübde hatte er nicht nötig. Er war keine grüblerische Natur, und die Mission, für die man ihn erzogen hatte, war ihm so selbstverständlich wie das Atemholen.

Er war kaum großjährig, als er dem Katholizismus in der Steiermark mit mehr Überzeugung als Behutsamkeit gewaltsam Geltung verschaffte. Die Protestanten bildeten eine so große Minderheit, daß sein Vater sie niemals anzugreifen gewagt hatte; Ferdinand unternahm das Wagnis – Wagnisse waren das Wahrzeichen seines Lebenslaufs. Er erklärte einmal, daß er eher alles verlieren als den Irrglauben dulden wolle, war aber schlau genug, um einzusehen, daß seine eigene Geltung in hohem Maße vom Wachstum des katholischen Glaubens abhing. In seiner Familie glaubte man allgemein, und nicht grundlos, daß jede Opposition gegen die weltliche Regierung von den Protestanten ausgehe[58].

In Ferdinands Politik paarte sich List mit Kühnheit; er grub den Protestanten durch staatsbürgerliche Disqualifikationen den Boden ab, verführte die jüngere Generation durch Erziehung und Propaganda und verstärkte nach und nach den Druck, bis die Protestanten zu spät bemerkten, daß sie nicht länger in der Lage waren, Widerstand zu leisten. Der Triumph dieser Politik in der Steiermark war eine Warnung für Deutschland. Der Religionsfriede von 1555 beruhte nur auf dem Herkommen, denn es war seltsamerweise übersehen worden, ihn zu ratifizieren. Was würde unter einem Kaiser geschehen, dem es beliebte, den Religionsfrieden nicht zu beachten?

Erzherzog Ferdinand, der im Jahre 1618 ein Vierziger war, war ein heiterer, freundlicher kleiner Mann mit rotem Gesicht, der für jedermann ein beruhigendes Lächeln hatte. Freimut und Gutmütigkeit strahlten aus seinen sommersprossigen Zügen und seinen kurzsichtigen, vorstehenden wasserblauen Augen. Rothaarig, gedrungen und geschäftig, war er eine ganz und gar nicht eindrucksvolle Erscheinung, und die Vertraulichkeit seiner Umgangsformen ermutigte seine Höflinge und Diener, ihn auszunützen. Freunde und Feinde waren sich einig, daß er der umgänglichste Mensch war. Seine Herrschaft in der Steiermark war gewissenhaft und gütig; er plante öffentliche Wohlfahrtseinrichtungen für Kranke und Unbemittelte und die kostenlose Beistellung von Verteidigern bei Armenprozessen. Seine Wohltätigkeit kannte keine Grenzen; er hatte ein gutes Personengedächtnis, selbst für den geringsten seiner Untertanen, deren persönliche Sorgen seine wohlgemeinte Neugierde erregten. Seine zwei Hauptleidenschaften waren die Kirche und die Hetzjagd; in der Ausübung seiner religiösen Pflichten war er peinlich genau, und drei- oder viermal in der Woche war er auf der Jagd. Mit seinen Kindern und seiner Gattin verbanden ihn außergewöhnlich glückliche Beziehungen. Nur die Ausübung gewisser morbider Kasteiungen wirft ein unerwartetes Licht auf sein sonst alltägliches Privatleben[59].

Die Öffentlichkeit sowie Privatpersonen schmeichelten dem Erzherzog wegen seiner Tugenden, aber nicht wegen seiner Fähigkeiten. Die meisten seiner Zeitgenossen taten ihn mit wohlwollender Geringschätzung als einen gutmütigen Tropf ab, der ganz unter dem Einfluß seines ersten Ministers, Ulrichs von Eggenberg, stehe. Und doch kann Ferdinands anscheinender Mangel an persönlicher Initiative eine Pose gewesen sein; als junger Mann hatte er von den Jesuiten gelernt, die Last der Verantwortung für politische Entscheidungen auf andere abzuwälzen, um sein eigenes Gewissen nicht zu beschweren[60]. Es scheint, daß er von seinen Beichtvätern keine politischen Ratschläge erhalten hat, und seine Unterordnung unter die Kirche hinderte ihn nicht, an einen Kardinal Hand anzulegen und dem Papste Trotz zu bieten, wenn er eine ihm gerecht erscheinende Sache verfolgte. Im Laufe seines Lebens bog er zu wiederholten Malen ein unglückliches zu einem ihm schließlich vorteilhaften Ereignis um, zog aus einer überwältigenden Gefahr unerwartete Sicherheit und entging siegreich einer scheinbar unvermeidlichen Niederlage. Seine Zeitgenossen, auf die das alles keinen Eindruck machte, sprachen von seinem erstaunlichen Glück[61]. Falls es Glück war, war es sicherlich erstaunlich.

Durch den scheinbaren Widerspruch zwischen Ferdinands wohlbekannter Güte und seiner rücksichtslosen Politik stutzig gemacht, legten seine Zeitgenossen sich die Erklärung zurecht, daß er politisch eine bloße Puppe sei, übersahen jedoch, daß er für eine Puppe erstaunliche Geistesgegenwart und ebensolche Beständigkeit an den Tag legte. Der einzige Umstand, der für diese landläufige Ansicht spricht, ist sein Verhältnis zu Eggenberg. Zweifelsohne war er diesem Minister zugetan, dessen verbindliche Manieren, ruhiges Wesen und klares Urteil ihm sehr zusagten. Wenn Eggenberg krank war, ging Ferdinand immer wieder in sein Schlafgemach, um mit ihm Staatsangelegenheiten zu besprechen[62]. Dies beweist, daß er nichts ohne Eggenbergs Zustimmung unternahm; es beweist aber nicht, daß Eggenberg Ferdinands Politik entwarf. Als viel später ein anderer Minister nach und nach an Eggenbergs Stelle rückte, änderte sich Ferdinands Politik nicht. Daß Ferdinand mehr als einem anderen Mann Eggenberg vertraute und sehr von seinen Ratschlägen abhing, kann nicht bezweifelt werden; aber es war nicht die Unterordnung eines Willens unter einen anderen, wie sie zwischen dem Kurfürsten Friedrich und Christian von Anhalt bestand.

Persönliche Gutmütigkeit und politische Rücksichtslosigkeit schließen einander nicht aus, und wenn Ferdinands Fähigkeiten nicht solche waren, die sich in Gesprächen und Briefen zeigen, so beweist dies noch lange nicht, daß er keine besaß. In Wirklichkeit hoffte man auf ihn oder fürchtete ihn, weil man ihn für ein Werkzeug seiner Dynastie und der Jesuiten hielt, weil man glaubte, daß er durch ein geheimes Gelübde an die Ausrottung des Ketzertums gebunden sei, und weil man meinte, daß er keinen eigenen Willen, sondern nur den der ungeheuren streitbaren Mächte des Katholizismus als Rückhalt habe. Die so dachten, hätten besser daran getan, ihn deswegen zu fürchten, denn er war einer der kühnsten und geradlinigsten Politiker, den die Habsburger jemals hervorgebracht haben.

Ferdinand von Steiermark war der Anwärter auf den Kaiserthron; Kurfürst Friedrich von der Pfalz war das Haupt der Partei der »deutschen Libertät«. Keiner von beiden trat für die Interessengemeinschaft der deutschen Nation ein. Zwischen den Extremen standen zwei Männer, die sich ausschließlich um deutsche Angelegenheiten kümmerten und deren Politik einen mittleren Kurs hielt. Ihre Vorliebe für die eine oder die andere Seite würde den entscheidenden Ausschlag geben. Johann Georg, der Kurfürst von Sachsen, und Maximilian, der Herzog von Bayern, verkörperten die Grundlage dieser möglichen Partei der Mitte, welche die deutsche Nation vom Wrack des Heiligen Römischen Reiches unversehrt in Sicherheit bringen konnte.

Johann Georg, Kurfürst von Sachsen, ein junger Dreißiger, blond, breitschultrig, mit einem rötlichen offenen Gesicht, war in seinen Ansichten konservativ und patriotisch. Er trug einen Bart nach Landesart, hatte kurzgeschorene Haare und verstand kein Wort Französisch[63]. Seine Kleidung war gediegen, einfach und von gutem Geschmack, wie sie einem Fürsten ziemte[64], der auch ein guter Christ und Familienvater war. Seine Tafel war reichlich mit heimischem Wild, Obst und Bier besetzt. Dreimal wöchentlich erschien er mit seinem gesamten Hofstaat, um eine Predigt zu hören und das Abendmahl nach lutherischem Brauch zu nehmen[65]. Im Rahmen seiner Intelligenz lebte er seinen Grundsätzen gemäß ein makelloses Privatleben in einer bedrückend hausbackenen Atmosphäre[66]. Obwohl er von der Jagdleidenschaft besessen war, mangelte es ihm nicht an Kultur, und er hatte Verständnis für Schmuck und Goldschmiedearbeit und vor allem für Musik[67]. Unter seiner Förderung gelang Heinrich Schütz das Wunder der auf eine spätere Zeit vorausdeutenden Verschmelzung deutscher und italienischer Strömungen in der Musik.

Trotz dieser Kulturbedürfnisse war Johann Georg der guten alten deutschen Sitte des Zechens in einem Maße treu geblieben, das Männer von französischer oder spanischer Geisteshaltung und Lebensart, wie Friedrich von der Pfalz und Ferdinand von Steiermark, abstieß. Von Johann Georg, der ausländische Leckerbissen verschmähte, war bekannt, daß er durch sieben Stunden ohne Unterbrechung an der Tafel sitzen und heimische Gerichte in sich hineinstopfen und sie mit sächsischem Bier hinunterspülen konnte, wobei der witzige Anlauf, den er zu einer Konversation nahm, darin bestand, daß er seinen Hofzwerg ohrfeigte oder daß er die Neige aus seinem Krug einem Diener über den Kopf goß, womit er kund tat, daß er ihn frisch gefüllt haben wollte[68]. Er war kein chronischer Säufer; in nüchternem Zustand war er völlig klaren Geistes, und er trank mehr aus Gewohnheit und Geselligkeit als aus Schwäche; aber er trank zu viel und zu häufig. Später wurde es Mode, ihm immer, wenn er eine sinnlose politische Entscheidung getroffen hatte, nachzusagen, daß er nicht mehr nüchtern gewesen sei. In den Berichten, wenigstens eines Gesandten, sind Bemerkungen eingestreut, wie: »Der Wein brachte ihn etwas in Hitze« und: »Er schien mir sehr betrunken«[69]. Das erschwerte den diplomatischen Verkehr mit ihm.

Die Lage aber änderte es nicht, denn, ob betrunken oder nüchtern, Johann Georg war und blieb ein Rätsel. Niemand wußte, auf welche Seite er sich schlagen werde. Vielleicht war es harmlos, die beiden Parteien im unklaren zu lassen, wenn es ihm nur selbst klar war, welche Partei er bevorzugte; leider war er sich darüber ebenso wenig im klaren wie diejenigen, die ihn umwarben. Er wollte vor allem Frieden, einen blühenden Handel und die Geschlossenheit Deutschlands. Im Gegensatz zu Friedrich oder Ferdinand fühlte er sich nicht zu einer Mission berufen und hatte nicht den Wunsch, das gegenwärtige bequeme Leben für zweifelhafte Zukunftswerte aufs Spiel zu setzen. Als er erkannte, daß das Heilige Römische Reich Deutscher Nation vor der Gefahr des Zusammenbruches stand, wußte er dem nur mit Stützungsversuchen zu begegnen. Zwischen den zwei Parteien, die das Reichsgefüge auseinanderrissen, zwischen der »deutschen Libertät« und dem habsburgischen Absolutismus, stand der Kurfürst von Sachsen als Hüter der überkommenen Gemeinschaftsideale. Alles in allem genommen, war er ein Anhänger der konstitutionellen Regierungsform.

Von den drei führenden Männern war er wahrscheinlich der intelligenteste, aber er besaß weder Ferdinands Selbstvertrauen noch Friedrichs Vertrauen auf andere; er war einer von denen, die nicht den Mut zu einem Entschluß aufbringen, wenn sie das Für und Wider einer Sache kennen. Handelte er, dann geschah es aus klugen, ehrenhaften und konstruktiven Beweggründen, aber er handelte immer zu spät.

Zwei Personen beeinflußten ihn nachteilig, wenn auch nicht entscheidend: seine Gemahlin und sein Hofprediger. Die Kurfürstin Magdalena Sibylla war eine Frau von Charakter; sie war tugendhaft, gütig, förmlich und fleißig. Ihr Verständnis war begrenzt. Sie hielt den lutherischen Glauben für den richtigen und war der Meinung, daß die niederen Schichten sich mit ihrer Stellung bescheiden sollten und daß öffentlich angeordnetes Fasten das geeignete Mittel sei, einer politischen Krise zu begegnen. Für die kurfürstlichen Kinder und den kurfürstlichen

Haushalt sorgte sie in bewundernswerter Weise, und es war zum Teil ihr Verdienst, daß ihr Gemahl und sein Volk einander näher kamen, da sie als eine der ersten Fürstinnen erkannte, wie wichtig ein hoher Grad von bürgerlicher Anständigkeit für die Stärkung des Ansehens einer regierenden Familie ist[70].

Der Hofprediger Doktor Matthias Hoë von Hoënegg, ein leicht erregbarer Wiener, entstammte einem vornehmen Hause und hatte zufolge seiner unter Katholiken genossenen Erziehung für deren Ansichten einiges Verständnis[71]; das calvinistische Glaubensbekenntnis enthalte, so sagte er, hundertmal mehr Irrtümer[72]. Doch war er ein aufrichtiger Protestant und, wie sein Herr, ein Anhänger verfassungsmäßiger Regierung. Als ein in gleichem Maße giftiger Schriftsteller und fließender Redner hatte er eine unersättliche Leidenschaft für alles Gedruckte, was sich in seinem sechzehnten Lebensjahr zu zeigen begann[73], und war in ganz Deutschland als Polemiker bekannt. Unter Anspielung auf seinen Namen wurde er von den Calvinisten »der Hoëpriester«[74] genannt. Eingebildet und gesellschaftlich exklusiv, gab der gelehrte Doktor eine bequeme Zielscheibe für Spott ab. Man hatte ihn sagen hören: »Ich kann Gott nicht genugsam danken für die hohen großen Gaben, die seine heilige Allmacht mir verliehen[75].«

Die Nachwelt ist Johann Georg und seinen Ratgebern nicht freundlich gesinnt gewesen. Als Verteidiger einer nebelhaften Verfassung und eines uneinigen Volkes hatten diese Männer eine undankbare Aufgabe, die sie, wie die Ereignisse lehrten, schlecht ausführten. Dem Kurfürsten müssen jedoch einige Eigenschaften zugute gehalten werden, die in der Folgezeit ungewöhnlich genug waren. Er war immer ehrlich, hielt niemals mit seiner Meinung hinter dem Berg und war aufrichtig um den Frieden und das Gemeinwohl Deutschlands bemüht. Wenn er manchmal Sachsen voranstellte und mehr, als ihm gebührte, für sich erraffte, so lag das in der Zeit, und er hat wenigstens niemals einen Fremdling zu Hilfe gerufen. Die Geschichte kennt ihn als einen Mann, der 1620 die Protestanten verriet, 1631 den Kaiser und 1635 die Schweden. Genau genommen, war er fast der einzige, der inmitten des Wirbels feindlicher und verbündeter Pläne eine stetige Politik verfolgte. Wäre er anders gewesen, so hätte er für sein Land einen Mittelweg finden können, um es vor dem Zusammenbruch zu bewahren. Es war eine der wirklichen Tragödien in der deutschen Geschichte, daß Johann Georg kein großer Mann war.

Obwohl Maximilian von Bayern kein Kurfürst war, genoß er von allen deutschen Fürsten im Ausland das größte Ansehen. Ein weitläufiger Vetter des Kurfürsten von der Pfalz, entstammte auch er der Familie der Wittelsbacher, deren Ansehen in einigen Teilen Deutschlands das der weniger alten Familie der Habsburger übertraf. Nach der Meinung seiner Zeitgenossen war er der fähigste Fürst Deutschlands; ein unerschöpflich erfinderischer Mann von ebensoviel Geduld wie Berechnung, hatte er seit der Abdankung seines Vaters in Bayern über zwanzig Jahre regiert und war jetzt, mit 41 Jahren, einer der erfolgreichsten und am wenigsten anziehenden Fürsten Europas. Durch gutes Wirtschaften hatte er in seinen Geldtruhen so große Reserven aufgespeichert, daß er nicht nur die bayrischen Stände beherrschte, wenn er geruhte, sie zusammentreten zu lassen, sondern auch gewohnt war, die finanzielle Hauptlast auf sich zu nehmen und die gemeinsame Politik zu diktieren, wenn er sich mit einem andern Herrscher verbündete.

Von einer kühlen Güte, peinlich genau und unbeugsam moralisch, nahm Maximilian das schwierige Amt des Regierens nicht leicht. Er ließ Spitäler bauen, organisierte die öffentliche Wohlfahrtspflege, förderte die Erziehung und die Künste und flößte seinen Untertanen jenes Gefühl der Sicherheit ein, das von einer stabilen und zahlungsfähigen Regierung ausgelöst wird. Aber auf Ehebruch setzte er die Todesstrafe, verhandelte alljährlich einige Verbrecher an die Galeeren und wohnte Hexenprozessen bei, die sich zum Verhör der Folter bedienten. Er unterhielt ein stehendes Heer und hatte die militärische Dienstpflicht im ganzen Land eingeführt. Selbst in die privatesten Angelegenheiten seiner Untertanen griff er ein: Niemand, nicht einmal ein Adeliger, durfte unter 55 Jahren eine Kutsche besitzen, damit die Zucht seiner Reitpferde und die reiterliche Eignung seiner Untertanen nicht beeinträchtigt wurden. Innerhalb dreier Jahre verordnete er sieben Bekleidungseinschränkungen, damit die Kleidung seiner Untertanen nicht nur anständiger, sondern auch für den Kriegsdienst geeigneter blieb. Es gab keinen Schlupfwinkel, aus dem er nicht ein Verbrechen an den Tag bringen konnte. Aus Empörung über die Sittenlosigkeit unter den Bauern verbot er ihnen das Tanzen und bestand darauf, daß männliche und weibliche Arbeiter nicht unter einem Dach schliefen. Es scheint ihm nicht eingefallen zu sein, daß die Armen wenig Vergnügen haben und nicht immer für ihre Lebensbedingungen verantwortlich sind[76]. Seine Knauserigkeit war in Europa sprichwörtlich[77]. So ließ er das Jahresgeld für seinen alten Vater herabsetzen, da es ihm für einen nicht länger regierenden Fürsten viel zu hoch erschien, zahlte seine Diener zwar regelmäßig, aber kärglich, und herrschte über seinen Hofstaat, indem er Unterwürfigkeit und Angst erweckte.

Weder seine Politik noch seine persönlichen Eigenschaften machten Maximilian anziehend. Die Natur hatte seine Erscheinung besonders stiefmütterlich bedacht; er war schmächtig, mager und klein, hatte mausfarbene Haare und ein fettiges Gesicht, und seine Sprechweise und seine Gesichtszüge ließen erkennen, daß er an adenoiden Wucherungen litt. Seine Umgangsformen waren glatt, seine Konversation war fließend und wohlunterrichtet, aber seine schrille Stimme erschreckte jeden, der darauf nicht gefaßt war. Seiner Gemahlin, einer lothringischen Prinzessin, zu Ehren huldigte er der französischen Mode, deren elegante Schöpfungen jedoch seine körperlichen Mängel kaum verdeckt haben können[78].

Begabter und politisch erfolgreicher als Johann Georg, besaß Maximilian aber nicht die zähe Ehrlichkeit, die bei dem Kurfürsten von Sachsen so vieles aufwog. Seine übertriebene Behutsamkeit hielt ihn von Bindungen ab, wodurch er bei allen, die ihm schmeichelten, falsche Hoffnungen erweckte. Wie Johann Georg war er aufrichtig um das Gemeinwohl Deutschlands bemüht, hatte aber mehr politischen Klarblick und ein richtigeres Urteil. Bei ihm war es weniger zu entschuldigen, wenn er wie Johann Georg seinen persönlichen Vorteil obenan stellte. In dieser Hinsicht haben beide ihre Länder im Stich gelassen, aber Maximilian stets mit einem unverblümteren Egoismus. Niemals lag einem Manne mehr daran, daß andere das Errungene dem allgemeinen Wohl zum Opfer brächten, und niemals wachte ein Mann eifersüchtiger und verhängnisvoller über das von ihm Erreichte.

Durch Heirat war Maximilian mit Erzherzog Ferdinand doppelt verwandt (seine Tante war Ferdinands Mutter, seine Schwester Ferdinands erste Frau); er hatte seine Regierung als eifriger Anhänger der Gegenreformation begonnen, und es hieß, daß in ganz Deutschland seine Länder am freiesten von Ketzerei seien[79]. Im Jahre 1608 war er zur Vollstreckung des über Donauwörth verhängten Urteils auserwählt worden. Durch die ungesäumte Übernahme dieser Aufgabe wollte er zeigen, daß er der kaiserlichen Gewalt unwiderruflich zur Seite stand. So unbeliebt wurde er bei den Verfechtern der »deutschen Libertät«, daß er die katholische Liga fast zum Selbstschutz als Antwort auf Christians von Anhalt protestantische Union gründete.

Später, als die Einmischung Spaniens in Deutschland ihn mit mehr Besorgnis erfüllte, änderte er seine Politik. Zuerst versuchte er, alle habsburgischen Fürsten aus der katholischen Liga zu verdrängen. Dann löste er sie ganz und gar auf und gründete eine neue Liga, die nur aus ihm ergebenen Fürsten bestand. In einem Schreiben an den Kurfürsten von der Pfalz stellte er die Liga als eine rein politische Vereinigung zur Wahrung der Verfassung hin[80] und regte ihre Verschmelzung mit der protestantischen Union in einen Bund ohne konfessionellen Charakter an. Der Vorschlag war damals nicht so lächerlich, wie die spätere Geschichte dieser zwei Körperschaften ihn erscheinen läßt, und es besteht kein Grund, an dem Ernst von Maximilians Absicht zu zweifeln.

Sowohl Katholiken als auch Protestanten munkelten von einem Plan, bei der nächsten Kaiserwahl Maximilian als Gegenkandidaten gegen Ferdinand aufzustellen. Eine solche Ehrung stand mit seinem Ansehen im Einklang; auch war er frei von gefährlichen ausländischen Verpflichtungen. Außerhalb Bayerns hatte er keine besondere Feindseligkeit gegen die Protestanten gezeigt, und gegen den Kurfürsten von der Pfalz war er immer außerordentlich freundlich. Dies würde ihm die Gefolgschaft der drei protestantischen Kurfürsten verschaffen; was die drei rheinischen Bischöfe betraf, so war der von Köln sein leiblicher Bruder, der von Mainz konnte durch den Kurfürsten von der Pfalz eingeschüchtert werden, und der von Trier stand unter dem Einfluß des französischen Hofes[81]. So würden alle, mit Ausnahme des Königs von Böhmen, ihm günstig gesinnt sein. Im Juni 1617 war jedoch Ferdinand zum König von Böhmen gewählt worden. Wenn jemand ihm die Krone entreißen könnte ... Aber das waren eitle Gedankengänge, da Maximilian selbst sich bisher nicht zur Bewerbung entschließen konnte. Er hatte die Wahl, aber seine Vorsicht überwog seine Urteilskraft; es mangelte ihm an der ungehemmten, wenn auch nicht blinden Kühnheit, die weiß, wann und wofür ein Wagnis unternommen werden muß.

Es gab in Deutschland nur wenige andere Fürsten, die etwas zählten. Der Kurfürst Johann Sigismund von Brandenburg, ein calvinistischer Herrscher in einem Land mit vorwiegend lutherischer Bevölkerung, war ein unbedeutender, von Hofintrigen geplagter alter Mann. Außerdem hatte er gerade Preußen als Lehen der polnischen Krone erhalten und wagte nicht den kleinsten Schritt gegen die Habsburger, aus Angst, sie könnten ihren Wachhund, den König von Polen, gegen ihn loslassen. Im allgemeinen segelte er mißmutig im Fahrwasser des Kurfürsten von Sachsen.

Von den drei geistlichen Kurfürsten war Johann Schweikard von Mainz ein kluger, gewissenhafter und friedlicher Mann, der aber außerhalb des Kurfürstenkollegiums wenig Einfluß hatte. Der Kurfürst von Trier war eine solche Null, daß man eine Menge zeitgenössischer Literatur lesen kann, ohne auch nur auf seinen Namen zu stoßen, der allerdings in der Geschichte hervorsticht, denn er hieß Metternich. Von diesem kurfürstlichen Sprößling der Familie kann jedoch nur gesagt werden, daß er nichts zum Glanz des Namens beitrug. Auch der Kurfürst von Köln war ohne Bedeutung, nur daß er der Bruder des Herzogs von Bayern war.

Zu Wien wankte Kaiser Matthias dem Grabe zu. Nach seinem Tode würden sich fürchterliche Dinge ereignen, wie er düster prophezeite. Aber es war ihm nicht einmal die Befriedigung vergönnt, zur rechten Zeit zu sterben. Wie das übrige Europa hatte er sich in der Schätzung des Eintritts der Krise um drei Jahre verrechnet. Den Auftakt zum Krieg gab nicht der Ablauf des holländischen Waffenstillstandes im April 1621, sondern im Mai 1618 der Aufstand in Böhmen.

# EIN KÖNIG FÜR BÖHMEN
## 1617–1619

Wir haben dabey auch ferner bedacht
im Fall wir Uns dieser Göttlichen Vocation entbrochen,
daß Uns dahero gleichsamb alles ferner erfolgtes Blutvergießen
und Landsverderben …
vermutlich wurde beygemessen …

KUNDGEBUNG FRIEDRICHS V.

### I

Das Königreich Böhmen war nur ein kleines Land, aber mit der Krone war die Oberhoheit über die Herzogtümer Schlesien und Lausitz und über die Markgrafschaft Mähren verbunden. Die vier Länder hatten ihre eigenen Hauptstädte: Prag, Breslau, Bautzen und Brünn; ihre eigenen Landstände, und jedes seine besondere Gesetzgebung und Gerichtsbarkeit. In Schlesien wurde Deutsch und Polnisch gesprochen, in der Lausitz Deutsch und Wendisch, in Böhmen Deutsch und Tschechisch, und in Mähren Slowakisch.

Es war zweifelhaft, ob alle oder irgendeines dieser vier Länder zum Gebiet des Heiligen Römischen Reiches gehörten.

Böhmen, das reichste Land, beherrschte die anderen drei. Hier reiften frühzeitig die im übrigen Europa sich regenden Bestrebungen nach religiöser Unabhängigkeit, nationaler Geschlossenheit und politischer Freiheit. Die Tschechen waren von den Deutschen durch die Sprache und von den anderen Slawen durch Religion und Charakter geschieden; voll Selbstvertrauen und erfinderisch, hatten sie sich durch wirtschaftliche Tüchtigkeit frühzeitig einen Ruf erworben, und ihre Volkssagen verherrlichten die Tugenden der Arbeit. Im Christentum waren sie von byzantinischen Missionaren unterrichtet worden, hatten aber die Form des Gottesdienstes ihren Bedürfnissen angepaßt. Als sie später in der katholischen Kirche aufgingen, behielten sie im Gottesdienst ihre Muttersprache bei und erwählten zu ihrem Schutzpatron nicht einen der berühmten Heiligen des Christentums, sondern ihren eigenen König Wenzeslaus, dessen Heiligkeit kaum auf besserer Grundlage als der Liebe des Volkes beruhte.

Unvermeidlich waren sie unter den ersten Gegnern der Herrschaft Roms, wobei sie Europa sogar zwei große Lehrer gaben, Jan Hus und

Hieronymus von Prag, die 1415 bzw. 1416 in Konstanz als Ketzer verbrannt worden waren. Die Reformatoren waren zwar verurteilt worden, ihre Lehren aber machten sich die Tschechen zur nationalen Ehrenpflicht, und als sie in Ziska einen Führer und in dem breiten Berg von Tabor eine Festung fanden, eroberten sie ihr Land zurück. Eine Generation später machte Georg von Podiebrad, der erste nicht-katholische König Europas, die hussitische Religion in Böhmen zur Staatsreligion und ließ über dem Tor jeder Kirche als Sinnbild der Reform einen gemeißelten Kelch anbringen. Das unterscheidende Hauptmerkmal dieser neuen Religion, des Utraquismus, war das nunmehr auch den Laien unter beiderlei Gestalt mögliche Abendmahl; im übrigen unterschied sie sich vom Katholizismus nur in unwesentlichen Einzelheiten. Fünfzig Jahre später überflutete die deutsche Reformation Europa und brachte das Luthertum nach Böhmen, und diesem folgte der Calvinismus.

Um diese Zeit fiel das Königreich Böhmen den Habsburgern zu, unter welcher Dynastie es verblieb. Es war ein gewichtiger Preis, da es durch Landwirtschaft und Handel so reich war, daß seine Steuererträgnisse mehr als die Hälfte der Verwaltungskosten des ganzen Reiches deckten[1]. »Alles zur Notdurft und Annehmlichkeit des menschlichen Lebens Erforderliche war und ist da . . .; die Natur scheint das Land zu ihrem Speicher oder ihrer Kornkammer zu machen«, wie ein Reisender bewundernd bemerkte[2]. Es ist schwer verständlich, warum die Tschechen sich so lange den habsburgischen Königen fügten, die den Reichtum des Landes für fremde Zwecke verwendeten; es war um so außergewöhnlicher, als die Monarchie nicht erblich, sondern ein Wahlkönigtum war.

Böhmen war jedoch im späten sechzehnten Jahrhundert in der ärgsten Verwirrung. Während Utraquisten, Lutheraner und Calvinisten untereinander um Privilegien kämpften, setzten die habsburgischen Könige den Katholizismus wieder als Staatsreligion ein und gewährten den drei anderen Konfessionen lediglich Duldung. Mittlerweile hatte ein Verfall begonnen; die alte, auf Landbesitz beruhende Wertordnung verschwand nur unter Schwierigkeiten in Böhmen, wo sich nicht weniger als vierzehnhundert Adelsfamilien in ein kleines Land teilten und jede von ihnen eine gesellschaftliche Sonderstellung beanspruchte, die mit großen Kosten aufrechterhalten werden mußte[3]. Die meisten dieser Familien waren lutherisch, aber aus Furcht vor der fanatischen calvinistischen Minderheit hielten sie sicherheitshalber zur habsburgischen Regierung, obwohl diese katholisch war. Überdies stand der Adel in gleich schlechten Beziehungen zu den Bürgern wie zu den Bauern[4].

Diese inneren Spaltungen gaben dem habsburgischen Thron eine negative Sicherheit. Dennoch brachte gelegentlich eine Krise alle Böhmen zusammen, denn als im Jahre 1609 Kaiser Rudolf versuchte, den Protestanten die Duldung zu entziehen, protestierte sogar der katholische Adel wegen Privilegsverletzung. Ein drohender allgemeiner Aufstand zwang den Kaiser, den sogenannten Majestätsbrief zu gewähren, mit dem der protestantische Gottesdienst verbürgt und zu seinem Schutze die als »Defensoren« bekannte Körperschaft geschaffen wurde.

Kaiser Rudolf II. machte Prag zu seiner kaiserlichen Haupt- und Residenzstadt. Hier verbrachte er inmitten seiner Astrolabien und Himmelskarten und in seinen Laboratorien die sich umwölkenden letzten Jahre seiner Regierung, während er seinen Marstall mit Pferden füllte, die er niemals ritt, und die kaiserlichen Gemächer mit Konkubinen, die er selten sah und niemals berührte. Er schloß sich stundenlang mit seinen Astrologen und Astronomen ein, während Verordnungen und Depeschen unter dem Staub vieler Wochen ungefertigt auf seinem Schreibtisch lagen. Der lutherische Adel in Böhmen erzwang schließlich seine Absetzung und brachte seinen Bruder Matthias auf den Thron.

Ein unbekannter Politiker schrieb: »Das hiesige Wesen hat ein Peß Ansehen, Alß seye von den Böhmen alleß allem zu Untergang der Chatolischen und gar nicht zu aggrandirung des Königs Matthias angesehen[5].« In Wirklichkeit hatte die lutherische Partei den neuen Herrscher durch Bande der Dankbarkeit an sich binden wollen; allein die katholische Tradition der Habsburger war zu mächtig. Es dauerte nicht lange, bis Matthias gegen den Geist, wenn auch nicht gegen die tatsächlichen Bestimmungen des Majestätsbriefes verstieß. Inzwischen verlegte er seine Residenz nach Wien und verstärkte so die Empörung seiner Untertanen, indem er sie auch noch wirtschaftlich schädigte. Adel und Bürgertum fühlten sich verraten und argwöhnten, daß ihr Land zu einer bloßen Provinz Österreichs degradiert werde[6]. Zur Vergeltung erließ der Landtag in Prag Gesetze, die jedermann, der nicht Tschechisch sprach, die Niederlassung im Lande und die Erwerbung der Staatsbürgerschaft verwehrten[7].

Der böhmische Landtag setzte sich aus den drei Gruppen der Adeligen, der Bürger und der Bauern zusammen, von denen nur die ersten das Wahlrecht hatten, während die anderen als beratende Körperschaften fungierten. Der Adel beruhte einzig auf Landbesitz, dessen Verlust die Einbuße aller Beratungs- und Wahlrechte nach sich zog; umgekehrt erwarb ein Mann zugleich mit Landbesitz auch die Vorrechte des Grundherrn. So bestand der böhmische Landtag aus vierzehnhundert adeligen Grundherren, die, von Ausschüssen der Bürger und Bauern beraten, ihre Befugnisse ausübten. Die Bauern und Bürger, auf welche die Regierung zur Einhebung von Steuern angewiesen war, konnten einen entscheidenden Druck auf die Handlungen des wahlberechtigten Adels ausüben; insbesondere waren die zweiundvierzig freien königlichen Städte wirtschaftlich bedeutend genug, um ihr Wohlwollen erstrebenswert zu machen[8].

Die Landbesitzer waren in zwei Klassen geteilt, die Herren und die Ritter, und jeder der Herren hatte zwei Wahlstimmen; andrerseits waren die Ritter den Herren an Zahl ungefähr dreifach überlegen. Das vollständige Fehlen des Prinzips einer Volksvertretung hat viele Beobachter für die Elemente demokratischer Regierung in den böhmischen Ständen blind gemacht. England, mit einer größeren Bevölkerung, hatte ein Parlament, dessen Mitgliederzahl, Lords und Gemeine zusammengenommen, nicht halb so groß war, und obwohl ein schwacher Ansatz zu gebietsweiser Vertretung vorhanden war, wurde nicht wie in Böhmen versucht, den verschiedenartigen Klasseninteressen Rechnung zu tragen. In der Verfassung Böhmens war nichts faul.

Die Gefahr lag in seinem zu regen politischen und religiösen Leben, in den widerstreitenden Bestrebungen der Religionen und Klassen. Ein Teil trat für nationale Unabhängigkeit ein, ein anderer wollte religiöse Freiheit, ein anderer wieder wollte die Stände mit der tatsächlichen Ausübung der Zentralregierung betrauen. Alle drei hätten sich zusammenschließen können, aber die Bürger fürchteten, daß die Adeligen, die in Kriegszeiten naturgemäß die Führer des Landes waren, einen bewaffneten Aufstand zu ihrem persönlichen Vorteil wenden könnten; die freien Bauern, die unter Bedingungen lebten, die gerade hinreichten, um sie von der Verlockung abzuhalten, ihre geringfügige gegenwärtige Sicherheit für die Hoffnung auf eine bessere Zukunft aufs Spiel zu setzen, fürchteten gleichermaßen die gierigen Städter und die unterdrückerischen Grundherren. Lutheraner, Utraquist, Calvinist, Katholik, jeder fürchtete die Unduldsamkeit der andern. Nationale Unabhängigkeit war in der Tat nur zu erlangen, wenn die eine Dynastie abgesetzt wurde, die, so unbeliebt sie auch war, doch ein Gleichgewicht der Parteien verbürgte.

Aber diese unsichere Neutralität näherte sich rasch ihrem Ende, denn Matthias war kinderlos, und sein Nachfolger in Böhmen, wie im Reich, war voraussichtlich Erzherzog Ferdinand von Steiermark, dessen politische und religiöse Ansichten bereits berüchtigt waren. Niemand zweifelte, daß er mit dem Protestantismus und der volkstümlichen

Regierung in Böhmen wahrscheinlich ebenso durchgreifend verfahren werde, wie er es in der Steiermark getan hatte.

Es blieb abzuwarten, ob die Böhmen wie in der Krise von 1609 imstande sein würden, zueinander zu stehen. Die drei leitenden Ideen Nationalismus, religiöse Toleranz und Demokratie trieben sie gleichermaßen von Ferdinand weg, einem Österreicher, Katholiken und Despoten — aber sie trieben sie nach drei verschiedenen Richtungen. Wenn religiöse Freiheit ihr Panier sein sollte, dann mußten sie die Sache der deutschen Protestanten, die schon im Begriff waren, sich gegen Ferdinand zu einigen, zu der ihren machen; wenn Volksregierung, dann mußten die Adeligen und Bürger gemeinsame Sache machen, um dem künftigen König Verfassungsreformen abzuringen; wenn Nationalismus, dann mußten die Böhmen sich in die offene Revolte stürzen und alles den unmittelbaren Kriegsnotwendigkeiten opfern. Jeder dieser drei Gesichtspunkte wurde im ganzen Lande von einer annähernd gleichen Zahl von Männern vertreten, aber keiner war klar genug erkennbar, um die Ausrichtung einer Partei zu ermöglichen. Alle abgrenzenden Umrisse waren durch persönliche Interessen und örtliche Streitigkeiten verwischt, und die tote Last der Angst ums Hergebrachte war ein Hemmschuh.

Der richtige Mann hätte das Signal zum Sammeln geben können, aber während auf der einen Seite Erzherzog Ferdinand bereit stand, die böhmische Freiheit auf drei Gebieten zu bekämpfen, war in Böhmen niemand da, der durch politische Klugheit jene Elemente vereinigen konnte, die, durch Nationalität, Geburt und Überzeugung begünstigt, in Ferdinand vereint waren. Andreas Schlick, ein Edelmann aus alter Familie, war nach Jahren und Rang der Führer des protestantischen Adels. Graf Schlick war Lutheraner, ein ehrenhafter, friedliebender Kavalier, der sich nützlich machte, indem er die Privilegien seiner Landsleute mit verfassungsmäßigen Mitteln verteidigte. Er war intelligent, mutig, gewissenhaft, aber kein Führer. Er hatte eine zu philosophische Einstellung, zu viel Sinn für Humor und vielleicht auch zu viel zu verlieren. Eine Vergangenheit ehrenhafter staatsbürgerlicher Tradition ließ ihn die Zukunft vom Standpunkt der Sicherheit seiner Söhne sehen.

Infolge dieser Schwäche Schlicks fiel die Initiative einem weniger bedeutenden und weniger intelligenten Mann zu. Heinrich Matthias Graf Thurn war einer jener Menschen, die oft in unruhigen Zeiten von der Rolle der Führerschaft überrascht werden. Er war ein deutschsprachiger Edelmann mit Landbesitz außerhalb Böhmens und einem kleinen böhmischen Gut, das ihm einen Sitz in der Ständeversammlung gab, konnte nicht Tschechisch und war in Italien erzogen worden. Zuerst katholisch, war er Lutheraner geworden und neigte nun zum Calvinismus[9]. Er war Berufssoldat, schnell von Entschluß, energisch, skrupellos im Handeln und nur allzu sehr mit einer Eigenschaft ausgestattet, an der es Schlick gebrach – Selbstbewußtsein. Er hielt sich für einen Diplomaten wie für einen politischen Führer und Feldherrn. Leider besaß er von den Eigenschaften, auf die er so stolz war, nur wenig. Seine Diplomatie war nur Intrige, sein politischer Scharfsinn ein bloßes Herumraten und sein Soldatentum größtenteils Wichtigtuerei. Er war mutig und, nach seinen Begriffen, ehrenhaft, hatte aber weder Takt noch Geduld, Urteil oder Einsicht; zudem war er habgierig, überheblich und prahlerisch, so daß er wohl viele Anhänger, aber nur wenige Freunde hatte.

Die Wahl eines Herrschers für Böhmen hätte nur die Böhmen angehen sollen. Der unselige Umstand, daß ihre Könige auch Kurfürsten des Heiligen Römischen Reiches waren und es durch beinahe ein Jahrhundert im habsburgischen Interesse gewesen waren, machte die Wahl zu einem Ereignis von europäischer Bedeutung; die Böhmen waren an der Regierung ihres Landes interssiert, das übrige Europa aber bloß an der Abgabe einer Stimme bei einer Kaiserwahl.

Nach Absetzung seines Bruders Rudolf war Kaiser Matthias von einer starken politischen Partei des Landes auf den böhmischen Thron gewählt worden. Er hatte diese Partei enttäuscht und dadurch die abermalige Wahl eines Habsburgers zu seinem Nachfolger äußerst fraglich gemacht. In dieser Erkenntnis hatte er die Wahl bis zur zwölften Stunde verschoben und sogar veranlaßt, daß seine Frau Schwangerschaft vortäuschte, um durch diese Ausrede die Frage der Nachfolge offenzuhalten. Eine solche Vorspiegelung war jedoch zeitlich begrenzt, und im Jahre 1617, während er täglich hinfälliger wurde, war eine weitere Verzögerung unmöglich.

Die Lage bot für die Habsburger wenig Hoffnung. Einige von ihnen fühlten, daß Erzherzog Ferdinand nicht der Mann war, dessen Bewerbung ihnen Sicherheit geben konnte. Er war zum mindesten kein Herrscher, der einem vorwiegend protestantischen, ängstlich um seine Privilegien besorgten Land Zutrauen einflößen konnte. Die Spanier wandten mit Recht ein, daß die Bewerbung Ferdinands einen Mißerfolg heraufbeschwören werde, der die Dynastie schädigen könnte. Aber wo war ein anderer Bewerber? Die übrigen österreichischen Erzherzöge waren alle zu alt, um dauernde Sicherheit zu bieten. Die Söhne des spanischen Königs, deren ältester noch ein Knabe war, würden den protestantischen Böhmen nicht weniger verdächtig sein und, als in Madrid erzogene Ausländer, sogar noch weniger Aussicht auf Popularität haben als Erzherzog Ferdinand, der wenigstens Deutsch sprach und Prag besucht hatte. Die Anregung, daß einer der spanischen Prinzen sich um die böhmische Krone bewerben solle, war daher kaum ernst gemeint, und im Juni 1617 erklärte sich die Madrider Regierung einverstanden, dieses Projekt fallen zu lassen, wenn dafür Erzherzog Ferdinand seinem Anrecht auf die habsburgischen Lehen im Elsaß zugunsten der spanischen Krone entsagen wollte. Dies war das berühmte geheime Abkommen, durch welches die gemeinsame Unterstützung der Dynastie für Ferdinand unter der Voraussetzung gewonnen wurde, daß er als König von Böhmen und später als Kaiser spanischen Truppen einen Weg durch Deutschland bahnen würde[10].

So bot die Kandidatur des Erzherzogs Ferdiand den böhmischen Protestanten und den Feinden der Habsburger in Europa Gelegenheit zu einer Gegenkandidatur. Die Notwendigkeit war offenkundig, aber der Kandidat fehlte. Christian von Anhalt hatte während der letzten fünf Jahre für seinen jungen Herrn, den Kurfürsten von der Pfalz, nach dem böhmischen Thron getrachtet, aber alle seine Bemühungen konnten keine Partei schaffen, die stark genug war, um Friedrichs Bewerbung zu unterstützen. Der Kurfürst war Calvinist, noch unerfahren und ohne Ansehen unter den europäischen Fürsten. Natürlich war die hauptsächlich aus Lutheranern bestehende protestantische Partei in Böhmen von der Aussicht, ihn zum König zu bekommen, nicht begeistert. Der einzig mögliche andere Kandidat war der benachbarte Fürst Johann Georg von Sachsen. Als Lutheraner und gereifter, toleranter Herrscher wäre er annehmbar gewesen, aber da er alle Angebote unbeachtet ließ, war es unmöglich, ihn vorzuschlagen.

Mangels eines besseren Kandidaten mußte so die Königswürde an Ferdinand fallen, es sei denn, daß die protestantische Partei die Wahl überhaupt verweigern oder versuchen würde, Bedingungen zu stellen, die der neue König nicht annehmen konnte. Wahrscheinlich hätte Thurn die Wahl auf diese Weise vereitelt, wenn es an ihm gelegen hätte, aber als gewöhnlicher Ritter der Stände hatte er dabei keine Stimme. In diesem kritischen Zeitpunkt fiel die Lenkung der protestantischen Partei in die Hand des Grafen Schlick, und dieser glaubte wie Kaiser Matthias an Verschleppungstaktik. Um nicht eine gefährliche Krise heraufzubeschwören, ließ er die Gelegenheit vorbeigehen, und als über Ferdinands Wahl am 17. Juni 1617 abgestimmt wurde, stimmte er ohne Widerspruch für ihn, und der bestürzte, aber gelehrige protestantische Adel folgte ihm wie ein Mann[11]!

Mit Ausnahme von Jaroslav Martinitz und Wilhelm Slavata, die beide fanatische Katholiken waren, forderten die Mitglieder der Stände am nächsten Tag, daß der erwählte König den Majestätsbrief garantiere. Slavata drängte Ferdinand, sich zu weigern, indem er darlegte, daß das außergewöhnliche Verhalten Schlicks nicht der allgemeinen protestantischen Meinung entsprach. Er hielt den Augenblick für gekommen, um den endgültigen, vernichtenden Schlag zu führen. Kaiser Matthias und sein friedfertiger Berater, Kardinal Khlesl, waren anderer Meinung; beide wollten wirklich, daß Ferdinand den Majestätsbrief garantiere. Selbst wenn er die Protestanten später angreifen wolle, sei es nicht nötig, seine Absichten an die große Glocke zu hängen. Ferdinand selbst zögerte; er dachte nicht einen Augenblick daran, sich an den Majestätsbrief zu halten, aber er war ungewiß, ob der Augenblick für eine offene Erklärung seines Standpunktes günstig wäre. Der Gedanke, den Ketzern auch nur formale Zugeständnisse zu machen, bereitete ihm Gewissensbisse. Gleichzeitig schätzte er Thurn und die Extremisten richtig ein und war sich voll bewußt, daß er nur abzuwarten brauchte, bis diese Partei einen offen feindseligen Akt gegen die Regierung beginge und ihm den notwendigen Vorwand zur Aufhebung der protestantischen Privilegien lieferte. Eine Befragung seines Beichtvaters überzeugte ihn, daß die politische Notwendigkeit tatsächlich ein Abweichen von vollkommener Aufrichtigkeit rechtfertige, und am folgenden Tage garantierte er den Majestätsbrief in aller Form[12].

Für Ferdinands unaufrichtiges Verhalten gibt es keine Rechtfertigung außer der Erwägung, daß eine klare Verweigerung der Garantie des Majestätsbriefes unausweichlich einen allgemeinen Aufstand hervorgerufen hätte. Wie die Dinge lagen, bestand noch immer die Möglichkeit, daß Thurn unter dem Einfluß schlechter Ratschläge aggressiv werden, die protestantische Partei sich hoffnungslos zersplittern und es Ferdinand gelingen konnte, die religiöse Freiheit ohne Blutvergießen zu zerstören, indem er eine Gruppe gegen die andere ausspielte.

Es ist möglich, daß weder Matthias noch Khlesl voll erfaßten, was vorging. Dennoch wurden im Herbst nach der Wahl zwei Verordnungen erlassen. Keine davon stand im Widerspruch zur Verfassung, obwohl beide erkennen ließen, daß Ferdinand bereits die Regierung beeinflußte. Das erste gab den Königsrichtern das Recht, bei allen provinziellen und allgemeinen Versammlungen anwesend zu sein, das zweite brachte jedes für den Druck bestimmte Manuskript in Prag unter die königliche Zensur. Matthias, der die Stadt kurz nachher verließ, ernannte fünf Statthalter, unter ihnen Slavata und Martinitz, aber weder Thurn noch Schlick[13].

In dieser mit Argwohn geladenen Atmosphäre kamen zwei Fälle zur Entscheidung. In Klostergrab, einem Dorf des Erzbischofs von Prag, bauten die Protestanten eine Kirche, wobei sie sich darauf beriefen, daß sie freie Einwohner eines königlichen Gebietes und nicht Untertanen des Erzbischofs seien. Die Forderung nach Gewissensfreiheit wurde so auf gefährliche Weise mit dem Anspruch auf Bürgerrechte verquickt. Die gleiche Verquickung ereignete sich in dem Städtchen Braunau, wo die Protestanten nicht nur eine Kirche bauten, sondern das Holz dafür von den benachbarten Klostergütern stahlen. In beiden Fällen beriefen sie sich darauf, daß sie Kirchen auf königlichem Boden bauten und daß der Majestätsbrief ihnen dieses Recht ausdrücklich zugesichert hatte. Die Regierung entgegnete, daß es zwar Protestanten gestattet sei, auf königlichem Boden zu bauen, der Majestätsbrief jedoch den König nicht hindere, solches Land zu übertragen, und daß er tatsächlich diesen Besitz später der Kirche geschenkt habe und daher die Rechte der Protestanten erloschen seien. Der Protest und die Antwort darauf zeigten die gleiche Vermischung der Ideen; das war nicht nur ein Fall von Protestant gegen Katholik, sondern von Untertan gegen den Herrscher. Hatte der König wirklich das Recht, Land ohne Zustimmung der Untertanen zu übertragen? Die protestantischen Böhmen waren der Meinung, dem sei nicht so, und waren um so nachdrücklicher dieser Meinung, als Matthias während der letzten fünf Jahre auf diese Weise 132 Pfarrgemeinden allein der Gerichtsbarkeit des Erzbischofs von Prag wieder unterstellt hatte[14].

Bei seiner Abreise nach Wien hatte Matthias befohlen, daß etwaigen weiteren Einwendungen der Einwohner von Klostergrab und Braunau, wenn nötig mit Gewalt, entgegengetreten werden müsse. Die katholischen Statthalter machten sich diese Instruktion sogleich zunutze, um einige der widerspenstigeren Bürger einkerkern zu lassen. Wie durch magnetische Kraft strömten die ungeeinten Teile der böhmischen Opposition zusammen: Die Protestanten waren ungehalten über die Vergewaltigung ihrer Privilegien, die Stadtbevölkerung fühlte sich durch einen Angriff auf die Rechte freier Bürger vor den Kopf gestoßen, und der Adel stürzte sich auf die Gelegenheit, die grundherrliche Macht der Kirche zu verkürzen.

Thurn berief eine Zusammenkunft von protestantischen Beamten und Vertretern aus ganz Böhmen ein und verlangte die Freilassung der

Gefangenen. Als sich diese Kundgebung als wirkungslos erwies, drängte er die Defensoren des Majestätsbriefes zur Einberufung einer noch größeren Protestantenversammlung. Diese zweite Zusammenkunft war für den Mai 1618 anberaumt; jetzt war es März. In der Zwischenzeit gingen beide Parteien daran, die Stimmung der Bevölkerung, und besonders die der Einwohner der Stadt Prag, aufzupeitschen. Trotz der kaiserlichen Propaganda versammelten sich die Protestanten am 21. Mai. Es war eine bedrohliche Versammlung von Adeligen, Gutsbesitzern und Bürgern aus allen Teilen des Landes. Die kaiserlichen Statthalter befahlen vergeblich die Auflösung. Erst jetzt erkannten Slavata und Martinitz die Gefahr, in der sie schwebten, und am Abend des 22. Mai entkam ein verkleideter Schreiber, um in Wien unverzüglich Hilfe zu erbitten[15].

Es war zu spät. In der gleichen Nacht forderte Thurn die führenden Adeligen auf, einen Aktionsplan zu entwerfen. Er setzte sich über die Einsprüche Schlicks hinweg, verlangte die Hinrichtung Slavatas und Martinitz' und die Einsetzung einer provisorischen protestantischen Regierung. Die Stadt war in lebhafter Erregung, und als am folgenden Morgen die Abordnung der Protestanten unterwegs zur königlichen Burg auf dem Hradschin gesehen wurde, folgte ihr eine ungeheure Menge. Durch die Tore, die mit ausgebreiteten Schwingen der habsburgische Adler krönte, strömte die Menge in den Schloßhof und, den Vertretern folgend, die Treppe hinauf, durch den Audienzsaal und in das kleine Gemach, in dem die Statthalter saßen. Zwischen dem Ratstisch und der Wand eingeschlossen, vor sich die Menge und hinter sich die kahle Mauer, waren Slavata und Martinitz in der Falle. Keiner von ihnen zweifelte, daß ihre letzte Stunde geschlagen habe.

Hundert Hände zerrten sie zu dem hohen Fenster, rissen die Flügel auf und hoben sie hinauf. Martinitz kam zuerst daran. »Jesus, Maria!«, schrie er und stürzte über das Fenstersims. Slavata leistete länger Widerstand, rief die Heilige Jungfrau an und krallte sich unter einem Hagel von Schlägen an dem Fensterrahmen fest, bis ein Schlag ihn bewußtlos machte und die blutenden Hände sich lösten. Der zitternde Schreiber der beiden hing sich schutzsuchend an Schlick. In ihrem Wutrausch hob die Menge auch ihn hinauf und warf ihn seinen Herren nach.

Einer der Rebellen beugte sich über das Sims und rief höhnisch: »Wir wollen doch sehen, ob ihm seine Maria hilft!« Nach einer Sekunde rief er in einem Gemisch von Zorn und Erstaunen: »Bei Gott, seine Maria hat ihm geholfen«, denn Martinitz regte sich. Plötzlich wurde eine Leiter aus einem nahen Fenster hinabgelassen; Martinitz und der Schreiber strebten unter einem Schauer von schlechtgezielten Wurfgeschossen auf sie zu. Einige von Slavatas Dienern boten dem Mob Trotz und stiegen hinunter, um ihrem Herrn zu helfen. Sie trugen ihn den anderen nach; er war bewußtlos, aber am Leben[16].

Der außerordentliche Zufall, der drei Leben gerettet hatte, war ein heiliges Wunder oder ein komischer Vorfall, je nach der Religion des Beobachters, aber ohne politische Bedeutung. Martinitz floh verkleidet in derselben Nacht, und Slavata verblieb krank und gefangen in dem Haus, in das man ihn getragen hatte. Am selben Abend tat seine Frau vor der Gräfin Thurn einen Kniefall und flehte um Sicherheit für das Leben ihres Mannes, eine Bitte, welche die Dame unter der pessimistischen Bedingung gewährte, daß die Gräfin Slavata ihr nach der nächsten böhmischen Revolution den gleichen Dienst erweisen möge[17].

Mit oder ohne Mord, der Staatsstreich war vollzogen, und da Thurn mit seiner Forderung des Todes der Statthalter sich über viele seiner Anhänger hinweggesetzt hatte, war es für das Gewissen seiner Verbündeten ganz gut, daß ein Kehrichthaufen im Burggraben des Hradschins die Statthalter weich fallen ließ.

Es wurde keine Zeit versäumt, um den Staatsapparat wieder in Ordnung zu bringen. Alle Beamten, die zur Anerkennung der neuen Macht bereit waren, wurden in ihren Stellungen bestätigt, auch wurde vorerst nicht versucht, Katholiken zu verdrängen. Von der protestantischen Versammlung wurde eine provisorische Regierung von dreizehn Direktoren eingesetzt, die dann die Aufstellung eines Heeres von 16 000 Mann unter dem Befehl Thurns zu Lasten des Landes beschloß. Zur Aufklärung Europas veröffentlichten sie eine als »erste Apologie« bekannte Rechtfertigung, welche die Ursachen des Aufstandes darlegte[18]. Nachdem so für die Weiterführung der Zivilregierung und gegen die Möglichkeit eines Krieges Vorsorge getroffen war, wurde die Versammlung fünf Tage nach dem Aufstand und zehn Tage nach der ursprünglichen Eröffnung aufgelöst.

## II

In seiner Schnelligkeit, Wirksamkeit und Mäßigung war es ein geradezu vorbildlicher Aufstand, aber unter einer glatten Oberfläche verbarg der neue Staat verderbliche Elemente. Der Druck, der die verschiedenen Parteien zum Zusammenschluß gezwungen hatte, konnte nicht fortdauern, und als die unmittelbare Krise abflaute, löste sich die Einheitsfront in ihre Bestandteile auf. War es ein Aufstand nur für Religionsfreiheit, oder für nationale Freiheit, oder für die Rechte des Untertanen gegenüber dem Herrscher? In Wirklichkeit wußte das niemand, und jede Partei war bereit, die Interessen der anderen zu opfern, um ihre eigenen zu fördern.

Zudem war das Land nicht einmal während des Aufstandes völlig einig gewesen. Die extremen Katholiken, die in Slavata und Martinitz ihre typischen Vertreter hatten, bildeten wohl nur eine Minderheit, waren jedoch nicht zu unterschätzen. Die ursprüngliche Absicht der neuen Regierung, allen ihren Landsleuten gleiche Rechte zu gewähren, erwies sich als völlig undurchführbar, denn der katholische Adel im ganzen Land, katholische Bürger und selbst katholische Städte — Budweis, Krummau, Pilsen — waren starke Widerstandsherde[19].

Hätte Thurn sich zum Führer des Staates gemacht, hätte er die Proteste seiner Verbündeten erstickt und seine Streitkräfte auf den Kampf für die Unabhängigkeit konzentriert, so hätte der Aufstand wenigstens die nationale Zukunft Böhmens sichern können. Aber die Tradition der Verfassungsgemäßheit war zu stark, und Thurn konnte oder wollte sich nicht über sie hinwegsetzen. Er befehligte das Heer, aber es unterstand den dreizehn Direktoren; diese wieder waren den Ständen unterstellt, die allein den Heeresbedarf bewilligen konnten. Als Ritter hatte Thurn Sitz und Stimme in der Ständeversammlung, aber er weigerte sich, Mitglied des Direktoriums zu werden. Er scheint der Meinung gewesen zu sein, daß die Macht des Direktoriums so lange nur theoretisch bliebe, als Böhmens Sicherheit davon abhinge, ob es sich bewaffnet verteidigen könnte. Er war im Irrtum. Während der dreißig Monate des böhmischen Kampfes blieb er von den nur widerwillig gewährten Subsidien der Stände und eines uneinigen Direktoriums abhängig[20].

Der innere Waffenstillstand mit den Katholiken brach sogleich zusammen. Am 9. Juni wurden die Jesuiten aus dem Lande verwiesen[21], und noch vor dem Hochsommer griff Thurn Krummau an und unterwarf es. Von seinem friedfertigen Ratgeber Khlesl bewogen, bot Kaiser Matthias zunächst eine Amnestie und friedliche Besprechungen[22]. Die Aufständischen lehnten die Erwägung der Angebote trotzig ab, brachten die katholische Meinung Europas gegen sich auf und bestärkten ihre Feinde in dem Glauben, daß ihnen Religion nur ein Deckmantel für ihre nationalen und politischen Beweggründe sei[23]. Allmählich wurde der Aufstand für die Probleme Europas von Bedeutung. In Brüssel und

Madrid fühlte man, daß das Ansehen der Dynastie auf dem Spiel stand. Eilig wurden Geld und Truppen entsandt, um Erzherzog Ferdinand bei der Verteidigung seines Thrones zu helfen[24], während der päpstliche Nuntius in Paris vom Vatikan den Auftrag erhielt, dem König von Frankreich die Gefahr für die böhmischen Katholiken nahezulegen[25].

Erzherzog Ferdinand, der als der erwählte König des aufständischen Landes am meisten zu verlieren hatte, wünschte sich nichts Besseres als den unverzüglichen Beginn eines Kreuzzuges, solange die Begeisterung der katholischen Welt noch nicht verflogen war. Einzig das Siechtum des Kaisers und das beharrliche Verlangen des Kardinals Khlesl nach einem Vergleich standen ihm im Wege. Am 20. Juli 1618 ließ Ferdinand Khlesl festnehmen und als Gefangenen auf das Schloß Ambras bei Innsbruck bringen. Des Kaisers entrüsteter Einspruch verhallte wirkungslos; Ferdinand entschuldigte sich höflich, ließ aber den Kardinal nicht frei. Matthias war gezwungen, dem hartnäckigen Eifer seines Vetters nachzugeben und die Lenkung seiner Politik in Zukunft den Händen zu überlassen, die sie bereits ergriffen hatten.

Noch war kein Monat seit Khlesls Sturz verstrichen, als das erste kaiserliche Heer die böhmische Grenze überschritt. Es kam mit seinem Feldherrn aus Flandern, das Geld aus Spanien; es war unausbleiblich, daß die Aufständischen mit einem Hilferuf an die Feinde Spaniens und Flanderns antworten würden. Thurn, der seine gerühmten diplomatischen Talente zur Verstärkung seiner Tüchtigkeit als Feldherr spielen ließ, hatte dies bereits getan. Aber der Appell an Frankreich wurde kühl von einem König zurückgewiesen, der die dynastische Bedeutung des Aufstandes noch nicht erfaßt hatte und ein zu ergebener Sohn der Kirche war, um protestantische Rebellen zu unterstützen[26].

Andrerseits beeilte sich der Kurfürst Friedrich von der Pfalz, oder wenigstens sein Kanzler Christian von Anhalt, den Angeboten Thurns auf halbem Weg entgegenzukommen. Vor Ende Juni hatte er einen Agenten in Prag und begegnete dem entrüsteten Protest des Kaisers mit der unverfrorenen Erklärung, daß er nur beabsichtige, die Rebellen zu einem Vergleich zu überreden. Sein Botschafter bediente sich zu diesem Zweck des merkwürdigen Mittels, die Böhmen zur Vergrößerung und Verbesserung ihres Heeres zu drängen und ihnen vorzuschlagen, daß Christian von Anhalt den Oberbefehl übernehme[27].

Das waren nicht leere Worte, denn gleichzeitig waren Kuriere von Heidelberg nach Turin, der Hauptstadt des Herzogs von Savoyen, abgegangen, um mit diesem über die Überlassung eines zur Zeit in seinen Diensten stehenden Söldnerheeres zu verhandeln. Der Herzog, ein alter Feind der Habsburger, ergriff hocherfreut die Gelegenheit, ihnen zu schaden, und in Eile wurden Abmachungen unterzeichnet, laut welchen er sich bereit erklärte, die Kosten des Transportes und Unterhaltes eines Heeres für die Böhmen mit dem Kurfürsten von der Pfalz zu teilen[28]. Das gemeinsame Angebot der beiden Fürsten erreichte Prag keinen Augenblick zu früh. Ein kaiserliches Heer war bereits über die Grenze gegangen, und ein zweites war im Begriff, ihm zu folgen. Thurns in Eile rekrutierte Truppen waren nicht erfahren genug, um den flämischen Berufssoldaten standzuhalten, selbst wenn ihre Zahl genügt hätte. Als der Herzog von Savoyen und der Kurfürst von der Pfalz sich erbötig machten, ein voll ausgebildetes Heer beizustellen, das unter dem Befehle Ernst von Mansfelds, eines Feldherrn von europäischem Ruf, nur noch wenige Tagemärsche entfernt war, gab es kein Zögern mehr.

Am 28. August 1618 verließ das zweite kaiserliche Heer Wien, und zwei Tage darauf nahmen die Böhmen die angebotene Hilfe an[29]. Am 9. September vereinigten sich die zwei einfallenden Heere und wären unfehlbar gegen Prag marschiert, wenn sich nicht das Gerücht vom Herannahen Mansfelds verbreitet hätte. Da Thurn die eingefallenen Truppen durch Scharmützel andauernd beunruhigte, zogen sie sich auf Budweis zurück, während Mansfeld mit zwanzigtausend Mann die Grenze überschritt und Pilsen zu belagern begann, das der reichste und bedeutendste Stützpunkt der katholischen Kaisertreuen war. Noch einmal flammte in ganz Böhmen die Begeisterung für die protestantische Sache auf. Nach fünfzehnstündigem verzweifeltem Kampf fiel Pilsen am 21. November[30]. Mit fortschreitendem Winter schlossen Thurn und Schlick, die an der Spitze des heimischen Heeres standen, die flämischen Truppen in Budweis ein und verwüsteten das österreichische Grenzgebiet.

Böhmen war gerettet, und für den Augenblick fragte niemand nach den Kosten; aber es war vom österreichischen Joch nur befreit worden, um an den Kurfürsten von der Pfalz und den Herzog von Savoyen verkauft zu werden. Aus eifersüchtiger Furcht, daß ihr Land von den Habsburgern ausgebeutet werden könnte, gaben es die Aufständischen der Ausbeutung durch die Feinde Habsburgs preis, und das Schicksal Böhmens wurde allmählich in den Mittelpunkt des europäischen Wirbels gezogen.

Während österreichisches Grenzgebiet in Flammen aufging, berief der Kurfürst von der Pfalz eine Tagung der protestantischen Union nach Rothenburg ein. Falls Friedrich oder Christian von Anhalt erwartet hatten, zu ihren Taten beglückwünscht zu werden, wurden sie schwer enttäuscht, denn die Fürsten der Union hielten Vorsicht für den besseren Teil der Tapferkeit und mißbilligten voll Entrüstung alles Geschehene. Sie wollten weder Mansfeld mit bezahlen noch sich in ein Einverständnis mit den Aufständischen einlassen; sie weigerten sich entschieden, auf Friedrichs Vorschlag hin ein gemeinsames Heer auszurüsten, und sie taten ihre Unparteilichkeit dar, indem sie eine Denkschrift veröffentlichten, die sowohl den Kaiser als auch seine Untertanen zu einem Vergleich aufforderte[31].

Wahrscheinlich war niemand von dem Verhalten der Union mehr überrascht als ihr jugendlicher Vorsitzender. Es sind Beweise dafür vorhanden, daß von allen zu Rothenburg versammelten Fürsten Friedrich am wenigsten wußte, worauf seine Politik hinauswollte. Christian von Anhalt hatte nur auf ein einziges Ziel hingearbeitet: Er wollte in Böhmen eine Partei schaffen, die Friedrich zum König wählen würde. Er hatte gehofft, dies vor der Wahl Ferdinands zuwege zu bringen, und hatte nach schwerem Mißerfolg[32] sich auf die neuerliche Gelegenheit gestürzt, welche der Aufstand ihm bot. Es bedurfte keines allzu großen Scharfblicks der Fürsten der Union, um die Pläne Christians von Anhalt zu durchschauen. Sie nahmen seine Politik als solche übel, aber noch mehr, daß er sich anmaßte, ihnen mit wohlgesetzten Worten von der Verteidigung des Protestantismus Sand in die Augen streuen zu können.

Unter den zu Rothenburg Versammelten war Friedrich einer der wenigen, die an Christians Beteuerungen glaubten. Von Anbeginn wollte er Frieden in Böhmen. Die Briefe, die er hierüber an den Kaiser, den König von England und den Herzog von Bayern gerichtet hatte[33], so unaufrichtig sie scheinen mögen, waren tatsächlich der Ausfluß wahrer Einfalt. Friedrich war einundzwanzig, formell großjährig, hatte aber weder den Willen noch den Wunsch, Christian, auf den er in allen Dingen vertraute, zu ersetzen. Dennoch nahm er seine Pflichten ernst, und als der Aufstand in Böhmen ihm von allen Gesichtspunkten aus klargemacht worden war, hatte er zaghaft eine Politik entwickelt. Sein Vorschlag ging dahin, daß die Union ein Heer aufstellen und den Kurfürsten von Sachsen überreden solle, sich ihr in einem Protest an Kaiser Matthias anzuschließen. Er hoffte auf diese Weise zu zeigen, daß die Protestanten in Deutschland geeinigt und letzlich zur Anwendung von Gewalt bereit waren. Sobald dies einmal dem Kaiser klar wäre, so nahm Friedrich an, würde es nicht notwendig sein, Waffengewalt zu gebrauchen. Der Protestantismus in Böhmen würde gewährleistet werden und der Kaiser vor allen zukünftigen Versuchen, auf Deutschland einen Zwang auszuüben, deutlich gewarnt sein.

Friedrichs Plan war die Frucht seiner Jugendlichkeit und seines Optimismus, und Christian hätte ihn wahrscheinlich überzeugen können, daß mit Rücksicht auf Johann Georgs heftige Feindseligkeit gegen die Calvinisten der Plan ganz undurchführbar sei. Aber es war zweierlei, Friedrich davon zu überzeugen, daß sein Friedensplan unbrauchbar war, und ihm zu verstehen zu geben, daß eine Intrige, die böhmische Krone für sich zu gewinnen, die einzige andere Möglichkeit sei. Christian hielt es für einfacher, Friedrichs triviales Projekt zur Verschleierung seiner Privatintrigen zu benützen. Indem er das Vertrauen seines Herrn mißbrauchte, konnte er Botschaftern Instruktionen geben, die Friedrich sicherlich niemals zu Ohren kamen, und den Fürsten, der die besten Absichten hatte, aber nicht weiter nachforschte, in völliger Unkenntnis dessen halten, was in seinem Namen getan wurde[34].

Nach der Versammlung der Union in Rothenburg war die Geheimhaltung nicht länger so leicht. Selbst Friedrich muß gemerkt haben, daß der Argwohn seiner fürstlichen Kollegen einen triftigen Grund hatte, und gegen November 1618 hielt es Christian für geraten, seine Pläne demjenigen zu enthüllen, der in ihnen die Hauptrolle spielen sollte[35]. Ein starker Mann hätte noch immer die Lage retten können, wie gefährdet sie auch war; Friedrich jedoch war nicht stark, und sein Vertrauen zu Christian von Anhalt war zwar erschüttert, aber nicht zerstört. Die Böhmen hatten inzwischen auf die beharrlichen Andeutungen der pfälzischen Gesandten reagiert, und Thurn fragte sie insgeheim, ob sie garantieren könnten, daß ihr Herr die Krone annehme, falls sie ihm angeboten würde[36]. Gleichzeitig wandte sich Christian an den Prinzen von Oranien, damit der den Plan unterstütze, und erkaufte die Gunst des Herzogs von Savoyen mit dem Versprechen, seine Bewerbung um den Kaiserthron zu fördern[37]. Während dieser ganzen Zeit trieb Friedrich, die ohnmächtige dekorative Hauptfigur dieser Ränke, in einem Zustand schwermütiger Verwirrung dem Abgrund zu, dem ihn sein Kanzler so sorglos zusteuerte.

Christian von Anhalt, der die Schachfiguren für einen europäischen Krieg geschäftig in Stellung brachte, wurde von einem Verbündeten unterstützt, dessen Beweggründe fragwürdiger waren als seine eigenen. Ernst von Mansfeld, der Feldherr des Heeres, das Hals über Kopf nach Böhmen zu Hilfe gesandt worden war, war der uneheliche Sohn eines Edelmannes, Peters von Mansfeld, der einst Statthalter in Luxemburg gewesen war. Sein Vater ließ ihn wohl an seinem Hof erziehen, unterband jedoch frühzeitig und brutal die Ansprüche des Knaben, als vollwertiger Sprößling der Mansfeldschen Familie zu gelten, und verletzte damit den empfindlichen Knaben dermaßen, daß dieser sich niemals davon erholte[38]. Geburt und Erziehung machten ihn zum Abenteurer. Die ganze Welt schien ihm eine Auster zu sein, die zu öffnen sein Schwert das geeignetste Werkzeug wäre.

Die militärischen Gepflogenheiten der Zeit waren für ihn einladend. Mit der Entwicklung der Artillerie und ganz besonders der Muskete wurden die durch feudale Aushebung unausgebildeter Bauern geschaffenen Truppen nahezu wertlos. Lediglich Berufssoldaten konnten sich die nötige Genauigkeit der Taktik aneignen. Die Infanterie bestand jetzt aus Pikenieren und Musketieren; die Musketiere waren hauptsächlich für den Angriff bestimmt, die Pikeniere für den Abwehrkampf zur Deckung der Musketiere. Mit der ständigen Verbesserung der Wirksamkeit der Muskete nahm die Bedeutung der Pikeniere entsprechend ab, aber im ersten Viertel des siebzehnten Jahrhunderts waren in einem durchschnittlichen Infanterieregiment beide in ungefähr gleicher Zahl vorhanden. Zur erfolgreichen Handhabung jeder dieser Waffen war eine lange Erfahrung von wesentlicher Bedeutung. Die Reiterei, die ungefähr ein Drittel eines normalen Heeres ausmachte und noch immer bei weitem die wichtigste Waffengattung war, wenigstens für den Angriff, war zum Teil auch mit Lanzen, zum Teil mit Pistolen bewaffnet. Hier verdrängte die Feuerwaffe die Lanze schneller als bei der Infanterie. In regelrechten Schlachten, die das Kernproblem der Kriegführung bildeten, war schlecht geschulte Reiterei schlimmer als wertlos, gut geschulte von höchster Bedeutung, da auf der Ausführung gewisser komplizierter Manöver der Erfolg oder Mißerfolg des ganzen Heeres beruhen konnte[39]. Bis jetzt hatte kein Staat ein System der Dienstpflicht entwickelt, das ein vollausgebildetes Heer dauernd unter Waffen halten konnte. Wenn es zum Krieg kam, sicherte sich eine kluge Regierung sogleich die Dienste eines Feldherrn, der Berufssoldat war.

Solche Berufsmilitärs hielten gewöhnlich einen kleinen Stab von Offizieren, die Fachleute in beschleunigter Rekrutierung und Ausbildung waren. Die Heere, die auf diese Weise ohne Rücksicht auf Nationalität oder Religion aufgestellt wurden, waren der Auswurf der Menschheit oder der Überschuß übervölkerter Gebiete. Die Schweiz und Norditalien zum Beispiel, Länder, welche die gesunde und fruchtbare Bevölkerung, die sie hervorbrachten, niemals ernähren konnten, lieferten bessere Rekruten als die deutschen Staaten, in denen das Bevölkerungsproblem weniger brennend war. Die einmal angeworbenen Soldaten waren nur ihrer Fahne treu. Sie legten den Eid nicht auf die Person eines Führers oder einen Staat, sondern auf die Fahne ab, und wenn die

Fahne in der Schlacht erobert wurde, stand es ihnen frei, ihr zu folgen[40]. Aber selbst Treue zur Fahne war nicht immer selbstverständlich, und es war üblich, daß Kriegsgefangene sich zum Heer des Siegers anwerben ließen, ob ihre Fahne erobert war oder nicht. Überdies diente jeder Soldat nur vertragsmäßig; entschloß er sich bei Ablauf seines Vertrages, es in einem andern Heer zu versuchen, so durfte er das ohne weiteres. Offiziere und Mannschaften wechselten den Dienst ohne Gewissensbedenken und besprachen am abendlichen Lagerfeuer freimütig die Vorzüge eines jeden Dienstes. Der Kaiser zahlte gut, aber es wurde als »harter Dienst« angesehen, »bei jedem Wetter zu kampieren«; der König von Polen zahlte sogar noch besser, aber er verpflichtete sich nicht, das Heer im Winter zu ernähren; die Statthalterin der spanischen Niederlande ließ die Löhnung jenen verlockend erscheinen, die nicht wußten, daß sie den Monat zu sechs bis acht Wochen rechnete; »als der beste Dienst wird der für die Vereinigten Niederlande betrachtet, da er von Dauer ist, und wenn die Soldaten ein Glied verlieren oder dienstuntauglich werden, gebührt ihnen auf Lebensdauer die gleiche Löhnung, die sie zur Zeit der Verwundung hatten[41]«.

Feldherren waren daran gewöhnt, daß ihre Heere während der Wintermonate, oder wenn die Quartiere besonders unwohnlich waren, auf die Hälfte zusammenschrumpften. Theoretisch stand auf Fahnenflucht die Todesstrafe; da aber viele von der Mannschaft, durch die Aussicht auf neue Beute gelockt, im Frühjahr zurückkamen, erschwerten kluge Offiziere ihnen dies nicht durch strenge Verhöre über ihre Abwesenheit.

Mansfelds berufliches Ansehen beruhte auf seiner organisatorischen Tüchtigkeit. Er war kein sehr begabter Taktiker, aber er hatte eine geniale Art, das Geld seiner Auftraggeber aufs vorteilhafteste für die Anwerbung und Unterbringung der Truppen zu verwenden. Er konnte ein Heer in kürzester Zeit aufstellen und zu annehmbaren Kosten erhalten – wenigstens soweit diese den Auftraggebern zur Last fielen. Der Bauernschaft, welcher er die Unterbringung seiner Mannschaften aufbürdete, mögen die Kosten weniger annehmbar erschienen sein.

Da es teuerer kam, ein neues Heer aufzustellen, als ein altes zu unterhalten, begann jeder Söldnerführer nach einer neuen Beschäftigung für seine Leute zu suchen, sobald ein Krieg zu Ende ging. Für Mansfeld, dem im Jahre 1618 nichts anderes übriggeblieben wäre, als seine Truppen zu entlassen, war der böhmische Aufstand Manna in der Wüste. Im Grunde genommen war Mansfeld weniger gefährlich als andere Abenteurer, die ihm in den kommenden Unglücksjahren folgten, da er nicht sehr ehrgeizig war. Sein ganzes Streben ging nach einer anerkannten gesellschaftlichen Stellung und nach einem eigenen kleinen Fürstentum, wohin er sich im Alter zurückziehen konnte. In den Mitteln zu diesem Zweck war er nicht allzu skrupelhaft, denn seine Tugenden waren lediglich die eines Soldaten. Sein Mut, seine Ausdauer und seine Selbstzucht, für die er berühmt war, wurden durch keine sozialen Tugenden im Gleichgewicht gehalten, und einfachste Ehrlichkeit wie Feigheit waren ihm gleichermaßen unbekannt. Das Geld des Kurfürsten von der Pfalz, der Ehrgeiz des Herzogs von Savoyen, der böhmische Aufstand, der Krieg selbst, der ganz Deutschland zu verschlingen drohte, waren nur ebenso viele günstige Zufälle auf dem Pfad seiner Begehrlichkeit. An den Höhenzügen der europäischen Politik sah er nur die Tritte, auf denen er zu seinem persönlichen Ziel emporklettern wollte.

Im Winter, der auf die Einnahme Pilsens folgte, ließ Mansfeld seine Truppen in ihren Quartieren und machte sich auf, um sich über die allgemeine Lage zu unterrichten. Nachdem er Heidelberg besucht hatte, ging er nach Turin, wo er den Herzog von Savoyen in einer mehr als gewöhnlich gehobenen Stimmung antraf. Der Herzog hatte im Februar 1619 seinem Sohn und Erben die Schwester des Königs von Frankreich zur Gemahlin gewonnen. Da er dies irrtümlich für ein Anzeichen hielt, daß die französische Regierung endlich zum Angriff auf Spanien rüstete, schlug der Herzog vor, ihn selbst zum Kaiser und zum König von Böhmen zu machen; dann wolle er den Kurfürsten von der Pfalz mit Ungarn und dem Elsaß beschenken[42]. Mansfeld lag mehr an der unverzüglichen Bezahlung seiner Armee als an der Aufteilung Europas, und es bedurfte der schmiegsamen Diplomatie Christians von Anhalt, der von Heidelberg im März eintraf, um die beiden zu einer Einigung zu bringen. Mansfeld wurde mit der Zusicherung weiterer Unterstützung nach Böhmen zurückgeschickt, und der Herzog von Savoyen war nach acht Wochen fortgesetzter Diplomatie durch einen im üblichen Anhaltschen Geist abgefaßten Bündnisvertrag zufriedengestellt. Karl Emanuel sollte gewißlich das Reich und wahrscheinlich auch Böhmen erhalten, falls er dem Kurfürsten von der Pfalz in der Zwischenzeit beistünde[43].

Etwas von der Begeisterung des Herzogs von Savoyen scheint auf Christian abgefärbt zu haben, denn er war blind gegen die Schwächen seiner Sache. Er nahm die Halsstarrigkeit der Union kaum zur Kenntnis und hielt sich nicht damit auf, an den König von England zu denken. Als ein Botschafter abgesandt wurde, um den Beistand Jakobs I. zu erlangen, erklärte ihm der König in »des Königs Englisch«, das ein

Schottisch war, und in drei Zeilen Vergils, er wolle nichts mit Böhmen zu tun haben. Die Äneis geistreich variierend, zitierte er:

»O praestans animi juvenis, quantum ipse feroci
Virtute exsuperas, tanto me impensius aequum est
Prospicere, atque omnes volventem expendere casus[44].«

Während Christian von Anhalt sich einbildete, eine internationale Allianz aufzubauen, war Erzherzog Ferdinand bestrebt, die schwankende Unterstützung seiner Dynastie wiederzugewinnen. Der König von Spanien und die Statthalter der Niederlande hatten ihm gern geholfen, solange sie glaubten, daß Böhmen leicht zur Ruhe gebracht werden könne. Das Eingreifen Mansfelds hatte diese Ansicht geändert. Im Frühjahr 1618 waren nicht nur die böhmischen Rebellen stark, sondern es wankte auch die Loyalität Mährens, Ungarns, der Lausitz und Österreichs[45]. Schlesien hatte sich bereits dem Aufstand angeschlossen. In Deutschland ging das Gerücht, daß Maximilian von Bayern sich endlich entschlossen habe, als Mitbewerber um die Kaiserwürde aufzutreten, und in Brüssel erwogen Ferdinands ernüchterte Verwandte, ob es nicht klüger wäre, ihn überhaupt zu opfern, da er nur unter großen und vielleicht nutzlosen Kosten gehalten werden könne. Hatte es denn, vom dynastischen Gesichtspunkt aus gesehen, einen Sinn, einem Mann wiederaufzuhelfen, dessen Schwäche ihr Ansehen bedrohen würde und dessen Aussichten auf die Kaiserkrone im Schwinden waren?

Während dieser ganzen Zeit waren Maximilian von Bayern und Johann Georg von Sachsen mit ungeheurem Eifer und in offensichtlich gutem Glauben am Werke, das böhmische Problem vor Matthias' Tod zu lösen. Sollte es zur Kaiserwahl kommen, während der Aufstand noch anhielt, so war zu fürchten, daß die Partei des Kurfürsten von der Pfalz einen verzweifelten Versuch unternähme, die böhmische Stimme ihren Zwecken dienlich zu machen. Johann Georg wie Maximilian beschworen die Aufständischen, ihre Sache dem Schiedsspruch der Fürsten zu unterwerfen[46]. Johann Georg, der ihnen hartnäckig zusetzte, überredete sie endlich, Vertreter zu einer allgemeinen Beratung für den April 1619 nach Eger zu entsenden. Seine Bemühungen waren vergeblich, denn schon vorher riß das letzte schwache Band deutscher Einigkeit.

In der neunten Morgenstunde des 20. März 1619 starb Kaiser Matthias.

## III

Angesichts dieser neuen Lage gewann die radikale Partei in Böhmen sogleich die Oberhand. Man stand von der geplanten Beratung in Eger stillschweigend ab und machte angestrengte Versuche, das Heer zu vergrößern[47], die leeren Kassen zu füllen und Mähren und die Lausitz in den Aufstand hineinzuziehen. Die Ländereien aller kaisertreuen Katholiken, von welchen einige bereits geflohen waren, wurden von der siegreichen Partei beschlagnahmt[48]. Der Abt in Braunau kam knapp mit dem Leben davon[49]. Diese Entwicklung war um so durchgreifender, als Thurn in tödlicher Angst vor einer Spaltung im Land selbst war. Längs der mährischen und österreichischen Grenze lagen Dörfer und Bauernhöfe verwüstet, und die Bauernschaft erhob überall ihre Stimme gegen eine Regierung, die ihre Ersparnisse genommen, ihren Besitz verheert und ihre Söhne rekrutiert hatte. Thurns bodenständiges Heer, zwangsweise ausgehoben, dilettantisch und schlecht befehligt, war ausgehungert, aufrührerisch und unbezahlt. Die Stadtbevölkerung, arm und reich, war zur Zeichnung von Anleihen gepreßt worden, und die willkürliche Wertverringerung der Geldmünzen hatte ihren Handel geschädigt. Prag war von hungrigen und fieberbefallenen Flüchtlingen überfüllt[50].

Am 27. März bot Ferdinand den Aufständischen Straflosigkeit, Schadloshaltung und die Bestätigung ihrer Sonderrechte an, falls sie sich seiner Gnade überantworten wollten[51]. Wie bedrängt sie auch waren, konnten die Stände sich doch nicht entschließen, ihm zu trauen. Ihrer Weigerung folgte in wenigen Wochen der offene Aufstand Mährens, das von panischer Angst um seine Freiheit erfüllt war. In den habsburgischen Ländern hatte ein Erdrutsch eingesetzt. Die Protestanten Ober- und Niederösterreichs kritisierten Ferdinand ganz offen; Kärnten, Krain, ja sogar die Steiermark standen, wie behauptet wurde, vor einer Rebellion[52].

Im übrigen Europa war die Lage für Ferdinand noch düsterer. Die wetterwendische französische Regierung hatte ihr früheres Hilfsangebot zurückgezogen[53]. In Brüssel hatte man sich von Ferdinand abgewendet und sprach davon, Albrecht für den Kaiserthron vorzuschlagen[54]. Er war alt, hatte aber wenigstens die Staaten, in denen er herrschte, mehr in der Gewalt als jene »einfältige verjesuitete Seele«[55], wie sie Ferdinand jetzt verächtlich nannten, der Kaiser werden wollte, während sich seine Länder im Aufstand befanden.

Mittlerweile hatte Thurn, der ein Heer befehligte und durch das Frühjahrswetter und die Hoffnung auf eine Rebellion in Österreich ermutigt war, Mähren von allen Verbündeten Ferdinands gesäubert und war auf Wien marschiert. Dort hatte Ferdinand die Stände von Niederösterreich versammelt. Er wurde mit den Forderungen nach Vertreibung der Jesuiten, nach einer protestantischen Kirche in Wien, Autonomie in Österreich und sofortiger Einstellung des Krieges gegen Böhmen empfangen[56]. Während die Stände tagten, erschien Thurn selbst vor den Mauern Wiens.

Ferdinands Mangel an Vorstellungskraft und sein unbeirrbarer Glaube kamen ihm sehr zustatten. Den langen Sommer über, als in sieben regenlosen, glühendheißen Wochen[57] körperliches Unbehagen die Spannung steigerte, hatte er seine gewohnte gute Laune bewahrt. Er blieb sogar ruhig, als eine wilde Schießerei der Böhmen sein Arbeitszimmer unsicher machte, und war nicht sonderlich bedrückt, als verlautete, daß auch Ungarn in Aufruhr war[58]. Als sein Beichtvater kam, um ihm Trost zuzusprechen, fand er ihn vor dem Kruzifix knien. Ferdinand erhob sich und erklärte mit ungebrochener Zuversicht, daß er dort Rat gesucht habe, wo er allein zu finden sei, und daß er jetzt bereit sei, für die einzig gerechte Sache zu sterben, wenn es notwendig sein sollte. Wie die Wiener nachher behaupteten, hätte Ferdinand nicht ruhiger und zuversichtlicher sein können, wenn der Heiland vom Kreuz zu ihm gesprochen hätte[59].

Fast unmittelbar darauf empfing er eine aufgebrachte Abordnung der Stände, ohne sich in seinem Widerstand und seiner ruhigen Zuversicht beirren zu lassen. Obwohl er wußte, daß Thurn vor den Toren stand, daß sogar die Bevölkerung von Wien sich erheben und die Böhmen einlassen könnte, daß es nur eines kleinen Anstoßes bedurfte, um die zornigen Proteste seiner Untertanen in Gewalttätigkeit ausbrechen zu lassen, weigerte er sich dennoch, den Forderungen nachzugeben[60]. Plötzlich wurde das Geschrei der Ständevertreter durch Pferdegetrappel im Burghof unterbrochen. Wenigstens einer seiner Verbündeten war ihm treu geblieben, sein jüngerer Bruder Leopold von Tirol, der ihm sogleich vierhundert Reiter zu Hilfe gesandt hatte. Es waren vier Kornetts des späteren Dampierreschen Kürassierregiments, die nach Umgehung der nachlässigen Thurnschen Wachtposten jetzt in den Burghof galoppierten. Die Reiter hatten nicht die Absicht, die Ständevertreter gefangenzunehmen oder die Stadt zu terrorisieren, dazu waren ihrer zu wenige; aber der bloße Anblick ihrer Fahne genügte, um die bestürzten Ständevertreter zu verscheuchen und Ferdinand zum Herrn der Lage zu machen[61]. Seine Zuversicht war nicht vergeblich gewesen.

Das Glück hatte sich gewendet. Vier Tage später, am 10. Juni 1619, wurde Mansfeld, als er mit dem größeren Teil seines Heeres auf Budweis marschierte, in der Nähe des Dörfchens Sablat durch die kaiserlichen Truppen abgeschnitten. Er kämpfte sieben Stunden, indem er verzweifelt Kundschafter nach den böhmischen Verstärkungen, die er nahe glaubte, ausschickte, und zog sich erst gegen Abend zurück, wobei er fünfhundert Tote und Gefangene und den größten Teil seines Trosses in Feindeshand zurückließ[62]. An die Wechselfälle des Krieges gewöhnt, bereitete er sofort einen neuen Marsch auf Budweis vor, aber die Bürger von Prag waren so verängstigt, und die Moral des einheimischen Heeres wie auch der Söldner war so erschüttert, daß den Ständen nichts anderes übrigblieb, als Thurn aus Österreich zurückzuberufen. Die beiden Feldherren sahen sich daher zur Verteidigung einer Stadt genötigt, die jetzt von Furcht und Unzufriedenheit ergriffen war.

In dieser schweren Stunde erwies sich der Kurfürst von der Pfalz noch immer als der beste Freund der Aufständischen. Noch am Tag von Sablat hatte er an den Kurfürsten von Sachsen geschrieben und auf die Verschiebung der Kaiserwahl gedrängt, wenigstens bis zur Ordnung der böhmischen Frage[63]; er hatte den nicht offiziell bekanntgegebenen Plan, Frankfurt mit protestantischen Truppen zu besetzen und Ferdinands Kommen mit Gewalt zu verhindern, bis die Wahl vorbei wäre[64]. Dieser Plan hatte aber drei Nachteile: Der erste war, daß sich kein Gegenkandidat gegen Ferdinand finden ließ, denn der Herzog von Savoyen war nicht ernst zu nehmen, und Maximilian von Bayern hatte abgelehnt; der zweite Nachteil war, daß Johann Georg von Sachsen die Wahl nicht verschieben wollte; und der dritte, daß von allen Männern in Deutschland Friedrich am wenigsten zur Ausführung eines Planes geeignet war, der Kühnheit und Entschlossenheit erforderte.

Die Schlacht von Sablat, der erste katholische Sieg, hatte Rückwirkungen außerhalb Böhmens zur Folge. Der Kreuzzugsgeist lebte wieder auf, und es strömte Ferdinand nun eine Gefolgschaft mit ebensoviel Begeisterung zu, wie sie ihn vorher geflohen hatte. In Frankreich triumphierten nach einigen Wochen des Zweifels die religiösen Überzeugungen des jungen Königs über sein politisches Urteil, und er war einverstanden, Ferdinands Wahl auf den Kaiserthron durch Ausübung des nötigen Druckes auf den Kurfürsten von Trier zu fördern[65]. In Deutschland erklärte sich unter dem Vorsitz Maximilians von Bayern die katholische Liga im böhmischen Streit für Ferdinand[66].

Gegen Ende Juli trafen die Kurfürsten oder ihre Vertreter zur Wahl in Frankfurt ein. Dort war die Luft voll von Gerüchten, und Ferdinands berittenes Gefolge — er war einem vom Pfalzgrafen lässig gelegten

Hinterhalt ausgewichen – wurde von den Bürgern tätlich angegriffen, weil es glaubte, er wolle die Kurfürsten einschüchtern. Der Kurfürst von Köln dämpfte den Aufruhr auf diplomatische Weise, indem er Ferdinand für die Zeit bis zum Wahltag zur Jagd in die Nachbarschaft einlud[67].

Inzwischen unterzeichneten am 31. Juli 1619 die Lausitz, Schlesien und Mähren, im Namen ihrer nationalen Selbständigkeit und des protestantischen Glaubens[68], die Bedingungen einer gemeinsamen Konföderation mit Böhmen. Kurfürst Friedrich gab sich einem unverantwortlichen Jubel hin, als er seiner Frau von einem sonnigen Sitz »oben auf dem Kleinen Turm« zu Amberg schrieb: »Sie haben sich auf viele Bedingungen geeinigt, die Ferdinand kaum gefallen werden[69].« Nachdem seine Zweifel von Christian eingeschläfert worden waren, fühlte er sich wieder zuversichtlich und sicher.

Kurz nach der Kunde von dieser Konföderation erreichten Ferdinand noch schlimmere Neuigkeiten. An der äußersten Grenze seiner Länder hatte noch ein Feind zu den Waffen gegriffen. Das kleine Fürstentum Siebenbürgen an der nordöstlichen Grenze von Ungarn diente als Bollwerk zwischen den habsburgischen Besitzungen und den Türken; seine Fürsten, obwohl rechtlich Vasallen der ungarischen Krone, waren in Wirklichkeit unabhängig, da sie als Verbündete zu wertvoll waren, um schlechtweg als Untertanen behandelt zu werden. Bethlen Gabor war seit 1613 Fürst von Siebenbürgen. Sein Weg zum Thron war krummlinig, voller Intrigen und, wie seine Feinde sagten, mit Mord befleckt gewesen. Seine Methode, den Thron zu behaupten, war roh, aber erfolgreich, denn er wehrte innere Unruhen fast jedes Jahr dadurch ab, daß er seine erregbaren Untertanen in den Krieg führte. Ein glänzender Soldat und verschlagener Diplomat, wechselte er zwischen Kriegen und Bündnissen bald mit den Türken, bald mit den Polen und bald mit dem Kaiser. Da er nicht nur dem Namen nach, sondern auf seine merkwürdige Art sogar ein sehr frommer Calvinist war, lieferte ihm die Not der böhmischen Protestanten den vollen Vorwand, den er für seinen Sommerfeldzug im Jahre 1619 brauchte. So kam der dunkelhäutige kleine Tatar, während Ferdinand auf dem Weg nach Frankfurt war, mit seinen ergebenen Anhängern über die Grenze nach Ungarn marschiert. Ungarn, das halb protestantisch war, erhob sich sogleich; Rebellen standen auf allen Seiten auf, um das Joch des abwesenden Ferdinand abzuwerfen. Es dauerte nur wenige Wochen, bis Thurn mit diesem neuen Freund in Verbindung trat, und am 20. August 1619 unterzeichneten sie ein Angriffs- und Verteidigungsbündnis.

Nur einen Tag vorher hatten die konföderierten Staaten Böhmen, Mähren, Schlesien und die Lausitz erklärt, daß die Wahl Ferdinands ungültig und er nicht mehr ihr König sei[70]. Kurfürst Friedrich war einer der ersten, der die Nachricht erhielt. Er war nicht nach Frankfurt gegangen, sondern verdächtigerweise unweit der böhmischen Grenze in der Oberpfalz verblieben. Die freudige Zuversicht, die ihn vor drei Wochen beseelt hatte, war verflogen, und er schrieb jetzt verdrossen an seine Frau, daß die Aufständischen Ferdinand abgesetzt hätten und er für seinen Teil nicht wisse, welchen Kurs er nehmen solle[71]. Es war ein wenig spät für den Kurfürsten, darüber im Zweifel zu sein; sein Kanzler war es nicht.

Am 26. August traten die Böhmen endlich zusammen, um ihren neuen König zu wählen. Von den fünf nominierten Kandidaten fanden nur zwei, die Kurfürsten von Sachsen und von der Pfalz, ernstliche Beachtung. Graf Schlick, der bestrebt war, seine Landsleute der weniger gefährlichen Alternative geneigt zu machen, drängte sie, Johann Georg von Sachsen zu wählen. Dieser hatte wenig Sympathie für den Aufstand gezeigt, aber sein Ansehen und seine Klugheit waren nicht zu verachten; in einer gefährlichen Lage konnte er mit Ferdinand zu einer Verständigung kommen. Die Wahl Friedrichs mußte Feindschaft bis in den Tod bedeuten, und vielleicht Böhmens Tod, nicht den Ferdinands. Schlicks Rat zur Mäßigung wurde abermals beiseite geschoben; Bethlen Gabor war im Felde und Ferdinand in erfreulicher Ferne in Frankfurt, und so waren die Radikalen wieder obenauf. Friedrich wurde mit 100 gegen 46 Stimmen zum König gewählt[72].

Zwei Tage hernach fand in Frankfurt die Kaiserwahl unter einer Menge unheilkündender Vorzeichen statt. Die Neuigkeit aus Böhmen war noch nicht bis an den Main gedrungen, aber in Frankfurt hatten vor dem Rathaus Bienen geschwärmt, was die Bevölkerung als böses Omen deutete[73], und als Ferdinand in seiner Eigenschaft als König von Böhmen unter den Kurfürsten Platz nahm, erhob eine Abordnung der Aufständischen Einspruch und mußte zum Schweigen gebracht werden, bevor die Versammlung fortgesetzt werden konnte[74]. Ferdinand trug ein neues, hastig angefertigtes Diadem, denn die altehrwürdige böhmische Krone war in den Händen der Insurgenten.

Die drei katholischen Kurfürsten gaben ohne Zögern Ferdinand ihre Stimmen, der Vertreter des Kurfürsten von Sachsen tat ein Gleiches. Er hatte keine andere Möglichkeit, da sein Herr ihn mit den entmutigenden Worten nach Frankfurt gesandt hatte: »Ich weiß, daß nichts Gutes herauskommen wird; ich kenne Ferdinand«, ihm aber nicht angedeutet hatte, wen er sonst wählen könne. Wie erzählt wird, war der Kurfürst betrunken, als er dies sagte, aber dieselbe Meinung hätte ebensogut bei völliger Nüchternheit geäußert werden können. Der Vertreter des Kurfürsten von Brandenburg folgte dem Beispiel der anderen. Dann kam es zu einer weitschweifigen Darlegung des pfälzischen Vertreters, der angewiesen war, auf keinen Fall für Ferdinand zu stimmen. Nachdem er sieben andere, alle gleich unmögliche Kandidaten vorgeschlagen hatte, gab er seine Stimme für den Herzog von Bayern ab[75]. Der Erzbischof von Mainz wies taktvoll darauf hin, daß der Herzog von Bayern sich bereit erklärt habe, auf alle ihm zufallenden Stimmen zugunsten Ferdinands zu verzichten. Dem pfälzischen Vertreter blieb nichts anderes übrig, als seine Stimme zurückzuziehen und sie nochmals abzugeben — für Ferdinand.

Die umfangreichen Wahlkapitulationen, deren Einhaltung jeder neue Kaiser geloben mußte, wurden nun Ferdinand überreicht. Er blätterte sie mit aufreizender Flüchtigkeit durch und erhob sich zur Eidesleistung mit so wenig Feierlichkeit, als ob er zum Tanz schritte[76]. Draußen hatte sich eine große Menge versammelt, um dem neuen Kaiser zuzujubeln, sobald er der Sitte gemäß auf dem Balkon erschiene; aber gerade bevor er herauskam, entstand am Rand der Menge ein Gerücht — Neuigkeiten aus Prag. Es verbreitete sich, rasch anschwellend, von Mund zu Mund. Ferdinand war in Böhmen abgesetzt worden[77]. Während die Menge in lärmende Erregung geriet, wurden oben die großen Glastüren aufgestoßen, und vor ihr auf dem Balkon stand er selbst, Ferdinand, der abgesetzte König von Böhmen, aber unwiderruflich erwählter und vereidigter Kaiser des Heiligen Römischen Reiches Deutscher Nation.

## IV

Die Nachrichten von der böhmischen Königswahl und der Kaiserwahl erreichten den Kurfürsten von der Pfalz kurz nacheinander und stellten ihn vor eine Schwierigkeit, die er nicht vorausgesehen hatte. Seine Stimme war in Frankfurt für Ferdinand abgegeben worden, und fast im gleichen Augenblick wurde er gebeten, eine Krone anzunehmen, die man Ferdinand gewaltsam genommen hatte. In dieser Lage suchte er gleich seinem Rivalen Zuflucht im Gebet, aber zum Unterschied von seinem Rivalen fanden seine Gebete keine Erhörung und endeten nur in Verzagtheit und Tränen[78].

Sich Bedenkzeit erbittend, zog sich Friedrich nach Heidelberg zurück, um seine Ratgeber und die Fürsten der Union zu befragen. An seinem Hof erhoben sich beinahe alle Stimmen gegen das Angebot, und selbst seine Mutter, eine Tochter Wilhelms des Schweigers, beschwor ihn, nicht nach Böhmen zu gehen. Seine Räte stellten eine Liste auf, die vierzehn Gründe für die Ablehnung und sechs für die Annahme enthielt[79]. Hingegen sah sein Hofprediger in der Wahl, die Böhmen getroffen hatte, einen Fingerzeig Gottes und bestürmte Friedrich, die Krone anzunehmen[80]. Die junge Kurfürstin täuschte in der Öffentlichkeit kühn eine neutrale Haltung vor, der Volksmund aber sagte ihr eine andere Politik nach, und die Legende legte ihr die stolze Äußerung in den Mund, daß sie lieber Sauerkraut mit einem König als Braten mit einem Kurfürsten essen wolle. Wie immer sie sich auch nach außen hin stellte, in ihren Briefen sprach sie sich offen für die Annahme durch ihren Gemahl aus[81], und es ist schwer zu glauben, daß die böhmische Krone ein Gesprächsstoff war, der vom kurfürstlichen Schlafgemach gänzlich ausgeschlossen blieb. Ihre Verachtung für Ferdinand war grenzenlos. »Er hat nur ein Auge, und das ist nicht sehr gut«, schrieb sie übermütig; »ich fürchte, er wird verlausen, denn er hat kein Geld, sich Kleider zu kaufen[82].«

Am 12. September trat die Union in Rothenburg zusammen, wo die Deputierten mit wenigen Ausnahmen Friedrich rieten, sich nicht in die böhmischen Angelegenheiten zu mischen. Christians übrige Verbündete blieben ebenso halsstarrig. Der Herzog von Savoyen war empört, daß weder die Kaiserkrone noch die böhmische Krone für ihn erlangt worden war, und drohte jede Hilfe zurückzuziehen, und die Venezianer weigerten sich, ihr Geld in ein so tolles Wagnis zu investieren[83]. Es war richtig, daß Moritz von Oranien den Pfälzer zur Tat drängte, aber die jüngste innere Umwälzung in den Vereinigten Niederlanden, die mit der vorübergehenden Vernichtung der oranienfeindlichen Partei geendet und Moritz praktisch zum Diktator gemacht hatte, war noch nicht zu Ende, und die Regierung war noch schwach. Der König von England hatte vom Anbeginn des Aufstandes an nicht aufgehört, die Politik seines Schwiegersohnes zu beklagen. Von Ungarn sandte der unverwüstliche Bethlen Gabor herzhaft ermutigende Botschaften, aber nur ein unbedachter Mann hätte einem so wandelbaren Verbündeten getraut.

Am Ende sollten Gewissens-, nicht politische Gründe den Ausschlag geben. Nach solchen zu entscheiden, waren Prinzen des siebzehnten Jahrhunderts durch ihre Erziehung gewöhnt, und Friedrich machte keine Ausnahme, wenn er das Geschick Böhmens dem Urteile seines Gewissens unterwarf. Er war unsicher, ob er moralisch berechtigt sei, Rebellen, selbst in einer guten Sache, zu unterstützen[84], wie auch hinsichtlich der Heiligkeit seiner Pflicht gegen den Kaiser. Auf der einen Seite stand seine Loyalität als deutscher Fürst, auf der andern standen die Erwartungen, die seine Politik so jäh unter den Böhmen erweckt hatte. Falls er Ferdinand preisgab, konnte er sich immerhin darauf berufen, daß er sich nicht mit dem Kaiser als solchem im Streit befand, sondern mit dem abgesetzten König eines Landes, das außerhalb des kaiserlichen Machtbereiches lag. Falls er Böhmen im Stich ließ, verriet er ein Volk, das ihm vertraut hatte. In dem einen Fall würde er sich einer gewöhnlichen politischen Ausflucht schuldig machen, im andern einer unmoralischen Handlungsweise. Am 28. September 1619 unterrichtete er die Aufständischen vertraulich, daß er die Krone annehmen wolle. Es unterliegt keinem Zweifel, daß Friedrich seine Absichten restlos zum Ausdruck brachte, als er seinem Onkel, dem Herzog von Bouillon, schrieb: »Es ist ein Ruf von Gott, dem ich mich nicht verschließen darf ... mein einziges Ziel ist, Gott und seiner Kirche zu dienen[85].«

Bei seinen Erwägungen hatte Friedrich einen der Fürsten vergessen. Seit dem Ausbruch des Aufstandes hatte sein Verwandter, Maximilian von Bayern, für eine friedliche Beilegung gearbeitet; Friedrichs Annahme der Krone hatte diese zarte Hoffnung zunichte gemacht. Sie zerstörte auch den anderen Plan Maximilians, den einer Koalition der katholischen und protestantischen Fürsten, der Liga und der Union[86], zur Verteidigung der deutschen Verfassung. Es war natürlich, daß Maximilian gegen Friedrich aufgebracht war, aber Entrüstung allein trieb ihn nicht in das feindliche Lager. Als Katholik hatte er kein Verlangen nach einem protestantischen König von Böhmen; als deutscher Fürst wünschte er nicht, Friedrich von Truppen aus Spanien und Flandern geschlagen zu sehen. Er fand nur einen einzigen Ausweg aus diesem Zwiespalt – für die Sache Ferdinands einzutreten und ihn mit den Waffen der katholischen Liga in sein rechtmäßiges Königreich wiedereinzusetzen. Auf diese Weise würde die Kirche in Böhmen gerettet, und Ferdinand wäre den katholischen Fürsten Deutschlands in Dankbarkeit verbunden.

So weit war der Gedankengang richtig; aber persönlicher und dynastischer Ehrgeiz, vielleicht verstärkt durch eine gewisse unklare Eifersucht auf seinen hübschen Vetter, dessen Frau jung und fruchtbar war, veranlaßte den alternden, kinderlosen Mann, noch weiter zu gehen. Als Führer der katholischen Liga und Herr über eines der besten Berufsheere in Europa konnte er es sich leisten, seine Bundesgenossenschaft teuer zu verkaufen. Am 8. Oktober 1619 unterzeichnete er ein Abkommen mit Ferdinand, laut welchem er das selbständige Kommando aller Unternehmungen in Böhmen haben und alle eroberten Länder als Pfand für die Vergütung seiner Auslagen erhalten sollte[87]. Weiter sollte Maximilian auf Grund eines geheimen Abkommens – und darin siegte sein persönlicher Ehrgeiz über seine politische Besonnenheit – bei der Niederlage Friedrichs dessen Kurfürstentitel erhalten.

Das unheilvolle Bündnis war kaum unterzeichnet, als Friedrich unter dem Wehklagen seiner Untertanen aus Heidelberg ausritt. »Ach! Nun geht die Pfalz nach Böhmen!« sagte seine Mutter, als sie ihm nachsah. Es ging aber mehr als die Pfalz mit ihm nach Böhmen. Der Waffenstillstand zwischen Spanien und den Vereinigten Niederlanden ging zu Ende, und da verließ nun der Mann, auf den die Holländer als den Beschützer des Rheins vertraut hatten, seinen Posten, um einem Phantom in Böhmen nachzujagen, und zog aus, einen Habsburger zu entthronen, wodurch er den spanischen Blitzstrahl einfach herausforderte! Da verpfändete der führende protestantische Herrscher des Reiches die Sache der verfassungsmäßigen Rechte und der Religionsfreiheit zur Unterstützung eines nationalen Aufstandes in Böhmen! Da maßte sich ein deutscher Fürst die Führerschaft in einem slawischen Aufstand an! Als Friedrich im regnerischen Nebel eines Oktobertages[88] aus Heidelberg ritt, ging mit ihm mehr als die Pfalz nach Böhmen; es ging mit ihm das Schicksal Deutschlands und der Friede Europas.

# »SPANNISCHE STURMGLOCK UND TEUTSCHES WARNGLÖCKLEIN«[1]

## 1619–1621

Qu'ils se battent en Bohême, tant qu'ils voudront,
nous serons bons voisins en ces quartiers icy

DER KURFÜRST VON TRIER

## I

Wäre es in der Geschichtsschreibung jemals möglich, eine einzige Tat als entscheidend für die folgenden Entwicklungen herauszuheben, dann könnte die Annahme der Krone von Böhmen durch den Kurfürsten Friedrich von der Pfalz eine solche Tat gewesen sein. Durch diese Annahme zog er die Hauptfäden europäischer Diplomatie zusammen und vereinigte die Interessen des protestantischen Deutschlands mit denen der Feinde der Habsburger in ganz Europa. Als Kurfürst von der Pfalz war er bereits das Bollwerk zwischen dem holländischen Widerstand und dem spanischen Vordringen; als König von Böhmen würde er den Fürsten als Schutzwehr gegen die Verletzung ihrer Freiheit durch den Kaiser dienen. Wenn er sich in beiden Stellungen behaupten könnte, würden seine Länder habsburgische Angriffe vom Rhein bis zur Oder abriegeln. Frankreich, die Vereinigten Niederlande, Dänemark, Schweden, England und die deutschen Fürsten hätten den entscheidenden Augenblick erkennen und handeln sollen. Der Zeitpunkt hiefür, gemäß dem Plane des Fürsten von Anhalt, war gekommen.

Christian von Anhalt war kein Dummkopf; auch der Markgraf von Ansbach war keiner, als er erklärte: »Wir haben die Mittel zur Hand, um die Welt umzustürzen«, und auch der venezianische Vertreter in Wien war kein Tor, als er voraussagte, daß ganz Deutschland zu den Waffen eilen werde; und es war auch nicht töricht, daß die Führer des böhmischen Aufstandes zuversichtlich auf das Eingreifen der europäischen Fürsten warteten. Ebensowenig unsinnig war es, daß die Räte des Kaisers die Einmischung Frankreichs fürchteten oder der Herzog von Bouillon in einem Schreiben diese forderte[2]. Einen Fehler aber machten alle: Sie ließen bei Abschätzung der weiteren Entwicklung das menschliche Element außer acht. Selten hat in der Geschichte Europas die Bedeutungslosigkeit eines einzigen Mannes eine so nachhaltige Wirkung auf seine Zeit ausgeübt. Friedrich war keine Führernatur, ja, er war so bar jeder Persönlichkeit, daß alle Versuche, ihn zu einer zu machen, vergeblich bleiben mußten. Es hilft nichts, zu sagen, daß es mehr auf die Umstände als auf den Mann ankam. Mit der Zeit mußten die Feinde Habsburgs in den Streit Friedrichs verwickelt werden oder zugrunde gehen. Da sie aber fürchteten, einem so schwachen Führer zu vertrauen, zögerten sie so lange, bis Friedrich gestürzt war, bis Böhmen und die Pfalz verloren waren, und brauchten dann ein Menschenalter, um die entstandene Bresche auszufüllen.

Die persönliche Tragödie Friedrichs war um so bitterer, als in den ersten Wochen nach seinem Entschlusse günstige Anzeichen falsche Hoffnungen erweckten. Während der junge Mann mit seinem jugendlichen Gefolge der böhmischen Grenze zuritt, hatte sich Kaiser Ferdinand von Frankfurt nach Graz begeben, wo sein ältester Sohn an einer unheilbaren Krankheit langsam dahinsiechte. Überall brachen neuerlich beunruhigende Gerüchte aus, die durch die Kaiserwahl nur für kurze Zeit zum Schweigen gebracht worden waren. Man munkelte, daß es sogar unter den Räten des Kaisers Verräter gebe[3]. In der Steiermark herrschte Unzufriedenheit, und die Protestanten Österreichs und Ungarns waren ein Bündnis mit den Böhmen eingegangen[4]. Bethlen Gabor, der sich mit seinen Streitkräften den ihren anschloß, hatte Preßburg genommen und Ferdinands, auf ihren Sold wartende undisziplinierte Truppen über die Donau zurückgetrieben. Die Verteidigung einer so langgestreckten Grenze erwies sich als unmöglich, und vor Herbstende marschierte Bethlen, das Land verwüstend, ungehindert auf Wien. Gott allein, berichtete der venezianische Vertreter, könne jetzt das Haus Habsburg retten[5].

Jenseits der Grenzen waren die Ereignisse für Ferdinand nicht weniger betrüblich. Die Vereinigten Niederlande, Dänemark[6], Schweden und die Republik Venedig erkannten Friedrich als König an. Der Herzog von Bouillon versprach Hilfe, und aus Davos, hoch in den Graubündener Bergen, ließen die Schweizer sagen, daß sie das Veltlin gegen alle spanischen Verstärkungen halten würden. Sogar Ferdinands Schwager und enger Verbündeter, der König von Polen, war durch die Proteste seines Landtages an einem Ablenkungsangriff auf Schlesien verhindert[7].

Mittlerweile bangte das mit Flüchtlingen und Verwundeten überfüllte Wien, wo die Pest wütete und Hungersnot herrschte, vor dem Kommen Bethlen Gabors. Vom Krankenlager seines sterbenden Sohnes eilte Ferdinand in die Hauptstadt, da er glaubte, daß allein seine Anwesenheit die Wiener ermutigen könne. Dürre und danach Regengüsse und Gewitter hatten der Ernte geschadet, und die Hitze des Spätsommers hatte in Österreich die Pest zum Ausbruch gebracht[8]. Überall in der Steiermark stieß Ferdinand auf herumstreifende Flüchtlingsscharen – katholische Bauern auf der Flucht aus Böhmen, Ungarn und Oberösterreich, aus ihren geplünderten Klöstern vertriebene Mönche und Nonnen, die am Straßenrand knieten und ihre abgemagerten Arme und verängstigten Gesichter zu ihm erhoben. Als er in seiner Hauptstadt eintraf, stand Bethlen Gabor bereits vor den Toren, und das Land war viele Meilen weit gegen Osten das Opfer seiner fouragierenden Horden[9].

Während Ferdinand sich bemühte, Wien zu ermutigen, war Friedrich in Prag begeistert bewillkommt worden. Der Freimut, mit dem er vor Überschreitung der Grenze die böhmische Verfassung garantiert hatte[10], die betriebsame Tüchtigkeit seines Kanzlers Christian von Anhalt, die Hoffnung auf mächtige Verbündete, die Schönheit der jungen Königin und der schmeichelhafte Umstand, daß sie trotz weit vorgeschrittener Schwangerschaft die beschwerliche Reise gewagt hatte, um das Kind inmitten der neuen Untertanen ihres Gemahls zur Welt zu bringen – das alles trug dazu bei, einen günstigen ersten Eindruck zu machen. Außerdem begrüßte Prag in seiner bekannten Lebenslust diesen Anlaß zu Festlichkeiten, wenngleich die Grenzgebiete schon verödet waren und Flüchtlinge auf den Straßen und offenen Plätzen der Stadt kampierten.

Bald sollte der neue König erfahren, daß kein Geld für Waffen oder Soldaten vorhanden war. Indessen war Geld da, um die ganze Stadt in Blau und Silber zu schmücken, eine Ehrenwache im Kostüm der Zeit Ziskas auszurüsten, Springbrunnen zu errichten, aus denen Rot- und Weißwein floß, und Silbermünzen mit der Devise »Gott und die Stände gaben mir die Krone« unter die Menge zu werfen. Der freudige Einzug des Königs und der Königin, ihre gesonderten prächtigen Krönungen und die Fröhlichkeit der Stadt, die über die neuerliche Anwesenheit eines Hofes entzückt war, genügten, Friedrich im Anfang zu täuschen. Seine Stimmung wurde so gehoben, daß er nur mit Mühe davon zurückgehalten werden konnte, die ganze Stadt mit Freudenglockengeläute aufzustören, als in den frühen Morgenstunden des 18. Dezember seine Gemahlin einen Sohn gebar[11].

Ferdinands Mißgeschick hielt mit dem Triumphe seines Rivalen Schritt. Während in Prag Vorbereitungen getroffen wurden zur Taufe Ruperts, des Herzogs der Lausitz, welchen Titel Friedrich seinem neugeborenen Kind gab, war Ferdinands ältester Sohn am Heiligen Abend in Graz gestorben.

Die Vorzeichen täuschten Friedrich, denn Wochen wurden zu Monaten, und noch immer kam es nicht zum gemeinsamen Aufstand der protestantischen Mächte.

Nach langem Überlegen einigten sich die Fürsten der Union, Friedrichs Souveränität anzuerkennen, machten jedoch keine weiteren Anstrengungen, ihm zu helfen. Im ersten Rausch protestantischer Begeisterung boten die deutschen Städte ein Geldgeschenk an[12], aber man hörte weiter nichts mehr davon. Für einen Augenblick in das Rampenlicht der Geschichte gerückt, erklärte der Kurfürst von Trier: »Laßt sie in Böhmen kämpfen, soviel sie wollen, wir anderen wollen in unseren Ländern gute Freunde bleiben[13]«, und verfiel dann wieder in optimistisches Nichtstun. Was die Fürsten am Rhein betrifft, so war seine Vorhersage richtig.

Anders war es in Sachsen. Obgleich Johann Georg die Aufständischen nicht ermutigte, war er überzeugt gewesen, daß sie im Falle einer Königswahl ihn wählen würden. Er hatte die Stärke der pfälzischen Partei in Prag nicht voll erkannt. Wäre ihm die Krone angetragen worden, hätte er sie nicht angenommen, aber die Gelegenheit benützt, um sich als Beschützer der Protestanten in Böhmen aufzuspielen und Ferdinand eine Regelung zu diktieren. Jetzt war diese Hoffnung verflogen, und statt dessen stand er der Möglichkeit gegenüber, daß die Macht des Kurfürsten von der Pfalz zunahm.

Nur ein völlig selbstloser Politiker hätte an Johann Georgs Stelle mit Gleichmut zusehen können, wie ein anderer Kurfürst in Böhmen Fuß faßte. Falls Friedrich sich halten konnte, war er mit zwei Kurstimmen und als Beherrscher des Oberlaufes der Elbe und Oder sowie des Mittellaufes des Rheins der mächtigste Fürst Deutschlands. Überdies hatte Friedrich eine Schwester in die Familie der Hohenzollern verheiratet, einer Dynastie, deren Ausbreitung Johann Georg mit äußerstem Argwohn betrachtete. Vor der böhmischen Wahl hatte er sich als den Schiedsrichter des Reiches gesehen, nach der Wahl war er lediglich ein Fürst, dessen ererbter Besitz in Gefahr war, zwischen der wachsenden Macht Brandenburgs im Norden und der des Königs von Böhmen im Süden abgeschnürt zu werden[14]. Seine Besorgnisse wurden zu richtigem Haß entfacht, als sein Hofprediger, der streitbare Hoë von Hoënegg, die böhmische Regierung beschuldigte, den lutherischen Glauben an den calvinistischen Antichrist verraten zu haben. Er ging noch weiter und nahm ohne Umstände Partei für den abgesetzten Ferdinand. »Der (d. h. Gott)«, rief er aus, »wird alle Eurer Kaiserlichen Majestät muthwillige Feinde auf die Backen schlagen, ihre Zähne zerschmettern, sie zurücke kehren und kläglich zu Schanden werden lassen[15]!«

Bestürzt, aber noch nicht am Ende seiner Möglichkeiten, versuchte Christian von Anhalt noch einmal, den Kurfürsten von Sachsen zu ködern. Er riet Friedrich, alle protestantischen deutschen Herrscher zu einer Beratung nach Nürnberg einzuladen, da er hoffte, daß im Interesse des Friedens sogar die am wenigsten freundlich gesinnten Fürsten erscheinen würden. Wäre er darauf aus gewesen, die Schwäche Friedrichs zur Schau zu stellen, er hätte sich nichts Besseres erdenken können. Mit Ausnahme der Mitglieder der Union sandte kaum ein Herrscher Deutschlands Vertreter, vor allem blieb Johann Georg von Sachsen unbeeinflußt. Die Erschienenen beschlossen ohne besondere Begeisterung, Friedrichs rheinische Gebiete ihm während seiner Abwesenheit zu sichern, ließen sich aber nicht zu einer Entscheidung über Böhmen bewegen. Der Vertreter, den der Kaiser entsandt hatte, um die Absichten der Versammlung zu erkunden, konnte mit völlig beruhigenden Nachrichten nach Wien zurückkehren[16].

Die Nürnberger Versammlung legte die Schwäche Friedrichs und die Uneinigkeit der protestantischen Fürsten bloß. Vier Monate später, im März 1620, erwies eine vom Kaiser einberufene Versammlung in Mühlhausen die Stärke und Einigkeit der Gegenpartei. Als Friedrich die böhmische Krone annahm, behauptete er, sie nicht dem Kaiser zu entreißen, sondern nur einem österreichischen Erzherzog[17]. Die Behauptung wurde damit begründet, daß Böhmen außerhalb des Reichsgebietes liege. Friedrich breche nicht den Reichsfrieden, sondern lasse sich nur auf einen auswärtigen Krieg ein, so daß Ferdinand seine kaiserliche Gewalt nicht darauf ausdehnen könne, ihn zu bekämpfen.

Dieses bestechende Argument wurde in der Versammlung zu Mühlhausen völlig abgetan. Hier waren die Vertreter Maximilians von Bayern und der katholischen Liga wie auch die Abgesandten des Kurfürsten Johann Georg versammelt; hier erkaufte Ferdinand die vereinte Unterstützung der Lutheraner und Katholiken durch die Zusicherung, sich nicht in die Religionsangelegenheiten der säkularisierten Bistümer des obersächsischen Kreises zu mischen. Als Gegenleistung erklärten sie Böhmen für einen integrierenden Teil des Reiches. Friedrich hatte daher den Reichsfrieden gebrochen und sich den schwersten gesetzlichen Strafen ausgesetzt. Am 30. April wurde ein kaiserliches Mandat erlassen, das ihn aufforderte, sich vor dem 1. Juni aus Böhmen zurückzuziehen. Seine Nichtbeachtung dieses Ultimatums war die eigentliche Kriegserklärung. Vom 1. Juni 1620 an mußte die Hand eines jeden loyalen Deutschen gegen ihn als den bewußten Störer des öffentlichen Friedens erhoben sein; von nun an konnte der Kaiser alle Truppen, die ihm als Kaiser, als österreichischem Erzherzog und als rechtmäßigem König von Böhmen unterstanden, zur Niederwerfung des Usurpators heranziehen[18].

## II

Friedrichs Stellung in Deutschland war schwach, aber im übrigen Europa war sie noch schwächer. Der König von England feierte die Thronbesteigung seines Schwiegersohnes damit, daß er bei jedem Herrscher Europas in aller Form in Abrede stellte, das Projekt unterstützt oder auch nur davon gewußt zu haben[19]. Die Begeisterung der Londoner, die versuchten, zu Ehren des neuen Königs zu illuminieren[20], und der glaubenseifrigen Protestanten in ganz England, die sofort Geldsammlungen für Friedrichs Sache einleiteten[21], konnte Jakobs anfänglichen Starrsinn nicht rühren. »Seine Majestät beabsichtigt, gemeinsam mit dem französischen König zum Wohl des Christentums alles zu tun, um die Streitigkeiten zu schlichten, die gegenwärtig in Deutschland im Gange sind«, erklärte Jakobs Botschafter zum Ärger der Ratgeber Friedrichs[22]. Daß ein so naher Verwandter ihn im Stich ließ, entmutigte die anderen Freunde Friedrichs. Es müsse, so flüsterten sie, um seine Sache sehr schlecht bestellt sein, wenn nicht einmal sein nächster Verwandter sie unterstützen wolle[23].

Der König von Dänemark ermahnte den Kurfürsten von Sachsen, Friedrich beizustehen[24], war aber zu sehr in einen Handelsstreit mit Hamburg verwickelt, um selbst Zeit, Geld oder Truppen zum Eingreifen entbehren zu können. Von Friedrich wärmstens ermutigt, fiel der König von Schweden in Brandenburg ein und nahm die älteste Prinzessin als seine Frau mit sich fort, aber die Heirat war kein Auftakt zu einem bewaffneten Eingreifen für die protestantische Sache in Deutschland. Auf seine Kriege gegen den König von Polen bedacht, war Gustav Adolf mehr darauf aus, Friedrichs Hilfe zu gewinnen, als selbst welche anzubieten.

Die Venezianer erklärten sich widerwillig einverstanden, die Verschiffung von Truppen aus Spanien nach Deutschland soweit als möglich zu verhindern[25]; andrerseits aber fürchteten sie Intrigen in Italien und waren zu wenig an einem Aufstand interessiert, der nicht länger gute Geschäfte versprach. Der Herzog von Savoyen, der mit Recht aufgebracht war, weil Christian von Anhalt, entgegen seinem Versprechen, ihm weder die Kaiserkrone noch die böhmische Krone verschafft hatte[26], entzog dem Heer Mansfelds seine Zuwendungen und gestattete einem

Kontingent spanischer Truppen, das auf dem Weg nach Deutschland war, den Durchzug durch sein Gebiet. Unruhen in Siebenbürgen hatten Bethlen Gabor gezwungen, die Belagerung Wiens abzubrechen. Nach Beilegung seiner eigenen Schwierigkeiten verkaufte er seine Bundesgenossenschaft teuer an Friedrich und forderte ständig eine Menge Titel, Subventionen und Belohnungen dafür, daß er wenigstens oberflächlich bündnistreu bleibe. Hätte die böhmische Regierung gewußt, daß er noch immer mit Ferdinand verhandelte, so wäre ihr seine Bundesgenossenschaft um einen solchen Preis noch teurer erschienen[27]. Das Schlimmste war, daß ein plötzlicher Aufstand in Graubünden das Veltlin den Spaniern erschloß.

Als Christians wichtigste Verbündete verblieben die Vereinigten Niederlande. Das waren noch Freunde, die es sich nicht leisten konnten, Friedrich aufzugeben. Sie wären die ersten gewesen, die unter seiner Niederlage und der Gefährdung seiner Länder am Rhein zu leiden gehabt hätten. Es durfte daher angenommen werden, daß sie die Pfalz für ihn verteidigen würden. Das war die Rolle, die Christian von Anhalt ihnen zugedacht hatte; er hatte sich jedoch abermals verrechnet. In ihrem Bestreben, die Macht der Habsburger zu untergraben, hatten die Holländer den Aufstand von Anbeginn begünstigt[28], es aber nie für wahrscheinlich gehalten, daß Friedrich seinen Posten am Rhein verlassen könnte, und noch weniger hatten sie den Abfall der Union vorausgesehen. Sie erkannten nun, daß die Verteidigung des Rheins von ihnen allein erwartet wurde, falls die Spanier sich zum Einfall in die Pfalz entschlossen. Sie waren nicht bereit, diese Verantwortung zu übernehmen. Zum schließlichen Zusammenstoß der beiden religiösen Parteien, der das Land spaltete, kam es gleichzeitig mit einem Konflikt zwischen der aristokratischen Zentralgewalt des Prinzen Moritz und den Forderungen der holländischen Provinzen. Ein innerer Umsturz hatte den Prinzen zum militärischen Diktator gemacht, aber die Diktatur war noch nicht gesichert, und er benötigte die gesamte vor Ablauf des Waffenstillstandes mit Spanien noch verbleibende Zeit, um seine Macht zu festigen. Er konnte es nicht wagen, durch eine voreilige Unternehmung am Rhein den Ausbruch des Krieges zu beschleunigen. Er hätte vielleicht gehandelt, wenn er vom König von England und der protestantischen Union unterstützt worden wäre; auf sich allein angewiesen, wagte er nicht einmal, das Rheinland zu retten. Unter diesen Umständen bewilligten die Vereinigten Niederlande Friedrich nur eine monatliche Zuwendung von fünfzigtausend Gulden[29] und entsandten nur ein kleines Kontingent zur Verstärkung des böhmischen Heeres. Das war kaum die

Hilfe, auf die Christian von Anhalt gewartet hatte. Was den Rhein betraf, so brachte Moritz ein paar Truppen auf dem rechten Ufer gegenüber dem Gebiet des Erzbischofs von Köln in Stellung[30]. Keine noch so lebhafte Einbildungskraft konnte dies als feindseligen Akt gegen Spanien auslegen; Moritz hatte gerettet, was vom Waffenstillstand übriggeblieben war. Ob diese winzige Geste auch die Pfalz retten würde, war zweifelhafter.

## III

Es blieben noch zwei europäische Herrscher, deren Entschluß, zu handeln oder stillschweigend beizupflichten, von entscheidender Bedeutung war: die Könige von Frankreich und Spanien. Christian hatte ein Eingreifen Philipps III. für Ferdinand als selbstverständlich vorausgesetzt und daher auch das Eingreifen Ludwigs XIII. für Friedrich als ebenso gewiß betrachtet. Wieder hatte er nicht mit dem persönlichen Element gerechnet.

Friedrich verließ sich darauf, daß sein Onkel, der Herzog von Bouillon, ihm die Unterstützung der französischen Regierung sichern werde. Als Protestant, ehemaliger Rebell gegen die Königsgewalt und hartnäckiger, skrupelloser Intrigant war Bouillon schlecht geeignet, das Vertrauen des jungen Königs[31], eines frommen Katholiken, zu gewinnen, der eifersüchtig über das Ansehen der Monarchie wachte und in einer Atmosphäre von Mißtrauen aufgewachsen war. Der herrschende Günstling, der schöne, aber geistlose Herzog von Luynes, hielt sich nur dadurch an der Macht, daß er den Ansichten seines Herrn schmeichelte.

Bouillon war zu redselig. Als im Frühjahr 1619, vor der Absetzung Ferdinands, der König von Frankreich einen neuen Ritterorden gestiftet hatte, konnte er sich nicht enthalten, mit der Bemerkung herauszuplatzen, daß Ludwig wohl Ritter in Frankreich machen könne, aber er, Bouillon, Könige in Deutschland mache[32]. Dieses Eingeständnis seiner Intrigen, das besser unterblieben wäre, sollte andeuten, daß Bouillon als Hauptdrahtzieher hinter den böhmischen Ereignissen stehe. Dem war nicht so, aber solange er dies prahlerisch durchblicken ließ, konnte er Ludwig kaum zur Unterstützung Friedrichs überreden. Die Idee, daß ein französischer Adeliger einen Puppenkönig agieren ließ, war von allen Dingen am meisten geeignet, den jungen Monarchen abzustoßen.

Unsicher zwischen einem intrigierenden Hof und einem unzufriedenen Volk stehend, fühlten die Minister des französischen Königs, daß die Sicherheit der Regierung auf der Unterdrückung der Forderungen beruhe, welche die protestantischen Untertanen des Königs stellten. Ludwig XIII. selbst war ein frommer Katholik. Als er von der Wahl in Böhmen hörte, erklärte er sogleich, daß im Interesse der Kirche diese neue Königsherrschaft nicht geduldet werden dürfe, und als Friedrich Botschafter nach Paris sandte, gewährte er ihnen nur den Rang von kurfürstlichen Gesandten.

Außerdem war Friedrichs Gemahlin die Zweitnächste in der englischen Thronfolge. Wenn ihr Bruder, der unverheiratete und schwächliche Prinz von Wales, starb, war der neue König von Böhmen so gut wie König von England. Eine solche Machtvergrößerung eines benachbarten Herrschers durfte auf keinen Fall geduldet werden[33].

Sollte hingegen der Kaiser oder der König von Spanien den Aufstand Friedrichs zum Vorwand für die Annektierung der Rheinpfalz nehmen, so würde Frankreich die schlimmen Folgen kaum weniger spüren als die Vereinigten Niederlande. Ein Mittelkurs schien das Beste zu sein, und das hatte die diplomatische Mission vor Augen, die im Frühsommer des Jahres 1620 von Paris nach Deutschland reiste.

In Ulm trafen die französischen Abgesandten die Fürsten der protestantischen Union mit ihrem kleinen Heer, die verdrossen und unentschieden waren, was sie tun sollten. Auf dem gegenüberliegenden Flußufer sammelte Maximilian von Bayern die stärkeren und besser ausgebildeten Streitkräfte der katholischen Liga und war, gemäß seinem Ferdinand gegebenen Versprechen, bereit, nach Böhmen zu marschieren. Es war eine heikle Frage, ob die Heere eine Entscheidung versuchen sollten; keiner der Fürsten wollte in Friedrichs Krieg verwickelt werden, aber alle fürchteten, daß Maximilian sie angreifen oder vielleicht versuchen werde, durch ihre Länder zu marschieren. Die Franzosen machten sofort den Vorschlag, die Union solle den Ländern aller katholischen Fürsten Sicherheit geben, daß sie nicht angegriffen würden, die Liga dagegen sich verpflichten, die Neutralität der protestantischen Staaten zu respektieren. Maximilian von Bayern unterstützte den Plan wärmstens, und die Fürsten der Union, die sich nichts Besseres wünschten als Sicherheit und keine Verantwortung, wurden leicht zum Nachgeben überredet. Am 31. Juli wurde der Vertrag von Ulm unterzeichnet[34].

Die französische Diplomatie beruhte dabei auf zwei Voraussetzungen. Die eine und richtigere war die, daß Friedrich nicht imstande sein werde, Böhmen zu halten; die andere war, daß die Union, von der Bedrohung durch die Liga befreit, den Rhein gegen spanische Angriffe verteidigen werde. Der Vertrag von Ulm sollte die Gefahr bannen, der die Partei der »deutschen Libertät« durch das vorschnelle Handeln Friedrichs ausgesetzt worden war; er allein sollte für seine Torheit büßen, und der Sieg der Habsburger samt seinen Folgen sollte auf Böhmen beschränkt bleiben. Diese Politik wäre richtig gewesen, wenn das Verhalten der Mitglieder der Union den Erwartungen der französischen Regierung entsprochen hätte; sie nahmen jedoch den Vertrag als Vorwand für völlige Untätigkeit, und die französischen Minister erkannten zu spät, daß ihre Diplomatie das letzte Hindernis für die Feinde Friedrichs beseitigt hatte, ohne den Rhein zu sichern[35].

Fast gleichzeitig mit dem Abschluß des Vertrages unterrichteten die Statthalter der spanischen Niederlande den König von Frankreich, daß Spinola den Marsch auf die Pfalz vorbereite. In Madrid und Brüssel war man im Zweifel, wie Ludwig diese Nachricht aufnehmen werde; er tat es wie ein guter Katholik und zeigte kein Mißfallen[36]. Seine Ratgeber vertrauten darauf, daß die Union die Gefahr abwenden werde; erst später erfuhren sie, daß ihre Emissäre, als sie von Ulm nach Wien kamen, sehen mußten, daß am kaiserlichen Hof fast alles von spanischen Bestechungen angefault und der Kaiser ganz in der Hand des spanischen Botschafters war, während ihre eigenen Pläne für Mäßigung und einen Ausgleich in Böhmen kaum Höflichkeitsbeachtung fanden[37]. Eine neue Politik einzuschlagen, war es nun zu spät, denn sowohl die Intrigen der Königinmutter wie auch der Aufstand der Hugenotten hatten ihren Höhepunkt erreicht, und die französische Regierung, die sorglos die letzte, das Vordringen der Habsburger hemmende Schranke zerstört hatte, verschwand für die nächsten drei Jahre aus der europäischen Politik.

Mittlerweile hatte sich die Dynastie der Habsburger Schritt für Schritt zur Unterstützung des abgesetzten Ferdinand zusammengeschlossen. Philipp III. von Spanien zögerte zuerst, da er in argwöhnischer Angst und im Zweifel war, ob Ferdinand Böhmen halten konnte, selbst wenn es für ihn zurückerobert würde, und weil er die zunehmende Verarmung und Unzufriedenheit in seinem Land fürchtete. Er wollte seine Kräfte für den Wiederbeginn des niederländischen Krieges aufsparen[38]. In den Niederlanden, die dem Schauplatz näher lagen, hatten Erzherzog Albrecht und seine Ratgeber ein klareres Bild. Für sie hatte die Sache Ferdinands ein anderes Gesicht bekommen, als Friedrich die Krone ergriff: Ein Vorwand für den Einmarsch in die Pfalz und die Besetzung dieses einen gefährlichen protestantischen Vorpostens am Rhein konnte sich kaum nochmals bieten. Die Teilnahmslosigkeit Philipps III. durfte den weitreichenden Plänen Spinolas nicht im Wege stehen.

Ambrogio Spinola, ein Genueser Edelmann und geborener Soldat, hatte sich zu Beginn des Jahrhunderts im Kampf gegen Prinz Moritz einen Namen gemacht. Politische Karikaturen stellten ihn als Riesenspinne dar, die das protestantische Europa in ihr Netz ziehen wollte[39]. Er hatte kaum für etwas anderes Sinn als für den kommenden Krieg mit Holland, schlief wenig, achtete bei seinen kärglichen Mahlzeiten nicht darauf, was man ihm vorsetzte, arbeitete achtzehn Stunden im Tag und verwendete den größten Teil seiner eigenen Mittel zur Vervollkommnung des Heeres[40]. Seit dem Waffenstillstand mit Holland hatte er durch elf Jahre an dem Plan zur endgültigen Besiegung dieses Landes gearbeitet. Die Aufgabe, die er sich gestellt hatte, war die Beherrschung des Rheins, und Europas Bedeutung hierfür war lediglich die von Vorwerken. Sobald er von Unruhen in Deutschland hörte, bemühte er sich, Einfluß auf die militärischen Pläne der Liga zu gewinnen. Als Friedrichs Wahl bekannt wurde, begann er, Truppen aus Spanien und aus dem spanischen Gebiet von Mailand in den Niederlanden und im Elsaß zusammenzuziehen[41]. Vor drei Jahren, im Jahre 1617, hatte Ferdinand die spanische Unterstützung seiner Bewerbung um den Kaiserthron damit erkauft, daß er einen Teil des Elsasses angeboten hatte; jetzt, in seiner Besorgnis um militärische Hilfe, bot er noch mehr an. Spinola handelte in der Erkenntnis, daß seine Eroberung der Rheingebiete Friedrichs den Spaniern einen Anteil daran eintragen werde, womit das protestantische Hindernis zwischen der Quelle seiner militärischen Macht und seinem Ziel beseitigt wäre.

Friedrich hatte seine Länder durch vorsätzlichen Bruch des Reichsfriedens verwirkt, und der Kaiser konnte über sie zugunsten seiner Freunde verfügen. Auf dem Papier erschien das nicht unbillig; wenn es in Wirklichkeit dem Eid Ferdinands bei der Kaiserkrönung – ohne Bewilligung des Reichstages nicht über deutsche Länder zu verfügen[42] – geradezu widersprach, so konnte diese rechtliche Seite der Angelegenheit immer noch nach der tatsächlichen Besitzergreifung erwogen werden. Der Entschluß, in die Pfalz einzumarschieren, wurde vor Ende 1619 in Brüssel gefaßt[43], der Vertrag zwischen Ferdinand und der spanischen Regierung im Februar 1620 unterzeichnet, und endlich, am 23. Juni, wurde die Marschorder für Spinola ausgefertigt[44]. Bevor sie ihn erreichte, hatten die Franzosen den Vertrag von Ulm zustande gebracht, die Union hatte ihr Heer zurückgezogen, und das Rheinland stand allen Einfällen offen.

## IV

Während der letzten zehn Jahre hatten die Pamphletisten ständig vor der spanischen Gefahr gewarnt; durch mehr als zehn Jahre hatten die deutschen Fürsten das Anwachsen der kaiserlichen Macht und einen Vorstoß gegen ihre Freiheit gefürchtet. Christian von Anhalt hatte damit gerechnet, daß diese Befürchtungen die meisten deutschen Fürsten auf Friedrichs Seite bringen würden. Und waren sie jetzt, da der Augenblick gekommen war, so blind, daß sie nicht erraten konnten, wenn sie es schon nicht wußten, was Spinola, Ferdinand und der König von Spanien vorhatten?

Nein, sie waren nicht blind. Am kaiserlichen Hof wußte jedermann, daß Ferdinands zwei Hauptberater, Eggenberg und Harrach, von spanischen Weisungen abhängig waren[45], und es war allgemein bekannt, daß keine Entscheidung ohne Befragung des spanischen Botschafters Oñate getroffen wurde[46]. Kein Herrscher von Rang konnte so schlecht unterrichtet sein, um die Tatsache übersehen zu können, daß Spinola Truppen sammelte, oder so einfältig, dies für einen bloßen Zeitvertreib zu halten.

Die Fürsten der Union hatten einfach Angst zu handeln; ihre einzige Sorge war, zu erweisen, daß sie sich der Teilnahme an Friedrichs Aufstand nicht schuldig gemacht hatten. Aber die Kurfürsten von Sachsen und Brandenburg und der Herzog von Bayern, der Lutheraner, der Calvinist und der Katholik, hatten sich bei verschiedenen Anlässen in gleicher Weise als entschlossene Verteidiger der Verfassung bekannt. Merkte denn jetzt keiner von ihnen, daß die Verfassung in Gefahr war?

Der Kurfürst von Brandenburg konnte einen Vorwand geltend machen. Der älteste, calvinistische Sohn Georg Wilhelm war zu Weihnachten 1619 seinem calvinistischen Vater in der Regierung nachgefolgt. Die lutherische Kurfürstinmutter beschloß, ihn zu Gunsten ihres zweiten, lutherischen Sohnes zu stürzen, und sicherte sich die Hilfe Johann Georgs von Sachsen. Da die Hälfte seiner Untertanen zum Aufstand gegen ihn bereit war, rief der junge Kurfürst den benachbarten König von Polen um Hilfe an. Seine Mutter traf unverzüglich Vorbereitungen, ihre älteste Tochter ohne Zustimmung ihres Bruders an den König von Schweden, den Todfeind des Königs von Polen, zu verheiraten. Von Polen abgeschnitten, bot Georg Wilhelm den Böhmen seine Hilfe an, wobei er hoffte, daß die Böhmen als Gegenleistung ihm helfen würden. Sogleich drohte der Kurfürst von Sachsen, in Brandenburg einzufallen und die gesamte lutherische Bevölkerung gegen ihren calvinistischen Kurfürsten aufzuwiegeln. Nun blieb Georg Wilhelm nur ein Ausweg: sich kriecherisch der Gnade Johann Georgs zu unterwerfen, indem er den ihm anbefohlenen politischen Kurs einschlug[47].

Für das Verhalten des Kurfürsten von Sachsen gab es keine so einleuchtende Ausrede. Wie immer geartet seine Eifersucht auf Friedrich und seine Verbitterung, daß er nicht zum König gewählt worden war, auch gewesen sein mögen, von einem protestantischen konstitutionellen Herrscher wie ihm erwartete man, daß er die neue Monarchie gegen die katholische Tyrannei unterstützen würde. Wenn er an die »deutsche Libertät« glaubte, dann konnte er nicht untätig beiseite stehen, während Friedrich von Truppen aus Spanien und Flandern aufgerieben wurde.

Johann Georg von Sachsen war kein uneigennütziger Staatsmann. Seine persönliche Habgier gab mancher seiner Handlungen einen häßlichen Anstrich, aber seine Achtung der »deutschen Libertät« war echt. Er erkannte, daß Friedrich durch seine herausfordernd widerrechtliche Aneignung Böhmens die protestantische Verfassungspartei ernstlich, vielleicht sogar vernichtend bloßgestellt hatte. Er war daher bestrebt, diesen groben Mißgriff Friedrichs wiedergutzumachen. Er erreichte es, oder versuchte, es zu erreichen, indem er Friedrich fallenließ. Bei der Zusammenkunft in Mühlhausen hatte er gezeigt, daß er Friedrichs Aneignung der Krone mißbilligte. Kurz darauf unterzeichnete er einen Vertrag mit Ferdinand, durch den er als Gegenleistung für sein bewaffnetes Einschreiten eine Garantie des lutherischen Glaubens in Böhmen und die Anerkennung aller säkularisierten Gebiete im nieder- und obersächsischen Kreis erzielte. Die Rechtfertigung für diesen außergewöhnlichen Schachzug, den Friedrichs Freunde als skrupellosesten Verrat ansahen, bestand darin, daß Johann Georg die spanische Gefahr erkannt und das beste Verteidigungsmittel gewählt hatte: die Hilfe Spaniens unnötig zu machen. Ein mit der Waffenhilfe deutscher Protestanten als verfassungsmäßiger Monarch in Böhmen wiedereingesetzter Ferdinand, der sein Ansehen als Kaiser der Treue eines deutschen Fürsten verdanken würde, war tausendmal verläßlicher als ein Ferdinand, der mit Hilfe spanischer Truppen und seiner eigenen Dynastie wieder auf den böhmischen Königsthron kam.

Das war nicht bloß eine nachträgliche Rechtfertigung, sondern wahrscheinlich der wirkliche Grund für Johann Georgs Vorgehen. Leider war sein dynastischer Ehrgeiz stärker als sein politischer Instinkt. Die Gewährleistung des lutherischen Glaubens in Böhmen, die Bestätigung der säkularisierten Gebiete in Norddeutschland waren alles Pfeiler der konstitutionellen, protestantischen Politik Johann Georgs; aber unglücklicherweise verlangte er auch die Abtretung der Lausitz an Sachsen. Diese selbstsüchtige Forderung schwächte seine sonst unantastbare Stellung.

Maximilian von Bayern, das katholische Gegenstück Johann Georgs, war in seinem Vertrag mit Ferdinand im vorangegangenen Oktober dem gleichen Gedankengang gefolgt. Auch er hatte versucht, die Wiedereinsetzung Ferdinands in Böhmen von deutschen und nicht von spanischen Truppen abhängig zu machen, und auch er war über seinen dynastischen Ehrgeiz gestolpert, indem er als Belohnung die Kurfürstenwürde Friedrichs verlangte.

Obwohl Johann Georg und Maximilian von den gleichen Ideen beeinflußt waren, hinderte ihr dynastischer Ehrgeiz sie an einem Bündnis. Als Maximilian von dem Abkommen mit Johann Georg hörte, konnte er in seiner Eifersucht nur durch die Zusicherung zufriedengestellt werden, daß er die Oberleitung des Krieges in Böhmen haben, Johann Georg aber seinen Angriff auf Schlesien und die Lausitz beschränken sollte[48].

So sehr waren diese sonst patriotischen Männer für augenblickliche Vorteile empfänglich, daß sie dadurch ihre gemeinsame Politik unwirksam machten. Beide erkannten nicht, daß sie Ferdinand durch ihr Schachern um Länder und Titel die gefährliche Befugnis zubilligten, das Reich beliebig zu zerstückeln und neu aufzuteilen; sie erkannten nicht, daß Ferdinand auf die spanische Hilfe nicht verzichtet hatte, als er die ihre gesucht hatte, und daß er sich ihnen hinsichtlich der rheinischen Gebiete Friedrichs in keiner Weise verpflichtet hatte[49].

## V

Die Tragödie Friedrichs trieb eilends ihrem Ende zu. Einige Katholiken hatten hoffnungsvoll prophezeit, daß er nur ein »Winterkönig« sein werde, und obwohl er jetzt auch noch den Frühling und den Sommer für sich buchen konnte, brachte jeder Monat neue Warnungszeichen kommenden Unheils. Zu Beginn des Jahres besuchte er die wichtigsten Gegenden seines neuen Reiches und wurde in Brünn, Bautzen und Breslau begeistert empfangen. In Olmütz jedoch füllten die Behörden den Empfangssaal mit Bauern und Soldaten, um die Abwesenheit des katholischen Landadels nicht merken zu lassen. Friedrich blieb in Unkenntnis darüber, daß die Hälfte seiner Untertanen in dieser Stadt ihn haßte, weil seine Partei ihre Kirchen entweiht hatte[50]. Er beschäftigte sich harmlos damit, künftige Jagdausflüge für die Königin zu planen, die er, wie man ihm geraten hatte, mit Rücksicht auf die kalte Jahreszeit in Prag gelassen hatte. »*Il m'ennuie fort de coucher seul*[51]«, klagte er in seinen Briefen.

Nach und nach wurde er sich der Gefahr bewußt. Am Abend seiner Ankunft in Brünn überschritt auf Ersuchen Ferdinands eine polnische Truppenabteilung die Grenze, und der ferne Feuerschein brennender Dörfer rötete den Horizont. In seinen Briefen an Elisabeth erwähnte er dies nicht; er gestand nur, daß er sehr müde war – »*l'esprit rompu*[52]«.

Es gab genug, was einen stärkeren Geist hätte brechen können. Überall ließen ihn seine Freunde im Stich, und die Begeisterung seiner Untertanen verrauchte mit seinen Hoffnungen. Nicht aus Liebe hatten sie ihn zum König gewählt, sondern damit er ihnen Hilfe brächte[53], und er hatte ihnen keine gebracht. Zuerst genügten seine Privatmittel, das böhmische Heer um siebentausend Mann zu vermehren[54], aber im März 1620 wandte er sich auf der Suche nach einer Anleihe sogar an London, und im Hochsommer verpfändete er seine Juwelen und verfolgte die Juden und Katholiken, um bares Geld aufzutreiben[55]. Die Lage seiner Truppen wurde trostlos; durch Typhus demoralisiert, ohne einen Kreuzer Geld, hungrig und sich unsicher fühlend, plünderten sie das Land aus. Von Christian sprunghaft angeordnete Hinrichtungen von Schuldigen blieben ohne Wirkung, und in manchen Gegenden verschafften die revoltierenden Bauern sich selbst Recht[56]. Versuche, die Wehrpflicht einzuführen, scheiterten. Die Provinz Schlesien konnte nur vierhundert Reiter aufbringen, und die waren nichts wert, und zu Olmütz in Mähren verliefen sich die eingezogenen Bauern, als sie ohne Offiziere blieben, und waren in wenigen Tagen wieder daheim[57].

Knapp an Pferden, knapp an Artillerie und Geld, hielt Ernst von Mansfeld noch immer Pilsen für Friedrich besetzt. Im Sommer reiste er auf der Suche nach Geld für seine Truppen nach Prag. In kurzem Abstand folgte ihm ein Regiment, das er mangelnder Mittel halber aufgelöst hatte. Unter Anführung der empörten Offiziere brach es in Prag ein und umstellte sein Quartier, so daß er sich mit gezogenem Degen einen Weg bahnen und die königliche Leibwache um Schutz anrufen mußte[58]. Aber nicht nur Soldaten aufgelöster Truppenteile stifteten Unruhe, auch Offiziere des Konskriptionsheeres griffen nach jeder Ausrede, um ihre zusammenschmelzenden Streitkräfte zu verlassen und sich in den Straßen und Schenken der Stadt großtuerisch herumzutreiben[59].

Mit seinen Lustbarkeiten unter einem schwer mit Unheil behangenen Himmel reizte Prag zum Vergleich mit Sodom und Gomorrha. In den

Häusern des Adels gab es Bälle und Bankette, im Winter machte man Schlittenpartien, im Sommer Badeausflüge, und der König kutschierte in einem grellroten Mantel und mit einer kecken gelben Feder am Hut durch die Stadt. Als es wärmer wurde, badete er splitternackt in der Moldau vor der Königin und allen ihren Damen, zur Mißbilligung der Bürger, die jedoch ihre Augen anstrengten, um jede Einzelheit des schamlosen Schauspieles zu erhaschen[60]. Besucher strömten herbei, um das lebenslustige junge Königspaar zu begaffen, das »Fremde frei und reichlich bewirtete« und den Neugierigen erlaubte, die Staatsräume des Hradschins zu bestaunen und sogar den jüngsten königlichen Sprößling zu liebkosen. Einer dieser Besucher war geschickt genug, ihm die Wollschuhe als Andenken auszuziehen[61].

Selten kann ein so harmloses, von den besten Absichten beseeltes Herrscherpaar sich schneller unbeliebt gemacht haben. Friedrichs einzige Hoffnung war es, die Zuneigung seiner neuen Untertanen zu gewinnen; statt dessen erregte er die Verachtung seiner Minister und den Haß der Bevölkerung. Argwöhnisch gegen seine Berater, verwirrt durch die Sprache und die Eigentümlichkeiten der Verfassung, die zu verteidigen er gelobt hatte, zeigte er sogar noch weniger Intelligenz als gewöhnlich. Auf der Versammlung der Protestanten in Nürnberg erwiderte er einem Gesandten mit einer auswendig gelernten, für eine ganz andere Frage bestimmten Antwort[62]. In Böhmen erregte er bei seinen Höflingen und Ratgebern Anstoß, weil er sie immer barhäuptig empfing, weil er wegen der Antwort auf jede Frage sich immer an Christian wendete, sich viel zu oft die Hand küssen ließ, und weil er in der Öffentlichkeit der Königin den Vortritt gab und ihr in Kleidern zu erscheinen erlaubte, die kein achtbarer böhmischer Edelmann seiner Frau gestattet hätte[63].

Er verärgerte die führenden Staatsmänner und vor allem den böhmischen Adel durch den Vorschlag, die Leibeigenschaft abzuschaffen, sowie durch den Versuch, einen neuen Huldigungseid zu verlangen, und ferner dadurch, daß er die Stände drängte, seinen fünfjährigen Sohn zu seinem Nachfolger zu wählen[64]. Er verärgerte die Bevölkerung durch ungeschickte Bemühungen, der Sittenlosigkeit Prags Einhalt zu tun[65], aber am meisten durch die Entweihung der Kirchen. Die große Jesuitenkirche und der Veitsdom wurden erbarmungslos aller Bildnisse entblößt, und Friedrichs Hofprediger sandte seine zwei Mägde, um die Reliquien als Brennmaterial fortzutragen. Die Königin, so ging das Gerücht, wollte sogar das Grab des hl. Wenzel aufbrechen lassen, und sie hatte, was verbürgt ist, mit schlecht angebrachter Sittsamkeit darauf bestanden, daß der »nackte Badende« mitten auf der Seitenmauer der Karlsbrücke heruntergerissen werde. Man gehorchte ihr jedoch nicht, denn die Bürger erschienen in Waffen, um die Entheiligung des gekreuzigten Erlösers über der Moldau zu verhindern[66].

Friedrich und seine Gemahlin waren auf Irrwegen, und ihre Untertanen taten nichts, um ihnen zu helfen. Die Böhmen, so behaupteten Friedrichs Berater, dachten nur daran, »ihren Brüdern und Freunden« in der Verwaltung sowohl des Heeres wie auch des Staates »zu Gefallen zu sein«. Von einigen wird sogar erzählt, daß sie, als der König eine Versammlung für sieben Uhr morgens einberief, ihm sagten, daß es gegen ihre Privilegien sei, so zeitig aufzustehen[67]. Der Staat war von Mißstimmung unterhöhlt, denn die alten Feindseligkeiten zwischen Adel, Bürgertum und Bauernschaft wurden durch die Not des Landes verschärft, und man befürchtete sogar am Hof des Königs Verrat[68].

So lagen die Dinge, als am 23. Juli 1620 Maximilian von Bayern mit dem Heer der katholischen Liga, das fünfundzwanzigtausend Mann[69] stark war und unter dem Oberbefehl des Grafen Tilly stand, die österreichische Grenze überschritt. Die Truppen, Söldner vieler Nationen, wurden auf dem Marsch von Jesuitenpredigern angefeuert; die zwölf größten Kanonen waren nach den Aposteln benannt, und die besondere Schutzheilige Tillys war die Jungfrau Maria. Als junger Mann hatte Tilly Jesuit werden wollen, aber später, als er sich entschied, die Schlachten für Gott auf einem andern Felde zu schlagen, hielt er in seinen Lagern zeitlebens eine so strenge Zucht und eine so unwandelbare Verehrung seiner Schutzpatronin aufrecht, daß er im Volksmund als der »geharnischte Mönch« bekannt war[70].

Maximilian wollte sich zuerst Österreichs versichern, wo ein großer Teil des protestantischen Landadels in Waffen stand. Vor Tillys Truppen flohen die Bauern und schleppten, was sie konnten, mit sich fort. Ein kalter stürmischer Sommer tobte über das verödete Land, als Maximilian auf Wegen vordrang, auf denen von seinen Soldaten mutwillig geschlachtete Rinder und Schweine herumlagen[71]. Am 4. August erzwang er in Linz die Unterwerfung der österreichischen Stände, die gegen ein so großes Heer ohne die Hilfe Böhmens keinen Widerstand organisieren konnten.

Zur selben Zeit brach Spinola mit beinahe fünfundzwanzigtausend Mann[72] von Flandern unter Kundgebungen solcher religiöser Begeisterung auf, daß viele den Feldzug mit einem neuen Kreuzzug verglichen[73]. Als die Vorhut sich dem Rhein näherte, wandte sich der Prinz von Oranien, der den Waffenstillstand nicht zu brechen wagte und das vordringende Heer nicht aufhalten konnte, in seiner Verzweiflung an den König von England[74]. Es war schon reichlich spät, als Jakob einem Regiment von zweitausend Freiwilligen unter Sir Horace Vere gestattete, von Gravesend nach den Niederlanden zu segeln[75]. Gleichzeitig verlangte er in einem Schreiben an die Regierung in Brüssel zu wissen, welches Marschziel deren Heer habe, worauf er am 3. August die ausweichende Antwort erhielt, daß dies nicht bekannt sei[76]. Spinola setzte bei Koblenz über den Rhein und wendete sich in die Richtung auf Böhmen; die verängstigten europäischen Westmächte atmeten auf. Es war eine glänzende Finte, um seine Feinde nicht aufzuscheuchen, denn in der dritten Augustwoche machte er eine Schwenkung und marschierte wieder auf den Rhein los. »Es ist jetzt zu spät, daran zu zweifeln, ob Spinolas großes Heer gegen die Pfalz bestimmt ist, denn es ist schon vor unseren Toren«, klagte die Kurfürstinmutter aus Heidelberg[77]. Am 19. August besetzte Spinola Mainz. Vergeblich bestürmte der bestürzte Prinz von Oranien die Kurfürstinmutter, das bedrohte Land zu verteidigen; vergeblich rief er die Fürsten der Union an. Nur die zweitausend englischen Freiwilligen erzwangen sich einen Weg zum Rhein, indem sie Spinolas Vorposten auswichen, und setzten sich in den Schlüsselfestungen Frankenthal und Mannheim fest[78]. Am 5. September überschritt Spinola den Rhein, am 10. nahm er Kreuznach und vier Tage darauf Oppenheim[79]. Weit weg in Böhmen blutete Friedrichs Herz für sein Volk, aber er konnte nichts tun, als nochmals an den König von England zu appellieren und sich mit frommen Gedanken zu trösten. »*Je recommande tout à Dieu*«, schrieb er an Elisabeth. »*Il l'a donné, il me l'a oté, il me peut rendre, son nom soit glorifié*[80].«

Inzwischen hatte Tilly sich in Linz mit dem Rest des kaiserlichen Heeres vereinigt und überschritt am 26. September die böhmische Grenze. Es glückte ihm gerade noch, der erste auf dem Kampfplatz zu sein. Am 5. Oktober fiel der Kurfürst von Sachsen von Norden her ein, und Bautzen, die Hauptstadt der Lausitz, ergab sich ihm fast ohne Schwertstreich[81]. Gleichzeitig forderte Maximilian Pilsen auf, sich zu ergeben, und Mansfeld begann zu verhandeln. Einem scharfen Befehl Friedrichs, die Stadt zu halten, kam Mansfeld ärgerlich nach, aber es war kein Verlaß mehr, daß er die Nachhut des Feindes ständig attackieren würde. Da er einem bankrotten Herrn diente, war er nicht so töricht, sich bei Maximilian unbeliebt zu machen, der ein reicher Fürst und möglicherweise sein künftiger Dienstgeber war[82].

Ein ruhiges Pilsen hinter sich, wendete sich Maximilian gegen Prag und stieß Mitte Oktober bei Rokitzan, zwei Tagemärsche vor Prag, auf Friedrichs zusammengewürfelte Truppen. Der König war selbst im Lager und suchte vergeblich, die entfesselte Eifersucht zwischen Thurn und Christian von Anhalt zu beschwichtigen. Hier erschien wenige Tage später Mansfeld persönlich, um zu verkünden, daß sein Vertrag abgelaufen sei und er, da dem König die Mittel zur Erneuerung fehlten, sich seiner Verpflichtungen ledig erachte[83].

Friedrich vertraute noch immer auf Bethlen Gabor, der wiederum Ungarn überrannt hatte. Aber die Truppen, die dieser zur Verstärkung nach Böhmen schickte, waren mehr ein Hindernis als eine Hilfe, denn ihre Zügellosigkeit brachte den König bei den Bauern um die letzte Spur von Beliebtheit, und auf ihren Fouragierstreifzügen griffen sie nicht nur ihre Verbündeten an, sondern bekämpften sich auch untereinander[84]. Sie schlachteten ihre Gefangenen ab und mißhandelten einen von Maximilians Obristen, der verwundet nach Österreich zurückgekehrt war, so arg, daß er, da Friedrich zu spät einschritt, innerhalb weniger Tage starb[85].

Mittlerweile war das umliegende Land verödet. Leere Dörfer, ausgebrannte Bauernhöfe und die Kadaver verhungerter Haustiere zeugten von dem Durchzug der Truppen. Nach herbstlichen Stürmen brach ein früher Winter herein, und strenge Kälte sowie durch Nässe und Lebensmittelmangel geförderte Fieberepidemien dezimierten die Heere beider Lager.

Am 4. November feierte das böhmische Heer den Jahrestag der Königskrönung mit erheuchelten Freudenkundgebungen. Die Soldaten hatten mit einer allgemeinen Meuterei gedroht, falls sie nicht längstens bis Ende Oktober ihre Löhnung erhielten, und nur die Gegenwart des Feindes hielt sie davon ab, ihre Drohung wahrzumachen[86]. Christian und Thurn stimmten nur darin überein, daß sofort etwas getan werden müsse. Auch der König war um die Sicherheit Prags besorgt, wo er seine Frau gelassen hatte, die wieder einmal wenige Wochen vor einer Entbindung stand.

Ähnliche, wenn auch nicht so brennende Zweifel störten die Beratungen Maximilians mit dem kaiserlichen General Bucquoy. Auch hier wußte keiner von beiden, wer von ihnen die höhere Gewalt haben sollte. Maximilian beanspruchte sie auf Grund seiner Vereinbarung mit Ferdinand, und Bucquoy hatte keine Lust, dem Neuangekommenen den Oberbefehl zu übergeben, den er so lange selbständig ausgeübt hatte. Um jede Verstimmung des einen oder des anderen zu vermeiden, hatte Ferdinand feierlich erklärt, daß der einzige Oberbefehlshaber seines Heeres stets die Muttergottes selbst gewesen sei und auch in Hinkunft sein werde, deren Fürsorge er sein Schicksal überantwortet habe[87].

Diese Entscheidung ließ allerdings die unmittelbaren Schwierigkeiten Maximilians und Bucquoys ungelöst. Ihre Truppen waren erschöpft, hungrig und verseucht, und es war nach Bucquoys Ansicht unsinnig, während der Herbstnebel in einem Land vorzurücken, in dem es kein Futter mehr gab und das zum Teil vom Feind besetzt war[88]. Maximilian hingegen setzte seine ganze Hoffnung auf einen sofortigen Angriff auf Prag, denn nach seiner Meinung war der Aufstand beendet, wenn einmal die Hauptstadt eingenommen sei. Er war kein Soldat, hatte aber den richtigen politischen Instinkt.

In der Nacht des 5. November zogen die Böhmen sich heimlich zur Verteidigung der Hauptstadt zurück, und sobald die zahllosen schwerfälligen Troßwagen Maximilians in Gang gebracht werden konnten, folgten die kaiserlichen und bayrischen Truppen. Durch sechsunddreißig Stunden marschierten die beiden Heere fast parallel zueinander, die Böhmen auf der Heerstraße, ihre Feinde auf den bewaldeten Hügeln, ohne einander durch den feuchten Novembernebel klar sehen zu können. Am Abend des 7. November hielt Christian nur wenige Meilen vor Prag. Der König ritt die Linien ab und eilte, nachdem er seine Truppen ermahnt hatte, weder seine noch die böhmische Sache im Stich zu lassen, nach der Stadt, um die Stände um Geld zur Bezahlung seiner Truppen anzuflehen. Er war nicht lange weg, als Christian sein Lager abbrach und unter dem Schutz der Dunkelheit den Gipfel des Weißen Berges erreichte, der eine breite von Kalkgruben durchlöcherte Erhöhung bildete und, vom vorrückenden Feind durch einen kleinen Fluß getrennt, die unverteidigte Stadt überragte. Es wurde ein Uhr, bevor Christian den Gipfel erreichte. Er hatte dem König gesagt, daß es kaum zu einer Schlacht kommen werde, und hatte offensichtlich auch keine erwartet, da er seine Leute dort schlafen ließ, wo sie Halt gemacht hatten, ohne ihnen Befehle für den nächsten Tag zu geben.

Mittlerweile plünderten die undisziplinierten Truppen Bethlen Gabors die Umgebung, so daß hie und da die Flammen eines brennenden Bauernhauses einen Abschnitt des bewaldeten Hügellandes beleuchteten. In einem solchen Feuerschein sahen die katholischen Posten, wie das böhmische Heer auf den Weißen Berg zustrebte. Es wurde sofort die Losung gegeben, und um Mitternacht waren Maximilian und Bucquoy dem Feind auf den Fersen.

Der nebelige 8. November war kaum angebrochen, als ein Trupp Bethlen Gaborscher Soldaten in das böhmische Lager galoppierte. Einige von Tillys Leuten hatten sie auf einer Morgenstreife aus ihrer Vorpostenstellung aufgestöbert. Bevor Christian sich der Nähe des Feindes voll bewußt war, rückte dieser nach Überschreitung eines Flusses unter einem steil vorspringenden Abhang, der ihn gegen Christians Geschütze deckte, behutsam vor und nahm ungefähr eine Viertelmeile von den böhmischen Linien entfernt Stellung.

Es war noch nebelig, und Christian nahm an, daß die feindlichen Truppen nicht angreifen würden, bevor es heller wurde, denn sie mußten den Berg hinauf und konnten über die Zahl oder die Stellungen des böhmischen Heeres nichts Sicheres wissen. Zwischen sieben und acht Uhr stellte er hastig seine Truppen in einer Front von über einem Kilometer längs des Bergkammes auf. Später, als er seine Niederlage zu beschönigen versuchte, schätzte er die Zahl seiner Soldaten auf fünfzehntausend und die des Feindes auf vierzigtausend. Die Schätzung seiner Truppen war wahrscheinlich ziemlich genau, aber er verdoppelte die Zahl der feindlichen Streitkräfte.

Zur äußersten Rechten seiner Linie lag ein Lustgarten, »Stern« genannt, vor dessen Mauern in Eile Brustwehren aufgeworfen wurden; gegen die äußerste Linke fiel der Berg über schweren Ackerboden steil ab. Christian stellte die Reiterei auf den Flügeln, die Fußtruppen und Geschütze im Zentrum auf, aber er hatte solche Angst vor Meuterei, daß er mehrere Regimenter aufteilte und an einigen Punkten Abteilungen deutscher Berufsreiterei unter den böhmischen Fußtruppen einsetzte. Die Deutschen standen jedoch in ihrer Hauptmasse zur Linken, die Böhmen zur Rechten, und in der Mitte war das Banner des Königs, aus gelbem Samt mit einem grünen Kreuz und den Worten »Diverti nescio«. Bethlen Gabors ungebärdige Ungarn, die endlich unterhalb des »Sterns« zur Ruhe gekommen waren, erhielten den Befehl, über den Berg weg eine ähnliche Stellung zur Linken zu beziehen, von wo aus sie den Feind in der Flanke angreifen konnten.

Die katholischen Truppen waren auf dem unteren Bergabhang verteilt: Maximilians Truppen unter Tilly auf der Linken gegenüber den Böhmen, die Bucquoys auf der Rechten gegenüber den Deutschen, und die Fußtruppen in zwei getrennten Abteilungen im Zentrum, mit kleinen Reserven von Reiterei im Rücken. Bucquoy, der vor wenigen Tagen ernstlich verwundet worden war und den Befehl nicht übernehmen konnte, wollte keine Schlacht wagen, weil er erkannte, daß den Böhmen das Gelände zustatten kam. Er wollte sie von den Höhen herunterbringen, indem er sie umging und Prag bedrohte. Maximilian dagegen war entschlossen, alles auf eine Schlacht zu setzen, und drängte Tilly, die Böhmen beim »Stern« anzugreifen, um ihre Widerstandskraft zu erproben. Sie hielten stand, und Tilly zog sich zurück, aber Maximilian war nicht zu überzeugen. Der Nebel wich jetzt, und in aller Eile wurde ein Kriegsrat gehalten. Maximilian bestand noch immer auf Kampf, und Bucquoys Stellvertreter gaben schließlich widerwillig nach. Die Heerführer hörten dann das »Salve Regina«, und nachdem sie den heiligen Namen »Sancta Maria« als Losungswort für den Tag ausgegeben hatten, machten sie sich zum Angriff fertig.

Diese lange Verzögerung überzeugte Christian, daß der Feind, da er die schlechtesten Stellungen hatte, ohne Kampf abziehen werde. Er wurde völlig überrascht, als Tilly, durch anhaltendes Artilleriefeuer vom Zentrum unterstützt, plötzlich bergauf angriff. Zuerst hielten die Böhmen stand und zwangen am rechten Flügel, wo Christians tapferer Sohn den Befehl hatte, Tilly fast zum Rückzug. Inzwischen unterstützten die kaiserlichen Truppen am rechten Flügel Tillys Angriff, und die Fußtruppen im Zentrum, die unter dem Schutz der Kanonen das Gipfelplateau erreicht hatten, griffen das böhmische Zentrum an. Schlecht bewaffnet und in meuterischer Stimmung, kam das Zentrum bald ins Wanken; zwei Standarten wurden erobert, die Front durchbrochen, und die Offiziere versuchten vergeblich, ihre Mannschaften mit vorgehaltenem Degen in ihre Stellungen zurückzutreiben.

Da raffte sich Bucquoy vom Krankenbett auf, verlangte sein Pferd und führte ungeachtet seiner Verwundung dem Kern des Heeres die kaiserlichen Reserven zu. Am rechten böhmischen Flügel fiel der junge Christian, von Feinden umringt, nachdem er zweimal verwundet worden war, während seine Soldaten in heilloser Flucht die Reihen hinter sich durchbrachen. Auf der äußersten Linken strömten jetzt die Ungarn, die seit Tillys erstem Angriff in Auflösung waren, in voller Flucht über die Moldau. Die böhmischen Truppen auf der Linken, die ohne Verstärkung blieben, zerstreuten sich in hoffnungsloser Verwirrung gegen Prag, und Christian von Anhalt, der sich heiser geschrien hatte, um sie zusammenzuhalten, ritt ihnen nach – Alexander, Cäsar oder Karl der Große hätten nicht mehr tun können, wie er nachher erklärte. Das große königliche Banner, hundert Standarten und alle Geschütze wurden erobert, und auf dem Bergrücken, vor den Mauern des »Sterns«, harrte nur die mährische Leibgarde aus, ohne daß sich ein einziger Mann ergab.

In Prag saßen der König und die Königin mit den zwei englischen Gesandten beim Mahl. Das Königspaar war in guter Laune, und Friedrich behauptete zuversichtlich, daß es nicht zum Kampf kommen werde; der Feind sei zu schwach und werde bald abziehen. So hatte man ihm gesagt, und er pflegte zu glauben, was man ihm sagte. Nach dem Mahl dachte er doch daran, auszureiten, um seine tapferen Krieger zu sehen.

Als er durchs Stadttor ritt, traf er die ersten Flüchtlinge vom Schlachtfeld. Während er vergeblich nach der Ursache ihrer Panik fragte, kam Christian selbst angeritten, verstört und zerzaust. Nun erst erfuhr der König von der verlorenen Schlacht[89].

Christian von Anhalt, einst bei Beratungen so beredt, konnte nur die eine Lösung vorschlagen – sofortige Flucht des Königs. Friedrich machte einen letzten Versuch, dem Schicksalsschlag zu entgehen; er ließ Christians verzweifelten Rat unbeachtet und brachte seine Gemahlin mit den Kindern eiligst über die Moldau – so eilig, daß der jüngste Prinz beinahe vergessen wurde und die galanten Bücher der Königin zum Entsetzen der späteren frommen Eroberer in ihren Gemächern zurückblieben[90]. Glücklicherweise hatte jemand soviel Verstand, die Kronjuwelen an sich zu nehmen, die in kommenden Jahren lange die Hauptquelle für das schwindende Einkommen des Königs sein sollten. In der Neustadt, jenseits des Flusses, berief der König einen Rat ein, um die Lage zu erörtern. Weder der König noch die Königin, »unsere gesegnete, unverzagte Herrin«, wie die englischen Abgesandten sie nannten, zeigten die leiseste Furcht, und falls sie sich zum Verlassen ihrer Hauptstadt entschlossen, würden nicht ihre Untertanen von ihnen, sondern sie von ihren Untertanen im Stich gelassen werden.

In Prag herrschte Verwirrung, und die Einwohnerschaft schloß unerbittlich die Tore vor den zurückfliehenden Truppen[91]. Da die Stadt ihre Verteidiger nicht aufnehmen wollte, blieb keine Hoffnung, sie zu retten; ja, die Bürger machten ihrem Haß gegen den fremden König Luft, der ihre Kirchen verachtete und sich um die mit ihnen getroffenen Vereinbarungen nicht gekümmert hatte. Am Abend nach der Schlacht fürchtete Friedrichs nächste Umgebung für sein Leben, und alle flehten ihn an zu fliehen, bevor die Bürger ihn als Preis für ihre eigene Sicherheit dem siegreichen Feind auslieferten[92]. Falls sich noch etwas für die böhmische Sache tun lasse, könne es nur geschehen, indem man sich entweder mit Mansfeld vereinige oder in Schlesien zum Kampf stelle. Am frühen Morgen machte sich Friedrich nach Breslau auf, nur von Elisabeth und einigen wenigen Räten begleitet, gerade noch rechtzeitig, denn der Mob hatte schon beschlossen, ihn zu opfern, und seine Abreise wäre um ein Haar verhindert worden.

Prag hatte sich fast ohne einen Schuß ergeben, und Maximilian von Bayern schrieb in dieser Nacht seiner Frau aus dem Hradschin, wo Friedrich im vergangenen Jahr Hof gehalten hatte. Die Nachricht traf am dreizehnten November in München ein[93], und am dreiundzwanzigsten verkündete Kanonendonner den Jubel Wiens[94]. Die Kirchen hallten von Dankpsalmen wieder, und von den hohen Kanzeln unter dem Bildnis des Gekreuzigten schrien die Geistlichen nach Vergeltung.

In Breslau versuchte Friedrich seinem Geschick wieder eine günstige Wendung zu geben. Er forderte die schlesischen Stände auf, ihm zu helfen, und wandte sich an die Union[95]. Er hatte immer noch Mansfelds Truppen in Pilsen, falls er Geld aufbringen konnte, um sie wieder in Sold zu nehmen, und Bethlen Gabor wurde mit seinem Heer aus Ungarn erwartet; aber das Geld war nicht aufzutreiben. Mansfeld rührte sich nicht, und Bethlen Gabor sammelte seine Beute und brachte sich in Sicherheit, indem er nach Siebenbürgen marschierte.

In seiner Verzweiflung klammerte sich Friedrich an Strohhalme. Zuerst versuchte er, sich mit dem einfallenden Kurfürsten von Sachsen zu einigen, und dann, den Widerstand in Mähren zu organisieren, aber am zwanzigsten Dezember kam die Nachricht, daß auch Mähren sich ergeben hatte. Friedrich wagte nicht zu warten, bis er mit seiner Gemahlin und den Kindern den ihn einkreisenden Feinden in die Hände fiele. Er entließ die wenigen Getreuen, die bei ihm geblieben waren, und entkam, zwischen den sich nähernden Fronten der sächsischen und bayrischen Heere durchschlüpfend, gegen Brandenburg hin, indem er die Schlesier der Gnade der einfallenden Feinde überließ[96].

Untertanen wie Freunde ließen den Flüchtling im Stich. Thurns ältester Sohn hatte sich sogleich nach der Schlacht mit dreitausend Mann den Siegern angeschlossen[97], Christian von Anhalt floh nach Schweden, von wo er in einem Schreiben um die Verzeihung des Kaisers mit der Begründung bat, daß er von seinem Herrn irregeführt worden sei[98]. Katholische und protestantische Pamphletisten schonten den Geschlagenen nicht. So wurde ein Postillon dargestellt, der überall in Deutschland nach »einem jungen Mann« suchte, »mit Frau und Kindern, der im vorigen Winter noch König war«, und man sprach von ihm gewöhnlich als dem »treulosen Fritz« oder dem Herzkönig, dem wertlosesten König des Kartenspiels, ein Titel, den er in seiner Ritterlichkeit später für seine Frau zurechtmodelte und mit einer hübscheren Bedeutung versah[99].

Mittlerweile hatte der Herzog von Bayern am Nachmittag nach der Schlacht in Prag im Namen Ferdinands die Unterwerfung des böhmischen Direktoriums entgegengenommen. Aus nächster Nähe genoß sein Beichtvater freudigen Herzens das Schauspiel des besiegten Irrglaubens. Er konnte zwar weder die gestammelten Worte der Böhmen noch die leise Antwort des Herzogs verstehen, aber er sah, daß »die Worte Seiner Hoheit, was sie auch besagten, den Direktoren Tränen in die Augen trieben[100]«.

Für die Besiegten gab es keine Gnade. Während einer Woche nach der Schlacht blieben die Stadttore geschlossen, und die Truppen durften nehmen, was sie wollten. Dem Befehl nach sollten nur die Rebellen leiden, aber die Soldaten konnten nicht auf jeder Türschwelle Prags eine politische Glaubensprüfung durchführen, auch leuchtete ihnen nicht ein, warum sie dies tun sollten. Die Söldner waren Wallonen, Franzosen, Deutsche, Polen, Kosaken und Iren[101], und sie scherten sich nicht um politische Spitzfindigkeiten; es geschah nicht alle Tage, nicht einmal jedes Jahr, daß eine Hauptstadt, und noch dazu eine der reichsten Europas, ihnen ausgeliefert war.

Acht Wagenladungen mit Friedrichs Haushaltsgut wurden gefunden, welche die Tore des Hradschins blockierten und über welche die Soldaten in wahlloser Gier herfielen, wobei sie Seide und Juwelen, Feuerwaffen und Degen auf dem Boden verstreuten. Aus dieser Masse las ein Wallone einen fein gearbeiteten St.-Georgs-Anhänger an einem blaßblauen Band auf; er brachte ihn dem Herzog von Bayern und erhielt für seine Mühe tausend Taler. Es waren die Insignien des Hosenbandordens des geschlagenen Königs. Von nun an erschien er auf den rohen Karikaturen seiner Feinde mit bandlosen Strümpfen, die ihm über die Knöchel herabhingen[102].

Die Plünderung war noch nicht zu Ende, als Maximilian mit den besten Pferden aus Friedrichs Marstall als seinem Beuteanteil nach München zurückkehrte[103]. Frühmorgens am Tag der hl. Katharina ritt er in seine Hauptstadt ein, wo seine Untertanen die Straßen füllten, um ihn willkommen zu heißen. Am Tor der Frauenkirche stieg er vom Pferd, empfing den Segen des Bischofs von Freising und trat in die Kirche, um Gott zu danken, während der Chor freudig sang: »Saul hat seine Tausend erschlagen, David aber seine Zehntausend[104].« Maximilian hatte für vieles zu danken; er war der einzige Fürst in Deutschland, der sich den Krieg leisten konnte, der soeben geführt worden war, und für seine Dienste schuldete ihm der Kaiser bereits drei Millionen Gulden, für die ihm jetzt Oberösterreich verpfändet war.

In Wien ritt Ferdinand entblößten Hauptes zu einem Dankgebet an die Heilige Jungfrau; er ließ eine Krone aus purem Silber anfertigen, die zehntausend Gulden kostete, um sie an ihrem Schrein zu Mariazell in seiner Steiermark eigenhändig als Opfergabe darzubringen. Eine zweite, noch prächtigere, sandte er der Kirche Santa Maria della Scala in Rom[105]. Mit solchen schimmernden Gaben konnte er in einer dem Himmel genehmen Weise seinen Dank zum Ausdruck bringen; Spanien und Bayern würden nicht so leicht zufriedenzustellen sein.

## VI

Der böhmische Widerstand war in der Schlacht auf dem Weißen Berge zusammengebrochen, und keine protestantische Macht kam den Geschlagenen zu Hilfe. Der Krieg war vorüber. Es war nur noch nötig, daß Friedrich um Pardon bat, die Spanier sich aus der Pfalz zurückzogen, Mansfeld sein Heer auflöste und Ferdinand seine Schulden bezahlte — vier einfache Voraussetzungen, die aber nicht erfüllt werden konnten.

Während so die Welt um Friedrich und Elisabeth zusammenstürzte, verschlossen sie die Augen vor der Katastrophe. Die Königin war schnellstens nach Brandenburg in Sicherheit gebracht worden, wo sie einen Sohn gebar, den sie Moritz taufen ließ, als deutlichen Wink für den Prinzen von Oranien. Mit unverwüstlicher Heiterkeit schrieb sie ihren Freunden, wie sie lachen würden, von der *»beau voyage«* zu hören, die sie so plötzlich von Prag aus gemacht hatte[106]. Mittlerweile vergnügte sich Friedrich auf einem Besuch beim Herzog von Sachsen-Lauenburg, wo er mehr als dreihundert Gulden in Perlen für seine dreijährige Tochter anlegte[107].

Sein unverantwortliches Verhalten entsprang nicht einem Mangel an Gewissen, eher dem Gegenteil. Während er schwach und verwirrt gewesen war, solange er Macht gehabt hatte, brachte ihr Verlust die seinem Charakter zugrunde liegende Geschlossenheit in Erscheinung. Die Niederlage konnte ihm den Glauben an seine Sache nicht rauben; fehlten ihm zwar der Wagemut und die Führergabe, die ihm Böhmen vielleicht gerettet hätten, so fehlte ihm auch die leichtfertige Selbstsucht, die ihm vielleicht seine deutschen Besitzungen hätte retten können. Die Niederlage vereinfachte für ihn alle verwickelten Unterscheidungen zwischen Recht und Unrecht; von nun an war für ihn nur dies eine recht: die Rechtlichkeit seiner verlorenen Sache ohne Rücksicht auf Überredung oder Verräterei zu verfechten. «Kein Geitz noch Ehrgeitz hat uns nach Böhmen gebracht«, äußerte er in einem Brief an Thurn, »kein Armuth noch Elend soll uns von unserm lieben Gott abtrünnig machen noch etwas wider Ehr und Gewissen thun lassen[108].« Von der Schlacht auf dem Weißen Berge bis in die Todesstunde folgte er den Weisungen dieses Gewissens mit einem bewundernswerten Glauben und mit beklagenswerten Ergebnissen.

Ferdinand verlangte eine förmliche Unterwerfung und Abbitte. Friedrich gab die simple, aber aus tiefster Überzeugung kommende Antwort, daß ein Mann, der im Recht sei, nicht abbitten könne; falls jedoch der Kaiser die Verfassung Böhmens garantieren, das Konskriptionsheer abfertigen und ihn für seine Auslagen schadlos halten wolle, werde er seine Abdankung in Betracht ziehen[109]. Das war mehr als eine persönliche Weigerung, das war eine Herausforderung der deutschen Fürsten. Zu Mühlhausen hatten sie seine Besitznahme der böhmischen Krone für ungesetzlich erklärt; dadurch, daß Friedrich die Gültigkeit dieses Urteils verneinte, deutete er stillschweigend an, daß er die Fürsten als vom Kaiser erpreßt oder bestochen erachtete. Bis zu seinem Lebensende hielt er an der Erklärung fest, daß er nicht den Reichsfrieden gebrochen und sich nicht gegen den Kaiser, sondern gegen einen österreichischen Erzherzog erhoben habe. Der Grundstein seiner Politik war: Er sei der rechtmäßige König von Böhmen, der sowohl in diesem Land wie auch in seinen deutschen Ländern in gesetzwidriger Weise angegriffen worden sei.

Falls Friedrich sich nicht unterwerfen wollte, sollten Spinolas Truppen in der Pfalz bleiben. Zwei der vier Voraussetzungen waren nicht erfüllt, und zwei Tore zum Frieden schlossen sich. Verblieben als Fragen noch Mansfelds Heer und Ferdinands Schulden.

Ernst von Mansfeld weilte bei seinem untätigen Heer im Lager von Pilsen. Er war in Reichsacht, und auf seinem Kopf stand ein Preis von dreihunderttausend Talern. Für die nächste Zukunft war sein Handeln von zwei Erwägungen bestimmt: von der Notwendigkeit, die Verpflegung seiner Truppen zu ermöglichen, und von der Aufgabe, der einen Seite so wertvoll oder der andern so gefährlich zu werden, daß er entweder neue Dienste fand oder sein Ausscheiden aus dem Krieg erkauft wurde. Mittlerweile füllte er die Lücken in seinen Reihen durch Rekrutierung auf, die er mit und ohne Erlaubnis in ganz Süddeutschland durchführte.

Er hatte nicht nur ein Heer zu ernähren, sondern einen ganzen Staat zu regieren. Daß man auf einen Soldaten eine Frauensperson und einen Troßbuben rechnete, war eher niedrig geschätzt; in Tillys Heer rechnete man fünf Diener auf einen Leutnant und bis achtzehn auf einen Obristen. Wenn die Beute der Offiziere sich anhäufte, hielten sie sich Diener als Packesel. Die Kanoniere waren gemietete Mechaniker, die samt ihrem Stückmeister und den Knechten für die gewaltigen Pferdegespanne und den Weibern und Dienern eine geschlossene, vom Heer gesonderte, jedoch für dieses wesentliche Einheit bildeten[110]. Bauernmädchen, die aus geplünderten Höfen fortgeschleppt worden waren, des Lösegelds wegen entführte und dann nicht weiter beachtete Kinder, Hausierer, Schwindler, Quacksalber und Vagabunden vergrößerten diesen Troß. In Bucquoys Heer wurden wöchentlich sechs bis sieben

Kinder geboren[111], und die Weiber in Mansfelds Heer waren zweifellos ebenso fruchtbar.

Gegen alle diese hatte der Söldnerführer Verpflichtungen, denen er nachkommen mußte, wollte er nicht eine Unordnung einreißen lassen, die für ihn wie für das Land, in dem er lag, gefährlich war. »Weder sie noch ihre Pferde können von der Luft leben«, schrieb Mansfeld. »Alles, was sie haben, ob nun Waffen oder Kleidung, trägt sich ab, wird aufgebraucht und geht zugrunde. Wenn sie nachschaffen sollen, müssen sie Geld haben, und wenn es ihnen niemand gibt, werden sie es nehmen, wo sie es finden, nicht als ihnen gebührenden Teil, sondern ohne es abzuwägen oder zu zählen. Wenn dieses Tor ihnen erst einmal offen ist, strömen sie in die weiten Gefilde der Ungebundenheit: ... Sie schonen niemand, wer er auch sei, respektieren keinen Ort, sei er noch so heilig, weder Kirchen, Altäre, Gräber und Grüfte noch die Leichname darin[112].« Das war der Staat, den Mansfeld regierte, das die Anarchie, die dem Zusammenbruch seiner Herrschaft folgen würde.

Mansfeld verwendete den Winter zur Verwirrung der europäischen Politik, indem er seine Truppen Savoyen, Venedig und den Vereinigten Niederlanden anbot. Zu Frühjahrsbeginn eilte er nach Heilbronn, um die dort versammelten Fürsten der Union zur Unterzeichnung eines Vertrages zu drängen, mit dem sie seine Dienste in Anspruch nehmen konnten. Es war vergeblich. Als er zur böhmischen Grenze zurückkehrte, wurde er von der Pilsener Besatzung empfangen, die während seiner Abwesenheit gegen den Betrag von hundertfünfzigtausend Gulden die Stadt geräumt hatte[113]. Das Geld war nicht zu verachten, und die Truppen waren für ihn wertvoller als der Besitz der Stadt; so fügte er sich in die Lage.

Bald darauf entdeckte er, daß die Holländer bereit waren, Friedrich, seinen gewesenen Herrn, zu unterstützen, und unterzeichnete, aus der Not eine Tugend machend, einen neuen Vertrag mit dem geschlagenen Fürsten. Er setzte sein eigenes Geschick und das seines Heeres aufs Spiel, aber er hatte eine doppelte Gewinnmöglichkeit. Entweder konnte er Friedrich mit Waffengewalt in seinen Ländern wiedereinsetzen, oder – und dies war wahrscheinlicher – er konnte den katholischen Heerführern so gefährlich werden, daß sie ihn zu seinen eigenen Bedingungen abfertigen würden. Als Landesverwiesener mit einem Preis auf seinem Kopf brauchte Mansfeld einen Generalpardon, eine reichliche Geldzuwendung und ein kleines, aber unabhängiges Fürstentum; das alles wollte er durch Fortsetzung des Krieges im Innern Deutschlands erreichen. Damit war das dritte Tor zum Frieden verriegelt.

Verblieb die Frage der Bezahlung Maximilians. Er hielt schon Oberösterreich besetzt, das Ferdinand erst auslösen konnte, wenn er ihm seine Kriegsauslagen zurückerstattete; aber am Neujahrstag 1621 schien dieser Zeitpunkt in weiter Ferne zu liegen. Ferdinands Privatmittel waren niemals groß gewesen, und Böhmen, die reichste aller habsburgischen Besitzungen, die Quelle, aus der man so viele kaiserliche Ausgaben gedeckt hatte, war nach zwei Kriegsjahren ein ruiniertes Land.

Ernster war Ferdinands Versprechen, Friedrichs Kurfürstentitel dem Sieger zu geben. Friedrich konnte sein Titel nicht ohne Zustimmung seiner fürstlichen Kollegen entzogen werden, und als Ferdinand im vergangenen Jahr zu Mühlhausen versucht hatte, sie in dieser Frage zu sondieren, hatte er sie unnachgiebig gefunden. Mit Ausnahme Maximilians von Bayern wollte keiner der Fürsten, die Friedrich aus Böhmen vertrieben zu sehen wünschten, ihn auch seiner Länder und Titel in Deutschland berauben. Sie hatten dies durch ihren Einspruch klargemacht, den sie gegen Ferdinands Vorschlag erhoben, Friedrich in die Reichsacht zu tun[114]. Ferdinand konnte daher Maximilian nicht zufriedenstellen, ohne die meisten seiner mächtigen Vasallen zu verletzen, und konnte Friedrich nicht bestrafen, ohne die zu Mühlhausen gefaßten Beschlüsse zu verletzen.

Friedrich absetzen hieß die Fragen, über die er mit den Fürsten nicht einig war, gewaltsam zur Entscheidung bringen, und Ferdinand entschloß sich klugerweise, langsam vorzugehen, zuerst Friedrich in die Acht zu tun und dann, wenn er die Wirkung dieses Schrittes beobachtet hatte, die Kurwürde auf Maximilian zu übertragen. Mit welchen Scheingründen er auch die beiden Handlungen verbrämen mochte, sie konnten nur seiner Macht und seinem Ansehen entspringen, mußten also eine Kraftprobe zwischen dem Kaiser und der Verfassung sein.

Maximilian von Bayern war in den Augen seiner Zeitgenossen weitaus schlauer als Ferdinand, dem er durch seinen Reichtum und sein Heer überlegen war. Aber Ferdinand, der sich im Verlauf seiner Politik niemals dem Einfluß vermögenderer Verbündeter entziehen konnte, besaß die Gabe, den Ehrgeiz seiner Geldgeber so zu lenken, daß er seinem eigenen diente. Von manchen bedauert, weil er an Maximilian durch ein Übereinkommen gebunden war, das unvermeidlich den Krieg verlängerte, benutzte er es in Wirklichkeit als einen Vorwand und Maximilians Ehrgeiz als einen Deckmantel für seinen eigenen. Ferdinand traf Anstalten, die kaiserliche Macht durch eingreifende Neuverteilung der Territorien auf eine neue Grundlage zu stellen. Maximilian gab ihm dazu Gelegenheit.

Am 29. Januar 1621 wurde die Acht über Friedrich verhängt[115]. Acht Tage danach versammelten sich die Fürsten und Städte der protestantischen Union in Heilbronn. Wenn Friedrich die Verfassung durch die Besitznahme der böhmischen Krone gebrochen hatte, so verletzte Ferdinand sie durch die Verhängung der Acht noch weiter. Mit dieser Tat brach er vorsätzlich den Eid, den er zu Frankfurt bei seiner Krönung geschworen hatte, und verknüpfte damit die Sache der »deutschen Libertät« abermals unwiderruflich mit der des gestürzten Friedrich.

Für die Union war der Zeitpunkt gekommen, auf der Verteidigung der Verfassung zu beharren, ein Zeitpunkt, in dem sie der Unterstützung des Kurfürsten von Sachsen und selbst einiger verfassungstreuer katholischer Fürsten gewiß sein konnte. Das erste Ergebnis dieser Zusammenkunft war ein geharnischter Protest nach Wien[116]. Jetzt kam es zur Kraftprobe, die Ferdinand vorausgesehen hatte. Als Antwort auf ihren Protest weigerte er sich, die Acht zurückzunehmen, und befahl ihnen unter Berufung auf den Reichsfrieden, die wenigen Truppen, die sie noch unter Waffen hatten, abzurüsten. Zu gleicher Zeit führte ein Teil von Spinolas Truppen ein sinnreiches Bewegungsmanöver aus. Es war ein blendender Schreckschuß, denn der Waffenstillstand mit den Vereinigten Niederlanden lief in wenigen Wochen ab, und die Brüsseler Regierung hatte Spinola beauftragt, mit der Union unter allen Bedingungen einen Waffenstillstand zu schließen und sofort nach den Niederlanden zurückzukehren[117]. Mit bewundernswerter Kaltblütigkeit machte Spinola die drohende Geste, von der er wußte, daß er sie nicht zu Ende führen konnte, und er hatte Erfolg. Die Städte der Union, die nichts von Spinolas Verpflichtungen wußten, gaben nach, da sie nicht willens waren, wegen einer verfassungsrechtlichen Spitzfindigkeit von spanischen Heeren überrannt zu werden. Als die Fürsten ihrer Unterstützung beraubt waren, brach ihr Widerstand zusammen. Am 1. April erklärten die Delegierten der Union sich mit der Auflösung ihres Heeres einverstanden, wenn Spinola ihnen ihre Neutralitätsrechte garantiere[118]. Der Mainzer Akkord, wie dieses Abkommen genannt wurde, war das letzte von der protestantischen Union unterzeichnete Dokument, und am 14. Mai gingen die Delegierten auseinander, um sich nie wieder zu versammeln. Die augenscheinliche Gewißheit unmittelbarer Gefahr war stärker als die Furcht vor zukünftigem Unheil; ohne eine Hand zu rühren, hatten die Verteidiger der Verfassung ihren Führer und ihre Grundsätze im Stich gelassen und Fremdlingen und Abenteurern zur Auskämpfung der Sache der deutschen Freiheit auf deutschem Boden Platz gemacht.

Die protestantischen Fürsten hatten geglaubt, den Krieg durch die Preisgabe Friedrichs zu beenden, die katholischen, fremde Einmischung dadurch zu verhindern, daß sie Ferdinand selbst unterstützten. Sie alle hatten vergessen, daß es, obwohl niemandem etwas an Friedrich oder Böhmen lag, in Europa zu viele Fürsten gab, die das Haus Habsburg fürchteten oder die es nach dem Rheintal gelüstete. Durch den Zusammenbruch Böhmens hatte sich der Mittelpunkt des Konfliktes dreihundert Kilometer nach Westen verschoben. Prag trat in den Hintergrund, und aller Augen waren auf des Kaisers spanische Verbündete in der Pfalz gerichtet. In einem nachdrücklichen Protest nach Wien wies der König von Dänemark unbeirrt auf den wunden Punkt: Nicht Friedrichs aufgeriebene Streitkräfte, sagte er, sondern spanische Truppen seien der Unruheherd Europas[119].

Was aber hatte der König von Dänemark damit zu tun? Nach seinem Verhalten zu schließen, sehr viel, denn er hatte Friedrich auf seiner Flucht aus Böhmen in Segeberg in Holstein empfangen und die Regierung des niedersächsischen Kreises, in dem Holstein lag, bestürmt, Friedrichs Sache zu verteidigen. Als dies fehlschlug, trat er mit dem Anerbieten hervor, in Wien zwischen Friedrich und dem Kaiser zu vermitteln[120]. Und dies alles, weil er fürchtete, die Vernichtung der protestantischen Opposition in Böhmen werde die Macht der Habsburger im Quellgebiet der Elbe stärken und sie ermutigen, ihre Herrschaft nach Norden bis zur Ostsee auszudehnen.

Der König von Dänemark war der erste, wenn auch nicht der bedeutendste Fürst, der in Bewegung kam. Die Regierungen der Vereinigten Niederlande, Frankreichs, Englands erkannten alle mit gleicher Bestürzung, daß sie im Wirrwarr des böhmischen Krieges die Besetzung der Pfalz durch die Spanier zugelassen hatten. Das Phantom der Gefahr, gegen die sie in den letzten zehn Jahren Anschläge und Bündnisse geschmiedet hatten, war Wirklichkeit geworden, und sie hatten es nicht bemerkt. Zu spät hatte die englische Regierung den Fürsten der Union dreißigtausend Pfund gesandt[121]; die wenigen unter Sir Horace Vere nach der Pfalz gekommenen Truppen waren in Mannheim und Frankenthal bereits abgeschnitten, während in Heidelberg eine gemischte, aus Deutschen und Holländern bestehende Besatzung die Stadt noch hielt. Diese Besatzungen konnten das spanische Heer vorübergehend, aber nicht dauernd aufhalten. In Wien war der französische Botschafter als der Urheber des verhängnisvollen Vertrages von Ulm bitteren Vorwürfen der Engländer ausgesetzt[122]. Inzwischen standen seit dem katholischen Aufstand im Vorjahr die Pässe des Veltlins Spanien offen, so daß die Heere und Kriegskassen aus Norditalien reichlich aufgefüllt werden konnten.

Die Vereinigten Niederlande waren ernster und unmittelbarer gefährdet als Frankreich, England oder Dänemark. Durch einige sorgenvolle Wochen trug sich der Prinz von Oranien mit dem Gedanken, einen ungünstigen Frieden mit der Brüsseler Regierung zu schließen, aber im Bewußtsein ihrer militärischen Überlegenheit wollte diese keine annehmbaren Bedingungen bieten. Es gab einen Ausweg: Solange die Holländer ihre Grenzen nach besten Kräften verteidigten, konnten sie Friedrich und seine Verbündeten bei der Rückgewinnung des Rheins unterstützen. In Eile wurde mit dem König von Dänemark ein Bündnis geschlossen, und brieflich wurden Mansfeld Belohnungen versprochen, falls er zur protestantischen Sache stand[123]. Am 9. April 1621 lief der Waffenstillstand mit Spanien ab; fünf Tage später wurden der König und die Königin von Böhmen im Haag mit allen einem regierenden Souverän gebührenden Ehren empfangen, und am 27. April setzte Friedrich seine Unterschrift unter einen Vertrag, durch den er die Hilfe der Holländer zur Rückeroberung seiner Länder am Rhein annahm. Der zweite Akt der deutschen Tragödie hatte begonnen.

# KAISER FERDINAND UND KURFÜRST MAXIMILIAN

## 1621—1625

L'Allemagne perdue, la France ne peut subsister

RICHELIEU

### I

Der Schwerpunkt des Interesses hatte sich von der Moldau an den Rhein verschoben, und Ferdinand konnte in den Ländern der böhmischen Krone, ungehindert durch Einmischungen von außen, seine Gewaltherrschaft begründen. Alle vier Kronländer hatten sich unterworfen; Schlesien und die Lausitz hatten vom Kurfürsten von Sachsen milde Behandlung erlangt[1]; Böhmen und Mähren hatten sich bedingungslos dem Herzog von Bayern ergeben. Maximilian ließ sich zu einem lahmen Versprechen herbei, sich für das Leben und Eigentum der Rebellen einzusetzen. So wenig war ihm an seinem Wort gelegen, daß er Ferdinand ausdrücklich bat, es nicht zu beachten. Später entsandte er einen Kapuziner nach Wien, von dem berichtet wird, daß er von der Rache, die Gott an den Böhmen forderte, mit dem Ungestüm eines von göttlicher Offenbarung erfüllten Propheten sprach[2].

»Du sollst sie mit einem eisernen Zepter zerschlagen, wie Töpfe sollst du sie zerschmeißen«, lautete der Bibelvers, den sich bei der Nachricht von der böhmischen Niederlage einer der Wiener Prediger zum Text gewählt hatte, und Ferdinand selbst hätte keinen besseren wählen können. Er hatte, als Maximilian aus Böhmen abzog, Karl von Liechtenstein zum Statthalter in Prag bestellt. Liechtenstein war ein mittelmäßiger Politiker, zaghaft, vorsichtig, mäßig unehrlich und ziemlich schlau. Die Böhmen hätten von seiner Intelligenz und seiner Milde mehr Nutzen ziehen können, wenn er nicht in allen Dingen bloß das Sprachrohr des Kaisers gewesen wäre. Kaum fünf Wochen nach dem Fall Prags waren die Jesuiten zurück im Land, die vertriebenen katholischen Beamten wiedereingesetzt, das Volk entwaffnet, alle Druckschriften unter Zensur gestellt, das unter dem Usurpator geprägte Geld eingezogen, und den Rebellen war es verwehrt, das Land zu verlassen[3]. Ferdinand war entschlossen, seine wiedergewonnenen Länder umzugestalten, ohne sie zu entvölkern; es wurden daher in Böhmen und Mähren einschneidende Maßnahmen getroffen, um die Auswanderung der Protestanten zu verhindern[4].

In der Nacht des 29. Februars 1621 wurden dreißig der Hauptrebellen in Prag verhaftet[5]. Thurn war mit dem König geflohen und jenseits der Grenze in Sicherheit, der unglückliche Schlick aber verharrte unschlüssig in Schlesien, da er auf Milde und Amnestie hoffte. Er wurde in Friedland von sächsischen Soldaten festgenommen und ausgeliefert und zu seinen Landsleuten in den Kerkern von Prag gebracht[6].

Bald darauf wurde Ferdinands Urteil über sein unglückliches Land verkündet. Das Wahlkönigtum wurde abgeschafft, und die böhmische Krone wurde von nun an in der Dynastie der Habsburger erblich. Die Urkunde der Religionsfreiheit, der Majestätsbrief, war bei der Plünderung Prags erbeutet und nach Wien geschickt worden, wo Ferdinand sie eigenhändig in Stücke geschnitten haben soll. Das ist ein übertriebenes Gerücht, denn die Entfernung des kaiserlichen Siegels genügte, um die Urkunde wertlos zu machen, und sie hat in diesem entwerteten Zustand ihren Zweck lange überlebt. Die calvinistischen und utraquistischen Irrlehren sollten ohne Unterschied ausgerottet und die lutherische Kirche sollte nur in Ansehung des dem Kurfürsten von Sachsen gegebenen Versprechens weiterhin geduldet werden[7]. Ferdinands Politik hatte drei Ziele: die politische und wirtschaftliche Vernichtung aller Teilnehmer an dem Aufstand, die Aufhebung aller nationalen Privilegien und die Ausmerzung der Protestanten. Liechtensteins besorgte Einsprüche, mit Milde oder wenigstens mit Vorsicht zu verfahren, fanden kein Gehör. Das Strafgericht über Böhmen sollte eine neue Politik einleiten, mittels welcher die habsburgischen Länder zu einem religiös geeinigten, von Wien aus regierten Staat zusammengeschweißt werden sollten, der als wesentliche Grundlage für den Wiederaufbau eines katholischen Europas gedacht war.

Dazu war es vor allem notwendig, Ferdinands Macht seinen geschlagenen Untertanen drastisch vor Augen zu führen. Die verhafteten Rebellen wurden vor ein Sondergericht gestellt, gegen dessen Entscheidung es keine Berufung gab, und mehr als vierzig von ihnen wurden zu Gefängnis oder zum Tod verurteilt. Unter ihnen ragt Andreas Schlick hervor, dessen Standhaftigkeit in den letzten Stunden sogar den verzagtesten seiner Mitgefangenen Mut und Stärke einflößte. Dies war der letzte und vielleicht der edelste Dienst, den er ihnen erwies, die seine Ratschläge so beharrlich mißachtet hatten. Welche Partei auch immer gewonnen hätte, die von ihm empfohlene Großmut und Mäßigung hätte keine der beiden gezeigt; für ihn hatte das Leben längst jeden Reiz verloren.

In der letzten Maiwoche des Jahres 1621 langten die Urteile in Wien ein, damit Ferdinand sie unterfertige[8]. Er war sich bewußt, daß es seine Pflicht und seinem Interesse dienlich war, durchzugreifen, aber als es dahin kam, so viele Männer zum Tod zu verurteilen, ging es ihm doch nahe. Den Angstschweiß auf der Stirn, sprang er auf und flüchtete vom Ratstisch weg in seine Gemächer[9]. Am nächsten Morgen, nach Befragung seines Beichtvaters, war er wieder ruhig, unterschrieb kaltblütig mehr als zwanzig Urteile und befahl ihre unverzügliche Vollstreckung[10].

Während der Hinrichtungen am 21. Juni 1621 auf dem Altstädter Ring zu Prag patrouillierten siebenhundert sächsische Reiter in der Stadt; aber es kam zu keiner Kundgebung und zu keinem Befreiungsversuch, wie Liechtenstein gefürchtet hatte[11]. Die meisten starben schweigend, nur einer schrie: »Sagt eurem Kaiser, daß ich jetzt vor seinem ungerechten Gericht stehe; mahnet ihn an Gottes Gericht«; dann übertönten die Trommeln seine Stimme. Zwölf Köpfe und die rechte Hand des Grafen Schlick wurden auf der Karlsbrücke aufgesteckt und blieben durch zehn lange Jahre grausige Mahnzeichen des fehlgeschlagenen Aufstandes[12].

Prag ergab sich in sein Schicksal; sein Wohlstand schwand dahin, sein Handel hörte auf, und die ihrer Führer beraubte Bevölkerung lebte in Angst und Furcht. Außerhalb Prags und Böhmens machten protestantische Flugblätter ihrer Entrüstung Luft; man sprach von Alba und seinen blutrünstigen Räten[13], die vor fünfzig Jahren die Niederlande zur Abschüttelung des Tyrannenjoches getrieben hatten. Aber die Holländer hatten in Wilhelm von Oranien einen Vorkämpfer außerhalb ihres Landes gehabt, der, dem Ruf der Nation Folge leistend, heimgekehrt war; den Böhmen erstand kein Befreier. Die besten ihrer Männer waren auf dem Weißen Berg im Kampf und auf dem Altstädter Ring unter dem Henkersbeil umgekommen. Außerhalb der Grenzen gab es nur einen geflüchteten König und ein Häuflein Verbannter, im Land selbst nur die siegreiche Partei, die Feiglinge, die Gleichgültigen und die Witwen und Waisen der Opfer.

## II

Ferdinands Ehrgeiz ging auf absolute Macht, unbeschränkte Herrschaft in seinen eigenen Ländern und überall im Reich; von diesem Gesichtspunkt aus sah er die Zukunft der habsburgischen Dynastie. Der König von Spanien hingegen sah die Sicherheit und Größe seiner Familie in der Wiedereroberung der Niederlande und im erneuerten Wohlstand

Spaniens. Obschon beide letztlich nur das Gedeihen der Dynastie ersehnten, glaubte keiner von ihnen, seine Politik der des andern opfern zu können. So kam es im Frühjahr und im Sommer 1621 zu einem Konflikt dieser Gegensätze.

Der Tod Erzherzog Albrechts und Philipps III. hatte die Beziehungen zwischen Spanien und den Niederlanden wesentlich geändert. Mit dem Leben Albrechts endete auch die Unabhängigkeit der Provinzen. Auf den ersten Blick schien es, als ob die spanische Krone dies nicht ausnützen wollte, denn Albrechts Witwe Isabella setzte die Regierung fort, und Ambrogio Spinola war weiter die stärkste Macht im Staat[14]. Aber nach und nach verletzten die neuen Herrscher Spaniens die Unabhängigkeit derer, die rechtlich jetzt nur noch ernannte Stellvertreter waren; diese neuen Herrscher waren ein Knabe und sein Günstling Olivarez.

Der neue König, Philipp IV., war etwas intelligenter, aber beträchtlich weniger gewissenhaft als sein Vater; er interessierte sich für Musik, Malerei und die Wissenschaften, hatte eine Vorliebe für Schaustellungen, wie Maskenspiele, Tänze und das Drama, frönte der Jagd, fand Geschmack an Stierkämpfen und zeigte frühzeitig Anlagen zu einem zügellosen Genußmenschen. Er besaß keinen politischen Weitblick und war, mehr durch Erziehung als aus Veranlagung, ein Frömmler[15]. Die Macht fiel gänzlich an Olivarez, dessen ungeheure Tatkraft und Voraussicht die gekünstelt überhebliche Gleichgültigkeit seines Herrn wettmachte. Seinem Einfluß war es zuzuschreiben, daß fast alle Minister des verstorbenen Königs entlassen wurden und eine neue, ihm selbst völlig ergebene Regierung gebildet wurde[16]. Gaspar de Guzman, Graf Olivarez, war damals einige dreißig Jahre alt. Seine Stellung beim König hatte er sich größtenteils durch seine eindrucksvolle Persönlichkeit geschaffen, im übrigen war er nicht der Typ, den Philipp an seinen Freunden bevorzugte. Er war von robuster Beleibtheit, mit rötlichem Gesicht, verstand sich auf Konversation, war jedem Sport abgeneigt und fühlte sich von leichtfertigen Vergnügungen angeödet. Von leidenschaftlicher Machtgier besessen, beherrschte er den König mehr, als daß er ihn beriet. Das Wohl der Monarchie lag ihm am Herzen, er glaubte aber unerschütterlich an die Richtigkeit seiner Meinung und ließ sich in der Lenkung der Geschicke seines Landes zeitlebens ausschließlich von seinem eigenen, glänzenden, aber unsteten Geist leiten[17].

Im Jahre 1621 war er vor allem besorgt, den sichersten Weg zur Beherrschung der Rheinpfalz zu finden. Er plante, Friedrich unter spanischem Schutz wiedereinzusetzen. Damit bezweckte er zweierlei: England konnte jederzeit im Ärmelkanal gefährlich werden, indem es den Schiffsverkehr zwischen Spanien und Flandern behinderte; und die Wiedereinsetzung eines gemaßregelten Friedrich sollte wenigstens zum Teil die öffentliche Meinung in England beruhigen. Kein Vorhaben hätte aber Ferdinand weniger willkommen sein können, da er entschlossen war, die pfälzische Kur auf Maximilian zu übertragen, und ihm seine Schulden damit abzahlen wollte, daß er ihm einen großen Teil des Landes des vertriebenen Kurfürsten verlieh.

Zum Glück für Ferdinand wurden Friedrichs Truppen unter Mansfeld und Sir Horace Vere durch Hunger gezwungen, die Offensive wiederaufzunehmen, wodurch sie den spanischen Plan vorübergehend vereitelten. Noch günstiger für Ferdinand war es aber, daß diese Offensive den Herzog von Bayern verleitete, sich noch mehr bloßzustellen. Maximilian, der zwischen seinem Ehrgeiz und seiner Besorgnis um die deutsche Reichsverfassung hin und her gerissen wurde, war sich der Gefährlichkeit seiner Lage nicht voll bewußt, und als ihm die Vollstreckung der Acht an Friedrich aufgetragen[18] und bedeutet wurde, in die Oberpfalz einzufallen, weigerte er sich zuerst. Der Öffentlichkeit gegenüber hatte er sogar hochmütig vorgegeben, daß ihn die Achtverhängung nicht kümmere. Schade, daß er, der so spitzfindig und schlau war, nicht die Festigkeit besaß, seinen Standpunkt zu behaupten. Als Mansfelds Truppen plötzlich die Oberpfalz als Basis ihres Angriffes auf Böhmen zu benützen begannen, brauchte Ferdinand nur anzudeuten, daß er selbst den Gegenangriff leiten würde, und Maximilian erschien eiligst auf dem Kampfplatz, weil er fürchtete, um seinen Beuteanteil zu kommen.

Am 23. September 1620 erstürmte Maximilian die Stadt Cham auf Friedrichs Seite der deutsch-böhmischen Grenze. Mansfeld, dem sein Heer Macht gab, der aber in finanzieller Bedrängnis war, nützte die günstige Gelegenheit. Nach kurzen Verhandlungen und für eine ansehnliche Summe verpflichtete er sich schriftlich, nicht mehr für Friedrich zu kämpfen. Gleich darauf wandte er sich nach Westen und marschierte unter völlig unbekümmerter Mißachtung seines Versprechens in die Rheinpfalz, um sich mit den englischen Verbündeten Friedrichs zu vereinigen. Am 25. Oktober, fünfzehn Tage nach Unterfertigung des Vertrages mit Maximilian, bot sich den Augen der hart bedrängten Besatzung Sir Horace Veres in Frankenthal der freudige Anblick von Mansfelds Vorhut.

Dieser Vertrauensbruch gab Maximilian die ersehnte Rechtfertigung für seinen Einfall in Friedrichs rheinische Gebiete. Noch weniger als Ferdinand wünschte er, daß die Spanier sich dort als die alleinigen

Machthaber festsetzten, und er entsandte eiligst seinen Feldherrn Tilly zur Verfolgung Mansfelds. Es war für ihn von Wert, seine eigenen Truppen neben den spanischen am Rhein zu haben; falls er aber hoffte, daß Tilly die Spanier dazu bringen könnte, sich für ihn in den Kampf zu stürzen, irrte er sich. Spinola bereitete in den Niederlanden einen Frontalangriff auf die Holländer vor; weder die Brüsseler noch die Madrider Regierung wollte ihr Geld für den Kampf um einen Landstrich vergeuden, den sie sicherer auf dem Vertragsweg erwerben konnten, und Cordoba, beider Feldherr am Rhein, hielt sich an ihre Befehle. Tilly, der Mansfeld nicht allein angreifen konnte, mußte enttäuscht Winterquartiere in der Oberpfalz beziehen, während Cordoba untätig blieb, Sir Horace Vere sein winziges Regiment an beiden Rheinufern verschanzte, Mansfeld aber ins Elsaß übersetzte, um für sein Heer Unterkunft und Verpflegung zu finden.

Böhmen, die Rheinpfalz, die Oberpfalz, die rheinischen Bistümer und das Elsaß – der Krieg breitete sich allmählich aus. »Gott helfe denen, wo Mansfeld hinkommt!« war um diese Zeit in Deutschland ein wohlbekannter Stoßseufzer[19]. Seine Truppen hatten quer durch das innerste Franken Seuchen verschleppt und das Gift der Ansteckung in Städten und Dörfern zurückgelassen[20]. Nach dem Elsaß brachten sie den Typhus[21], und von den Zwanzigtausend, die sich vor ihnen nach Straßburg flüchteten, starb ein Fünftel in den folgenden Monaten[22]. Der Winter brach mit schweren Schneefällen frühzeitig herein, und Mansfelds Truppen verwüsteten das Land, indem sie es aller Lebensmittel entblößten und alles verbrannten und zerstörten, was sie nicht fortzuschleppen vermochten. Von den Wällen Straßburgs konnte man zur Nacht sechzehn Feuer auf einmal brennen sehen, und aus Furcht vor den herumziehenden Plünderern wagte niemand, die Stadt zu verlassen. Wer von den Bauern konnte, trieb sein Vieh in die Stadt, aber viele überließen es dem Hungertod oder gaben es den Soldaten preis[23]. In den katholischen Bistümern raubten die Soldaten die Kirchen aus, brachen die Christusfiguren von den Kreuzen und hingen sie wie Diebe auf den Bäumen längs den Landstraßen auf. Die Marodeure drangen gegen Süden bis nach Ensisheim und Breisach vor, und es wurde glaubwürdig berichtet, daß sie vierundzwanzig Kilometer im Umkreis der Zitadelle von Hagenau jedes Haus, an dem sie vorüberkamen, in Brand steckten[24].

Seit der Schlacht auf dem Weißen Berge war ein Jahr verstrichen, und der Friede war noch immer in weiter Ferne. Olivarez in Madrid und die Erzherzogin in Brüssel schlossen sich mit dem englischen König zu einer gemeinsamen Front zusammen, um Friedrichs Wiedereinsetzung in der Pfalz zu fördern, aber Ferdinand wurde bei seinen Bestrebungen, dies zu verhindern, ausgiebig, wenn auch unabsichtlich von Friedrich selbst unterstützt. Friedrich vertraute auf die neuen Streitkräfte, die er mit holländischer Hilfe sammelte, und hielt sich auf Grund eines Vertrages mit den Vereinigten Niederlanden bereit, an der Spitze eines von den Niederlanden bezahlten Heeres als Sieger in sein Land heimzukehren, hatte also nicht vor, sich unter spanischem Schutz heimzuschleichen. Er war ebenso gewillt zu kämpfen wie Ferdinand. Der englisch-spanische Vertrag scheiterte an dem Widerstand der beiden Hauptbeteiligten, und der Friede rückte in noch weitere Ferne.

Der Theorie nach gab es in Deutschland noch keinen Bürgerkrieg zwischen den Parteien, sondern nur einen Krieg gegen einen einzigen Friedensbrecher. Ob das Andauern dieses Zustandes Ferdinands Wünschen völlig entsprach, ist zweifelhaft. Der Stillstand am Rhein, den die Spanier verursacht hatten, verdroß ihn mehr, weil er mit Maximilian abrechnen wollte, als weil er die internationalen Verwicklungen fürchtete, die daraus entstehen konnten. In seiner frühesten Jugend hatte er das kriegerische »*Legitime certantibus corona*« zu seinem Wahlspruch gemacht, und die Idee, einen gerechten Kampf für die Rechte der Kaiserkrone zu führen, kann ihm daher nicht unwillkommen gewesen sein. Er war optimistisch, hatte sich aber niemals eingebildet, seine Macht als Kaiser kampflos vergrößern zu können; daß der Krieg weitergehen sollte, vermochte er daher nicht wirklich zu bedauern. Es mangelte ihm jene Vorstellungskraft, welche die Bedeutung von Hungersnot, Brand und Kampf in ihren Wirkungen auf den einzelnen Menschen sieht, und er glich den meisten seiner Zeitgenossen darin, daß er es für schrecklicher hielt, wenn protestantische Soldaten einem Marienbildnis die Augen ausstachen, als wenn sie die Bauern in ihre brennenden Häuser zurückjagten. Ferdinand war ebensowenig wie Friedrich oder Mansfeld gewillt, Plänen näherzutreten, die auf Vermittlung und Frieden abzielten, da er die Verantwortung für die Fortdauer des Krieges ihnen aufbürden konnte. Während er fest überzeugt war, besser als die Spanier auf die Sicherheit der Dynastie bedacht zu sein, und damit rechnete, daß die Holländer oder Friedrich das englisch-spanische Vorhaben bald unmöglich machen würden und schließlich irgendein hastiger Mißgriff der protestantischen Fürsten ihm in Kürze noch einen anderen Vorwand für einen Angriff auf ihre Macht in Deutschland bieten würde, nahm die Lage für ihn eine besonders glückliche Entwicklung. Es ist eine Gabe zu wissen, wann man handeln muß und wann man nur untätig zu sein braucht, wann man einen Fingerzeig geben muß und wann man die Dinge nur treiben zu lassen braucht. Ferdinand besaß diese Gabe; im Winter 1621 brauchte er nur zuzuwarten.

## III

Wenn Friedrich und Elisabeth sich mit dem englisch-spanischen Plan abgefunden hätten und unter gewissen Bedingungen nach Heidelberg zurückgekehrt wären, hätte es keinen Dreißigjährigen Krieg gegeben.

Aber das jugendliche Paar – zusammen zählten sie noch keine fünfzig Jahre – zeigte nicht die geringste Neigung, etwas dergleichen zu tun. Wenn Friedrich auch kein starker Charakter war, hatte er doch seine Überzeugungen, und Elisabeth hatte Mut für zwei.

Untüchtig, vertrauensselig, immer wieder geschlagen und immer wieder ihre Streitkräfte zu einem neuen Angriff zusammenraffend, von einem Verbündeten verraten, um nach einem andern Ausschau zu halten, eigensinnig, starrköpfig und aufrichtig, lenkten der König und die Königin die Aufmerksamkeit des protestantischen Europas auf Deutschland und hielten ihre Sache durch neun unheilvolle Jahre aufrecht, bis der Genius Richelieus im Verein mit Gustav Adolf das Großreich der Habsburger und die Vorherrschaft der Spanier für immer zerstörte.

Von dem jungen Paar war Friedrich die Repräsentationsfigur, Elisabeth die Seele. Seine Länder, seine Titel, ob nun noch wirklich oder nur mehr vorgeblich sein eigen, und auch seine Ansprüche waren für Elisabeth Schachfiguren, mit denen sie verständig und geschickt spielte. »Die graue Stute«, schrieb ihr Bruder, der Prinz von Wales, »ist das beste Pferd[25].« Elisabeth war es, die Bände von Briefen an alle einflußreichen Persönlichkeiten schrieb, an den Günstling ihres Vaters und die führenden französischen Höflinge; sie war es, die ihre neugeborene Tochter taktvoll Louisa Hollandina taufen ließ und die Niederlande zu Taufpaten bat; Elisabeth war es, die die Gesandten bestrickte und das ihrem Gatten fehlende Geld durch ihre Gunst und Huld ersetzte.

Ihr erster Verbündeter von Bedeutung war der jugendliche Prinz Christian von Braunschweig, der sich erbötig machte, ein neues Heer anzuwerben und zu befehligen, für dessen Kosten die Holländer aufkommen sollten. Ein jüngerer Bruder des Herzogs von Braunschweig-Wolfenbüttel, war Christian mit achtzehn Jahren zum »Administrator« des säkularisierten Bistums Halberstadt gemacht worden, für welches Amt er außer einer sinnlosen Abneigung gegen Katholiken wenig

Befähigung besaß. »Angehende das ich lust zum kriege habe«, schrieb er einmal seiner Mutter, »muß ich bekennen, das ich es habe, den es mir angebhoren, auch wol haben werde, biß an mein ende[26].« Schön, temperamentvoll und lebenslustig, war er der Lieblingssohn seiner Mutter und von Kindheit an verwöhnt. Ohne Verantwortungsgefühl und von sich eingenommen, gefiel er sich in soldatischem Gehaben und lästerlichen Redensarten und kam, indem er den Erwachsenen spielte, in den Ruf rücksichtsloser Grausamkeit und Lasterhaftigkeit, der ihm über die Jahrhunderte hin anhaftete. Wenn er aufgeregt oder angeheitert war, schrie er seine älteren Verwandten an, nannte Erzherzogin Isabella eine »alte Vettel« und tat die deutschen Fürsten und den König von England verächtlich als »Kujone« ab[27]. Die bestbekannte seiner Untaten, daß er nämlich die Nonnen eines geplünderten Klosters gezwungen haben soll, ihn und seine Offiziere nackt zu bedienen[28], ist die Erfindung eines Kölner Journalisten. In Wirklichkeit war er rücksichtsvoll gegen seine Gefangenen und höflich gegen seine Feinde[29].

Voll Argwohn gegen die Habsburger und ein Feind der katholischen Kirche, gab Christian seinen politischen Alltagsweisheiten durch das Bekenntnis seiner leidenschaftlichen, rein ritterlichen Liebe zur schönen Königin von Böhmen einen romantischen Anstrich[30]. Als sie einen Handschuh fallen ließ, stürzte er sich mit einer großen Geste darauf, und als sie ihn lachend zurückerbat, rief er aus: »Madame, in der Pfalz werde ich ihn zurückgeben[31].« Nachher trug er ihn auf seinem Hut mit dem Motto: *»Pour Dieu et pour elle«*, welchen Wahlspruch auch seine Fahnen aufwiesen.

Christian hatte das Zeug zu einem großen Führer und wäre einer geworden, wenn er nur auch die Geduld gehabt hätte zu lernen. Fast ohne Geld und mit sehr wenigen Offizieren brachte er im Herbst 1621 ein Heer von mehr als zehntausend Mann zusammen. Wenn seine Truppen auch schlecht bewaffnet und undiszipliniert waren, beweist diese Leistung zumindest unverzagte Tatkraft und hätte ihm einen besseren Namen als den eines bloßen Freibeuters eintragen sollen[32]. Seine Zeitgenossen nannten ihn den »tollen Halberstädter«, aber seine Tollheiten hatten etwas von höherer Inspiration.

In der Person Georg Friedrichs, des Markgrafen von Baden-Durlach, war gleichzeitig ein anderer Verbündeter erstanden. Er war ein frommer Calvinist und guter Deutscher, den die bedrohliche Haltung der Spanier am Rhein zum Handeln zwang. Beim Volk beliebt, war er trotz seiner sechzig Jahre ein Herrscher von jugendlicher Tatkraft und Großzügigkeit. Diese Eigenschaften befähigten ihn, ein Heer von elftausend Mann, größtenteils aus seinen Untertanen, aufzustellen. So kam es, daß im Frühjahr 1622 für Friedrichs Sache drei mutige kleine Heere dem Kaiser Trotz boten: das Mansfelds im Elsaß, das Christians von Braunschweig in Westfalen und das Georg Friedrichs in Baden.

Die Vereinigung dieser Truppen am Rhein hätte Friedrich ein Heer von ungefähr vierzigtausend Mann gegeben, genug, um unter geschickter Führung mit Tilly und den Spaniern fertig zu werden. Zur Zeit waren diese Heere weit voneinander entfernt, das Christians in Westfalen, die zwei anderen im oberen Rheintal. Zwischen ihnen lagen außer der großen Entfernung auch der Main und der Neckar, so daß Tilly und die Spanier Zeit hatten, sie an der Vereinigung zu hindern; auch Erzherzogin Isabella, die das Wiedererscheinen protestantischer Streitkräfte in Angst versetzte[33], hatte Zeit genug, ihre Agenten zu Mansfeld zu entsenden, um ihn zu bestechen.

Friedrich verließ mittlerweile in Verkleidung heimlich den Haag und stieß am 22. April 1622 in seiner pfälzischen Heimat, in Germersheim, zu Mansfeld, zum Entzücken seiner Untertanen und zur lähmenden Überraschung Mansfelds[34]. Dieser hatte ihn nicht erwartet und war wie gewöhnlich mit den Agenten der Feinde in Verhandlungen über den Preis, den sie zahlen wollten, wenn er sich zurückzog[35]. Das Eintreffen seines Dienstgebers bestimmte ihn, die Besprechungen zu verschieben. Er setzte mit dem größeren Teil seiner Streitkräfte auf das rechte Rheinufer über, hinderte Tilly an der Vereinigung mit dem spanischen Feldherrn Cordoba und warf ihn am 27. April bei dem Dörfchen Mingolsheim unter einigen Verlusten zurück. Doch Tilly erwies sich als der bessere Stratege, denn während Mansfeld auf den Markgrafen von Baden und dessen Heer wartete, umging er ihn ungehindert und vereinigte sich anfangs Mai mit Cordoba.

Friedrichs Verbündete standen nun vor der Aufgabe, den vereinten feindlichen Heeren zuvorzukommen und zu Christian von Braunschweig zu stoßen, der, mit Beute beladen, von Norden her langsam anrückte. Mansfeld und der Markgraf von Baden hatten zusammen kaum genug Truppen, um Tilly und die Spanier zu binden, brauchten aber vor allem Christians Kriegsschatz, um ihre Heere zu bezahlen. Der junge Prinz hatte die letzten Monate damit verbracht, von den wohlhabenden Bistümern Münster und Paderborn unter gräßlichen Drohungen eine Unmenge Geld und Edelmetall zu erpressen. Er hatte jedes erreichbare Dorf auf seiner Heerfahrt mit Drohschreiben eingeschüchtert, die andeutungsvoll an den vier Ecken versengt und mit den Worten »Feuer! Feuer! Blut! Blut!« versehen waren. Diese Art verfehlte selten, von der Bevölkerung bares Lösegeld zu erpressen. Die katholischen Kirchen hatte er systematisch ihrer goldenen und silbernen Geräte und Zieraten beraubt und einige davon zur Prägung von Münzen verwendet, die den herausfordernden Text trugen: »Gottes Freund, der Pfaffen Feind[36].« Die Drohschreiben und Erpressungen hatten hingereicht, um ihn in den Ruf gotteslästerlicher Barbarei zu bringen, der durch Schmähschriften bereits über ganz Deutschland verbreitet wurde. Seltsamerweise war sein Verhalten in Wirklichkeit sanft genug. So hatte das Domkapitel zu Paderborn an seinem Benehmen nichts auszusetzen, und er bemühte sich, ihnen die Gebeine ihrer Heiligen unversehrt zurückzugeben, vorausgesetzt, daß er die Reliquienschreine einschmelzen durfte[37].

Das erste Hindernis zwischen Christian und den Truppen Friedrichs am Rhein war die Neckarlinie. Törichterweise hatten Mansfeld und der Markgraf von Baden beschlossen, jeder für sich den Neckar zu überschreiten, da sie hofften, Tilly und Cordoba dadurch zu trennen. Der Plan mißlang; als der Markgraf am 6. Mai bei Wimpfen über den Fluß wollte, fand er sich mit dem größeren Teil seiner Truppen durch Tilly und Cordoba abgeschnitten. Trotz der Übermacht der Gegner war seine Lage nicht hoffnungslos, da seine treuen, kampfbegierigen Truppen einem Heer gegenüberstanden, das durch mangelhafte Verpflegung[38] und einen geteilten Oberbefehl ernstlich geschwächt war. Der Markgraf verließ sich auf seine Geschütze und bezog eine Stellung auf einem das flache Land beherrschenden Hügel, wo er seine Artillerie sorgsam verschanzte. Er wollte die vordringenden spanischen und bayrischen Truppen durch eine von schwerem Artilleriefeuer begleitete Reiterattacke zur Auflösung bringen. Anfangs schien alles planmäßig zu gehen; Cordobas Frontlinie konnte seinen Reitern und dem fürchterlichen Feuer seiner gut postierten Batterien nicht standhalten; zwei spanische Kanonen wurden erobert und der ganze spanische Flügel kam ins Wanken, als plötzlich, so plötzlich, daß es nachher einem Wunder zugeschrieben wurde, die mörderischen Geschütze des Markgrafen verstummten und seine Truppen in Verwirrung zurückwichen. Eine weißgekleidete Frau, in der rauchigen Luft nur undeutlich sichtbar, schwebte über Cordobas Truppen, und einer seiner Leute, von Geburt stumm, brach in den Schrei »Sieg! Sieg!« aus, und eiferte seine schwankenden Kameraden zum Widerstand an. So die Legende. In Wirklichkeit war die weißgekleidete Frau eine Rauchwolke aus Georg Friedrichs Munitionspark, der durch einen Zufallstreffer in die Luft gesprengt wurde. Tilly und Cordoba ergriffen die Gelegenheit, kreisten gleichzeitig den Hügel ein und zwangen den Markgrafen, nach langem, mörderischem Widerstand seine Geschütze im Stich zu lassen und zu fliehen[39].

Es verlautete, daß Georg Friedrich, allein und sich nur mühsam im Sattel haltend, bei Einbruch der Nacht an das Stadttor von Heilbronn gepocht und dem erstaunten Wächter zugerufen habe: »Gebt mir einen Trunk, ich bin der alte Markgraf.« Richtig ist, daß er am Tag nach der Schlacht, am 7. Mai 1622, mit einigen unglücklichen Freunden als gebrochener Mann in Stuttgart einritt[40].

Militärisch gesehen war das Geschehene jedoch von geringer Bedeutung. Während der nächsten Tage wurden mehr als zwei Drittel des Heeres wieder gesammelt; Christian von Braunschweig würde es möglich sein, bei seinem Eintreffen die Verluste an Geschützen und Munition aus seinem Kriegsschatz wettzumachen. Cordobas Truppen hatten fast ebenso ernstlich gelitten, und Tillys Soldaten brauchten Ruhe und Erholung und für ihre Pferde besseres Futter. Der Neckar konnte noch überschritten werden, solange Tilly und Cordoba mit dem Ersatz ihrer Verluste beschäftigt waren; Mansfeld überschritt ihn auch und unternahm einen kühnen Vorstoß gegen Norden durch die neutralen Gebiete des Landgrafen von Hessen-Darmstadt. Aber der alte Markgraf von Baden, gebeugt von dem Gedanken an das Gemetzel, in das er seine getreuen Untertanen geführt hatte, brachte es nicht über sich, weiter Krieg zu führen. Als Verbündeter hatte er ausgespielt, und sein wieder gesammeltes Heer schmolz aus Mangel an Organisation neuerlich zusammen[41].

Für Friedrich war es vor allem nötig, daß Mansfeld und Christian sich vereinigten. Das Neckartal nun im Rücken, zog Mansfeld, aber auch Tilly, in Eilmärschen zum Main, der eine, um Christian bei der Überschreitung des Flusses behilflich zu sein, der andere, um ihn daran zu hindern. Für Mansfeld führte der kürzeste Weg durch das Gebiet des Landgrafen von Hessen-Darmstadt. Dieser harmlose Fürst war gut kaiserlich gesinnt, verfügte aber über kein Heer, und als Friedrich und Mansfeld vor seiner kleinen Hauptstadt erschienen, war er genötigt, ihrem Heer Quartier zu geben und die beiden gastfreundlich aufzunehmen. Vergeblich versuchte er, sich durch heimliche Flucht der persönlichen Verantwortung zu entziehen. Man brachte ihn, der von einer langen Nachtwanderung schlammbespritzt und fußwund war, nicht sehr rühmlich zurück und forderte ihn kategorisch auf, die kleine Festung Rüsselsheim am Rhein zu übergeben. Seine starrsinnige Weigerung hatte etwas Heldenhaftes. Mansfeld, der über den unnützen Umweg ungehalten war, setzte seinen Marsch zum Main fort und schleppte den Fürsten und seinen jungen Sohn als Geiseln mit[42].

Dieser kurze Widerstand rettete die Lage für Tilly und Cordoba. Sie erreichten den Main vor Mansfeld und fanden den eben eingetroffenen Christian beim Brückenkopf von Höchst, ein paar Kilometer westlich von Frankfurt.

Christians Heer bestand aus ungefähr zwölf- bis fünfzehntausend Mann, war sehr bescheiden ausgerüstet und verfügte über drei Kanonen, von denen zwei nicht zu brauchen waren. Er konnte sich daher seinen Feinden nicht zum Kampf stellen, wußte jedoch, daß Mansfeld nicht weit weg war und daß er vor allem Verstärkungen und Geld benötigte. Christians Aufgabe war es nun, mit möglichst vielen Truppen und seiner ganzen Beute über den Main zu kommen, und das tat er, angesichts der vereinigten spanischen und bayrischen Streitkräfte. Es kostete ihn zweitausend Mann, einen großen Teil seines Trosses und seine berühmten drei Kanonen, aber er kam über den Main und vereinigte sich mit Mansfeld, ohne wesentliche Verluste an Reiterei und mit dem Triumph, seinen Kriegsschatz gerettet zu haben[43].

Für die engherzigen militärischen Ansichten der Zeit war es bezeichnend, daß Christians Waffentat, weil sie tollkühn war und viele Leben kostete, in ganz Europa als vernichtende Niederlage verschrien wurde. Es war begreiflich, daß Tilly und Cordoba den Sieg für sich beanspruchten, obwohl sie offenkundig ihren Hauptzweck nicht erreicht hatten. Weniger begreiflich und für Christian sehr ärgerlich war es, daß die Berufsmilitärs, als er sich in gehobenster Stimmung mit Mansfeld und Friedrich vereinigte und ihnen so die Haltlosigkeit des Gerüchtes von seinem Tod vor Augen führte[44], für seine Tat nur absprechende Worte hatten[45].

Die vereinigten Heere können kaum weniger als fünfundzwanzigtausend Mann gezählt haben. Falls Tilly und Cordoba ein größeres Heer hatten, waren ihre Truppen nun durch ununterbrochene Märsche und zwei harte Kämpfe entmutigt. Mansfeld mag auf den jugendlichen Fürstensohn, der an der Tafel den Vorrang genoß und anscheinend die Unterhaltung zu beherrschen pflegte, eifersüchtig gewesen sein; jedenfalls war er während des ganzen Frühjahrs und Sommers immer wieder krank[46] und auch müde und daher übel gelaunt. Seine Soldaten hatten so wenig Bezahlung bekommen, daß Christians Beute für sie nicht hinreichte, und die Sorge um das Pferdefutter in dem besetzten Land wurde für sie ebenso brennend wie für Tillys Truppen[47].

Mansfelds einziger wertvoller Besitz war sein Heer, und er wollte es nicht in einem gemeinsam mit dem unbekümmerten Christian unternommenen Kampf aufs Spiel setzen. Er glaubte weder an die protestantische Sache, wie Christian, noch glich er ihm darin, daß er sich nicht um das Leben des einfachen Soldaten scherte. Allein konnte Christian nichts tun, und Mansfeld bestand wenige Tage nach der Schlacht bei Höchst darauf, daß die vereinigten Heere sich über den Rhein nach Landau zurückzögen, und ließ so den Feind im ungehinderten Besitz des rechten Rheinufers.

Es war eine schlecht zusammenpassende und streitsüchtige Gesellschaft, die widerwillig südwärts gegen das Elsaß zog: Friedrich, der immer wieder erklärte, daß er rechtlich nicht mit dem Kaiser im Krieg sei[48]; Mansfeld, der sich in Erwägungen erging, was man bei Höchst hätte tun sollen; und Christian, der seinen entsetzten Zuhörern lärmend eröffnete, daß er das Bistum Paderborn mit »jungen braunschweigischen Herzögen« bevölkert habe, die heranwachsen würden, um die Priester im Zaum zu halten[49].

Nach drei Wochen Rückzug in Mansfelds Gesellschaft hatte Friedrich von ihm genug. Auf dem Marsch durch das Elsaß legten die Truppen Feuer an eine Stadt und dreißig Dörfer. Dieses Vorgehen brachte Friedrich um den letzten Rest seines Ansehens. In Straßburg, wo zehntausend Flüchtlinge mit ihrem Vieh Schutz gesucht hatten, drohte Menschen und Tieren eine Hungersnot. Kein Wunder, daß ein hochtrabendes Manifest über die Verteidigung der »deutschen Libertät« sehr skeptisch aufgenommen wurde. Das Land war jetzt so verwüstet, die Dörfer waren so verödet, daß Mansfeld sein Heer nicht verpflegen konnte und nach Lothringen ziehen mußte[50]. »Es sollte ein Unterschied zwischen Freund und Feind gemacht werden«, klagte Friedrich, »aber diese Menschen ruinieren beide in gleicher Weise ... Ich glaube, sie sind vom Teufel besessen und machen sich ein Vergnügen daraus, alles in Brand zu stecken. Ich werde froh sein, wenn ich sie verlasse[51].« Mansfeld hatte es ebenso satt, in Friedrichs Diensten zu stehen, und erlangte am 13. Juli 1622 seine und Christians Enthebung von ihrer Verpflichtung[52]. Darauf zog sich Friedrich, jetzt ohne Heer oder Land und fast ohne Dienerschaft, zu seinem Onkel, dem Herzog von Bouillon, nach Sedan zurück und suchte, zwischen Baden und Tennisspielen, nach neuen Verbündeten[53].

Mansfeld hielt Ausschau nach neuem Kriegsdienst – Christian nach einem neuen Weg zur Förderung der protestantischen Sache. Einstweilen wollten sie gemeinsam handeln. Gerüchte, daß die Vereinigten Niederlande in Gefahr seien, bestimmten sie, nach Norden zu ziehen. Seit dem Ablauf des Waffenstillstandes war den Holländern alles mißglückt; spanische Truppen hatten das benachbarte Herzogtum Jülich überrannt, und Moritz konnte trotz aller Anstrengungen kaum die Grenzen sichern. Eine Offensive kam nicht in Frage, und im Sommer 1622 überschritt Spinola die Grenze und belagerte die Schlüsselfestung Bergen op Zoom.

Fast noch bevor die Aufforderung dazu kam, machten sich Mansfeld und Christian auf den kürzesten Weg nach der bedrohten Stadt. Die Kennzeichen ihres Zuges durch die neutralen Bistümer Metz und Verdun in die spanischen Niederlande waren Brand, Hunger und Seuchen. Ihr Anmarsch kam völlig unerwartet, und Cordoba, der mit einer Handvoll Truppen nach Norden eilte, suchte vergeblich, sie bei Fleurus aufzuhalten. Dort hieb Christian sich und Mansfeld am 29. August in fünf verzweifelten Angriffen einen Weg durch die spanischen Linien, brach schließlich den Widerstand der feindlichen Truppen und machte die Straßen für den verbliebenen Rest seiner siegreichen Truppen frei. Er war am rechten Arm verwundet worden und mußte ihn wenige Tage darauf amputieren lassen, welchen Anlaß er dazu benützte, um seinen körperlichen Mut in großer Aufmachung zur Schau zu stellen. Die Operation wurde unter Fanfarenklängen ausgeführt, und er ließ zur Erinnerung an das Ereignis eine Denkmünze mit der Inschrift »*Altera restat*« prägen[54]. Inzwischen war er mit Mansfeld am 4. Oktober zum Entsatz der Festung Bergen op Zoom gerade noch zurechtgekommen.

Während Mansfeld und Christian in den Niederlanden die Helden spielten, vollendeten Tilly und Cordoba die Unterwerfung der Pfalz. Da Entsatz nicht zu erhoffen war, zog die Heidelberger Besatzung nach elfwöchiger Belagerung am 19. September 1622 unter militärischen Ehren ab. Die Stadtbevölkerung, die ihrem Unmut über die Entbehrungen in endlosem Gezänk mit ihren Verteidigern Luft gemacht hatte, wurde weniger höflich behandelt, und Tilly belohnte seine Truppen in der herkömmlichen Weise, indem er ihnen zu plündern gestattete[55]. »*Voilà mon pauvre Heidelberg pris*«, klagte Friedrich aus Sedan und bat in Briefen an die Könige von England und Dänemark verzweifelt um Hilfe. Aber es kam keine, und am 5. November gab Sir Horace Vere Mannheim unter den gleichen Bedingungen auf. Von seinem schönen, blühenden Land blieb Friedrich nichts als die kleine Festung Frankenthal, wo eine englische Besatzung, die einzige, das verlassene Banner der protestantischen Sache noch wehen ließ.

In diesem Winter waren Friedrich und Elisabeth im Haag mit neuen Plänen beschäftigt: Bethlen Gabor und die Türken, der König von Dänemark, die Kurfürsten von Sachsen und Brandenburg – sie alle sollten sich zur Vernichtung der Habsburger zusammenschließen[56]. Es war vergeblich, denn es fehlte an Geld und Zuversicht. »Die Pfalz«, sagten die Witzbolde, »wird wahrscheinlich bald ein großes Heer auf den Beinen haben, denn der König von Dänemark wird ihr tausend Salzheringe liefern, die Holländer zehntausend Butterkisten und England hunderttausend Gesandte[57].«

Friedrichs Verteidigung war zusammengebrochen, und Ferdinand war sich klar, daß er nicht länger zu warten brauchte. Es war an der Zeit, sein Maximilian gegebenes Versprechen einzulösen.

## IV

In der Verfassung war vorgesehen, daß der Kaiser keinen Reichstag eigenmächtig einberufen dürfe. Es war daher kein Reichstag, sondern nur eine allgemeine Kurfürstenversammlung, ein Deputationstag, den der Kurfürst von Mainz recht widerwillig einberufen hatte und den Ferdinand am 10. Januar 1623 in Regensburg eröffnete[58]. Die Kurfürsten von Mainz, Trier, Köln, Sachsen und Brandenburg, die Herzöge von Braunschweig-Wolfenbüttel, Pommern und Bayern, der Landgraf von Hessen-Darmstadt sowie die Bischöfe von Salzburg und Würzburg waren teils persönlich erschienen, teils durch Abgesandte vertreten, aber es war weder eine vollzählig besuchte noch eine von Begeisterung erfüllte Versammlung.

Ferdinand hatte in der Zwischenzeit die maßgebenden Fürsten bearbeitet, um sie auf die Übertragung der Kurwürde von Friedrich auf Maximilian vorzubereiten. Mit Ausnahme des Kurfürsten von Köln, des leiblichen Bruders Maximilians, war fast jeder bedeutende Fürst in Deutschland gegen diesen Schritt. Die Kurfürsten von Mainz und Trier erhoben Einspruch aus Verfassungsgründen; die Kurfürsten von Sachsen und Brandenburg hatten außerdem noch religiöse Beweggründe, da sie außer der Zunahme der kaiserlichen Macht Ferdinands auch die Verschärfung seiner Religionspolitik fürchteten. Im Lauf des vergangenen Jahres hatte Ferdinand sein Johann Georg von Sachsen gegebenes Wort gebrochen, indem er die Ausübung des lutherischen Glaubens in Böhmen verbot[59], so daß es dem Kurfürsten mißlang, die unterdrückten Protestanten zu schützen, wie er vorgehabt hatte. Seine an Ferdinand gerichteten Proteste, die sowohl die böhmischen Protestanten betrafen als auch für eine mehr verfassungsmäßige Behandlung Friedrichs eintraten, wurden äußerst kühl aufgenommen[60]. Er begann einzusehen, daß sein Einschreiten, um den Kaiser von einem verfassungswidrigen

Vorgehen abzuhalten, Deutschland nur einem gefährlicheren und viel verfassungswidrigeren Anschlag, als Friedrich sich jemals hatte träumen lassen, preisgab. Im Bewußtsein seiner Schwäche schwankte er zwischen den Parteien, und Ferdinand erkannte, daß er sich zwar nicht auf Johann Georgs weitere Unterstützung verlassen konnte, aber auch nicht mit seiner Feindschaft rechnen mußte.

Der Kurfürst von Brandenburg war in einer gleich unangenehmen und hilflosen Lage. Seine Gemahlin war Friedrichs ältere Schwester, und sie hatte ihn überredet, ihrer Mutter und ihrem jüngsten Bruder Zuflucht zu geben, welcher Prinz eine brandenburgische Prinzessin geheiratet und so das Band der Verpflichtungen zwischen den beiden Familien enger geknüpft hatte. Nicht minder hatten die Verfolgungen in Böhmen den Kurfürsten von Brandenburg gegen den Kaiser aufgebracht, aber er war weder ein verständiger noch ein entschlossener Mann, und sein Land hatte eine große lutherische Partei, die ihm als Calvinisten feindlich gesinnt war; auch versuchte er, aus dynastischen Gründen den Frieden zu erhalten. Außerdem hatte der König von Polen, Ferdinands Schwager, wieder einmal in willkommener Weise eingegriffen, indem er die heißumstrittene Provinz Preußen als ein Lehen der polnischen Krone an Brandenburg abtrat[61]. Der Kurfürst konnte diese Bestechung kaum annehmen, ohne sich zur Unterstützung der Habsburger verpflichtet zu fühlen. Selbst wenn er hätte Widerstand leisten wollen, stand ihm kein nennenswertes Heer zur Verfügung, noch waren seine Stände bereit, ihm zur Aufstellung eines solchen Geld vorzustrecken. Er fühlte sich bestimmt, im Fahrwasser Sachsens zu bleiben und vor allem keine übereilte Entscheidung zu treffen.

Während die zwei protestantischen Kurfürsten Wagnissen auswichen, konnte Ferdinand seine verfassungswidrige Tat ausführen. Keine Macht in Deutschland würde ihn daran hindern.

Anders lagen die Dinge im übrigen Europa. Die Spanier wollten die Kurwürde nicht auf Maximilian übertragen sehen. Erzherzogin Isabella hatte im Einverständnis mit Madrid folgende Lösung ausgedacht: Friedrich sollte gezwungen werden, zu Gunsten seines ältesten, siebenjährigen Sohnes abzudanken, der dann nach Wien gebracht und in der Familie des Kaisers erzogen werden sollte, um schließlich eine der Töchter des Kaisers zu heiraten. Dieser Plan, der unter anderm nicht die Verfassung verletzte – denn eine Abdankung unter Druck war gestattet, während eine Absetzung ungesetzlich war –, wurde von Philipp IV. und Jakob I. empfohlen und sogar von Johann Georg von Sachsen aufgegriffen. Daß Friedrich sich weigerte, abzudanken und seinen Sohn auszuliefern, und fortfuhr, Schadloshaltung für die Leiden der Protestanten Böhmens zu fordern, störte niemand[62].

Maximilian war jedoch in der Verteidigung seiner Interessen nicht müßig geblieben. Die Wiedereroberung der Pfalz bot ihm Gelegenheit zu beweisen, daß er als Vorkämpfer der Kirche Ferdinand nicht nachstehe. Er hatte nichts unterlassen, um die Bevölkerung wieder katholisch zu machen. Sobald Tillys Truppen sich festgesetzt hatten, kam ein Schwarm von Missionaren über die ausgehungerte und von Seuchen geschwächte Bevölkerung, und die Auswanderung wurde durch Bekanntmachungen verboten. Die protestantischen Kirchen in Heidelberg waren geschlossen worden, die Universität war aufgelöst und die großartige Bibliothek, auf vielen Wagen in Kisten verpackt, als Dankopfer Maximilians für den Vatikan über die Alpen geschafft worden[63].

Es bedurfte jedoch keiner solchen Bestechung, um die Hilfe des Papstes zu gewinnen. Der Plan der Erzherzogin hätte eine Zunahme der habsburgischen Macht gezeitigt, die der Papst als italienischer Fürst nicht zulassen konnte. Vom König von England gefördert und vom König von Frankreich, der zum Widerstand nicht stark genug war, nicht gehindert, hätte Spanien wahrscheinlich die unabhängigen niederländischen Provinzen zurückerobern und dadurch wieder zur Blüte kommen können. Falls die Habsburger nicht die Welt beherrschen sollten, mußte Maximilian innerhalb des Reiches als Gegengewicht gegen die Macht Österreichs und im übrigen Europa gegen die Macht Spaniens vorgeschoben werden.

Kaiser Ferdinand schien die ganze Zeit wie ein steuerloses Schiff im Wirbelsturm aufeinanderprallender Intrigen umhergeworfen zu werden. Während ihn einerseits der Papst drängte, Maximilian eine schriftliche Zusicherung der Kurwürde zu geben[64], und andrerseits der König von Spanien ihm den spanischen Plan aufnötigte, warnte ihn der verfassungstreue Kurfürst von Mainz vor der Gefahr, die Feindschaft Sachsens zu erregen, indem er Maximilians Begehren erfüllen würde[65]. Zweifellos war der Kaiser, der offenbar über so geringe Hilfsquellen verfügte und sein Geschick nicht meistern konnte, in Europa der Gegenstand verächtlichen Mitleids, und man nahm allgemein an, daß das Ergebnis der Regensburger Verhandlungen von der Stärke des von Spanien und Bayern ausgeübten Druckes abhänge. Das war für Ferdinand von Vorteil, denn gerade, weil er über seine Absichten nicht den geringsten Zweifel gehabt zu haben scheint, war es für ihn am besten, die ganze Zeit als Opfer der Umstände zu figurieren. Wenn er die Abtretung der Kurwürde durchsetzte, würde seine kaiserliche Macht gestärkt werden; wenn es ihm mißlang, konnte er jede Verantwortung ablehnen und war nicht schlimmer daran.

In der Zwischenzeit war er bereit, die spanischen Interessen vorübergehend der Förderung seiner eigenen, feiner gesponnenen Pläne zu opfern. Väterlicherseits ein Habsburger, aber mütterlicherseits ein Deutscher, war Ferdinand von starken nationalen Anwandlungen erfüllt. Am Ende würde er wie alle seine Vorfahren die Vorteile seiner Dynastie wahrnehmen, aber im deutschen Sinne, dem des Reiches, und nicht im spanischen Sinne; das Heil schien ihm nicht in der Wiedereroberung der Vereinigten Niederlande, sondern in der Reform des Reiches zu liegen. Wenn einmal die kaiserliche Macht wieder verwirklicht war, konnte keine europäische Nation, kein regierendes Haus es mit den Habsburgern aufnehmen. Er war bereit, die gegenwärtigen Forderungen Spaniens zurückzustellen, nicht Bayern zuliebe, sondern um der größeren Ziele seiner Dynastie willen.

Von den Fürsten, die im Januar 1623 in Regensburg zusammentraten, waren nur wenige dem Vorschlag Ferdinands geneigt. Um einer schwierigen Entscheidung auszuweichen, hatten die Kurfürsten von Sachsen und Brandenburg Vertreter entsandt, die keine Vollmacht hatten; daher konnte für sie keine Entscheidung rechtsverbindlich sein. Was für Haarspaltereien waren aber die Verfassungsstreitereien, wenn in Deutschland nur der Herzog von Bayern ein Heer besaß und dieses dem Kaiser zur Verfügung stand! Was Ferdinand auch tat, ob es gesetzmäßig war oder nicht, würde wirksam werden und von den Fürsten als vollzogene Tatsache anerkannt werden müssen.

Der Deputationstag von Regensburg dauerte sechs Wochen, und von den Fürsten und dem spanischen Gesandten wurde jedes Argument benützt, um die Übertragung der Kurwürde zu verhindern. Die Ansprüche der unschuldigen Kinder Friedrichs, vier gesunder Söhne, wurden vergeblich gegen die Maximilians ins Treffen geführt; ebenso die Rechte von Friedrichs jüngerem Bruder und die des Fürsten von Neuburg, eines Katholiken, der mit dem aufständischen Fürsten näher verwandt war als Maximilian von Bayern. Aber Maximilian und Ferdinand standen zu ihrem Entschluß, wofür der eine den Schimpf und der andere das Mitleid der Versammlung erntete.

Der Herzog spielte dem Kaiser in die Hand. Sein persönlicher Ehrgeiz machte ihn gegen seinen Bruch der »deutschen Libertät« blind. Sein betagter Vater trat aus seiner nun schon beinahe dreißig Jahre währenden Zurückgezogenheit hervor, um seinen Sohn vor unüberlegten Handlungen zu warnen; aber Maximilian, der selbst schon in der Regierung ergraut war, hielt sich nicht damit auf, einer Stimme aus dem vergangenen Jahrhundert Gehör zu schenken[66].

Ferdinand machte den Bedenken der Fürsten bloß ein einziges Zugeständnis. Die Kurwürde wurde nur auf Lebensdauer übertragen und konnte bei Maximilians Ableben auf Friedrichs Kinder rückübertragen werden; der Herzog von Bayern war schon alt und seine Gemahlin nicht mehr in den Jahren, um noch Kinder zu haben[67]. Am 23. Februar 1623 wurde Friedrich abgesetzt, und zwei Tage darauf wurde Maximilian mit Friedrichs Kurwürde belehnt[68]. Bei der feierlichen Zeremonie war der große Saal jämmerlich leer, denn weder die sächsischen und brandenburgischen Vertreter noch der spanische Gesandte waren erschienen. Der Kurfürst von Mainz vollzog die Zeremonie unter Anzeichen von Verlegenheit, stockte oft und kratzte sich am Kopf, wie um sich aufzumuntern, und die Dankrede Maximilians zeigte weder Stil noch Zuversicht[69]. In diesem letzten Augenblick, als er nicht mehr zurück konnte, dämmerte vielleicht sogar ihm, daß sein dynastischer Ehrgeiz ihn zu weit geführt haben könnte. Er hatte einen persönlichen Vorteil gewonnen, aber auf Kosten ebenderselben Libertät, der er, ebenso wie alle anderen Fürsten Deutschlands, die Erhaltung seiner Macht verdankte. Morgen befand vielleicht er selbst sich in der Lage, in der Friedrich sich heute befand, denn er hatte dem Kaiser eine Waffe in die Hand gegeben, die zu gebrauchen Ferdinand sich nicht scheuen würde. Der Zeitpunkt rückte eilends näher, wo er bedauern würde, die Verfassung Deutschlands dem Ehrgeiz für Bayern geopfert und der ungehemmten Gewaltherrschaft den Weg gebahnt zu haben. Er, der mehr als jeder andere auf die Zunahme der kaiserlichen Macht eifersüchtig war, hatte sich dazu hergegeben, die Verfassung zu brechen, die er verfochten hatte.

## V

Die Standeserhöhung Maximilians entfesselte einen Sturm von Protesten, die Ferdinand nicht unvorbereitet trafen. Der spanische Gesandte entbot keine Glückwünsche, und Erzherzogin Isabella gab ihrer Mißbilligung und ihrem Bedauern offen Ausdruck[70]. Die Kurfürsten von Sachsen und Brandenburg weigerten sich, ihren neuen Kollegen anzuerkennen, und der Regensburger Deputationstag nahm ein vorzeitiges Ende, weil die Protestanten nicht mit dem sogenannten Kurfürsten von Bayern zusammensitzen wollten[71].

Ferdinand kannte nun die Schranken seiner Macht. Sie reichte gerade so weit und nicht weiter, als seine Heere sie tragen konnten, und was diese betraf, war er noch immer von der katholischen Liga und von Maximilian von Bayern abhängig. Die protestantischen Abgesandten auf dem Regensburger Deputationstag hatten ihre Mißbilligung dadurch bekundet, daß sie weitere Geldzuwendungen für Kriegszwecke verweigerten. Sie mochten zu schwach sein, um einem Angriff auf ihre Libertät zu widerstehen, aber sie waren nicht so einfältig, daß sie einen solchen Angriff finanzierten. Was die Reichsacht heraufbeschworen hatte, vollendete die Übertragung der Kurwürde, indem sie die Verfassungspartei, wenn schon nicht zu Verbündeten des abgesetzten Friedrich machte, so doch für ihn einnahm.

Andrerseits hatte sich in Regensburg der Riß zwischen Katholiken und Protestanten gefährlich erweitert, da die Vertreter der katholischen Liga natürlich zu Maximilian, ihrem Oberhaupt und Zahlmeister, standen und einige von ihnen sich törichterweise gebrüstet hatten, daß die Kirche bald ganz Deutschland zurückerobern werde. Dagegen wandten sich die Kurfürsten von Sachsen und Brandenburg in einer Zusammenkunft, bei der auf sächsischer Seite davon gesprochen wurde, eine neue protestantische Union zu bilden, und auf brandenburgischer, Waffengewalt anzuwenden. Der Hauptergebnis dieser leeren Gesten war bloß, daß das Bündnis zwischen Ferdinand und der Liga mehr denn je gefestigt wurde[72].

Unter der Leitung Maximilians hatten die Vertreter der Liga in den Verhandlungspausen des Regensburger Deputationstages ihre eigene Jahresversammlung abgehalten. Maximilian kostete seinen neuen Triumph aus und setzte sich über die Bedenken der ängstlicheren Mitglieder hinweg, indem er die Versammlung überredete, für die weitere Erhaltung von Tillys Armee[73] zu stimmen. Er sah deutlich genug, daß es nach der geschehenen Entlarvung der katholischen und dynastischen Ambitionen von wesentlicher Bedeutung war, durch eine kriegerische Kundgebung jede Möglichkeit eines Angriffes von protestantischer und verfassungstreuer Seite zu unterbinden. Seine eigenen, bayrischen Hilfsquellen sowie die seiner Verbündeten waren bereits stark mitgenommen, und während der letzten Monate hatte Tilly seine Truppen nur mit Mühe zufriedengestellt[74]; dennoch waren die Argumente des neuen Kurfürsten unwiderlegbar, und die Mitglieder der Liga schickten sich an, aus ihren bereits überbesteuerten Untertanen noch mehr Geld herauszupressen.

Ferner war es für Maximilian von wesentlicher Bedeutung, seinen beherrschenden Einfluß auf Ferdinand zu verstärken, was ihm leicht gelang, als der Kaiser ein Heer brauchte und nur die Liga es zur Verfügung stellen konnte. Vor Ende März 1623 war das ursprüngliche Bündnis erneuert worden. Man schätzte, daß Ferdinand dem Kurfürsten von Bayern bereits sechzehn bis achtzehn Millionen Gulden für dessen ursprüngliche Dienstleistungen schuldete, eine Schuld, die allem Anschein nach ohne Abzahlung blieb und im Wachsen war. Um diese ungeheure Summe abzutragen, verpflichtete sich Ferdinand nun vertraglich, Maximilian die Verwaltung der Einkünfte aus Oberösterreich sowie den Vollbesitz der Oberpfalz, wenigstens vorübergehend, zu gewähren[75]. Obwohl eine endgültige Übertragung dieser Länder nicht vorgenommen wurde, konnte niemand, der auch nur die Grundbegriffe der habsburgischen Politik kannte, daran zweifeln, daß Ferdinand beabsichtigte, im Lauf der Zeit Oberösterreich durch die völlige Abtretung der Pfalz zurückzukaufen. Er versuchte, die Neuaufteilung des Reiches vorsichtig vorzubereiten, und maskierte seine Politik abermals mit seinen Verpflichtungen gegen Maximilian.

Ferdinand hatte den Beschränkungen der kaiserlichen Macht, durch die seine Vorgänger seit Karl V. ständig behindert worden waren, erfolgreich Trotz geboten, aber sein Sieg wäre vergeudet worden, wenn er daraus nicht die logischen Schlußfolgerungen gezogen hätte. Solange er irgendeiner katholischen oder protestantischen Partei im Staat verpflichtet blieb, war sein Despotismus ein leerer Wahn; und es mußte zu einem Punkt kommen, wo der Ehrgeiz oder die Überzeugungen eines Fürsten nicht länger zur Vernichtung eines anderen ausgenützt werden konnten, wo die Macht Bayerns der Dynastie der Habsburger gefährlich werden konnte. Schließlich war ja Maximilian schon einmal als möglicher Anwärter auf den Kaiserthron genannt worden.

Ein kluger Staatsmann hätte in Ferdinands Lage eine Partei gegen die andere ausgespielt, Johann Georg von Sachsen gegen Maximilian von Bayern. Ein religiöser Fanatiker hätte sich der katholischen Liga mit Leib und Seele verschrieben und Deutschland der Kirche zurückerobert, wie sehr auch das kaiserliche Ansehen dadurch gelitten hätte. Die Besonderheiten seiner Abstammung und Einstellung hinderten Ferdinand an beidem. Er war durch und durch begeistert katholisch, und man wird daher seinen Überzeugungen nicht gerecht, wenn man von seiner »Ausbeutung« der katholischen Liga spricht, denn soweit die Liga der Kirche diente, war Ferdinand mit dem Herzen bei ihr. Als aber die Liga seiner Dynastie gefährlich wurde, kam eine neue Triebkraft zur Entfaltung. Seine politischen und religiösen Überzeugungen waren unentwirrbar verstrickt. Er glaubte wirklich, daß nur die Habsburger Deutschland der Kirche zurückerobern konnten und daß die Liga mit der Sicherheit seiner Dynastie auch die Wohlfahrt des katholischen Europas gefährden würde. Diese tief gegründete Überzeugung allein rechtfertigt sein Handeln und erklärt die scheinbare Unaufrichtigkeit seines Verhaltens. Mit Hilfe der katholischen Liga hatte er seine Schlacht halb gewonnen; er mußte nun eine neue Waffe finden, um die Liga selbst im Zaum zu halten. Ferdinand, eine einfache Natur und mehr zu körperlicher Betätigung als zum Nachdenken neigend, war sich über die entscheidende Frage wohl kaum im klaren, doch beherrschten von nun an zwei Beweggründe seine Politik: Er mußte die Macht seines Hauses in den habsburgischen Ländern stärken und Mittel finden, allen weiteren Verpflichtungen gegenüber Maximilian von Bayern aus dem Weg zu gehen. Der Erreichung dieser Ziele widmete er sich nun gewissenhaft in den Stunden, die er zwischen Andacht und Jagd den Staatsgeschäften zugemessen hatte.

Zwei außergewöhnlich befähigte Männer standen ihm mit Rat und Tat zur Seite: sein Freund und erster Minister Eggenberg und der Jesuitenpater Lamormaini[76], die allein sein zugängliches, aber veränderliches Urteil dauernd beeinflußten. Eggenberg war seit mehreren Jahren sein Hauptberater, aber Lamormaini wurde erst 1624 sein Beichtvater. Er stammte aus einer wohlhabenden Bauernfamilie in Luxemburg, ein hagerer, hochgewachsener Mann, der stark hinkte, welches Gebrechen ihn als Knaben in die Geborgenheit des Priesterseminars getrieben hatte. Er war von ernstem Wesen und hatte einfache Lebensgewohnheiten und fanatische Überzeugungen. Ferdinand hat sich niemals übertriebeneren Vorstellungen von der politischen Unantastbarkeit der Diener der Kirche hingegeben. Obwohl er dem geringsten Dorfpfarrer gewissenhafteste Achtung bezeigte, machte es ihm nichts aus, einen Kardinal verhaften und gewaltsam festhalten zu lassen[77], und als junger Mann hatte er den Beichtvater eines seiner Brüder entfernt, weil er die Art, wie dieser seinen Einfluß ausübte, mißbilligte. Dennoch konnte ein kluger Mann ein Verhältnis zu ihm herstellen, das den Beichtstuhl zu einem wirksamen, wenn auch nicht ausschlaggebenden politischen Mittel machte. Lamormaini paßte ausgezeichnet zu Ferdinand; er nahm am Familienleben des Kaisers und seiner Begeisterung für die Jagd richtigen, warmen Anteil, vermied jeden Anschein politischer Beherrschung und gab seinen Rat, wenn erbeten, mit jener Folgerichtigkeit, Genauigkeit und Klarheit, die Ferdinand von Jesuiten zu erwarten gelernt hatte.

Am 5. April 1623 machte sich Ferdinand von Regensburg nach Prag auf[78], um dort seine auf Stärkung und Festigung der habsburgischen Macht gerichtete Politik einzuleiten. In seinem Gefolge reiste der päpstliche Nuntius Carafa, eines der fähigsten Mitglieder einer Familie, der die bedeutendsten Päpste der Gegenreformation entstammten. Er war der Mann, von dem Ferdinand erhoffte, daß er Böhmen in den Schoß der Kirche zurückführen werde.

Vor fünf Jahren war Ferdinand zuletzt nach Böhmen gereist, und auf seiner jetzigen Reise dorthin gewahrte er grausige Veränderungen. Von Regensburg zur böhmischen Grenze führte ihn sein Weg durch die Oberpfalz, wo Tillys Truppen entsetzliche Verwüstungen angerichtet hatten. Die oberpfälzischen Bauern schienen ihren jetzt abgesetzten Kurfürsten wirklich zu lieben[79] und hatten den katholischen Soldaten oft Unterkunft und Verpflegung verweigert, wodurch sie den ungezügelten Zorn der Eindringlinge auf sich herabbeschworen[80]. Um weitere Unruhen zu vermeiden, ließ Ferdinand die gesamte Oberpfalz gewaltsam entwaffnen[81]. Mittlerweile hatten sich die dortigen Gutsbesitzer, welche die gegebenen Beschützer der Bauern, aber Friedrich nicht so treu waren wie diese, mit der neuen Regierung eiligst auf guten Fuß gestellt und die Bauern schutzlos ihren Leiden überlassen. Unvollständige Soldzahlungen hatten die Disziplin in Tillys Heer schon im Sommer 1621 untergraben. Seine Soldaten hatten sich mit der Zügellosigkeit des Eroberers an den Dörfern der unglücklichen Oberpfalz für ihre Armut schadlos gehalten. In den Städten waren sie sogar plündernd in die Spitäler und Pesthäuser eingebrochen und hatten so die Seuche in ihre eigenen Reihen eingeschleppt und über das Land verbreitet[82]. Nach Überschreitung der böhmischen Grenze stieß Ferdinand auf die Spuren der von Mansfeld angerichteten Verheerungen, aber auch andere Teile seiner Länder waren nicht weniger mitgenommen. Mähren, das während der letzten zwei Jahre von Kosakentruppen gegen einen möglichen Einfall Bethlen Gabors geschützt worden war, glich einer Wüste, in der Seuche, Hunger und Flucht die Bevölkerung um mehr als drei Viertel vermindert hatten[83].

Ferdinand war nicht gekommen, um Linderung zu bringen, und seine Maßnahmen waren nicht dazu bestimmt, Balsam auf den Wunden Böhmens zu sein. Im Herbst hatte er verfügt, daß jeder Teilnehmer an dem jüngsten Aufstand seines Landbesitzes teilweise oder gänzlich verlustig gehen sollte[84]; er war jetzt gekommen, um die Wirkung seiner Verfügung festzustellen. Sechshundertachtundfünfzig Familien in Böhmen, fünfzig Städte und Landgüter im Gesamtausmaß von halb Böhmen fielen in den Bereich dieser Verfügung, während in Mähren mehr als dreihundert Gutsbesitzer davon betroffen waren. Die Hauptschuldigen verloren ihren Landbesitz ganz, die minder Schuldigen zu einem Fünftel. Weder Ferdinand noch seine Ratgeber verschlossen sich der Erkenntnis, daß es von Vorteil wäre, die Beute im Besitz der Krone zu behalten, aber die augenblickliche Not an Geld für die Staatsausgaben war zu groß, um Gegengründe aufkommen zu lassen. Es mußte verkauft werden.

Es stand aber zu viel Land zum Verkauf, und es kamen nur wenige Käufer in Betracht. Eine das ganze Reich erfassende Krise verdüsterte die Aussichten noch mehr. Das ungeregelte Münzwesen Deutschlands war vollständig zusammengebrochen. Der Gulden, die einigermaßen geltende Münze Süddeutschlands, war schon 1619 in seinem Kursverhältnis zu dem im Norden gebräuchlicheren Taler schwankend geworden. Im Lauf von drei Jahren erreichte der Taler einen Wert von vier Gulden in Österreich, von acht in Straßburg, von zehn in Ansbach und Hildesheim und von zwölf in Sachsen und Schlesien und stieg in Nürnberg bis auf fünfzehn. In Ulm hatten die städtischen Behörden einen Zwangskurs von acht Gulden festgesetzt, in Wien sank der Gulden unter ein Achtel seines normalen Wertes, und in Prag begann der Taler überhaupt aus dem Umlauf zu verschwinden. In Sachsen kam die Regierung durch schlechtes Geld um die Hälfte des normalen Steuererträgnisses[85].

In Prag wurde der Ernst der Lage durch die Nöte der Regierung verschärft. Den Anstoß zu diesen Besorgnissen hatte Friedrich gegeben, als er während seines Regierungsjahres den Wert der Zahlungsmittel leicht verschlechterte. Liechtenstein, der Beauftragte Ferdinands, setzte diesen Entwertungsprozeß fort, verringerte den Silbergehalt der Münzen um mehr als fünfundsiebzig Prozent und versuchte, die kaiserliche Kasse – und seine eigene – mit dem aus der Münzprägung gemachten Profit zu füllen[86]. In der Hoffnung auf weiteren Gewinn schloß Ferdinand im Januar 1622 mit einer Gruppe von Spekulanten einen Vertrag zur Errichtung einer privat verwalteten Münze in Prag. Die Währung wurde weitgehend verschlechtert, die Preise aber zwangsweise festgelegt. Das schlug gänzlich fehl, denn die Bevölkerung wurde mißtrauisch und hielt zurück, was sie an gutem Geld besaß, während trotz der Regierungsmaßnahme allein die Preise der Lebensmittel auf das Zwölffache des Normalen stiegen. Der Außenhandel stockte vollständig, und bei alltäglichen Einkäufen nahm die Bevölkerung ihre Zuflucht zum Tauschhandel. Um das Maß des durch diese verrückte Maßnahme angerichteten Schadens voll zu machen, lag den Vertragspartnern Ferdinands hauptsächlich an ihrer Bereicherung und weniger an der Bezahlung seiner Schulden.

In diesem Zeitpunkt wurde Ferdinand mit Angeboten auf die enteigneten Güter bestürmt. Der kaisertreue Adel und viele reiche Kaufleute boten ihm Preise, die einst in Prager Geld recht annehmbare Beträge dargestellt hätten, die er aber jetzt ohne Schädigung seiner eigenen Währung nicht ablehnen konnte. Es war zweierlei, die Güter zu verkaufen und von dem dafür eingenommenen Geld Gebrauch zu machen. Ferdinand hatte seine eigenen Münzen angenommen, aber seine Soldaten warfen sie ihren Offizieren ins Gesicht, da die Bauernschaft sie nicht als Zahlung für Lebensmittel annehmen wollte. In ganz Böhmen kam der Handel fast zum Stillstand; die Bauern wollten die Städte nicht mit Lebensmitteln versorgen, das Heer war in meuterischer Stimmung, die Zivilbevölkerung hungerte, aber einige der Vertragspartner, unter ihnen nicht zuletzt Liechtenstein, zählten zu den reichsten Männern Europas. Zu Weihnachten 1623 führte Ferdinand eine Geldabwertung durch und brach den Vertrag. Um diese Zeit waren die meisten enteigneten Güter bereits zu einem Durchschnittspreis von weniger als einem Drittel ihres normalen Wertes verkauft[87]. Ferdinands erster Versuch einer finanziellen Sicherung war kläglich mißlungen, denn er hatte sich nicht nur um die Vorteile der Enteignung gebracht, sondern auch den wirtschaftlichen Ruin Böhmens vollendet. Das Volksvermögen, das unter arbeitsamen Bauern und tätigen Stadtbewohnern weit verteilt gewesen war, hatte sich durch die politischen Verfolgungen und die verheerenden Wirkungen der Inflation in den Händen einiger weniger gewissenloser Männer angehäuft. Als Geldquelle war Böhmen für den Kaiser wertlos geworden.

Politisch hatte Ferdinand einen kleinen Vorteil errungen: Privatvermögen waren verschlungen worden, und die rücksichtslose Einziehung der Güter hatte fast alle Gemeinden ganz oder teilweise zu Grunde gerichtet[88]; welcher augenblicklichen Verarmung seine Regierung auch gegenüberstehen mochte, er hatte wenigstens die unruhige und kritisierende Schicht der Kaufleute unschädlich gemacht und dieses Bollwerk zwischen dem Herrscher und seinem Volk beseitigt. Eines der fortschrittlichsten und als Handelsstaaten entwickeltsten Länder Europas wurde in kaum mehr als zwei Jahren um zwei Jahrhunderte zurückgeworfen, und dem Despotismus stand die Bahn frei.

Politisch war auch die Neuverteilung der Güter ein Erfolg. Die führenden protestantischen Adeligen wurden durch Männer ersetzt, deren katholische Gesinnung einwandfrei und deren Anrecht auf Landbesitz in ihrer Unterstützung einer Regierung begründet war, die ihnen jetzt diese Güter gab. Liechtenstein hatte zehn Güter erworben, und Eggenberg acht. Aber es gab einen Mann, der sich vor allen anderen als bereitwilliger Käufer hervorgetan hatte. Albrecht von Waldstein, oder Wallenstein, wie er auch genannt wurde, der Militärkommandant von Prag, hatte nicht weniger als sechsundsechzig Besitzungen angehäuft[89], von denen der Bezirk Friedland und die Stadt Gitschin die bedeutendsten waren.

Im Jahre 1623 war Wallenstein vierzig Jahre alt. Er war der früh verwaiste Sohn eines kleinen protestantischen Gutsbesitzers, der in der berühmten Schule zu Altdorf lutherisch erzogen wurde, bis die Schulleitung nicht ohne Grund seine Entfernung forderte, da er bei einer Gelegenheit an einem mörderischen Streit teilgenommen und ein anderes Mal einen seiner Diener beinahe getötet hatte[90]. Eine italienische Reise und die Bekehrung zum katholischen Glauben dämpften seinen leicht erregbaren Geist, und als junger Zwanziger ging er ernsthaft daran, sich eine Karriere zu schaffen. Am kaiserlichen Hof hielt er sich zu Ferdinands Partei, als dieser erst Erzherzog von Steiermark war. Dann heiratete er eine reiche Witwe, die kurz darauf starb und ihn als reichen Mann zurückließ. So war der Grund zum Erfolg im öffentlichen und im Privatleben gelegt, und er mußte nur mit seinen Mitteln haushalten, sie vermehren und warten, bis sich ihm eine günstige Gelegenheit bot. In seinen Geldangelegenheiten zeigte er gesundes Urteil und Einsicht, die mit seinem Reichtum zunahmen, und er war, wenn auch kein angenehmer, so doch ein außergewöhnlich tüchtiger Gutsherr. Er förderte die Entwicklung seiner Besitzungen bis zur Grenze des Möglichen, gründete in den Städten, wo immer er konnte, Industrien, beaufsichtigte und überwachte die Landwirtschaft, errichtete Speicher für Ernteüberschüsse, führte Produkte aus und steigerte dabei die Tüchtigkeit seiner Bevölkerung, indem er das Erziehungswesen, die Wohlfahrtspflege, das Ärztewesen und Vorkehrungen für Zeiten von Hungersnot organisierte[91]. Seine Hauptstadt Gitschin war des Staates, den er sich schuf, nicht unwürdig; er baute sich ein Palais und eine Kirche und lieh den Bürgern Geld zu mäßigem Zinsfuß, damit sie ihre Häuser nach seinen Plänen umbauten[92].

Wallensteins Geschmack ging aufs Stattliche, aber Düstere, und seine Umgebung wirkte mehr durch die Genauigkeit, mit welcher alles eingerichtet war, durch die Ordnung und Regelmäßigkeit seines Haushaltes, als durch protzigen Aufwand. Er war nicht beliebt; er war groß, hager und abweisend, und auf den erhaltenen ausdruckslosen Porträts ist sein Gesicht nicht anziehend. Keiner der großen Meister hat ihn gemalt[93], und die sich an seiner düsteren Physiognomie versuchten, stimmen nur in wenigen Einzelheiten überein. Die unregelmäßigen Züge, die hohen Backenknochen und die hervorstehende Nase, der schwere Kiefer und die dicke, vorspringende Unterlippe sind so ziemlich auf allen Bildern zu finden. Spätere Porträts beuteten die dramatischen Möglichkeiten dieses seltsam kalten Gesichtes aus, denn als er berühmt wurde, gab es in seinen Wesenszügen und seiner Erscheinung kaum etwas, dessen die Allgemeinheit sich nicht bemächtigte – sein unbezähmbares Temperament, seine Geringachtung von Menschenleben, seine unsteten Nerven, seine unwandelbare Enthaltsamkeit und sein Glaube an die Astrologie. Mit der Zeit entwickelte er einen Hang zum Auffälligen, kleidete sich in eine bizarre Mischung aller europäischen Moden und hellte seine gewohnte dunkle Kleidung durch eine Schärpe oder Feder von überraschend schreiendem Rot auf. Die ebenfalls lebhafte Farbe seiner Lippen in seinem bleichen, vertrockneten Gesicht war vielleicht nicht ganz Natur[94]. Aber wenn man ihn des Charakters entkleidet, den er später darstellte, was war Wallenstein im Jahre 1623 anderes als ein skrupelloser, gewandter Karrieremacher? Weder seine unsteten Nerven noch seine Anfälle blinder Wut, denen er unterworfen war, noch seine ungewöhnliche Enthaltsamkeit oder sein verhältnismäßig landläufiger Glaube an die Astrologie sind Merkmale einzigartiger Größe oder geheimnisvoller Besonderheit.

Ihm, der wie Elisabeth von England unter einer Konjunktion von Saturn und Jupiter geboren war, gaben die Sterne eine merkwürdige Mischung von Schwäche und Stärke, von Laster und Tugend. Er war, so sagte ihm sein Horoskop, ein rastloser, anspruchsvoller Geist, hatte keine Geduld mit veralteten Methoden und trachtete ständig nach dem Neuen und Unversuchten; er war ein verschlossener, melancholischer, argwöhnischer Charakter, der seine Mitmenschen und ihre Konventionen verachtete. Er werde habgierig, falsch und machthungrig sein, niemand lieben und von niemand geliebt werden, launisch, streitsüchtig, ohne Freunde und grausam. Soweit die Analyse Johannes Keplers aus der Konstellation der Sterne über Hermanitz um vier Uhr am Nachmittag des 14. September 1583, als Wallenstein geboren wurde[95]; eine Deutung, die eingehend und richtig genug war.

Wallenstein befehligte die in Mähren ausgehobenen Truppen, als 1618 der Aufstand ausbrach. Da er sah, daß seine Truppen zu den Aufständischen überliefen, brachte er sich mit gewohnter Geistesgegenwart in Sicherheit und nahm die Militärkasse Mährens mit sich, wodurch er Ferdinand die von diesem sehr benötigte finanzielle Hilfe leistete und das rebellierende mährische Heer seines Soldes beraubte[96]. Im folgenden Jahr schoß er Ferdinand vierzigtausend Gulden aus Eigenem vor und machte sich erbötig, tausend Mann in Flandern anzuwerben; 1620 lieh er ihm abermals Geld, das Vierfache des ersten Betrages, und schließlich im Jahre 1623, als er die meisten seiner Güter erwarb, eine halbe Million Gulden. Und das waren alles gute Gulden, nicht die minderwertigen der Prager Prägung. Wallenstein war nicht der Mann, der sein Geld verschleuderte, und jede Anleihe brachte den Kaiser tiefer in seine Schuld, eine Schuld, für die Wallenstein zur geeigneten Zeit jeden Kreuzer an Zinsen einfordern würde, wenn nicht in Geld, so in Erkenntlichkeit. Ferdinands Verpflichtungen gegen Maximilian von Bayern fußten wenigstens auf einem diplomatischen Vertrag, hingegen beruhten seine privaten Verpflichtungen gegen Wallenstein nur auf einem geschäftlichen Abkommen, und Wallenstein war eine zähere kaufmännische Natur als Ferdinand.

Wallenstein stand bereits im Ruf einer seine Stellung übersteigenden Überheblichkeit und Anmaßung. Von Geburt Tscheche, beider Sprachen mächtig und auf gutem Fuß mit den führenden Familien, enteigneten und anderen, genoß Wallenstein in vielen Gesellschaftskreisen Einfluß, wenn nicht gar Beliebtheit. Er herrschte jetzt über ein Viertel von Böhmen und war der Lehensherr von mehr als dreihundert Vasallen, vereinigte also in seiner Hand mehr Macht als jede der aufständischen Parteien, die Ferdinand entthront hatten. Seine wirtschaftliche Tüchtigkeit hatte nebst seinem strengen Festhalten am katholischen Glauben auf die Konsolidierung des Landes ausschlaggebenden Einfluß[97]. Ferdinand mußte ihn für sich gewinnen oder es auf weitere Unruhen in Böhmen ankommen lassen.

Indessen hatte Wallenstein vor Ende 1623 eine zweite Ehe mit Isabella von Harrach geschlossen, einer vornehmen Dame, die ihm eine so nahe an Liebe grenzende Neigung entgegenbrachte, wie er sie vermutlich nur jemals erwecken konnte[98], und die er gleich seiner ersten Frau mit vollendeter Ritterlichkeit und Achtung behandelte. Die Bedeutung dieser Heirat lag jedoch nicht in der persönlichen Zufriedenheit der beiden Gatten, sondern in dem Umstand, daß Isabella von Harrach die Tochter eines der vertrautesten Ratgeber Ferdinands war. Im gleichen Jahr wurde Wallenstein zum Grafen von Friedland gemacht[99].

Diese Standeserhöhung war ein wesentlicher Zug Ferdinandscher Politik. Um die Forderungen der zu zahlreichen Mitglieder des niederen

Adels in seinen Ländern im Zaum zu halten, griff er nach jeder Gelegenheit, ihn durch eine kleine, gänzlich von ihm abhängige Aristokratie zu ersetzen. Die persönliche Macht dieser ihm ihre Stellung verdankenden Männer mag größer gewesen sein als die Macht der zahlreichen Landadeligen, aber ihr Einfluß als Klasse war durch ihre Abhängigkeit von der Krone bedingt, und es würde viele Jahre dauern, bevor sie bei ihrer Bauernschaft Verständnis und Unterstützung finden konnten; ihre Güter waren zu weit verstreut und ihre Anwesenheit in Prag oder Wien zu oft erforderlich. Sie bildeten eine herrschende, nur der Krone unterstehende Aristokratie und waren nicht die Führer einer feudalen Hierarchie. Weiter betonte Ferdinand diese Absonderung des Adels vom Volke dadurch, daß er Ausländer in das unterworfene Land brachte, Österreicher, Italiener und Deutsche. Vom ursprünglichen Adel hatten so viele am Aufstand Mitschuld, daß durch ihre Verfolgung das Land seiner natürlichen Führer entblößt und Fremdlingen Platz geschaffen worden war. In den Straßen Prags hörte man Italienisch und Französisch, und an die Stelle des Tschechischen trat Deutsch als Amtssprache; auf den zerschossenen Ruinen der mittelalterlichen slawischen Stadt erstanden die stattlichen Palais, die geräumigen Höfe und die kühlen Loggien des spanischen Mailands und die überladenen Barockkirchen des Roms der Jesuiten.

Wie Ferdinand die Entwicklung und fast das ganze Wesen der tschechischen Kultur änderte, ihren natürlichen Verlauf staute und in fremde Bahnen zwang, änderte er auch die Religion der Bevölkerung. Selten war eine Glaubensverfolgung wirksamer oder eine Reform einschneidender; denn, wenn der Kaiser und seine Ratgeber auch den Mut[100] und die Grausamkeit für ihre Überzeugungen aufbrachten, so waren sie doch auch weise genug, dort nachzupflanzen, wo sie zerstört hatten, und auf die Wunden, die sie geschlagen, selber auch den Balsam zu streichen.

Religion war in Böhmen, sogar bei den Katholiken, innigst mit Nationalgefühl verquickt. Der utraquistische König Georg von Podiebrad und der utraquistische Feldherr Ziska waren die Helden des Volkes, und der Lieblingsheilige der Katholiken war der heldenhafte Herzog Wenzeslaus, der »gute König Wenzeslaus« des englischen Weihnachtsliedes, ein Fürst, der nicht vom Vatikan, sondern von der Liebe seines Volkes heiliggesprochen worden war. Seit undenklichen Zeiten war der Gottesdienst, selbst unter den gewissenhaftesten Anhängern des alten Glaubens, in tschechischer Sprache gehalten worden. Um daher Böhmen auf die gleiche Stufe mit dem übrigen katholischen Europa zu bringen, mußte die altehrwürdige Überlieferung ausgerottet und das tschechische

Nationalbewußtsein selbst unmittelbar angegriffen werden. Wäre Ferdinand weniger fromm gewesen, so hätte er sehen müssen, was die Durchführung dieser Reform bedeutete. Seiner Einstellung gemäß stützte er sich jedoch auf seine persönlichen Überzeugungen und glaubte zweifellos, für das Seelenheil seiner Untertanen wie für den Bestand seiner Regierung das Beste zu tun.

Diese doppelte Überzeugung gab ihm die geistige Kraft, die Einwände des mehr behutsamen Liechtenstein beiseite zu schieben und dem unbarmherzigen Durchgreifen des Kardinals Carafa vorbehaltlos zuzustimmen. Liechtenstein wollte mit Ausnahme der Calvinisten alle schonen, da er das Eingreifen Johann Georgs von Sachsen fürchtete; Carafa wiederum wollte nicht einmal so oberflächliche Abweichungen von der Rechtgläubigkeit wie das Messelesen in tschechischer Sprache dulden, selbst wenn die Sicherheit der böhmischen Krone davon abhing[101]. Politisch tat Ferdinand gut daran, dieser extremen Ansicht beizupflichten; die vorsichtigen Politiker des Reiches schüttelten die Köpfe und warnten ihn, den Kurfürsten von Sachsen zum Krieg zu treiben[102]. Ferdinand kannte sein Sachsen; der Dresdener Hof überschwemmte ihn mit papierenen Protesten, beschwor ihn, seiner gegebenen Versprechungen eingedenk zu sein, rief den Zorn des Himmels auf sein Haupt herab, überschüttete ihn mit Vorwürfen — und rührte keinen Finger, um ihn zu hindern[103].

Eine Politik der Folter und Gewalt hatte die katholische Kirche für immer um die nördlichen Niederlande gebracht. Dieser Fehler wurde in Böhmen nicht begangen, aber staatliche und wirtschaftliche Verfolgung schloß sich um die Protestanten wie ein Schraubstock, aus dem sie nur durch Verleugnung ihres Glaubens entkommen konnten. Die Prager Universität wurde 1623 den Jesuiten übergeben und das Erziehungswesen im ganzen Land völlig der Kirche unterstellt, so daß die heranwachsende Jugend die Lektionen, die ihre Eltern in einer härteren Schule lernen mußten, ganz natürlich einsog[104].

Prag selbst bot nicht viele Schwierigkeiten. Der Erzbischof machte die Bekehrung zum Preis für die Begnadigung der Teilnehmer am Aufstand, was die meisten Bürger binnen Jahresfrist in den Schoß der Kirche brachte, da diese Bedingung nur auf die natürliche Gleichgültigkeit einer religiös gespaltenen, kosmopolitischen Stadt stieß[105]. Die übrigen Städte machten größere Schwierigkeiten, und gegen sie ging man schärfer vor. Von den Protestanten wurden Steuern und außerordentliche Abgaben verlangt, und es zeigte sich, daß die Einquartierung kaiserlicher Truppen eine besonders wirksame Art des Zwanges war, wenn nicht – was manchmal geschah – die Einwohner vom Anmarsch der Truppen Wind bekamen, ihre Häuser niederbrannten und mit allem, was sie fortschleppen konnten, in die Wälder flüchteten[106]. Andernfalls pflegten die Erpressungen und Ausschreitungen der Truppen den Widerstand der Bevölkerung in wenigen Wochen zu brechen. Tabor, Ziskas Bollwerk, wurde bis Ostern 1623 völlig bekehrt; nach drei Jahren schwerer Kontributionen brach Komotau zusammen, als mit Besetzung gedroht wurde; auf den Bergleuten von Kuttenberg, einem abgehärteten und starrsinnigen Schlag, lasteten Kontributionen, die dreimal so hoch waren als die normalen Steuern für das ganze übrige Böhmen; sie litten durch drei Jahre unter der Truppeneinquartierung, bis die Mehrzahl der Bevölkerung sich verlief und die Schächte infolge Arbeitermangels verfielen[107]. Der katholische Adel tat das Seine, um die Dorfbevölkerung zu bekehren. Vom tyrannischen Grafen Kolowrat wird erzählt, daß er seine Bauern mit Schlägen in die Kirche trieb[108]. In Gitschin gründete Wallenstein eine Jesuitenschule, in die seine Leibeigenen ihre Kinder schicken mußten. Er baute eine Kirche nach dem Muster von Santiago de Compostela und schlug daraufhin vor, das Herzogtum Friedland zu einer bischöflichen Diözese zu machen[109]. Der kaiserliche Hof schob diese Idee beiseite, weil man glaubte, daß Wallenstein auch ohne sein eigenes Miniaturbistum mächtig genug sei.

Keine Maßnahmen wurden versäumt, die den Nationalstolz und ketzerischen Geist der Böhmen schwächen konnten. Am Hus-Tag, dem bisherigen Nationalfeiertag, wurden die Kirchen geschlossen; das Standbild Georgs von Podiebrad in Prag wurde zerstört und der gemeißelte Kelch, das böhmische Symbol der Reformation, von den Fassaden zahlloser Kirchen heruntergeschlagen[110]. Ferdinand erreichte auch die Heiligsprechung Johanns von Nepomuk, eines tschechischen Priesters, der von Wenzel IV. ermordet worden war, weil er sich geweigert hatte, das Beichtgeheimnis preiszugeben. Das war ein fein ausgedachter Schachzug, denn die Lebensgeschichte des neuen Heiligen warf auf die böhmischen Herrscher vor den Habsburgern einen bösen Schatten, und unter der jüngeren Generation übertraf die Volkstümlichkeit Johanns von Nepomuk bald die des zeitlich entfernteren hl. Wenzel.

Das Haupthindernis für die Bekehrung Böhmens war der Mangel an den für eine so gewaltige Aufgabe erforderlichen Priestern. Die Jesuiten schickten ihre Glaubensprediger in Massen ins Land, konnten aber niemals die Bresche füllen, die durch die Entfernung der calvinistischen, lutherischen und utraquistischen Pastoren geschlagen worden war. In vielen Fällen waren protestantische Pastoren ohne weiteres bereit, katholisch zu werden, um ihre Pfründe zu behalten, und es dauerte Jahre, bevor die durch solche Praktiken entstandenen Absonderlichkeiten beseitigt werden konnten. Den Pastoren wurde aufgetragen, ihren Frauen den Abschied zu geben; nur wenige schickten sich an, diesem Befehl nachzukommen, während andere ihre Frauen jetzt »Wirtschafterinnen« nannten und zum Entsetzen der Nachbarn mit ihnen weiterlebten. In einem Fall beharrte ein utraquistischer Pfarrer bei seiner Einvernahme darauf, daß er katholisch sei, fuhr jedoch fort, die utraquistischen Irrlehren zu predigen und das Abendmahl unter beiden Gestalten zu spenden[111]. Vergeblich wetterte Carafa gegen solche Vorkommnisse; am Ende konnten nur die Zeit und das Heranwachsen einer bodenständigen Priesterschaft das Übel heilen[112]. In entlegenen Gegenden hielt sich der Protestantismus ganz offen mindestens noch eine Generation lang und starb nur schwer oder manchmal überhaupt nicht aus, sondern lebte als geheime Überlieferung im Volk weiter[113].

Die Bekehrung Böhmens vollendete seine politische Unterwerfung und brachte die religiösen Parteistreitigkeiten, die das Land während eines Jahrhunderts beunruhigt hatten, für immer zum Schweigen; aber die zwangsweise Rückerstattung des Kirchenbesitzes vollendete den wirtschaftlichen Niedergang des Landes. Mit dem zweiten und dritten Stand des böhmischen Landtages, den kleinen Landbesitzern und den Kaufleuten, ging es bergab. Nachdem Ferdinand der Geistlichkeit ihren Platz in der Ständeversammlung, um den sie in der Reformation gekommen war, zurückgegeben hatte, konnte er den Anschein einer Volksregierung aufrechterhalten, wobei er sicher war, daß es eine Regierung seiner Kirche und seines Hochadels sein werde[114].

In Mähren, wo Kardinal Dietrichstein die Unterstützung der Jesuiten und Kapuziner gewonnen hatte, ging die Bekehrung ebenso rasch und erfolgreich vor sich. Die Bauernschaft hing an ihrer Religion nicht so fest wie in Böhmen, und nach hinlänglicher Bestrafung der protestantischen Adeligen und Ausweisung der Wiedertäufer stieß die Kirche auf keinen großen Widerstand mehr[115].

Schlesien und Österreich wurden etwas besser behandelt als Böhmen und Mähren. Schlesien war vom Kurfürsten von Sachsen Religionsfreiheit versprochen worden, als er es für Ferdinand zurückeroberte, und Ferdinand hielt wenigstens in diesem Fall sein Wort. Dennoch bestand er auf der bedingungslosen Rückgabe alles Kirchenbesitzes und überflutete das Land mit Jesuiten-Missionaren. Gleichzeitig unterdrückte er nach und nach die freiheitlichen Rechte der schlesischen Stände. Er verkürzte das Debattier- und Einspruchsrecht so gründlich, daß ein Ständevertreter sagte, er hätte sich die Mühe der Reise nach Breslau sparen können, denn es sei billiger, daheim »Ja« zu sagen.

In Österreich wurden die protestantischen Pfarrer und Schullehrer ausgewiesen, und die Ausübung der reformierten Religion war nur gewissen privilegierten Adeligen gestattet. Noch 1628 beklagte es Carafa, daß die Pastoren weiter ihre »Abscheulichkeiten« in Privathäusern unter dem Schutz dieser Privilegien praktizierten[116], die zu widerrufen Ferdinand zweifellos jeden Vorwand gern benutzt hätte.

Nur Ungarn entging diesen Maßnahmen und behielt die Religionsfreiheit und seine politischen Privilegien. Da die Ungarn einen so grimmigen Beschützer wie Bethlen Gabor zum Grenznachbarn hatten, konnten sie einer bevorzugten Behandlung sicher sein. Als Pufferstaat zwischen Europa und den Türken war Ungarn zu wertvoll, um schlecht behandelt zu werden, und hielt so am äußersten Rande des habsburgischen Reiches sein vereinsamtes Banner der Freiheit fest aufgepflanzt.

Zur selben Zeit änderte Ferdinand die überlieferte Verfassung der habsburgischen Länder, indem er die alte Idee einer Familienkonföderation durch ein Primogenitursystem innerhalb seines eigenen Hauses ersetzte. Die Erzherzöge der früheren Generation waren ohne Nachkommen gestorben und hatten Ferdinand und seinen Bruder Leopold als die alleinigen Vertreter des österreichischen Zweiges zurückgelassen. Nur Leopolds Einspruch hielt Ferdinand davon ab, alle südlichen Länder von Tirol bis nach Ungarn unter einem einzigen Oberhaupt zu einer Monarchie zusammenzuschließen. Mit einer, nicht bloß persönlicher Eifersucht entspringenden Voraussicht riet ihm der jüngere Erzherzog von einem Schritt ab, der die deutschen Fürsten nur gereizt hätte. Ferdinand wählte einen Mittelweg. Sein Bruder und dessen Erben sollten die Grafschaft Tirol behalten, während Österreich, Ungarn, Steiermark, Kärnten, Krain, Böhmen, Mähren und Schlesien als Ganzes an seinen ältesten Sohn fallen und so in der direkten Linie verbleiben sollten. Um die Zusammengehörigkeit dieser Ländergruppe hervorzuheben, unterzog er die kaiserliche Verwaltung einer Neuordnung, zentralisierte das Postwesen und verbesserte sogar die bisher unübersichtlichen und getrennten Finanzverwaltungen der Erbländer. Allmählich trennte er auch die Staatsgeschäfte dieser Länder von denen des Reiches ab[117]. Er dachte sich dieses österreichische Zentrum als Kern eines erneuerten Deutschlands. Der Gang der Ereignisse zeitigte jedoch ein anderes Ergebnis seines Planes. Er sollte der Schöpfer eines österreichischen Reiches, nicht der Wiederhersteller des Heiligen Römischen Reiches Deutscher Nation werden.

Diese Schöpfung begründet Ferdinands gewichtigsten, vielleicht sogar einzigen Anspruch auf die Dankbarkeit der Nachwelt oder seine Verurteilung durch sie; im großen ganzen hat man ihm wenig gedankt, auch wenn man seine Tat erkannte. Für die deutschen Nationalisten ist er der Mann, der die Spaltung zwischen Österreich und dem Norden, die sie so bitter beklagen, befestigt hat. Sie vergessen, daß Ferdinand dies niemals beabsichtigte, und daß vielmehr die Widerspenstigkeit und der Separatismus des protestantischen Nordens seinen Traum von einem geeinten Reich vereitelten. Für die tschechischen, ungarischen und südslawischen Nationalisten kann er nur der Tyrann und Unterdrücker sein; sie übersehen, daß, wie unerbittlich despotisch seine Regierung auch war, er in Ländern Einigkeit und Ordnung schuf, in denen vorher nichts davon zu finden war.

Es ist nicht leicht, ja wahrscheinlich unmöglich, die religiösen Streitfragen, von denen alle übrigen abhingen, unvoreingenommen zu beurteilen. Es war eine Zeit begreiflicher eingefleischter Vorurteile, und — wenigstens für Böhmen — unvermeidbar eine Zeit heftiger Unruhen, des Elends und der Armut, herzzerreißender Verbannungen, Umwälzungen und gegenseitiger Beschuldigungen. Es war keine Zeit, die späteren Zeitaltern ein nüchternes, abgewogenes dokumentarisches Zeugnis hinterlassen konnte. Die Vertriebenen, die in protestantischen Ländern Zuflucht fanden, trösteten sich in ihrer Herzensnot mit Berichten über Ausschreitungen, die wohl auf Tatsachen beruhten, aber von der Rachgier der ins Elend Getriebenen aufgebauscht waren. Die kaiserlichen Soldaten waren grausame Unterdrücker; Leben und Eigentum, Frauen und Kinder, nichts war ihnen heilig. Die strengen Befehle der Regierung und das selbstgefällige Gefühl, im Recht zu sein, gaben ihnen eine Handlungsfreiheit, die sie bis zum letzten ausnützten. Die Greuel, von denen die Seiten der von den Vertriebenen verfaßten *Historia Persecutionum* voll sind, enthalten eine grundlegende Wahrheit, so übertrieben gezeichnet und grell gefärbt die Einzelheiten auch sind. Und doch war weder die neue Regierung noch die neue Religion unbeliebt, als der Sturm sich gelegt hatte. Kaum ein Menschenalter nachher verteidigte das Volk beide standhaft gegen die schwedischen »Befreier«.

Ferdinand darf weder nach den Mitteln beurteilt werden, deren er sich bediente, denn es gibt da keine unverzerrten Zeugnisse, noch nach dem erzielten Endergebnis, denn es deckte sich nicht mit dem von ihm erstrebten. Als Schöpfer des österreichischen Reiches ruht sein Ruhm auf einer unbeständigen Schöpfung, welche den zersprengenden Kräften des liberalen Nationalismus im neunzehnten und des engherzigen Nationalismus im zwanzigsten Jahrhundert nicht standhalten konnte. Als der letzte Kaiser, der sich nicht abschrecken ließ, die Einigung Zentraleuropas zu versuchen, verdient er von den heutigen Deutschen mehr Anerkennung, als ihm scheinbar gezollt wird. Seine Tragik war nicht nur, daß ihm die Vollendung seines Werkes mißlang, sondern auch, daß er etwas hinterließ, das durch seine Unfertigkeit die nationale Entwicklung Deutschlands verhängnisvoll hemmte.

## VI

Daß Ferdinand eine Neugestaltung weit über die Grenzen der habsburgischen Staaten hinaus im Sinne hatte, wurde durch die rücksichtslose Neuaufteilung von Ländern klar, die er gleichzeitig im Reich in Angriff nahm. Dem Markgrafen von Baden-Durlach wurden Teile seines Landes gewaltsam genommen. Johann Georg von Sachsen wurde im Lehensbesitz der Lausitz bestätigt — eine ungeheuerliche Bestechung, die seine verfassungsrechtlichen Einwendungen für einige Zeit verstummen ließ. Der kaisertreue Landgraf von Hessen-Darmstadt wurde mit einem Gebietsteil seines weniger ergebenen Vetters Moritz von Hessen-Kassel belohnt. Er erhielt auch ein Stück der Rheinpfalz, wahrscheinlich als Gegengewicht gegen Maximilian von Bayern, der durch die Bekehrung der Pfalz angesehener wurde, als es Ferdinand lieb war[118]. Maximilians einzigartige Sonderstellung wurde weiter beeinträchtigt, als Ferdinand den Bischof von Speyer ermächtigte, jegliches Gebiet am Rhein, das er für ursprüngliches Eigentum seiner Diözese halte, in Besitz zu nehmen.

Das war das erste deutliche Anzeichen, daß Ferdinand der Kirche wieder die Stellung einräumen wollte, die sie beim Augsburger Religionsfrieden eingenommen hatte.

In den säkularisierten Bistümern Halberstadt und Osnabrück herrschte eine unbehagliche Stimmung, da Christian von Braunschweig, der Administrator von Halberstadt, in offenem Aufruhr gegen den Kaiser gestanden hatte und der Administrator von Osnabrück im April 1623 gestorben war. Der Tod des einen und die mögliche Absetzung des andern ließen beide Sitze für eine katholische Ernennung offen. Ferdinand hatte seinen zweiten Sohn, den kleinen blonden Erzherzog Leopold, für die Kirche bestimmt; seine Einsetzung als Bischof von Halberstadt oder Osnabrück würde die Gegenreformation und die Habsburger der Beherrschung ganz Deutschlands einen gewaltigen Schritt näher bringen.

Ferdinand war jedoch nicht der einzige Vater, dessen Söhne für die Kirche bestimmt waren. Der Kurfürst von Sachsen war an Halberstadt, und Maximilian von Bayern an Osnabrück interessiert, wo sie Mitglieder ihrer Familien unterbringen wollten[119]; aber Osnabrück wurde nicht weniger eifrig vom König von Dänemark für seinen Sohn Friedrich begehrt, ein den Habsburgern weit gefährlicherer Ehrgeiz als die unbestimmten Pläne des bayerischen und des sächsischen Herrschers.

Vergeblich drängte der Kurfürst von Brandenburg Johann Georg zur Gründung einer neuen protestantischen Union, um diese neuen habsburgischen Ansprüche zu bekämpfen. Wilhelm von Sachsen-Weimar, ein weniger bedeutender Fürst, hatte eine Partei gegründet, die unter dem hochtrabenden Titel »Allianz der Patrioten aller Stände« bekannt war und eine erneuerte Sicherstellung der protestantischen Länder des Reiches sowie die Rückgabe der Pfalz an Friedrich bezweckte. Da diese Allianz fast ohne Mittel war, konnte sie wohl kaum etwas erreichen. Während des Jahres 1623 hatten die Verteidiger der »deutschen Libertät« und der protestantischen Sache ihr Hauptquartier im überfüllten Hause Friedrichs von Böhmen im Haag.

In diesem Jahr dehnte der Vertriebene seine Verhandlungen in Europa vom Bosporus bis ans Weiße Meer aus; es wurde ein Plan zur vollständigen Vernichtung der Habsburger entworfen, in welchem die Türken, Russen, Dänen, Schweden, Venezianer, Engländer und Franzosen die ihnen zugedachten Rollen spielen sollten. In Ungarn, Böhmen, Mähren, Schlesien und Österreich sollte es gleichzeitig zu Aufständen kommen. Der Sultan sollte durch das Angebot von Ungarn und Böhmen als Lehen bestochen werden, falls er dort einen protestantischen König einsetzen wolle. Der Zar sollte Polen verheeren, während die vereinten Streitkräfte der Dänen, Schweden und Engländer in Norddeutschland einfallen würden, wo Christian von Anhalt, der insgeheim in Friedrichs Dienste zurückgekehrt war, mit holländischem Geld Truppen ausheben sollte. Mansfeld und Christian von Braunschweig sollten die Bistümer im Norden angreifen und dann nach Süden marschieren, um gegen Bayern Krieg zu führen. Zur Belohnung sollte Mansfeld das rheinische Lehen Hagenau und einen Teil Ungarns erhalten. Sachsen und Brandenburg sollten durch das Versprechen gekauft werden, daß Cleve und Jülich unter ihnen aufgeteilt werden würden. Die Franzosen sollten sich mit Hilfe der Venezianer und des Herzogs von Savoyen des Veltlins bemächtigen[120].

Zum Unglück für Friedrichs politische Projektenmacher zog der König von England, der sich um eine Heirat zwischen der spanischen Infantin und dem Prinzen von Wales bemühte, als Beweis seines guten Willens die englische Besatzung aus der Festung Frankenthal, dem letzten Stützpunkt Friedrichs, ab. Gleichzeitig drang er in Friedrich, die Waffen zu strecken und seinem ältesten Sohn zu gestatten, sich entweder mit einer Tochter des Kaisers oder einer Nichte Maximilians zu verloben[121]. Die Könige von Schweden und Dänemark weigerten sich, Seite an Seite zu kämpfen, die Regierung Frankreichs war ein Opfer innerer Unruhen, und der Prinz von Oranien war mit der Verteidigung seiner eigenen Grenzen voll beschäftigt und konnte nicht einmal weitere Subsidien zur Wiedergewinnung des Rheins zahlen. Alles, was von dem großen Entwurf verwirklicht wurde, war ein Angriff Bethlen Gabors auf Ungarn und der Vormarsch Christians von Braunschweig auf den niedersächsischen Kreis.

Der niedersächsische Kreis war jener hauptsächlich zwischen Weser und Elbe sich erstreckende Reichsteil, in dem das Bistum Halberstadt lag, das Ferdinand bereits seinem Sohn Leopold zugedacht hatte. Dieses Gebiet war von Friedrichs Ratgebern als Basis für ihren Angriff auf den Kaiser ausersehen. Als einige ihrer Briefe Ferdinand in die Hände fielen, ergriff er die willkommene Gelegenheit, den Krieg nach Norden zu tragen und drängte Maximilian, seine Truppen sofort in das bedrohte Gebiet zu entsenden.

Die zitternden Herrscher des niedersächsischen Kreises kamen dadurch bald in eine zwiespältige Lage; auf der einen Seite wurden sie von Christian von Braunschweig aufgefordert, sich zur Verteidigung der »deutschen Libertät« zu erheben, auf der andern wurden sie von Tilly, der das bayrische und ligistische Heer befehligte, zu einer Neutralitätserklärung gedrängt[122]. Die Fürsten und die Bevölkerung waren neutral und wollten es bleiben, hatten aber keine Wahl: Christian ließ sich mit Gewalt als »Protektor« im Gebiet seines älteren Bruders, des Herzogs von Braunschweig-Wolfenbüttel, nieder, marschierte ungehindert durch das Land und sandte Mansfeld die Aufforderung, sich ihm anzuschließen. Tilly forderte die Ausweisung Christians, ein Verlangen, dem die Kreisstände nur zu gern entsprochen hätten, wenn das in ihrer Macht gelegen hätte.

Vorübergehend dachten sie daran, ein Heer zu ihrer Verteidigung aufzustellen, aber der Plan war kaum ausführbar. Zum Schluß entschieden sie sich für das scheinbar kleinere Übel und überantworteten sich der Gnade Tillys und des Kaisers. Tilly befehligte das größere Heer und mußte am Ende Sieger bleiben. Am 13. Juli 1623 überschritt er ihre Grenze und sandte nach drei Tagen Christian ein Ultimatum, das ihm jede Hoffnung auf einen Pardon des Kaisers absprach, falls er sich nicht sofort zurückzöge. Er wies das Ansinnen unter einigen saftigen Flüchen zurück und sandte Mansfeld nochmals den Vorschlag, Tilly vereint anzugreifen; dem Prinzen von Oranien bot er seine Dienste für die Niederlande an. Dann verkündete er, daß er im Bistum Halberstadt zugunsten des Sohnes des Königs von Dänemark abdanke[123]. Schließlich ließ er seine versprengten Banden zusammentrommeln, verpackte seine Beute und machte sich mit fünfzehntausend Mann nach den Niederlanden auf, indem er das Land Tillys Vormarsch und das Domkapitel von Halberstadt dem dänischen König oder dem Kaiser als Beute preisgab.

Der Rückzug des »tollen Halberstädters«, wie er jetzt allgemein genannt wurde, war keineswegs der eines geschlagenen Mannes. Er beabsichtigte noch immer, sich mit Mansfeld zu vereinigen, um eine entscheidende Schlacht gegen Tilly zu versuchen. In seinem übermäßigen Vertrauen schätzte er das Verhalten Mansfelds unrichtig ein. Dieser hatte im Bistum Münster sichere Quartiere bezogen und war von Christians militärischem Scharfsinn nicht genug eingenommen, um seine gegenwärtige sichere Lage gegen einen fruchtlosen und kostspieligen Feldzug zu vertauschen.

Am 27. Juli 1623 überschritt Christian die Weser bei Bodenwerder, und am 30. Juli setzte ihm Tilly wenige Meilen südlicher bei Corvey nach. Christian brachte sich jedoch um diesen Vorsprung, da er an der Grenze des Bistums Münster drei Tage damit vertrödelte, auf Mansfeld zu warten, der nicht kam; als er sich wieder auf den Weg nach der holländischen Grenze machte, war er in voller Flucht vor Tilly, der nur einen halben Tagesmarsch hinter ihm her war. So überschritt er die Ems bei Greven, und am frühen Morgen des 6. August 1623 wehrte seine Nachhut einen plötzlichen Angriff des Tillyschen Vortrupps ab. Keine fünfzehn Kilometer vor der schutzbietenden holländischen Grenze mußte Christian kehrtmachen und sich den Verfolgern zum Kampf stellen, die, besser befehligt und weniger mit Beute beschwert, mit jedem Augenblick mehr die Oberhand gewannen. Beim Dörfchen Stadtlohn bemächtigte sich Christian eines Hügels, der den Vorteil des Ausblickes auf die Anmarschstraße bot und zu beiden Seiten durch einen Sumpf vor Flankenangriffen geschützt war. Hier machte er eine Schwenkung gegen den Feind und hatte kaum Zeit, seine Truppen in der üblichen Anordnung aufzustellen, bevor seine Verfolger über ihn herfielen. Es war gegen die Mittagsstunde am 6. August, einem Sonntag und dem Feste der Verklärung Christi. Tilly, der diesen Feiertag als ein gutes Omen für seine heilige Sache ansah, erblickte mit erstauntem

Entsetzen auf Christians Fahnen den Wahlspruch »Alles für Gott und für Sie«. Der Sieg konnte doch nicht Männern beschieden sein, die so gotteslästerlich waren, daß sie den Namen eines »Sackes irdischer Verderbtheit« – wie er ungalant auf die schöne Königin von Böhmen anspielte – zugleich mit dem Namen ihres Schöpfers auf eine Fahne setzten.

Aus Gründen mehr militärischer als geistlicher Natur war Tilly ein leichter Sieg beschieden. Christian hatte die vorteilhaftere Stellung, aber Tilly war ihm an Truppen überlegen. Er verwendete sie auch geschickter, indem er zuerst nur die Vorhut einsetzte, die er, während das übrige Heer und die Artillerie nachrückten, nach und nach verstärkte. Unter den unablässigen und heftiger werdenden Angriffen kam die Reiterei an den Flügeln von Christians Heer ins Wanken. Zum Manövrieren war auf dem Hügel zu wenig Platz, und die Reiterei des siebzehnten Jahrhunderts war für Abwehrtaktik bekanntlich ungeeignet. Infolge der Flucht der Reiterei konnten die Fußtruppen der überwältigenden Übermacht nicht länger Widerstand leisten, und Christians Truppen verließen den Hügel in wilder Flucht, wurden jedoch durch den Sumpf hinter sich aufgehalten. Die meisten Reiter kamen durch, aber die Fußtruppen, der Troß und die Artillerie blieben stecken. Sechstausend fielen, und viertausend wurden gefangengenommen, unter ihnen fünfzig höhere Offiziere Christians und seines Verbündeten, des Herzogs Wilhelm von Sachsen-Weimar, dessen »Allianz der Patrioten aller Stände« die »deutsche Libertät« vor Ferdinand hatte retten sollen. Wichtiger war die Erbeutung von sechzehn Kanonen und fast aller Munition; während der Flucht war einer der Pulverwagen explodiert, was das Durcheinander des von Schrecken erfüllten Truppenhaufens noch steigerte. Spät nachts überschritt Christian mit nur zweitausend Mann, ohne Artillerie und Troß, die holländische Grenze[124].

Die Niederlage war so gründlich, daß sogar die Stimmung des »tollen Halberstädters« gedämpft war. Sein Ärger steigerte sich zur Wut, und er konnte nur mit Mühe davon abgehalten werden, einen seiner Obristen niederzuschießen, den er zum Sündenbock für sein Unglück gemacht hatte. Mit diesem Verhalten stand das des Siegers in krassem Widerspruch, denn Tilly dankte in seinem Bericht über die Schlacht dem Himmel und seinen Untergebenen für den Ruhm[125].

Die vernichtende Niederlage von Stadtlohn ließ Friedrichs Luftschlösser einstürzen. Die Bemühungen eines Jahres hatten wieder einmal, wie so oft zuvor, ein tragisches Ende gefunden; statt sich eines wiedereroberten Böhmens und einer rückerstatteten Pfalz erfreuen zu können, hatte er nur an seiner ärmlich bestellten Tafel im Haag einen hungrigen Mund mehr zu füttern, denn Christian hatte auf der Flucht so viel von seinem Besitz eingebüßt, daß er sich nicht länger einen eigenen Haushalt leisten konnte[126].

Drei Wochen nach der Niederlage ließ sich Friedrich vom englischen König überreden, seine diplomatischen Pläne vorläufig aufzugeben und mit dem Kaiser einen Waffenstillstand zu schließen[127].

## VII

Der Waffenstillstand wurde ohne jede Rücksicht auf Mansfeld geschlossen. Dieser hatte die ganze Zeit über sein Heer in Ostfriesland, so gut er konnte, zusammengehalten, zum Ärger der dagegen machtlosen holländischen Regierung. »Die Könige von Frankreich, England und Dänemark gaben ihm nichts, der König von Böhmen hatte nichts[128]«, hieß es. Mansfeld konnte sich die nötigen Existenzmittel nur durch Plünderung verschaffen; seine Soldaten hatten das Land völlig ausgeraubt, und der von ihnen angerichtete Schaden wurde auf ungefähr zehn Millionen Taler geschätzt. Aus dem Umkreis seiner Quartiere waren nahezu vier Fünftel der Bevölkerung geflohen, um Tributen an das Heer auszuweichen, ein Verbrechen, das Mansfeld mit der Niederreißung der von ihnen verlassenen Heimstätten bestrafte, so daß — wie behauptet wurde — nur jedes sechste Haus der Zerstörung entging. Recht und Ordnung gab es nicht mehr; die Bevölkerung wehrte sich nach besten Kräften, die Männer, indem sie den Soldaten auflauerten und sie niedermachten, und einige Frauen, indem sie sich umbrachten. Die Zahl der Truppen war zufolge der täglich hoffnungsloser werdenden Verhältnisse unter die Hälfte der ursprünglichen Stärke gesunken[129]. Um das Maß dieser Übel vollzumachen, erschien jetzt Tilly mit seinem Heer an der Grenze, geradenwegs vom Sieg bei Stadtlohn, und schickte sich offensichtlich an, mit seinen Feinden kurzen Prozeß zu machen.

Während der ersten Monate des Jahres hatte Mansfeld in der Hoffnung gelebt, die französische Regierung werde ihn für den Einfall in das Veltlin in Dienst nehmen[130]. Daraus wurde nichts, und er hatte noch immer für sein Heer zu sorgen, hatte weder das erhoffte Fürstentum noch Bezahlung erhalten und war in Reichsacht, während seine Aussichten auf Pardon täglich mehr dahinschwanden. Tillys Vormarsch veranlaßte ihn zu handeln. Das ganze Ansehen, das trotz der Fehlschläge der letzten Jahre sich noch immer an seinen Namen knüpfte, aufs Spiel setzend, gab er sein Heer dem Schicksal preis, verließ Ostfriesland und ging daran, bei den politischen Mächten Nordeuropas für sich Stimmung zu machen. Am 24. April 1624 traf er in London ein, wo die protestantische Bevölkerung ihn als den Vorkämpfer für ihre Prinzessin begrüßte und der Prinz von Wales ihm die Gemächer zur Verfügung stellte, die für seine spanische Braut bestimmt gewesen waren[131].

Ein so erfahrener Söldnerführer wie Mansfeld handelte nicht ohne gute Kenntnis der europäischen Diplomatie. Er wußte, daß es zwei Mächte gab, Frankreich und, in geringerem Grad, England, deren wenn auch später Entschluß zu handeln für die protestantische Sache noch immer entscheidend sein konnte. Vor dem Frühjahr 1624 hatte die Diplomatie dieser zwei bisher zaghaften Regierungen eine Wandlung erfahren, die auszunützen er sich nun beeilte.

König Jakobs Plan der Verheiratung seines Sohnes mit der spanischen Infantin und seines Enkels, des ältesten Kindes Friedrichs, mit einer Tochter des Kaisers mißglückte. Gerade zur Zeit, als Friedrich, von den Argumenten seines Schwiegervaters zermürbt und durch die Niederlage bei Stadtlohn niedergeschmettert, sich bereit erklärt hatte, dem Plan näherzutreten, war Jakobs Politik zusammengebrochen. Sein Sohn Karl und sein Günstling Buckingham waren von ihrer Reise nach Spanien, die sie zur Beschleunigung der Verhandlungen unternommen hatten, empört über ihre Aufnahme, nach England zurückgekehrt und hatten erklärt, nicht länger an dem ruchlosen Bündnis teilhaben zu wollen. Der Londoner Mob hatte seit Monaten nach Krieg gegen Spanien gerufen, und der Prinz und Buckingham waren bereit, sich diese aufs höchste gestiegene Strömung der Volksstimmung zunutze zu machen. Die Regierungen der beiden Länder trieben rasch einem endgültigen Bruch zu. Schon im Dezember 1623 spielte Jakob mit dem Gedanken eines Bündnisses mit dem König von Dänemark und Bethlen Gabor zugunsten seines Schwiegersohnes. Im Januar 1624 war er im Begriff, an die Vereinigten Niederlande heranzutreten, und als Mansfeld nach London kam, gestattete ihm der König, auf Kosten Englands zwölftausend Mann anzuwerben[132].

Zur selben Zeit machte sich ein politischer Umschwung in Frankreich bemerkbar, wo kürzlich ein Minister zur Macht gekommen war, der etwas mehr besaß, was ihn dem König empfahl, als die treffliche Kenntnis der Falkenjagd, die Luynes ausgezeichnet hatte. Armand-Jean du Plessis, Herzog von Richelieu, Bischof von Luçon und später Kardinal, erlangte langsam jene Macht über den König, die nur der Tod lösen sollte. Als Sohn einer adeligen, aber nicht sehr wohlhabenden Familie im Poitou war er zuerst für die militärische Laufbahn bestimmt gewesen, wurde aber infolge des Ablebens eines älteren Bruders in Eile zum Priester geweiht, damit er in dem kleinen Bistum Luçon, das seit langem eine Nebeneinkunftsquelle der Familie war, zur Nachfolge kommen konnte. Richelieus Ehrgeiz war niemals auf das begrenzte Gebiet seines Bischofssitzes beschränkt gewesen, obwohl er seine bischöflichen Pflichten mit der peinlichen Gründlichkeit erfüllte, mit der er während seiner verwickelten Laufbahn auch alles andere tat. Er schloß sich zuerst der Partei der Königinmutter an und erlangte im Jahre 1616 seinen ersten Ministerposten; seither war es ihm mit Ausnahme einer kurzen Zwischenzeit gelungen, sich auf der glatten Bahn des Emporsteigens aufrecht zu halten. Er war nicht in die Höhe gekommen, ohne seine alten Freunde und Beschützer fallen zu lassen, ohne sich viele erbitterte Feinde zu machen – vor allem die Königinmutter –, aber auf dem größeren Feld der Politik war sein Ehrgeiz unpersönlich, und hier bediente er sich der Intrige als Mittel zu einem höheren Zweck. Er besaß die umsichtige Fähigkeit des Organisators, den Wahrnehmungsinstinkt des Staatsmannes und den ungezügelten Ehrgeiz, seinem Land ohne Rücksicht auf sein privates Glück zu dienen, welcher oft die Begleiterscheinung politischen Genies ist. Der nationale Egoismus des glühenden Patrioten mischte sich in ihm mit dem Glauben an die Monarchie als die für Frankreich wesentliche Regierungsform. Frankreich leide, so sagte er, an zwei Krankheiten: Irrglauben und Freiheit. Über kurz oder lang würden er und sein König das Land von beidem heilen. Frankreich drohe ein gefährlicher Feind: das Haus Habsburg, dessen Macht und Einfluß Frankreich an den Landgrenzen, den Pyrenäen und den Alpen, am Rhein und in Flandern umklammerten. Sein Ehrgeiz war es, ein geeinigtes Frankreich zu sehen, das frei von dieser ständigen Bedrohung seine naturgegebene Rolle als Beschützer des europäischen Friedens spielen werde. Mittlerweile aber mußte er dieses zwischen den habsburgischen Ländern und dem Meer schutzlos eingeschlossene Land arbeitsamer, unbewaffneter Bauern einigen und verteidigen. Das Leitmotiv der Richelieuschen Politik war nicht Angriff, sondern Verteidigung[133].

Kardinal Richelieu war 1624 kaum vierzig Jahre alt, ein schlanker brünetter Mann von eindrucksvollem Auftreten und gepflegten Manieren. Seine Interessen beschränkten sich nicht auf Politik; er fand Zeit, sich als Kenner von Juwelen, Antiquitäten, Kunstwerken und Musik zu betätigen. Seine Hauptleidenschaft war das Theater, und er erachtete sich als keinem Kritiker unterlegen. Er gefiel sich sogar als Dichter. »Was, glauben Sie, bereitet mir das meiste Vergnügen?« fragte er einmal einen Freund, der taktvoll antwortete: »Frankreich glücklich zu machen.« – »Durchaus nicht«, entgegnete Richelieu, »sondern Verse zu schreiben[134].« Zweifellos gab er sich einer unschuldigen Selbsttäuschung hin, denn als ihn sein Glück vorübergehend im Stich ließ, war er von der Aussicht, für den Rest seines Lebens in Luçon Verse zu schreiben, nicht gerade erbaut. Doch dieses Vorgeben selbst war für die merkwürdige Natur seines großzügigen, hochentwickelten Genius bezeichnend. Wie sehr er sich auch dem Dienst für den Staat widmete, die Monarchie zu seinem Gott zu machen schien und dieser überragenden Gottheit alles unterordnete – er hatte doch einen zu klaren Wirklichkeitssinn, um anzunehmen, daß der Mensch für den Staat da sei und nicht der Staat für den Menschen. Er war ein Despot, aber niemals ein totalitärer Staatsmann.

Zu klug, um sich einzig und allein auf sein eigenes Urteil zu verlassen, lernte Richelieu frühzeitig ein ruhiges Selbstvertrauen vorzutäuschen, von dem er in Wirklichkeit weit entfernt war. Wenige Männer haben sich während eines so langen Zeitraumes anspruchsvolleren Aufgaben mit weniger Beistand gegenübergestellt gesehen. Der einzige Vertraute, auf den er sich völlig verließ, war sein Beichtvater François le Clerc du Tremblay, in der religiösen Welt als Pater Joseph und im französischen Volk als »die graue Eminenz« bekannt. Dieser fanatische Kapuzinermönch, der sein ganzes Leben der Glaubensverbreitung geweiht hatte, sah in Richelieu den zur Führung einer geeinigten katholischen Macht befähigten Mann, der die Interessen der Religion nicht denen einer Dynastie unterordnen würde. Pater Joseph war Kapuziner, nicht Jesuit, und stimmte daher mit dem Papst in dem Mißtrauen gegen die Beweggründe überein, welche die Habsburger für ihren Kreuzzug haben mochten. Unter seinem Einfluß ging das religiöse Element niemals restlos im politischen auf.

Während der erfolglosen Ministerien Luynes' und seines unfähigen Nachfolgers Sillery war Richelieu gezwungen, im Hintergrund zu bleiben, bis der Sturz Sillerys im Januar 1624 ihm endlich die Bahn freigab. Unterdessen war Ludwig XIII. aus einem unterdrückten neurotischen Knaben, der immer bereit war, dem Einflusse des ersten besten ihm zugetanen schmeichlerischen Freundes zu unterliegen, zu einem verschlossenen, launenhaften jungen Mann herangewachsen, der kritischen Verstand, scharfes Urteil und festen Willen besaß. Seine Herrschaft und die Richelieus brach an.

Durch die Änderung der französischen und englischen Politik war der tote Punkt überwunden. Alles bewegte sich wieder in der Richtung eines Angriffes auf die Stellung der Habsburger. Nach dem mißglückten spanischen Heiratsprojekt Jakobs I. schlug Richelieu sogleich Madame Henriette, die Schwester des französischen Königs, als Braut für den Prinzen von Wales vor, während er durch eine gleichzeitige, auf Schutzgewährung für die englischen Katholiken zielende Forderung diese protestantische Verbindung gegen die heimischen Kritiker deckte[135]. Die geänderte Politik der französischen Regierung löste nicht nur in England, sondern auch in den nördlicheren Ländern sofortige Gegenwirkungen aus. Der König von Schweden richtete seine Aufmerksamkeit plötzlich auf Deutschland, verlängerte – unbekümmert um die Folgen – einen bestehenden Waffenstillstand mit Polen, um freie Hand zu haben, und erbot sich, seine Meinungsverschiedenheiten mit dem König von Dänemark beizulegen[136]. Christian von Dänemark schien dem zugänglich zu sein; auch er hatte sein Augenmerk auf Deutschland gerichtet, wo er die Bistümer Halberstadt und Osnabrück für seinen Sohn zu gewinnen hoffte, und hatte als Vorbereitung dafür den niedersächsischen Kreisständen bereits seinen »Schutz« angetragen. In ihrer Wehrlosigkeit gegen das herannahende katholische Heer hatten die unglücklichen Fürsten dieses Angebot begrüßt; als sie aber in aller Unschuld beim Kaiser darum ansuchten, daß er den Sohn des Königs von Dänemark als Bischof von Halberstadt bestätige, antwortete Ferdinand darauf indirekt, aber wirkungsvoll mit einem Befehl an Tilly, er solle sein Winterquartier im niedersächsischen Kreis aufschlagen. Christian von Dänemark, dem damit unmißverständlich bedeutet wurde, daß sein Sohn das Bistum Halberstadt nur über die Leiche Ferdinands, oder wenigstens Tillys, erhalten könne, nahm begeistert ein Angebot französischer Unterstützung an und ging daran, für die »deutsche Libertät«, die protestantische Sache und das Bistum seines Sohnes in die Schranken zu treten.

Richelieu hatte nicht die Absicht, den Krieg auf Norddeutschland zu beschränken. Sein Feind war das Haus Habsburg, aber noch mehr fürchtete er Spanien, und sein Ziel war, Österreich in Deutschland in Schach zu halten, während der Hauptschlag gegen Spanien am Rhein und in Norditalien geführt wurde. Die Annäherung an Savoyen und Venedig war schon erfolgt, bevor Richelieu zur Macht gekommen war, und er setzte diese Freundschaft fort. Vor allem mußten die Vereinigten Niederlande der Koalition beitreten. Das vertriebene Königspaar, Friedrich und Elisabeth, das durch Heiraten mit fast allen protestantischen

Herrschern Europas verwandt war, wurde zum Hauptglied der Kette, die England, Dänemark, Schweden und die Vereinigten Niederlande in eine große Allianz mit Savoyen, Venedig und Frankreich zusammenschließen sollte. Bethlen Gabor war dazu ausersehen, Ungarn anzugreifen, so daß die habsburgische Macht gleichzeitig in den Flanken, an der Front und im Rücken angegriffen werden konnte. Richelieu hatte den Luftschlössern, die Friedrich und seine Minister Jahr für Jahr vergeblich gebaut hatten, endlich feste Gestalt gegeben.

Die zur Entscheidung stehenden Fragen waren noch immer alles andere als einfach. »Ich beabsichtige, von allen Religionen Gebrauch zu machen, um mein Ziel zu erreichen«, hatte Jakob I. gesagt[137]; aber wenn dies für ihn so einfach schien, war es nicht so für Richelieu. Er nahm sich der protestantischen Sache in Europa an, um die Dynastie der Habsburger zu vernichten; aber mit welch zynischer Gleichgültigkeit man auch in Adels- und Diplomatenkreisen der Religion gegenüberstand, der Kardinal mußte mit dem noch immer tief gläubigen französischen Kleinbürgertum rechnen und durfte nichts tun, was der Rechtgläubigkeit zu sehr widersprach, da er fürchten mußte, die Festigkeit der Monarchie zu erschüttern. Zum Glück für Richelieu hatte eine am Tag der Niederlage von Stadtlohn in Rom beendete Papstwahl den Kardinal Barberini auf den Heiligen Stuhl gebracht. Urban VIII., unter welchem Namen ihn nun die Christenheit kannte, war ein verhältnismäßig junger und tatkräftiger Mann. Ein begeisterter Politiker, hatte er durch viele Jahre als Legat in Frankreich gewirkt und Ludwig XIII. über das Taufbecken gehalten und gab zu, ihm deswegen besonders zugetan zu sein. Er sollte einundzwanzig Jahre herrschen, eine Zeitspanne, die sich genau mit der des Ministeriums Richelieu deckte. Ohne Urban VIII. wäre die Politik Richelieus, wenn schon nicht unmöglich, so doch sehr viel schwerer zu verwirklichen gewesen, denn Urban VIII. ersehnte zwar aufrichtig Frieden für die christliche Welt, hielt aber die Dynastie der Habsburger für eine ständige Bedrohung. Er wollte Frieden in Europa; sollte der aber nicht möglich sein, dann wollte er seine segnende Hand über diejenigen halten, die den Angriffen der Habsburger trotzten, damit so die Katholiken Frankreichs ruhig schlafen konnten, während ihre Steuergelder zur Unterstützung der holländischen und deutschen Ketzer verausgabt wurden.

Der Vorwand dafür – und er war gut – war der, daß die unentwirrbare Verflechtung weltlicher und geistlicher Interessen, welche die habsburgische Politik charakterisierte, der Kirche zum Schaden gereiche. Trotz der Bekehrung Böhmens und der völligen Niederlage des Calvinismus in Deutschland hatte der Standpunkt Richelieus und des Papstes einiges für sich. Er wurde auch von den Kapuzinern fanatisch vertreten. Wiewohl der Glaubenskampf der Habsburger sowie die Opposition des Papstes und Frankreichs nicht religiösen Wurzeln entsprangen, konnten sie doch mit gleicher Begeisterung durch rein geistliche Gründe gerechtfertigt werden. Es war tragisch für die katholische Kirche, daß keine Partei einen vollständigen Sieg über die andere erringen konnte.

Die für ihn gefährlich werdende europäische Lage nötigte Ferdinand, die Anstrengungen zur Befestigung seiner Stellung in Deutschland zu verdoppeln. Die schwache spanische Monarchie, welche die alleinige Ursache des gegen ihn geplanten Angriffs war, kam ihm nicht zu Hilfe. Philipp IV., Oberhaupt der Dynastie und Herr über die Bergwerke von Peru, stand noch immer völlig unter dem Einfluß des unberechenbaren Olivarez. Nachdem dieser Günstling den Kaiser seinem eigenen Plan eines Bündnisses mit England beharrlich aufgeopfert hatte, war es ihm kläglich mißlungen, dieses Bündnis zum Abschluß zu bringen. Und schließlich zog in Flandern Erzherzogin Isabella, die von der unfähigen Madrider Regierung finanziell im Stich gelassen wurde, alle ihre Streitkräfte gegen die verhältnismäßig schwachen Verteidigungsstellungen der Holländer zusammen; die Wiedereroberung der Vereinigten Niederlande war ihre einzige Rettung, und sie konnte keine Hilfe für Ferdinand erübrigen.

Während des ganzen Jahres 1624 war die Lage voller Gefahr für Österreich. Im Frühsommer glaubte man, daß Böhmen und Mähren unter dem übergroßen Druck von Enteignungen und Strafen für den Aufstand reif seien[138]; es war ein blinder Alarm, der aber Schrecken einjagte, solange er anhielt. Im Sommer besuchte ein französischer Agent den Kurfürsten von Brandenburg, dessen Kaisertreue man in Wien bezweifelte, und diese Zweifel schienen sich zu bestätigen, als er seine Schwester Bethlen Gabor zur Gemahlin gab.

Der Kurfürst von Sachsen schwankte. Die Standeserhöhung Maximilians hatte ihn so in Wut gebracht, daß es viele Monate dauerte, bevor er besänftigt werden konnte. Als er sich schließlich mit dem neuen Kurfürsten aussöhnte, geschah dies unter Umständen, die nicht geeignet waren, Ferdinands Mißtrauen zu zerstreuen. Der Kurfürst von Mainz, der als Kurerzkanzler dem Kurfürstenkollegium vorstand, ersuchte Johann Georg um eine Zusammenkunft im Juli 1624 in Schleusingen. Bei dieser zeigte ihm der schlaue Bischof zwischen Jagden und Zechgelagen eine kürzlich gedruckte Auswahl von Dokumenten, die sich auf die Vorfälle in Böhmen bezogen und im Schloß von Heidelberg entdeckt worden waren. Bessere Propaganda für Maximilian und gegen Friedrich hätte nicht gefunden werden können. Der gute Johann Georg war in tiefster Seele entsetzt. Der Kurfürst von Mainz nützte die günstige Gelegenheit voll aus, wies dem verstörten Fürsten nach, wie der spanische König hinter dem Kaiser stehe, der Prinz von Oranien und vielleicht der König von Frankreich hinter Friedrich, und daß die einzige Hoffnung auf die Erhaltung Deutschlands in der freundschaftlichen Verbündung so ehrlicher einheimischer, fremden Parteiumtrieben abholder Fürsten wie der von Bayern und Sachsen liege. Johann Georg ließ sich überreden, Maximilians Kurwürde anzuerkennen, was er nicht Ferdinand zu Gefallen tat, sondern um die Bildung einer verfassungsmäßigen Opposition gegen ihn zu fördern[139].

Hatte die Stunde geschlagen, wo die nebelhafte Zentralpartei endlich Gestalt annehmen sollte, wo die deutschen Fürsten den Habsburgern und Bourbonen gegenüber auf ihre Rechte pochen sollten? Die Kurfürsten von Sachsen und Mainz kämpften vergeblich gegen die Strömung an, die ihre Kollegen französischen und holländischen Bündnissen zutrieb. Georg Wilhelm von Brandenburg, durch französische und schwedische Ratschläge verleitet, weigerte sich, Maximilians Kurwürde anzuerkennen, und schloß ein provisorisches Bündnis mit den Vereinigten Niederlanden. Sogar Maximilian von Bayern, auf dessen Heer die beiden Kurfürsten von Sachsen und Mainz rechneten, um ihre Verfassungspartei zu verwirklichen, hatte in den letzten anderthalb Jahren einen zweifelhaften Kurs eingeschlagen. Er haßte und verdächtigte die spanische Monarchie und hatte es offen bewiesen, indem er den Agenten der Erzherzogin Isabella jeden Einfluß auf die von seinen unter Tilly stehenden Truppen besetzten Länder am Rhein, ja sogar deren Betreten verweigerte[140]. Überdies hatte er nach der Schlacht bei Stadtlohn Tilly verboten, das geschlagene Heer in die Vereinigten Niederlande zu verfolgen[141]. Unter dem Einfluß der Kapuziner hatte er dann eine Wiederannäherung an Frankreich versucht. Einer der Mönche, die für ihn in nichtamtlicher Mission tätig waren, hegte die Hoffnung, Europa für einen Glaubenskampf zu einigen[142], und man flüsterte von einem Plan zur Bildung einer internationalen katholischen Liga, bestehend aus Frankreich, Venedig, Savoyen und Bayern[143]. Maximilians Plan, sich die Freundschaft Frankreichs zu sichern, scheiterte an der Frage der Pfalz, denn der König von England strebte nach einer französischen Braut für seinen Sohn, um die Wiedereinsetzung seines Schwiegersohnes am Rhein zu fördern, und Richelieu konnte nicht den Verwandten des vertriebenen Pfalzgrafen seine rechte Hand zur Hilfe reichen, während er gleichzeitig dem Usurpator die linke bot. Vergeblich versuchte Maximilian, durch den Vorschlag der Verheiratung seiner Nichte mit Friedrichs ältestem Sohn die Unstimmigkeiten beizulegen[144]; die Idee fand wenig Beifall, und Richelieu wies die Bundesgenossenschaft Maximilians zugunsten der des englischen Königs zurück.

Panischer Schrecken erfaßte Maximilian. Er hatte Nachrichten, daß England, Dänemark, Savoyen und Venedig rüsteten und daß England, Dänemark und Schweden heimlich mit den norddeutschen Fürsten verhandelten. Falls dies eine Gefahr für Habsburg bedeutete, waren auch seine unrechtmäßig erworbenen Titel gefährdet. Er konnte sich nur dadurch sichern, daß er die dem geschlagenen Friedrich neuerstandenen Vorkämpfer bekriegte, selbst wenn er damit die Habsburger unterstützte. Im Frühjahr 1624 berief er eine Versammlung der katholischen Liga nach Augsburg ein und überredete seine Ligagenossen, Tillys Heer gegen eine mögliche Gefahr zu stärken[145]. Dieser Schachzug bewog Olivarez und Richelieu, sich zu Maximilian herabzulassen; zu spät bot ihm Richelieu seine Freundschaft an[146]. Olivarez schmeichelte ihm, indem er die Liga als das einzige Bollwerk des Christentums pries, und erbot sich, ihm in der Rheinpfalz als Freund beizustehen. Maximilian schien einem Bündnis mit Spanien zuzuneigen, vielleicht aus Sicherheitsgründen, oder um den Franzosen Angst einzujagen. Er ging wieder von seinem Konstitutionalismus ab und erklärte offen, daß er »für das Haus Österreich leben und sterben« wolle[147].

Vergeblich kämpfte die Verfassungspartei gegen den sich zusammenziehenden Sturm an. Die Kurfürsten von Sachsen und Mainz schlugen vor, einen Reichstag oder wenigstens eine Versammlung der Kurfürsten einzuberufen, um die Schwierigkeiten des Reiches zu erörtern und — wenn möglich — beizulegen, bevor dänische, französische und englische Truppen ins Land strömten[148]. Ohne den Beistand Maximilians, ohne sein Ansehen und Geld ließ sich wenig tun. Ferdinand hatte, ob nun mit oder ohne Absicht, die Verfassungspartei ihres mächtigsten Verteidigers beraubt, als er Maximilian die Kurwürde Friedrichs gab.

Mit Ausnahme Bayerns schloß sich der Kreis von Richelieus Bündnissen um den gemeinsamen Feind. Am 10. Juni 1624 unterzeichneten die Regierungen Frankreichs und der Vereinigten Niederlande zu Compiègne einen Freundschaftsvertrag; damit waren die wichtigsten Rivalen und Hauptgegenspieler der Habsburger endlich verbündet. Fünf Tage später schloß sich England dem Bündnis an; am 9. Juli einigten sich die Könige von Schweden und Dänemark; am 11. Juli beschlossen Frankreich, Savoyen und Venedig ein gemeinsames Einschreiten im

Veltlin; am 23. Oktober verbündete sich der Kurfürst von Brandenburg mit den Vereinigten Niederlanden, und am 10. November wurde Henriette von Frankreich dem Prinzen von Wales angetraut.

Mittlerweile hatten sich die Protestanten in Graubünden erhoben und Erzherzog Leopold, den Bruder Ferdinands, verlustreich geschlagen; vor Weihnachten nahmen sie Tirano und sperrten das Veltlin. Zur Zeit der Schneeschmelze im Frühjahr 1625 führte der Herzog von Savoyen französische und einheimische Truppen aus seinem unfruchtbaren Gebirgsland ins Tal hinab, fiel in Asti ein und umschloß Genua auf den steilen Höhen, die seine Gebirgstruppen so trefflich bewachen konnten.

Die lebenswichtige Verbindungslinie war abgeschnitten. Die Sperrung des Veltlins und die Überwachung des Ärmelkanals durch feindliche englische Schiffe machten es dem König von Spanien unmöglich, zu Wasser oder zu Land Gold nach Flandern und Österreich zu schicken. Der Streit, dessen Ursachen außerhalb Deutschlands lagen, schien auch außerhalb Deutschlands geendet zu haben, und Ferdinand, der das Ansehen seiner Dynastie mit der des Reiches verbunden hatte, schien im Irrtum gewesen zu sein. Spinola hatte sich vergeblich des Rheins bemächtigt, und Richelieus Diplomatie hatte die Siege Tillys, von der Schlacht auf dem Weißen Berge bis zu der bei Stadtlohn, vergeblich gemacht.

Aber der Krieg hatte in Deutschland begonnen und sollte auch in Deutschland enden. Sieben Jahre Kampf in einem Lande mit so verwickelten politischen Verhältnissen wie denen des Reiches hatten eine Lage geschaffen, der selbst Richelieu nicht gewachsen war. Unter den norddeutschen Bistümern allein gab es übergenug Stoff für Streit. Richelieu entglitt plötzlich die Herrschaft über die Lage, und die Siege in Italien bildeten wohl einen Markstein des Krieges, setzten ihm aber keine Grenze.

# DER OSTSEE ZU
## 1625—1628

Legitime certantibus corona

DEVISE FERDINANDS II.

### I

Das Veltlin war besetzt, und die voneinander abgeschnittenen Teile des habsburgischen Reiches in Flandern und Österreich waren wieder auf ihre eigenen Hilfsquellen beschränkt, während Mansfelds Heer an der holländischen Küste landete und die Könige Nordeuropas einen Einfall an der Ostseeküste planten. Für Ferdinand war der Augenblick gekommen, die Richtigkeit der kaiserlichen Politik zu erweisen. Da Goldtransporte aus Spanien nicht mehr möglich waren, sah sich der Kaiser auf den Beistand seiner eigenen Untertanen angewiesen.

Im Winter von 1624 auf 1625 war Albrecht von Wallenstein in Wien gewesen und hatte dem spanischen Botschafter nahegelegt, ein Heer aufzustellen, das ihren Interessen in Italien dienen solle[1]. Als die Ereignisse in diesem Land eine verhängnisvolle Wendung nahmen, besann er sich anders, und als das Veltlin verlorenging, wiederholte er sein Angebot dem Kaiser selbst.

Er wollte fünfzigtausend Mann auf eigene Kosten aufstellen und Quartiere und Verpflegung für sie durch bloße Waffengewalt beschaffen[2], und er verlangte vom Kaiser nur die Bezahlung des Soldes.

Ferdinand wagte nicht, den Vorschlag abzulehnen. Ihn annehmen hieß Wallenstein eine gefährliche Macht in die Hand geben, aber in seiner gegenwärtigen Lage blieb ihm keine Wahl. Maximilian war sein einziger Bundesgenosse, und während Ferdinand wahrscheinlich froh war, die Hälfte seiner Verpflichtungen dadurch loszuwerden, daß er jemand anderem gestattete, ein Heer ins Feld zu stellen, hatte Maximilian, vom nahenden Unwetter aufgeschreckt, ihn bestürmt, wenn möglich selber Truppen anzuwerben[3]. Im Frühjahr 1625 jedoch sah der Kurfürst von Bayern nur noch in den Waffen Sicherheit und bangte zu sehr um seine eigenen Besitzungen, als daß er sich darum gekümmert hätte, wessen Waffen es waren.

Wallensteins einziger ernst zu nehmender Gegner war sein Rivale, der Statthalter von Böhmen, Karl von Liechtenstein, der vergeblich versuchte, Wallensteins Projekt dadurch zu Fall zu bringen, daß er ihn unehrlicher Finanzgebarung in zweiundvierzig Fällen anklagte[4]. Ferdinand konnte sich nicht mit einer Untersuchung aufhalten. Im Februar 1625 wurde Liechtenstein abberufen, und im April wurde Wallenstein nach Wien befohlen[5]. Trotzdem ging Ferdinand vorsichtig vor, setzte die Zahl der ihm angebotenen Soldaten von fünfzigtausend, die Wallenstein gefährlich machen würden, auf zwanzigtausend herab, die für die augenblickliche Krise hinzureichen schienen, und beschränkte Wallensteins Wirkungskreis vorläufig auf die habsburgischen Länder. Wenn nötig, wollte er Wallenstein später auch anderswo verwenden, bestätigte jedoch einstweilen Maximilian von Bayern in der militärischen Oberleitung[6].

Während Ferdinand sich so der Loyalität eines seiner Untertanen bediente, damit er ihm in Österreich helfe, verdoppelte Spinola seine Bemühungen in den Niederlanden und versuchte, den holländischen Krieg zu beenden, bevor der Verlust des Veltlins sich auf seine Truppen und den Nachschub schädlich auswirken könnte. Bisher hatte er zwar langsame, aber stetige Fortschritte gemacht, und es schien, daß sein lange geplantes Ziel der Zermürbung seiner Gegner fast erreicht war. Bergen op Zoom war 1622 nur durch das zufällige Eingreifen Mansfelds und Christians von Braunschweig vor den Spaniern gerettet worden; der Rhein war verloren, das benachbarte Jülich von spanischen Truppen überrannt und der Wohlstand der holländischen Bauern nach zwei strengen Wintern für die nächste Zeit vernichtet. Den außergewöhnlichen Frösten im Januar und Februar 1624 waren Dammbrüche und verheerende Überschwemmungen gefolgt, durch die die obdachlos gewordenen Bauern scharenweise in die Städte getrieben wurden. Bitterkalte Stürme rasten über das Land und deckten die Strohdächer ab, aber Spinolas disziplinierte Truppen, die sich nichts aus dem Wetter machten, durchbrachen die Grenzverteidigungen, während in Breda das unterernährte, schlecht bezahlte, unter der Nässe und Kälte leidende holländische Heer meuterte. Eine Zeitlang schien den Vereinigten Niederlanden nichts anderes übrigzubleiben, als um Frieden zu bitten[7]. Die Holländer rafften sich rechtzeitig auf, um den Einfall des Feindes aufzuhalten, aber die Lage hatte sich nicht viel geändert, als Spinola im Frühjahr 1625 die Belagerung Bredas begann, der an der Grenze von Brabant gelegenen Schlüsselfestung, welche die Straßen nach Utrecht und Amsterdam schützte.

Um diese Zeit starb Moritz von Oranien im Haag. Auf dem Totenbett sandte er nach seinem jüngeren Halbbruder, dem Prinzen Friedrich

Heinrich, der ihm zweifellos in seinen Ämtern als Statthalter von fünf Provinzen und als Oberbefehlshaber des Heeres nachfolgen würde. Dem holländischen Volk war dieser jüngste Sohn Wilhelms des Schweigers noch unbekannt. Vermutlich ein Anhänger der geschlagenen Partei, hatte er seit dem Staatsstreich von 1619 zurückgezogen gelebt und vor allem streng vermieden, eine Partei gegen seinen älteren Bruder zu bilden. Er war über vierzig, daher nach damaligen Begriffen für die Nachfolge in der Regierung schon alt, und war noch immer unverheiratet.

Während seiner letzten Krankheit war Moritz von der zweifachen Besorgnis um das holländische Volk und seine Dynastie erfüllt. Er trug seinem Bruder auf, Breda zu retten und sich eine Gemahlin zu suchen. Diese zweite Verpflichtung kam Friedrich Heinrich nicht schwer an; er schien seit einiger Zeit in eine dralle junge Hofdame der Königin von Böhmen verliebt zu sein. Obgleich sie nur ihre außergewöhnliche Schönheit zur Mitgift hatte – wie der ritterliche spanische Botschafter sich ausdrückte[8] –, war Amalia von Solms dem im Sterben liegenden Familienoberhaupt zur Fortsetzung der Dynastie willkommen. Sie entstammte einer vornehmen deutschen Familie, die auf der Seite des abgesetzten Friedrich von der Pfalz stand, und würde ihren Gatten eng an die rheinische Allianz binden, die wahrscheinlich das einzige Mittel war, um die spanische Macht am Rhein zu brechen. Die Hochzeit wurde Anfang April im Haag in aller Stille gefeiert; wenige Tage darauf starb Moritz, und der junge Ehemann verließ die Hauptstadt an der Spitze eines nach Breda marschierenden Heeres[9].

Die Außenwerke Spinolas erwiesen sich für die Angriffe der holländischen Entsatztruppen als zu stark. Friedrich Heinrich hoffte vergeblich, daß Mansfeld ihm mit seinen englischen Truppen zu Hilfe kommen werde, denn Jakob I. wünschte, daß sie vor allem in Norddeutschland verwendet werden sollten[10], und die Soldaten selbst, oder so viele von ihnen, nach einem Winter fast ohne Sold und beinahe ohne das Notwendigste zum Leben, übriggeblieben waren, verschafften sich selbst ihr Recht, indem sie in Massen zu den Spaniern überliefen[11]. Die Besatzung von Breda, die schließlich dem Hunger erlag und sich ergab, zog nach mehr als sechsmonatiger Verteidigung am 5. Juni 1625 unter militärischen Ehren aus der Festung ab. Tief gerührt, umarmte Spinola den holländischen Kommandanten angesichts des ganzen Heeres[12].

Die Habsburger hatten jetzt die Hilfe, die ihren Feinden vielleicht von Frankreich zuteil wurde, durch Wallensteins Beistand, den Verlust des Veltlins durch die Eroberung von Breda wettgemacht. Verblieb nur die feindliche Koalition im Norden; aber auch hier wußten sie sich Rat. Das zwischen Schweden, Dänemark, England und den Vereinigten Niederlanden geplante Bündnis ließ eine eifersüchtige Macht des Nordens unberücksichtigt: die Hanse. Schon im Februar 1625 machte Olivarez dem österreichischen Botschafter in Madrid Andeutungen[13], und im April trat der spanische Botschafter in Wien an den Kaiser mit einem Projekt heran, die Hansestädte für ein Bündnis mit den Habsburgern dadurch zu gewinnen, daß man ihnen eine Flotte zum Schutz gegen ihre Rivalen und dazu besondere Handelsbegünstigungen in Spanisch-Westindien anböte — dies alles nur, um Lübeck, Stralsund, Hamburg und Bremen zu Flottenstützpunkten in der Nord- und Ostsee zu machen[14].

Falls die Städte dazu nicht bereit waren, gedachte man sie durch einen Aufmarsch der kaiserlichen Streitkräfte zur Annahme des Angebotes zu bewegen. Im Juni wurden Wallensteins militärische Befugnisse auf das gesamte Reich erstreckt[15]. Er hatte inzwischen sein Versprechen wahrgemacht und stand an der böhmischen Grenze mit einem gut ausgerüsteten Heer bereit, mit dem er im Spätsommer in Deutschland einmarschierte und nach Norden zog, um sich mit Tilly zu vereinigen. Er war kurz zuvor zum Pfalzgrafen des Reiches erhoben worden, wodurch er das Recht erhielt, nach eigenem Gutdünken Adelungen vorzunehmen. Während des Sommers hatte er sich stillschweigend den Titel eines Herzogs von Friedland beigelegt[16].

Das neue kaiserliche Feldheer und der Fall von Breda machten für Frankreich die Lage im Veltlin unhaltbar; Richelieus Regierung verfügte nicht über die notwendigen Hilfsmittel, um dieses Tal auf unbestimmte Zeit besetzt zu halten, und er selbst fühlte sich daheim noch nicht sicher. Hofintrigen oder örtliche Aufstände konnten ihn jeden Augenblick stürzen, und mittlerweile bekam im Norden der große Bogen der von Richelieu geplanten Bündnisse Sprünge.

Der König von Dänemark und der König von Schweden brannten gleichermaßen darauf, in Deutschland einzugreifen; beide überschwemmten Paris und London mit ihren Feldzugsplänen[17], aber jeder nahm an, daß der andere unter seinem Oberbefehl stehen werde. Frankreich war im allgemeinen für den König von Schweden; die englische Regierung war unentschlossen, begeisterte sich aber auf einmal für den schwedischen Plan, um dann ebenso plötzlich vom dänischen eingenommen zu sein und Gustav Adolf taktlos aufzufordern, einen Pakt zu unterschreiben, der Christian IV. alle Macht gab[18]. Die Erbitterung, mit der Gustav Adolf von diesem Ansinnen hörte, war nicht unbegründet. Er traute Christian nicht und fürchtete, daß, falls nicht er selbst volle militärische Gewalt hatte, seine Heere und sein Geld zum Vorteil anderer ausgenützt werden könnten[19]. Genau genommen, setzte er der englischen und der französischen Regierung die Pistole auf die Brust. Er hatte mit seinem alten Gegner, dem König von Polen, einen Waffenstillstand geschlossen, der in einigen Wochen ablief; entweder übertrage man ihm die Hauptleitung der Operationen, oder er nehme seinen Krieg in Polen wieder auf und überlasse Deutschland seinem Schicksal. Die englische und die französische Regierung ließen sich nicht beirren, und am 11. Juli 1625 kehrte Gustav Adolf dem deutschen Krieg den Rücken und begann einen neuen Angriff gegen Sigismund von Polen[20].

Aus der ansehnlichen Gruppe der in Aussicht genommenen Verbündeten war im Sommer 1625 nur ein einziger, der König von Dänemark, ins Feld gezogen, um in Deutschland zur protestantischen Sache zu stehen.

## II

Christian IV. war nicht zu unterschätzen. Sein Unglück war es, zur selben Zeit zu regieren wie Gustav Adolf, weshalb ihm die von einem so strahlenden Rivalen geblendete Volksmeinung einen zu geringen Platz in der europäischen Geschichte eingeräumt hat. Zur Zeit seines Eingreifens in Deutschland stand er im achtundvierzigsten Lebensjahr und war seit siebenunddreißig Jahren König. Er war ein breitschultriger Mann von aufrechter Haltung und blühender Gesichtsfarbe und hatte schon leicht angegrautes hellblondes Haar.

Ein Leben voll angespannter körperlicher Betätigung, in dem schwere Zechgelage nicht fehlten, hatte ihn nur tüchtiger gemacht. Monogamie hatte seiner kraftstrotzenden Natur niemals zugesagt, und die Anzahl seiner unehelichen Kinder wurde mit der Zeit in Dänemark zu einem Problem und im übrigen Europa zu einem Witz. Bei allen seinen vollblütigen Neigungen war er ein geistig begabter Mann, der von seinen Begabungen auch Gebrauch machte; er hat sogar eine gelehrte Korrespondenz in lateinischer Sprache mit dem Schulmeister unter den Königen, Jakob I. von England, geführt[21]; er hatte Begabung für Sprachen und glänzte im Gespräch; in seiner nördlichen Hauptstadt hat er Kunst und Wissenschaft wie wenige vor ihm gefördert, und seine Schlösser in Kronborg und Kopenhagen spiegelten in ihrer üppigen

Ausschmückung, ihren überladenen Goldornamenten und rundlichen, realistisch rosa gefärbten Gipsputten etwas von der warmblütigen, lebensstrotzenden Persönlichkeit ihres Besitzers wieder. »Man konnte kaum glauben«, bemerkte einst ein Italiener, »daß er in einem so kalten Klima geboren war[22].«

Als König hatte Christian außergewöhnliche Befähigung, Entschlossenheit und Mut gezeigt und die Interessen seiner Untertanen sowohl daheim als auch im Ausland gefördert, indem er die übertriebenen Forderungen des Adels bekämpfte und den Überseehandel begünstigte. Daß er keinen vollen Erfolg erzielte, lag daran, daß er daheim gegen die tiefverwurzelte Macht einer selbstsüchtigen, verantwortungslosen Aristokratie und im Ausland gegen das überragende Genie Gustav Adolfs anzukämpfen hatte. In Christians ganzem Leben hing stets allzu viel von ihm als dem König ab. Seine geistigen Kräfte und sein Charakter waren immer bis zum äußersten angespannt, denn er hatte niemand, der ihn vertrat und ihm etwas von der Bürde abnahm. Sein gewinnendes Wesen, seine überragende Persönlichkeit, sein unbekümmerter Mut, sein rauher, beißender Humor und sein launisches Temperament mußten seinem politischen Scharfblick ständig zu Diensten sein, und es war daher nicht zu verwundern, daß der Mensch in ihm manchmal zu müde war, um ohne Beihilfe die Rolle des Königs erfolgreich weiterspielen zu können. Wenn man seinen Mißerfolg mit dem Erfolg seines Rivalen, des Königs von Schweden, vergleicht, darf man nicht vergessen, daß Gustav Adolf ebenso sehr mit seinen Dienern Glück hatte, wie er selbst mit Fähigkeiten gesegnet war. Christian schlug von der Großjährigkeit bis zum Tod seine Schlachten immer allein.

Ein halber Deutscher, beherrschte Christian die deutsche Sprache in Wort und Schrift wie seine eigene und hatte in Deutschland Einfluß und Interessen. Er war Herzog von Holstein, sein Sohn war soeben auf den leerstehenden Bischofssitz von Verden gewählt worden, und Christian beanspruchte auch Osnabrück und Halberstadt für ihn; gestützt auf seinen Einfluß in diesen Gebieten und besonders auf den Rückhalt, den er an dem unbestreitbaren Besitz von Holstein hatte, wollte Christian auf die zögernden Neutralen einen Druck ausüben. Leider schätzten er wie auch seine Verbündeten die politischen Wirren in Deutschland unrichtig ein. Die Kurfürsten von Sachsen und Brandenburg, die gleich Christian und dem Kaiser für ihre Söhne sorgen wollten, hatten sich ebenfalls auf die Bistümer Osnabrück und Halberstadt Hoffnungen gemacht. Sie nahmen es übel auf, daß ein habsburgischer Herrscher ihre Kinder um diese Preise bringen sollte, waren aber ebenso abgeneigt, den König von Dänemark im gleichen Bestreben zu unterstützen. Beide Fürsten erklärten dem Kaiser ihre unveränderte Loyalität.

Unterdessen hatte sich an der militärischen Lage der unglücklichen Herrscher des niedersächsischen Kreises nichts geändert. Sie waren noch immer nicht gewillt, ihre Neutralität aufzugeben, hatten aber nicht die Macht, sie aufrechtzuerhalten, als Tillys Truppen in ihrem südlichen Grenzgebiet ihr Lager aufschlugen und der König von Dänemark seine Truppen im Norden sammelte. Christian hatte mit seinen Einschüchterungen mehr Erfolg, und im Mai 1625 wählten ihn die bestürzten Stände zuerst zum Obersten des niedersächsischen Kreises und entschlossen sich dann widerwillig zu rüsten[23], was nur bedeutete, daß es Christian freistand, innerhalb ihrer Grenzen Rekruten anzuwerben.

Bisher war es zu keiner Kriegserklärung zwischen König Christian und Kaiser Ferdinand gekommen, so daß Tilly diesen Vorgängen nur damit begegnete, daß er Christian eine Note sandte, in der er ihn nach seinen Absichten fragte. Christian antwortete in einem beschwichtigenden Schreiben, daß er als Oberst des niedersächsischen Kreises es für notwendig erachtet habe[24], Vorkehrungen für die Verteidigung des Kreises zu treffen. Es wurden nun den ganzen Sommer und Winter über zwischen Ferdinand und der Kreisständeversammlung äußerst höfliche Briefe gewechselt, in denen der Kaiser die Stände insgesamt oder einzeln von ihrer Anhänglichkeit an den König von Dänemark abzubringen suchte. Sie klammerten sich an den Strohhalm der Neutralität und waren jämmerlich unschlüssig. Zuerst traten sie Ferdinands Scheinanerbieten einer Gewährleistung des Glaubens für die norddeutschen Bistümer näher, wiesen es aber zurück, als er versuchte, Magdeburg davon auszunehmen. Sie trieben beschleunigt dem Verhängnis zu, das mit der Zeit über alle neutralen Staaten Deutschlands hereinbrach, nämlich mit beiden Parteien im Krieg zu sein[25].

Mittlerweile ereignete sich auf dem Kriegsschauplatz nichts von Bedeutung. Auf dem Vormarsch längs der Weser wurde Christian bei Hameln durch einen gefährlichen Unfall aufgehalten. Als er eines Abends die Stellungen abritt, wurde er sechs Meter tief über den Festungswall vom Pferd geworfen und kam nur wie durch ein Wunder mit dem Leben davon. Das Gerücht von seinem Tod[26] ermutigte Tilly zum Vormarsch, aber verläßlichere Nachrichten und Verpflegungsmangel trieben ihn wieder zurück[27]. Selbst das Eintreffen Wallensteins mit fast dreißigtausend Mann vermehrte[28] eher seine Schwierigkeiten, als daß es sie verringerte, denn nun waren zwei Heere zu verpflegen, in einem Land, das bereits von einem leergegessen worden war[29].

Auf einen kalten Frühling folgte ein rauher Sommer; im Juni fiel Schnee, und das durchweichte Getreide verfaulte, bevor es geschnitten war. Die Pest fegte über Europa und legte das politische und wirtschaftliche Leben lahm. In Österreich und der Steiermark, in Mecklenburg und Preußen, in Würzburg und zu beiden Seiten des Rheins, von Württemberg bis nach Aachen wütete sie den ganzen Sommer über; in Prag starben sechzehntausend Menschen[30]. Bis zum Oktober waren von Tillys achtzehntausend Mann achttausend erkrankt, und die übrigen waren schlecht bekleidet; alle waren ohne sichere oder geeignete Winterquartiere[31].

Wallenstein hatte mehr Glück. Der Name des Kaisers flößte mehr Furcht ein als der der Liga, und Tilly mußte mit Erstaunen wahrnehmen, wie Städte, die seinen Truppen den Einlaß verweigert hatten, Wallenstein ihre Tore öffneten[32]. Der Feldherr des Kaisers bemächtigte sich der besten Quartiere, als ob er ein Anrecht darauf hätte, und ließ sich in den Bistümern Magdeburg und Halberstadt nieder[33], während Tilly, dessen hungrige Soldaten meuterten und desertierten, sich so gut wie möglich mit der kleineren und ärmeren Diözese Hildesheim behelfen mußte[34]. Die berechtigte Suche nach Lebensmitteln artete in Balgereien um Beute und Weiber aus, bei welchen die von den sozialen Sicherungen des Friedens nicht länger im Zaum gehaltene menschliche Grausamkeit auf entsetzliche Weise zum Ausbruch kam. Vergeblich baten Stadtgemeinden und Dörfer unter Hinweis auf ihre Treue um Garantien für ihre Sicherheit; der Feldherr gab sie, konnte sie aber nicht durchsetzen.

In blinder Zerstörungswut setzten die Soldaten Dörfer in Brand und schlachteten das Vieh ab, wenn sie es nicht wegtrieben. In ihrer Lust am Plündern gruben sie in den Friedhöfen nach verborgenen Schätzen, durchstöberten die Wälder, in denen die obdachlosen Bauern Zuflucht genommen hatten, und schossen fast alle, die sie fanden, nieder, um ihre ärmlichen Bündel mit Sparpfennigen und Hausgerät zu rauben. Sie verwüsteten die Kirchen, und als ein mutiger Pfarrer ihnen den Zutritt verweigerte, hackten sie ihm die Hände und Füße ab und ließen ihn in seinem Blut auf dem Altar liegen als ein verstümmeltes Opfer für seinen protestantischen Gott. Auch ihre eigenen Glaubensgenossen schonten sie nicht; im Kloster von Amelungsborn zerschlitzten sie die Meßgewänder und zertrümmerten die Orgel, schleppten die Kelche fort und durchwühlten sogar die Gräber der Nonnen[35].

Wallensteins Leute waren im großen und ganzen weniger zerstörungswütig als die Tillys. Er hatte die Beschaffung von Unterkunft und

Verpflegung weit besser organisiert, und seine Kontributionsforderungen lasteten zwar schwerer als die Tillys auf den führenden Bürgern der besetzten Städte, aber er sah dabei darauf, daß seine Leute befriedigt wurden, wodurch er den Anreiz zu sinnlosem Plündern verringerte[36]. Aus den ungeheuren Kontributionen, die er im besetzten Land einhob, zahlte er seine Truppen immer pünktlich und sammelte eine Reserve an, um die Artillerie zu ergänzen und zu verbessern[37]. Als Sicherung gegen jeden Notfall standen ihm in Böhmen seine eigenen Getreidespeicher zur Verfügung, um das Heer zu verpflegen, falls alles übrige fehlschlug[38].

Den trostlosen Sommer und Herbst des Jahres 1625 über bemühte sich der dänische König, den Ring seiner Bündnisse fester zu ziehen. Im Dezember unterzeichnete er einen Vertrag mit England und den Vereinigten Niederlanden[39], da er hoffte, daß diese zwei reichen Staaten seine Truppen mit Geld versorgen würden. Das waren kurzlebige Erwartungen, denn nicht die Regierungen, sondern Einzelpersonen besaßen das Geld. Die holländischen Stände bewilligten ihm weniger, als er erwartet hatte, das englische Parlament gar nichts. England hatte 1624 Mansfeld und 1625 Christian von Braunschweig Geld gegeben und begnügte sich damit, ein kleines Regiment gewaltsam rekrutierter Soldaten unter dem Befehl des Obersten Morgan dem König von Dänemark zu Hilfe zu senden[40].

Schließlich kam es zur Katastrophe, als Frankreich seine Unterstützung einstellte. Richelieu war der Atlas, der diese wacklige Welt von Verbündeten trug. Im Frühjahr 1625 brach in Frankreich ein Hugenottenaufstand aus, und Richelieu mußte seine Truppen aus dem Veltlin zurückberufen, um der daheim drohenden Gefahr zu begegnen. Und der Prinz von Oranien rüstete eine kleine Flotte aus, die gegen die Hugenottenfestung La Rochelle segeln sollte; aber die holländischen Matrosen weigerten sich, die gegen ihre protestantischen Glaubensgenossen bestimmten Schiffe zu bemannen, und trugen durch diesen unzeitgemäßen Glaubenseifer zum Zusammenbruch der protestantischen Sache in Deutschland bei. Auf Grund des Friedens von Monzon vom 26. März 1626 zog sich Richelieu aus dem Veltlin zurück, womit die Pässe Spanien wieder offenstanden. Der unterbundene Blutkreislauf des habsburgischen Reiches kam wieder in Bewegung.

Zur Verteidigung der protestantischen Sache und der »deutschen Libertät« verblieben Christian von Dänemark, Christian von Braunschweig und Ernst von Mansfeld. Der König von Dänemark hatte das größte Heer und war der gegebene Leiter des Krieges, aber Mansfeld, dessen Streitkräfte durch neuerliche Rekrutierungen wieder aufgefüllt waren, hielt sich für den Oberbefehlshaber, der die Lage wie kein zweiter verstehe. Andrerseits war Christian von Braunschweig, der auf seinem Marsch ein Heer aus Bauern gebildet und mit eisenbeschlagenen Stöcken notdürftig bewaffnet hatte[41], bereit, sich dem König von Dänemark unterzuordnen, aber keinesfalls Mansfeld[42]. Es waren daher drei getrennte Operationen erforderlich, da ein gemeinsamer Angriff nur zu Zänkereien führen und außerdem getrenntes Losschlagen die vereinigten feindlichen Heere leichter auseinandersprengen würde. Mansfeld sollte in das Bistum Magdeburg, wo Wallensteins Hauptquartier war, einfallen, ihn dadurch binden und dann womöglich umgehen, um nach Schlesien zu marschieren, wo Bethlen Gabor, seinem Versprechen gemäß, zu Mansfeld stoßen sollte. Christian von Braunschweig sollte Tillys Vorposten ausweichen und nach Hessen ziehen, um Landgraf Moritz für die protestantische Sache zu gewinnen und Tilly in den Rücken zu fallen, während Christian IV. an der Weser entlang vordringen und auf Tilly einen Frontalangriff unternehmen sollte.

Der Angriff Christians von Braunschweig schlug gänzlich fehl. Mit 28 Jahren völlig erschöpft, nicht länger angesehen und bemittelt, brachte der Schwerkranke mit Mühe seine zerlumpten Truppen über die hessische Grenze, wo er aber bloß erfuhr, daß der Landgraf, ohne Heer und ohne Hilfsmittel und bereits zum Verlust seiner Besitzungen verurteilt, die Vollstreckung dieses kaiserlichen Urteils fürchtete und daher mit den Projekten des Königs von Dänemark nichts zu tun haben wollte. Angeekelt zog sich Christian nach Wolfenbüttel zurück, wo er am 16. Juni 1626 starb, katholischen Berichten nach wie Herodes, da seine inneren Organe von einem Riesenwurm zernagt worden seien.

Mansfeld war kaum erfolgreicher. Von seinen Truppenbewegungen unterrichtet, marschierte Wallenstein mit einem Großteil seines Heeres nach Dessau an der Elbe, wo – wie er wußte – das protestantische Heer den Fluß überqueren mußte und wo am 25. April 1626 Mansfeld mit zwölftausend Mann erschien. Für beide Feldherren hing von dem Ausgang dieses Tages viel ab. Mansfeld, ein Veteran seines Metiers, dessen Mißgeschick in Europa sprichwörtlich geworden war, baute auf eine großartige Überquerung der Elbe, die seinen verwelkenden Ruhm wieder auffrischen sollte. Wallenstein, der in der Kunst, ein Söldnerheer zu führen, noch ein Anfänger war, mußte sich erst einen Ruf schaffen. Im Vorjahr war er zu langsam nach Norden vorgerückt und zu spät auf dem Kriegsschauplatz eingetroffen, um sich bewähren zu können. Seitdem sagte man in Wien, daß er ein Prahlhans sei, eine kostspielige

Luxusfigur, die die Gunst des Kaisers nicht verdiene, ein nutzloser Soldat und gefährlicher Untertan. Die eine Partei hier wollte ihm den Oberbefehl über die von ihm aufgestellten Truppen entziehen und Collalto, einem erfahrenen italienischen Berufsoffizier, übertragen. In Wallensteins eigenen Reihen gab es Offiziere, die seine gelegentlichen Bemerkungen aufzeichneten und mit ihren eigenen Auslegungen versehen nach Wien sandten, wie dies wenigstens der lothringische Oberst Aldringer tat[43]. Die Schlacht an der Dessauer Brücke bedeutete für Wallenstein mehr als die Verteidigung der Elbe, sie bedeutete die Verteidigung seines Feldherrnrufs[44].

Mansfeld beging den verhängnisvollen Fehler, seinen Feind zu unterschätzen. Als er den Brückenkopf von Dessau stürmte, wußte er nicht, daß er es mit einem Mann zu tun hatte, dessen Gründlichkeit seinen Mangel an Erfahrung aufwog. Mit der besten bisher im Krieg verwendeten Artillerie und mit Truppen, deren geschickte Aufstellung ihre Stärke geringer erscheinen ließ, machte Wallenstein die Dessauer Brücke zu einer Todesfalle, und Mansfeld, der sich auf die Erfahrung seiner Soldaten und die geballte Wucht seiner Attacken verließ, mußte in dieser Nacht den Rückzug antreten und ein Drittel seines Heeres als Opfer der Wallensteinschen Kanonen tot zurücklassen.

»Gott gab mir das Glück, Mansfeld aufs Haupt zu schlagen«, schrieb Wallenstein an den Kaiser[45]. Wenige Tage darauf warf er Aldringer seine Einmischung vor, indem er ihm seine nach Wien gerichteten Briefe vorhielt, und nannte seinen bestürzten Untergebenen zum Schluß höhnisch einen »Tintenkleckser«, welche spöttische Bemerkung den emporgekommenen Offizier, der vor Erlangung seines Patentes Sekretär gewesen war, an einer wunden Stelle traf[46]. Es war ein in der Hitze des Zornes unbedacht hingeworfenes Wort, aber ein Wort, an das Aldringer noch dachte, als Wallenstein es schon längst vergessen hatte.

Von Christian IV. abgeschnitten und auf dem unrichtigen Elbeufer, wendete sich Mansfeld nach Nordosten, gegen das neutrale, aber wehrlose Brandenburg, und sandte seine Offiziere aus, um seine Verluste durch Rekrutierung zu ersetzen, während er auf Nachrichten von Bethlen Gabor wartete. Verärgert, angewidert und krank, hielt er dennoch starrsinnig an seinem Ziel fest und plante, längs der Oderlinie nach Schlesien vorzustoßen, sobald sein Heer durch die Rekrutierung wieder genügend aufgefüllt war.

Die Erfolge im Norden hatten nicht nur Wallensteins Ruf gerettet, sondern auch in Brüssel einen Plan zur Erwägung gebracht, der schon lange im Reifen war. Er bezweckte nichts Geringeres, als für die spanische Flotte in der Ostsee einen Stützpunkt zu schaffen und so die Holländer durch einen Angriff von beiden Seiten niederzuzwingen. Am 1. Juli traf ein flämischer Abgesandter mit den zwei Feldherren in Duderstadt zusammen und bot ihnen die finanzielle und militärische Hilfe Spaniens an, falls sie Lübeck besetzen würden. Tilly und Wallenstein zuckten die Achseln. Sie erwiderten, daß dieses Unternehmen nicht das Wagnis wert wäre. Bei den damaligen Verhältnissen in Norddeutschland war dies sicherlich richtig, und der Abgesandte reiste unverrichteter Dinge zurück[47]. Aber Wallenstein vergaß die Zusammenkunft nicht. Die Früchte von Duderstadt reiften langsam heran.

Mittlerweile kamen beunruhigende Nachrichten über Mansfelds Bewegungen. Vor Ende Juli hatte er genug Rekruten zusammengebracht, um die schlesische Grenze zu überschreiten, und er rückte allmählich nach Süden vor, um sich mit Bethlen Gabor zu vereinigen. Anfang August machte sich Wallenstein an die Verfolgung und überließ es Tilly, mit Christian von Dänemark allein fertig zu werden. Die Teilung der feindlichen Streitkräfte gab den Ausschlag, denn der dänische König hielt jetzt die Gelegenheit für gekommen, auf die er den ganzen Sommer über gewartet hatte. Er verließ seinen Standort im Herzogtum Braunschweig und marschierte südwärts gegen Thüringen, mit der Absicht, zwischen den voneinander getrennten feindlichen Heeren ins Innere des unbeschützten Süddeutschlands vorzustoßen.

Als Tilly von diesem Vormarsch Kunde erhielt, schickte er Wallenstein Späher nach, und Christian erfuhr bald, daß Tilly, durch die Rückkehr Wallensteinscher Truppen um achttausend Mann verstärkt, gegen ihn marschierte. Christian machte kehrt und eilte nach seiner Operationsbasis in Braunschweig zurück. Am 24., 25. und 26. August verteidigte die Nachhut seines Heeres die Straße gegen den schnell nachdrängenden Feind und wehrte jeden Angriff unter geringen Verlusten ab. Am 27. sah Christian jedoch ein, daß er nicht hoffen konnte, die restlichen dreißig Kilometer nach Wolfenbüttel ungefährdet zurückzulegen, und nahm am Rande des befestigten Dörfchens Lutter quer über die Straße gegen das vordringende feindliche Heer Stellung. Wälder und geringe Unebenheiten des Bodens gewährten ihm einen kleinen Vorteil. Er postierte seine zwanzig Kanonen dort, wo sie die Straße bestreichen konnten, und verteilte die Mehrzahl seiner Musketiere einzeln unter den Bäumen und Hecken, zwischen denen die Feinde vordringen mußten. An Reitern war er um einige hundert überlegen, aber sein Fußvolk war in der Minderzahl und floh vor Tillys entschlossenem Angriff. Die Reiterei hielt sich besser, und König Christian, der mehr ein draufgängerischer als ein begabter Feldherr war, sammelte persönlich seine durchbrochenen Linien dreimal zu erneutem Widerstand, bevor der Verlust der Geschütze ihm jede weitere Hoffnung nahm. Ein Teil seiner Reiterei versuchte, beim Schloß von Lutter standzuhalten, aber da sie vom Hauptheereskörper, mit dem auch König Christian geflohen war, verlassen waren, ergaben sich alle am selben Abend. Die Zahl der Gefangenen wurde auf zweitausendfünfhundert geschätzt, die der dänischen Gefallenen auf sechstausend. Selbst wenn man der mangelhaften Statistik und den üblichen Übertreibungen der damaligen Zeit Rechnung trägt, hatte Christian mehr als die Hälfte seines Heeres verloren. Er hatte seine ganze Artillerie eingebüßt und konnte sich glücklich preisen, am Leben geblieben und der Gefangenschaft entronnen zu sein, denn in seiner ungestümen Tapferkeit war er vom Feind umringt und sein Pferd unter ihm erschossen worden, so daß er nur mit Mühe, durch die Selbstaufopferung eines seiner Offiziere, gerettet werden konnte[48].

Ein Versuch, die Gegend um Wolfenbüttel zu halten, wäre sinnlos gewesen. Schon warfen sich die benachbarten Herrscher unter Loyalitätsbeteuerungen Tilly an den Hals[49], und von allen Verbündeten aus besseren Tagen hielten bei Christian IV. nur sein Sohn und die zwei Herzöge von Mecklenburg aus. Es blieb ihm nichts anderes übrig, als sich nach Norden gegen die Küste zurückzuziehen und sein Winterquartier in Stade, im Flachland südwestlich der Elbemündung, aufzuschlagen.

Christian von Braunschweig war tot. Christian von Dänemark war bei Lutter vernichtend geschlagen worden. Mansfelds Heer in Schlesien war wertlos, denn er hatte sich mit seinem Stellvertreter zerstritten und dadurch einen gemeinsamen Kampf unmöglich gemacht. Bethlen Gabor, der plötzlich sehr gealtert und müde geworden war, trat mit dem Kaiser in Verhandlungen über einen endgültigen Frieden. Von seinen Bundesgenossen im Stich gelassen und mit seinen eigenen Leuten zerfallen, verließ Mansfeld mit einer kleinen Gefolgschaft sein schlesisches Quartier und zog im Spätherbst des Jahres 1626 nach Südwesten zur dalmatinischen Küste. Wohin diese letzte Reise Mansfelds ging und was er vorhatte, wußte niemand. Einige sagten, daß er die Hilfe Venedigs suchte, andere meinten, die der Türken. Zweifellos schlossen sich zersprengte türkische Truppenteile, denen aber vor allem an Beute gelegen war, seinem Heer an. Geheimnis und Legende umgeben seine letzten Tage, aber irgendwo auf dem Weg nach der dalmatinischen Küste, in den Bergen oberhalb von Sarajewo, starb er, und seine führerlosen Genossen waren so dem Hungertod oder der Gefangenschaft überlassen[50]. Es ging das unwahre Gerücht, daß die Türken ihn vergiftet hätten; vielleicht ist mehr Wahrheit in dem andern, daß er in seinem Todeskampf zwei seiner Leute herbeirief und sich, die Arme schwer auf ihre Schultern gelegt, mühsam auf die Füße stellte, damit er wenigstens einen Tod sterbe, wie er einem Soldaten und Sohn eines vornehmen Hauses geziemte[51] - eine herausfordernde und vergebliche Geste am Ende eines herausfordernden und vergeblichen Lebens.

## III

Die Jahre 1625 und 1626 hatten das An- und Abschwellen einer europäischen Strömung gegen die Dynastie der Habsburger gesehen; sie hatten auch das An- und Abschwellen einer bedeutsameren und tragischeren Strömung innerhalb der Erbländer gesehen. Die Bauern Oberösterreichs, die zur Bezahlung der Schulden des Kaisers geopfert worden waren, standen seit fünf Jahren unter der Herrschaft Maximilians von Bayern, der ein überaus strenges Regiment führte. Unter seiner Patronanz wurde den weitgehenden Religionsedikten des Kaisers rücksichtslos Geltung verschafft. Alle protestantischen Geistlichen und Schullehrer wurden unter Strafandrohungen, die auch vor der Todesstrafe nicht Halt machten, aus dem Land vertrieben; kein Kind durfte im Ausland erzogen werden, und niemand durfte eine protestantische Kirche jenseits der Grenzen besuchen. Alle Regierungsbeamten mußten katholisch sein; Kirchenbesuch und Fasttage waren Zwang; alle Kaufläden und Märkte hatten während der Gottesdienste geschlossen zu sein; alles, was einmal der Kirche gehört hatte, mußte zurückgegeben und alle protestantischen Bücher mußten abgeliefert werden. Sogar der alte Adel, der eine bevorzugte Behandlung beanspruchte und auch hätte erhalten sollen, genoß nur das nichtssagende Vorrecht, sich protestantisch zu nennen, ohne seine Religion ausüben oder seine Kinder in ihr unterrichten lassen zu dürfen[52].

Der sittliche und wirtschaftliche Niedergang der Bauernschaft, eine Folge des Krieges, wurde dadurch verschärft, daß die örtliche Verwaltung in Umwälzung und der mildernde Einfluß versiegt war, den in den einzelnen Orten die Pfarrer und Schullehrer auf das öde, mühevolle Leben der Bevölkerung ausgeübt hatten. Die katholische Kirche konnte diese Pfarrer nicht schnell genug ersetzen, oder wenn es geschah, dann verhinderten argwöhnische Vorurteile gegen einen Glauben, der zu sehr mit dem Bewußtsein politischer Unterdrückung verquickt war, daß der

Neuankömmling den Platz seines Vorgängers voll ausfüllte. Zudem hatte die systematische Schwächung des protestantischen Adels diejenige Klasse beseitigt, die als Bollwerk zwischen der Bevölkerung und der Regierung gestanden war, und hatte damit die Bauern ihres Schutzes beraubt[53].

Graf Adam von Herbersdorf, Maximilians Statthalter in Oberösterreich, war weder rücksichtslos genug, um jede Opposition zu unterdrücken, noch großzügig genug, um sie zu versöhnen. Als Ausländer, der er in den Augen der österreichischen Bauern war, und als Werkzeug eines unbeliebten Regimes erweckte er einen krankhaften Haß[54]. Im Frühjahr 1625 unterdrückte er einen verfrüht losgebrochenen Aufstand und erließ im folgenden Jahr eine noch schärfere Verordnung gegen die Protestanten. Während des Winters litten die Bauern, ohne zu murren, als aber der Frühling kam, konnten sie es nicht länger aushalten. Am 17. Mai 1626 kam es in Haibach zu einem Kampf zwischen einigen zur Durchführung der Verordnung entsandten kaiserlichen Soldaten und den Einheimischen[55]. Bevor Herbersdorf sich darüber klar wurde, was vorging, strömten die Bauern, sechzehntausend Mann stark, aus dem ganzen Land nach Linz, dem Sitz der Regierung. Sie trugen schwarze Fahnen mit einem Totenkopf und der Aufschrift »Es muß sein«, da sie sich der grausigen Erkenntnis nicht verschlossen, daß der Aufstand, ob nun erfolgreich oder nicht, für ihre Führer den Tod bedeutete[56].

»Weils gilt die Seel und auch das Bluet,
So geb uns Gott ein Heldenmueth«,

psalmodierten sie mit nahezu mystischer Inbrunst und versahen ihre Aufrufe an die Landbevölkerung mit der Überschrift: »Im christlichen Feldlager[57]«.

Ein Kleinbauer, Stefan Fadinger, hatte sich zum Führer aufgeworfen, und unter seiner Leitung überfielen sie die benachbarten Garnisonen und festen Orte auf der Suche nach Geschützen, bis sie dreißig Kanonen erbeutet hatten; in den Dörfern, durch die sie zogen, forderten sie von jedem Haus einen erwachsenen Mann an, bis ihre Zahl sechzigtausend erreicht hatte. Nach einer Niederlage bei Wels zog sich Herbersdorf nach Linz zurück, wo die Bauern ihn am 24. Juni einschlossen. Zum Glück hatte er eine verläßliche Besatzung, denn Stefan Fadinger forderte ihn auf, sich ungesäumt zu ergeben, widrigenfalls er die Stadt völlig zerstören werde[58].

Ferdinand und Maximilian schickten Truppen ab, und der Tod Fadingers durch eine verirrte Kugel brachte den Aufstand vorübergehend zum Stillstand. Die kaiserlichen Truppen rächten sich jedoch an den

Bauern auf so barbarische Weise, daß der Aufstand, der weiterglomm, im August wieder aufflammte[59] und Linz nochmals bedroht war. In ihrem rasenden Fanatismus sperrten die Bauern die Fahrrinne der Donau mit eisernen Ketten, um Hilfe vom Fluß her zu verhindern, und schlugen die kaiserlichen Truppen am 10. Oktober in einer zweiten Schlacht bei Wels, obwohl die Stadt am 30. August von stärkeren Truppen entsetzt worden war.

Endlich, am 8. November 1626, überschritten neue Verstärkungen die Grenze, befehligt von Gottfried Heinrich Graf von Pappenheim, dem Schwiegersohn Herbersdorfs, einem in spanischen Diensten ausgebildeten Offizier. Die zahlenmäßig überlegenen Bauern waren zwar ortskundig, hatten Geschütze und standen mit der Bevölkerung, mit der und für die sie kämpften, auf freundschaftlichem Fuß, hatten es aber mit bayrischen Elitetruppen zu tun, deren Kommandant außergewöhnlich geschickt war. Wie es ausgehen würde, stand außer Zweifel. Pappenheim schlug die Bauern durch überlegene Strategie, trieb sie westlich von Wels zurück, griff sie bei Wolfsegg an und zersprengte sie in einem offenen hügeligen Gelände am Rand der Gegend, aus welcher die meisten Aufständischen stammten. Das Heer der Bauern schrumpfte durch Fahnenflucht zusammen; Pappenheims Reiterei überholte sie, schob sich zwischen sie und ihre Heimatorte und jagte sie gegen Süden die Traun hinauf in die engen Täler des Höllengebirges. Umzingelt und bei Gmunden vernichtend geschlagen, verliefen sich die Reste gegen das offene Land, wurden aber verfolgt und in zwei weiteren mörderischen Kämpfen bei Vöcklabruck und Wolfsegg endgültig besiegt[60].

Graf Pappenheim schenkte der Pfarrkirche in Gmunden eine vergoldete Statue des heiligen Georg als Dankopfer für den Sieg, den er erwartet hatte[61], und im folgenden Frühjahr wurden zwanzig von ihren Herrschern verurteilte Rebellenführer in Linz hingerichtet. Sie hatten richtig prophezeit, als sie den Totenkopf für ihre Fahnen wählten: Wer durch den Krieg auch gewann oder verlor, welche Religion sich auch durchsetzen und welcher Herrscher auch reich werden mochte, die Bauern hatten für alle die Rechnung zu bezahlen und zu leiden.

## IV

Das alte Jahr ging in den Ländern an den nördlichen Küsten stürmisch zu Ende, und das neue Jahr 1627 leitete das zehnte Kriegsjahr naßkalt und düster ein[62]. Außerhalb Deutschlands stand das Veltlin den Spaniern offen, und der Hugenottenaufstand breitete sich noch immer aus. Die Diplomatie der letzten zwei Jahre schien sinnlos geworden zu sein, als der England beherrschende Günstling Buckingham Frankreich den Krieg erklärte und nach La Rochelle segelte, um den Aufständischen zu helfen, während Richelieu zur Rettung der Monarchie an den Ausgangspunkt seiner Bündnispolitik zurückkehrte und sich um die Freundschaft Spaniens bewarb.

In Deutschland hielten Tillys Truppen das Bistum Hildesheim besetzt; Wallensteins Heere standen in Magdeburg und Halberstadt, in Brandenburg und einigen Teilen Böhmens. Das Rheinland war von spanischen und bayrischen Truppen besetzt; Österreich, Böhmen und Ungarn unterhielten kaiserliche Heeresteile, Mansfelds Söldner waren in Schlesien und Mähren und die Soldaten Christians von Dänemark in den westlichen Elbeniederungen. Ganz Westdeutschland hatte eine Mißernte gehabt[63], und in Franken und im Rheintal herrschte Hungersnot[64]. In Straßburg, in der Gegend von Stendal und Kottbus in Brandenburg[65], zu Sagan und Goldberg in Schlesien, in Nassau und an der Saar hatte die Pest gewütet; in Württemberg hatten Hunger und Pest achtundzwanzigtausend Opfer gefordert[66]. Der Durchzug der Heere machte die Verhütung von Krankheiten unmöglich; Typhus, Skorbut, Blattern und Syphilis begleiteten die Soldaten und verbreiteten sich über das Land. Verseuchte Pferde und Rinder schleppten sich im Troß einher und brachten die Ansteckung in die Bauernhöfe.

Gewalt und Unsicherheit waren Begleiterscheinungen des Lebens. »13. Mai 1626. Kathrin, meine alte Magd, erschossen«, schrieb ein brandenburgischer Pastor ohne Zusatz in sein Tagebuch[67]. Grausame Vergeltung folgte dem geringsten Widerstandsversuch. In Mährisch-Weißkirchen kam es die Bevölkerung teuer zu stehen, daß sie den Truppen Mansfelds Unterkunft verweigert hatte, denn, so berichtete ein englischer Söldner, »wir marschierten ein und töteten Männer, Frauen und Kinder; die Hinrichtung dauerte zwei Stunden, die Plünderung zwei Tage[68]«.

Aus den nordöstlichen Gebieten erreichte den Kaiser eine Flut von bitteren Beschwerden. Eine Deputation aus Schlesien traf im Februar in Wien ein, ehrbare Bürger, die sich ihre Aufgabe nicht zu schwer machten und Zeit fanden, die Sehenswürdigkeiten zu besichtigen und sich zwischen ihren ernsteren Geschäften zu betrinken. Schlesien muß wirklich viel weniger als Böhmen gelitten haben[69], wenn seine Bevölkerung sich noch aufraffen konnte, ihre schlimme Lage bekanntzumachen. Auf dem Weg nach Wien überzeugten sich die Abgesandten von Verhältnissen, die weit schlechter waren als die, über die sie Klage zu führen kamen. In Glatz waren die Vorstädte gänzlich zerstört; hinter Mittelwalde an der böhmischen Grenze hatten die Bauern die Felder unbestellt gelassen, da sie es satt hatten, Ernten auszusäen, die ihnen mutwillig zerstört oder gestohlen wurden[70].

Noch schlechter stand es um Brandenburg, wo Wallenstein seine Truppen in Crossen an der Oder wie auch in Stendal und Gardelegen im Elbebecken untergebracht hatte, um von dort aus die Vereinigung der Dänen mit den in Nordschlesien verbliebenen Resten des Mansfeldschen Heeres verhindern zu können[71]. Hier forderten seine Quartiermeister nicht nur Speise und Trank für die Soldaten, sondern auch Kleidung und Schuhe; die der Provinz auferlegte Verpflichtung wurde auf sechsundsechzigtausend Gulden geschätzt, und wenn die Ortsbehörden den Forderungen nicht nachkamen, wurden sie von den Soldaten als Geiseln gegen Lösegeld festgehalten. Im Gegensatz zu Tillys alterprobten Kriegern waren Wallensteins Leute die Söhne armer Bauernfamilien, unerfahrene und unlenksame junge Raufbolde, die durch die sich ausbreitenden Krankheiten demoralisiert wurden. In Gardelegen begruben sie täglich ihre Toten, immer je zwanzig in einer Grube[72]. »Ist denn kein Gott, keine Obrigkeit, die sich unser annehmen und uns in dieser Not beispringen will?« jammerten die Brandenburger ihren Kurfürsten an, der klüglich nach Ostpreußen geflohen war. »Sind wir denn so ganz verlassene Schafe ...? Müssen wir jetzt zusehen, daß uns unsere Häuser und Wohnungen vor unseren Augen eingeäschert werden[73]?«

Die Antwort lag auf der Hand, und die Entsendung eines Botschafters Georg Wilhelms nach Wien, der da Mitleid erregen sollte, brachte keine Besserung. Ferdinand empfing ihn persönlich und machte durch seine Höflichkeit auf ihn Eindruck – es war zu bemerken, wie er jedesmal, wenn der Name des Kurfürsten genannt wurde, den Hut lüftete –, aber die Audienz zeitigte nur die Erklärung, daß gewisse »Unzukömmlichkeiten« in Kriegszeiten nicht zu vermeiden seien und daß der Botschafter wegen weiterer Hilfe sich an Eggenberg wenden müsse. Dieser empfing ihn nicht weniger höflich, obwohl er krank zu Bette lag. Da er keinen Hut aufhatte, grüßte er den Botschafter, indem er huldvoll seine Nachtmütze abnahm, und dann wiederholte er, mehr ins Einzelne gehend, die von seinem Herrn gemachten Bemerkungen. Von anderer Seite erfuhr der Botschafter, daß Wallenstein sich in Mähren ärger aufführte als in Brandenburg. Es verstehe sich, fügte man hinzu, daß der Kaiser, wenn er seine eigenen Länder nicht zu schützen vermöge, sich kaum um die Länder anderer Fürsten kümmern könne[74].

Die Hartnäckigkeit des brandenburgischen Botschafters nötigte schließlich die kaiserliche Regierung, ein Memorandum zu verfassen, das Wallenstein darauf verwies, daß er ohne Bewilligung des Kaisers in Brandenburg Quartier bezogen habe. In letzter Minute wurde diese Stelle in »ohne Wissen des Kaisers« umgeändert, was die Vermutung des Botschafters bestätigte, daß sogar die Regierung vor ihrem Feldherrn Angst habe[75].

Der Kurfürst von Brandenburg nahm jetzt die Angelegenheit selbst in die Hand und schrieb persönlich zwei Briefe an Wallenstein, ohne Antwort zu erhalten. Er erfuhr später, daß er sich einer tödlichen Beleidigung schuldig gemacht habe, indem er den Feldherrn nur als »liebwerter Freund« anredete, statt als »liebwerter Herr und Freund«, wie es der taktvollere Kurfürst von Sachsen tat[76]. Die Erfahrung, die eine überstürzte Deputation aus Halle machen mußte, hatte gezeigt, daß mit Wallenstein nicht zu spaßen war. Er hatte die Mitglieder der Deputation gefesselt ins Gefängnis werfen lassen und erklärt, daß er jeden künftigen Beschwerdeführer kurzerhand werde niederschießen lassen[77].

Noch war Deutschland kein ruiniertes Land, mußte es aber bald werden, falls der sich ausbreitende Krieg nicht eingedämmt werden konnte. Nach der Niederlage Christians von Dänemark und der Herstellung friedlicher Beziehungen zwischen Frankreich und Spanien schien es, als ob die Feindseligkeiten zu Ende gehen müßten, und im Winter wurde zuversichtlich vorausgesagt, daß Wallensteins Heer teilweise aufgelöst und er entlassen werden solle[78]. Von allen deutschen Herrschern verharrten nur die Herzöge von Mecklenburg, der protestantische Administrator von Magdeburg und der vertriebene Friedrich von der Pfalz in ihrer unversöhnlichen Haltung gegen die kaiserliche Gewalt. Alle übrigen waren entweder unbeteiligt oder für den Kaiser unter Waffen. Das besetzte Gebiet war fast ausnahmslos neutrales Land; die Stadt und das Gebiet von Magdeburg zum Beispiel hielten sich vom Aufstand ihres Administrators nachdrücklichst fern[79]. Es gab nichts, was den Frieden verhindern konnte, und doch entsandte im neuen Jahr, 1627, Wallenstein, der sein Heer auf fast einhundertvierzigtausend Mann kämpfender Truppen gebracht hatte[80], seine Werbeoffiziere bis ins Rheinland, was Ferdinand die Beschwerden aller geistlichen Kurfürsten eintrug[81].

Der brandenburgische Botschafter hatte geglaubt, daß der Kaiser seinen Feldherrn fürchte, aber Ferdinands Verhalten hatte einen tieferen Grund. Wallenstein hatte den spanischen Ostseeplan durchdacht und war bereit, ihn auszuführen. Daher rührte seine vorläufige Besetzung der Mark Brandenburg und seine Absicht, im kommenden Frühjahr den Krieg auf der einen Seite nach Mecklenburg und auf der andern nach Holstein vorzutragen. Er scheint jedoch bereits auf eigene Faust tätig gewesen zu sein, denn er hatte sich durch die Besetzung kaiserlichen Gebietes als Winterquartiers bei Hof mißliebig gemacht, und die Spanier hatten seit dem Sommer das Vertrauen zu ihm verloren. Schon zur Zeit der Schlacht von Dessau schuldete ihm der Kaiser eine halbe Million Gulden für Heeresausgaben[82], und diese Schuld wuchs mit jedem Monat an. Es bedurfte keines besonderen politischen Scharfblickes, um zu erkennen, daß der Feldherr eine gefährliche Macht über die Regierung gewann. Die spanische Partei hatte mit ihrer Ansicht recht, daß der Ostseeplan am besten vom Heer Wallensteins, aber ohne ihn durchgeführt werden könne.

Sie hatte recht, aber Wallenstein hatte schon zu fest Fuß gefaßt, um verdrängt werden zu können. Beim ersten Gerücht von einer Beschwerde nach Wien drohte er mit augenblicklichem Rücktritt, der die kaiserliche Regierung vor die gefährliche Aufgabe gestellt hätte, sein Heer zu übernehmen, ohne es bezahlen zu können. Kurz darauf traf er sich mit Eggenberg in Bruck an der Leitha zur Besprechung seiner zukünftigen Politik.

Was sich bei dieser Zusammenkunft abgespielt hat, wird für immer zweifelhaft bleiben; das Material hiefür ist nicht einwandfrei, und kein Biograph Wallensteins vermag es in unparteiischem Geist heranzuziehen, denn die Deutung seiner Laufbahn ist zu eng mit dem Inhalt dieser Unterredung verknüpft. Der in seiner Haltung ausgeglichenste deutsche Historiker[83] nimmt an, daß Wallenstein tatsächlich nur Organisationseinzelheiten besprach und der Bericht, wonach Wallenstein den Ostseeplan skizzierte und die Ausbreitung der habsburgischen Macht voraussagte, eine Fälschung war, um Maximilian von Bayern zu täuschen. Soviel jedoch ist wahr: Es gab einen Ostseeplan, und kurz nach der Zusammenkunft in Bruck wurde das gesamte Steueraufkommen Böhmens für Wallensteins Heer bestimmt und er selbst mit allen Hoheitsrechten für seine eigenen umfangreichen Besitzungen ausgestattet[84], und Maximilian von Bayern hörte vom Ostseeplan und Wallensteins Rolle darin in einer wahrscheinlich übertriebenen Form[85].

Ferdinand war durch den Sieg bei Lutter und den Zusammenbruch der Macht des dänischen Königs in eine Art Taumel versetzt worden. Er hatte Grund, wenn auch nicht recht, Christian IV. für den mächtigsten Monarchen des Nordens zu halten. Falls er so leicht geschlagen werden konnte, dann schienen weder der König von Schweden noch der von England gefährlich zu sein, und dann war in Deutschland kein anderer Fürst mächtig genug, um allein der Waffengewalt des Kaisers standzuhalten[86]. So machte der Sieg bei Lutter Ferdinand nicht friedensgeneigt, sondern stimmte ihn im Gegenteil sehr kriegerisch. Mit Hilfe von Wallensteins Heer konnte er in den nördlichen Bistümern seine Macht begründen und die Herrschaft über die Ostsee erlangen.

Wenn jemals, dann war jetzt der Augenblick für Maximilian gekommen, um zu seiner ehrenwerten deutschen Politik zurückzukehren und für Frieden einzutreten, bevor Ferdinands Macht alle Grenzen überschritt. Er berief die katholische Liga im Januar 1627 nach Würzburg und drohte dort, daß er mit Rücksicht auf den Frieden und die Sicherung der Rechte der Fürsten Ferdinand seinen Beistand entziehen werde, falls dieser Wallensteins Macht nicht beschränke. Die Mitglieder der Liga machten sich mehr Sorgen um die Folgen von Ferdinands Angriffslust als um die Wiederherstellung der katholischen Kirche in Deutschland. Sie forderten Frieden, und es war unvermeidlich, daß sie Ludwig XIII. als Mittler vorschlugen, einen katholischen König, der Maximilian freundschaftliche Gesinnung gezeigt hatte. Dieser Friedensvorschlag wurde mit der Nennung des Mittlers zunichte, denn die Wiener Regierung traute Richelieus Beweggründen nicht, und die bestehende protestantische Partei hatte ihm seinen Verrat noch nicht verziehen. Maximilian war es völlig mißlungen, einen Waffenstillstand zustandezubringen oder Wallensteins Macht zu beschränken.

Im Frühjahr 1627 eröffnete Wallenstein seinen Feldzug mit einer weiteren schamlosen Verletzung fürstlicher Rechte. Georg Wilhelm von Brandenburg war der harmloseste Fürst Deutschlands, ausgenommen die seltenen Fälle, wo er gegen seinen Willen zu einer Entscheidung gedrängt wurde. Seine Politik verfolgte ganz unverhüllt rein dynastische Ziele; sein einziger Wunsch war, zeitlebens Kurfürst zu bleiben und seinen Sohn als Nachfolger zu haben[87]. Bevor man diesen Grundsatz verurteilt, darf man billigerweise nicht vergessen, daß Georg Wilhelm gegen einen starken Widerstand zur Regierung gekommen und sein Hof eine Zufluchtsstätte für die Verwandten seiner Gemahlin, der Schwester Friedrichs von Böhmen, war. Aber ein rein geographischer Umstand brachte Georg Wilhelm um die Früchte seiner Neutralität. Seine Länder lagen zwischen den Trümmern des Mansfeldschen Heeres in Schlesien und dem Hauptquartier des Königs von Dänemark. Eines dieser Heere würde wahrscheinlich durchmarschieren, um sich mit dem andern zu vereinigen, und Wallenstein würde sicherlich keine Bedenken haben, in Brandenburg einzufallen, um dies zu verhindern. Was noch schlimmer war, der König von Schweden benützte Ostpreußen als Operationsbasis für seinen Krieg gegen Polen, ohne danach zu fragen, ob es Georg Wilhelm recht war oder nicht, und hatte ihn durch Einschüchterung zur Abtretung des für ihn wertvollen Hafens von Pillau gebracht[88]. Im Jahre 1627 ging das Gerücht, daß Gustav Adolf vielleicht dem geschlagenen Christian IV. zu Hilfe kommen wolle. Falls er es tat, mußte auch er durch Brandenburg marschieren, und das kaiserliche Heer würde ein gleiches tun, um ihn aufzuhalten.

Georg Wilhelm, der sich vergeblich zu retten hoffte, war sogar bereit, Maximilian als Kurfürsten anzuerkennen[89], weil er sich der irrigen Hoffnung hingab, daß die Liga Wallenstein hindern werde, ihn anzugreifen. Alles war vergeblich, auch seine nach Wien gerichteten Proteste. Als sein Abgesandter sich den Zutritt zu Wallenstein erzwang, um von ihm die Entfernung der in Crossen liegenden Truppen zu erbitten, vergrub der im Bett liegende Feldherr sehr unzeremoniös seinen Kopf in den Kissen und hörte ihn nicht an[90].

Vor dem Sommer 1627 waren Wallensteins Truppen unter dem besten seiner Offiziere, Hans Georg von Arnim, einem Protestanten und geborenen Brandenburger, in das Land des Kurfürsten vorgedrungen. Der unglückliche Georg Wilhelm versuchte vergebens, eine kleine Streitmacht aufzubringen, um seine Länder zu schützen; als aber ein Trupp von sechzig Soldaten – mehr waren nicht aufzutreiben – Berlin zu besetzen versuchte, wurde er von den empörten Einwohnern vertrieben, die die Soldaten mit herausgerissenen Pflastersteinen bewarfen und aus der Stadt jagten, da sie in ihrem wahnwitzigen Fanatismus als Lutheraner überzeugt waren, es handle sich um einen Versuch des Kurfürsten, ihnen den Calvinismus mit Waffengewalt aufzuzwingen. Im übrigen Land zogen Georg Wilhelms Untertanen die Unterwerfung einem ungleichen Kampf vor. In Neubrandenburg wurde der Widerstand mit der Plünderung der Stadt bestraft, weshalb die dadurch gewitzigte Bevölkerung von Havelberg die Besatzung mit Gewalt entfernte und beim Herannahen von Arnims Truppen die Stadttore öffnete[91]. Georg Wilhelm blieb nichts anderes übrig, als ihrem Beispiel zu folgen, sich mit möglichst gutem Anstand zu unterwerfen und im ganzen Land verkünden zu lassen, daß die Eindringlinge als Freunde empfangen werden sollten[92]. Um diese Zeit war sein erfolgloser Botschafter auf dem Rückweg von Wien, mit einem Schreiben Ferdinands, worin dieser den Kurfürsten seiner unwandelbaren Hochschätzung versicherte[93]. Es ist zu hoffen, daß dies für Georg Wilhelm ein Trost war.

Die Besetzung Brandenburgs erleichterte es Wallenstein, mit den zersprengten protestantischen Truppen fertig zu werden. Der König von Dänemark hatte den Winter mit vergeblichen Versuchen verbracht, neue Hilfe zu gewinnen. Die englische Regierung, seine einzige Hoffnung, als Richelieu ihn im Stich ließ, sandte ihm weder Schiffe noch Geld[94]. Friedrich von der Pfalz hatte nichts zu senden, denn die Holländer zahlten ihm nur widerwillig eine Pension, die Engländer überhaupt nichts, und sein Haus war von Kaufleuten belagert, denen er Geld schuldete. Für Milch allein schuldete er einen hohen Betrag und konnte keinen Groschen auftreiben[95]. Da er wußte, daß der König von Dänemark so gut wie besiegt war[96], wandte er sich wieder an den König von Schweden[97]. Die Herzöge von Mecklenburg, die Christian IV. als Verbündete verblieben waren, hatten ein gleiches getan, und die Hilfsgelder, die sie ihm für sein Heer schuldeten, gingen nur langsam oder gar nicht ein[98]. Der Herzog von Braunschweig-Wolfenbüttel hatte längst seinen Frieden mit dem Kaiser gemacht und versuchte, Christians Truppen aus den wenigen Gegenden, die sie in seinem Land noch besetzt hielten, zu vertreiben[99]. Christian, der nicht genug Lebensmittel und Geld für seine Leute und nicht genug Pferde für seine Reiterei hatte, versuchte vergeblich, unter seinen geschlagenen und herabgekommenen Truppen Ordnung zu halten[100].

Am 4. August 1627 ergaben sich die Überreste des Mandsfeldschen Heeres in Bernstein, soweit sie nicht geflohen waren, und ihr Führer, der Däne Mitzlaff, entkam mit einigen zerlumpten Regimentern, um sich den Schweden in Polen anzuschließen. Im September vereinigten sich Wallenstein und Tilly auf ihrem Marsch die Elbe abwärts, und im Oktober verringerte Tilly die in Deutschland verbleibenden Besatzungen, während Wallenstein König Christian über die holsteinischen Grenzen verfolgte. Der Rest von Christians Reiterei ergab sich weit im Norden, in Halborg, und Wallensteins Heer schickte sich an, in den verschont gebliebenen Dörfern Jütlands Winterquartiere zu beziehen.

## V

Während Wallenstein im Norden Eroberungen machte, fuhr Ferdinand fort, seine Stellung im Süden zu festigen. Im selben Jahr wurde in Böhmen eine neue Verfassung in der Form verkündet, die sie über zweihundert Jahre behielt. Dem Buchstaben nach war Böhmen immer noch autonom, aber die Krone war erblich; der König ernannte seine eigenen Beamten, und die Stände verloren ihre Zwangsgewalt[101]. Der neuen Verfassung folgte im Sommer ein Erlaß, der alle, die noch immer im protestantischen Glauben beharrten, nötigte, sogleich zwischen der Bekehrung und der Landesverweisung zu wählen. Die abschließende Reinigung trieb noch siebenundzwanzigtausend Untertanen Friedrichs aus dem Land[102].

Im Sommer 1627 hatte Ferdinand wieder eine seiner Lieblingswallfahrten nach Mariazell unternommen, um seiner Schutzpatronin für die glückliche Vollendung eines halben Lebensjahrhunderts zu danken[103], und sich entschlossen, das Jahr mit einem Besuch Böhmens zu beenden. Persönlich war er in Prag niemals unbeliebt gewesen, und er dachte, seinen zunehmenden Despotismus klugerweise dadurch zu mildern, daß er der Stadtbevölkerung einen Anlaß zu Festlichkeiten und damit den Kaufleuten reichlich zu verdienen gab.

Eine verschwenderische Krönung hatte Friedrich und Elisabeth das wenige an Volkstümlichkeit gewonnen, dessen sie sich jemals erfreuten. Ferdinand konnte nicht wieder gekrönt werden; statt dessen beschloß er, die Kaiserin Eleonore krönen zu lassen, eine schöne, noch nicht dreißigjährige Frau, die für seine politische Inszenierungskunst ein würdiges Mittelstück abgeben würde. Ihre Krönung, die mit einem Prunk sondergleichen stattfand, hatte eine so begeistert jubelnde Zuschauermenge angelockt, daß die Königin nur mit Mühe durchkommen konnte; der Krönung folgten Feuerwerke, Schauspiele, Bankette und Tänze, während wie in Friedrichs Zeiten aus den Springbrunnen weißer und roter Wein floß. Nachher trug bei einem Lanzenstechen des Kaisers ältester Sohn, der neunzehnjährige Erzherzog Ferdinand, den Preis davon[104], eine Tat, die ihm sogleich die Bewunderung des Volkes einbrachte und den Plänen seines Vaters höchst förderlich war. Der Erzherzog genoß den Vorzug, seit dem Vorjahr im Rat seines Vaters zu sitzen, und seine ruhige Besonnenheit, die so sehr von dem geschwätzigen Selbstbewußtsein seines Vaters abstach, machte ihn zu dem Amt, das ihm der alternde Kaiser nun übertrug, wohlgeeignet. Erzherzog Ferdinand sollte die mißliche Aufgabe haben, der erste Erbkönig von Böhmen unter der neuen Verfassung zu sein.

Seine Krönung, die in derselben Woche gefeiert wurde wie die seiner Stiefmutter, zeichnete sich durch die gleiche Rücksicht auf den Volksgeschmack aus, so daß die Verbitterung über das erlittene Unrecht vom zeitweiligen Wohlstand der überfüllten Stadt betäubt wurde, in der die Gastwirte ein Vermögen verdienten und jeder, den es gelüstete, sich kostenlos betrinken konnte. Prag war seit langem als die lasterhafteste Stadt Europas verschrien; der tugendhafte Kaiser Ferdinand verließ sich darauf, daß die niedrigen Neigungen seiner Untertanen ihre edleren Bestrebungen ersticken würden. Vom böhmischen Aufstand war nichts übrig geblieben als ein bankrotter Hof im Haag und einhundertfünfzigtausend Ausgewiesene[105].

Ungefähr einen Monat nach der Doppelkrönung traf Ferdinand mit Wallenstein in Brandeis zusammen. Wie die Dinge jetzt lagen, gab es in Deutschland keine Macht, die es mit dem Kaiser und seinem Feldherrn aufnehmen konnte, und Wallenstein erklärte Ferdinand, daß er mit den Mitteln der besiegten Länder den Krieg noch sechs Jahre führen könne, ohne von der Regierung einen Kreuzer zu beanspruchen[106]. Er beabsichtigte, Ferdinands Macht im ganzen Reich zu verankern, indem er Jütland, Holstein, Pommern, Mecklenburg, Teile von Brandenburg, Franken, Schwaben und das Elsaß besetzte[107]. Im Norden war er unangreifbar; spanisches Geld hatte die polnische Monarchie neu belebt[108], so daß der König von Schweden alle Hände voll zu tun hatte und dem gedemütigten König von Dänemark nicht zu Hilfe kommen konnte. Zur gleichen Zeit war der bestürzte Kurfürst von Brandenburg unter Drohungen gezwungen worden, Hilfe zu senden, aber nicht seinem schwedischen Schwager, sondern dem König von Polen. Er konnte nicht an seine eigene Verteidigung denken, mußte vielmehr alle vorhandenen Soldaten und Waffen nach Polen senden, um seinen Verpflichtungen als Vasall Sigismunds nachzukommen[109]. Unter solchen Umständen standen die Pläne der Habsburger, in der Ostsee eine Flotte auszurüsten und in Verbindung mit den Hansestädten eine neue Handelsgesellschaft zu gründen, beinahe vor der Verwirklichung. Im Frühjahr traf Wallenstein Vorkehrungen zum Bau von vierundzwanzig Kriegsschiffen für die Ostsee, wobei er voraussetzte, daß Spanien die gleiche Anzahl entsenden werde[110].

Ferdinand hatte Friedrich abgesetzt, um sich den Rhein zu sichern. Jetzt beschlagnahmte er, um der Ostseeküste noch sicherer zu sein, abermals das Eigentum eines Rebellen und verlieh es einem Verbündeten. Am 11. März 1628 unterschrieb er ein Patent, mit dem die mecklenburgischen Herzogtümer samt allen damit verbundenen Titeln und Privilegien auf Wallenstein übertragen wurden[111].

Europa war wie vor den Kopf geschlagen. Seine Staatsmänner waren schon genug empört gewesen, als der Herzog von Bayern zum Kurfürsten erhoben wurde; aber er war wenigstens ein maßgebender Fürst, und die Übertragung der Kurwürde war mit dem tatsächlichen, wenn auch widerwilligen Einverständnis der geistlichen Kurfürsten erfolgt. Wallenstein war von Geburt nur ein böhmischer Adeliger, ein Untertan der Krone; und er sollte nun als unabhängiger Fürst neben den Herrschern von Württemberg und Hessen seinen Platz haben? Wenn des Kaisers Wort genügte, um einen regierenden Fürsten abzusetzen und eine seiner Kreaturen an dessen Stelle zu bringen, würde bald ganz Deutschland eine Provinz Österreichs sein.

Innerhalb der habsburgischen Dynastie wäre Ferdinands Vorgehen mit mehr Begeisterung begrüßt worden, wenn seine Verwandten überzeugt gewesen wären, daß er die Lage wirklich meistere. Die Spanier waren mit den deutschen Fürsten und sogar mit Wallenstein des Glaubens, daß der Kaiser nur eine Schachfigur in der Hand seines Feldherrn sei. »Der Herzog ist so mächtig«, schrieb der spanische Botschafter, »daß man ihm fast dankbar sein muß, wenn er sich mit einem Land wie Mecklenburg begnügt . . . Der Kaiser hat in seiner Güte, allen Warnungen zum Trotz, dem Herzog solche Gewalt gegeben, daß es einen mit Sorge erfüllen muß[112].« Aus diesem Bericht geht klar hervor, daß Ferdinand sich wieder einmal geweigert hat, auf den spanischen Rat zu hören, und vielleicht nicht nur aus Schwäche, wie der Briefschreiber meinte. Ferdinands Großmut war von politischen Beweggründen diktiert, deren Verwickeltheit das Verständnis des Botschafters nicht gewachsen war.

Johann Georg von Sachsen, der sich nun dem Konstitutionalismus auf Gedeih und Verderb verschrieb, protestierte würdevoll, aber vergeblich gegen die Standeserhöhung Wallensteins[113]. Die Herzöge von Mecklenburg hoben im Exil um Hilfe zu jammern an und verließen sich auf das Erbarmen des Königs von Schweden; am bittersten aber empfand es Maximilian von Bayern, denn er hatte als erster den Kaiser in der üblen Gepflogenheit unterwiesen, sich um die Verfassung nicht zu kümmern. Er war jetzt nahezu sechzig – ein Alter, in dem ein Herrscher des 17. Jahrhunderts an Abdankung und Ruhe zu denken pflegte –, erkannte aber ungeachtet seines Ehrgeizes und seiner dynastischen Habgier seine Pflicht, und es geschah nicht für sich selbst, sondern für die Libertät der deutschen Fürsten, daß er seine zusammengeschrumpften Streitkräfte jetzt zu erneutem Widerstand sammelte.

Während des ganzen Winters bis in den Vorfrühling tagten die deutschen Kurfürsten in Mühlhausen. Zuerst kamen nur die sich vertiefenden Risse des Reiches zutage[114]. Die Kirchenfürsten wollten, daß die Siege Wallensteins zur Förderung der Kirche in Norddeutschland ausgenützt würden, und Maximilians Warnung, daß Wallenstein zu einer ernsten Gefahr werde, machte auf sie keinen Eindruck[115]. Maximilian hatte seine Stellung dadurch geschwächt, daß er kurz vor der Tagung von Ferdinand das rechte Rheinufer und die Oberpfalz als erblichen

Besitz angenommen hatte[116]. Aber die Rangerhöhung Wallensteins im März erwies Maximilians Vorhersage als richtig und jagte seinen kurfürstlichen Kollegen solche Angst ein, daß sie darüber seinen persönlichen Ehrgeiz und ihre Eifersucht vergaßen. Am Vorabend der Schlußsitzung einigten sie sich endlich.

Das Bündnis zwischen Ferdinand und Wallenstein hatte einen schwachen Punkt. Ferdinand war im Grunde seines Wesens ein Anhänger des Herkömmlichen. Er brüstete sich damit, niemals sein Wort gebrochen zu haben, und konnte alle seine verfassungswidrigen Handlungen mit Scheingründen rechtfertigen. Da es ihm ein leichtes war, zu glauben, was er glauben wollte, redete er sich ein, daß er jeden jemals von ihm geschworenen Eid bis aufs i-Tüpfelchen gehalten habe, es sei denn, daß die Umstände das unmöglich gemacht hatten. Er hielt die Formen der Reichstraditionen in Ehren und hatte im vergangenen Jahr die Kurfürsten dafür zu gewinnen versucht, seinen Sohn zum Römischen König zu wählen, eine Förmlichkeit, die einer Sicherstellung seiner Nachfolge auf dem Kaiserthron gleichkam. Offenbar fiel es Ferdinand nicht ein, daß er bei voller Ausnützung der ihm von Wallenstein zufließenden Macht auf Formalitäten verzichten konnte. Selbst wenn der Kurfürst von Bayern sich gegen ihn stellte[117], würde der junge Ferdinand Kaiser werden, denn er würde der mächtigste Herrscher in Deutschland sein. Während Ferdinand II. einerseits die Verfassung brach, hing er andrerseits an ihr und wollte jetzt vor allem seiner Dynastie die Thronfolge in der hergebrachten Weise sichern.

Siebzehn Tage nach der Erhebung Wallensteins zum Herzog von Mecklenburg richtete der Kurfürst von Mainz im Namen aller seiner Kollegen eine Beschwerde an Ferdinand, in der er nachdrücklich erklärte, daß er, solange die kaiserlichen Heere unter Wallensteins Oberbefehl stünden, die Wahl des Erzherzogs nicht gewährleisten könne[118]. Es war nicht schwer zu erraten, wer hinter dem Kurfürsten von Mainz stand. Der siegreiche Vormarsch Ferdinands und seines Feldherrn wurde von diesem mißbilligenden Querstoß Maximilians von Bayern aufgehalten, der besagte: Bis hierher und nicht weiter.

# STILLSTAND
## 1628—1630

»Wolde Godt dat idt ein mal mochte einen ende hebben,
dat ein mall mochte frede wedder werden.
Dat günne uns godt vam hemmel«

Aus der Bauernchronik des Hartich Sierk aus Wrohm
(1615—1664), unter dem Jahr 1628

### I

Alles hing von der Entscheidung Kaiser Ferdinands ab. Er hatte die Wahl, entweder Maximilian und den katholischen Fürsten nachzugeben und so zu erreichen, daß sein Sohn ihm auf einem Thron nachfolgte, der trotz der zehn Kriegsjahre weder fester noch unsicherer stand, oder er konnte sich rückhaltlos Wallenstein in die Hand geben, es auf die offene Feindschaft eines immer größeren Kreises von Fürsten ankommen lassen und sich darauf verlassen, daß er sich mit Waffengewalt eine Souveränität schaffen werde, wie sie seit Jahrhunderten keinem Kaiser beschieden gewesen war.

Wallenstein trat für die militärische Selbstherrschaft des Kaisers ein, aber auch für ein nicht an Spanien gebundenes zentraleuropäisches Kaiserreich. Als Mann der Tat war er gegen ein aus geographischen Gründen fast wertloses Bündnis, und als er den spanischen Ostseeplan anscheinend annahm, hatte er nicht die Absicht, ihn weiter zu verfolgen, als es seinem eigenen Ehrgeiz dienlich war. Der Mittelpunkt der spanischen Interessen waren die Niederlande, aber Wallensteins Interessen lagen in Böhmen. Wie das Rheintal das Rückgrat des Habsburgerreiches bildete, so war das Elbetal, der Verbindungsweg zwischen den habsburgischen Ländern und der Nordsee, der Zentralnerv des Wallenstein vorschwebenden Staates.

Albrecht von Wallenstein war ein Visionär. So sachlich er seine Finanzangelegenheiten handhabte und so nüchtern er im Verkehr mit seinen Mitmenschen war, zu so phantastischen Höhen, in das Grenzland zwischen Genie und Irrsinn, verstieg sich seine Politik. Man kann seine Laufbahn oder seine Schriften nicht studieren, ohne gewahr zu werden, daß etwas sein Handeln mitbestimmte, das über den jeweils mitspielenden Eigennutz hinausging; man kann aber auch nicht recht erfassen, was dieses besondere Etwas war. Der Geschichtsforscher fragt vergeblich nach dem Wesen seines Patriotismus – war er im Herzen ein Tscheche oder ein Deutscher? –, denn seine Träume spotteten nationaler Umgrenzung. Sein Ehrgeiz galt immer dem Reich, obwohl er zum Schluß Ferdinand nicht mehr als das Oberhaupt des Reiches ansah. Die Rechte von Einzelmenschen, Völkern und Religionen kümmerten ihn nicht; nach seiner Meinung konnten Nordostdeutschland und Böhmen mit den habsburgischen Besitzungen im Süden einen Block bilden und ein mächtiger Staat werden, der auf einer Seite die Türken und auf der andern Westeuropa in Schach halten würde.

Indem er seine Macht auf den Kern seiner eigenen Besitzungen gründete, hatte er seinen Einfluß durch Landkäufe über den Großteil Böhmens ausgedehnt, so daß allein die Neuordnung seiner eigenen Besitzungen eine festigende Kraft in Ferdinands wiederhergestelltem Königreich war. Von dieser slawischen Basis aus griff nun Wallenstein mit großartiger Unbekümmertheit um nationale Unterschiede nach Mecklenburg. Es ging das Gerücht, daß er auch Brandenburg pflücken wolle, falls er den Kurfürsten zu offenem Krieg reizen konnte[1].

Ob ein solches Zentraleuropa das Reich war, über das Ferdinand zu herrschen wünschte, ist zu bezweifeln. In seinem übertriebenen Selbstvertrauen, das ihm zum Verhängnis werden sollte, übersah Wallenstein das dynastische Vorurteil, das Ferdinands Politik beseelte. Dem Kaiser mißfielen alle ausländischen Bräuche; er konnte nicht Spanisch[2] oder wollte es nicht sprechen; er war niemals in Spanien gewesen und kannte persönlich weder seinen Neffen, den gegenwärtigen König Philipp IV. (dessen Mutter, Erzherzogin Margarete von Steiermark, Ferdinands jüngere Schwester war), noch die Infantin Isabella, die Statthalterin in den spanischen Niederlanden. Doch hatte er niemals auch nur für einen Augenblick den Vorteil der Dynastie als letztes Ziel außer acht gelassen. Stärker als alle persönlichen Gefühle hielt die Macht der Familientradition die Dynastie zusammen. Da er selbst arm war, benötigte er finanzielle Hilfe, und da er seine Politik doch dem einen oder dem andern Geldgeber verpfänden mußte, wollte er von Wallenstein nehmen, so viel er konnte, als letztes Mittel aber sich an den König von Spanien wenden, daß er ihn freikaufe. Unter der Oberfläche des Bündnisses Ferdinands mit seinem Feldherrn bestand dieser geheime Riß.

Ferdinand war bereit, die spanischen Hilfsmittel in Anspruch zu nehmen, sobald er Wallenstein würde los sein wollen. Er war auch bereit, Wallenstein zu opfern, um die Unterstützung der deutschen Fürsten für seinen Sohn zu gewinnen; aber nicht im März 1628. Das Ultimatum der Kurfürsten aus Mühlhausen zeigte Ferdinand klar das eine, daß er durch die Aufopferung Wallensteins die Wahl seines Sohnes zum Römischen König erkaufen konnte. Wenn man die Drohung der Kurfürsten umgekehrt formulierte, was konnte sie anderes bedeuten? Ferdinand kann sich nicht sogleich entschlossen haben, seinen Feldherrn zu opfern. Wallenstein zu entlassen, als er zu den mächtigsten Männern in Deutschland zählte, wäre nicht leicht und nicht ungefährlich gewesen. Ferdinand hat vor diesem Schritt immer ein wenig gebangt[3]. Aus dem Verlauf der Ereignisse in den nächsten zwei Jahren ist jedoch klar zu ersehen, daß er nichts Geringeres plante. Er war aber entschlossen, die Macht seines Feldherrn bis zum letzten auszunützen, bevor er sich von ihm lossagte.

Die Fürsten bemühten sich inzwischen angestrengt, Wallenstein zu stürzen, ehe sein Heer sie ihrer Rechte wie auch der Mittel zu deren Verteidigung beraubte. Zum Unglück für Deutschland standen wieder zwei Parteien, nicht nur eine, gegen den Kaiser und überdies gegeneinander. Die eine Partei, die Maximilians und der katholischen Fürsten, verlangte, daß Deutschland unter Verhältnissen gefestigt werde, wie sie nach der Schlacht bei Lutter und vor Wallensteins Erhebung zum Herzog von Mecklenburg bestanden hatten. Im Gegensatz zu dieser Partei stand die Gruppe der protestantischen Verfassungsanhänger unter der Führung Johann Georgs von Sachsen, der mit dem Kurfürsten von Brandenburg die Wiedereinsetzung Friedrichs in der Pfalz forderte. Ihr Standpunkt war folgerichtiger als der der Ligafürsten, die sich zwar sehr entrüsteten, daß Mecklenburg an Wallenstein übertragen worden war, aber aus einleuchtenden Gründen die Übertragung der Pfalz unbeachtet ließen.

Hätten die beiden Gruppen sich vereinigt, wie der Kurfürst von Mainz schon vor vier Jahren gehofft hatte[4], so wäre es möglich gewesen, dem Kaiser den Willen der Kurfürsten aufzuzwingen und den Krieg beizulegen. Aber der großzügige, verständige Johann Schweikard von Mainz war gestorben, und seinen Nachfolger hinderte die Furcht vor Wallensteins Truppen an einer entscheidenden Tat. Die zwei Parteien blieben uneins. Die Gruppe Johann Georgs hielt sich an seine festen Grundsätze, suchte keine ausländische Hilfe und verfehlte jede Wirkung auf die kaiserliche Politik; Maximilians Gruppe nützte die Feindschaft der Bourbonen gegen die Habsburger aus und griff mit ausländischer Hilfe wieder nach dem Steuer der Regierung. Sie steuerte das Schiff aus dem Bereich des spanischen Treibsandes, aber gegen das französische Riff, an dem es zerschellte.

## II

Für Wallenstein war das Zentrum Europas der Block der slawischen Länder an den Quellen der Elbe und Oder; für Ferdinand war es die Gruppe der deutschsprachigen Staaten an der oberen Donau; für die Könige von Frankreich und Spanien blieben es der Rhein, die Niederlande und die norditalienischen Pässe. In den Tälern des Rheins und seiner Nebenflüsse hatten zwei unbedeutende Vorfälle die Fehde zwischen den Bourbonen und den Habsburgern wieder aufleben lassen. In Verdun, das gemäß einem alten Vertrag seit 1552 eine französische Besatzung hatte, waren die französischen Soldaten vom habsburgisch gesinnten Bischof exkommuniziert worden, weil sie eine Festung zu bauen versuchten. Als Antwort verbrannte Richelieu das Exkommunikationsdokument und trachtete, des Bischofs habhaft zu werden. Darauf wandte sich der Bischof an Wallenstein mit der Bitte, ihm Truppen zu senden, während Ferdinand die Spanier drängte, in Luxemburg zu rüsten. Das war alles, aber der Zwischenfall hatte gezeigt, wie der Wind wehte. Kurz nachher stritt die französische Regierung mit dem neuen Herzog von Lothringen, Karl III., wegen der Oberhoheit über das Herzogtum Bar. Der Herzog appellierte sogleich an den Kaiser, womit der Streit vorübergehend zum Stillstand kam.

Richelieu wollte keinen Krieg[5]. Frankreich, sagte er, leide an vier Übeln, »dem ungezügelten Ehrgeiz Spaniens, den Ausschweifungen des Adels, dem Mangel an Soldaten und dem Fehlen jeglicher Geldreserven für die Kriegsführung«. Es ist klar, daß die Abschaffung des ersten Übels auf der vorhergehenden Bereinigung der drei übrigen beruhte. Im Jahre 1628 war das noch nicht geschehen. Das französische Heer bestand aus widerspenstigen, daheim ausgehobenen Truppen, die dem Adel unterstanden; so behaupteten die Bretonen, daß nur Kriege mit England sie angingen. Krieg vergrößerte automatisch die Macht des Adels, und infolge eines gefährlichen überlebenden Restes von Feudalismus war der König nicht völlig Herr über sein Heer, da die endgültigen Entscheidungen dem Konnetabel von Frankreich vorbehalten waren[6]. Abgesehen von diesen Schwierigkeiten gewannen die Hugenotten noch immer Boden gegen die Regierung, und die lange Belagerung von La Rochelle hatte diesen ihren Hauptstützpunkt nicht zu Fall gebracht.

Mittlerweile hatten in den Niederlanden die Dinge allmählich ein anderes Gesicht bekommen. Dem Prinzen Friedrich Heinrich von Oranien war es mißglückt, Breda zu entsetzen, aber seine kluge und tatkräftige Regierung hatte die Folgen dieser Niederlage unschädlich gemacht. Die Anforderungen des Krieges fingen an, sich auf die schwankenden Finanzen der spanischen Niederlande auszuwirken; die Bezahlung des Heeres wurde unregelmäßig, der Aufwand des Hofes wurde herabgesetzt, und die kurzlebige Blüte des Staates verging. Die Auswanderung der geschulten Handwerker nahm mit jedem Jahr zu, und dagegen nutzte keine Gesetzgebung etwas[7]. Mit der Zeit hatte die Sperrung des Veltlins ihre Wirkung auf das Heer gehabt, und die ständige Bedrängung spanischer Schiffe durch die Holländer im Ärmelkanal hinderte den Zustrom von Subsidien aus Madrid. Die spanischen Schiffe pflegten in englischen Gewässern, in der Nähe der Reede von Kent, zu liegen, bis sie zu günstigem Zeitpunkt den Hafen von Dünkirchen anlaufen konnten, ohne von den Holländern daran gehindert zu werden[8]; aber seit 1624 waren die Engländer mit Spanien im Krieg und gewährten ihren Schiffen keinen Schutz. Im Jahre 1626 eroberte Friedrich Heinrich Oldenzaal samt dessen großen Vorräten an Waffen und Munition, wodurch er die Verteidigung seiner Ostfront sicherte.

Zu einer ernsten Krise aber kam es in Norditalien. Der Herzog von Mantua starb, und sein nächster Erbe war Herzog Karl von Nevers, ein Untertan der französischen Krone. Während sich niemand besonders darum kümmerte, wem Mantua gehören würde, waren die spanischen Habsburger entschlossen, das kleine damit vereinigte Gebiet von Montferrat mit seiner an der mailändischen Grenze gelegenen Festung Casale keinem Franzosen zufallen zu lassen. Richelieu war ebenso entschlossen, diese günstige Gelegenheit, in Norditalien Fuß zu fassen, nicht zu versäumen. Unter dem nichtigen Vorwand, daß der Herzog von Nevers nicht die kaiserliche Zustimmung eingeholt habe, begann Ferdinand am 1. April 1628 den Krieg gegen Mantua, indem er Mantua und Montferrat für beschlagnahmt erklärte. Karl von Nevers vergalt dies damit, daß er die französische Regierung drängte, Italien vom spanischen Joch zu befreien[9]. Die Spanier besetzten sogleich ganz Montferrat mit Ausnahme der Festung Casale, zu deren Eroberung Spinola kurz darauf aus den Niederlanden zurückberufen wurde.

Während die Krise zwischen den Habsburgern und den Bourbonen sich zuspitzte, unternahmen die Häupter der österreichischen und spanischen Linie der Familie Habsburg einen bezeichnenden Schritt zu einem engeren Zusammenschluß. Der älteste Sohn des Kaisers war im heiratsfähigen Alter, und die ihm bestimmte Braut war die Infantin Maria von Spanien, seine leibliche Base, um die vor vier Jahren der Prinz von Wales vergeblich geworben hatte. Die anmutige Infantin mit ihren deutschen blauen Augen und ihrem rosigen Gesicht hatte in Spanien immer als Schönheit gegolten; hingegen waren die Berichte über den Erzherzog ohne Grund so unerfreulich, daß seine Braut den beängstigenden Eindruck hatte, er sei häßlich und dumm. Sie kannte jedoch ihre Pflicht, klagte nicht, und da sie gewärtig war, einem verwachsenen, stumpfsinnigen Bräutigam zu begegnen, verliebte sie sich auf den ersten Blick in ihn, als sie zu ihrer Erleichterung sah, daß der Erzherzog gut gewachsen und geistig normal war[10]. Niemand hatte nach den Neigungen der Braut und des Bräutigams gefragt; der Ehekontrakt war, lange bevor sie einander trafen, unwiderruflich geschlossen worden[11].

## III

Der Ostseeplan näherte sich seiner Vollendung. Ferdinand bot Lübeck und Hamburg Bündnisse an[12], und als seine Angebote keinen begeisterten Widerhall fanden, führte Wallenstein ein zweites Argument ins Treffen, indem er ein Heer gegen Stralsund sandte. Diese Kundgebung von Gewalt scheuchte die Hanse auf, hatte aber nicht die gewünschte Wirkung, denn statt die kaiserliche Freundschaft anzunehmen, machten die Abgesandten der Hanse Wallenstein nur ein Angebot von achtzigtausend Talern für den Fall seines Rückzugs[13]. Er erwies sich als unbestechlich und traf am 6. Juli 1628 selber vor Stralsund ein.

Die Stadt besitzt durch ihre Lage an der pommerschen Küste gegenüber der Insel Rügen einen natürlich geschützten Hafen. Die Einbuchtung der sandigen Küste an dieser Stelle ist so beschaffen, daß Stralsund selbst fast eine Insel ist. Drei Tage vor Wallensteins Ankunft unterzeichneten die Stadtvertreter einen Vertrag mit dem König von Schweden, laut welchem der König ihnen auf dreißig Jahre seinen Schutz zusagte, während sie ihm einen Landungsplatz und eine Operationsbasis in Deutschland bereitstellten[14]. Im Bewußtsein dieses Verteidigungsrückhaltes lehnten der Bürgermeister und die Räte der Stadt Stralsund Wallensteins Angebote ab. Er wolle die Stadt einnehmen, und wenn sie mit Ketten an den Himmel angeschlossen wäre, soll der Feldherr in steigendem Zorn ihnen herausfordernd zugerufen haben[15]. Von Prag aus hatte er großen Wert auf die Eroberung dieses Schlüsselhafens der Ostsee gelegt[16], an Ort und Stelle mußte er aber nach zwei vergeblichen Angriffen erkennen, daß die Stadt uneinnehmbar war. Er hatte noch immer keine Flotte, während die Schiffe des Königs von Schweden in der Nähe der Küste vor Anker lagen und der König von Dänemark mit einem neuen Heer zur Landung bereit war. Am 28. Juli reiste

Wallenstein ab, und eine Woche später brach sein Heer das Lager vor den Festungsmauern ab.

Dieser aufgezwungene Stillstand hatte mehr moralische als physische Wirkung. Weder Wallensteins noch Ferdinands Lage hatte sich verschlechtert, aber dieser erste erfolgreiche Widerstand wurde von den gegnerischen Pamphletisten als ein Vorzeichen für die Niederlage der Habsburger aufgegriffen. »Adler«, behaupteten die Polemiker spöttisch, »können nicht schwimmen[17].«

Der unversiegliche Optimismus des Königs von Dänemark machte es Wallenstein möglich, sein Ansehen wiederherzustellen. König Christian war südöstlich von Stralsund in den Dünen gelandet, hatte die Stadt Wolgast überfallen und Anstalten zum Einfall in Mecklenburg getroffen. Wallenstein gab zu, daß Christian im Bereich seiner Sandhügel in Sicherheit war, aber Berichte besagten, daß der König schwere Zechgelage halte und bald etwas Unüberlegtes tun werde. »Kriecht er heraus aus den wasserigen Örtern«, rühmte sich Wallenstein, »so ist er gewiß unser[18].« Er hatte recht. Am 2. September 1628 fing er die dänischen Streitkräfte ganz nahe bei Wolgast ab und machte alle nieder, die sich nicht ergaben oder flohen. Christian flüchtete zu seiner Flotte, mit dieser nach Dänemark, und bat um Frieden.

Wallensteins Erfolg trug Ferdinand neue Beschwerden ein. Nach vorsichtiger Schätzung hatte der Feldherr, der seine Anwerbungen noch fortsetzte, bereits einhundertfünfundzwanzigtausend Mann unter Waffen[19] – das Dreifache der Höchstzahl an Soldaten, welche, wie Tilly einst erklärt hatte, ein Feldherr unter normalen Bedingungen gegen einen Feind benötige[20]. Und nach der endgültigen Niederlage Christians gab es nicht einmal einen Feind.

Die Beschwerden jedoch, die den Kaiser am meisten beunruhigten, kamen von seinen Bundesgenossen. »Wir werden es am Ende bereuen, daß wir dem Friedländer so übermäßige Macht gegeben haben«, schrieb Ferdinands Bruder, Leopold von Tirol, an Pater Lamormaini[21]. Der Kurfürst von Sachsen, in dessen Ländern Wallenstein ohne Erlaubnis einen Teil seines anschwellenden Heeres einquartiert hatte, erging sich in bitteren Klagen an Ferdinand und Maximilian von Bayern[22]. Am hartnäckigsten mit seinen Beschwerden war Maximilian selbst[23], der in den letzten zwei Jahren genug Übergriffe Wallensteins gesehen hatte. Sein Feldherr Tilly hatte seit dem Winter 1626 unter ihnen zu leiden gehabt und gegen sie Einspruch erhoben. Wallenstein zwang ihn ständig, seine Truppen in den unbequemsten und unergiebigsten Quartieren unterzubringen, so daß viele seiner Leute desertierten und von Wallensteins Offizieren angeworben wurden. Noch schlimmer als die systematische zahlenmäßige Schwächung von Tillys Heer war die Untergrabung der Moral seiner Offiziere, die, als sie sahen, daß der rivalisierende Feldherr besser zahlte und ein bequemeres Leben bot, ungeduldig auf den Ablauf ihrer Verträge warteten, um den bayrischen Dienst mit dem kaiserlichen zu vertauschen. Sogar Pappenheim hat einen solchen Wechsel erwogen[24].

Ferdinand konnte es sich nicht leisten, diese Beschwerden unbeachtet zu lassen. Er verlangte, daß Wallenstein sich von der Belagerung Stralsunds zurückziehe[25], und erhob nochmals gegen die Art und das Ausmaß der Truppenunterbringung Einspruch, obwohl man in Wien allgemein glaubte, daß der Feldherr sich nicht darum kümmern werde[26]. Wallenstein gehorche, so sagte man, wenn er wolle. Er war klug genug, einzusehen, daß es töricht wäre, sich alle katholischen Fürsten Deutschlands zu entfremden, weswegen er Schwaben und Franken, wo viele katholische Bistümer lagen, räumte, um seine Truppen desto rücksichtsloser Sachsen und Brandenburg überfluten zu lassen. In Norddeutschland, von Krempe in Holstein bis an die ostpreußischen Grenzen, blieb nur Mecklenburg von seinen Heeren verschont. Mecklenburg war sein eigener Staat, und er achtete sorgsam das kaiserliche Patent, das seine gesamten Besitzungen von Kriegskontributionen ausnahm.

## IV

In Wien verfolgte Ferdinand mittlerweile den weniger dramatischen Teil seiner Politik. Er war kein kluger Mann, aber er hatte eine gewisse unbewußte Fähigkeit, sich die Ideen schlauer Köpfe anzueignen und sie seinen eigenen Zwecken anzupassen. Mit einer solchen Anpassung war er eben beschäftigt. Im verflossenen Jahr hatten ihn die katholischen Fürsten, und besonders Maximilian, energisch auf die ihm nun gebotene ausgezeichnete Gelegenheit aufmerksam gemacht, der Kirche die ihr in dem Dreivierteljahrhundert seit dem Augsburger Religionsfrieden genommenen Länder zurückzugeben[27]. Der Kaiser begeisterte sich anfänglich nicht dafür, weil er sowohl die Unruhe fürchtete, welche die Änderung auslösen konnte, als auch die Gefahr, daß Maximilian den Anlaß benützen werde, um seine Macht zu vergrößern. Dieser wollte Osnabrück für einen Vetter; sein Bruder hatte bereits seine Bistümer Münster, Lüttich, Hildesheim und Paderborn um das von Köln vermehrt[28].

Mit der zunehmenden Macht Wallensteins änderte sich allmählich Ferdinands Einstellung. Ein richtig durchgeführtes Restitutionsedikt konnte der Hoheitsmacht seiner Dynastie von Vorteil sein. Gegen Ende 1628 trat diese Idee in Ferdinands Innenpolitik an die erste Stelle, jetzt aber zögerten die katholischen Fürsten[29], denn Maximilian hatte ebensoviel Ursache, ein Restitutionsedikt zu bekämpfen, das den Habsburgern Länder und Macht gäbe, wie er vorher Grund gehabt hatte, sich für ein Edikt einzusetzen, das seine eigene Macht vergrößern würde. Außerdem war während seiner langen Laufbahn mehrmals davon die Rede gewesen, an Stelle Ferdinands ihn selbst zum Vorkämpfer der Kirche zu machen, was ihn teilweise zur Gründung der Liga veranlaßt hatte und jetzt sogar vom Papst dringend gewünscht wurde — weshalb es äußerst peinlich war, daß sein Rivale in dem ihm günstigsten, aber für ihn, Maximilian, selbst widrigsten Zeitpunkt sich den Restitutionsplan zu eigen machte. Ferdinand brachte den bayrischen Herrscher um den Ruhm, den dieser so sorgsam für sich vorbereitet hatte.

Man täte Ferdinand unrecht, wenn man annähme, daß seine Gedankengänge so zielbewußt oder so zynisch waren, wie sie bei nüchterner Untersuchung der bloßen Tatsachen erscheinen. Seine Frömmigkeit war echt, und wenn seine Erziehung es ihm unmöglich machte, zwischen den Bedürfnissen seiner Kirche und denen seiner Dynastie zu unterscheiden, ist das ein Fehler, der jeder politischen Erziehung innewohnt. Welche politische Partei, welcher politische Führer der Weltgeschichte kann behaupten, darin schuldlos zu sein? Ferdinand hatte immer die Rückgabe der Gebiete gewünscht, die der Kirche entrissen worden waren; aber als sie ihm zuerst nahegelegt wurde, war ihm der Zeitpunkt nicht günstig erschienen; jetzt, im Jahre 1628, schien er es zu sein.

Ferdinand wurde in seinem Vorhaben von seinem Beichtvater Pater Lamormaini bestärkt; Lamormaini war Jesuit, und die Umstände hatten die Jesuiten bewogen, das Haus Habsburg für das besondere Werkzeug des Himmels zur Wiedereinsetzung der katholischen Kirche als Staatsreligion zu halten. Es wird für immer unentschieden bleiben, ob die Jesuiten damit recht hatten und der Papst im Irrtum war. Ferdinand, Wallenstein und eine einige katholische Kirche hätten sicherlich die Reformation aus Deutschland weggefegt, aber da die Kirche sich über eine unwesentliche politische Frage nicht einig wurde, konnten Kardinal Richelieu, Maximilian und Pater Joseph unter dem Segen Roms in München und Paris alles zunichte machen, was Ferdinand und Pater Lamormaini in Wien taten.

Ferdinand hatte einen allgemeinen und einen besonderen Plan entworfen; der erste umfaßte ganz Deutschland, der zweite betraf nur das Bistum Magdeburg. Der erste, weitergehende Plan bezweckte die Rückgabe aller der Kirche seit 1555 entrissenen Gebiete. Da nicht zu erwarten war, daß ein Reichstag dafür stimmen werde, sollte die Regelung kraft einer kaiserlichen Verordnung erfolgen. Dies würde dem doppelten Zweck dienen, die Protestanten zu vertreiben und die Macht des Kaisers, im Verordnungswege zu regieren, auf eine entscheidende Probe zu stellen.

Die Veränderungen, die der Kaiser seinen Untertanen aufzwingen wollte, waren geradezu revolutionär. Sie mußten Grenzänderungen in ganz Nord- und Mitteldeutschland nach sich ziehen; Fürsten, die durch säkularisierten Besitz reich geworden waren, würden mit einem Schlag auf die Stufe des niederen Adels herabsinken. Der Herzog von Wolfenbüttel allein besaß die Ländereien von dreizehn Klöstern und den größeren Teil des früheren Bistums Hildesheim; die Lage in Hessen, Württemberg und Baden war fast ebenso ernst, und auch die Kurfürsten von Sachsen und Brandenburg waren nicht sicher. Allerdings hatte Ferdinand für die Länder Johann Georgs in Anerkennung seiner anfänglichen Bundesgenossenschaft eine Garantie gegeben, da er aber diese Bundesgenossenschaft jetzt ohne weiteres entbehren konnte, bot sein Wort keine Sicherheit mehr; hatte er doch auch sein Versprechen, den Lutheranern in Böhmen Freiheiten zu belassen, nicht gehalten.

Noch gefährlicher war die Lage der freien Städte. Augsburg, das von den deutschen Städten die größte lutherische Bevölkerung aufwies, lag in einem katholischen Bistum und war beim Religionsfrieden katholisch gewesen; seine Bekehrung zum Protestantismus war das Werk des späten sechzehnten Jahrhunderts gewesen. Und was würde mit Dortmund geschehen — wo jetzt alle Kirchen protestantisch waren und es nur dreißig Katholiken gab[30] —, mit Rothenburg, Nördlingen, Kempten und Heilbronn? Die Rückkehr zum Stand von 1555 würde die Aufhebung von Besitzrechten bedeuten, welche die Billigung von drei Generationen hatten, die Verjagung von Adeligen aus ihren Besitzungen und von Bürgern aus ihren Städten. Falls dem Grundsatz *cuius regio eius religio* in den der Kirche zurückgegebenen Ländern mit Gewalt Geltung verschafft wurde, mußte in der jetzigen Bevölkerung eine Unruhe entstehen, die nur zur Ausbreitung von Elend und zur Stockung jeglicher bisher vom Krieg verschonten Handelstätigkeit führen konnte.

Auch nahm Ferdinand nicht darauf Rücksicht, daß die katholische Partei in Deutschland im Verhältnis zu dem neu einzuverleibenden Landbesitz nicht groß genug war. Selbst in Böhmen hatte er Schwierigkeiten, schnell genug katholische Grundherren für die Güter und katholische Priester für die Pfarrsprengel zu finden. Er war sich der Ungeheuerlichkeit der Veränderung, die er in Deutschland erzielen wollte, nicht bewußt, wenn er glaubte, daß die Jesuiten und die Habsburger allein die Besitznahme der zurückzugebenden kirchlichen Gebiete durchführen konnten.

So stand es um die Frage im allgemeinen. Der besondere Fall von Magdeburg ließ Ferdinands Absichten am klarsten erkennen. Dieses Bistum erstreckte sich über einen großen Landstrich an der Elbe, zwischen dem kleinen Fürstentum Anhalt im Süden und dem Kurfürstentum Brandenburg im Norden. Da die Elbe die Hauptverkehrsader zwischen den habsburgischen Besitzungen und der Nordsee bildete, war das Land von größter strategischer Bedeutung. Den alten wendischen Namen der großen Bischofsstadt, Magataburg, hatte der Volksmund in die deutsche Form Magdeburg, die jungfräuliche Stadt, umgemodelt, und diese unbeabsichtigte Entstellung hatte im vorhergegangenen Jahrhundert durch den Widerstand der Bürger gegen den Angriff Karls V. eine romantische Bedeutung erhalten. Über dem Hauptstadttor stand die Holzstatue eines jungen Mädchens, mit einem Jungfernkranz in der Hand und der Inschrift: »Wer wagt es, ihn zu nehmen?« Obwohl die Bürger meist Lutheraner waren, war Magdeburg zur Zeit des Augsburger Religionsfriedens eigentlich ein katholisches Bistum gewesen. Noch 1628 duldete Magdeburg innerhalb seiner Mauern ein kleines, harmloses Kloster, und unter seinen dreißigtausend Einwohnern gab es einige hundert Katholiken. Der Dom und alle Kirchen waren längst übernommen, und das Bistum war in die Hand eines protestantischen Administrators übergegangen.

Christian Wilhelm, ein Prinz aus dem Haus Brandenburg, der zur Zeit des Einfalles des dänischen Königs Administrator gewesen war, hatte voreilig mit diesem ein offenes Bündnis geschlossen. Beim Herannahen Wallensteins war er gezwungen gewesen, sein Bistum im Stich zu lassen, und war dann hilfesuchend zum König von Schweden geflohen, während sein verlassenes Domkapitel aus bloßer Besorgnis um die Erhaltung des Friedens einen Sohn des neutralen Kurfürsten von Sachsen an seine Stelle gewählt hatte[31]. Es war zu spät, denn schon hatte der Kaiser das Bistum zugunsten seines Sohnes Leopold für beschlagnahmt erklärt. Es war ein Unternehmen, an welchem, wie Ferdinand sagte, »vieler tausend Seelen Heil und Seligkeit gelegen, ja auf dem die Ruhe und Wohlfahrt unseres Erzhauses sowohl als des ganzen Reiches, der heiligen katholischen Kirche und Religion beruhet[32]«. Wenn aber der

Kaiser sein Ziel erreicht hätte, dann hätte das Seelenheil und Glück vieler tausend Seelen auf der geistlichen Führung durch einen zwölfjährigen Knaben beruht, der vor der Aussicht, Priester zu werden, zurückschrak[33].

Während Wallenstein auf dem Sprung stand, sich Magdeburgs für den jungen Erzherzog zu bemächtigen, und seine Truppen ganz Norddeutschland in Schach hielten[34], sandte Ferdinand einen Entwurf des beabsichtigten Restitutionsediktes an Maximilian von Bayern und Johann Georg von Sachsen. Es war eine Herausforderung der Anhänger der Verfassung, Katholiken wie Protestanten, aber eine Herausforderung, bei der er keine Gefahr lief. Johann Georg konnte keine Einwendungen machen, ohne einen Streit mit Ferdinand zu wagen, wozu er allein zu schwach war, und Maximilian konnte keinen Einspruch erheben, ohne seine Stellung als Führer der Katholiken, die er sich so sorgsam schuf, zu gefährden. Ferdinand zwang allmählich seine verkappten Feinde, entweder ihre Feindschaft oder ihre Verstellung aufzugeben.

Ohne zu zögern, griffen beide Kurfürsten nach dem gleichen Verteidigungsmittel und verlangten einen Reichstag zur Erörterung der Angelegenheit[35]. Ferdinand erklärte, daß die Wunden der Kirche nicht warten könnten, bis ein Reichstag sie heile, und verkündete am 6. März 1629 einem wehrlosen Deutschland sein Restitutionsedikt.

Es war ein drastisches Dokument. An erster Stelle sprach es den Calvinisten die gesetzliche Daseinsberechtigung ab; an zweiter Stelle versagte es Protestanten das Recht, kirchliches Land zu erwerben, weil solches Land unveräußerlich sei und nicht rechtmäßig verkauft werden könne. Dadurch mußten auch diejenigen Schaden leiden, die auf ehrliche Weise ehemaligen Kirchenbesitz erworben hatten. Drittens, und das war der wichtigste Punkt, sprach es jedem vorangegangenen Rechtsurteil, das Kirchenländereien betraf, die Gültigkeit ab und nahm so für den Kaiser das Recht in Anspruch, Gesetze und gesetzliche Entscheidungen nach eigenem Gutdünken zu ändern. Weiters hatten die Kommissare den Auftrag, falls jemand sich beschweren sollte, daß das Edikt nicht die Sanktion des Reichstags habe, den Beschwerdeführern die Doktrin des kaiserlichen Absolutismus einzuschärfen[36].

Ferdinand achtete wenig auf die augenblicklich laut werdenden Einsprüche der Kreisverwaltungen in Schwaben und Franken, wo als Folge des Edikts verhältnismäßig große Landesteile den Besitzer würden wechseln müssen. Er schenkte dem langatmigen und höchst verfassungsmäßigen Protest des Kurfürsten von Sachsen bloße Höflichkeitsbeachtung und antwortete in einem Schreiben, das kaum weniger lang und ebenso weitschweifig war[37]. Es war ihm jedoch daran gelegen, Maximilian zu besänftigen, was ihn veranlaßte, ihm die Bistümer Verden und Minden für seine Familie unter der Voraussetzung anzubieten, daß Erzherzog Leopold für Magdeburg, Halberstadt und Bremen ernannt würde. Aber Maximilian war nicht so leicht zu beruhigen, wenn die Besitzrechte aller deutschen Fürsten gefährdet waren und der Kaiser im Begriffe war, ihnen seinen Willen mit der Hand am Schwert (Wallensteins Schwert) unverblümt aufzuzwingen.

In das Bistum Halberstadt ergoß sich ein Strom von Truppen, und dem Herzog von Wolfenbüttel, der bereits mehr als den Marktwert seines gesamten Gebietes an Kriegskontributionen schuldete, sollte zwangsweise ein Drittel seines Gebietes, das er sich unrechtmäßig von der Kirche angeeignet hatte, entzogen werden. In Württemberg waren schon vierzehn ehemalige Nonnenklöster beschlagnahmt worden.

Es war von Ferdinand ein geschickter Zug, zur Durchdrückung des Edikts Wallensteins Heer zu verwenden, da er die Förderung der Kirche zum Vorwand für die Aufrechterhaltung der Macht des Feldherrn nehmen konnte. Die Liga werde doch nicht der Sache der wahren Religion hinderlich sein und deren mächtigsten Anhänger angreifen wollen? Das scherte jedoch die Mitglieder der katholischen Liga wenig, denn ihre Fürstenrechte lagen ihnen mehr am Herzen, und im Dezember 1629 verlangten sie eine einschneidende Verringerung des Heeres. Der Umstand, daß sie nicht auch mit Entschiedenheit die Entlassung Wallensteins forderten, muß einem der zeitweiligen Frontwechsel zugeschrieben werden, die ein beunruhigender Zug von Maximilians Politik waren[38]; er schien jetzt die Verringerung des Heeres zu wünschen, aber den Feldherrn belassen zu wollen. In Wirklichkeit erreichte er keines von beiden, denn ein nicht aufrichtig gemeinter Befehl Ferdinands verbot zwar Wallenstein, neue Regimenter aufzustellen, ließ ihm aber zur Vergrößerung der alten freie Hand, so daß seine Rekrutierungstätigkeit ungehindert weiterging[39].

Die ganze Zeit über baute Ferdinand seine Macht Stück für Stück aus, nicht auf Grund seiner eigenen Stärke, sondern indem er die Schwäche seines Volkes ausnützte. Bevor sie sich dem Restitutionsedikt fügten, so polterten die protestantischen Pamphletisten, würden die Deutschen »eher Gesetz und Sitte von sich werfen und Germanien wieder in seine alte Waldeswildnis verwandeln[40]«. Zornige Flugblätter, volkstümliche Lieder und förmliche Proteste erschienen zu Hunderten, aber von einem tatkräftigen Widerstand war nichts zu merken.

Die Stadt Augsburg hatte seit der berühmten Augsburger Konfession eine besondere Bedeutung, die sie für die Lutheraner fast zu einer heiligen Stadt machte[41]. Man konnte mit Recht erwarten, daß ein Angriff auf diese Stadt einen neuen Geist des Widerstandes im Reich erwecken würde. Obwohl das sogenannte katholische Bistum Augsburg noch immer bestand, war die Stadt selbst im Gegensatz zu Magdeburg und Halberstadt eine freie, vom Bischof unabhängige Reichsstadt. Infolge dieser Scheidung konnten die Bürger die Religion ihrer Wahl ausüben, während der Bischof seinen Sitz außerhalb des Gebietes der freien Stadt nahm und die Verwaltung seiner bischöflichen Ländereien weiterführte.

Als Wallenstein das Restitutionsedikt in Magdeburg mit Gewalt durchsetzte, hatte er dafür wenigstens zum Teil eine gesetzliche Grundlage. Das Edikt enthielt keinen wesentlichen verfassungsrechtlichen Fehler, hatte jedoch das Gewicht der Überlieferung gegen sich. Magdeburg war eine bischöfliche, keine freie Stadt. Der Fall Augsburg lag ganz anders, denn die Rechte einer freien Stadt waren niemals ungestraft angetastet worden. Ferdinand brauchte sich nur zu erinnern, was vor zwanzig Jahren geschehen war, als das winzige Donauwörth durch ein kaiserliches Urteil seiner Rechte beraubt werden sollte. Er hatte sich aber niemals vor einer Aufgabe gescheut, weil sie gefährlich war. Die Herausforderung und Unterwerfung Augsburgs war ein Wagnis wert, denn es würde die Macht der freien Städte auf die Probe stellen und die tatsächliche (wenn überhaupt vorhandene) Stärke der protestantischen Opposition erweisen.

Nach einigen Vorbesprechungen mit der Stadtbehörde wurde am 8. August 1629 die Ausübung der protestantischen Religion völlig untersagt und die protestantische Geistlichkeit aus der Stadt gewiesen[42]. Augsburg brach ohne Schwertstreich oder Schuß zusammen. Achttausend Bürger gingen in die Verbannung, unter ihnen ein alter Mann, Elias Holl, der durch dreißig Jahre Baumeister gewesen war und erst kürzlich den Bau des Rathauses vollendet hatte, das der größte Stolz der Bürger war[43]. Es steht noch heute, massig und grau, ein Denkmal jenes vergessenen Deutschlands, das der Dreißigjährige Krieg zerstörte.

Die Entrüstung der Protestanten war groß, aber niemand rührte einen Finger, mit Ausnahme Johann Georgs von Sachsen, der sein gewohntes würdevolles Protestschreiben verfaßte[44]. Der Grund lag auf der Hand: In Deutschland gab es keinen Mut und keine Hoffnung mehr.

## V

Ferdinands Stellung im Reich war niemals stärker gewesen; seine Macht, seit den Tagen Karls V. ohnegleichen, konnte mit der Zeit bei geschickter Handhabung zur Grundlage eines neubelebten, wieder geeinigten deutschen Staates werden, in welchem die Rechte der Fürsten begrenzt sein und der habsburgische Absolutismus im Verein mit der katholischen Kirche unumschränkt herrschen würde.

Außerhalb des Reiches zog sich schweres Unwetter gegen Ferdinand zusammen: in Mantua und den Niederlanden und von Norden, von Schweden her, und sein Ursprung lag in der Feindschaft zwischen Frankreich und Spanien. Ferdinand mußte die Mißgriffe seiner spanischen Verwandten teuer bezahlen; allein hätte er vielleicht die Erneuerung seiner Macht erreichen können, er konnte aber nicht die Last des abgestorbenen Spaniens weiterschleppen. Philipp IV. beherrschte die kaiserliche Politik finanziell, war jedoch politisch schlimmer als ein Hemmschuh, nämlich eine Gefahr. Er brachte in Ferdinands klaren politischen Kurs Verwicklungen, die den Kaiser ruinierten: Er leitete die militärische Kraft Deutschlands nach Italien, zwang den Mann, der das Reich zu einer katholischen Föderation umbaute, zu einem Streit mit dem Papst und trieb ihn in einen Krieg gegen die Holländer, der die Festigkeit seines neugeschaffenen Staatsumbaues bedrohte. Zu guter Letzt veranlaßte die Furcht vor einem spanischen Angriff Richelieu, einen Waffenstillstand zwischen den Königen von Polen und Schweden herbeizuführen, womit er gegen das erstehende katholische Reich einen Vorkämpfer des Protestantismus losließ, der es für immer zerstören sollte.

Zuerst kam es zum Krieg mit Mantua. Als Ferdinand, auf einen Wink von Spanien, dieses Herzogtum für beschlagnahmt erklärte, geriet der Papst sogleich in Angst vor weiteren Einmischungen der Habsburger in Italien. Es war vergebens, daß Ferdinand unter dem Einfluß seines Beichtvaters Lamormaini sich zunächst zurückhielt[45], um eine Krise zu vermeiden; der spanische König setzte ihm arg zu, weil er nicht nachdrücklich genug gegen den französischen Herzog von Mantua vorging[46], und Ferdinand sah sich gezwungen, kaiserliche Truppen nach Italien zu senden. Der Papst wurde nur für kurze Zeit schwankend; auf Wunsch des Wiener Nuntius machte er den zahmen Versuch, Ferdinand durch Übersendung einer Reliquie zu bestechen[47]; als aber dies den Feldzug gegen Mantua nicht zum Stillstand brachte, wandte er sich schroff gegen ihn. Er wollte weder Wenzel von Böhmen noch Stephan von Ungarn auf Ferdinands Bitte heiligsprechen; er weigerte sich, ihm das Recht zu geben, Bischöfe für die wiedergewonnenen Sitze zu ernennen – eine Weigerung, die Ferdinand nicht beachtete; er bestand darauf, daß Klostergüter den Orden, welchen sie genommen worden waren, zurück und nicht den Jesuiten gegeben würden[48]. Urban VIII., ein erregbarer, redseliger kleiner Mann, ließ bald ganz Rom wissen, woher der Wind wehte. Er könne nur flüstern, sagte er, denn im Vatikan gebe es spanische Spione; und vor Sorgen über Mantua schlief er so schlecht, daß er in seinen Gärten alle Vögel umbringen ließ, um von ihrem morgendlichen Gezwitscher nicht geweckt zu werden[49].

An und für sich ohne Bedeutung, war die Krise in Mantua der Wendepunkt des Dreißigjährigen Krieges, denn sie beschleunigte die schließliche Spaltung innerhalb der katholischen Kirche, entfremdete den Papst der habsburgischen Dynastie und gab katholischen Mächten die moralische Möglichkeit, zur Herstellung des Gleichgewichtes protestantische Bundesgenossen herbeizurufen.

Das Jahr 1629, das zwölfte des Krieges, war in der Theorie ereignisreicher als in der Praxis. Nicht auf den Kriegsschauplätzen, sondern in den Regierungskanzleien Europas nahmen die Dinge eine neue Wendung. Die spanische Monarchie behielt ihren Einfluß auf das Reich und gab Ferdinands bisher erfolgreicher Politik eine Richtung, die sie schwierig und gefährlich machte. Die spanischen Interessen in Mantua brachten Ferdinand in Gegnerschaft zum Papst; spanische Interessen in den Niederlanden zwangen ihn, seine eben erst geschaffene kaiserliche Macht in einem holländischen Krieg aufs Spiel zu setzen, und zwar vergeblich. Während er in Deutschland erfolgreich gewesen war, hatten seine spanischen Verwandten in Flandern Mißerfolge gehabt, und sie wendeten sich an ihn um Hilfe, die sie weniger erbaten als erpreßten.

In den Niederlanden schritt Friedrich Heinrich von Oranien, ein ebenso gründlicher wie jeder Theatralik abholder und jetzt vom Volk vergötterter Feldherr, von Erfolg zu Erfolg. Am 19. August 1629 eroberte er die deutsche Grenzfestung Wesel, von der aus er den Rheinübergang schützen konnte, und kaum einen Monat später die große Stadt Hertogenbosch an der Grenze von Brabant. In Flandern demoralisierten die andauernden Niederlagen das Heer und die Zivilbevölkerung und untergruben die bei ihren flämischen Untertanen einst beliebte Herrschaft der Erzherzogin Isabella[50]. Inzwischen machten holländische Schiffe den Ärmelkanal unsicher und verhinderten die Goldtransporte in die flämischen Häfen. Im Jahre 1628 erbeutete der holländische Admiral Piet Hein bei Kuba den gesamten Schatz der spanischen Flotte an Goldbarren und Gütern im Wert von elfeinhalb Millionen holländischer Gulden – und 1629 erhielten die Aktionäre der holländisch-westindischen Gesellschaft eine Dividende von fünfzig Prozent aus dem Geld, das für das spanische Heer in Flandern bestimmt gewesen war.

Mißstimmung verbreitete sich unter den ohne Sold gelassenen spanischen Soldaten und brach schließlich in Meuterei aus. Flugblätter mit der Überschrift »Geld! Geld! Geld! Ohne Geld kämpfen wir nicht!« wurden in die Offiziersquartiere in Breda geworfen; in Herstal fielen die Soldaten in die benachbarten Wälder ein, um Brennholz zu stehlen, das sie dann an die Bürger verkauften, um sich ernähren zu können; in Lüttich konnten sie nur mit Mühe von der Plünderung der Stadt zurückgehalten werden, und in Sanfliet lichtete Fahnenflucht drei volle Kompanien so sehr, daß keine sechzig Mann übrigblieben. Die Disziplin der weitberühmten spanischen Infanterie war im Zusammenbrechen, was nicht zu verwundern war, denn die Truppen litten Hunger und waren mangelhaft bekleidet, und im Winter hatte man in Lüttich zwei Wachtposten tot aufgefunden, welche in ihren fadenscheinigen Lumpen erfroren waren. Die Erzherzogin verhinderte mühsam den Zusammenbruch, indem sie zuerst ihre Juwelen verpfändete und später von der Bevölkerung außergewöhnliche Abgaben einhob, was sie unbeliebt machte und keine dauernde Abhilfe brachte[51]. In dieser aufs äußerste zugespitzten Lage konnte nur Ferdinand helfen. Die spanische Regierung forderte ihn auf, die Holländer durch die Erklärung zu brandmarken, daß sie durch die Grenzüberschreitung beim Kampf um Wesel den Reichsfrieden gebrochen hätten, und so die deutschen Fürsten zu zwingen, gegen sie vorzugehen.

Der spanische Druck auf Ferdinand hatte zwei Wirkungen. Die eine war, daß er seine Aufmerksamkeit in Deutschland zum Teil darauf richten mußte, die Fürsten zur Wahl seines Sohnes zu überreden, und zum Teil darauf, sie zum Krieg gegen die Holländer zu zwingen; die andere war, daß er Wallenstein früher aufopfern mußte, als er vorhatte. Es war klar, daß Wallensteins Interesse an dem Ostseeplan und der Restitution der Kirchengüter nur so lange dauerte, als er beides zur Förderung seines von ihm geplanten deutsch-slawischen Reiches brauchen konnte, eines Reiches, das, um die Elbe gruppiert, die nördliche Küste und die Länder im Osten und Westen beherrschen würde. Er wollte die Kurfürsten von Brandenburg und Sachsen zum Schweigen gebracht und Dänemark und Schweden gedemütigt sehen, Polen und Siebenbürgen jedoch zu Bundesgenossen haben, die Tribut entrichteten. Soweit er sich über die zukünftige Politik dieses neuen Reiches überhaupt Vorstellungen machte, wollte er die Türken angreifen. Da er aus

Osteuropa stammte und in dem ersten Feldzug, den er mitmachte, gegen die Türken gekämpft hatte, waren diese für ihn der große Erbfeind[52].

Wesentlich war vor allem ein ruhiges Norddeutschland. Während der Feldherr in Wallenstein ohne Zweifel glaubte, daß seine Truppen die Opposition zum Schweigen bringen konnten, lehnte sich der Wirtschaftsfachmann und Politiker in ihm gegen die gewaltsame Durchsetzung des Restitutionsediktes auf. Durch seinen Feldzug gegen den König von Dänemark hatte Wallenstein die nördlichen Länder in politische Abhängigkeit gebracht; warum sollte er die protestantischen Mächte Europas herausfordern oder Widerstandsreste im Norden aufrühren, indem er sich überflüssigerweise in Religionsangelegenheiten einmengte? Nach der Schlacht bei Lutter soll er unüberlegt mit der Erklärung herausgeplatzt sein, daß er der Kirche keine weiteren Abteien zurückerobern wolle, bevor sie nicht bessere Männer zu deren Besetzung habe[53]. Seit der Kundmachung des Restitutionsediktes hatte Wallenstein in Wien noch schärfere Kritik erregt, weil er die fraglichen Länder besetzte, ohne den Priestern und Mönchen die Aufgaben zu erleichtern, zu deren Ausführung sie hingesandt wurden[54].

Bei der Ausnützung der Pläne der spanischen Regierung hatte er einen merkwürdigen Mangel an politischem und menschlichem Verständnis an den Tag gelegt; denn wenn sie ihm auch eine Weigerung, sich mit ihrem Ostseeplan zu befassen, mit der Zeit verziehen hätte, konnte sie es ihm niemals verzeihen, daß er sich ihren Plan zu eigen machte, sie aber von der Ausführung ausschloß. Verhältnismäßig früh hatte er dem Kaiser geraten, die Hilfe Spaniens abzulehnen und den Bau und die Befehligung der Ostseeflotte ihm allein zu überlassen[55] – was damit geendet hatte, daß es beiden Parteien mißlang, Schiffe aufzubringen, und daß Stralsund erfolgreich Trotz bot.

Wallenstein hatte sich verrechnet; er hatte niemals einen ernstlichen Widerstand der Ostseehäfen vermutet und sah sich 1629 unerwartet in einer gefährlichen Lage. Der Widerstand Stralsunds und das Bündnis der Stadt mit dem König von Schweden machten dem König von Polen schwere Sorgen; jetzt, da Gustav Adolf von Brandenburg Pillau und Stralsund erhalten hatte, konnte er den Krieg gegen Polen so bedrohlich führen, daß Sigismund III. genötigt war, klein beizugeben[56]. Da nun der polnische Wachhund an die Kette gelegt war, würde den König von Schweden nichts von einem Einfall in Deutschland abhalten. Viele der Hansestädte, die sich gegen Wallenstein verschlossen hatten, würden Gustav Adolf mit Freuden empfangen, der sich auf diese Weise zum

Herrn der Ostsee machen und den unterdrückten Protestanten in Deutschland die Hand zur Hilfe reichen konnte.

Diese Gefahr rückte während des Jahres 1629 immer näher. Im Februar brachte der König von Schweden eine Zusammenkunft mit dem König von Dänemark zustande. Christian IV. von Dänemark, ein geschlagener Mann, der Frieden schließen wollte (er gab seine Vollmacht für Friedensverhandlungen am 17. Dezember 1628, Ferdinand die seine am 19.), war vielleicht endlich gewillt, die Stellung eines dem König von Schweden untergeordneten Bundesgenossen hinzunehmen. Aber Gustav Adolf hatte zu lange gewartet. Vor einem Jahr hatte Christian IV. noch die leise Hoffnung, seinen guten Namen wiederzuerlangen; nach der Niederlage bei Wolgast hatte er keine Hoffnung mehr.

Umsonst setzte ihm Gustav Adolf mit Erzählungen von Wallensteins angeblicher Flotte zu und drängte ihn, der Gefahr vorzubeugen. Der König von Dänemark zuckte die Achsel und meinte, die deutschen Fürsten würden nicht mittun und sein verarmtes, erschöpftes und zur Hälfte vom Feind überranntes Land könne keinen Pfennig mehr aufbringen. Gustav Adolf redete sich in Begeisterung; Schweden, rühmte er, habe durch dreißig Jahre ohne Unterbrechung gekämpft und werde weiter ausharren, wenn er es wünsche. Was ihn selbst betreffe, so habe er eine Kugel in der Schulter und werde sich auch nichts aus drei Kugeln machen, wenn es Gottes Wille sei – und er forderte den König von Dänemark auf, die Narbe zu befühlen. Christian blieb ungerührt. Eine Erörterung der Pflichten der Protestanten gegen ihre Religion, in welcher sich der König von Schweden dann erging, reizte endlich den älteren, geschlagenen Mann zu einem überzeugenden Einwand. Er schleuderte Gustav Adolf plötzlich die Frage ins Gesicht: »Was haben Eure Majestät in Deutschland zu schaffen?« Gustav Adolf war einen Augenblick sprachlos; dann schrie er entrüstet: »Ist es nötig, danach zu fragen?« Er kam auf seine Darlegung zurück und zog über die Feinde los, welche die protestantische Kirche schädigten. Vor Erregung zitternd, hielt er dem König von Dänemark die geballte Faust unter die Nase: »Eure Majestät können sicher sein«, rief er, »daß, wer immer gegen uns sein wird, Kaiser oder König, Fürst, Republik oder sogar tausend Teufel, von uns so beim Schopf genommen werden wird, daß die Haare nur so fliegen werden.« Dieses theatralische Gehaben Gustav Adolfs verfehlte aber seine Wirkung auf Christian von Dänemark; der hätte nur zu antworten brauchen, er bedauere, daß der König von Schweden nicht schon vor fünf Jahren so entschlossenen Sinnes gewesen sei. Es ist erstaunlich, daß er sich dieser Antwort enthalten konnte[57].

Das wichtigste Ergebnis der Zusammenkunft war, daß Wallenstein dem König von Polen Verstärkungen sandte, damit dieser länger als er selbst die Schweden an sich binden könne[58], und daß er selbst sich beeilte, seine Friedensbedingungen für den König von Dänemark zu mildern. Sie waren noch immer hart genug: Christian sollte die norddeutschen Bistümer aufgeben und die kaiserliche Oberhoheit über Holstein, Stormarn und Dithmarschen anerkennen. Was er jedoch auch von dem Friedensvertrag dachte, und er hatte keine gute Meinung[59], es blieb ihm keine andere Wahl, als ihn anzunehmen. »Aber da er nicht aller seiner Sinnen beraubt ist, so wird er mit beiden Händen darnach greifen«, sagte Wallenstein trocken[60]. Im Juni 1629 wurde der Friede von Lübeck geschlossen.

Der Friede von Lübeck beseitigte die Gefahr im Norden nicht, denn zu Beginn des Jahres war der Kurfürst von Brandenburg, durch Wallensteins erpresserische Forderungen endlich zur Verzweiflung getrieben, an die Vereinigten Niederlande mit Vorschlägen herangetreten[61] und hatte sich nachher in eine verdächtige Korrespondenz mit dem König von Schweden eingelassen[62]. Was noch schlimmer war, Agenten Frankreichs und Englands brachten einen Waffenstillstand zwischen Gustav Adolf und Sigismund von Polen zustande, und vor Ende des Jahres besuchte ein französischer Abgesandter den schwedischen König in Uppsala, wo er erfuhr, daß dieser mit seinen Räten bereits den Plan eines Einfalles in Deutschland besprach[63].

Unter solchen Umständen bot sich Wallenstein bloß die eine Lösung – durch Vergrößerung seines Heeres eine Landung der Schweden in Norddeutschland unmöglich zu machen. Nur so konnte der Ostseeplan ausgeführt werden[64]. Dieser Entschluß Wallensteins beschleunigte sein Zerwürfnis mit der spanischen Monarchie. Frühzeitig im Jahre 1629 war Richelieu in Italien eingefallen, hatte Susa besetzt, Casale befreit und einen Vertrag mit Savoyen, Venedig und dem Papst geschlossen[65]. Olivarez griff ihn im Rücken an, indem er die Hugenotten unterstützte[66], aber Richelieu beseitigte diese innere Gefahr diplomatisch und geschickt durch den Frieden von Alais. Der Angriff auf Italien wurde aufgeschoben, nicht aufgegeben; die Habsburger konnten gerade nur Atem schöpfen. Zum Ärger des kriegslustigen Olivarez riet Spinola zu einer friedlichen, nicht zu einer kriegerischen Lösung; er wurde überstimmt[67]. Von nun an suchte die undankbare Madrider Regierung die Stellung des altverdienten Feldherrn zu untergraben[68]. Ohne auf Spinola Rücksicht zu nehmen, verlangte sie, daß Wallensteins Heer aus Deutschland zu ihrer Verfügung befohlen werde. Was habe diese große

Streitmacht an der Ostsee für einen Zweck, da nun das Flottenprojekt mißglückt und der einzig übrig gebliebene Feind der bedeutungslose König von Schweden sei? Das war Olivarez' Begründung, und Ferdinand blieb, auch wenn er besser unterrichtet gewesen wäre, nichts anderes übrig, als sich zu fügen.

Im Mai 1630 verlangte Ferdinand, Wallenstein solle dreißigtausend Mann nach Italien senden, nicht unter dem persönlichen Oberbefehl des Feldherrn, sondern unter dem des italienischen Söldnerführers Collalto, zu dessen Gunsten die spanische Partei in Wien schon längst Wallenstein verdrängen wollte. Wallenstein antwortete rundweg, daß er nicht einen einzigen Soldaten entbehren könne[69]. Die Krise zwischen Ferdinand und dem Mann, dem er seine Größe verdankte, war da.

Zu Beginn desselben Monats hatten die Räte des Königs von Schweden sich von ihrem Herrn überzeugen lassen, daß Schwedens weiterer Bestand von einem raschen Einfall in Deutschland abhänge[70]. So segelte er am 29. Mai von Stockholm ab, nachdem er sein einziges Kind, Prinzessin Christine, dem Schutze seiner Räte empfohlen hatte[71]. Richelieu erschien er als »die aufgehende Sonne«[72], Maximilian von Bayern als der »protestantische Messias«[73], aber für Ferdinand (der natürlich Sigismund III. von Polen als den rechtmäßigen König von Schweden ansah) war er bloß der bedeutungslose Usurpator eines vereisten Landes am nördlichsten Rande der Zivilisation. Da der König von Dänemark so leicht bezwungen worden war, konnte er sicherlich die »schwedische *canaglia*«[74] mit einer verächtlichen Handbewegung abtun. So nannte ihn Wallenstein, aber seine in Worten geäußerte Geringschätzung spiegelte sich, im Gegensatz zu Ferdinand, nicht in seinem Handeln wider. Er hielt es für ratsamer, die Schweden an der Landung zu verhindern, als sie nachher verjagen zu müssen, und wenn ihm gestattet worden wäre, die Küste hinlänglich zu schützen, wäre eine Landung unmöglich gewesen. Aber Ferdinand pflichtete ihm nicht bei; Wallenstein wurde überstimmt, und dreißigtausend Mann marschierten nach Süden, gegen Italien.

Wallensteins Macht war bedroht. »Ich habe mehr Krieg mit etlichen Ministern als mit allen den Feinden«, erklärte er[75], und er hatte recht. Die kaiserlichen Ratgeber hatten sich alle gegen ihn gewendet. Seine Besetzung der Erblande brauchte die mageren Hilfsmittel der Krone auf, und seine ungeheuerlichen Forderungen machten Ferdinand unbeliebt. Niemand wisse, klagte der Kurfürst von Brandenburg in einem Schreiben nach Wien, wie lange er Kurfürst und Herr im Lande bleiben werde. Er beklagte sich, daß er nicht nur die in seinem Land einquartierten Truppen zu erhalten habe, sondern auch für andere Kontributionen leisten müsse, und fügte bitter hinzu, daß ihm die eigentliche Ursache dieses Krieges unbekannt sei. Er tat gut daran, dies zu erwähnen, denn seit dem Frieden von Lübeck gab es, in der Theorie, keinen Krieg mehr.

Weit ernster war die drohende Haltung des erbitterten Maximilian. Er hatte dem französischen Gesandten in München offen eingestanden, daß er den Kaiser zur Abrüstung zwingen wolle. Seit kurzem war ein Gerücht im Umlauf, daß er jetzt in zwölfter Stunde den 1619 versäumten Versuch machen wolle, die Kaiserthronfolge der Habsburger endgültig zu brechen. Er wolle den Wahlkampf gegen den Sohn des Kaisers aufnehmen, indem er sich selbst um den Titel eines Römischen Königs bewerbe. Das hatte der französische Agent dem englischen zugeflüstert, als sie vor einem Jahr in Preußen, in dem zugigen Feldlager des Königs von Schweden, herumwarteten. »Ich bete zu Gott«, schrieb der Engländer nach Hause[76], »daß dies nicht eine französische Nachtigall sein möge, deren Lied lieblich klingt, aber nur leerer Schall ist.« Als kurz darauf, unter Maximilians Einfluß, die Liga Geld für Tillys Heer bewilligte, damit es, trotz des Friedens von Lübeck, für den Notfall in Bereitschaft gehalten werde[77], schien es tatsächlich, als ob Maximilian von Wallensteins Methode gelernt hätte und die Nachtigall nicht nur leere Töne von sich geben würde.

Im März 1630 übersandte der Kurfürst von Mainz seinen Kollegen eine Aufforderung zur Teilnahme an einem für den Sommer in Regensburg geplanten Kurfürstentag[78], und Ferdinand machte sich gegen Ende Mai nach dorthin auf. Was ihn betraf, so wollte er die Wahl seines Sohnes durch die Opferung Wallensteins erkaufen, ein Schachzug, für den die Zeit jetzt gekommen war. Er war jedoch um seiner spanischen Verwandten willen genötigt, die weitere Forderung zu stellen, daß die Kurfürsten bereit sein müßten, Truppen gegen die Holländer zu senden. Wallensteins Entlassung konnte vielleicht eines dieser Zugeständnisse von den schwach gewordenen Fürsten erkaufen, aber kaum beide. Die spanische Regierung zwang Ferdinand, den Erfolg seiner Politik durch Verquickung mit ihrer aufs Spiel zu setzen. Die spanische Regierung hatte aber etwas noch Schlimmeres getan; sie hatte Frankreich dahin gebracht, eine tätige Rolle in Deutschland zu spielen. Richelieu, der abseits der abgründigen kaiserlichen Politik undurchsichtige Winkelzüge machte, hatte zuerst den König von Schweden aus der ihn bedrohenden polnischen Gefahr gerettet und sich dann zu einem Bündnis mit den Holländern verpflichtet. Jetzt schickte er sich an, sogar den Kurfürstentag mit Vertretern zu beschicken, die unter dem Deckmantel von

Verhandlungen für den französischen Herzog von Mantua mit den Kurfürsten des Heiligen Römischen Reiches ihr falsches Spiel treiben sollten.

Auf sich allein gestellt, hätte Ferdinand wahrscheinlich mit den uneinigen Fürsten fertig werden können, aber da er ohne Unterlaß von seinen spanischen Verwandten drangsaliert wurde, konnte er es niemals gegen die deutschen Fürsten und obendrein gegen Richelieu aufnehmen. Der Kurfürstentag von Regensburg im Jahre 1630 war ein Vorspiel zum Streit zwischen den Bourbonen und den Habsburgern, nicht ein Nachspiel zum deutschen Krieg, und Ferdinand gab seine Politik weder ganz auf, noch führte er sie völlig zu Ende; sie wurde stillschweigend verdrängt.

## VI

Im Sommer 1630 war in Deutschland kein Krieg. Mit dem Ausscheiden des Königs von Dänemark endete der letzte bewaffnete Widerstand der Protestanten. Es hätte die Aufgabe der versammelten Kurfürsten sein sollen, diesen Frieden durch die Bereinigung der noch anstehenden Streitfragen und die Abrüstung des Heeres gutzuheißen. Es war höchste Zeit.

In zehn Kriegsjahren hatte mehr als die Hälfte des Reiches das unmittelbare Elend von Truppenbesetzungen und Truppendurchzügen ertragen, dem ein Rattenschwanz von Übeln gefolgt war: Tierseuchen, Hungersnot für Menschen und Tiere, und die unausrottbaren Pestkeime. Vier Mißernten in den Jahren 1625 bis 1628 hatten das Maß des deutschen Jammers vollgemacht. Die Pest forderte unter der verhungerten Bevölkerung schreckliche Opfer und raffte ganze Lager unglücklicher Flüchtlinge dahin. Armut und Hungersnot raubten einem von Natur fleißigen Volk Hoffnung und Scham, so daß es nicht länger eine Schande war zu betteln. Einst achtbare Bürger schämten sich nicht, am Nachbarhaus um Almosen anzuklopfen[79], aber die Wohltätigkeit hatte sich erschöpft, nicht infolge Mangels an Mitleid, sondern an Mitteln. Ausgewiesene Pastoren irrten im Land umher und suchten nach Menschen, die sie aufnehmen konnten, nicht nach solchen, die sie aufnehmen wollten; aber sie suchten vergebens. In der Oberpfalz flehten die katholischen Priester die Regierung an, ihren jetzt hungernden protestantischen Vorgängern zu helfen, die ausgewiesen worden waren, um ihnen Platz zu machen[80].

In Tirol verwendete man 1628 gemahlene Bohnenstengel zum Brotbacken, und 1630 in Nassau Eicheln und Wurzeln[81]. Sogar in Bayern lagen die Leichname Verhungerter unbegraben auf den Straßen[82]. Die Ernte an den Havelufern war 1627 vielversprechend, wurde aber von den fliehenden Dänen und den ihnen nachsetzenden kaiserlichen Truppen vernichtet[83]. »Ich höre nichts als Wehklagen und habe nur im Anblick von Leichnamen Abwechslung«, schrieb Sir Thomas Roe aus dem »jämmerlichen Elbing« in der Danziger Bucht im Jahre 1629. »Auf achtzig englische Meilen nicht ein Haus, in dem man sicher schlafen kann; keine Einwohner, außer einigen armen Frauen und Kindern, *vertendo stercorarium*, um ein Weizenkorn zu finden[84].«

Die Not der Bevölkerung hinderte die Soldaten nicht, ihre Erpressungen fortzusetzen und ihrem mörderischen Zeitvertreib nachzugehen. Welcher Geist sie beseelte, zeigt sich deutlich in ihren Liedern:

«Frisch, unverzagt, behertzt und wacker,
Der scharffe Sebel ist mein Acker,
Und Beuten machen ist mein Pflug,
Damit gewin ich Gelds genug[85].«

Davon sangen sie nicht nur, sie setzten es auch in die Tat um. Allein in Kolberg brannten sie fünf Kirchen und allen Kirchenbesitz an Scheunen und Speichern nieder, und oft taten sie es nur, um ihren Spaß an einem Feuerwerk zu haben. Zu ihrer Unterhaltung schossen sie mit Pistolen in Heuschober, und einmal setzten sie absichtlich ein Stadtviertel in Brand und kamen zurück, als die Häuser eingeäschert waren, um die Bewohner auszuplündern, die mit allem, was sie retten konnten, in der Kirche kampierten[86]. Fast in jeder besetzten Stadt wurden die schönen Vorstädte, wo die Bürger in ihren Gärten Obst und Gemüse zogen, niedergebrannt, um Befestigungsanlagen Platz zu machen[87].

Auf die Rückseite einer Liste maßloser Forderungen kritzelte der Bürgermeister von Schweidnitz ein Gebet[88], offenbar die einzige Möglichkeit einer Meinungsäußerung. Tillys Offiziere ließen die Kirchturmspitzen herunterreißen und das Blei einschmelzen, wenn kein Geld zu finden war, und hatten längs der Elbe neue Zölle ersonnen, um ihre Forderungen zu befriedigen[89]. Selbst wenn eine Stadt alles beistellen konnte, was verlangt wurde, gab es keine Gewähr, daß das Geld oder die Vorräte für die Soldaten verwendet und weitere Störungen verhindert wurden. Von einem Kommandanten wurde allgemein erzählt, daß er das beschlagnahmte Silber einschmelzen ließ, um sich Tafelgeschirr anfertigen zu lassen[90], und Wallenstein wetterte gegen Offiziere, die ihre Kompanien unter dem Stand hielten, um sich die überschüssigen Löhnungen anzueignen[91].

In Thüringen, in einem jener Ratskeller, die scheinbar schon damals, wie auch jetzt noch, die besten Speise- und Trinklokale waren, vergnügte sich eine Gesellschaft Wallensteinscher Leute nach einem üppigen Mahl damit, durch die Kellerfenster auf die Füße der Vorübergehenden zu schießen[92].

In der Mark Brandenburg schleppten sie angesehene Bürger als Geiseln fort, schleiften sie, an die Schwänze der Pferde gebunden, viele Kilometer auf den schlechten Wegen hinter sich her und banden sie für die Nacht wie Hunde unter den Tischen und Bänken an[93]. Der maßlose Haß zwischen Soldaten und Zivilisten, der sich fast zum Wahnsinn steigerte, verschärfte die Greuel des Krieges. Bürgerkrieg mit täglichen Morden, Brandstiftungen, Lagerüberfällen und Racheangriffen auf Dörfer wütete in Dithmarschen zwischen den Bauern und den Truppen[94]. In seinem Simplicius Simplicissimus, diesem Alpdruck von einem Roman, erzählt Grimmelshausen, wie Soldaten ihre Pistolen als gräßliche Daumenschrauben benützen, indem sie den Bauern die Daumen in die Läufe pressen; wie sie ihnen einen Strick um den Kopf zusammenziehen, bis die Augen hervortreten; wie die Opfer über Feuern und in Öfen geröstet und geräuchert werden und ihnen Jauche in den Mund gegossen wird, was später als der »Schwedentrunk« bekannt wurde. Es war ein Sport, auf Gefangene, die in einer langen Reihe hintereinander zusammengebunden waren, zu schießen und zu wetten, wie viele mit einem Schuß durchbohrt werden konnten[95].

Für Deutschland bestand nur eine einzige Möglichkeit, sich zu erholen: eine Beendigung des Krieges. Doch gab es 1630 kaum einen Fürsten oder regierenden Machthaber, der den schnellsten Weg zur Beilegung des Krieges auch nur erwogen hätte. Johann Georg von Sachsen richtete an Ferdinand einen mit überzeugender Beredsamkeit abgefaßten Protest, worin er die Lage des Landes in blutigen Farben schilderte[96], aber er ließ erkennen, wie tief die Leiden der Bevölkerung sein abgestumpftes Empfinden berührt hatten, als er sich weigerte, nach Regensburg zu kommen. Er erklärte, daß Ferdinand ihn einzuschüchtern versuche, und überredete den Kurfürsten von Brandenburg, zum Protest mit ihm in Annaburg zusammenzukommen[97]. Er handelte zweifellos aus den edelsten politischen Beweggründen, aber es bestand wenig Aussicht auf Frieden für Deutschland, wenn zwei Kurfürsten sich sogar weigerten, an einer allgemeinen Beratung teilzunehmen.

Maximilians Verhalten war nicht viel besser. In einer Beziehung war es schlechter, denn er kam nach Regensburg, um Wallenstein zu stürzen, wofür ihm der Papst und Richelieu insgeheim ihre Hilfe versprochen hatten[98]. Maximilian glaubte zwar, daß das Eingreifen Spaniens die Wurzel des deutschen Unglücks sei, zeigte aber einen verhängnisvollen, wenn auch nicht ungewohnten Mangel an Verständnis, indem er das Reich vom Einfluß einer ausländischen Macht durch Herbeirufung einer anderen befreien wollte.

Hätte Maximilian es abgelehnt, in Regensburg den französischen Abgesandten zu helfen oder sich von ihnen helfen zu lassen, und hätten die Kurfürsten von Sachsen und Brandenburg die Niederlage des Protestantismus als gegeben hingenommen, statt in letzter Stunde Widerstand zu leisten, dann wäre in Deutschland Frieden gewesen. Der König von Schweden hätte sich zurückziehen müssen, und der Krieg zwischen den Bourbonen und den Habsburgern wäre in Flandern und Italien ausgekämpft worden. Die Unterwerfung im Jahre 1630 hätte Deutschland vor weiteren achtzehn Kriegsjahren bewahrt, und obwohl die Regelung von der durch die Regierungen Frankreichs und Schwedens 1648 schließlich erzwungenen sehr verschieden gewesen wäre, wäre sie nicht sonderlich schlechter gewesen. Unterwerfung hätte 1630 das Aufgeben der »deutschen Libertät« bedeutet; diese Libertät war das Privileg regierender Fürsten oder, wenn es hoch kam, von Stadtgemeinden und hatte mit den Rechten des Volkes nichts zu tun. Das Volk kannte keine Freiheit, weder vor, noch im, noch nach dem Krieg. Ferdinands Sieg hätte die Zentralisierung des Reiches unter österreichischer Oberhoheit bedeutet, die Aufrichtung eines einzigen Despotismusses in der deutschsprachigen Welt an Stelle von mehreren; er hätte für den Protestantismus eine schwere Niederlage, aber nicht seine Vernichtung bedeutet. Die katholische Kirche erwies sich bereits als zu schwach, um die ungeheure Aufgabe auszuführen, die Ferdinand ihr gestellt hatte, und die geistliche Wiedergewinnung der säkularisierten Länder hinkte der politischen weit nach. Wie bewundernswert die Standhaftigkeit vieler Protestanten und wie groß die Zahl der gegen Norden, nach Sachsen, Brandenburg und Holland, Flüchtenden auch war, unter der jüngeren Generation wuchs auf beiden Seiten die Teilnahmslosigkeit. Ferdinands Verwaltung erwies sich der Durchführung des Restitutionsediktes als nicht mehr gewachsen; aber selbst wenn er alles, worauf sich dieses Dokument bezog, hätte erreichen können, wäre der Protestantismus nicht vernichtet gewesen. Es blieben Sachsen und Brandenburg und die nicht umstrittenen Reste von Württemberg, Hessen, Baden und Braunschweig.

Es wäre unsinnig zu behaupten, daß ein Sieg Ferdinands im Jahre 1630 ein reiner Segen gewesen wäre. Groß waren die Leiden, welche das Restitutionsedikt bereits verursacht hatte, und groß wäre das Elend gewesen, das seine fernere Durchführung gezeitigt hätte, aber man darf sich wenigstens fragen, ob weitere achtzehn Kriegsjahre nicht unvergleichlich schlimmer waren. Die Verfechter der Fortsetzung des Krieges konnten gewichtige Gründe für sich in Anspruch nehmen: Eine Unterwerfung hätte die Habsburger in Deutschland und im übrigen Europa verhängnisvoll ermutigt; sie hätte Ferdinands Angriffslust fördern und ihn fast sicher dahin bringen können, den König von Spanien gegen die Holländer zu unterstützen; die Macht des Hauses Habsburg hätte ihren Schatten über ganz Europa geworfen. In Wirklichkeit führte die Fortsetzung des Krieges nur zu der nicht weniger bedrohlichen Vorherrschaft der Bourbonen. In den Friedensbedingungen von 1648 wurde die »deutsche Libertät« von klugen ausländischen Verbündeten unangetastet gelassen, da sie in ihr die Schwächung Deutschlands gewährleistet sahen. Die achtzehn noch folgenden Kriegsjahre zeitigten eine Regelung, die vom innerpolitischen Gesichtspunkte nicht besser und vom außenpolitischen ungleich schlechter war als jede Regelung, die 1630 möglich gewesen wäre. Die »deutsche Libertät« wurde wahrlich sehr teuer erkauft.

Den Fürsten mag das nicht so erschienen sein, denn nicht sie waren es, die den Preis zahlten. Die Hungersnot in Braunschweig-Wolfenbüttel ließ den Herzog bemerken, daß seine Tafel weniger reichlich als sonst bestellt war, und drei schlechte Weinernten an der unteren Donau hinderten einmal Ferdinand, wie alljährlich Johann Georg ein Geschenk von Tokaier zu senden – solche Zuglüftchen vom großen Sturm strichen durch die Fenster der Fürstenpaläste[99]. Verpfändetes Land, leere Staatskassen, lärmende Gläubiger, die Qualen der Verwundung und Gefangenschaft, das alles sind Leiden, die der Mensch mit verhältnismäßiger Ergebung ertragen kann. Die bitteren seelischen Leiden, die eine falsche Politik mit sich brachte, der Verlust an Ansehen, Gewissensbisse und die Vorwürfe der Öffentlichkeit ließen die deutschen Fürsten den Krieg bedauern, zeitigten aber nur selten eine Friedensbereitschaft. Kein deutscher Fürst kam, seines Heimes beraubt, in der Winterkälte um oder wurde mit Gras im Mund tot aufgefunden oder mußte es erleben, wie seine Frau und seine Töchter geschändet wurden, und wenige, bezeichnend wenige, wurden von der Pest befallen[100]. Ihrer Lebensbedürfnisse sicher, an vollen Tafeln, konnten sie es sich leisten, unberührt von den Leiden ihrer Mitmenschen politischen Träumen nachzuhängen.

## VII

Der Regensburger Kurfürstentag von 1630 ist für die Geschichte des Reiches nur deshalb von Bedeutung, weil er von Beweggründen bestimmt wurde, die außerhalb Deutschlands lagen. Die alte Frage des holländischen Krieges und die alte Feindschaft zwischen den Bourbonen und den Habsburgern beherrschten die Diskussion auf beiden Seiten.

Jetzt, da Ferdinand Herr über Deutschland war, verlangte die spanische Regierung von ihm, daß er die Fürsten auffordere, Spanien bei der Unterwerfung der Holländer zu helfen. In Madrid war man durch das Fehlschlagen aller bisherigen Versuche, die deutschen Herrscher zu einer wohlwollenderen Einstellung zum spanischen Plan zu bewegen, nicht entmutigt. Bestechungen in Form von Jahresgeldern wurden regelmäßig an die Kurfürsten von Köln und Trier bezahlt, auch an den Herzog von Neuburg, gewisse Offiziere des Heeres und Minister des Wiener Hofes, ja sogar an Bedienstete in Wallensteins Haushalt, aber alles ohne Erfolg[101]. Der Kurfürst von Köln erhob nur schwachen Einspruch gegen die holländischen Kriegshandlungen, die sich auf seinem Gebiet abspielten, aber selbst als diese infolge ihrer Nähe Tilly einige militärische Sorgen verursachten, verbot Maximilian jeden Angriff auf die Holländer[102]. Einmal hatten die Kurfürsten von Erzherzogin Isabella sogar verlangt, alle Beschränkungen des Handels mit Holland aufzuheben, da sie einsahen, daß die Vereinigten Niederlande, ungeachtet ihrer Beziehungen zu Spanien, rechtlich zum Reich gehörten und daher beanspruchen konnten, an den Privilegien des Reiches teilzuhaben[103].

Ferdinand bedurfte seines ganzen Optimismusses, um zu glauben, daß er die Fürsten dahin bringen könnte, den Holländern den Krieg zu erklären. Doch zwangen ihn seine Verpflichtungen gegen Spanien, diesen Punkt seiner Forderungen obenan zu stellen, als er Anfang Juli 1630 den Kurfürstentag von Regensburg eröffnete. Er rechtfertigte seine eigenen Rüstungen mit dem Hinweis auf den Krieg im Mantuanischen hob hervor, daß die Holländer die Einheit des Reiches gefährdet hätten, und drängte die Kurfürsten, Maßnahmen gegen sie zu ergreifen. Unter Führung Maximilians erwiderten die Kurfürsten, nichts besprechen zu können, bevor nicht Ferdinand den Stand seines Heeres herabgesetzt und einen neuen Oberbefehlshaber gefunden habe. Was die Feindseligkeit der Holländer betreffe, so hätten sie davon nichts bemerkt, hingegen bedienten sich die Spanier in unverzeihlicher Weise deutschen Gebietes für ihre militärischen Operationen[104].

Das war Angriff und Gegenangriff, und alles kam dadurch ins

Stocken. Ferdinands Antwort war wohl in der Form verbindlich, nicht aber im Inhalt. Er wies darauf hin, daß er für seine Person immer auf Disziplin in seinem Heer bestanden habe, und versprach, sich einen neuen Feldherrn zu suchen[105]. Die Antwort wurde übel aufgenommen, teils weil sie so unbestimmt war, aber mehr, weil das Gerücht ging, daß Ferdinand seinen eigenen Sohn zum neuen Feldherrn ausersehen habe, was in vieler Hinsicht eine Änderung zum Schlechteren bedeutet hätte. Am 29. Juli erwiderten die Kurfürsten mit einer zweiten Liste von Beschwerden, der sie mehr Nachdruck gaben[106].

Während die Kurfürsten diese Beschwerden besprachen, war Ferdinand auf der Jagd und kam erst am Abend des 31. Juli zurück. In der Zwischenzeit waren zwei französische Abgesandte eingetroffen; der eine von ihnen war Pater Joseph, »die graue Eminenz«. Die Nachricht von diesen Ankömmlingen oder die ruhigere Erwägung der kurfürstlichen Beschwerden, oder beides, brachte Ferdinand um seine gute Laune, und als er am Abend des 31. Juli heimgeritten kam, begab er sich schweigend in seine Gemächer, wo er bis drei Uhr morgens mit seinen nächsten Beratern aufblieb[107].

Die Ereignisse der nächsten Tage rechtfertigten seine Besorgnis. Pater Joseph und auch der päpstliche Nuntius bestärkten die Fürsten in ihrem Entschluß, weder einem Krieg gegen die Holländer zuzustimmen noch den jungen Erzherzog zum Römischen König zu wählen. Pater Joseph war so gründlich darauf bedacht, nichts zu versäumen, um den Fürsten alle Seiten des spanischen Einflusses in Deutschland vor Augen zu führen[108], daß Brûlart, der andere französische Gesandte, bald darauf alle Fürsten wohlgefällig als »gute Franzosen« bezeichnen konnte[109]. Mittlerweile legte Johann Georg von Sachsen seinen Standpunkt dar, indem er eine Zusammenfassung von sechs Hauptpunkten einsandte, die er als die wesentlichen Vorbedingungen für Friedensverhandlungen betrachtete. Die wichtigsten Punkte waren die Regelung der Religionsfragen im Reich auf Grund der Verhältnisse im Jahre 1618, die Zurückziehung des Restitutionsediktes und die einschneidende Herabsetzung der Kriegskontributionen[110].

Am 7. August versuchte Ferdinand in Regensburg nochmals, den katholischen Kurfürsten mit Argumenten beizukommen. Er stellte in Abrede, die Verteidigung der Verfassung gegen Angriffe jemals unterlassen zu haben, und ließ unauffällig den Vorschlag einfließen, die Herzogtümer Cleve und Jülich, in denen die Nachfolge noch immer fraglich war, zu beschlagnahmen[111]. Das war noch ein hinterlistiger Versuch, den Spaniern im Krieg gegen Holland dadurch zu helfen, daß er ihnen einen starken Halt am Niederrhein schuf. Um die Fürsten bei ihren Erwägungen seiner Vorschläge milder zu stimmen, veranstaltete er für sie am folgenden Tag ein Ringelstechen, bei dem sein ältester Sohn wieder den Preis davontrug[112]. Zum Glück für diese Veranstaltung des Kaisers hatte der junge Ferdinand ein scharfes Auge und saß gut zu Pferd, aber sein Vater irrte, wenn er glaubte, daß diese Eigenschaften den versammelten Kurfürsten zu Herzen gehen würden. Ihre Antwort auf seine neuen Vorschläge war bis zur Feindseligkeit kühl. Sie rückten die hinterlistige Anspielung auf Cleve und Jülich ins volle Licht, erkannten sie in ihrer ganzen Bedeutung und weigerten sich rundweg, der Idee der Beschlagnahme näherzutreten[113].

Ferdinand hielt zwei Trümpfe: Wallenstein und das Restitutionsedikt. Die Verabschiedung des Feldherrn konnte vielleicht die katholischen Kurfürsten versöhnen; die Zurückziehung des Ediktes mochte die Kurfürsten von Sachsen und Brandenburg umstimmen und sie wahrscheinlich in letzter Stunde zur Teilnahme an der Versammlung nötigen. Er beschloß, die erste Karte sogleich auszuspielen, und berief am 17. August seine Ratgeber, um mit ihnen den besten Weg zur Entlassung Wallensteins zu besprechen. Dieser hielt sich mit großem Gefolge in Memmingen auf, und der Kaiser gab zu, daß ihn keine Verantwortung dafür treffen könne, wie Wallenstein das Verlangen nach seiner Abdankung aufnehmen werde[114]. Überraschenderweise brachte jedoch ein Bote die Nachricht, daß Wallenstein seinen Abschied zu nehmen bereit sei, wenn der Kaiser persönlich dies wünsche. Am 24. August trafen die Abgesandten des Kaisers in Memmingen ein[115]. Wallenstein empfing sie mit düsterer Würde und verabschiedete sie mit seinem formellen Rücktritt. Er hatte ihnen eine Sternkarte gezeigt, aus der zu ersehen war, daß das Schicksal Ferdinands während mancher Krisen unter dem Einfluß Maximilians stehe. Innerhalb gewisser Grenzen ließ sich Wallenstein von den Ratschlüssen des Himmels in seinem Handeln bestimmen, aber während er öffentlich nachgab, hing er insgeheim seinen Racheplänen nach[116].

Seine Entlassung beraubte die französischen Abgesandten der weiteren Unterstützung durch den Kurfürsten von Bayern. Nach dem Rücktritt Wallensteins sah Maximilian den Weg offen, um über Ferdinand ein militärisches Übergewicht zu erlangen, und war nicht weiter an auswärtigen Angelegenheiten interessiert. Zur gleichen Zeit hatten Ferdinands Truppen Mantua genommen und den Herzog von Nevers zur Flucht gezwungen. Nach der Niederlage in Italien und dem Verlust von Maximilians Hilfe in Deutschland waren die Franzosen geschwächt, und Ferdinand zögerte nicht, den Vorteil auszunützen. Er machte sich erbötig, Karl von Nevers als Herzog von Mantua zu bestätigen, falls Casale und Pinerolo den Spaniern garantiert würden und die französische Regierung sich verpflichte, kein Bündnis mit den im Reich kriegführenden Mächten einzugehen. Es war ein unmittelbarer Vorstoß gegen das französisch-holländische Bündnis, eine Schranke gegen Richelieus geplantes Bündnis mit Schweden. Der französische König war krank, und die verzweifelten Bitten der Gesandten um weitere Instruktionen blieben unbeantwortet. Pater Joseph und Brûlart mußten selber eine Entscheidung treffen. Am 13. Oktober 1630 stimmten sie, vorbehaltlich der Ratifizierung, allen Forderungen Ferdinands zu, und der Friedensvertrag von Regensburg wurde unterzeichnet.

Die Nachricht wurde in Frankreich mit Bestürzung aufgenommen. Richelieu, dem Furcht und Zorn auf dem Gesicht geschrieben standen, erklärte dem venezianischen Gesandten, daß er sich von der Politik in ein Kloster zurückziehen wolle[117]. Casale und Pinerolo verloren, die Bündnisse mit den Holländern und Schweden widerrufen und die Freundschaft mit den deutschen Fürsten vor dem Ende — das waren die Ergebnisse von Pater Josephs Politik. Inzwischen gab Ferdinand, vom Wohlwollen des Siegers gegen die Besiegten überströmend, bei der Verabschiedung der Gesandten seiner besonderen Wertschätzung Richelieus und des Königs von Frankreich Ausdruck[118].

Ferdinand hatte die Entlassung Wallensteins restlos ausgenützt. Sein anderer Schachzug, die Zurücknahme des Restitutionsediktes, konnte wahrscheinlich noch größere Vorteile bringen. Eggenberg bestürmte ihn, diesen Zug zu tun[119]. Der Einfall des Königs von Schweden hatte begonnen; jeder Tag brachte neue Gerüchte von seinem Vordringen — er habe fünfzigtausend Mann und habe Güstrow, ja sogar Weimar erobert —, und Regensburg wurde durch entstellte Nachrichten ängstlich in Atem gehalten[120]. Das war nicht der geeignete Zeitpunkt für einen Streit mit den protestantischen Kurfürsten. Die Zurücknahme des Restitutionsediktes würde den Protesten der Kurfürsten von Sachsen und Brandenburg in Annaburg ein Ende machen, da diese in einer Kundgebung erklärt hatten, daß nur das Edikt den Frieden im Reich verhindere[121]. Die katholischen Kurfürsten waren gewillt, mit ihnen über die Angelegenheit zu diskutieren. Sicherlich würde Ferdinand im Interesse seiner Dynastie nachgeben.

Aber Eggenberg stieß auf unnachgiebigen Widerstand. Ferdinand hatte die erste Hälfte der Partie bewundernswert gespielt; nun weigerte er sich, die zweite Hälfte zu spielen. Die Absetzung Wallensteins und die Zurücknahme des Ediktes waren für ihn zwei grundverschiedene Dinge. Das erste betraf nur die Politik, das zweite aber war ihm ein Glaubensartikel. Die Unterströmung von Fanatismus, die ihn bisher sicher durch alle Fährnisse seines Lebenslaufes getragen hatte, trieb ihn jetzt in eine falsche Richtung.

Vor Ende August hieß es in Regensburg, daß er niemals nachgeben werde[122], und während des ganzen Kurfürstentages setzten seine Truppen die gewaltsame Befreiung der Klostergüter fort. Er triumphierte daher in Regensburg einzig und allein über Richelieu, nicht über die Fürsten, und die Versammlung wurde im November geschlossen, nachdem kaum eine der strittigen Fragen gelöst worden war.

Als die Holländer sich bereit erklärten, alle ihre Truppen aus Cleve und Jülich zurückzuziehen, war Ferdinand gezwungen, den Abzug aller übrigen Truppen zu versprechen, gab so die beabsichtigte Beschlagnahme auf und ließ die leidige Frage der holländischen Neutralität unbeantwortet[123]. Das Reichsheer sollte von Maximilian und Tilly befehligt und dadurch dem Kaiser wieder die Stellung eingeräumt werden, die er vor fünf Jahren, vor dem Eingreifen Wallensteins, innegehabt hatte. Das Restitutionsedikt sollte auf einer allgemeinen Tagung der Fürsten gründlich besprochen werden[124]. Es wurde kein Römischer König gewählt und kein im spanischen Interesse gelegener Krieg erklärt.

Ferdinand mußte versuchen, diese zwei schweren Niederlagen durch einen einzigen diplomatischen Sieg über Frankreich auszugleichen. Auch nahm die spanische Regierung, für deren Ziele er die seinen so verhängnisvoll geopfert hatte, keinen Anteil an seinem Geschick. Zu Madrid war man über die Regelung in Cleve und Jülich sehr aufgebracht und verstand nicht zu würdigen, was für die spanische Regierung in der mantuanischen Angelegenheit getan worden war.

Im Reich war Ferdinands Politik zusammengebrochen. Das ungefestigte Gefüge des Reiches konnte dem schweren Druck der spanischen Forderungen nicht standhalten. Statt Deutschland zu einigen, hatte der Regensburger Kurfürstentag es entzweit und Maximilian und die Liga wieder zu den treibenden Kräften von Ferdinands Politik gemacht, während die zwei protestantischen Kurfürsten sich durch ein neuerliches Minoritätsvotum von dem Vorgehen ihrer Kollegen unter Protest absonderten[125]. In diesen sich weitenden Riß trieb nun der König von Schweden einen Keil, der das Reich wie eine verfaulte Planke spaltete.

Es war Ferdinand nicht gelungen, und auch Maximilian nicht, und Johann Georg hatte kaum den Versuch gemacht, eine einheimische

Institution zu schaffen, die stark genug war, um die heimischen Schwierigkeiten zu lösen. Der Kurfürstentag von Regensburg bezeichnet das Ende desjenigen Abschnittes, der allein mit einigem Recht die Zeit des deutschen Krieges genannt werden kann, und den Anbruch der Epoche, in welcher auswärtige Mächte in den Krieg verwickelt waren. Der König von Schweden war in Pommern gelandet, und das deutsche Volk duckte sich wieder unter der Geißel eines Krieges, den es nicht begonnen hatte und nicht beenden konnte. Der Kurfürstentag, der nach zwölf Jahren des Unheils hätte Linderung bringen sollen, kündigte nur die achtzehn an, die noch folgen sollten.

# DER KÖNIG VON SCHWEDEN
## 1630—1632

Von der Person des Königs von Schweden
erhoffe ich mir mehr als von seinem ganzen Land ...
Er ist alles und ist alles wert

THOMAS ROE

Mir erscheint Seine Majestät wie ein Engel Gottes

JOHN DURIE[1]

### I

Die Gegner im Kampf waren Frankreich und Spanien, der Kampfplatz war Deutschland. Das allein war aus dem Mißklang der Uneinigkeit des Kurfürstentages zu Regensburg herauszuhören; die Habsburger oder die Bourbonen mußten diesen kleinen Teil der Welt beherrschen. Ferdinand und sein Traum von einem geeinten Reich, Maximilian und die deutsche katholische Partei, Johann Georg und die lutherischen Verfassungsanhänger, Wallenstein und sein Heer — das waren die Waffen, mit denen die beiden Dynastien ihre Gegnerschaft ausfochten.

Es war noch immer ein verkappter Krieg, denn weder Richelieu noch Olivarez konnten sich offene Feindseligkeit leisten. Die französische Monarchie trieb noch immer unsicher auf den Wogen eines kaum gestillten Aufstandes; der spanische Staatsschatz hatte sich im holländischen und im italienischen Krieg erschöpft, und jeder Gegner trachtete, den andern durch einen indirekten Angriff zu vernichten. Das wahre Wohl Deutschlands, hatte Richelieu erklärt, liege in seiner Regierung durch Deutsche unter Ausschluß von Spanien[2]. Regensburg habe ihm gezeigt, daß die Deutschen, wenigstens soweit sie durch ihre streitenden Herrscher repräsentiert wurden, zur Durchführung einer solchen Politik unfähig seien. Es bleibe ihm daher zur Sicherung Frankreichs keine andere Wahl, als die Spanier mit Hilfe fremder Bundesgenossen auszuschalten.

Die Holländer konnten gegen Spanien in den Niederlanden verwendet werden, aber ihre Kräfte reichten nicht hin, um auch noch gegen Deutschland zu kämpfen. Das englische Bündnis war ihm kläglich mißglückt. Der König von Dänemark war nach seiner Niederlage ausgeschieden. Nach verschiedenen Versuchen zur Förderung seiner Politik wandte sich Richelieu schließlich dem König von Schweden zu. Für die deutschen Protestanten sei Gustav Adolf die Morgendämmerung, hatte Richelieu erklärt, und er beeilte sich, Frankreich die Wärme des Sonnenaufganges zu sichern. Im Dezember 1629 war ein Vorvertrag zu einem französisch-schwedischen Bündnis entworfen worden[3]. Obwohl Gustav Adolf ihn noch nicht bestätigt hatte, trieben sich französische Abgesandte in der Nähe seines vormarschierenden Heeres herum, und das endgültige Bündnis hing nur von der genaueren Festsetzung der Bedingungen ab. Richelieu hatte ohne zu zögern die von seinen Gesandten zu Regensburg gegebene Garantie verworfen, daß er Feinde des Kaisers nicht unterstützen werde.

Während Richelieu mit dem König von Schweden verhandelte und an Stelle offener Kriegführung nur indirekte Angriffe unternahm, versuchte Olivarez, Spanien so weit zu stärken, daß ein offener Krieg zu gefährlich würde. Er richtete sein Augenmerk nicht auf Deutschland, sondern hauptsächlich auf die Niederlande und bemühte sich, Spaniens Gesundung auf dem Weg der Unterdrückung des holländischen Wettbewerbes, der Wiederbelebung des Antwerpener Handels und der Wiedereroberung der Kolonien zu erreichen.

## II

Am 4. Juli 1630 landete der König von Schweden in Usedom. Als er auf der schmalen Laufplanke vom Schiff herunterschritt, stolperte er und verletzte sich leicht am Knie[4]. Diesen Vorfall verkehrten zeitgenössische Historiker, die einen wachen Sinn fürs Dramatische hatten, gleich in eine beabsichtigte Handlung; der protestantische Held sei, als er Land betrat, auf die Knie gefallen, um den Segen Gottes auf seine gerechte Sache herabzuflehen[5]. Diese Legende enthält ein Körnchen dichterischer Wahrheit, denn, welche Kräfte auch hinter dem König von Schweden am Werk waren, sein persönlicher Glaube an seine Sendung schwankte niemals.

Zur Zeit der Landung war Gustav Adolf sechsunddreißig Jahre alt. Er war hochgewachsen, doch ließ seine übermäßige Breitschultrigkeit ihn kleiner erscheinen; er hatte männlich schöne Züge, eine frische Gesichtsfarbe, einen rötlichblonden Spitzbart und ebensolche kurzgeschorene Haare, so daß die italienischen Söldner ihn *»il re d'oro«*

nannten und sein gebräuchlicherer Beiname »der Löwe des Nordens« eine zusätzliche Bedeutung bekam. Er war derb gebaut und verfügte über ungeheure Kraft, bewegte sich langsam und ziemlich ungelenk, konnte es jedoch im Gebrauch des Spatens und der Spitzhacke mit jedem Sappeur seines Heeres aufnehmen. Hingegen war seine Haut, soweit nicht vom Wetter gebräunt, weiß wie die eines Mädchens. Er hielt sich sehr aufrecht, jeder Zoll ein König, gleichgültig, was er unternahm. Mit den Jahren bekam sein Kopf eine nach vorn geneigte Haltung, und seine kurzsichtigen hellblauen Augen verkniffen sich[6]. Er aß herzhaft und kleidete sich einfach, trug mit Vorliebe das sämischfarbene Lederkoller und den Biberhut des Soldaten und belebte sein Kostüm nur durch eine scharlachrote Schärpe oder einen Mantel von gleicher Farbe. Er nahm sich ebenso gut im Ballsaal wie im Feld aus, was ihn jedoch nicht hinderte, die Strapazen eines Feldzuges mitzumachen. Er schwitzte, hungerte, fror und dürstete mit seinen Soldaten und saß bisweilen fünfzehn Stunden ohne Unterbrechung im Sattel. Blut und Schmutz kümmerten ihn nicht – die königlichen Stiefel hatten bis über die Knöchel in beiden gewatet.

Doch würde man sich sehr irren, wenn man Gustav Adolf, weil er eine Soldatennatur war, für einen einfältigen Menschen hielte. Botschafter, die von seinen zu sorglosen Umgangsformen und der taktlosen Geradheit seiner Meinungsäußerungen entsetzt waren, überwanden ihre anfängliche Abneigung, wenn sie entdeckten, welch angespanntes Denken und brauchbares Wissen sich hinter seinen schnell gefällten Urteilen verbargen. Höflinge, die seine Freundlichkeit mißbrauchten, brachten ihn so in Wut, daß sie ihn selten beruhigen konnten; Dienern, die sich damit aufhielten, unnötige Fragen zu stellen, wurde barsch befohlen, ihren Auftrag auszuführen, und Gesandte, deren Beglaubigungsschreiben an den König nicht die genaue Anführung seiner Titel enthielten, fanden keinen Zutritt, bevor der Fehler nicht gutgemacht war[7].

Seit seiner frühesten Kindheit für die Aufgaben des Königtums erzogen, hatte er im Arbeitsraum seines Vaters während der Abwicklung von Staatsangelegenheiten gespielt, als er kaum stehen konnte. Mit sechs Jahren war er mit dem Heer im Felde gewesen, mit zehn saß er am Ratstisch und gab seine Meinung kund, und er war noch nicht zwanzig, als er selber und allein Gesandte empfing. Er besaß eine oberflächliche Kenntnis von zehn Sprachen, war von einer vielleicht nicht tief gehenden Wißbegierde und hatte eine Vorliebe für angewandte Philosophie; stets hatte er einen Band Grotius bei sich[8].

Nicht einmal Richelieu oder der unter seinen Zeitgenossen so sehr gepriesene Maximilian von Bayern kamen Gustav Adolf als dem in der Verwaltung seines Staates erfolgreichsten Herrscher Europas gleich. Während seiner neunzehnjährigen Regierungstätigkeit (er war seit seinem siebzehnten Lebensjahr nicht nur dem Namen nach, sondern auch in der Tat König) hatte er die Finanzangelegenheiten Schwedens in Ordnung gebracht, Wohlfahrtseinrichtungen, Spitäler sowie das Post- und Erziehungswesen ausgestaltet und ein sorgsam ausgearbeitetes, erfolgreiches Militärpflichtsystem geschaffen. Er hatte ferner die Beseitigung der aus der Untätigkeit des ehrgeizigen Adels erwachsenen Schwierigkeiten dadurch in Angriff genommen, daß er in dem »Riddarhus« eine Adelskammer schuf, die der Krone für die Regierung Schwedens verantwortlich war. Er war in keinem Sinn ein demokratischer König; seine politische Theorie war aristokratisch, aber unter seiner Führung des Adels erfreuten sich anderthalb Millionen Menschen in Schweden und Finnland[9] der reibungslosesten Regierung in Europa. Überdies hatte er den Handel gefördert und die Nutzung der Naturschätze des Landes, insbesondere des Reichtums an Mineralien, zur Entfaltung gebracht. Schweden besaß die Rohmaterialien zur Herstellung seiner Kriegsrüstung und bediente sich ihrer auch. Seit Gustav Adolfs Regierungsantritt war fast kein ganzes Jahr Friede gewesen[10]. Unter solchen Umständen ist es kaum verwunderlich, daß die schwedischen Stände im Jahre 1629 einhellig die Mittel für einen dreijährigen Krieg in Deutschland bewilligt hatten.

Gustav Adolf hatte sich dem Krieg mit dem gleichen begeisterten und abenteuerlustigen Verständnis gewidmet, das er auch für die Angelegenheiten des Friedens an den Tag gelegt hatte. Er bewunderte den Prinzen Moritz von Oranien und hatte dessen Taktik weiterentwickelt, um aus seinen Truppen das Äußerste an Beweglichkeit und Tüchtigkeit herauszuholen. Er hatte holländische Berufsoffiziere kommen lassen, um seine Truppen im Gebrauch der Artillerie und im Belagerungskrieg auszubilden, und sich selber in der Konstruktion eines leichten, beweglichen Geschützes versucht. Seine sogenannten »ledernen« Geschütze bewährten sich jedoch nicht sehr, und er verließ sich im allgemeinen auf seine schnellfeuernden Vierpfünder, die leicht genug waren, um von einem Pferd oder drei Mann gezogen zu werden[11].

Wie alle großen Führer glaubte Gustav Adolf sowohl an sich selbst wie auch an seine Sache. Zu wiederholten Malen erklärte er in einem kritischen Augenblick seine unerschütterliche Überzeugung, daß Gott mit ihm sei. Obwohl er lutherisch erzogen war, hatte seine Duldung der Calvinisten unter seinen Untertanen und Verbündeten des öfteren Zweifel aufkommen lassen[12]. Er war aber trotzdem von der besonderen Richtigkeit seines eigenen großzügigen Protestantismusses überzeugt und konnte schwer einsehen, wie jemand mit Gewalt überredet werden könnte, seinen Glauben zu wechseln. Er war wenigstens darin duldsam, daß er genau so, wie er diejenigen verachtete, die unter Zwang bekehrt wurden, es auch verschmähte, selbst Zwang auszuüben. Er war gewillt, den Besiegten jeglichen Glaubens zu erlauben, in ihren Irrtümern zu verharren.

Gustav Adolf war ein Meister der Staatsverwaltung und eine furchtlos und ungestüm entschlossene, militärisch hochbegabte Natur; aber diese Eigenschaften allein erklären nicht seine Macht über seine Zeitgenossen. Der Grund hierfür lag vielmehr in seiner überwältigenden, selbstbewußten Persönlichkeit, die nicht nur seine Anhänger in Bann hielt, sondern auch Menschen, die ihn nie gesehen hatten. Ein italienischer Soldat seines Heeres, ein Glücksritter, den weder seine Volkszugehörigkeit noch sein Glaube zum schwedischen König hinzog, war bestochen worden, ihn niederzuschießen. Mehrmals brachte er seine Pistole in Anschlag, konnte sich aber trotz günstiger Gelegenheit nicht dahin bringen, sie abzufeuern, denn wenn er auf den König blickte, erstarrte ihm das Herz, und seine Hand versagte[13]. Hatte das Schicksal den König wirklich mit einem übernatürlichen Panzer ausgestattet, oder gab ihm seine eigene ungeheure Zuversicht durch ihre Wirkung auf andere eine solche Macht? »Er glaubt, daß das Schiff, das ihn trägt, nicht untergehen kann[14]«; das war des Königs Geheimnis, seine Offenbarung, der heilige Egoismus des Propheten.

Sein bester Freund war sein grauhaariger Kanzler Axel Oxenstierna, eine schweigsame Gelehrtennatur, von dem allein er Rat und Tadel annahm. Gustav Adolf war von den impulsiven Leidenschaften des Genies erfüllt, während Oxenstierna der kühler denkende Tatsachenmensch war. Er war der Sachkundige, der die hochfliegenden Ideen seines Herrn in die ihm geläufige Sprache der Tatsachen übertrug. Der König schalt ihn einmal, daß alle Menschen erfrieren müßten, wenn sie so kalt wären wie er, worauf Oxenstierna erwiderte, daß sie verbrennen würden, wenn sie so hitzig wären wie der König[15].

Der Kanzler bedurfte etwas mehr als seines bloßen Altersvorsprungs von zwölf Jahren, um seine einzigartige Macht über den König zu erlangen. Seine Eigenschaften waren in mancher Hinsicht denen des Königs gleichwertig, in mancher deren Ergänzung: Er verfügte über dieselbe gewaltige Tatkraft, Schnelligkeit im Urteil und geistige Geschmeidigkeit, über ein gleich gutes oder sogar besseres Gedächtnis und über eine ebensolche Organisationsgabe. Beide Männer erfreuten sich derselben robusten Gesundheit, was in einer Zeit ständiger Gefahr und unzulänglicher ärztlicher Kunst nicht unwesentlich war. Oxenstierna war besonders stolz darauf, daß weder Sorgen noch Gefahren ihm seinen gesunden Schlaf raubten. Nur zweimal, so gestand er, hielt ihn die politische Lage wach; beide Male war es ein Anlaß während des Krieges in Deutschland[16].

Wenn Oxenstierna weniger den Eindruck einer Herrennatur macht als sein König, so rührt dies daher, daß er ein weniger angriffslustiger Geist war. Er war der geborene Diplomat, höflich, aber zurückhaltend, ein Opportunist, aber im Grunde seines Wesens ein ehrlicher Mensch, den man unmöglich überlisten, dabei aber schwerlich nicht leiden konnte. Er sprach Deutsch und besonders Französisch mit einer erstaunlichen Geläufigkeit und verfehlte nicht, sich der feinen Zweideutigkeiten zu bedienen, auf welche die französischen Diplomaten sich gelegentlich verließen. Wie glänzend seine Diplomatie auch war und was für Erfolge in Europa er auch seiner Regierung zu Lebzeiten des Königs und nach dessen Tod verschaffte, seine humanen Talente fanden doch niemals Gelegenheit zu voller Entfaltung. Er erscheint in seinen persönlichen Ansichten und Interessen weit kultivierter und großzügiger als der König. Selbstlos, hingebungsvoll und gütig in seinen persönlichen Beziehungen, wahrer Zuneigung fähig, an der Förderung schwedischer Kultur und der Wohlfahrt der Untertanen ungemein interessiert, war er der Mann, dessen Hauptrolle in der Geschichte Europas es sein sollte, die Fortdauer des Krieges in Deutschland während weiterer sechzehn Jahre zu bewerkstelligen. Daß er vorher wie nachher in der Verwaltung Schwedens ein gutes Stück Aufbauarbeit leistete, kann nicht geleugnet werden, aber diese friedlichen Leistungen zeigen nur desto deutlicher, welchen Verlust Schweden und das übrige Europa dadurch erlitten, daß Männer wie Oxenstierna von dem blutigen Geschäft des Krieges völlig in Anspruch genommen wurden. Und welchen Ruhm der Herrscher und die Feldherren Schwedens auch ernteten und wie sehr der Handel Schwedens auch angespornt wurde, am Ende überwog das Schlechte sogar in Schweden das Gute, denn das Ansehen der Regierung wurde durch den Ehrgeiz der militärischen Führer untergraben, die Bevölkerung durch die Anforderungen des Krieges erschöpft, und die eroberten Länder waren nicht zu halten. Oxenstierna diente seiner Regierung und seinem König nach besten Kräften, aber beide wie auch die Zeit erzwangen von ihm Dienste, die ihm nicht lagen.

Niemals zuvor hatte Deutschland ein Heer gesehen wie das, mit dem Gustav Adolf landete. Vor der pommerschen Küste ankerten achtundzwanzig Kriegsschiffe und ebenso viele Transportschiffe mit sechzehn Schwadronen Reiterei und zweiundzwanzig Kompanien Infanterie samt einem starken Artilleriedetachement, insgesamt dreizehntausend Mann[17]. Es war ein kleines Heer, aber der König warb bereits Rekruten in Deutschland und wollte den Krieg nicht bloß durch zahlenmäßige Übermacht gewinnen. Im Gegensatz zu den buntsprachigen Söldnerhaufen war sein ganzes Heer sich eines gemeinsamen Zweckes bewußt. Die Stärke der Reiterei und Artillerie, deren Mannschaft größtenteils seine eigenen Untertanen waren, lag darin, daß sie sich als nationale Einheit fühlten. Von den großen, muskulösen Männern Südschwedens, mit blaßblondem Haar und hellen Augen, bis zu den gedrungenen, dunkelfarbigen Lappländern auf ihren zottigen Ponys, welche von den Deutschen nur für Halbmenschen gehalten wurden[18], und den schlanken, farblosen Finnen, den Kindern einer winterlichen Welt, waren sie alle gleichermaßen Untertanen und Mitkämpfer des Königs. Er war ihr Herrscher, ihr Feldherr und fast ihr Gott.

Die Fußtruppen unterschieden sich davon dadurch, daß sie nur einen Kern schwedischer Soldaten hatten, die übrigen waren meistens Schotten und Deutsche und andere während des Krieges angeworbene Abenteurer. Gustav Adolf verschmähte es nicht, nach damaliger Sitte Gefangene in sein Heer aufzunehmen, jedoch nach Grundsätzen, die sich von denen anderer Feldherren darin unterschieden, daß er nicht nur Treue zur Fahne verlangte, sondern auch zu den Idealen, für welche er kämpfte und selber zu sterben bereit war. Er warb Soldaten aller Bekenntnisse an, aber die anerkannte Religion seiner Truppen war die lutherische. Zweimal täglich wurde gebetet, und jeder Soldat erhielt ein Taschengesangbuch mit frommen Liedern, die sich für die Schlacht eigneten.

Die disziplinären Vorschriften waren einwandfrei und verhältnismäßig erfolgreich. Angriffe auf Spitäler, Kirchen, Schulen oder die an diesen beschäftigten Zivilisten waren jederzeit untersagt. Auf einem Viertel der im Militärgesetzbuch des Königs angeführten Disziplinarvergehen stand die Todesstrafe; in Abwesenheit des Königs waren seine Obristen ermächtigt, kurzerhand Urteile zu fällen[19].

Sogar solche Strenge wäre jedoch ohne die Persönlichkeit des Königs wahrscheinlich wirkungslos geblieben. Die Hauptursache von Unruhen in allen Heeren lag in unpünktlicher und unregelmäßiger Soldzahlung, und die konnte weder Gustav Adolf noch Oxenstierna verhindern.

Schweden war ein armes Land und konnte nicht zu stark belastet werden. Der Kanzler, dem die Finanzangelegenheiten unterstanden, versuchte, die Kriegskosten aus den Hafengebühren und Zöllen zu bestreiten, welche in Riga und den kleineren Häfen der polnischen Küste eingehoben wurden[20], aber sie reichten nicht aus, und die Verteilung brach oft zusammen. Gustav Adolf entlohnte seine Soldaten auf andere Weise. Er war unablässig um ihre Wohlfahrt bemüht, und wenn auch knapp an Geld, waren sie doch wenigstens ordentlich verpflegt und bekleidet. Jeder Mann war mit einem Pelzmantel, Handschuhen, Wollstrümpfen und Schuhen aus wasserdichtem Juchtenleder ausgerüstet[21]. Vor allem besaß der König, wie Sir Thomas Roe beobachtete, »die einzigartige Gabe, seine Anhänger ohne Geld zufriedenzustellen, da er jedes Soldaten ›commiles‹ ist und außer trefflichen Worten und guter Behandlung so viel gibt, als er nur hat[22]«. Nur im äußersten Fall gestattete er seinem Heer, innerhalb gewisser Beschränkungen die Lebensbedürfnisse durch Plünderung zu befriedigen.

Die bewundernswerte Zucht, die der König hielt, hatte ihre Kehrseite. Wenn er aus politischen oder strategischen Gründen ein Land zugrunde richten wollte, holten seine der sonst gewohnten Einschränkungen ledigen Leute mit Zinseszinsen nach, was sie bei anderen Gelegenheiten hatten versäumen müssen.

Außer den genannten Eigenschaften zeigte Gustav Adolf auch Verständnis für den Wert der öffentlichen Meinung. Sein Agent Adler Salvius hatte, bevor der König abreiste, mehr als einen Monat lang Norddeutschland durch Reden über die »deutsche Libertät« und Verunglimpfung der kaiserlichen Regierung aufgewühlt und am Vorabend der Abreise eine Kundmachung in fünf Sprachen an die Bevölkerung und die Herrscher Europas veröffentlicht, in der er die Unterstützung der protestantischen Sache durch den König rechtfertigte[23]. Bei der Landung erließ der König eine zweite Kundmachung, in der er erklärte, daß das Eingreifen Ferdinands in Polen ihn herausgefordert habe, für die Unterdrückten zu den Waffen zu greifen. Er habe vergeblich versucht, sich mit dem Kaiser friedlich auseinanderzusetzen, aber in Lübeck wie auch in Stralsund seien seine Abgesandten abgewiesen worden, und als er schließlich gesehen habe, daß die deutschen Kurfürsten ihre eigene Kirche nicht verteidigen wollten, habe er zu den Waffen gegriffen, um es selber zu tun[24].

Am 20. Juli zog er in Stettin, der Hauptstadt Pommerns, ein, bestand darauf, mit dem unkriegerischen alten Herzog Bogislaw zu sprechen, und zwang ihn, sein Verbündeter zu werden und Geld aufzubringen.

Der unglückliche Herzog willigte ein, schrieb aber sogleich an Ferdinand, bei dem er sich demütig entschuldigte und sich auf höhere Gewalt berief[25]. Gustav Adolf kündigte an, daß er Pommern als Pfand behalten werde, falls die versprochenen Gelder nicht eingingen; so hatte er innerhalb der drei Wochen, in welchen die Landung vor sich ging, bereits Schwedens Anspruch auf einen wertvollen Streifen der Ostseeküste festgelegt.

Er hatte sich aber auch in anderen Teilen Deutschlands Stützpunkte oder wenigstens die Möglichkeit zu solchen geschaffen. Die verbannten Herzöge von Mecklenburg waren seine Verbündeten; er hatte sich bereit erklärt, Friedrich von Böhmen in der Pfalz wiedereinzusetzen[26]; und vor Ende des Jahres 1630 hatte er sich die Bundesgenossenschaft des Landgrafen von Hessen-Kassel gesichert. Wichtiger als alle diese Bündnisse war die Freundschaft mit Christian Wilhelm, dem abgesetzten protestantischen Administrator von Magdeburg. Magdeburg, die Schlüsselfestung der Elbe und eine der reichsten Städte Deutschlands, war die strategische Basis, nach der sowohl Gustav Adolf wie auch Tilly trachtete. Die Stadt hatte sich überdies dem Kreuzzugseifer des Kaisers widersetzt, so daß Gustav Adolf sich sogleich als Vorkämpfer des Protestantismus erweisen konnte, falls es ihm gelang, Magdeburg zu halten.

Mit Hilfe schwedischer Waffen und Truppen zog Christian Wilhelm am 6. August 1630 wieder in die Stadt ein und erklärte, daß er das Bistum mit Gottes und des Königs von Schweden Hilfe gegen alle Eindringlinge verteidigen werde. In Deutschland verbreiteten protestantische Nachrichtenblätter diese Erklärung in jubelnden Versen, aber in Magdeburg selbst mischte sich das Gefühl der Erleichterung mit Angst, denn wenn auch die meisten Bürger an ihrer Religion hingen, fürchteten sie doch die Folgen der Auflehnung. Während der Wiedereinsetzung Christian Wilhelms auf dem Bischofsstuhl umkreiste eine Rabenschar krächzend die Stadt, und während der gruseligen Sonnenuntergänge der folgenden Abende schienen seltsame Heere in den Wolken zu kämpfen und die Fluten der Elbe in geisterhaftem Widerschein des Himmels blutrot dahinzufließen[27]. Europa zollte dem kühnen Trotz Magdeburgs Beifall, aber in der Stadt selbst waren die Menschen verdrießlich, stritten mit ihren Verteidigern und machten ihnen Schwierigkeiten.

Gustav Adolf überwinterte in Pommern und der Mark Brandenburg, aber Mangel an Nachschub zwang ihn, frühzeitig ins Feld zu ziehen[28]. Auf dem Marsch nach Frankfurt an der Oder, dem nächsten Ziel seines

Feldzuges, war er am 23. Januar 1631 in Bärwalde. Dort empfing er die Abgesandten Richelieus und unterzeichnete den seit langem geplanten Bündnisvertrag.

Der Vertrag von Bärwalde sprach sich für den freien Handelsverkehr und den wechselseitigen Schutz Frankreichs und Schwedens aus. Auf diese einleitende Floskel folgten die ernsteren Punkte. Gustav Adolf sollte ein ständiges Heer von dreißigtausend Fußsoldaten und sechstausend Reitern halten, ganz oder teilweise auf Kosten Frankreichs, während Richelieu sich verpflichten sollte, an jedem Fünfzehnten der Monate Mai und November den Gegenwert von zwanzigtausend Reichstalern an das schwedische Schatzamt zu zahlen. Dagegen sollte Gustav Adolf für diese Unterstützung den Katholiken Deutschlands Glaubensfreiheit zusichern und sich außerdem verpflichten, die Länder Maximilians von Bayern, des Freundes Frankreichs, unbehelligt zu lassen und keinen Sonderfrieden zu schließen, wenigstens nicht vor dem Ablauf des fünfjährigen Vertrages[29].

Gustav Adolf erwies sich als ebenso erfolgreich als Diplomat wie als Organisator und Feldherr. Er brachte Richelieu dahin, sein Angebot von fünfzehn- auf zwanzigtausend Taler zu erhöhen, und bestand darauf, den schlauen Kardinal durch die Bekanntmachung dieses seines Vertrages mit einer protestantischen Macht öffentlich bloßzustellen[30]. Er wußte nur zu gut, daß man bei Geheimhaltung des Vertrages munkeln würde, er schäme sich, eine Schachfigur Frankreichs zu sein. Als Partner eines Geheimvertrages wäre er für eine bloße Puppe gehalten worden, wogegen er durch einen offenen Vertrag ein gleichwertiger Bundesgenosse war.

War dies nicht nur eine gekünstelte Unterscheidung und kein wirklicher Unterschied? In seinem Kampf gegen die Habsburger beabsichtigte Richelieu, sich die überschüssige Tatkraft solcher begeisterter Vorkämpfer wie des Königs von Schweden nutzbar zu machen. Die Bevölkerung Norddeutschlands scharte sich bereits unter seinem Panier; ihre Geistlichen beteten für ihn, und ihre Söhne drängten sich in sein Heer. Die protestantische Sache war zu neuem Leben erstanden. Aber in den düsteren Vorzimmern des Louvre bildeten Richelieu und seine Sekretäre sich ein, es besser zu wissen. Die Ausbeutung des Mutes und der Begeisterung ist seit Anbeginn der Welt die Chance des praktischen Politikers gewesen, und in Bärwalde war der König von Schweden – so meinten sie – ihnen auf den Leim gegangen.

Sie irrten sich. Die religiöse Überzeugung des Königs war echt, und echt war sein Verlangen, den unterdrückten Protestanten zu helfen, aber er war weder nur ein Soldat noch bloß ein Fanatiker. »Er ist ein tapferer Fürst«, urteilte Sir Thomas Roe, »aber klug genug, um sich selbst zu schützen, und er macht sich die Meinung und den Ruf zunutze, daß er fähig sei, die Gesundung des Gemeinwohles herbeizuführen[31].« Er stand nach Ansicht dieses englischen Diplomaten jetzt sogar am Ufer des Rubikons, aber »er wird ihn nicht überschreiten, falls nicht seine Freunde die Brücke bauen[32]«. Richelieu hätte seine Politik kaum als den Bau einer Brücke für den König von Schweden beschrieben; eher sollte der König von Schweden ihm eine Brücke schlagen. Der Kardinal und seine Agenten hatten sich jedoch übernommen, und der König von Schweden hatte den Vertrag von Bärwalde mit offenen Augen unterzeichnet. Mit Hilfe des französischen Geldes würde er sich bald von der französischen Politik unabhängig machen: Ausnützen ist ein Spiel, das zwei spielen können.

## III

Der Beitritt zum Vertrag von Bärwalde stand jedem deutschen Fürsten offen, der mithelfen wollte, das kaiserliche Joch abzuschütteln. Er war eine unverblümte Aufforderung an die Protestanten, sich gegen Ferdinand mit Waffengewalt zu erheben. Vor elf Jahren, als Böhmen im Aufstand war, hatte sich ihnen eine ähnliche Gelegenheit zum Zusammenschluß gegen den Kaiser geboten. Jetzt, 1630, war sie wieder gegeben. Wie im Jahre 1619 trat Johann Georg von Sachsen für die Festigung der Verfassung gegen diejenigen ein, die sie zu Fall bringen wollten. Er, der einst das Gleichgewicht zwischen Ferdinand und Friedrich gehalten hatte, hielt es nun zwischen Ferdinand und Gustav Adolf. Damals, 1619, hatte er zwischen Protestantismus und Katholizismus wählen müssen, wovon der eine offen und der andere heimlich die deutsche Verfassung angriff. Aber jetzt, 1630, gab es in Wirklichkeit keine Verfassung zu verteidigen, und es hatte keinen Sinn mehr, zwischen Katholiken und Protestanten zu wählen. Der habsburgische Angriffsgeist hatte das Papsttum zum Mitgefühl und das katholische Frankreich zum Bündnis mit den Protestanten getrieben, und Europa zeigte nicht einmal mehr Spuren einer religiösen Spaltung. Der politische Charakter des Streites hatte den religiösen zerstört.

Der Staatsmann nicht weniger als der Fanatiker wird eine verwickelte Lage stets allzu sehr vereinfachen, um den Weg zu seinem Ziel deutlicher zu erkennen. So waren für Gustav Adolf und Ferdinand, für den großen wie für den kleinen Mann, die zur Entscheidung stehenden Fragen so ziemlich die gleichen wie 1619. Ihrer Meinung nach beherrschte noch immer die Religion den Streit. Für Johann Georg hatte sich alles geändert. Er sah auf der einen Seite Ferdinand mit seinen verfassungswidrigen Forderungen und auf der andern den Ausländer Gustav Adolf mit seiner drohenden Macht und zwischen beiden eingezwängt die vergessenen Belange Deutschlands als Reich und Volk.

Die Wahl zwischen Ferdinand und Gustav Adolf fiel Johann Georg leichter als seinerzeit die zwischen Friedrich und Ferdinand, denn Friedrich war wenigstens ein Deutscher. Gustav Adolf war ein Ausländer, ein Eindringling, der in das Heilige Römische Reich und dessen Politik widerrechtlich einbrach. Johann Georg konnte sich unbedenklich sogleich gegen Gustav Adolf entscheiden. Aber es war zweierlei, sich zu entscheiden und zu handeln.

Um zu verstehen, was sich in den nächsten zwei Jahren in Deutschland abspielte, muß man sich über eines klar sein. Der eigentliche Feind Gustav Adolfs war nicht Ferdinand, sondern Johann Georg von Sachsen, was auch seine Politik nach außen hin war. Ferdinand war der simpelste, der freimütigste und rücksichtsvollste aller Feinde, seine Haltung war gerade und aufrecht, ohne Vorwände, und er rollte die volle Front seiner religiösen und dynastischen Politik vor dem Ansturm des schwedischen Königs auf. Es gab nichts zu verheimlichen. Aber er kämpfte für eine Sache, die dadurch, daß der Papst sie im Stich ließ, zu einem Schemen geworden war. Er war nur die Zielscheibe für Gustav Adolfs Angriff. Und Gustav Adolf, so aufrichtig seine religiöse Überzeugung war, kämpfte für die materielle Erstarkung Schwedens und um die Ostseeküste. Seine Feinde waren nicht die Katholiken, sondern alle, die für die Festigung Deutschlands eintraten. Ihr Führer war Johann Georg.

Drei wesentliche Gegensätze bedingten die Lage. Da war der Streit zwischen Katholiken und Protestanten, um den es sich nach außen hin zwischen Ferdinand und Gustav Adolf drehte und der trotz seines geistlichen Charakters dem Durchschnittseuropäer noch immer die schwierigste und hauptsächliche Frage zu sein schien. Außerdem bestand zwischen den Habsburgern und den Bourbonen eine politische Rivalität, welche die offizielle Politik von Paris, Madrid und Wien beherrschte. Unter diesen Gegensätzen verborgen klaffte die Spaltung zwischen den bodenständigen Deutschen und dem schwedischen Eindringling.

Dies ist eine Erörterung von Tatsachen, nicht von Beweggründen. Gustav Adolfs Aufrichtigkeit kann nicht bezweifelt werden. Wie alle großen Führer hatte er eine unbegrenzte Fähigkeit, sich selbst zu täuschen. In seinen Augen ein Verfechter des Protestantismus, in den Augen Richelieus ein willkommenes Werkzeug gegen das Haus Österreich, war er, nüchtern gesehen, einfach ein Vorkämpfer für die schwedische Expansion auf deutschem Boden. Schweden war genauso darauf aus, einen Gewinn einzuheimsen, wie der Protestantismus, aber das deutsche Volk sollte den Verlust haben. Nur Johann Georg sah durch den Nebel der Leidenschaften und die Trugbilder der Diplomatie, welche Europa verblendeten, die Gefahr und ließ sich in seiner Politik von seiner Überzeugung leiten.

Im Winter 1630 erstand ihm ein unerwarteter Bundesgenosse. Georg Wilhelm, der stattliche, von guten Absichten beseelte Kurfürst von Brandenburg, hatte die elf Jahre seiner Regierung in niedergeschlagener Fassungslosigkeit verbracht. Unter dem Einfluß seines ersten Ministers, des Katholiken Schwarzenberg, hatte dieser calvinistische Fürst eines lutherischen Staates sich bemüht, neutral zu bleiben. Das war nicht leicht, denn er hatte eine Schwester Friedrichs von Böhmen geheiratet und beherbergte in Berlin seine Schwiegermutter, die ihm ständig zusetzte, für ihren entthronten Sohn etwas Entscheidendes zu unternehmen. Auch war es peinlich, daß Gustav Adolf seinerzeit seine Schwester gewonnen und geheiratet hatte und er so in ein aggressiv protestantisches Bündnis gezerrt worden war. Trotz alledem blieb Georg Wilhelm bei seiner Kaisertreue, wofür er den defätistischen Vorwand geltend machte, er halte sie für die beste Sicherung seiner Dynastie. Leider brachte ihm diese »zu kalte und einfältige Neutralität«, wie der englische Agent sie nicht unzutreffend nannte, keinen Vorteil[33]. Wallenstein benützte seine Länder für seinen Feldzug gegen die Dänen, Gustav Adolf bediente sich ihrer als Stützpunkt gegen die Polen, und der unglückliche, zur Verzweiflung getriebene Kurfürst mußte erkennen, daß Wallenstein, wenn schon nicht der Kaiser selbst, ihn dahin bringen wollte, ihm den Krieg zu erklären und so einen Vorwand zu liefern, ihn seiner Kurfürstenwürde zu berauben[34].

Endlich, 1630, krümmte sich der getretene Wurm. Bei ihren Zusammenkünften in Annaburg im April und Dezember desselben Jahres überredete ihn Johann Georg von Sachsen, den Rat Schwarzenbergs in den Wind zu schlagen, zuerst sich zu weigern, nach Regensburg zu gehen, und dann einen protestantischen Konvent nach Leipzig einzuberufen, um Ferdinands Politik zu besprechen[35].

Dort erklärte Johann Georg in seiner Eröffnungsrede, daß die Versammlung bezwecke, das Vertrauen zwischen den zwei deutschen Friedensparteien wiederherzustellen[36]. Zweifelsohne hoffte er, daß der

Eindruck der gegen Ferdinand geeinten Kurfürsten von Brandenburg und Sachsen diesen veranlassen werde, sich mit ihnen zu vergleichen, damit sie sich nicht dem König von Schweden anschlössen. Sogar er wußte nun, daß es zwecklos sei, zu Ferdinand in zarten halben Andeutungen zu sprechen, und er hatte seinen diplomatischen Feldzug mit der Verbreitung der Nachricht begonnen, daß er zur Verteidigung seiner Länder und der Rechte der deutschen Protestanten rüste. Am 28. März veröffentlichten die Teilnehmer am Leipziger Konvent eine Erklärung, die den Charakter eines Ultimatums hatte. Sie verwiesen auf das Restitutionsedikt als die Wurzel ständiger Unruhe im Reich und auf die Heere des Kaisers und der Liga als unmittelbare Ursache; sie beklagten den Verfall der fürstlichen Rechte, die Mißachtung der Verfassung und das Elend, in welches der Krieg das Land gebracht hatte. Falls Ferdinand sich ihnen nicht ungesäumt zur Beseitigung dieser Übel anschlösse, könnten sie für die Folgen keine Verantwortung übernehmen. Das Manifest war tatsächlich eine Art Kriegserklärung. Unterzeichnet hatten es: der Kurfürst von Sachsen und seine Verwandten, die Herrscher der kleineren sächsischen Fürstentümer, ferner der Kurfürst von Brandenburg, die Vertreter von Anhalt, Baden, Hessen, Braunschweig-Lüneburg, Württemberg und Mecklenburg, viele unabhängige Adelige, die protestantische Äbtissin von Quedlinburg, die Städte Nürnberg, Lübeck, Straßburg, Frankfurt am Main, Mühlhausen und Nordhausen sowie die kleineren unabhängigen Städte Schwabens[37].

Unstreitig hatte Johann Georg sein Bestes getan, um Deutschland zu retten. Er war mit seinem Kollegen von Brandenburg als der Verteidiger des Protestantismus und der Verfassung aufgetreten und hatte die große Mehrheit der protestantischen Meinung hinter sich. Calvinisten und Lutheraner standen endlich Schulter an Schulter. Selbst die Herzöge von Mecklenburg und der Landgraf von Hessen hatten, obwohl Verbündete des Königs von Schweden, durch Unterzeichnung der Leipziger Erklärung bekundet, daß sie nicht abgeneigt waren, ohne fremde Einmischung Ordnung zu schaffen. So verblieben nur Magdeburg, der Herzog von Pommern und Friedrich von Böhmen als bedingungslose Verbündete Gustav Adolfs. Johann Georg hatte eine starke Stellung und machte von ihr auch Gebrauch.

Falls er den Kaiser schrecken und so zu der ausgleichenden Beilegung bringen konnte, hätte er damit den König von Schweden ohne einen Schwertstreich geschlagen. Für Gustav Adolf hing alles davon ab, wie er in Deutschland aufgenommen wurde. Falls das Heer, das Johann Georg nun mit allen Mitteln aufstellen wollte und für das er sich

Wallensteins besten Feldherrn, den Brandenburger und Protestanten Hans Georg von Arnim, gesichert hatte, die Neutralität Deutschlands angesichts des Vormarsches Gustav Adolfs behaupten, ihn zum Kampf im Rekrutierungsgebiet der nördlichen Tiefebene herausfordern und den von Gustav Adolf erwarteten Soldatennachschub sich selbst zulenken konnte, dann würde es für Gustav Adolf am besten sein, nach Schweden zurückzukehren und sich die Sache nochmals zu überlegen. Johann Georgs Heer war noch nicht groß und auch nicht ausgebildet genug, aber niemand, am wenigsten ein so erfahrener Soldat wie der König von Schweden, würde so töricht sein, ein von Hans Georg von Arnim befehligtes Heer zu unterschätzen.

Arnim war ungefähr vierzig, Soldat aus Neigung, nicht aus Notwendigkeit. Der siegreiche schlesische Feldzug im Jahre 1627, in dem Wallenstein sich einen Namen gemacht hatte, war großenteils sein Verdienst. Wahrhaft fromm und ein treuer Untertan des Kurfürsten von Brandenburg, hatte Arnim bei den Kaiserlichen fast aus den gleichen Gründen gedient, aus welchen Johann Georg sich 1620 Ferdinand angeschlossen hatte. Anfangs betrachtete er den Krieg nicht als einen Religionskampf, sondern eher als einen Kampf gegen Aufständische und Störer des Reichsfriedens. Das Restitutionsedikt jedoch zwang ihn, genau wie Johann Georg, seine Meinung zu ändern.

Das protestantische Deutschland hatte daher endlich Führer in Johann Georg und Georg Wilhelm, ein Programm in der Erklärung von Leipzig und einen Feldherrn, der eine Drohung wahrzumachen wußte. Die Kurfürsten von Sachsen und Brandenburg boten Ferdinand die Hilfe des geeinigten und bewaffneten Deutschlands an, falls er vom Restitutionsedikt abstehe. Weigere er sich aber, dann könnten sie für die Folgen nicht verantwortlich gemacht werden, denn das Eingreifen Gustav Adolfs mache eine weitere Neutralität unmöglich; Ferdinand könne nicht erwarten, daß die Protestanten sich zwischen seinem Vormarsch und dem des Königs von Schweden aufreiben ließen.

Es ist fast, aber nur fast, denkbar, daß Ferdinand dies einsah. Wahrscheinlicher ist, daß er die Macht und das Ansehen Gustav Adolfs nicht erkannte und die Leipziger Erklärung für eine der üblichen ohnmächtigen Kundgebungen hielt, mit denen Johann Georg seit Kriegsbeginn seine Hilflosigkeit zu maskieren suchte[38]. Ob er jedoch die Gefahr, die ihm drohte, erkannte oder nicht, er hätte nur eine einzige Antwort geben können. Er war kein Politiker, sondern der Führer eines Kreuzzuges, und er hätte ebenso gut Christus verleugnen wie das Restitutionsedikt aufgeben können.

Am 4. April 1631 sandte Johann Georg die Erklärung, der er einen persönlichen Appell beischloß, an den Kaiser[39]. Bevor dieser antworten konnte, war die schwedische Gefahr einen entscheidenden Schritt näher gerückt. Auf seinem Vormarsch längs der Oder trieb der König die kaiserlichen Truppen — Wallensteins Heer, aber ohne Wallenstein — in die befestigte Stadt Frankfurt an der Oder zurück. Die Schweden bemächtigten sich der Stadt durch einen Angriff am 13. April, füllten ihre im Schwinden begriffenen Vorräte aus der Plünderung der Stadt auf und zersprengten, töteten und nahmen gefangen, was von acht Regimentern übriggeblieben war[40].

Vier Tage darauf erwiderte Ferdinand unzulänglich auf den Leipziger Protest. Er wußte vermutlich noch nicht, daß Frankfurt gefallen war, denn kurze Zeit nachher mäßigte er sein Vorgehen und schickte einen Gesandten mit einer versöhnlichen Botschaft nach Sachsen, aber das Restitutionsedikt wollte er nicht widerrufen. Am 14. Mai wechselte er von Versöhnlichkeit wieder zum Befehlston und erließ eine Verordnung, in der er seinen Untertanen verbot, die Rekrutierungstätigkeit der protestantischen Fürsten in irgendeiner Weise zu unterstützen[41]. Er hatte alle Brücken zwischen sich und dem Kurfürsten von Sachsen abgebrochen.

Mittlerweile hatte der König von Schweden seine Stellung in Deutschland verbessert. Seine Truppen hatten Pommern überrannt und Greifswald und Demmin genommen, so daß er nun das Hinterland der Ostseeküste von Stralsund bis Stettin und die Oderlinie auf hundertdreißig Kilometer von der Mündung an besetzt hielt. Er hatte Brandenburg an seinen Nord- und Ostgrenzen eingeschlossen. Die Herzöge von Mecklenburg schickten sich an, ihr Land mit schwedischen Waffen vom Meer her zurückzuerobern; Magdeburg war bereits sein Verbündeter, und er mußte sich nur Brandenburgs versichern, und der ganze nordöstliche Teil des Reiches würde ihm gehören, samt den Unterläufen der Elbe und Oder, welche die Einfallswege ins Innere der Ferdinandschen Länder waren.

Der Kurfürst von Brandenburg war sicher der unglücklichste Mann Deutschlands, denn im Frühjahr 1631 wurde er wieder vom Kaiser wie auch von Gustav Adolf zum Opfer ausersehen. Beide erkannten, daß sie seine Tätigkeit für die Verfassungspartei sogleich unterbinden mußten; der Kaiser mußte den König von Schweden durch die Besetzung Brandenburgs einschüchtern, und der König von Schweden mußte Johann Georg im Kurfürsten von Brandenburg seines besten Helfers berauben und jeden der beiden Verfassungsvorkämpfer gesondert zur Annahme seiner Bundesgenossenschaft zwingen.

Gustav Adolf war in einer günstigeren Lage, denn im Winter war ein unerwartetes Mißgeschick über Tilly hereingebrochen. Es traf ihn durch den Mann, den er überflügelt hatte. Wallenstein wußte aus den Sternen, daß er zurückberufen werden würde, war aber nicht so einfältig, dies nur den Sternen zu überlassen, und hatte gewisse Vorkehrungen getroffen, um sich als unersetzlich zu erweisen. Während ihrer Einquartierung in Mecklenburg und im Odertal waren Tillys Truppen auf Nachschub aus den wohlversorgten Speichern Friedlands und Sagans wie auch aus Mecklenburg selbst angewiesen. Das waren jedoch Wallensteinsche Gebiete, und obwohl Wallenstein das Heer bestens verpflegte, solange es das seine war, sah er nicht ein, warum er es jetzt verpflegen sollte, wo es das Heer eines andern war. Er lieferte nur so viel Proviant aus Friedland, als bar bezahlt wurde, was fast einer völligen Verweigerung gleichkam; er lieferte so wenig als nur möglich aus Sagan und zog aus der Knappheit Nutzen, indem er den Kornpreis hinauftrieb; selbst in Mecklenburg gab er seinen Beamten die vertrauliche Weisung, der Einquartierung der Truppen die größtmöglichen Schwierigkeiten zu bereiten[42]. Die hungrigen Soldaten liefen zu Arnims neuem Heer über, die Pferde verendeten, und das von Wallenstein geschaffene Heer schmolz unter seinem Nachfolger zusammen. Tilly schrieb, er habe in seinem ganzen Leben »khein armada gesehen, deren alle nothwendige requisita von größerstem biß zum geringsten auf einmal totaliter abgehen, sintemahl khein Artigleria-Pferde, khein einzig Officierer, khein Stückhe, so zue gebrauchen, khein Pulver, Kugeln, Hackhen und Schauffeln, khein geldt noch Proviandt vorhanden[43]«. Vergebens erbat er dringlich Hilfe; Wallenstein wollte und Ferdinand konnte nicht helfen.

In dieser verzweifelten Lage gab Tilly dem Drängen seines Stellvertreters Pappenheim nach und setzte seine Hoffnung auf die Bezwingung Magdeburgs. Magdeburg war der wichtigste strategische Punkt an der Elbe, und Tilly glaubte auch, daß es mit Vorräten wohlversehen sei. Er machte einen gewaltsamen Versuch, zwischen Gustav Adolfs Stellung an der Oder und dessen Basis an der Ostseeküste vorzustoßen, nahm Neubrandenburg unter grausamem Gemetzel[44], zog sich aber zurück, da seine Truppen nicht schlagkräftig genug waren, um weiter vorzugehen, und schloß sich im April 1631 mit dem größeren Teil seines Heeres Pappenheim an, der Magdeburg belagerte.

In Magdeburg selbst war die Lage verwickelt, weil die Bürger nicht zu Märtyrern gemacht werden wollten. Einige zeigten mehr Heldengeist und halfen Dietrich von Falkenberg, dem hessischen, von Gustav

Adolf zur Organisierung der Verteidigung entsandten Offizier, nach besten Kräften. Aber im allgemeinen machte die Bevölkerung ständig solche Schwierigkeiten und stellte die notwendigen Vorräte so widerwillig zur Verfügung, daß Falkenbergs hungrige Reiterei meuterte und nur mit Mühe beruhigt werden konnte[45]. »Hier geht es sinnlos zu«, schrieb er an den König, »wir leben von einem Tag auf den andern.« Die Versuche des Königs, Tilly durch einen Angriff auf Frankfurt an der Oder abzulenken[46], mißglückten. Im Mai 1631 waren die Vorposten der Belagerer schon in Rufweite von den Verteidigern der Stadtwälle, und die führenden Bürger Magdeburgs verlangten Verhandlungen zur Übergabe der Stadt, um die Eroberung durch Kampf und die Plünderung zu vermeiden[47].

Die Augen des protestantischen Europas waren auf den König von Schweden gerichtet. Eine Flut von Flugblättern erschien, die Magdeburg zum Ausharren ermahnten und die jungfräuliche Stadt beschworen, sich von den ihr arg zusetzenden Werbungen des ältlichen Freiers nicht betören zu lassen[48]. Den Befreier trennten von seinem Ziel nur ungefähr zweihundertfünfzig Kilometer schlecht verteidigten Landes und die Beschlüsse des Leipziger Konvents. Zwischen Magdeburg und seinen Retter schoben die Kurfürsten von Brandenburg und Sachsen das Hindernis ihrer rätselhaften Politik. Gustav Adolf hatte sich an sie gewendet, als sie in Leipzig berieten, aber sie hatten sein Angebot, sich mit ihm zur Befreiung Magdeburgs zu verbünden, mit eisiger Gleichgültigkeit aufgenommen[49]. Schon einmal war der König von Schweden über die deutschen Fürsten in Wut geraten. »Sie wissen nicht, ob sie lutherisch oder ob sie papistisch, ob sie kaiserlich oder ob sie deutsch, ob sie endlich frei oder Sklaven sein wollen«, hatte er getobt[50]. Er tat ihnen aber unrecht, denn eins wußten sie sehr gut, daß sie nämlich die Einmischung des Königs von Schweden nicht wollten. Ohne die Bundesgenossenschaft der zwei protestantischen Kurfürsten wagte Gustav Adolf nicht vorzugehen. Die Bauern Brandenburgs waren vor seinem herannahenden Heer geflüchtet; die örtlichen Behörden, welche die Politik ihres Kurfürsten kannten, waren nicht freundlich gesinnt gewesen, und seine Truppen, die unter dem Mangel an Verpflegung litten, waren ernstlich heruntergekommen[51]. Ohne die Hilfe Arnims würde es schwer sein, Magdeburg zu befreien, und weit davon entfernt, ihm zu helfen, schienen die beiden Kurfürsten geneigt, ihm Hindernisse zu bereiten. Es war denkbar, daß ihm bei einem Vormarsch durch Brandenburg das vom Leipziger Konvent unterstützte Heer in den Rücken fallen würde, um ihn zum Verlassen Deutschlands zu zwingen.

Ende April verständigte Gustav Adolf Falkenberg, daß er weitere zwei Monate aushalten müsse[52]; Anfang Mai schlug er gegen den Kurfürsten von Brandenburg los, bemächtigte sich seiner Festung Spandau und jagte ihm solche Angst ein, daß er einen provisorischen Bündnisvertrag schloß[53]. Der erste Schritt, die Trennung der protestantischen Verbündeten, war getan. Johann Georg, der, ohne der Freundschaft Gustav Adolfs sicher zu sein, nicht gegen die Elbe vorzudringen wagte, blieb auf sich allein angewiesen. Aber bevor er zur Annahme von Bedingungen gezwungen werden konnte, hallte ganz Europa von dem schrecklichen Schicksal Magdeburgs wider.

Gerüchte überschätzten die Schnelligkeit, mit welcher der König von Schweden heranrückte, und die Furcht vor seinem Eintreffen trieb die Belagerer zu verzweifelten Anstrengungen[54]. Das katholische Heer war so erschöpft, daß es vernichtet werden würde, falls Magdeburg nicht erobert werden konnte; falls es sich nach Osten wendete, stieß es auf Gustav Adolf, im Süden auf Arnim, und im Norden lag Wallensteins ungastliches Mecklenburg, wo die Truppen nicht verpflegt werden konnten.

Vom 17. Mai 1631 an wurde die Stadt durch zwei Tage vergeblich bestürmt, bis die Bürger Falkenberg anflehten, zu verhandeln, da sie die Plünderung fürchteten, die einer Einnahme mit Waffengewalt folgen mußte. Aber Falkenberg blieb standhaft, da er von der Stärke seiner Verteidigung überzeugt gewesen zu sein scheint. Am 20. Mai, zwischen sechs und sieben Uhr an einem windigen Morgen, begannen neue Sturmangriffe, denn Pappenheim, der das Zögern Tillys fürchtete, hatte seine Truppen ohne Befehl zum Angriff geführt[55]. Die Verteidiger wurden in einem für sie ungünstigen Zeitpunkt überrascht, und nach übermenschlichem Widerstand, bei dem Falkenberg getötet wurde, brachen die Angreifer auf zwei Seiten durch, und Magdeburg war gefallen.

Die siegestrunkenen Truppen spotteten jeder Bemühung, sie im Zaum zu halten. Nur mit Gewalt konnte Pappenheim persönlich den verwundeten Administrator Christian Wilhelm aus den Händen der plündernden Rohlinge retten, die ihn gefangengenommen hatten[56], und der bejahrte Tilly wurde inmitten des Tumultes gesehen, wie er, hoch zu Roß, ungelenk einen Säugling streichelte, den er lebend aus den Armen seiner toten Mutter gerettet hatte. Als er den Prior eines Klosters der Stadt erblickte, rief der Feldherr ihm zu, die Frauen und Kinder in den Dom zu treiben, der die einzige Zufluchtsstätte war, die vor seinen Truppen schützen konnte. Der unerschrockene, unbewaffnete alte Mönch in seinem weißen Habit tat, was er konnte, und es gelang ihm, gegen sechshundert in Sicherheit zu bringen[57].

Pappenheim hatte während des Angriffes eines der Stadttore in Brand geschossen, und ein starker Wind trieb die beißenden Pulvergase über die Stadt, aber gegen Mittag schossen plötzlich an zwanzig verschiedenen Stellen fast gleichzeitig Flammen empor. Tilly und Pappenheim hatten nicht Zeit, dem Ursprung des Feuers nachzuforschen; von dem entsetzlichen Anblick bestürzt, trieben sie ihre betrunkenen, zügellosen und erschöpften Soldaten zur Bekämpfung des Feuers zusammen. Der Wind war zu heftig; in wenigen Minuten war die Stadt ein Glutofen, und die Holzhäuser stürzten in Flammen und Rauchwolken krachend zusammen. Jetzt erscholl der Ruf, das Heer zu retten, und die kaiserlichen Offiziere bemühten sich vergeblich, ihre Leute ins Freie zu treiben. Schon aber waren ganze Viertel durch Rauchwände abgeschnitten, so daß alle Soldaten, die sich beim Plündern aufhielten, sich verirrten oder stocksteif betrunken in Kellern lagen, umkamen.

Bis tief in die Nacht hinein brannte die Stadt und schwelte noch drei Tage lang, ein wüster Haufe verkohlter Balken rund um den hochstrebenden gotischen Dom. Wie das gekommen war, wußte man weder damals, noch hat man es jemals erfahren. Eines war jedoch Tilly und Pappenheim klar, als sie auf die höllischen Ruinen blickten und den trostlosen Wagenzügen nachsahen, die durch vierzehn Tage die verkohlten Leichen zum Fluß fuhren: Magdeburg konnte nun weder Freund noch Feind beherbergen.

Deswegen haben manche nicht ungerechtfertigt angenommen, daß Dietrich von Falkenberg das Feuer geplant und die Ausführung einigen verläßlichen Bürgern und Soldaten, fanatischen Anhängern seiner Partei, überlassen habe, um so Tillys Beute und womöglich sein Heer im Augenblick des Sieges zu vernichten. Es ist nicht unmöglich; solche Gerüchte waren damals weit verbreitet, und die gefallene Stadt wurde die protestantische Lukrezia genannt, weil sie sich lieber selbst vernichtete, als daß sie ihre Schande überlebte[58]. Dem Fanatiker, und Falkenberg war ein solcher, mag die Vernichtung von vierundzwanzigtausend Männern und Frauen als ein der protestantischen Sache und dem König von Schweden angemessenes Brandopfer erschienen sein. Beweise für das Verbrechen fehlen, denn der geschwärzte Scheiterhaufen hinterließ keine Anhaltspunkte; bei der Plünderung einer großen Stadt kann es leicht zu unbeabsichtigten Bränden kommen, und heftiger Wind und Holzhäuser können das Ihre tun. Eines nur ist gewiß – daß weder Tilly noch Pappenheim die Stadt, aus deren Reichtum sie ihr Heer ernähren und bezahlen wollten, absichtlich zerstört hätten[59].

Der Großteil der Nahrungsmittel in der Stadt war verbrannt, aber als die Soldaten zurückkamen, um in den Ruinen zu plündern, fanden sie da und dort Keller mit Fässern voll Wein, die den Flammen entgangen waren; und die zwei Tage hindurch betrunken herumtorkelnden Soldaten waren außer Rand und Band und nicht zu halten.

Am 22. Mai begann Tilly, in das ihn umgebende Chaos Ordnung zu bringen. Die Geflüchteten wurden aus dem Dom gebracht, mit Lebensmitteln versehen und im Kreuzgang des Klosters untergebracht, wo sie drei Wochen lang zusammengepfercht unter Decken lagen; nur wenige von ihnen hatten irgendein Kleidungsstück am Leibe. Im Weingarten der Mönche wurde ein kleines Lager für die Kinder, die sich verlaufen hatten, eingerichtet, aber von den achtzig, die dort untergebracht waren, blieben nur fünfzehn am Leben[60]. Zivilisten und Soldaten drohte eine Hungersnot, und die in den Straßen herumstreunenden Hunde rauften um die Leichname und scharrten die Begrabenen wieder aus. Um einen Ausbruch der Pest zu vermeiden, ließ Tilly die Leichen in die Elbe werfen. Viele Kilometer längs den Ufern unterhalb der Stadt trieb die Strömung die aufgeschwollenen Toten ins Schilf, wo sich die Raubvögel kreischend über ihnen sammelten[61].

Von den dreißigtausend Einwohnern Magdeburgs waren ungefähr fünftausend am Leben geblieben, meistens Frauen. Diese hatten die Soldaten sich zuerst gesichert und ins Lager geschleppt, bevor sie zur Plünderung der Stadt zurückkehrten. Als die Plünderung vorbei war, versuchte Tilly, geordnete Zustände zu schaffen. Er schickte Priester zu den Soldaten, um sie zu überreden, ihre Opfer zu heiraten oder wenigstens gegen ein angemessenes Lösegeld freizugeben. Den überlebenden Männern Magdeburgs wurde gestattet, ihre Frauen zurückzukaufen und sich selbst auszulösen, aber wer sich das nicht leisten konnte, mußte mit den Truppen als Diener dessen marschieren, der ihn gefangengenommen hatte[62].

Wenn auch Tilly wenig für sein Heer zu tun vermochte, konnte er doch wenigstens etwas für seine Kirche tun, und so ließ er fünf Tage nach dem Fall der Stadt den Dom feierlich wiedereinweihen. Die Soldaten wurden unter ihre Fahnen gerufen, und die höheren Offiziere marschierten an der Spitze einer ausgewählten Mannschaft mit fliegenden Fahnen in den Dom zu einem feierlichen Tedeum. Die Geschütze wurden auf einem der größeren Überreste der Stadtmauer in Stellung gebracht, und es wurden Salutschüsse abgefeuert, um die Rückkehr des Doms zum wahren Glauben zu verkünden. Nachher verlautbarte der Feldherr, daß der Trümmerhaufen zu seinen Füßen nicht länger Magdeburg sei, sondern Marienburg, eine seiner Schutzpatronin geweihte Stadt[63].

Die Holzstatue der Jungfrau, die so lange Zeit das Stadttor gekrönt hatte, war nach dem Feuer verkohlt und zerbrochen in einem Graben gefunden worden[64]. Sie war umworben und schließlich gewonnen worden, und noch viele Jahre gedachte man der »Hochzeit von Magdeburg«.

Die Nachricht kam über Europa wie ein Schreckensschlag. In Wien wurde bei den Dankgottesdiensten kein Jubel laut, und in protestantischen Ländern kam es zu unbeschreiblichen Ausbrüchen von Abscheu und Empörung. Das schreckliche Ereignis, das der Eroberung ihre militärische Bedeutung raubte, wurde als die vorsätzliche Tat der Sieger in die Welt posaunt, und Tillys Name sollte in der Geschichte für immer mit Magdeburg verknüpft fortleben. Noch Jahre nachher wurden kaiserliche Soldaten, die um Pardon baten, mit der Entgegnung »Magdeburger Pardon« niedergeschossen.

»Durch dieses Glück ist dem gemeinen Wesen noch nit geholfen, und hat gefahr khein end, weilen die protestirende Stend sich über dieses sonnder zweifel in desto sterckhere verhassung stellen werden[65]«, schrieb Tilly an Maximilian. Er hatte recht. In ganz Europa war Magdeburg für den Protestantismus das Signal zur Tat; am 31. Mai trafen die Vereinigten Niederlande mit dem König von Schweden ein Übereinkommen, wodurch sie sich verpflichteten, die französischen Subsidien um die ihren zu vermehren[66], und sie machten sich sogleich fertig, in Flandern einzufallen.

Unmittelbare schlimme Folgen hatte das Mitte Juni von Georg Wilhelm von Brandenburg und Gustav Adolf getroffene Übereinkommen. Der Kurfürst von Brandenburg hatte sich im April bereit erklärt, Spandau aufzugeben, aber nachher versucht, sich seiner Verpflichtung zu entziehen. Gustav Adolf handelte schnell. Am 15. Juni erklärte er, daß eine weitere Weigerung Georg Wilhelms seinen Verpflichtungen nachzukommen, als Kriegserklärung behandelt werden würde, erschien sechs Tage darauf vor Berlin und richtete seine Geschütze auf das kurfürstliche Palais. Der verzagte Georg Wilhelm brach völlig zusammen und sandte seine Gemahlin und seine Schwiegermutter aus, um den Eindringling zu rühren; einige Stunden darauf kam er selbst und biederte sich mit dem Vorschlag an, das kleine Mißverständnis mit einem guten Tropfen aus der Welt zu schaffen. Gustav Adolf, der jetzt Herr der Lage war, zeigte sich nicht abgeneigt; freudig gelaunt trank er dem Kurfürsten vier Humpen zu und erzwang am nächsten Tag, dem 22. Juni 1631, einen Vertrag, der ihm die Hilfsquellen Brandenburgs und die Festungen Spandau und Küstrin auf Kriegsdauer zur

Verfügung stellte[67]. Den Rest des Tages und weit in die Nacht hinein tröstete Georg Wilhelm seinen verletzten Stolz dadurch, daß er mit dem schwedischen König üppig tafelte und zechte[68].

Mittlerweile wurde Tillys Lage, die schon militärisch schwierig genug war, durch hinzukommende politische Mißlichkeiten unhaltbar. Obwohl Oberbefehlshaber aller kaiserlichen Streitkräfte, war er noch immer auch der Feldherr der katholischen Liga und unterstand daher Maximilian. Dieser Fürst hatte während des ganzen Frühjahrs seine alte Politik verfolgt und ohne Rücksicht auf den Kaiser und den König von Schweden eine katholische Verfassungspartei gebildet. Er rechnete damit, daß er innerhalb Deutschlands nur Bündnisse mit einer genügenden Zahl von Fürsten, womöglich mit Johann Georg, und die moralische Unterstützung Richelieus benötigen werde. Im Einklang mit dieser Annahme hatte er am 8. Mai 1631 mit der französischen Regierung ein Geheimabkommen auf acht Jahre geschlossen, worin sie ihn als Kurfürsten anerkannte und sich verpflichtete, ihm im Fall eines Angriffes beizustehen. Dafür verpflichtete sich Maximilian, den Feinden Frankreichs keine Hilfe zu gewähren[69].

Welche Verwirrung dieses Geheimabkommen verursachte, kann man sich kaum vorstellen. Richelieu erkannte Maximilians Anspruch auf einen Titel an, den sein anderer Verbündeter, Gustav Adolf, seinem rechtmäßigen Inhaber wiedergeben wollte. Überdies legte er die französische Regierung auf die Verteidigung Maximilians fest, falls dieser angegriffen werden sollte. Sah Richelieu nicht, daß, selbst wenn Gustav Adolf gegen den Kaiser kämpfte, das Heer des Kaisers hauptsächlich aus Maximilians Mitteln bezahlt und von Maximilians Feldherren befehligt wurde? War Richelieu so einfältig zu glauben, daß Gustav Adolf, was er auch versprechen mochte, die rein äußerliche Neutralität Bayerns achten werde? Die Diplomatie Maximilians und des Kardinals beruhte immer noch auf der dünkelhaften Annahme, daß der König von Schweden ihr fügsames Werkzeug sei, daß er gebraucht werden könne, um den Kaiser zu schrecken, und daß er in Deutschland schön in Grenzen gehalten und dann abgelöhnt und nach Schweden zurückgeschickt werden könne.

Der Mann, der am meisten unter dieser unbegreiflichen Diplomatie litt, war der treue Tilly. Als Oberbefehlshaber der kaiserlichen Streitkräfte hatte er die klare Pflicht, den König von Schweden aufzuhalten; aber als Feldherr Maximilians konnte er das kaum tun, denn es war ihm nach Abschluß des Vertrages klargemacht worden, daß er jeden offenen Zusammenstoß mit Gustav Adolf, der mit einem Freund seines

Herrn befreundet war, vermeiden müsse[70]. Dagegen dürfe Tilly kühn nach Sachsen vorrücken und den Schrecken ausnützen, den sein, des berüchtigten Schlächters von Magdeburg, Name jetzt einflöße, um Johann Georg einzuschüchtern. Maximilian war aber entschlossen, auf keinen Fall die Feindseligkeit Johann Georgs herauszufordern. Er schätzte die Lage gut genug ein, um zu wissen, daß ein Angriff Tillys den Kurfürsten in die Arme Schwedens treiben und seine Hoffnung auf eine neue Partei der Fürsten vernichten würde.

Wieder erlosch die aufflackernde Möglichkeit eines Bündnisses zwischen den beiden Verfassungsanhängern. Die gemeinsam vorgehenden Heere Tillys und Arnims hätten vielleicht Deutschland retten können, aber ein zaghafter Briefwechsel zwischen Johann Georg und den katholischen Kurfürsten zeitigte keinen Erfolg[71]. Kriegsführung bedingt eine Dringlichkeit, die nicht auf das Zaudern von Ministern warten kann; die entscheidende Tatsache im Sommer 1631 war, daß Tillys Soldaten Hunger litten.

Vier Tage nach dem Fall Magdeburgs flehte Tilly Wallenstein vergeblich um Nahrungsmittel für seine Soldaten an[72]. Mit fortschreitendem Sommer wurde ihm jede Hoffnung auf einen Ausweg abgeschnitten. Die Schweden schlugen ihn im Norden zurück, nahmen am 22. Juli Havelberg ein und überrannten Mecklenburg. Tilly hatte gehofft, daß Wallenstein in dieser Notlage seine Länder und Hilfsquellen lieber ihm zur Verfügung stellen als sein Herzogtum an den Feind verlieren werde. Aber Wallenstein zog es vor, sein Herzogtum zu verlieren; er wußte, was er wollte[73].

Auf seiner verzweifelten Suche nach Verpflegung und Quartieren, aber noch immer der Politik Maximilians treu, schwenkte Tilly von der sächsischen Grenze ab und marschierte nach Südwesten, gegen Hessen. Der Landgraf schloß ungesäumt ein Bündnis mit dem König von Schweden und rief Gustav Adolf um unverzügliche Hilfe an[74]. Tilly, der sich nicht einer Verfolgung auszusetzen wagte, machte nochmals kehrt und hatte jetzt, da er auf allen Seiten in der verödeten Ebene Magdeburgs abgeschnitten war, keine andere Wahl, als gegen Sachsen zu marschieren.

Jetzt war die Reihe an Johann Georg, zwischen zwei Feuern zu stehen. Auf der einen Seite war der König von Schweden, der auf sein Bündnis mehr denn je Wert legte, seit die Zerstörung Magdeburgs ihn um den geplanten Stützpunkt an der Elbe gebracht hatte; auf der anderen Seite war Tilly mit seinen hungrigen Truppen, die nach den Fleischtöpfen Sachsens gierten. So oder so, die Friedenspolitik Johann Georgs war zum Untergang verurteilt, aber er hatte vorsichtiger gehandelt und konnte bessere Bedingungen herausschlagen als sein Brandenburger Kollege. Als Tilly ihm die Aufforderung sandte, entweder sein Heer aufzulösen oder des vorsätzlichen Ungehorsams gegen die kaiserliche Gewalt geziehen zu werden, wich er einer unmittelbaren Antwort aus[75], da er sich noch dafür entscheiden konnte, einen Feind gegen den andern auszuspielen. Er wollte keinen offenen Bruch mit dem Kaiser, bevor er sich nicht teuer an den König von Schweden verkauft hatte. Bis zur letzten Minute ließ er Gustav Adolf in dem Glauben, daß er sich auf die andere Seite schlagen könnte.

Am 31. August stießen ungefähr vierzehntausend Mann starke frische Truppen, die eiligst vom Süden und Westen zusammengezogen waren, zu Tilly und brachten seine Gesamtstärke auf sechsunddreißigtausend Mann[76], und vier Tage später überschritt er die sächsische Grenze. Die neuverstärkten Truppen Tillys machten sich mit einem wilden Eifer, wie sie ihn seit Monaten nicht gezeigt hatten, an die Eroberung Sachsens und nahmen die reiche Stadt Merseburg beim ersten Angriff. Am 6. September waren sie schon auf dem Weg nach Leipzig, wobei sie das umliegende Land verwüsteten, und ihr Vormarsch wurde nur durch das Gewicht der mitgeschleppten Beute verlangsamt.

In dieser Krise entwanden die beiden Krieger, Gustav Adolf und Arnim, Johann Georg die Führung der Verhandlungen[77]. Keiner wagte, ohne den andern vorzugehen, da jeder die Stärke Tillys unrichtig einschätzte. Man einigte sich schleunigst über die Bedingungen und unterzeichnete das Bündnis am 11. September 1631. Der Kurfürst versprach, sich mit allen seinen Truppen Gustav Adolf anzuschließen, sobald dieser die Elbe überschreiten werde, ihm Unterkunft und Verpflegung in seinem Land zu gewähren, die Elbe für ihn zu halten und alle notwendigen Verteidigungsmaßnahmen für die Schlüsselstellungen am Fluß in Verbindung mit ihm zu treffen. Er verpflichtete sich auch, keinen Sonderfrieden zu schließen und den, jedoch nicht unbeschränkten, Oberbefehl über die beiden Heere dem schwedischen König zu überlassen, *solange die Notlage dauere.* Hier war die Lücke im Vertrag, durch die er entschlüpfen konnte, denn es war kein Merkmal bestimmt, nach welchem das Vorhandensein einer Notlage festgestellt werden konnte, und Johann Georg stand es in Wirklichkeit frei, sich vom Bündnis zurückzuziehen, wann es ihm gutdünkte. Als Gegenleistung verpflichtete sich der König, in seinem Heer Zucht zu halten, die Kriegshandlungen in Sachsen so weit wie möglich einzuschränken und das Kurfürstentum von Feinden zu säubern, bevor er zu weiteren Unternehmungen schritt[78].

Zwischen diesem Vertrag und dem mit Brandenburg geschlossenen Bündnis war ein himmelweiter Unterschied; Georg Wilhelm war hilflos an die Politik des Eindringlings gebunden, Johann Georg behauptete seine Macht. Der Vertrag mochte, oberflächlich gesehen, dem König von Schweden alles geben, was er wollte, er hatte aber in seiner Besorgnis um schnelle Hilfe der so nebelhaften zeitlichen Begrenzung der Verpflichtungen seines Bundesgenossen zugestimmt – einer zeitlichen Begrenzung, die einzig von Johann Georg beurteilt und bemessen werden sollte. Vom Augenblick der Unterzeichnung des Vertrages bis zu seinem Tod war Gustav Adolf niemals seines Bundesgenossen sicher; er mußte immer so handeln, daß er mit dessen weiterem guten Willen rechnen konnte. Johann Georg hatte weder eine deutsche Verfassungspartei gegründet noch die Unversehrtheit des Reiches verteidigt, aber er hatte wenigstens sich selbst, einem einheimischen Fürsten, einen überwachenden Einfluß auf die Entschließungen des schwedischen Eindringlings gesichert.

## IV

Drei Tage darauf, am 14. September 1631, eroberte Tilly in einem Sturmangriff die Feste Pleißenburg, die Leipzig schützte; am nächsten Tag zog er in die Stadt ein, und seine Soldaten machten ungeheure Beute. Vierzig Kilometer nördlich davon, in Düben, vereinigten sich die Heere des Königs von Schweden und des Kurfürsten von Sachsen und wandten sich südwärts. Für Tilly konnte das nur Vernichtung bedeuten. Ein Rückzug kam nicht in Frage, selbst wenn es ihm möglich gewesen wäre, seine unwilligen Truppen ohne Meuterei aus dem Schlaraffenland herauszubringen, in das sie nach Monaten des Elends gekommen waren[79]. Das nächstliegende freundlich gesinnte Land war Württemberg, aber der Weg dorthin führte durch das feindliche Thüringen, und der König von Schweden war Tilly auf den Fersen. Falls er versuchte, in die entgegengesetzte Richtung vorzustoßen, den noch unverteidigten südlichen Teil Sachsens zu durchqueren und sich nach Böhmen zurückzuziehen, würde Wallenstein, der ungekrönte Herrscher Böhmens, ihn nicht willkommen heißen, und er würde damit dem Vormarsch des schwedischen Königs in das Innere der kaiserlichen Gebiete Vorschub leisten. Ein Rückzug war daher unmöglich; Tillys einzige Hoffnung war, sich in Leipzig zu verschanzen und Zeit zu gewinnen, bis General Aldringer mit den Verstärkungen einträfe, deren Aufstellung der Kaiser so verzweifelt betrieb[80].

Gustav Adolf hingegen war in einer Lage, in der er durch das Wagnis einer Schlacht etwas erreichen konnte. Ein überraschender Sieg würde die junge Freundschaft mit Johann Georg festigen; überdies waren die vereinigten sächsischen und schwedischen Heere dem Tillys um zehntausend Mann überlegen[81].

Der katholische Feldherr war ein gewissenhafter, aber niemals hervorragender Soldat, und seine angeborene Behutsamkeit hatte mit fortschreitendem Alter über alle Maßen zugenommen. Zum Unglück hatte er Pappenheim als Stellvertreter. Diesem tüchtigen Reiterführer mangelte nicht nur die für den Oberbefehl nötige Geduld und die Gabe, Einzelheiten zu erfassen, sondern er hatte auch nicht das Zeug zu einer untergeordneten Stellung. Er hielt Tilly für unfähig, wenn nicht gar für senil. Zu Magdeburg hatte er den Befehl zum Angriff ohne die Zustimmung seines Vorgesetzten gegeben und die Stadt genommen; wahrscheinlich durch die Erinnerung daran ermutigt, tat er bei Leipzig dasselbe. Am 16. September verließ er das Lager mit einem Kundschaftertrupp und sandte spät in der Nacht die Meldung, daß er den Feind gesichtet habe, weshalb er ohne schwere Gefährdung nicht zurückkehren könne und dort unterstützt werden müsse, wo er Stellung genommen habe. Bisher unbesiegt, sah sich der anmaßende Adelige ohne Zweifel bereits diese barbarischen Schweden und rohen Sachsen mühelos abschlachten, wie er es mit den Bauern bei Gmunden getan hatte. Er war frei von jeder Furcht, und sein Körper zeugte davon, daß er wiederholt dem Tode Trotz geboten hatte; außerdem ging in seiner Familie die Sage, daß ein Sprößling des Hauses einen einfallenden König töten und das Vaterland retten werde. Pappenheim besaß niemals Wirklichkeitssinn und versuchte während seiner militärischen Laufbahn das Unmögliche, das er durch die Tollheit seines Mutes oft erreichte. Aber bei Leipzig war die Zeit für ein solches Wagnis schlecht gewählt, und Tilly, der sich bei der Nachricht entsetzt an den Kopf griff, jammerte laut: »Dieser Kerl wird mich um meine Ehre und meinen guten Ruf bringen, und den Kaiser um sein Land und Volk[82].« Pappenheim hatte eine Schlacht herbeigeführt, und Tilly blieb nichts anderes übrig, als ihm nachzumarschieren.

Gegen neun Uhr am Mittwoch, dem 18. September, stießen die vorsichtig vorrückenden protestantischen Truppen beim Dorf Breitenfeld, sechs Kilometer nördlich von Leipzig, auf das kaiserliche Heer. Es war ein heißer Tag, und Windstöße wirbelten den Staub des ausgetrockneten Bodens atembenehmend auf. Der König von Schweden hatte Sonne und Wind gegen sich, wie auch die kaum merkbare Senkung des Bodens.

Tillys Heer war in der herkömmlichen Anordnung aufgestellt, die Fußtruppen im Zentrum, die Reiterei auf den Flügeln massiert, mit Tilly im Zentrum und Pappenheim zur Linken. Sobald der Feind in Sicht kam, eröffneten die Kaiserlichen das Feuer und setzten die Beschießung von Gustav Adolfs Linien fort, doch mit sehr wenig Erfolg, während dieser seine Truppen in Stellung brachte. Am linken Flügel stand die sächsische Reiterei mit dem Kurfürsten selbst, die mit ihren blankgeputzten Waffen und schönen Uniformen und mit ihren Offizieren, jungen sächsischen Adeligen, in hellfarbigen Halstüchern und Mänteln, wie aus dem Ei geschält aussah, »ein erfreulicher und schöner Anblick«, wie der schwedische König von ihnen sagte. Ihr zunächst standen die sächsischen Fußtruppen, denen sich ein Teil des schwedischen Fußvolks im Zentrum anschloß, mit dem Rest und Gustav Adolfs Reiterei am rechten Flügel. Hier bot sich Tillys alten Kämpfern der Anblick einer seltsamen, schnell durchgeführten Formierung des schwedischen Heeres: Statt seine Reiter in einer Kolonne fast Knie an Knie zu massieren, ordnete sie der König in kleinen viereckigen Abteilungen so an, daß jede von ihnen genügend Plänkelraum und jeder Reiter nach allen Seiten Bewegungsfreiheit hatte. Zwischen diesen Reitergruppen standen kleinere Musketierabteilungen, so daß an Stelle des gleichförmigen Eindruckes, den sie gewohnt waren, Tillys Offiziere ein lose ausgebreitetes Schachbrett erblickten, auf dem Felder mit Fußvolk und Reiterei

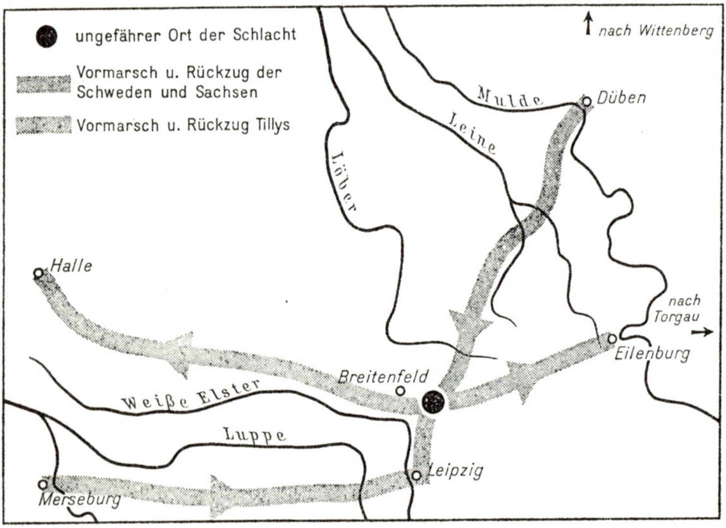

abwechselten. Sie hatten kaum Zeit, diese Eigentümlichkeit zu bemerken, als sie auf eine andere, noch beunruhigendere aufmerksam wurden. Gustav Adolf hatte seine Musketiere so geschult, daß sie in fünf Mann tiefen Staffeln hintereinander standen, der vorderste kniend, wodurch die ersten zwei gleichzeitig feuern konnten; diese zwei schlossen sich dann am Staffelende an, welcher Vorgang von den nächsten zwei wiederholt wurde, so daß sie laden konnten, während sie wieder nach vorn rückten. Diesen Drill hatte Gustav Adolf ihnen so rastlos eingebläut und zu einer solchen Vollendung gebracht, daß sein Feuer nicht nur dreimal schneller war als das Tillys, sondern auch weit mehr als dreimal so wirksam. Es spielte keine Rolle, von wo der Angriff kam, die Schachbrettaufstellung ermöglichte es der Reiterei wie auch dem Fußvolk, ihre Richtung in kürzester Zeit zu ändern. Sieben Stunden lang und ohne Pause mußte Tilly durch Staubwolken, welche die Sicht benahmen, das regelmäßige, unaufhörliche Geknatter der schwedischen Musketen hören[83].

Es war fast halb drei, bevor einer der Gegner in Bewegung kam, und die Schweden hatten die Sonne fast voll gegen sich. Pappenheim rührte sich zuerst; durch eine Flankenbewegung machte er einen weiten Bogen außerhalb der Schußweite des tödlichen schwedischen Feuers und brach im Rücken der schwedischen Reiterei in die Reserven ein. Wären Gustav Adolfs Truppen in der üblichen Aufstellung angeordnet gewesen, dann hätte dieser Angriff Pappenheims verhängnisvoll sein müssen, so aber machte die schwedische Reiterei augenblicklich kehrt, wodurch der Feind zwischen den Reserven und dem Hauptheereskörper rechtwinklig eingeschlossen war. Der bestürzte Pappenheim zog sich, so gut er konnte, zurück. Tilly im Zentrum und Fürstenberg, der ihm zur Rechten befehligte, sahen die Bedrängnis ihres linken Flügels; da sie es für das Beste hielten, die Sachsen anzugreifen, wenn die Schweden in vollem Kampf waren, ergriffen sie die Gelegenheit, gegen die sächsischen Geschütze vorzustürmen, die zwischen den sächsischen Reitern am linken Flügel des Feindes und dem sächsischen Fußvolk im Zentrum konzentriert waren.

Johann Georgs unerprobte Truppen hatten dem furchtbaren Feind während der letzten zwei Stunden tapfer standgehalten, jetzt aber richtete plötzlich eine verdoppelte Anstrengung der feindlichen Musketiere in ihrer Frontlinie ein Blutbad an, und als die große Masse der feindlichen Kolonne mit ohrenbetäubendem Lärm unter dem Schutz einer Staubwolke vorrückte, war die sächsische Frontlinie schon im Wanken. Die kroatische Reiterei führte den Sturm an, in ihren roten, im Wind flatternden Mänteln, mit blitzenden Säbeln und unter so barbarischem Geschrei, daß die Sachsen glaubten, sie wären nichts weniger als die frisch aus der Hölle losgelassene Teufelsbrut. Johann Georg, der auf der Sauhatz tapfer genug war, hatte sich niemals einen so gewaltigen Ansturm träumen lassen, wie er jetzt über ihn hereinbrach. Die Kanoniere flohen zuerst, und die Kanonen fielen dem Feind in die Hand. Verschwitzt und im erstickenden Staub sich abmühend, wendeten die Kaiserlichen die Geschütze herum und begannen auf die sächsische Reiterei zu feuern. Bis jetzt hätte Arnim seine schwankenden Truppen wieder sammeln können, aber ein neues Verhängnis überwältigte ihn. Johann Georg gab seinem Pferd die Sporen, jagte ohne weitere Umstände vom Schlachtfeld und hielt sein Pferd nicht an, bevor er das vierundzwanzig Kilometer entfernte Eilenburg erreicht hatte. Zwei vollständige Regimenter seiner Reiterei, sächsische Untertanen, die mehr Neigung zeigten, dem Beispiel ihres Herrschers zu folgen als ihrem neuerwählten Feldherrn zu gehorchen, machten Arnims Bemühungen zuschanden, warfen ihre Waffen weg und brachten sich zu Fuß oder zu Pferd in Sicherheit. Sie waren klüger oder weniger gut beritten als der Kurfürst, denn sie merkten bald, daß sie nicht verfolgt wurden, und haschten in ihrem Unglück sogleich nach einem Vorteil, indem sie die schwedischen Troßwagen vom Rücken her überfielen und alles davonschleppten, dessen sie habhaft werden konnten.

Nachdem so die sächsische Reiterei aufgelöst und der größte Teil des Fußvolks vernichtet war, formierte sich die kaiserliche Reiterei auf beiden Flügeln neu und griff die Schweden an. Kein Erfolg der sächsischen Waffen hätte den schwedischen König nochmals zum Bündnis mit Johann Georg verleiten können, denn die Schweden mußten nun allein der vollen Wucht des kaiserlichen Angriffes standhalten, und der zuerst unglaubwürdige Sieg der Kaiserlichen schien jetzt gesichert. Zwei Dinge retteten den König von Schweden — sein Genie und die Laune des Windes. Die schwedischen Reitervierecke standen wie Felsen, gegen die Tillys Reiter vergeblich anrannten, und durch die zahllosen engen Gassen zwischen den Reitergruppen, wo immer die Kaiserlichen angriffen, traf sie der unaufhörliche Strom tödlichen Musketenfeuers. Der König und seine Offiziere, ungepanzert, in Lederkollern und mit Federhüten, bekundeten ihre Furchtlosigkeit an den gefährlichsten Stellen, und der König schien überall zugleich zu sein, so daß von allen Beteiligten gerade er am Ende des Tages die verworrenste Erinnerung an die Schlacht hatte. Blind vor Staub, mit schweißüberströmtem Gesicht, galoppierte er die Reihen ab, sprach seinen Leuten Mut zu, bis ihm die Stimme versagte und er heiser nach Wasser stöhnte, und ritt davon, bevor jemand Zeit hatte, ihm die Feldflasche zu reichen.

Mittlerweile schien die im Westen sinkende Sonne den Schweden nicht mehr in die Augen. Der Wind hatte sich gedreht, und der pulvrige Staub, das große Übel des schwer durchkämpften Tages, blies in heißen Stößen den erschöpften Kaiserlichen ins Gesicht. Das war die Gelegenheit, auf die Gustav Adolf gewartet hatte. Nach der ersten Attacke hatten seine Reiterreserven sich nicht länger am Kampf beteiligt, und sie waren jetzt die frischesten Truppen im Feld. Sie bildeten zwei Abteilungen von ungefähr tausend Mann, die der König nun an die Front rief. Er wollte persönlich mit dem Hauptteil des Heeres angreifen und durch eine Schwenkung die kaiserliche Reiterei von den Fußtruppen abschneiden, während die Reserven ihm folgten und nur die Reiterei angriffen. Das Manöver glückte; die Fußtruppen wurden von den Reitern getrennt, die sächsischen Kanonen wiedererobert und auf den zusammengebrochenen Feind gerichtet. Tillys Leute hatten schon übergenug und dachten jetzt an ihre in Leipzig aufgestapelte Beute. Sie begannen auszubrechen und zu fliehen, und die Schweden verfolgten sie unter großem Gemetzel. Tilly selbst, mit Hals- und Brustwunden und zerschmettertem rechten Arm, verließ den Kampfplatz mit nur wenigen Begleitern; er fühlte sich zu elend, um zu wissen, wohin er ritt oder was mit seinen Leuten geschah. Pappenheim blieb allein zurück, um das Heer zu retten. Die Staubwolken, die ihm zuvor so arg mitgespielt hatten, kamen ihm jetzt sehr zustatten; unter dem Schutz von Nebel und Zwielicht wehrte er seine Verfolger ab, und mit ungefähr vier Regimentern glückte ihm der Rückzug nach Leipzig. Er nahm persönlich am ganzen schweren Rückzugskampf teil, und einmal soll er sogar von vierzehn schwedischen Soldaten umzingelt gewesen sein und sich wieder herausgehauen haben. Aber Leipzig konnte er nicht halten, und er zog sich mit seinen arg hergenommenen Truppen am folgenden Morgen gegen Halle zurück. Mehr als zwanzig Kanonen – die gesamte Artillerie – sowie fast hundert Standarten waren verloren. Von seinem Heer lagen zwölftausend Mann auf dem ausgedörrten Schlachtfeld von Breitenfeld und längs der Straße nach Leipzig, und siebentausend waren in dieser Nacht Gefangene im schwedischen Lager und am nächsten Morgen Soldaten im schwedischen Heer.

Und wohin nun? Der von Wundfieberphantasien gequälte und ermattete Tilly muß sich diese Frage gestellt haben, als er auf dem Weg nach Halle spät in der Nacht in einem Wirtshaus Zuflucht nahm. Aber Pappenheim, wutentbrannt und voll verächtlicher Entrüstung, ergriff die erste Gelegenheit, um an Wallenstein zu schreiben: »Es fällt mir zwar die Last bei dieser Confusion sehr schwer allein zu ertragen ... Dem Werke aber aus dem Grund zu helfen, sehe ich kein anderes Mittel, als daß Eure Exzellenz Gott und der Religion zu Dienst, dem Kaiser und allgemeinen Vaterland zu Hülfe, dieses Krieges sich annehmen und das Werk mit Gewalt übersetzen[84].«

Der erste Angriff war um halb drei Uhr nachmittags unternommen worden, aber die Dämmerung war kühl über den Staubwolken heraufgekommen, bevor Gustav Adolf gewiß war, daß der Sieg ihm gehörte. In dieser Nacht ging es um die Lagerfeuer nicht sehr ruhig zu, und noch in den frühen Morgenstunden konnte Gustav Adolf nicht schlafen, da seine Leute mit den geweihten Glocken, die sie den Priestern des geschlagenen Heeres abgenommen hatten, einen ohrenbetäubenden Lärm vollführten. »Wie fröhlich doch unsere Brüder sind«, sagte der König lachend[85].

Vor dreizehn Jahren hatte der Krieg begonnen, und das Blatt hatte sich für die Protestanten endlich gewendet. Seit dem Tage der Schlacht von Breitenfeld fürchtete keiner von ihnen mehr die Eroberung des Vaterlandes durch die Habsburger oder die katholische Kirche, und durch mehr als hundert Jahre wurde der 17. September in Dresden als Dankfest gefeiert[86]. Was die deutschen Fürsten nicht für sich selbst tun konnten, hatte der König von Schweden für sie getan, und die Schlacht, die ihr Land von dem Österreicher befreite, gab es dem Schweden.

Manche Ereignisse haben eine von ihrer Bedeutung für das materielle Geschehen unabhängige moralische Wirkung. Die Schlacht von Breitenfeld ist ein solches. Damals und später schien es den Protestanten Europas, daß Gustav Adolf an diesem Tag Europa von der seit Philipp II. auf ihm lastenden Furcht vor der katholisch-habsburgischen Tyrannei befreit habe. In Wirklichkeit aber untergrub die Feindseligkeit des Papstes und Richelieus die Religionspolitik des Hauses Österreich, bevor Gustav Adolf deutschen Boden betrat, und auf dem Schlachtfeld von Breitenfeld hatte er nicht die Wurzel, sondern nur einen Ast des habsburgischen Baumes getroffen. Knapp eine Woche vorher war eine spanische Flotte mit einem landungsbereiten Heer von den Holländern an der Küste von Zeeland vernichtet worden. Dieses Ereignis, das beim Volk durch die Schlacht bei Breitenfeld in den Schatten gestellt wurde, traf das Haus Österreich härter. Seine Zukunft hing vor allem von der Wiedererstarkung Spaniens ab, und jede Niederlage in den Niederlanden verringerte diese Möglichkeit.

Die Schlacht von Breitenfeld war für Ferdinand ein schwerer Schlag, aber er brach darunter nicht zusammen. Die gefährlichste Zeit für die Protestanten sollte noch kommen; das waren nicht die Wochen, welche dem schwedischen Sieg bei Breitenfeld vorangegangen waren, sondern die drei Jahre, welche später der schwedischen Niederlage bei Nördlingen folgten.

Doch das kann die Stellung Breitenfelds in der Geschichte Europas nicht berühren. Es wurde im Nu zum Symbol. Die gigantische Persönlichkeit des Königs und sein Glaube an sich selbst umgaben jede seiner Taten mit dem Nimbus des Wunders, vor allem diese große Schlacht, die der erste protestantische Sieg war. Daher muß sie in der vereinfachten Überlieferung, die gemeinhin Geschichte genannt wird, ihren Platz nicht wegen des tatsächlich Errungenen einnehmen, sondern wegen des nach der Meinung der Menschen Erzielten. Es war, als ob der König von Schweden die unbestreitbare Wahrheit über die Lage in Lettern geschrieben hätte, die jedermann lesen konnte. Die Habsburger waren geschlagen, der letzte Kreuzzug war mißlungen.

## V

Die Überreste des kaiserlichen Heeres trennten sich, um die Flut der Invasion aufzuhalten; Tilly wich gegen Süden nach Nördlingen zurück, und Pappenheim an die Weser, um den Vormarsch der Hilfstruppen des Königs längs der Nordseeküste zum Stillstand zu bringen. Auf dem Rückzug kam die Liga um ihren Kriegsschatz, und zur Bezahlung des Heeres blieben nur die unzulänglichen kaiserlichen Barmittel übrig.

Ganz Europa erwartete zuversichtlich, daß Gustav Adolf auf Wien marschieren werde. Johann Georg drängte ihn dazu; vor der Schlacht hatten sie vereinbart, daß im Fall des Sieges der Kurfürst über Innerdeutschland wachen, während der König in Böhmen einfallen sollte. Nach der Schlacht kehrte Gustav Adolf diesen Plan um; er hatte seine Gründe, und sie waren einfach und richtig: Er traute Johann Georg nicht. Es wäre eine schöne Bescherung, bei seiner Ankunft vor Wien zu erfahren, daß sein Bundesgenosse sich mit seinen Feinden verständigt habe, und er entweder einen faulen Frieden schließen oder sich den Rückzug zur Küste erkämpfen müßte. Wenn er aber den Kurfürsten zwang, selber in die habsburgischen Länder einzufallen, würde es diesem schwerer möglich sein, mit dem erzürnten Kaiser Frieden zu schließen, und wenn er es doch tat, würde er, Gustav Adolf, noch immer

Zentral- und Norddeutschland mit den Rückzugsstraßen zur Küste beherrschen. Das waren gewichtige Gründe, aber es gab noch einen anderen Grund. Wallenstein hatte die Unterwerfung Prags angeboten[87]; obwohl Gustav Adolf diesen glatten Verrat begünstigte, wußte er, daß Wallenstein am Ende nur so handeln werde, wie es für ihn selbst am vorteilhaftesten war. Er würde vielleicht Prag nur ausliefern oder den Vormarsch des Königs nur benutzen, um der kaiserlichen Regierung die Pistole auf die Brust zu setzen, seine alte Feldherrnstellung wieder zu gewinnen und mit den gewaltigen, ihm dann zu Gebote stehenden Kriegsmitteln dem vorrückenden schwedischen Heer eine Falle zu stellen.

Die zwischen Gustav Adolf und Johann Georg angesammelte Gegnerschaft brach in einen kurzen Kampf aus. Der Kurfürst wollte sich des Königs nur bedienen, um Ferdinand zur Vernunft zu bringen, der König hingegen wollte die herrschende Macht in Deutschland sein. Sein nationaler Egoismus und sein Verlangen nach den norddeutschen Wasserstraßen verschmolzen mit seiner Hingabe an die protestantische Sache. Mit Recht glaubte er nicht, daß Johann Georg oder ein anderer deutscher Fürst fähig sei, die protestantische Sache zu verteidigen, und mit Recht, wie es ihm und vielen seiner Zeitgenossen erschien, warf er sich daher zum Schiedsrichter über Deutschland auf.

Der Kurfürst konnte dagegen keine Einwendungen erheben, denn die Flucht seiner Truppen bei Breitenfeld hatte ihn vorübergehend der Macht beraubt, mit Gustav Adolf als gleich mit gleich zu verhandeln. Die Umstände waren entwürdigend, und da er an dem Vorfall zum Teil selbst schuld war, verbesserte es die Lage nicht, als er seinen Unmut zur Schau trug und drohte, jeden der Geflohenen hängen zu lassen. Er hätte damit beginnen müssen, sich selbst zu hängen, wie ein englischer Freiwilliger bemerkte[88]; Johann Georg hatte die Lacher sicherlich nicht auf seiner Seite.

Er mußte sich fügen, und Anfang Oktober 1631 überschritten die sächsischen Truppen unter Arnim die schlesische Grenze, um ihren guten Ruf in den kaiserlichen Ländern wiederherzustellen. Am 25. Oktober waren sie über die böhmische Grenze, am 10. November verließ Wallenstein das ihm anvertraute Prag, und am 15. besetzte Arnim die Stadt im Namen des Kurfürsten, während aus hundert Verstecken die verstummten Protestanten ans Tageslicht kamen, um ihn willkommen zu heißen[89].

Mittlerweile zog der König von Schweden, der nach Westen in das Innere Deutschlands marschierte, im Triumph durch die »Pfaffengasse«, die bisher verschont gebliebenen Gebiete der großen katholischen Bistümer. Am 2. Oktober war er in Erfurt. Am 14. erschien er vor Würzburg, das er am vierten Tag im Sturm nahm. Hier erscholl zum erstenmal in den Gassen der Racheschrei »Magdeburger Pardon«, als die schwedischen Soldaten die Besatzung niedermachten; aber die Zivilbevölkerung, die Bürger wie auch die Flüchtlinge aus der Umgebung, wurden geschont und die Ordnung weit schneller und gründlicher als in Frankfurt an der Oder wiederhergestellt. Immerhin wurde große Beute gemacht, und der König trieb ein Lösegeld von achtzigtausend Talern ein[90].

Zu Frankfurt am Main waren die katholischen Fürsten zu jener nutzlosen Besprechung des Restitutionsediktes versammelt, an der teilzunehmen die protestantischen Kurfürsten sich geweigert hatten. In den ersten Morgenstunden des 14. Oktober störte der Bischof von Würzburg die Stadt mit der Schreckensnachricht auf, daß er auf der Flucht vor dem vordringenden Feind sei, und die Versammelten zerstoben in schmählicher Flucht[91]. Am 11. November besetzte Gustav Adolf Hanau, am 22. Aschaffenburg, und am 27. zog er in Frankfurt am Main ein, dem verfassungsmäßigen Mittelpunkt des Heiligen Römischen Reiches. Dorthin berief er seinen Kanzler Axel Oxenstierna, damit er die Verwaltung der eroberten Gebiete übernehme.

Er näherte sich jetzt dem Land, das seit mehr als zehn Jahren von spanischen Truppen besetzt war, fürchtete aber den König von Spanien genauso wenig oder noch weniger als den Kaiser. Bei Höchst schloß sich ihm der Landgraf Wilhelm von Hessen-Kassel mit Verstärkungen an, mit dem er den Main überschritt und auf Heidelberg marschierte. Aber da der Winter nahte und das Gebiet starke Besatzungen hatte, kehrte er um, indem er seinen Verbündeten, den jungen Herzog Bernhard von Sachsen-Weimar, zurückließ, damit er sich durch die Einnahme von Mannheim die Sporen verdiene. Er selber besetzte fünf Tage vor Weihnachten Mainz; der Kurfürst floh, und die spanische Besatzung ergab sich der überwältigenden Übermacht.

Überall auf seinem siegreichen Vormarsch war er von den Protestanten mit Jubel empfangen worden, und von allen mit Dankbarkeit, da der gute Ruf seiner Heereszucht sich rasch verbreitete. Zu Schweinfurt bestreuten sie für ihn die Gassen mit Gras und Binsen und hingen Banner aus ihren Fenstern, und »wohin er auch kam, beteten sie ihn wie einen Gott vom Himmel an[92]«. Einen nach dem andern riß er die deutschen Fürsten, manche mit Leichtigkeit, manche nur mit Mühe aus ihrem Lehensverhältnis zum Kaiser. Bis Weihnachten hatte er die

Herzöge Wilhelm und Bernhard von Sachsen-Weimar im Dienst seines Heeres, den Landgrafen von Hessen-Kassel und den Herzog von Braunschweig-Lüneburg zu bewaffneten Verbündeten und den Landgrafen von Hessen-Darmstadt, den Regenten von Württemberg, die Markgrafen von Ansbach und Bayreuth sowie die freie Stadt Nürnberg und den fränkischen Kreis unter seinem Schutz[93]. Die Herzöge von Mecklenburg waren schon immer seine Bundesgenossen gewesen, und im Haag traf Friedrich von Böhmen Vorbereitungen, sich ihm anzuschließen.

Er verfügte innerhalb des Reiches über sieben Heere und beinahe achtzigtausend Mann. Am Rhein standen fünfzehntausend unter seinem persönlichen Befehl, in Franken, unter Marschall Horn, achttausend, in Hessen achttausend, in Mecklenburg viertausend, im niedersächsischen Kreis dreizehntausend, bei Magdeburg zwölftausend, in Sachsen-Weimar viertausend, und der Rest war in Besatzungen über das Land verstreut. Er beabsichtigte, im Lauf des Winters noch hundertzwanzigtausend Mann aufzustellen, wovon nur neuntausend aus Schweden kommen sollten[94]. Seine Eroberungen machten die Rekrutierung wie auch die Verpflegung eines so gewaltigen Heeres verhältnismäßig leicht.

Der Name des Königs wurde in ganz Deutschland mit Freude und Furcht genannt; man betete für ihn in tausend Kirchen, er war groß und klein unter hundert Namen bekannt: als der goldene König, der Löwe des Nordens, biblisch als Elias, als Gideon, als der Löwe von Mitternacht[95]. Für den Winter erwartete er die Königin und hatte ihr zu Ehren die Anfangsbuchstaben ihrer Namen, Marie Eleonore Regina, mit Ziegeln ins Mauerwerk der Befestigungen einsetzen lassen, die er in Mainz baute. Sie trafen einander in Hanau am 22. Januar 1632. Die Königin, eine große, schöne, schlanke Frau, begrüßte den Eroberer, dem sie vor allen Versammelten die Arme um den Hals schlang, mit den Worten: »Nun bist du mein Gefangener[96].«

## VI

In Wien flehte an einem regnerischen Tag eine Prozession von Büßern zu ihrem Herrgott, seinen Zorn von ihnen zu wenden; unter ihnen ging der Kaiser zu Fuß durch den Straßenschlamm, während ihm der Regen den Hals hinablief[97]. Seine Gebete wurden nicht erhört. Seine nach Rom gerichteten Hilferufe brachten nur die kühle Antwort, daß der Papst den Krieg nicht für einen Religionskrieg halte[98]. Briefe nach Spanien erwiesen bloß, daß die Reserven Spaniens, wenigstens für den

Augenblick, wirklich erschöpft waren. Eine nach Warschau entsandte diplomatische Mission erhielt die gleiche enttäuschende Antwort[99].

Auf seine eigenen Hilfsmittel beschränkt, blieb Ferdinand nichts anderes übrig, als wiederum Wallenstein ins Auge zu fassen. Die Freunde des Feldherrn hatten seit dem Frühjahr auf seine Rückberufung hingearbeitet[100], aber der Kaiser, der zwischen Neigung und Notwendigkeit hin- und hergerissen wurde, zögerte zunächst. Sein Sohn Ferdinand, der Thronfolger, bat, zum Oberbefehlshaber gemacht zu werden[101], aber selbst der zärtlichste Vater mußte einsehen, daß damit die finanziellen Schwierigkeiten nicht behoben waren. Das Heer konnte nur wieder von dem Mann ernährt, gekleidet und bezahlt werden, aus dessen Mitteln dies vorher geschehen war. Dreimal, im Lauf des November und Dezember 1631, schrieb der Kaiser flehentlich an Wallenstein, er möge zurückkommen; das letztemal schrieb er den ganzen Brief sogar eigenhändig[102]. Am 10. Dezember entsandte er eine Abordnung, nicht so sehr, um Bedingungen vorzuschlagen, sondern um herauszufinden, welche Bedingungen Wallenstein selbst stellen wolle[103]. Erst am letzten Tag des Jahres gab Wallenstein dem Zureden nach, und auch dann versprach er nur, bis Ende März ein neues Heer aufzustellen, erklärte sich jedoch nicht einverstanden, es zu bezahlen oder es über diesen Zeitpunkt hinaus zu befehligen.

Die Lage der Spanier am Rhein war sogar gefährlicher als die Ferdinands in Wien. Nicht nur waren Mainz und Mannheim verloren und die übrigen Besatzungen ohne Sold, meuterisch und hungrig — denn das Land, aus dem ihr Nachschub zu kommen pflegte, war von den vordringenden Protestanten überrannt —, es hatten überdies die Schweizer auf Anregung Gustav Adolfs die Pässe gesperrt[104] und die Holländer ihm für das kommende Jahr Subsidien zugesagt[105], und am linken Rheinufer waren die Franzosen ohne Kriegserklärung bedrohlich vorgerückt.

Den Vorwand lieferte Karl von Lothringen. Den Interessen der Habsburger eng verbunden, hatte dieser unbekümmerte, gewissenlose junge Mann auf eine günstige Gelegenheit gewartet, um über die Bourbonen einen Vorteil zu erringen. Im Jahre 1631 endete eine fehlgeschlagene Intrige Maria von Medicis gegen Richelieu mit der vollen Bestätigung der Macht des Kardinals und der Flucht der Königinmutter nach Brüssel, während ihr jüngerer Sohn, Gaston von Orléans, nach Lothringen flüchtete. Der Sinn dieser Flucht war klar: Die Unzufriedenen begaben sich unter den Schutz der Habsburger und deren Verbündeten und stellten sich so gegen ihre eigene Dynastie. Karl von

Lothringen, von Brüssel und auch von Wien ermutigt, nahm ihre Sache mit freudigem Eifer auf. Bei den ersten Nachrichten von der Schlacht bei Breitenfeld gesellte sich sogar der erschrockene Maximilian von Bayern mit seinen dringlichen Vorstellungen zu ihnen[106]. Aber Herzog Karl war ein mehr optimistischer als verläßlicher Bundesgenosse. Am 3. Januar 1632 bot er Richelieu Trotz und säte ewige Zwietracht, indem er seine Schwester Margarete an den anscheinend schwer verliebten Gaston verheiratete; die Furcht hatte jedoch über den beleibten Herzog von Orléans mehr Macht als die Liebe, und beim Vormarsch des französischen Heeres gegen Nancy verließ er seine junge Gemahlin am Hochzeitsabend und floh nach Brüssel. Am 6. Januar trat der Herzog von Lothringen, der dem Einfall nicht gewachsen war, im schmählichen Frieden von Vic seine Grenzbefestigungen ab. Sein übereiltes Eingreifen wurde nur der willkommene Anlaß, die spanischen Besatzungen am Rhein zwischen den Heeren Gustav Adolfs und Richelieus einzuschließen.

Was noch schlimmer war, die Kurfürsten von Trier und Köln, die restlichen zwei katholischen Fürsten am Rhein, dachten mit heiler Haut davonzukommen, wenn sie sich rückhaltlos unter den Schutz Frankreichs stellten. Der Kurfürst von Köln ging sogar noch weiter und verweigerte den zur Verstärkung nach den spanischen Niederlanden gesandten Truppen den Durchzug[107].

So war die Stellung der Habsburger in weniger als anderthalb Jahren vollständig untergraben. Weiter denn je von einer Rückeroberung der nördlichen Provinzen der Niederlande entfernt, bangte die Regierung in Brüssel um ihre eigene Sicherheit, da sie sowohl der Verteidigung zur See wie auch der finanziellen Unterstützung beraubt war. Selten waren die Spanier in Flandern beim Volk und ebenso beim Adel unbeliebter gewesen. Der Ruf »Lang lebe der Prinz von Oranien!« war in den Straßen von Brüssel gehört worden[108], und der Gefahr eines Angriffes von außen gesellte sich die Wahrscheinlichkeit innerer Unruhen.

Angesichts so vieler Gefahren – der gleichzeitigen Angriffe im Reich und in den Niederlanden und der zu einer so gefährlichen Koalition heranreifenden Interessengemeinschaft der Franzosen, Holländer und Nordprotestanten – schlossen die zwei Linien der Habsburger abermals in aller Form ein Angriffs- und Abwehrbündnis[109]. Unterdessen bestimmte die Kritik eines Teiles der katholischen Welt den Papst, widerwillig einen bescheidenen Hilfsbeitrag zu leisten. »Ist Seine Heiligkeit am Ende gar katholisch?« hieß es in einer Schmähschrift, wo darauf geantwortet wurde: »Pst! Pst! Er ist höchst christlich.« (Eine Anspielung auf die Titel der Könige von Spanien und Frankreich »Seine katholische Majestät« bzw. »Allerchristlichster König«.) Urban VIII. ließ sich endlich überreden, aus den Kirchengütern in Spanien eine kleine Zuwendung zur Unterstützung der deutschen Katholiken zu machen[110].

Obwohl Unglück über die Habsburger hereingebrochen war, herrschte in Paris nur wenig Jubel, ja, Richelieu war weit davon entfernt, mit seinem schwedischen Bundesgenossen zufrieden zu sein. Die französische Politik gegenüber Deutschland hatte während der letzten hundert Jahre darauf beruht, daß Frankreich zum »Beschirmer der deutschen Libertät« geworden war und die Bundesgenossenschaft der Fürsten zur Beschränkung der Macht des Kaisers zu gewinnen und zu benützen trachtete. Der König von Schweden aber hatte für die französische Politik genauso wenig Achtung gezeigt wie für die sächsische und hatte sich unbestreitbar zum Schiedsrichter über die Geschicke Deutschlands gemacht.

Die Lage war für Richelieu ernst. Seine Politik war antihabsburgisch, aber katholisch, und viel hing für ihn von der Erhaltung des guten Einvernehmens zwischen Maximilians Liga und dem französischen Hof ab. Gustav Adolf jedoch stellte den Kardinal sehr beschämend bloß, zuerst, indem er das Bündnis von Bärwalde der ganzen Welt kundgab, und dann, indem er geradeswegs durch die Bistümer Mitteldeutschlands vordrang, dabei allerdings ihre Form des Gottesdienstes unverändert ließ, aber ihre Bischöfe vertrieb und wohlgemut und unbekümmert ihre Länder als Geschenke unter seine Marschälle aufteilte. Es war kaum zu verwundern, daß Maximilian und die Liga sich an Richelieu mit der Frage wandten, was er mit der Unterstützung des Königs von Schweden beabsichtigt habe.

Richelieu sandte eilig einen Botschafter, um Maximilian zu beschwichtigen[111], und einen andern, um den König von Schweden zurechtzuweisen. Die Aufgabe des ersten war schwer, die des zweiten unmöglich. Brézé, der Schwager des Kardinals, war angewiesen, Gustav Adolf zur Anerkennung der Neutralität der Liga zu bringen. Dafür sollte die Liga sich mit Frankreich verbünden und zum Unterpfand für ihren guten Willen die Schlüsselfestungen am Rhein aufgeben[112]. Die Brézé gegebenen Weisungen zeigen, wie sehr Richelieu Gustav Adolf noch immer unterschätzte. Als Schiedsrichter über Deutschland wußte der König, daß er den Rhein beherrschen mußte, und er beabsichtigte nicht, seine Eroberungen aufzugeben. Als Brézé in seiner Verzweiflung andeutete, daß er Norddeutschland für sich haben könne, wenn er nur Frankreich den Rhein garantieren wolle, geriet der König in Wut und herrschte den Botschafter an, daß er, Gustav Adolf, der Beschützer, nicht der Verräter Deutschlands sei. Ein zweiter Botschafter, Hercule de Charnacé, der mit dem König beim früheren Vertrag verhandelt hatte, wurde eiligst nach Frankfurt entsandt, um den aufgebrachten Bundesgenossen zu beschwichtigen[113], aber nach vielen Wochen entnervenden Argumentierens erzielte er nur die Anerkennung der Neutralität des Kurfürsten von Trier[114], während Brézé mit dem Geschenk eines goldenen Hutbandes im Wert von sechzehntausend Talern als Abschiedsgabe besänftigt wurde[115].

Die deutschen Fürsten waren genauso bestürzt und verärgert wie Richelieu. Obwohl der Kaiser und der spanische Botschafter an Johann Georg herangetreten waren[116] und obwohl Wallenstein auch Verhandlungen mit Arnim angebahnt hatte[117], wagte der Kurfürst von Sachsen nicht, jetzt, da Gustav Adolf in Deutschland so mächtig war, Frieden zu schließen. Vergeblich drängte er den König, einen Vergleich zu treffen, solange die Gelegenheit günstig sei; sein Verbündeter begegnete solchen Forderungen mit einem galligen Gemisch von Ärger, Verachtung und Argwohn. Er glaubte, daß Arnim und Wallenstein insgeheim verhandelten, oder daß sein alter Gegner, der König von Dänemark, Johann Georg heimlich zu gewinnen versucht habe, und er wies schließlich die wiederholten beschwörenden Bitten des sächsischen Botschafters mit den dunklen Worten ab, daß er dieses Werk mit Gott begonnen habe und es auch mit Gott beenden wolle[118].

Adler Salvius, der beredsamste Gesandte des Königs, war seit Beginn des Marsches durch Mitteldeutschland bemüht, den Kurfürsten von Brandenburg zu besänftigen, und es gelang ihm, ihn vorübergehend durch den schmeichelhaften Vorschlag zu beruhigen, daß die einzige Tochter und Erbin Gustav Adolfs den ältesten Sohn des Kurfürsten heiraten solle[119]. Als aber zu Beginn des Jahres 1632 die Abgesandten des Kurfürsten in Frankfurt dem schwedischen König davon sprachen, Frieden zu schließen, sagte er zu ihnen, daß er im Interesse des protestantischen Deutschlands unmöglich daran denken könne. Doch das protestantische Deutschland, wenigstens wie es sich in seinen zitternden Fürsten verkörperte, glaubte nicht ohne Berechtigung, daß weitere Eroberungen nur die katholische Partei erbittern und neue Feinde schaffen würden; daß es besser sei, das Erreichte zu behaupten, als es aufs Spiel zu setzen, um mehr zu gewinnen. Gustav Adolf hingegen betrachtete seine Eroberungen vom Standpunkt des Reiches. Er hatte die eroberten Länder gründlich reorganisiert, begünstigte Handelspläne und kaufmännische Unternehmungen, beabsichtigte die Vereinigung der calvinistischen und lutherischen Kirchen[120] und plante nichts Geringeres, als das alte chaotische Reich niederzureißen und ein neues zu schaffen. Im Hinblick auf die Zukunft mag sein Kampf für ein günstigeres Kriegsende berechtigt gewesen sein; wenn man auf das Nächstliegende blickt und das sich im Land ausbreitende Elend genauer betrachtet, fühlt man mit den Fürsten.

Welche Rolle Gustav Adolf im neuen Reich für sich vorschwebte, ist zweifelhaft. Öffentlich sprach er von sich nur als dem Verteidiger der Protestanten; privat hat er sich gegen den Herzog von Mecklenburg erwiesenermaßen einen Satz entschlüpfen lassen, der begann: »Sollte ich Kaiser werden . . .[121].« Die Idee war nicht so ungeheuerlich, denn in der Theorie war das Reich kein nationaldeutscher, sondern ein internationaler Staat, von dem die Wechselfälle des Schicksals nur den deutschsprachigen Bruchteil übriggelassen hatten. Französische und selbst englische Könige, Italiener und Spanier und der König von Dänemark hatten bei früheren Wahlen ihre Bewerbung um die Kaiserkrone erwogen. Der schwedische König mit seinen Interessen an der Ostsee, seinem protestantischen Glauben und seiner vollkommenen Beherrschung der deutschen Sprache war nicht weniger zum Kaiser geeignet als Ferdinand mit seinen Verpflichtungen gegen Spanien, seinen Interessen in Italien und seiner katholischen Religion. Im Norden war Gustav Adolf sogar ein geeigneterer Anwärter. Auch hatte er nur ein einziges Kind, eine Tochter, und seine Gemahlin würde kaum weitere Kinder haben. Falls diese Tochter, wie geplant war, an den Erben von Brandenburg verheiratet wurde, konnten die schwedische Dynastie und Schweden selbst zunehmend deutsch werden, bis der schwedische Staat in den fortgeschritteneren und dichter bevölkerten Staaten Deutschlands aufging.

Trotzdem waren die führenden deutschen Fürsten von der Idee, Ferdinand durch Gustav Adolf zu ersetzen, nicht eingenommen. Vom rein egoistischen Standpunkt wollten sie sich nicht einen Herrscher aufhalsen lassen, der, gestützt auf sein eigenes Heer und seine Erfolge als Eroberer, ein größerer Despot werden konnte, als Ferdinand es war. Da der Riß zwischen dem Norden und dem Süden der deutschsprachigen Welt noch nicht unvermeidbar geworden war, leuchtete es jedem einsichtigen deutschen Staatsmann ein, daß die Erhebung Gustav Adolfs auf den Kaiserthron nur zu einer Spaltung führen und die Herrschaft eines protestantischen Fürsten die katholischen Fürsten zu einer engeren Bindung untereinander und an Ferdinand zwingen würde. Welche Vorzüge Gustav Adolfs Plan auch haben mochte, die Durchführung hing vom guten Willen der deutschen Herrscher ab, den sie, mit wenigen Ausnahmen, niemals für ihn aufbrachten. Er selbst hatte von ihnen gesagt: »Ich fürchte Dummheit und Verrat mehr als Gewalt[122].« Durch den Anschein, daß er nach dem Reich strebe, und durch die Verteilung deutschen Landes unter seine Marschälle[123] erhöhte er seine Beliebtheit nicht.

Im Februar erschien Friedrich von Böhmen in Frankfurt am Main und wurde vom König mit übertriebener Ehrerbietung empfangen. Die Verfassungspartei nahm es Gustav Adolf übel, daß er Friedrich den Vorrang nicht nur eines Kurfürsten, sondern eines regierenden Monarchen zubilligte und darauf bestand, daß Friedrich immer alle Titel ohne jede Auslassung gegeben wurden[124]. Das war recht erfreulich, aber selbst der abgesetzte Fürst mißtraute bald den Absichten seines Verbündeten. Er gestand dem brandenburgischen Gesandten, daß er keinen andern Grund für die Fortführung des Krieges sehe, als daß »der König von Schweden schwer zufriedenzustellen sei[125]«. Als er später erfuhr, daß Gustav Adolf ihn in der Pfalz als Vasallen der schwedischen Krone wiedereinsetzen wolle, raffte er die letzten Reste von Selbstachtung zusammen und weigerte sich ganz entschieden[126]. Der König war ein willkommener Verbündeter, aber ein unerwünschter Herr. Wie die Dinge lagen, war diese Haltung Friedrichs von Böhmen gegen Gustav Adolf von Schweden gewiß abgeschmackt, aber für einen pflichtgetreuen deutschen Fürsten die einzig mögliche Einstellung.

Der Schwiegersohn Johann Georgs, der Landgraf von Hessen-Darmstadt, hatte am meisten zu leiden. Er war während des Sommers als Vermittler zwischen dem Kaiser und seinem Schwiegervater tätig gewesen, und als er im Herbst gezwungen worden war, sich mit Gustav Adolf zu verbünden, benützte er seinen geringen Einfluß weiter, um den Eroberer dem Frieden näherzubringen[127]. Der König hatte ihn im Verdacht, daß er im Sold des Kaisers stehe, und als der Landgraf sich über die schlechte Zucht der in Rüsselsheim einquartierten Truppen beklagte, fragte er ihn zornig, ob er etwa daran denke, es an den Kaiser zu verkaufen. Er hatte ihn sogar öffentlich spöttisch den »Hoffriedensmacher des Heiligen Römischen Reiches« genannt[128].

Die Stimmung in Frankfurt wurde durch eine Unterhaltung nach einem Mahl am 25. Februar 1632 nicht gebessert. Gustav Adolf betonte, daß er den Kampf für die Deutschen aus reinem Edelmut unternommen habe und daß der Kaiser sich nicht um ihn kümmern solle. »Fragt Er nichts nach mir«, sagte er, »so frage Ich nichts nach Ihm«, und fügte, zum Landgrafen von Hessen-Darmstadt gewendet, hinzu: »Euer Liebden können Ihm das woll sagen, dan Ich woll weiß, daß Sie guett Kayserisch seyn.« Der Landgraf war im Begriff zu widersprechen, aber der König schnitt ihm das Wort ab, indem er verächtlich sagte: »Der noch etliche dreißigtausend Reichsthaler zum Recompens bekombt, kan noch woll guett Kayserisch seyn.« Bleich vor Zorn verstummte der Landgraf[129], während der König fortfuhr, den bestürzten und gereizten Zuhörern die Notwendigkeit der Weiterführung des Krieges auseinanderzusetzen.

## VII

Am 2. März 1632 zog der König wieder ins Feld. Er ließ Bernhard von Sachsen-Weimar zum Schutz des Rheins zurück und marschierte nach Schweinfurt, um sich mit Marschall Horn zu vereinigen, und von dort nach Nürnberg, um seine Streitkräfte zu sammeln. Er wurde von der Bürgerschaft Nürnbergs jubelnd empfangen und von der Stadtverwaltung mit Geschenken überhäuft[129a]. Nachdem er vierzigtausend Mann zusammengezogen hatte, machte er sich fertig, um nach Süden zu marschieren. Sein Ziel war Augsburg, und damit unvermeidlich Bayern.

Zwischen Vertrauen auf Richelieu und Furcht vor Gustav Adolf schwankend, hatte Maximilian dem König in die Hand gespielt. Der französische Gesandte hatte ihn überredet, seine Neutralität zu behaupten, aber er war so eingeschüchtert, daß er nie den Versuch machte, von Tillys Heer abzurücken, und im März hatte er an Ferdinand geschrieben und ihn flehentlich gebeten, Wallenstein zurückzuberufen[130]. Die Angst, daß er seine Länder verlieren könnte, trieb ihn dazu, auf alles, was er jemals durch die Entlassung des Feldherrn für sich gewonnen hatte, zu verzichten und seine Neutralität aufzugeben. Am 1. April schloß er sich Tillys Heer in Ingolstadt an und lieferte damit Gustav Adolf den erwünschten Vorwand, in Bayern einzufallen.

Tilly, der von Wallenstein nach langer Weigerung eine neue, ihm nur ungern zugestandene Verstärkung von fünftausend Mann erhalten hatte, zog sich nach Osten zurück, um die Lechlinie zu halten. Am 7. April überschritt Gustav Adolf die Donau bei Donauwörth und marschierte gegen Osten, wobei er das Gebiet, durch das er zog, so ausraubte, daß kein zweites Heer sich darin erhalten konnte. Seine Truppen rissen sogar das junge Getreide mit der Wurzel als Pferdefutter aus und hinterließen Felder, die schon im Frühjahr kahl waren[131]. Die ganze

Zeit über lag Wallenstein mit einem Heer von zwanzigtausend Mann[132], das er aufgestellt hatte, aber nicht befehligen wollte, an der böhmischen Grenze. Wochenlang bat ihn die Wiener Regierung, vorzugehen, und der Kaiser und sein Sohn, der stolze junge Erzherzog Ferdinand, beschworen Wallenstein, doch seine Bedingungen zu nennen und mit seinem Heer zu ihrer Rettung zu kommen[133]. Als der König von Schweden die Donau überschritt, hatte Wallenstein noch immer keinen Entschluß gefaßt. Am 14. April erreichte Gustav Adolf den Lech, wo jenseits des Flusses auf einer bewaldeten Anhöhe Tillys Lager war. Auf einem Erkundungsritt sah der König auf dem gegenüberliegenden Ufer zwei Wachtposten, die ihn nicht erkannten und in ihrer vertraulich herablassenden Art ihm die Frage zuriefen, wo sein König sei, worauf Gustav Adolf zurückrief, daß er näher sei, als sie glaubten, und davonritt[134]. Während der Nacht schlug er eine Pontonbrücke und schickte am Morgen eine ausgewählte, dreihundert Mann starke finnische Abteilung unter anhaltendem feindlichen Feuer über den Fluß, um Schanzen für seine Batterien aufzuwerfen. Unter ihrem Schutz überschritt der Rest des Heeres den Fluß, da Tilly es nicht wagte, durch einen Angriff seine Stellung zu gefährden. Sobald das Heer am andern Ufer war, stürmte der König den Hügel. Seine Taktik war gut, und noch mehr kam ihm zustatten, daß Tilly, der zu Beginn des Kampfes einen Beinschuß erhalten hatte, zurückgetragen werden mußte und sein Stellvertreter, Aldringer, wenige Minuten darauf mit einer Schädelwunde bewußtlos zusammenstürzte. Angesichts dieser Mißerfolge zog Maximilian die Reste seines Heeres schnellstens zum Rückzug zusammen. Der größte Teil des Trosses und der Geschütze blieb auf dem Kampfplatz zurück, und das Heer selbst wäre nicht so glatt davongekommen, wenn nicht der Wind die Kaiserlichen begünstigt und die Wege mit den in der folgenden Nacht von einem Sturm gefällten Bäumen versperrt hätte[135].

Vierhundert Kilometer davon entfernt, zu Göllersdorf in Österreich, war Wallenstein endlich mit dem Kaiser über die Bedingungen einig geworden. Was diese besagten, wird wahrscheinlich nie bekannt werden. Es gibt dafür keine einwandfreien Anhaltspunkte; wir wissen nur, daß Gerüchten zufolge Wallenstein nicht nur unbeschränkte Gewalt über das Heer, sondern auch die Entscheidung über alle Friedensverhandlungen und das Recht beansprucht haben soll, Verträge zu schließen, wann und wo er wolle, außerdem den Ausschluß des Sohnes des Kaisers von jedem Anteil am Oberbefehl und den Spaniens von jedem Einfluß darauf, während er, Wallenstein, als Belohnung einen Teil der habsburgischen Länder und die Kurfürstenwürde — Böhmen und das brandenburgische oder pfälzische Kurfürstentum – erhalten sollte. Das waren zumeist Gerüchte, mit einer geringen Beimischung von Tatsachen, die aus amtlichen Quellen durchgesickert waren[136].

Kurz, welche Bedingungen sich auch an Wallensteins Rückberufung knüpften, er kam gewiß mit vollen Machtbefugnissen ausgestattet zurück. Er hatte fraglos erwiesen, daß nur er das Heer erhalten und bezahlen konnte, und in der Zwischenzeit alle seine früheren Vorkehrungen so vervollkommnet, daß er den Nachschub nach Belieben liefern oder einstellen konnte. Nicht nur seine Güter in Friedland, sondern sein gesamtes Einflußgebiet waren zu einem ungeheuren Lagerhaus für die Versorgung mit Lebensmitteln, Kleidung und sonstigen Vorräten geworden. Munitionsfabriken waren entstanden, Mühlen mahlten Tag und Nacht, Bäcker buken Hunderttausende von Laiben, Brauer brauten, Weber woben, während seine Beamten für ihn die Steuern einhoben, mit denen er sein Heer besoldete. Friedland war mit Rentämtern und mit einem Netz von Straßen überzogen, auf denen der Nachschub zu den Truppen oder in große Speicher gebracht wurde, um für Notfälle bereit zu sein[137]. Wallenstein hat, vielleicht als erster europäischer Fürst, einen ausschließlich für Kriegszwecke organisierten Staat im Sinne gehabt.

Seine Rückkehr bedeutete noch nicht, daß der Vormarsch des Königs von Schweden sogleich zum Stillstand gebracht werden konnte, denn zuerst mußte Böhmen von den Sachsen gesäubert werden. Wallenstein ließ sich Zeit. Er, der die Lage auf katholischer Seite völlig beherrschte, war sich wie stets klar, daß er die Stellung des Königs am besten durch Bestechung Johann Georgs untergraben könne. Daher griff er die Sachsen nicht an, sondern ermöglichte es ihnen, sich unbehelligt über die Grenze zurückzuziehen, wobei er freundliche Andeutungen eines Bündnisses einfließen ließ[138]. Das trennte Johann Georg nicht vom König, aber Wallenstein erreichte damit teilweise seinen Zweck, denn Gustav Adolf hatte damit gerechnet, daß das sächsische Heer Böhmen halten werde, und der Rückzug dieses Heeres ließ ihn nun an der Treue seines Verbündeten Zweifel hegen, die ihn vor Ende des Jahres in den Tod lockten.

Vorläufig ging der Triumphzug des Königs weiter. Am 24. April zog er unter dem Beifall der protestantischen Bürger in Augsburg ein und richtete vom Balkon des Fuggerhauses am Weinmarkt eine in den wärmsten Worten gehaltene Ansprache an die Bevölkerung; er verlangte jedoch von den führenden Bürgern einen Huldigungseid und eine monatliche Kontribution von dreißigtausend Talern[139]. An diesem

Abend gab er ein Bankett und einen Ball, auf dem er der würdevollen Förmlichkeit eines Königs entsagte und, wie eine dortige Überlieferung berichtet, einer hübschen, verschämten Augsburgerin einen Kuß raubte[140].

Fünf Tage später erschien er vor dem stark befestigten Ingolstadt, wo der verwundete Tilly inmitten einer kleinen, aber treuen Besatzung im Sterben lag. Als er die Nachricht von Wallensteins Ernennung hörte, brachte er noch genug körperliche und moralische Kraft auf, um dem Mann, der ihn zugrunde gerichtet hatte und jetzt über seinen sterbenden Körper zur Rettung der kaiserlichen Sache schritt, ein Glückwunschschreiben zu senden[141]. Seine Gedanken verweilten bei Gott und der heiligen Schutzpatronin, der er sein fruchtloses, ehrenhaftes Leben gewidmet hatte, aber er vergaß weder seine Soldaten noch seine Pflichten und hinterließ letztwillig den alten Regimentern des Ligaheeres sechzigtausend Taler und starb, wie erzählt wurde, mit dem Worte »Regensburg« auf den Lippen[142]. Die Sorge um die Verteidigung dieses Schlüsselpunktes an der Donau hatte in den letzten Augenblicken alle Gedanken an Himmel oder Hölle aus dem sterbenden Geist des alten Haudegens vertrieben.

Draußen im schwedischen Lager legte Gustav Adolf seine gewöhnliche Sorgfalt an den Tag, und es wurde ihm ein Pferd unter dem Leib erschossen. Das machte auf ihn keinen Eindruck. Als man ihn vorher beschworen hatte, um seine persönliche Sicherheit besorgter zu sein, hatte er die triftige Frage gestellt, wozu denn ein König in einer Schachtel gut sei[143]. Sein Selbstbewußtsein zeigte sich auch in einer Unterredung mit dem französischen Gesandten aus München, der wieder einmal Maximilians Neutralität gesichert haben wollte. Der Franzose begann das Gespräch nicht sehr glücklich mit der Erklärung, daß der Kurfürst nichts von dem bewaffneten Zusammenstoß zwischen Tilly und dem schwedischen König wisse. Warum dann Tilly nicht verhaftet und gehängt worden sei, erwiderte Gustav Adolf. Der Franzose, der diesen taktischen Fehler gutmachen wollte, deutete besänftigend an, daß vieles für den Kurfürsten spreche. Der König erwiderte, daß nach seiner Meinung vieles für Läuse spreche, wenn man sie gern habe. Das war dem französischen Gesandten zu viel, aber sein entrüsteter Protest wurde in einer Flut von Drohungen erstickt. Maximilian solle seine Neutralität haben, tobte der König, wenn er sogleich ohne weitere Fragen die Waffen strecke, andernfalls werde ganz Bayern niedergebrannt werden, damit der Kurfürst seine Feinde von seinen Freunden unterscheiden könne. Der nun aufgebrachte Franzose erinnerte Gustav

Adolf an das Versprechen Richelieus, Maximilian zu Hilfe zu kommen, falls er angegriffen werde. Wie, wenn ihm nun vierzigtausend Mann von Frankreich geschickt würden? Vor Zorn zitternd, erklärte der König, daß er gegen sie alle kämpfen werde; Gott sei mit ihm. Auf diese unbeantwortbare Beteuerung hatte der französische Gesandte nichts zu erwidern, und die Unterredung war beendet[144].

Am 3. Mai setzte der König seinen Vormarsch fort; er hatte keine Zeit für lange Belagerungen und entschied sich für das Wagnis, Ingolstadt uneingenommen zu lassen. Während Marschall Horn die Reste der geschlagenen Tillyschen Truppen gegen Regensburg verfolgte und dabei das Land verheerte[145], stieß der König nach Kurbayern hinein vor, wodurch er Wallenstein aus Böhmen herauslocken wollte. Maximilian, der nun selber die Trümmer seines Heeres befehligte, stand jetzt vor einer erbarmungslosen Alternative. Er konnte entweder sein Heer nach München werfen und seine Hauptstadt retten, womit er Regensburg, das nicht ihm gehörte, aufgeben und es Horn ermöglichen würde, ihm die Verbindung zu Wallenstein abzuschneiden, oder er konnte sein Bayern aufgeben, bleiben, wo er war, und die Verbindung aufrechterhalten. Es besteht kein Zweifel, was der kaiserlichen Sache dienlicher war, aber die Versuchung muß groß gewesen sein, denn er hatte vierzig Jahre seines Lebens der Wohlfahrt Bayerns gewidmet. Trotzdem entschied er sich in einer jener Anwandlungen von Selbstverleugnung, die hin und wieder auf seiner Laufbahn dynastischen Eigennutzes durchbrachen, dafür, das Heer Regensburg halten zu lassen. Er selbst eilte nach München, gab der Stadt eine Garnison von zweitausend Reitern, raffte seine wichtigsten Dokumente und Schätze zusammen und floh nach Salzburg[146].

Gerade noch zur rechten Zeit, denn Mitte Mai stand der König von Schweden vor den Toren Münchens. Die Truppen, die einsahen, daß ein Widerstand nutzlos sei, zogen sich über die Isar zurück, wobei sie die Brücken in die Luft sprengten, und die Bürgerschaft und die Geistlichkeit erkauften sich mit der ungeheuerlichen Summe von einer viertel Million Talern vom Eroberer ihre Schonung[147].

Es hatte geheißen, daß der König nach Überschreitung des Lechs drei Wochen brauchen werde, um Wien zu erreichen[148], aber das war im April gewesen, und Ende Mai war er noch in Bayern. Johann Georg hielt ihn zurück. Die Nachrichten aus Böhmen waren tatsächlich rätselhaft, widerspruchsvoll und verdächtig. Graf Thurn, der alte Rebell, der einen kleinen schwedischen Truppenteil im Verband des sächsischen Heeres befehligte, hatte das ganze Jahr über Andeutungen gemacht, die Arnims Loyalität in Frage stellten[149]. Arnim hatte nichts getan, um

Wallenstein am Rekrutieren zu hindern; er hatte offen erklärt, er werde nicht weiterkämpfen, wenn bis Mai nicht Friede sei[150], und hatte sich schließlich, ohne einen Schuß abzugeben, nach Schlesien zurückgezogen. Am 25. Mai besetzte Wallenstein Prag von neuem, und da er nun also in Prag und Arnim offensichtlich nicht gewillt war, ihm in den Rücken zu fallen, konnte Gustav Adolf nicht auf Wien marschieren. Denn das würde ihn genau in die Lage bringen, die er vor einem Jahr vermieden hatte; ein Sonderfriede zwischen Johann Georg und Ferdinand konnte ihn in Österreich stranden lassen. Der König zögerte; trotz Thurns Argwohn hatte er eine bessere Meinung von Arnim als von Johann Georg und versuchte die Schwierigkeit dadurch zu lösen, daß er den Feldherrn bestechen wollte, aus den kurfürstlichen Diensten in die seinen zu treten[151]. Arnim ließ sich aber nicht bestechen; am 7. Juni zog er seine letzten Truppen aus Böhmen zurück, und Gustav Adolf schickte eilig einen Gesandten nach Dresden, um zu erfahren, was Johann Georg vorhabe[152].

Unter solchen Umständen mußte sich der König über seine politische Stellung in Deutschland Gewißheit verschaffen. Am 20. Juni traf er wieder in Nürnberg ein und begann, sich eine Partei zu schaffen. Dort enthüllte er in zwei geschäftigen Tagen seinen Plan für Deutschland. Die Bedingungen des einzigen Vertrages, den er mit dem Kaiser schließen wollte, umfaßten die Duldung der protestantischen Religion im ganzen Reich, die Rückgabe aller protestantischen Länder und die Abtretung der Nordküste von der Weichsel bis zur Elbe an Schweden, wofür der Kurfürst von Brandenburg mit Schlesien entschädigt werden sollte. Vor allem sollten die protestantischen Fürsten ein geschlossenes Corpus Evangelicorum bilden, das mit einem starken stehenden Heer unter einem Direktorium innerhalb des Reiches und auch vom Reichstag voll anerkannt sein sollte.

Die Stadt Nürnberg erklärte sich sogleich bereit, dem Corpus beizutreten, aber der König mußte jetzt politische Fragen wieder zurückstellen, denn Wallenstein hatte endlich die böhmische Grenze überschritten und war auf dem Marsch, um sich Maximilian anzuschließen. Der König versuchte, sie zu trennen, aber Wallenstein wich ihm aus und traf am 11. Juli in Schwabach mit Maximilian zusammen. Die Verbündeten stiegen von ihren Pferden und umarmten einander höflich, ohne daß der eine seinen Unwillen oder der andere seine Kränkung erkennen ließ[153]. Augenblicklich schien es, als ob die Vergangenheit vergessen wäre und sie beide vereint dafür arbeiten wollten, die schlimmen Geschicke der Kirche und der kaiserlichen Dynastie zum Besseren zu wenden.

Der König zog sich wieder nach Fürth bei Nürnberg zurück. Wallenstein folgte, errichtete ein festes Lager auf einem langgestreckten, das Flüßchen Rednitz überragenden Hügelrücken und bedrohte so Gustav Adolfs Stellung. Am 27. Juli wurde ihm gemeldet, daß der König, der zahlenmäßig schwächer und überhaupt nicht stark genug sei, um sein Lager zu verlassen, fast alle seine in Süd- und Westdeutschland verstreuten Truppen zusammenberufen lasse. Wallenstein rechnete damit, daß keine Nahrung für Pferde oder Soldaten vorhanden und der König entweder kämpfen oder verhungern müsse. Hunger würde seinem Heer ein Ende machen; Kampf würde bei solchem Kräfteverhältnis für seine Truppen ebenfalls den Tod bedeuten[154]. Inzwischen verpflegte Wallenstein die seinen aus eigenen Vorräten; aber die Zufuhr versagte häufig, und die Soldaten, besonders in Maximilians Heer, starben in Massen. Zwischen Wallenstein und Gustav Adolf bestand jedoch der Unterschied, daß Wallenstein es sich leisten konnte, ein Heer zu verlieren und ein anderes aufzustellen, Gustav Adolf hingegen nicht. Maximilian konnte es sich ebensowenig leisten, wie er, wenn auch vergeblich, klagte[155]. Wallenstein hatten die Bedürfnisse des Ligaheeres nie gekümmert.

Am 16. August trafen die Verstärkungen des Königs ein, und endlich, am 3. und 4. September, griff er die feindliche Stellung an. Es war vergeblich, denn auf dem unebenen, mit Gestrüpp überwucherten Boden konnte er seine Reiterei nicht entfalten und mußte sich mit einem schweren Verlust an Soldaten, aber einem noch schwereren an Ansehen zurückziehen[156]. Schlechte Zucht unter seinen Truppen, besonders unter den in Deutschland angeworbenen, brachte ihn um seine frühere Beliebtheit, und selbst sein persönliches Eingreifen blieb erfolglos. Bei einigen deutschen Offizieren war gestohlenes Vieh aufgefunden worden, und der König brach vor Wut fast in Tränen aus. »Ihr seid diejenigen«, tobte er, »die ihr Untreue an eurem Vaterland beweiset, welches ihr selbst ruiniert, verderbt und verherget ... Gott mein Schöpfer sei mein Zeuge, daß mir das Herz im Leibe gellet, wenn ich euer einen anschaue[157].« Es ging das Gerücht, daß seine Verbündeten ihn verließen. »Seine Macht beruht nicht auf seinen Untertanen, sondern auf Fremden; nicht auf seinem Geld, sondern auf ihrem; nicht auf ihrem guten Willen, sondern, wie die Dinge jetzt zwischen ihm und ihnen stehen, auf der bloßen Notwendigkeit; wenn daher die Notwendigkeit nicht so dringend sein wird, wie sie ist ..., wird das Geld und die Macht und die Hilfe, die ihr entspringen, von ihm fallen«, prophezeite ein schottischer Geistlicher, der den Verlauf der Ereignisse genau verfolgte. »Er ist in

Deutschland noch nicht sicher«, schrieb er, »und weit weg von der Heimat[158].«

Dieses Übel versuchte der König im September in Nürnberg zu beseitigen. Er bot Wallenstein Friedensbedingungen an, in denen die Hauptpunkte seines Planes für die Schaffung einer starken protestantischen Partei klar herausgearbeitet waren; er verlangte, daß alle Länder, die jemals von Protestanten besetzt gewesen waren, protestantisch bleiben, daß das Restitutionsedikt bedingungslos zurückgezogen und in allen Ländern des Reiches einschließlich der kaiserlichen freie Religionsübung gewährt werden sollte, daß die Abgesetzten wiedereingesetzt werden, Wallenstein Franken an Stelle Mecklenburgs nehmen, Maximilian Oberösterreich gegen die Pfalz austauschen, er selbst Pommern und der Kurfürst von Brandenburg Magdeburg und Halberstadt erhalten sollte[159]. Diese Bedingungen zeigten deutlich das Ausmaß der Pläne des Königs. Die Kirche und die Habsburger sollten rücksichtslos geopfert werden, und ein Reich, in dem die verfassungstreuen weltlichen Fürsten vorherrschten, sollte in Wirklichkeit dem Corpus Evangelicorum und durch dieses dem König von Schweden unterstehen. Die Verheiratung seiner einzigen Tochter Christine an den Erben von Brandenburg würde in Nordeuropa einen dynastischen Länderblock schaffen und dieser die abbröckelnde Macht der Habsburger überwiegen und das Gleichgewicht des ganzen Kontinentes verschieben.

Aber Axel Oxenstierna, der seinen Feinden mißtraute, verhinderte übereilte Vereinbarungen. »Der bayerische Herzog«, sagte er, »ist wie der Wallensteiner . . ., beide sind glatt und falsch[160].« Auch Wallenstein, der sich jetzt auf seine militärische Überlegenheit verließ und wußte, daß die Bündnisse des Königs zusammenbrachen, war gegen den Abschluß des Vertrages. Der Herzog von Württemberg war unzufrieden, dem Kurfürsten von Brandenburg mißfielen die Bedingungen, die für die Heirat seines Sohnes angeboten wurden[161], und der König konnte sich Johann Georgs nie sicher fühlen. Während er bei Nürnberg eingeschlossen blieb, war Wallensteins Stellvertreter Holk in Sachsen eingefallen und hatte das Land planmäßig verwüstet[162].

Bei Nürnberg hatte das Heer, Mannschaft und Tiere, Schlimmes auszustehen. Ein feuchter Sommer verschlechterte die Zustände[163], und der Mangel an Nahrung und Quellwasser vermehrte die Seuchen, die schon immer im Lager geherrscht hatten. Es war beängstigend, wie rasch Menschen und Pferde hingerafft wurden; die Reiterei allein war fast um drei Viertel ihres Bestandes zusammengeschrumpft.

Am 18. September beschloß der König, die Stellung auf gut Glück zu räumen. Es gingen Gerüchte von einem neuen Bauernaufstand in Österreich und von einer Erhebung Stefan Rákóczis, des Nachfolgers Bethlen Gabors in Siebenbürgen[164]. Gustav Adolf entschloß sich, in diese Richtung zu ziehen, denn er wußte, daß Wallenstein sich mit Holk in Sachsen vereinigen wollte, und hoffte, sie durch seinen Marsch nach Süden zur Teilung ihrer Streitkräfte zu verleiten.

Als Gustav Adolfs Heer abzog, drängte Maximilian Wallenstein nochmals, den König anzugreifen, aber der Feldherr hörte wieder nicht auf ihn[165]. Er hatte einen schlaueren Plan. Er wollte mit den vereinten Heeren in Eilmärschen nach Sachsen marschieren und so entweder nur über Johann Georg und Arnim herfallen und sie zu Vereinbarungen zwingen, oder Gustav Adolf von Österreich weglocken. Aber Maximilian hatte genug von Wallensteins Plänen und zog sich mit den schäbigen Resten seines Heeres verdrossen zurück, um Bayern zu verteidigen.

Wallenstein, der verärgert war, aber weiter auf seinem Plan bestand, wandte sich nach Nordosten und forderte Holk und Pappenheim, der an der Weser stand, auf, sich ihm anzuschließen. So zogen sich gegen Johann Georg drei Heere gleichzeitig zusammen. Wenn Gustav Adolf sich hätte darauf verlassen könnnen, daß der Kurfürst und sein Feldherr bis zum Letzten kämpfen würden, hätte er seinen Marsch auf Wien fortsetzen können, aber vor zwei Monaten war ihm berichtet worden, daß Arnim mit dem Feind im Einvernehmen stehe und Johann Georg im Rausch äußerte, er habe das gefährliche Bündnis mit dem König von Schweden satt[166]. Keinesfalls hatte der Kurfürst das Zeug zum Märtyrer. Von Dresden konnte er die Dörfer seiner Untertanen zum Himmel lodern sehen – Fackeln zur Erhellung seiner Trinkgelage, wie die kaiserlichen Truppen spöttisch sagten[167] –, und am 9. Oktober schrieb er hilfeflehend an den König[168]. Gustav Adolf hatte diese Bitte nicht abgewartet; er war schon im Anmarsch.

Am 22. Oktober war er wieder in Nürnberg und konnte es sich nicht versagen, Wallensteins verödetem Lager einen Besuch abzustatten. Dort war seit langem alle Tätigkeit erloschen, aber es widerte ihn an, die Verwundeten hungernd und ungepflegt zwischen Menschen- und Tierleichen herumkriechen zu sehen[169]. Später traf er seinen Kanzler Oxenstierna und gab ihm ausführliche Weisungen zur Verwaltung und Besteuerung der besetzten Länder während des Winters. Am 2. November traf er in Arnstadt Bernhard von Sachsen-Weimar mit seinen Truppen. Von hier schrieb er, vor seinem Abmarsch nach Leipzig, das sich Holk schon ergeben hatte, an seinen Kanzler. Der Winter, sein dritter in Deutschland, stand vor der Tür, und er beabsichtigte, seine

Stellung rechtlich und auch mit Waffengewalt auszubauen. Oxenstierna sollte eine Versammlung der vier von den schwedischen Truppen besetzten Kreise einberufen, der Kreise des Ober- und Niederrheins und Schwabens und Frankens, um dem Corpus Evangelicorum gesetzlichen Bestand zu geben und den König mit dessen erstem Direktorium zu betrauen[170].

Am 6. November vereinigten sich die Heere Wallensteins und Pappenheims. Gustav Adolf zögerte; er hatte nicht viel mehr als sechzehntausend Mann, seine Reiterei war schwach, und Johann Georg machte keine Anstalten, sich ihm anzuschließen. Viertausend Pferde waren allein auf dem Marsch verendet[171]. Hingegen waren die Kaiserlichen sechsundzwanzigtausend Mann stark. Am 15. November berichteten jedoch kroatische Gefangene dem König, daß Wallenstein, offenbar in der Annahme, daß die Schweden keine Schlacht wagen würden, Pappenheim nach Halle gesandt habe[172]. Diese Gelegenheit durfte sich Gustav Adolf nicht entgehen lassen; er rückte eilig vor und überraschte spät am Abend die Kaiserlichen, die sich in dem Städtchen Lützen, vierundzwanzig Kilometer westlich von Leipzig, verschanzt hatten. Es war zu dunkel, um einen Angriff zu versuchen, und Wallenstein, der erst am späten Nachmittag vom Anmarsch des Königs erfahren hatte, sandte Hals über Kopf einen Kundschafter aus, um Pappenheim zurückzuholen[173]. Seine Leute arbeiteten die Nacht durch, brachten in den Obstgärten, welche die Stadtwälle flankierten, Batterien in Stellung und warfen hastig Erdschanzen auf. Sie bezogen ihre Stellungen bei Fackelschein in den frühen Morgenstunden[174], als Gustav Adolf und seine Leute ungefähr anderthalb Kilometer südlich von Lützen unter freiem Himmel auf den kalten Novemberfeldern noch im Schlafe lagen[175].

Der Morgen des 16. November brach klar an, aber gegen zehn Uhr zog sich über dem feuchten flachen Land ein dichter Nebel zusammen und hielt sich während des ganzen Tages[176]. Die Gegend war völlig eben, und mit Ausnahme vereinzelter Hecken dehnten sich die Felder fast ohne jede Deckung zu beiden Seiten der Heerstraße, soweit das Auge reichte. Die Straße verlief ungefähr in ostwestlicher Richtung; nördlich von ihr war ein Graben, und in einiger Entfernung davon standen drei Windmühlen. Zwischen diesem Graben und den Windmühlen, mit Lützen zu seiner Rechten, ließ Wallenstein seine Truppen aufmarschieren; eine Abteilung Musketiere postierte er in dem Graben, von wo sie nach oben auf die Bäuche der Pferde schießen konnten, wenn es zu einem schwedischen Reiterangriff kam. Er wich von der altüberlieferten Formierung nicht ab und stellte seine eigene Reiterei auf den

Flügeln, sein Fußvolk im Zentrum und seine Geschütze vor dem Fußvolk auf. Da Pappenheims Truppen fehlten, hatte er nur zwischen zwölf- und fünfzehntausend Mann, die, wie er nachher eingestand, sehr schlecht bewaffnet waren[177]; um seinen verringerten Truppen einen besseren Anschein zu geben, ließ er die mit seinem Heer ziehenden Zivilisten aus der Stadt treiben, gruppierte sie lose in Karrees, die Männer in den vordersten Reihen, gab ihnen ein paar Standarten und hoffte, daß die Schweden sie bei dem trüben Wetter aus der Entfernung für eine mächtige Reserve halten würden.

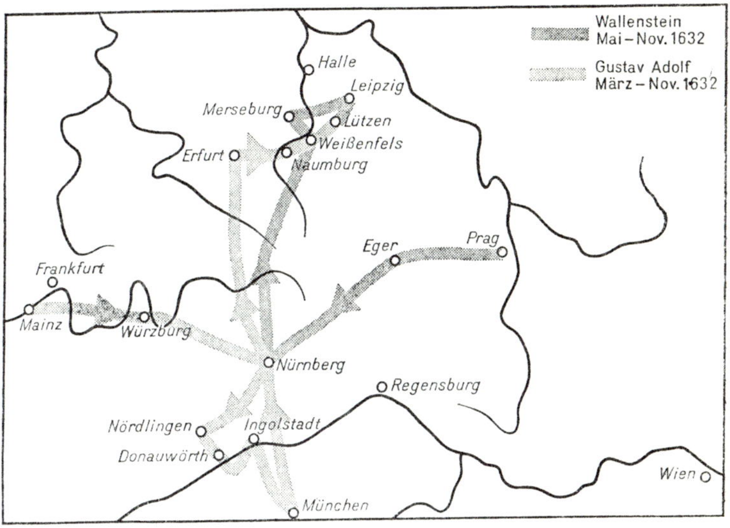


Der König entfaltete seine Truppen auf der Südseite der Straße und hatte so Lützen links vor sich. Sein rechter Flügel stand bei einer kleinen Baumpflanzung. Er ordnete seine Truppen wieder in der Weise an, die bei Breitenfeld so erfolgreich gewesen war, befehligte selber den rechten Flügel, und Bernhard von Sachsen-Weimar den linken; aber die Leitung der Schlacht war, im Gegensatz zu Breitenfeld, völlig in seiner Hand, und beide Flügel waren auf schwedische Art angeordnet. Jenseits der Straße stand Holk dem König gegenüber, Wallenstein dem Herzog von Sachsen-Weimar[178].

Nach seiner Gewohnheit betete der König angesichts des ganzen Heeres und erflehte den Segen Gottes für die protestantische Sache. Das war gegen acht Uhr, und das Feuern hatte schon begonnen, aber keines der Heere kam während der nächsten zwei Stunden in Bewegung.

Die Schweden machten ein- oder zweimal einen schwachen, vergeblichen Versuch, Wallenstein aus seiner Stellung herauszulocken, und endlich um zehn Uhr, als es neblig wurde, griff der König am rechten Flügel die Holkschen Reiter an. Es kam zu einem scharfen Zusammenstoß bei dem Graben, aus dem die Musketiere schließlich hinausgeworfen wurden, und die verzweifelt kämpfenden kaiserlichen Reiter wurden zu ihren Batterien zurückgejagt, während die entsetzten »Reserven« der Zivilisten auseinanderstoben und den Troß und die Zugpferde im Stich ließen[179]. Aber auf der anderen Seite des Schlachtfeldes hatte Wallenstein Lützen in Brand gesteckt, und der Rauch trieb über die Linien Bernhards von Sachsen-Weimar. So geschützt, gingen die kroatischen Reiter auf diesem Flügel zum Angriff gegen Bernhards halbblinde Truppen vor. Seine Leute waren tapferer als die Sachsen bei Breitenfeld und hielten stand, bis der König herangaloppiert kam, um ihnen Mut zuzusprechen.

Von diesem Augenblick an scheinen der Nebel und der Rauch, die die Gegner und auf jeder Seite die Truppen selbst voneinander trennten, auch die Erinnerungsfähigkeit der Beobachter getrübt zu haben. Es war vielleicht um die Mittagszeit oder erst am Abend, als Pappenheim auf Wallensteins linkem Flügel eintraf, die siegreichen Schweden sogleich in der Flanke angriff und sie über den Graben zurückdrängte, den sie so schwer erobert hatten. Bei diesem Angriff erhielt Pappenheim den Lungenschuß, an dem er bluterstickt in seiner Kutsche auf dem Weg nach Leipzig starb. Gegen Mittag wurde das herrenlose Pferd des Königs von Schweden gesehen, das wild ausschlagend und durch eine Halswunde vor Schmerz wie toll über das Schlachtfeld raste. Die Kaiserlichen schrien, daß Gustav Adolf gefallen sei. Octavio Piccolomini schwur, er habe ihn am Boden liegen sehen; Holk verbreitete die Kunde. Auf schwedischer Seite aber verneinten es die Offiziere, da ihnen davor graute, daß es wahr sein könne. Es ließ sich nicht lange verneinen, denn der König befehligte das Heer nicht mehr, und das konnte nur eines bedeuten.

Bernhard von Sachsen-Weimar übernahm den Befehl. Seine Truppen auf dem rechten Flügel gingen wieder vor und trieben Wallensteins Leute gegen das brennende Lützen zurück; sie machten eine Schwenkung, griffen das Zentrum an und nahmen die Batterien bei den Windmühlen. Auf der Rechten eroberten die Schweden, die über den Tod ihres Königs außer sich waren, den heiß umstrittenen Graben zurück und schlugen Pappenheims wilde, aber unverläßliche Reiter in die Flucht. Drei Pferde wurden Octavio Piccolomini unter dem Leib erschossen, während er versuchte, seine Leute zusammenzuhalten; siebenmal wurde er von Kugeln gestreift, ließ sich aber nichts anmerken. Als die Nacht hereinbrach, zog sich Wallenstein, von Gicht gelähmt und vor Schmerz und Erniedrigung wütend, unter dem Schutz der Dunkelheit nach Halle zurück. Seine erschöpften Leute schliefen am Weg, wo sie gerade zusammenbrachen, während er die ganze Nacht Kundschafter aussandte, um ausfindig zu machen, was an kampffähigen Truppen übriggeblieben sei. Ein englischer Hauptmann, der aus seinem Erschöpfungsschlaf in einem Graben aufgestört wurde, wo er mit dem Kopf auf der Flanke seines Pferdes ruhte, wies auf drei neben ihm liegende Offiziere seiner Kompanie, glaubte aber, daß es sonst keine Überlebenden gebe. Falls es sie gebe, so habe er ihre Spur verloren[180]. Zugpferde waren keine mehr da, so daß der Troß und die Geschütze zurückgelassen werden mußten, und Holk scheint der einzige im kaiserlichen Heer gewesen zu sein, der den Kampf für einen Sieg hielt[181].

In der naßkalten Novembernacht suchten die Schweden nach dem Leichnam ihres Königs. Sie fanden ihn endlich; er war an einer Schußwunde zwischen dem rechten Ohr und Auge gestorben, wies aber noch andere Wunden auf, einen Dolchstoß und einen Schuß in der Seite, zwei Kugeln im Arm und eine – was wilde Gerüchte von Verrat zur Folge hatte – im Rücken. Er lag auf der feindlichen Seite des umstrittenen Grabens nackt unter einem Haufen Toter. Die Stille eines unaussprechbaren Schmerzes hing diese Nacht über dem ganzen Lager, bei Schweden und Deutschen, Schotten, Engländern, Iren, Polen, Franzosen und Holländern, bei den Söldnern wie bei seinen Untertanen[182].

## VIII

»Er glaubt, daß das Schiff, das ihn trägt, nicht untergehen kann«, hatte Sir Thomas Roe gesagt, und im letzten, sieggekrönten Jahr war ganz Europa vom gleichen Glauben besessen. Freunde wie Feinde konnten es nicht fassen, daß der König tot sei. Die ersten von protestantischer Seite kommenden Nachrichten über Lützen verheimlichten das niederschmetternde Ereignis, und Bernhard von Sachsen-Weimar meldete absichtlich nur, daß der König verwundet sei[183]. Als Oxenstierna am 21. November endlich die Wahrheit erfuhr, verbrachte er zum erstenmal im Leben eine vor Kummer schlaflose Nacht[184]. Die Königin erhielt die Kunde auf ihrer Rückreise nach Schweden und verbarg ihren stürmischen Schmerz nicht. Zu Wien empfing Ferdinand die Nachricht unter Tränen mit einem Gemisch von Erleichterung und Trauer[185], denn der schwedische König war von jenem Schlag, den er nur bewundern konnte; er hatte für die Protestanten reichlich das getan, was Ferdinand für die Katholiken zu tun vergeblich gestrebt hatte. In Straßburg schluchzten Männer und Frauen, die den König nie im Leben gesehen hatten, beim Trauergottesdienst[186]. Man brachte den Toten nach Weißenfels, und der König befand sich daher wie im Leben, so auch im Tod inmitten seines Heeres zwischen dem Fußvolk und der Reiterei[187].

Was auch die Menschen von den Beweggründen des Königs denken mochten, seine Größe konnte oder wollte ihm niemand absprechen; aber nach dem ersten Schlag empfanden die meisten seiner Verbündeten seinen Tod mehr als Erleichterung denn als Verlust. Es gingen sogar Gerüchte, daß er von einem seiner Anhänger oder auf Anstiften Richelieus erschossen worden sei. So einzigartig war sein Glück bis zu diesem Zeitpunkt gewesen, daß man nicht glauben konnte, er habe das gewöhnliche Schlachtenschicksal eines Soldaten erlitten. Andere erkannten das unmittelbare Eingreifen Gottes und sagten, der Allmächtige habe seine Hand auf ihn in dem kritischen Zeitpunkt gelegt, in dem er aufgehört habe, der Befreier Deutschlands zu sein, und dessen Eroberer geworden sei.

Seine deutschen Verbündeten mochten sich vielleicht fragen, ob das wahr sei. War er denn jemals etwas anderes gewesen als ein Eroberer? Er hatte die Wogen von Ferdinands Vormarsch zum Rückfluten gebracht, als niemand sonst es tun konnte, aber der Preis, den er dafür verlangte, war hoch. Die um ihre Sicherheit besorgten Deutschen, die einen ungewissen Frieden in ihren Ländern ihrer Glaubensfreiheit vorzogen, hatten sich größtenteils ohne tatkräftigen Widerspruch der kaiserlichen Tyrannei gefügt. Das war schwach, das war feig, das konnte keine Änderung bringen, aber sie wählten es von den zwei Übeln, und wenn auch der tapfere Schwede jene verachtete, die nicht den Mut aufbrachten, ihre Religion zu verteidigen – er hätte wenigstens zugeben können, daß sie mehr als er berechtigt waren, eine Entscheidung zu treffen. Er hatte Menschen gegen ihren Willen zu Helden und Opfern gemacht – die Kurfürsten von Brandenburg und Sachsen und die Dreißigtausend von Magdeburg. Er hatte der protestantischen Sache wieder eine Tradition gegeben, für die gekämpft werden konnte; er hatte in ganz Deutschland die Glocken zum Läuten und dankerfüllte Herzen und tränenfeuchte Augen zum Überfließen gebracht. Aber als der letzte Glockenton verklungen und der Goldene König seines Weges gegangen war, was war geblieben, das freudig stimmte?

Die Sachsen hatten die Kämpfe bei Breitenfeld mit einem Verlust von fast einer Million Menschen bezahlt, die durch Seuchen und Hunger gestorben waren[188]. In Magdeburg hatte Pappenheim die Überreste der Stadt niedergebrannt, als er sie im Frühjahr 1632 räumte, und die schwedischen Truppen, die einzogen, teilten die Not der wenigen Überlebenden, die in Kellern und Erdlöchern unter den Ruinen hausten[189]. Die Bewohner von Hagenau im Elsaß, deren Stadt in anderthalb Jahren dreimal besetzt gewesen war, klagten: »Wir haben die Blauröcke und die Rotröcke gehabt, und jetzt kommen die Gelbröcke. Gott sei uns gnädig[190].« Zu Frankfurt an der Oder hatte die in den verwesenden Leichnamen ausgebrütete Seuche die Überlebenden dahingerafft[191]. Die Schweden hatten die Pest in Stettin und Spandau, in Durlach und Würzburg und im ganzen Land Württemberg eingeschleppt; in Bamberg lagen die Leichen unbeerdigt auf den Straßen, und auf beiden Rheinufern herrschte Hungersnot, so daß die Bauern aus einem Umkreis von vielen Kilometern nach Mainz kamen, um für ein Stückchen Brot an den Befestigungen zu arbeiten[192]. Die Ernte war 1632 vielversprechend, aber in Bayern und Schwaben wurde sie von den durchziehenden Truppen niedergetreten; in Bayern gab es für das kommende Jahr kein Mahl- oder Saatgetreide mehr; Seuchen und Hungersnot vernichteten ganze Dörfer, tollwütige Hunde fielen ihre Herren an, und die Behörden stellten Schützen auf, um die angesteckten Opfer niederzuschießen, bevor sie ihre Mitmenschen anstecken konnten; hungrige Wölfe kamen aus den Wäldern und Bergen und streiften durch die verlassenen Weiler, wo sie die Sterbenden und Toten auffraßen[193]. In Nürnberg, das zwischen Wallenstein und den Schweden eingeschlossen und von Flüchtlingen überfüllt war, begrub man Tag für Tag bis zu hundert Tote[194].

Die Zucht der schwedischen Truppen war mit dem Anwachsen des Heeres zusammengebrochen[195], und der gute Kern ausgewählter Soldaten war im gleichen Verhältnis zusammengeschmolzen; aber abgesehen von der schlechten Zucht, plünderte der König, wie niemand in diesem Krieg vorher geplündert hatte, da er es planmäßig tat, um die Hilfsquellen seiner Feinde zu vernichten. »Eure Gnaden würden unser armes Bayern nicht erkennen«, schrieb Maximilian an seinen Bruder. Dörfer und Klöster waren in Flammen aufgegangen, Priester, Mönche und Bürger in Fürstenfeld, Dießen, Benediktbeuern und Ettal waren gefoltert und umgebracht worden[196].

Der Mißmut der geschlagenen kaiserlichen Truppen lebte sich überdies in einer gesteigerten Roheit aus; Maximilians erbarmungsloser

Befehl, den Nachzüglern oder Verwundeten des schwedischen Heeres keinen Pardon zu geben[197], wurde so ausgelegt, als ob er sich auf alle bezöge, die Widerstand leisteten. Bei der Einnahme von Kempten erschossen die Kaiserlichen den Bürgermeister, steckten siebzig Häuser in Brand, trieben einige Einwohner in den Fluß und machten alle Männer, Frauen und Kinder nieder, die ihnen in den Weg kamen, so daß die Stadt das Magdeburg des Südens wurde[198]. In Hagenau trieben die Pest und die Not die Soldaten dazu, einander aufzulauern, und die Gesunden plünderten ihre pestkranken Kameraden aus und warfen sie nackt auf die Straße, wo sie starben[199].

Wie kleinmütig die deutschen Fürsten auch Gustav Adolf erscheinen mochten, sie klagten nicht ohne Grund. So schrieb die Gemahlin Georgs von Hessen-Darmstadt: »Einem fremden König die besten Örter und Kleinod im Land stracks auf neue Freundschaft einzuräumen, das platte und bloße Land darüber preiszugeben, alle Benachbarte, mit denen man so unzählige Jahr in Frieden gelebt, einsmals ganz zu Feind zu machen, des Kaisers schwere Hand und Ungnade auf sich zu laden, andern zu helfen und sich selbst ganz zu nichts zu machen und in Grund zu verderben, ist schwer[200].« Das war wirklich schwer, aber es war das, was der König von Schweden forderte.

»Sollte der Krieg länger dauern«, schrieb Arnim, »so wird das Reich völlig zerstört werden. Wer aufrichtigen, ehrlichen Sinnes ist, dem muß das Herz bluten; wenn er das Reich so im Unglück sieht, muß er sich nach Frieden sehnen. So geht es mir. Deswegen habe ich mir keine Gelegenheit entgehen lassen . . ., sondern habe Freund und Feind zum Frieden gedrängt . . . Unser geliebtes Deutschland wird fremden Menschen zum Opfer fallen und der ganzen Welt ein beklagenswertes Beispiel sein[201].« Das war nicht die Ansicht des Königs von Schweden gewesen, aber eine vernünftigere, als er sich je abringen wollte.

Die Verteidiger Gustav Adolfs, wenn man die Bewunderer eines anerkannten Helden der europäischen Geschichte so nennen darf, wenden ein, daß er einen festen und dauerhaften Frieden geschlossen hätte, wenn er am Leben geblieben wäre. Das ist eine Sache persönlicher Überzeugung und nicht beweisbar; er hatte Wallenstein Friedensbedingungen angeboten, die aber die Kaiserlichen, solange sie ein Heer im Felde hatten, kaum annehmen konnten. Er hatte versäumt, Frieden zu schließen, als Ferdinand im Winter 1631/32 am wehrlosesten war. Gustav Adolf war einer jener geborenen Eroberer, für die Frieden ein Idealzustand ist, der immer aus sehr guten Gründen unerreichbar bleibt. Er selber hatte niemals einen Krieg mit mehr als einem Waffenstillstand beschlossen, und es war unwahrscheinlich, daß er seinen Charakter im Lauf seines letzten Lebensjahres geändert hätte. Im Alter wäre er vielleicht abgeklärt geworden, aber er war erst siebenunddreißig, als er fiel, und Europa hätte lange warten müssen. Auch ist das Alter kein so unfehlbares Heilmittel für die Kampflust, die einem alten Streiter im Blut liegt. Wallenstein wurde zum Schluß müde, aber Wallenstein war ein kranker, alternder Mann und Zeit seines Lebens mehr eine Organisator- als eine Eroberernatur. In der Geschichte gibt es zu viele Beispiele ergrauter Kämpfer, die es nicht sehr wahrscheinlich machen, daß Gustav Adolf im Alter abgeklärt geworden wäre.

Während seines Marsches durch Deutschland hatte der König die sogenannte *Norma Futurarum Actionum* entworfen, einen Plan für die vollständige Umgestaltung des Reiches, theoretisch vortrefflich, aber selbst nach endgültigem Sieg nicht in die Wirklichkeit umsetzbar. Die Erreichung seines Zieles hing jedoch immer von dem einen Umstand ab, mit dem er niemals sicher rechnen konnte: von der Zustimmung der deutschen Fürsten. Da er von ihnen nicht aufrichtig unterstützt wurde, dachte er nie daran, seine Politik zu ändern. Kompromisse lagen ihm nicht, und er erkannte nicht, daß ohne solche der Friede in Deutschland unmöglich sein würde.

Wäre der König 1626 aus einer persönlichen Zwangslage heraus als Verbündeter des Königs von Dänemark in den Krieg gezogen, so hätte dieses gemeinsame Eingreifen das Vordringen Ferdinands im Keim erstickt und die protestantische Selbstachtung und die »deutsche Libertät« gerettet. Politisch war es gerechtfertigt, daß der König sich nicht an einem Unternehmen beteiligte, das zwar unlohnend und schwierig, aber beileibe nicht unmöglich gewesen wäre. Im Jahre 1630 kam er zu spät, um eine tote Sache wiederzubeleben. Statt dessen vernichtete er die eine Macht, die Deutschland hätte einigen können, und setzte nichts an deren Stelle.

Wenige Tage nach der Schlacht bei Lützen ritt Friedrich, der nun schon lange weder Kurfürst von der Pfalz noch König von Böhmen war, in Bacharach am Rhein ein. Er war mit sechsunddreißig Jahren ein gebrochener Mann, vorzeitig gealtert und so von Sorgen aufgerieben, daß ihn sein eigener Bruder nicht erkannte[202]. Am Rhein herrschte Hungersnot, und in Bacharach wütete die Pest; auf allen Seiten erblickte er die gespenstischen Folgen des Krieges, den er selbst verursacht hatte. Er hätte sich in Bacharach nicht aufhalten sollen, aber die Pest befiel ihn, bevor er flüchten konnte. Es war nur ein leichter Fall, und er hätte ihn überstehen können, aber die Nachricht von Lützen und vom Tod des Königs von Schweden erreichte ihn am Wendepunkt des Fiebers, und er versank in schweren Trübsinn und starb am 29. November. Im Tod wie im Leben war er ein Wanderer und Ausgestoßener geblieben; die letzte bekannte Zufluchtsstätte des verachteten Heimatlosen war der Keller eines Weinhändlers in Metz[203].

So waren innerhalb von vierzehn Tagen der erfolgreiche und der erfolglose Vorkämpfer der protestantischen Sache dahingegangen. Im Jahre 1619 war der Mann schlechter gewesen, aber die Sache besser, und die Deutschen hatten ihre Wahl getroffen. Gustav Adolf dagegen mochte den Kaiser besiegen, Johann Georg zum Kämpfen zwingen und die Politik Richelieus ausnützen, aber er konnte die Zeit nicht zurückschrauben. Die 1619 versäumte Gelegenheit war für immer dahin. Gustav Adolf konnte die stumpfe Bereitwilligkeit der deutschen Protestanten, vernichtet zu werden, nicht ändern; er konnte das Reich der Habsburger zerschlagen, aber nichts aufbauen, und er ließ die deutsche Politik genauso zurück wie die deutschen Schlachtfelder: als Scherbenhaufen.

# VON LÜTZEN BIS NÖRDLINGEN – UND WEITER
## 1632–1635

Das Haus Österreich hat eine Wurzel, die wieder treiben wird

THOMAS WENTWORTH

### I

Der Tod Gustav Adolfs entfachte in Deutschland wieder einen Funken Friedenshoffnung, der nur aufflackerte, um unbarmherzig erstickt zu werden. Der Krieg hatte jetzt mehr als vierzehn Jahre gedauert, und nahezu jeder Friede wäre fast jedermann im Reich willkommen gewesen. Aber die es in der Hand hatten, ein Ende zu machen, waren geteilten Sinnes. Hätte es nur von Ferdinand abgehangen – er war bereit, die vielversprechende Gelegenheit zu ergreifen, ebenso Johann Georg von Sachsen und Arnim; so auch Georg Wilhelm von Brandenburg, aber seiner Friedenssehnsucht haftete die Furcht an, Schweden könne sein pommersches Erbe als Preis für den Abzug verlangen.

Einflußreicher als sie alle, wachte Wallenstein für kurze Zeit über die kaiserliche Politik. Er war jetzt fraglos die stärkste militärische Macht in Deutschland, weshalb sein Friedensverlangen die beste Aussicht auf Erfüllung hatte. Ob ihn wirklich ein solches Verlangen erfüllte, ist die schwierigste Frage des Wallenstein-Problems und auch der Ausgangspunkt derjenigen Geschichtsforscher, die in Wallensteins letzten zwei Lebensjahren den Kampf eines edelmütig aufbauwilligen Staatsmannes sehen, der einem von spanischen Bestechungen verderbten Hof einen bodenständigen Frieden aufzwingen wollte. Diese Ansicht kann ebensowenig bewiesen wie widerlegt werden. Sicher ist nur, daß Wallenstein, falls es ihm wirklich um Frieden zu tun war, sich dabei ganz besonders töricht anstellte, und daß seine Zeitgenossen ihm weder Ehrlichkeit noch Gemeinsinn zubilligten. Er wollte sich zur Ruhe setzen, wahrscheinlich mehr, weil er alt und krank war, als weil er sich nach einem allgemeinen Frieden sehnte. Nur etwas lassen seine Handlungen während dieser Zeit ständig erkennen: seine Forderung nach persönlicher Belohnung. Als echte Söldnernatur erwartete er von seiner im

Krieg gemachten Kapitalsanlage einen Nutzen und setzte mehr dafür als für Deutschlands Frieden seinen Ruf und sein Leben aufs Spiel.

Außerhalb des Reiches wollten drei Herrscher eine Beendigung des Krieges: die Erzherzogin Isabella, der Prinz von Oranien und der Papst. Urban VIII. hatte seinen Ruf unter frommen Katholiken bereits der fruchtlosen Aufgabe geopfert, einen Zusammenstoß zwischen den Habsburgern und den Bourbonen zu verhindern. In seinen Methoden war er von Vorurteilen befangen, trachtete aber aufrichtig danach, die Gefahr eines europäischen Krieges zu verringern[1]. Ein skandalöser Vorfall im Konklave war das einzige Ergebnis seiner wohlgemeinten, aber ungeschickten Politik gewesen. Der spanische Kardinal Borgia beschuldigte ihn offen des Verrates an der Kirche, und bei dem darauf folgenden lärmenden Auftritt hatte ihm ein Prälat mit wutverzerrtem Gesicht das Birett mit den Zähnen in Stücke gerissen. Es nützte nichts, daß die päpstliche Schweizergarde Borgia zum Schweigen brachte, denn er ließ seine Rede drucken und verbreitete sie in ganz Rom[2]. Um sich nicht öffentlich bloßzustellen, hatte dann Urban die habsburgische Sache widerwillig ein wenig unterstützt[3].

Kardinal Carafa hatte einst den Ausspruch getan, daß in Deutschland niemals Friede sein könne, solange Frankreich und Spanien einander feindselig gegenüberständen. Richelieu, Oxenstierna und Olivarez waren es, die die Fortsetzung des Krieges wollten. Richelieu brauchte den Krieg, um seine Macht am Rhein aufrechtzuerhalten, und Oxenstierna, weil der Feldzug bisher solche Auslagen verursacht hatte, daß er ohne ausgiebige Entschädigung nicht nach Schweden zurückkehren konnte; Pommern, den Preis seines Abzuges, konnte er nicht ohne weiteren Kampf bekommen, da der Kurfürst von Brandenburg für diesen Raub anderweitig entschädigt werden mußte. Olivarez brauchte den Krieg, weil der Tod des Königs von Schweden ihn wieder ein Vordringen der Habsburger in Deutschland und einen erfolgreichen Angriff auf die Vereinigten Niederlande erhoffen ließ.

Oxenstierna und Richelieu genügten, um die Friedenspartei im protestantischen Deutschland und im übrigen Europa zu vernichten; Olivarez konnte Isabella in Brüssel und Ferdinand in Wien weiter in finanzieller Abhängigkeit von Madrid halten. Die deutschen Friedenshoffnungen waren den politischen Notwendigkeiten dieser drei Männer verpfändet – und dieses Pfand war uneinlösbar.

## II

Seit der Verheiratung der Infantin Maria an den König von Ungarn im Februar 1631 war es zu einer neuerlichen Zusammenarbeit Wiens und Madrids gekommen. Richelieu mußte daher verhindern, daß es im Reich und in den Vereinigten Niederlanden zum Frieden kam, und schickte anfangs 1633 zwei Abgesandte aus, Hercule de Charnacé nach dem Haag und Manassès de Pas, Marquis de Feuquières, nach Deutschland[4]. Im Hinblick auf den Zustand des Reiches mag sein Verhalten hartherzig erscheinen, es war aber politisch gerechtfertigt und die natürliche Folge der Furcht vor der Macht Spaniens, welche die treibende Kraft für Richelieus auswärtige Politik war.

Oxenstiernas Interessen gingen mit denen Richelieus insoweit Hand in Hand, als keiner von ihnen Frieden wollte. In anderer Hinsicht waren sie erbitterte, wenn auch stille Gegner. In seinem letzten, am 9. November 1632 geschriebenen Brief hatte Gustav Adolf hervorgehoben, wie wichtig es sei, den König von Frankreich von jeglicher Macht über irgendein Land Deutschlands auszuschließen[5]. Aber nach der Schlacht bei Lützen ergriff Richelieu die Gelegenheit, die Macht seines Königs über die protestantischen Verbündeten zu begründen. Das hatte er im Sinn, als er Feuquières anwies, die Mitglieder der Koalition gegeneinander auszuspielen. Sachsen sollte an einem Sonderfrieden verhindert und Brandenburg sollte eröffnet werden, daß der König von Frankreich Pommern gegen die Schweden sichern wolle, und Oxenstierna sollte durch den Vorschlag geblendet werden, daß sein Sohn mit Hilfe des französischen Königs die Königin Christine zur Gemahlin haben könne. Da der gleiche Vorschlag dem Kurfürsten von Sachsen gemacht werden sollte, mußte er in beiden Fällen äußerst vorsichtig angedeutet werden. Unter Johann Georg sollte eine protestantische Konföderation gebildet und dadurch der König von Frankreich geschickt an den Platz geschoben werden, den der König von Schweden eingenommen hatte[6].

Axel Oxenstierna war in einer heiklen Lage. Die Stockholmer Regierung hatte ihm unbeschränkte Vollmacht in Deutschland gegeben[7], aber die Regierung war schwach, denn die Thronfolge der noch im Kindesalter stehenden Königin war den Ränken des Adels förderlich, den der König zwar beherrscht, aber nicht geschwächt hatte. Die geschwätzige, verschwenderische und eitle Königinmutter, eine noch schöne und sich dessen bewußte Frau, würde Oxenstierna wahrscheinlich Schwierigkeiten machen, nicht weil sie ihm wirklich feindlich gesinnt war, sondern weil sie durch vorgefaßte Meinungen und Schmeicheleien leicht beeinflußt werden konnte. Dieser Hintergrund mußte die Ausführung der Pläne Gustav Adolfs in Deutschland verzögern und unsicher machen. Nicht die plumpen Bestechungsversuche der französischen Abgesandten, wohl aber die Notwendigkeit konnte ihn mit der Zeit zwingen, seine Unabhängigkeit teilweise Richelieu zu opfern, um seine Stellung auch nur zu behaupten.

Die Nachricht vom Tod des Königs erreichte Axel Oxenstierna auf dem Weg nach Frankfurt am Main[8]. Er war im Begriff, die Vertreter der vier Kreise zu versammeln, die den Kern des geplanten Corpus Evangelicorum bilden sollten. Er verschob diese Versammlung auf das folgende Frühjahr, kehrte in Hanau um und reiste eilends nach Sachsen. Zu Weihnachten war er in Dresden.

Der Grund hierfür war einfach. Nach der Schlacht bei Lützen hatte sich Wallenstein sogleich nach Böhmen zurückgezogen. Nicht seine Verluste, wie schwer sie auch waren, hatten ihn zu diesem eiligen Schritt bewogen; er entsprang vielmehr politischen Erwägungen. Wallenstein wollte Johann Georg seinen guten Willen zeigen und ihn dadurch zum Frieden verleiten. Selbst wenn der Kurfürst nicht anbiß, würde er zweifellos den Tod Gustav Adolfs zum Anlaß nehmen, um seine Interessen gegen die der Schweden wieder geltend zu machen. So hatte er zum Beispiel gleich nach Lützen sich die Dienste Bernhards von Sachsen-Weimar zu sichern versucht[9].

Oxenstierna drohte noch eine andere Gefahr. Kaum war der Tod Gustav Adolfs bekannt, als der König von Dänemark sich erbot, einen allgemeinen Frieden im Reich zu vermitteln[10]. Wenn es etwas gab, das vor allem verhindert werden mußte, war es das Diktat von Friedensbedingungen durch ein eifersüchtiges Dänemark.

Oxenstierna beschwichtigte schnell den Kurfürsten von Brandenburg, indem er ihm nochmals die Hand der Königin Christine für seinen Sohn versprach[11], und wandte seine ganze Aufmerksamkeit den sächsischen Schwierigkeiten zu. Weniger gesegnete Weihnachten als 1632 in Dresden dürfte er kaum jemals gefeiert haben. Die Absichten Johann Georgs und Arnims waren von Anfang an klar, und die Beredsamkeit des schwedischen Kanzlers brachte die beiden auch nicht einen Zoll breit davon ab. Johann Georg wollte entweder einen Sonder- oder einen allgemeinen Frieden, Arnim einen allgemeinen Friedensschluß[12]. Ungeachtet aller Einsprüche beschlossen sie, mit Wallenstein zu verhandeln.

Da nun das Bündnis so gut wie gebrochen war, kam es zwischen Johann Georg und Oxenstierna zu einem Kampf um die Führung der protestantischen Partei im Reich. Am 18. März 1633 eröffnete der

Kanzler den lange geplanten Konvent der vier Kreise zu Heilbronn, indem er sinnreich jedem Streit um den Vorrang bei der Benützung von Stühlen, Schemeln oder Bänken durch die Maßnahme auswich, daß die Vertreter die ganze Zeit stehen mußten[13]. Nach fünf Wochen stimmten die vier Kreise einem Vertrag mit Schweden zu und schufen die Liga von Heilbronn, wie sie später genannt wurde, zur Verteidigung der protestantischen Sache im Reich unter Oxenstiernas Leitung. An zwei aufeinanderfolgenden Tagen schloß er weitere Verträge ab, einen mit der freien Reichsritterschaft und einen mit Philipp Ludwig von Pfalz-Zimmern, dem Bruder Friedrichs V. von der Pfalz und Regenten für den sechzehnjährigen Pfalzgrafen Karl Ludwig, der seinem Vater in dessen Schulden nachgefolgt war[14].

Diese Verträge machten Oxenstierna in den Augen der Welt zum tatsächlichen Nachfolger Gustav Adolfs. Johann Georg, der gedacht hatte, den Konvent durch sein Nichterscheinen zum Scheitern zu bringen, hatte sich wieder einmal verrechnet. Durch diese Weigerung hatte er stillschweigend seinem Anspruch entsagt; weit entfernt, den Konvent zum Scheitern zu bringen, hatte seine Abwesenheit die Wahl Oxenstiernas zum obersten Leiter des Krieges nur gesichert. Wenn es dem Kanzler auch nicht gelungen war, Johann Georg bei seinen ursprünglichen Verpflichtungen zu halten, so hatte er doch die Lage für Schweden gerettet, indem er mit einem Schlag das ganze Ansehen und den halben Einfluß des verlorenen Verbündeten zerstörte.

Bei der Behandlung der französischen Einmischung hatte Oxenstierna weniger Erfolg. Hier kämpfte er nicht gegen den vom Trunk aufgeschwemmten Johann Georg, sondern gegen den skrupellosen, klugen Marquis de Feuquières. Der französische Gesandte glänzte insbesondere durch diejenigen Eigenschaften, auf denen der Ruf der französischen Diplomatie beruhte: Geschmeidig im Vorgehen und zäh in seinen Absichten, erstickte er die knorrigere Diplomatie Oxenstiernas, wie Efeu einen Baum zum Absterben bringt. Beide Männer brauchten die Hilfe der deutschen Staaten, die zu erlangen sie sich jedes Mittels bedient hätten. Feuquières war gegen Oxenstierna unbillig im Vorteil: Seine Regierung konnte für Bestechungen mehr Geld ausgeben als die schwedische[15]. Sonst hatte er vor Oxenstierna bloß voraus, daß er ein gewandterer Diplomat war, die günstige Gelegenheit besser erkannte und schneller zugriff als der Nordländer, der, mit ihm verglichen, als schwerfälliger Stümper erschien. Beide hatten ehrenhafte Absichten, da jeder vom Verlangen getrieben wurde, für sein Land und seine Religion sein Bestes zu tun; Oxenstierna wollte Schweden für den Verlust an

Blut und Geld schadlos halten und trachtete nach Sicherheit für die Protestanten Deutschlands, Feuquières wollte Frankreich gegen Spanien schützen und die deutschen Katholiken gegen die Angriffe ihrer protestantischen Landsleute. Beide handelten gleich unmenschlich gegen Deutschland, aber keiner von beiden war ja Deutscher.

Feuquières' erste Schwierigkeit war die, daß er unrichtige Weisungen hatte. In Paris glaubte Richelieu, daß seit dem Tod Gustav Adolfs Johann Georg die Lage beherrsche; er hatte Oxenstierna unterschätzt. Feuquières hatte den schwedischen Kanzler kaum getroffen, als er sogleich diesen Irrtum einsah. Schweden, nicht Sachsen, war die Macht, ohne deren Bundesgenossenschaft in Deutschland nichts erreicht werden konnte; und Feuquières hatte den Mut, nach seiner Überzeugung gegen die Weisungen des Kardinals zu handeln[16].

Zum unverhohlenen Ärger[17] Oxenstiernas überredete Feuquières in Heilbronn die Delegierten, nebst der schwedischen Regierung den König von Frankreich als ihren Protektor anzuerkennen[18]. Das mag ein geringfügiger Erfolg gewesen sein, denn er gab dem König keine beherrschende Rolle im Krieg, aber unvermeidlich würde sich der Verbündete mit den größeren Hilfsmitteln zu guter Letzt als der einflußreichere erweisen, weshalb Oxenstierna diesen Beschluß bis zum Ende bekämpfte. Feuquières störte die Vorkehrungen des Kanzlers noch dadurch, daß er sich bei der Erneuerung des Vertrages von Bärwalde weigerte, die halbjährlichen Subsidien von einer halben Million Livres unmittelbar an die Schweden zu zahlen, sondern darauf bestand, daß diese Zahlung an sie im Namen der Liga von Heilbronn erfolge. Oxenstierna, der es sich nicht erlauben konnte, auf diese Subsidien zu verzichten, mußte sich daher mit Empfangsbedingungen einverstanden erklären, die seine deutschen Bundesgenossen noch enger an Frankreich banden und ihn zur Stellung eines Mittelsmannes erniedrigten[19]. Der einzige Vorteil, den er über Feuquières errang, betraf Maximilians Neutralität, deren Erhaltung die französische Regierung noch immer vergeblich geltend machte[20].

Die Gründung der Heilbronner Liga bezeichnete das tatsächliche Ende von Johann Georgs Plan für einen allgemeinen Frieden. In Dresden überstieg die Bestürzung und Niedergeschlagenheit alle Grenzen; die drohende Diktatur des Königs von Schweden hatte bloß einer solchen Oxenstiernas Platz gemacht[21]. Vor allem waren Arnims Hoffnungen vernichtet. Wallenstein, der diesen Zeitpunkt der Ernüchterung für günstig hielt, griff ein und legte Arnim nahe, das sächsische Heer ins kaiserliche Lager zu bringen und dann gemeinsam die Schweden aus

Deutschland zu treiben, wie sie vor sechs Jahren die Dänen verjagt hatten. Vielleicht wäre es das Richtige gewesen; vielleicht wäre es gelungen und hätte den Frieden gebracht. Aber Wallenstein stieß mit diesem Vorschlag auf die harte, nüchterne Ehrlichkeit Arnims, welche den Kern seines Charakters bildete. Es ist möglich, daß er die Ausführbarkeit des Planes erkannte, aber sein Herz siegte über gedankliche Erwägungen, und das starre, beinahe tragische Ehrgefühl, die keinen Kompromiß kennende Aufrichtigkeit, diese Stärke und zugleich das Verhängnis des Deutschen, stand zwischen ihm und dem Verrat, der sein Land vielleicht hätte retten können[22].

Nun ging noch ein Riß durch die bereits gespaltene protestantische Partei, der Riß zwischen dem Kurfürsten von Sachsen und seinem Feldherrn. Johann Georg war bereit, Oxenstierna im Stich zu lassen und einen Sonderfrieden mit Ferdinand zu schließen. Nicht so Arnim; er arbeitete, soweit es in seiner Macht stand, auch weiterhin nur für einen allgemeinen Frieden und sonst für nichts. Er konnte oder wollte nicht sehen, wie durch die Liga von Heilbronn das Geschick des protestantischen Deutschlands so völlig mit den Interessen Oxenstiernas und Richelieus vernietet worden war, daß es im Reich so lange keinen allgemeinen Frieden geben konnte, als nicht die Habsburger oder die Bourbonen den Gegner vernichteten.

## III

Mittlerweile hatten in den Niederlanden Richelieu wie auch Olivarez jede Hoffnung auf Frieden vernichtet. Ohne auf Widerstand zu stoßen, war 1632 der Prinz von Oranien eingefallen und hatte Venloo, Roermond und schließlich die große Festung Maastricht erobert. Ein waghalsigerer, weniger überlegter Heerführer wäre nach Brüssel vorgedrungen. Zwei Erwägungen hielten Friedrich Heinrich davon ab: Erstens war er nicht sicher, ob sein Heer stark genug war, die Verbindung zwischen der Front und der flämischen Hauptstadt aufrechtzuerhalten[23], und zweitens war weder er noch die Regierung der Vereinigten Niederlande sich im klaren, ob der Fall Brüssels wünschenswert sei. Mit Richelieu war ein geheimes Abkommen getroffen worden, die ganzen spanischen Niederlande zu spalten und Frankreich die südliche und Holland die nördliche Hälfte einzuverleiben[24]. Aber Friedrich Heinrich erkannte, daß die Zerstörung der habsburgischen Macht bereits zur Übermacht der Bourbonen führte, und war daher entschlossen, in Hinkunft den Pufferstaat zwischen sich und der aufsteigenden französischen Monarchie, koste es, was es wolle, zu erhalten. Ohne Wissen der Brüsseler Regierung wurden ihre offenen Feinde, die Holländer, zu Bürgen für den Bestand der spanischen Niederlande gegen einen Angriff Frankreichs[25].

Wenn auch die alternde Erzherzogin Isabella diese Wendung der Lage kaum erfaßte, wußte sie doch wenigstens, daß der Rückzug der Holländer ein Streben nach friedlicher Schlichtung bedeutete, und sie klammerte sich an diesen Strohhalm mit dem Rest ihrer schwindenden Kraft. Sie hatte alle Ursache dazu. Der Vormarsch des Prinzen von Oranien war durch weitverzweigten Verrat unter dem flämischen Adel[26] unterstützt worden, und obwohl der Anschlag rechtzeitig entdeckt worden war, enthüllte er doch der Erzherzogin, daß der einst so feste Grund unter ihren Füßen zum Sumpf geworden war. Die im September 1632 einberufenen Generalstaaten schrien nach Frieden; die Verwendung eines jetzt schlecht besoldeten Heeres, die Erhöhung der Steuern, der Rückgang des Handels infolge der durch den Krieg und den Wettbewerb der Holländer geknebelten Häfen und Städte, dies alles trieb die Deputierten dazu, einen Waffenstillstand zu erbitten[27]. Mit Zustimmung Madrids gab Isabella bereitwillig nach; der Waffenstillstand wurde geschlossen, und es wurden Vertreter gewählt, um mit den Vereinigten Niederlanden zu verhandeln[28].

Die Unterhändler trafen einander im Winter 1632; vor Ende November waren in Brüssel zwei Nachrichten angelangt, die den Dingen ein anderes Gesicht gaben: Der Bruder des Königs von Spanien war zum Nachfolger der Erzherzogin ernannt worden, und der König von Schweden war in der Schlacht von Lützen gefallen[29]. Die Ernennung des Infanten Ferdinand, des Kardinalinfanten, wie er gewöhnlich genannt wurde, zeigte, daß man sich erneut bemühte, den Einfluß der Habsburger und ihre Beliebtheit in Brüssel wiederzubeleben; der Tod des schwedischen Königs bedeutete, daß es dem Kaiser vielleicht wieder möglich sein werde, zu helfen. Trotz allem hätte die kluge alte Erzherzogin den Frieden vorgezogen; ebenso Friedrich Heinrich. Aber die wachsende Feindseligkeit zwischen den Bourbonen und den Habsburgern benahm ihr die Macht. Hercule de Charnacé überredete den Prinzen von Oranien und wiegelte die Kriegspartei in den Vereinigten Niederlanden auf[30], während Olivarez und der König von Spanien die Friedensverhandlungen nicht länger ernst nahmen. Nach dreizehn Monaten ergebnisloser Erörterungen gingen die Unterhändler auseinander[31].

Der Tod des Königs von Schweden gab dem Bestreben nach Wiederaufnahme der Verhandlungen, das sich seit einigen Monaten sogar bei den Habsburgern regte, neuen Ansporn. Unter der jüngeren Generation traten zwei Prinzen hervor, auf welche die neuerlichen Hoffnungen der Dynastie gerichtet waren. Durch Takt, Höflichkeit und Umsicht hatte sich der jugendliche Kardinalinfant, der Bruder Philipps IV., der erst Anfang der Zwanzig war, bei Olivarez[32] eingeschmeichelt und sich dadurch den Weg zum niederländischen Statthalterposten geebnet. Für die Kirche bestimmt und als Kind mit der Kardinalswürde bekleidet, hatte sich der erbitterte Prinz gegen die ihm derart aufgezwungene Einschränkung seiner Vergnügungen und seines Ehrgeizes sehr ereifert. Doch war er klug genug gewesen, die Unabhängigkeit von der brüderlichen Aufsicht, zu der ihn seine geistliche Stellung berechtigte, auszunützen[33]. Bei seiner Ernennung zum Statthalter der Niederlande war er von der Erzherzogin gebeten worden, so selten wie möglich im Priestergewand zu erscheinen, da Kardinäle als Statthalter in Brüssel noch immer übel berüchtigt seien[34]. Nichts hätte dem Kardinalinfanten willkommener sein können; das Scharlachgewand und das Birett fehlen nun auf seinen Porträts, das schmale, ovale Gesicht ist von glänzenden flächsernen Locken umrahmt, ein verwegener Schnurrbart ziert die lange Oberlippe, und der Prinz, in voller Rüstung, erscheint mit dem Marschallsstab in der Hand auf einem sich bäumenden Schlachtroß.

In dieser kriegerischen Aufmachung war etwas mehr als bloße jugendliche Laune. Der Kardinalinfant hatte die Kriegskunst gründlich erlernt und beabsichtigte, an der Spitze eines Heeres in den Niederlanden einzutreffen. Außerdem war ein Plan im Reifen, nach welchem dieses neue Heer auf dem Landweg ziehen und während des Marsches durch Deutschland den Rhein von Feinden säubern sollte.

Der andere Anreger dieses Planes war der Vetter des Kardinalinfanten, Erzherzog Ferdinand, König von Ungarn und Böhmen, dessen Gemahlin die Schwester des Kardinals, die Infantin Maria, war. Er war es, der im Vorjahr seinen Vater, den Kaiser, voll Optimismus mit der Bitte angegangen hatte, ihn, nicht Wallenstein, zum Oberbefehlshaber des kaiserlichen Heeres zu ernennen. In den folgenden Monaten stellte er sich an die Spitze einer Wallenstein und Maximilian feindlichen Partei. Diese Gruppe war, wenn schon nicht völlig vom spanischen Botschafter in Wien abhängig, so doch in engster Verbindung mit ihm. Ihr Hauptziel war die Aufstellung eines Heeres, das mit dem Kardinalinfanten gemeinsam vorgehen sollte. Im Lauf des Jahres 1633 ergab sich daraus, daß man Wallensteins Heer und seine Hilfsmittel, aber ohne ihn, haben wollte.

Wallenstein hatte sich in Wien jede Achtung und jeden Dank verscherzt, weil er Tilly mit Absicht der Hungersnot preisgegeben, Mecklenburg an die Schweden verraten und mit Gustav Adolf und Johann Georg, ja sogar mit dem böhmischen Verbannten Thurn in gewissenloser Weise verhandelt hatte. Der bitteren Notwendigkeit allein ist seine Rückberufung zuzuschreiben; er hatte, wie sie glaubten, seine feindselige Gesinnung gegen die Habsburger dadurch bekundet, daß er im Winter von 1632 auf 1633 seine Truppen in kaiserlichen Ländern einquartierte. In Wirklichkeit ließ ihm die militärische Zwangslage keine andere Wahl, denn er war bemüht, Sachsen durch ausgesucht rücksichtsvolle Behandlung friedenswillig zu machen, und hätte ohne schwere Gefahr für sein und das kaiserliche Heer sonst nirgends Quartier nehmen können.

Für den Kaiser war die Lage unerträglich, aber es schien keinen Ausweg zu geben. Jeder offene Angriff auf Wallenstein hätte mit Rücksicht auf die Größe seiner Macht und seinen vermeintlichen Einfluß auf das Heer ihn zu verhängnisvollem Verrat treiben können. Es war besser, den gegenseitigen Verdacht mit vorgetäuschtem Vertrauen zu verschleiern, als Wallenstein dazu zu treiben, in Böhmen einen Aufstand anzuzetteln oder mit seinen Truppen zum Feind überzugehen.

Es gibt keinen Beweis für eine ausgesprochene Verschwörung gegen Wallenstein, denn falls jemand an einen Anschlag dachte, so nur der junge Ferdinand und seine Anhänger. Eine Zeitlang zog selbst die spanische Partei die Möglichkeit von Wallensteins Verbleiben im Oberbefehl der andern vor, daß der unerfahrene König von Ungarn damit betraut werde[35]; Wallensteins Verhalten zwang sie nur allmählich, den jungen Ferdinand rückhaltlos zu unterstützen, und die Entwicklung der Ereignisse während des Jahres weist keinen bestimmten Plan der Anhänger Ferdinands auf. Wenn aber auch zwischen den Ereignissen des Jahres 1633 und der Ermordung Wallensteins im Februar 1634 kein Zusammenhang besteht, so ist doch klar, daß die Zerstörung seiner persönlichen Macht für das Heranreifen des Planes der Herrscher in Wien und Madrid, ihre Feinde gemeinsam anzugreifen, von wesentlicher Bedeutung war.

## IV

Von Anbeginn seiner Laufbahn war sich Wallenstein der Feindschaft Wiens bewußt, vielleicht zu sehr bewußt gewesen, und seit seiner Entlassung im Jahre 1630 hatte Rachsucht seine Politik beherrscht[36]. Es stand ihm nur nicht immer ein Weg offen, sie zu befriedigen, und nach der Schlacht bei Lützen wurde er von Ungewißheit gepeinigt. Von Zeit zu Zeit scheint er erwogen zu haben, sich mit den Sachsen zu vereinigen, einen seinen Zwecken dienenden Sonderfrieden mit Johann Georg zu schließen und einen Aufstand in Böhmen anzuführen. Hochtrabende Ideen durchziehen, unklar angedeutet, seine Briefe, aber keine einzige ist folgerichtig ausgeführt. In seinem Todesjahr erscheint er rachsüchtig, unbeständig und zaghaft, ein kranker und abergläubischer, von Ärzten und Astrologen umgebener Mann[37].

Bei Lützen litt er an einem Gichtanfall, und nachher brach seine Gesundheit völlig zusammen, was seinen geistigen Verfall nach sich zog. Es ist bezeichnend, wie seine energische Unterschrift vom Jahre 1632 vor Ende 1633 zu einem verkrüppelten Gekritzel zusammenschrumpft[38]. Die manische Ichsucht, die seine ganze Laufbahn charakterisierte, war nicht länger genialisch beschwingt; selbst seine organisatorische Geschicklichkeit hatte nachgelassen, und er wehrte die Angriffe Wiens und Madrids ungeschickt und überheblich oder überhaupt nicht ab. Die Handlungen Wallensteins von der Schlacht bei Lützen bis zu seiner Ermordung sind die eines alten, kranken Mannes, der, in seine Illusionen verstrickt, sich nicht länger von seinem Verstand, sondern von den Enthüllungen der Astrologie leiten läßt. In seiner zwiespältigen Persönlichkeit scheint sich der Gegensatz zwischen dem willensharten Weltmann und dem abergläubischen Idealisten im Sieg des letzteren aufgelöst zu haben. Von seinen einst so betont weltlichen Auffassungen blieb nur das niedrige Verlangen nach persönlicher Belohnung übrig, das die großartigen Pläne, die er den mit ihm in Berührung Kommenden vorsetzte, verunstaltete[39].

Der schwerste Verlust, den Wallenstein bei Lützen erlitten hatte, war der Pappenheims. Rücksichtslos gegen die Mannschaft, anmaßend und unbotmäßig, war Pappenheim doch der Abgott der Soldaten, denn er war unermüdlich, rastlos, voller Leben, der erste beim Angriff und der letzte beim Rückzug[40]. An den Lagerfeuern wurden Geschichten von seinem unglaublichen Mut erzählt, und noch vor seinem Tod umgab ihn eine Legende – die hundert Narben, deren er sich rühmte, das zwei gekreuzten Schwertern gleichende Muttermal, das blutig rot anlief, wenn er in Zorn geriet[41]. Er saust wie ein leuchtender Meteor vor dem trüben Hintergrund vorbei, ähnlich dem Prinzen Rupert, dem Reiterführer im englischen Bürgerkrieg. Mit welcher Zuneigung Pappenheim an Wallenstein hing und wie er ihn bewunderte[42], begeisterte die Truppen mehr, als Wallenstein vermutlich klar war. Wallenstein verdankte seine Macht einzig seiner Gewalt über das Heer, weshalb Pappenheims Tod ein unersetzlicher Verlust war.

Wallenstein, den seine anscheinende Stärke täuschte, hielt sich nicht damit auf, die Ursache hierfür zu ergründen, und brachte sich im Lauf des Jahres 1633 um die Anhänglichkeit und auch um die Achtung seiner Truppen. Nach Lützen gab er sogleich seinem Unmut über die Niederlage dadurch Ausdruck, daß er dreizehn Offiziere und fünf Mann wegen Feigheit und Verrats aburteilen ließ[43]. Vergeblich beschworen ihn seine führenden Offiziere, die Urteile zu revidieren, denn die Verfahren hatten das Heer keineswegs eingeschüchtert, sondern eine meuterische Stimmung erzeugt; aber Wallenstein ließ sich weder durch Vernunft noch durch Mitleid abhalten, und am 14. Februar 1633 wurden seine Sündenböcke mit allen Zeremonien militärischer Entehrung zu Prag öffentlich hingerichtet[44].

Diese offen bekundete Grausamkeit stimmte zu den über seine gefährlichen Launen erzählten Geschichten, die zweifellos zum Teil auf Wahrheit beruhten. So duldete er nicht, daß Offiziere mit klirrenden Sporen in sein Gemach kamen, ließ in den benachbarten Straßen Stroh legen, um das Gerassel der Wagenräder auf den Pflastersteinen zu dämpfen, ließ Hunde, Katzen und Hähne, wo immer er wohnte, töten und einen Diener hängen, weil er ihn in der Nacht geweckt hatte, und hielt sich besondere Subjekte, um zu laut sprechende Besucher unverzüglich züchtigen zu lassen[45].

Wallensteins Verhalten rechtfertigte die Gerüchte; in den ersten Wochen des Jahres 1633 schloß er sich von der Welt ab und ließ niemand vor, ausgenommen seine Diener, seinen Schwager Trčka[46] und den General Holk. Trčka war eine Null; Holk war nicht der Mann, Wallenstein zu besänftigen oder Pappenheim in seiner Beliebtheit beim Heer zu ersetzen. Ein Trinker und roher Grobian, war Holk auf eine plumpe, rücksichtslose Art ganz tüchtig. »Hol Kuh« nannten ihn die Bauern wegen seiner Plünderungen. Er war einst Lutheraner gewesen und blieb es dem Namen nach, aber ein Volkslied legte ihm die bezeichnenden Verse in den Mund:

*Gewissen hin, Gewissen her,*
*Ich acht viel mehr die zeitlich Ehr,*
*Dien nicht um Glauben, dien um Gelt,*
*Gott geb, wie es geh in jener Welt*[47].

Dieses Spottlied faßt ziemlich genau seine Gefühle bis kurz vor seinem Tod zusammen.

Wallensteins Stellung bei seinem Heer war durch rücksichtsloses Rekrutieren noch weiter untergraben. Im Vorjahr war der Feind in seine eigenen Länder eingedrungen; zum erstenmal in seiner militärischen Laufbahn reichten seine Geldmittel nicht zu, und er verfiel auf den üblichen alten Ausweg, Offizierspatente zu verkaufen, ohne sich um die Würdigkeit der Käufer zu kümmern[48].

Mittlerweile war Maximilian in fieberhafter Erregung. Während Wallenstein nach Lützen marschierte, war er mit seinen wenigen, von Aldringer befehligten Truppen nach Bayern zurückgewichen und hatte dort den Winter und den Beginn des Frühjahrs in brennender Ungewißheit verbracht. Eine große schwedische Heeresabteilung unter Marschall Horn war im Herbst 1632 rheinaufwärts vorgedrungen und hatte mehr als das halbe Elsaß besetzt. Von dort zog dieser Teil des schwedischen Heeres nach Osten und vereinigte sich im März bei Oberndorf im Schwarzwald mit einer gleich starken Streitmacht Bernhards von Sachsen-Weimar. Die beiden Feldherren wollten Bayern unterwerfen[49]. Seit Januar hatte Maximilian immer wieder Wallenstein vergeblich um Verstärkungen ersucht[50]. Da sie ausblieben, wurde der unglückliche Aldringer nach München zurückgejagt, während eine große Zahl seiner von Märschen übermüdeten und erschöpften Soldaten sich den Schweden ergab[51]. Zum Glück für Maximilian hielten eine Entzweiung Bernhards und Horns sowie Not und Aufruhr unter ihren Truppen den Angriff auf[52]. Im Mai wandte sich der Kurfürst, da er an Wallensteins Hilfe verzweifelte, unmittelbar an Holk. Dieser leitete als guter Untergebener den Brief bloß weiter[53]. Mit einer jener wenig besagenden Gesten, durch die Wallenstein manchmal seine Loyalität zu beweisen suchte, sandte er Holk nach Eger, von wo dieser die Vorgänge in Bayern verfolgen konnte. Was er dadurch an Vertrauen erweckte, zerstörte er sogleich wieder durch Abschluß eines längeren Waffenstillstands mit Arnim, während dessen Friedensbedingungen mit auffallend wenig Bezug auf Wien besprochen wurden[54]. Er mag sich in diesen Verhandlungen als Unterhändler des Kaisers betrachtet haben, wahrscheinlicher ist aber, daß er Zeit gewinnen wollte, um die vorteilhafteste Gelegenheit für sich genau abzuschätzen. Seit Mai hatte einer seiner Vertrauten, der böhmische Flüchtling Kinsky, in Dresden zusammen mit Feuquières und den Schweden an Plänen für einen nationalen Aufstand in Böhmen gearbeitet[55]. Welchen Anteil, wenn überhaupt einen, Wallenstein daran hatte, muß zweifelhaft bleiben, aber es ist bezeichnend, daß sein Hauptvertrauter zu dieser Zeit sein Schwager Trčka war, der sich beim Aufstand von 1618 die Finger böse verbrannt hatte.

Welche Beweggründe Wallenstein auch gehabt haben mag, seine Verhandlungen mit Arnim wurden durch keinen starken Friedenswunsch in Wien unterstützt. Die Partei des jungen Königs von Ungarn und seines Freundes, des Grafen Trautmansdorff, wurde im kaiserlichen Rat maßgeblicher als die des alten Kaisers und Eggenbergs, und im Lauf des Sommers gewann der junge Ferdinand die Unterstützung des spanischen Botschafters.

Die Schweden unter Marschall Horn hatten seit Monaten Breisach bedroht[56], die den Oberlauf des Rheins schützende Festung, von deren Höhe aus der Verkehr flußaufwärts und -abwärts erfolgreich überwacht werden konnte. Falls der Kaiser, und damit auch der König von Spanien, Breisach verlöre, würde das den Plan des Kardinalinfanten, ein Heer auf dem Landweg heranzubringen, im Keim ersticken, und er konnte ebensogut wieder zur Kardinalsrobe und zum Birett greifen und sich der Theologie widmen. Im Mai 1633 unterrichtete der spanische Botschafter den Kaiser, daß sein Herr die Kosten des Krieges tragen wolle, wenn ihm die Führung überlassen werde[57]. Der Kardinalinfant hatte in Italien schon ein Heer zur Übersteigung der Alpen bereitstehen[58]. Aber anfangs Juli schloß Horn Breisach ein.

Mittlerweile raffte die Pest die Heere Arnims und Wallensteins an der sächsischen Grenze dahin. Die beutegierigen kaiserlichen Truppen murrten über die ihnen aufgezwungene Untätigkeit[59]. Um sie zu beruhigen[60], nahm Wallenstein endlich den Kampf wieder auf, schickte aber Holk nicht Maximilian zu Hilfe, sondern gegen Sachsen. Er bezweckte mit dieser Geste, Arnim, Johann Georg und sogar Bernhard von Weimar dahin zu bringen, sein Friedensangebot gebührend zu beachten. Die Pest, die schreckliche Genossin des Krieges, machte seinen Plan zunichte. Als Holk mit seinem von Seuchen befallenen Heer in Leipzig eintraf, mußte er erfahren, daß Bernhard seine Briefe nicht einmal beantwortete[61]. Es blieb ihm nichts anderes übrig, als wieder durch das Gebiet zurückzuweichen, das er selbst absichtlich ausgeplündert hatte. Unter der Last nutzloser Beute fast zusammenbrechend, schleppten sich seine Leute durch den Schlamm und wurden von den Troßwagen und unter den Füßen ihrer Kameraden zermalmt. Hungrig, meuterisch, krank und ermattet, starben sie unterwegs ohne Pflege in Straßengräben und Scheunen, während der Gewitterregen des August[62]. Der Typhus wütete im Heer, aber es gab noch Schlimmeres: Die Beulenpest, die Geißel der zweiten Kriegshälfte, breitete sich erschreckend unter den Truppen aus. Holk starb daran.

Als Oberst Hatzfeld mit frischen Vorräten zu Holks Heer stieß, fand er den alten Rohling in Adorf zusammengekrümmt und voll Wut und Todesangst in seiner Kutsche liegen[63]. Er hatte nach einem lutherischen Geistlichen geschickt und fünfhundert Taler dafür geboten, daß der mit ihm bete, aber in dem verödeten Land war keiner zu finden; er hatte seinen Gott verlassen, und von seinem Gott verlassen starb er jetzt[64].

Im September hatte Wallenstein wieder einmal einen Waffenstillstand angeregt, und wieder einmal zerschlugen sich die Verhandlungen. Niemand auf protestantischer Seite glaubte noch daran, daß er von Wien unterstützt werde[65]. Und mit Recht, denn im September begann der Bruch zwischen ihm und der kaiserlichen Regierung. Der Herzog von Feria wartete mit der Vorhut des spanischen Heeres in Innsbruck, um auf Breisach zu marschieren; er verlangte Aldringer zu seiner Unterstützung. Während des ganzen August hatte Wallenstein gezögert, Aldringer ziehen zu lassen, und als der spanische Botschafter persönlich um Hilfe bat, fertigte er ihn mit verächtlichen Worten ab[66]. Am 29. September 1633 schrieb er an den Kaiser und beharrte auf seiner Weigerung, Aldringer zu den Spaniern gehen zu lassen[67], aber der kleine, aus eigener Kraft emporgekommene Soldat aus Luxemburg hatte ihn bereits hinters Licht geführt. Vor sieben Jahren hatte Wallenstein ihn einen »Tintenkleckser« geschimpft; nun war der »Tintenkleckser« zu Schongau mit Feria zusammengetroffen und hatte sich bereit erklärt, ihm seine Truppen zur Verfügung zu stellen, ob mit oder ohne Wallensteins Zustimmung[68]. Der Erdrutsch im Heer hatte begonnen, und Wallenstein merkte es nicht. Die Verachtung, die er für jeden einzelnen seiner Generale hegte, raubte ihm die Einsicht, daß seine Macht von ihrer aller gutem Willen abhing.

Am 29. September trafen sich die Heere Ferias und Aldringers bei Ravensburg, und am 3. Oktober befreiten sie Konstanz, am 20. Breisach. Inzwischen hatte Wallenstein im Osten einen ungeschickten Versuch gemacht, seine frühere Stellung wiederzuerlangen. Blitzartig in Schlesien einfallend, überraschte er die schwedischen Truppen, die unter dem Befehl Thurns und seines liederlichen Stellvertreters, des »Brandtweinsauffers« Duval[69], standen, bei Steinau und besetzte in wenigen Tagen das ganze Land. In Wien jedoch machte die Freude darüber dem Ärger Platz, als man hörte, daß der Erzrebell Thurn freigelassen worden war. Wallenstein erklärte, Thurn habe seine Freiheit durch die Übergabe aller Festungen in Schlesien erkauft[70]; vom militärischen Standpunkt war die Ausrede einwandfrei, aber in Verbindung mit den Gerüchten von Wallensteins Einverständnis mit dem böhmischen Rebellen war Thurns Freilassung vielsagend.

Inzwischen war Bernhard von Sachsen-Weimar nach dem Abmarsch Aldringers nach Breisach über das unverteidigte Bayern hergefallen. Ferdinand und Maximilian beschworen Wallenstein, zu Hilfe zu kommen, erhielten aber nur die zynische Antwort, daß zweifellos Aldringer ihnen helfen werde, er selbst jedoch an der böhmischen Grenze keinen Mann entbehren könne[71]. Am 14. November 1633 zog Bernhard in Regensburg ein.

Die Stadt des Reichstages, die die Verbindung zwischen Bayern und Böhmen aufrechterhielt, die Stadt, deren Name das letzte hörbare Wort des sterbenden Tilly war – ein einziger Mann war für ihren Verlust verantwortlich: Wallenstein. Er hätte sich diesen Vorwurf wenigstens teilweise ersparen können, wenn er an seiner Ausrede, daß er in Böhmen keinen Mann entbehren könne, festgehalten hätte. Aber die Regensburg drohende Gefahr trieb sein angekränkeltes Urteilsvermögen zu noch größerer Torheit, und die Nachricht von der Eroberung der Stadt erreichte ihn, als er bereits auf dem Weg zu ihrem Entsatz war. Er hatte sich vollständig verrechnet und rettete weder die Stadt noch seinen Ruf. Er weigerte sich, rechtzeitig zu kommen, und daß er überhaupt kam, bewies nur, wie nichtig seine anfängliche Ausrede war.

Die Zustände in Bayern verschlechterten sich immer mehr; zwei aufeinanderfolgende Jahre von Kämpfen im Land, die entsetzlichen Ausschreitungen der geschlagenen Truppen Tillys und dann die vorsätzliche Verheerung durch die Truppen Gustav Adolfs und Bernhards machten die Bauern schließlich rasend. Wenn sie schon durch einen Aufstand nichts zu gewinnen hatten, so hatten sie auch nichts mehr zu verlieren. Die gute Ernte des Jahres 1632 wie auch die schlechte, halb zugrunde gegangene des Jahres 1633 waren von den durchziehenden Truppen vernichtet oder von den Beamten des Kurfürsten für dessen Truppen rücksichtslos beschlagnahmt worden. Als Aldringer versuchte, im Land Winterquartiere zu beziehen, kam es zur allgemeinen Erhebung. Maximilian, der zum erstenmal seine Untertanen fürchtete, trachtete, die Einquartierung in den am schlimmsten mitgenommenen Gebieten zu verhindern, aber in ihrer Not kümmerten sich die Soldaten nicht darum und schossen auf die Bauern, die ihnen Widerstand leisteten. Bis Ende Dezember waren zwischen zwanzig- und dreißigtausend Bauern unter Waffen und hielten die Straßen gegen Aldringer und seine hungrigen Truppen besetzt[72]. Es war jedoch ein Aufstand gegen die Einquartierung, nicht gegen die Regierung, denn die von Bernhard von Sachsen-Weimar angebotene Hilfe wurde nicht angenommen[73], und Maximilian beruhigte schließlich die Aufständischen, indem er Aldringers Truppen zwang, Notquartiere in den ruhigeren Bezirken zu beziehen[74]. Von den zwei Übeln mußte er das kleinere wählen.

Bayern stand mit seinem Elend nicht allein da. Trotz des besonderen Ersuchens Ferdinands[75] und der dringenden Bitten der dortigen Behörden[76] hatte Wallenstein sein Heer wieder auf den kaiserlichen Domänen in Böhmen einquartiert. Wie im Vorjahr ließ ihm die kritische militärische Lage keine andere Wahl, aber diese Begründung blieb ohne Wirkung auf die Verstimmung Wiens[77]. Er war schuld am Verlust Regensburgs, er hatte Bayern der Verwüstung überlassen, und sein Heer fraß Böhmen arm. Mit der bloßen Ausnahme offenen Verrats hatte er so viel Schaden angerichtet, wie ein Mann der Sache, der er dienen sollte, in so kurzer Zeit nur zufügen konnte.

Wallenstein machte Pilsen zu seinem Hauptquartier. Er war nur noch eine Ruine von einem Mann, lahm, gebeugt und zerfahren. In Wien beklagte man sich offen über ihn, und Maximilian hatte seinem Vertreter geschrieben, er wolle sich sogar mit der spanischen Partei verbinden, um Wallenstein zu stürzen[78]. Die Mannschaften waren unzufrieden, und die höheren Offizieren argwöhnten bereits Verrat. Aber Trčka hatte nach Dresden an Kinsky, den Führer der aus Böhmen Verbannten, geschrieben, daß der Feldherr bereit sei, sich mit Brandenburg, Sachsen, Schweden und Frankreich zu verständigen, und daß die Zeit gekommen sei, »die Maskara gantz abzulegen[79]«. Die Zeit war wohl gekommen, aber nicht dafür, daß Wallenstein die Maske fallen ließ, sondern daß andere sie ihm herunterrissen und ihm sein Spiegelbild vorhielten, das eines Mannes, der trunken war von Macht, die er nur noch in seiner Einbildung besaß.

Schon im Mai 1633 hatte Wallenstein durch Kinsky in Dresden[80] obskure Verhandlungen über die böhmische Krone begonnen; im Juli hatte Feuquières durch die gleiche Vermittlung versprochen, daß Frankreich ihn als König anerkennen würde, wenn er den Kaiser verriete. Im Dezember scheint er aus seinem Schwanken zum Entschluß gekommen zu sein, das Angebot anzunehmen[81].

Inzwischen beschlossen am 31. Dezember 1633 der Kaiser und seine Räte, sich Wallensteins zu entledigen[82]. Zunächst mußte sein Ansehen beim Heer ermittelt werden; durch Wallensteins führende Offiziere war man in Wien darüber schon gut unterrichtet. Aldringer hatte seine Meinung zu erkennen gegeben, als er dem Kaiser und nicht dem Feldherrn gehorchte, und im Winter 1633 auf 1634 war die Angst vor Wallensteins möglicher Rache als weiterer Beweggrund für seine Abneigung gegen den Oberbefehlshaber hinzugekommen. Der kaisertreue

Holk war tot; der italienische Glücksritter Octavio Piccolomini, Pappenheims Nachfolger, war mit der Wiener Regierung ein Herz und eine Seele. Matthias Gallas, der geniale, leichtlebige, unfähige Artilleriegeneral, wurde durch das Angebot des Oberbefehls unter dem König von Ungarn verlockt. Zu den Getreuen Wallensteins zählten nur Adam Trčka, dem acht Regimenter unterstanden, der Quartiermeister Christian Ilow, der fürstliche Abenteurer Franz Albrecht von Sachsen-Lauenburg und einige weniger Bedeutende. Dennoch war es nötig, Wallenstein erst noch zu verleiten, sich offen des Verrates schuldig zu machen, bevor man ihn stürzen konnte. Es war daher von wesentlicher Bedeutung, daß er keinen Verdacht schöpfte.

Wallensteins Sterne kämpften für den Kaiser und den König von Ungarn. Er verließ sich mehr auf die Horoskope als auf die Begabung seiner Offiziere, und die Horoskope Piccolominis und Gallas', besonders des ersteren, wiesen viele Anzeichen auf, die ihm Zuversicht einflößten.

Im Dezember flehte ihn der Kaiser an, die den kaiserlichen Ländern auferlegten Kontributionen zu erleichtern; er weigerte sich[83]. Ferdinand, der jetzt alt war und nicht länger voll jugendlicher Spannkraft, gab sich dem Beten und Fasten hin und suchte den Beistand Gottes zur Abschüttelung Wallensteins[84]. Der Feldherr war wirklich so weit gegangen, wie er mit Sicherheit gehen konnte, nun aber tastete er sich zu offenem Verrat vor. Er beabsichtigte, mit seinem ganzen Heer zum Feind überzugehen, berief am 12. Januar seine führenden Obersten nach Pilsen und erpreßte von ihnen den Eid ihrer Ergebenheit für ihn, indem er ihnen mitteilte, daß in Wien Anschläge zu seiner Entfernung bestünden. Neunundvierzig Oberste unterzeichneten eine Verpflichtung, bei ihm auszuharren[85], und Wallenstein fühlte sich sicher. Es kam ihm nicht in den Sinn, daß ein Abenteurer ein Opportunist ist, dem eine Unterschrift wenig bedeutet. Selber skrupellos, zögerte er doch nicht, mit der Ehrenhaftigkeit seiner Untergebenen zu rechnen.

Die Nachrichten über die Pilsner Beschlüsse erregten in Prag offenere Besorgnis als in Wien. In der Hauptstadt Böhmens fürchtete man einen nationalen Aufstand — fürchtete ihn, wie es schien, mehr, als man ihn erhoffte. Am kaiserlichen Hof wurden die Nachrichten soweit als möglich verheimlicht, oder es wurde ihnen eine geringere Bedeutung zugeschrieben[86]. Dennoch beschleunigten sie insgeheim den Entschluß des Kaisers. Am 24. Januar 1634 setzte er seine Unterschrift unter ein Dekret, mit dem Wallenstein entlassen wurde[87], und wies den Grafen Gallas gleich darauf an, sich mit Piccolomini zu beraten, wie man des Feldherrn, lebend oder tot, am besten habhaft werden könne[88].

Mittlerweile bemühte sich Wallenstein durch Vermittlung Franz Albrechts von Sachsen-Lauenburg um eine Verständigung mit Arnim und Bernhard von Sachsen-Weimar. Er trachtete, die ihm in der Erklärung von Pilsen bezeugte Treue auszunützen, bevor sie nachließ, wagte aber nicht, sich Arnim und Bernhard anzuschließen, bevor er sicher sein konnte, daß sie ihm auf halbem Weg entgegenkommen würden. Sein vorsichtiges Zögern gab Piccolomini und Gallas Zeit, ihre Pläne zum Reifen zu bringen.

Wallenstein hatte in Pilsen seine ergebensten Anhänger und die diesen unterstellten Truppen um sich, weshalb ein Versuch, sich seiner dort zu bemächtigen, verhängnisvoll sein würde. Überdies war es für die Zwecke des Kaisers und des jungen Königs von Ungarn von wesentlicher Bedeutung, jede Spaltung im Heer zu vermeiden; eine Krise, in der ein beträchtlicher Teil des Heeres zum Feldherrn stand, konnte nur einen gefährlichen Bürgerkrieg in Böhmen bedeuten. Das Heer mußte von Wallenstein glatt abgetrennt werden, oder der Streich mißglückte.

Anfang Februar kam es unter den Offizieren zu wilden Gerüchten; Wallenstein plane, König von Böhmen zu werden, Ludwig XIII. zum römischen König zu machen, die Kurwürden von Sachsen, Bayern, Mainz und Trier an Franz Albrecht von Sachsen-Lauenburg, Bernhard von Sachsen-Weimar, Arnim und Marschall Horn zu geben; Gallas zum Herzog von Mecklenburg, Piccolomini zum Herzog von Mailand und Trčka zum Herzog von Mähren zu machen und Aldringer köpfen zu lassen[89]. Diese geschickt ausgestreuten Lügen ließen die Offiziere des Heeres an Wallensteins Verstand zweifeln; ihre vermutliche Quelle war der sich überzeugend gebärdende, volkstümliche und diplomatische Octavio Piccolomini[90].

In der ersten Februarwoche war Wallenstein bestrebt, etwas zu unternehmen. »Es ist keine Minute zu warten, es ist ja alles fix«, schrieb Herzog Franz Albrecht an Arnim. Er mochte das wohl glauben, denn Wallenstein und seine Partei hatten noch immer keinen Verdacht geschöpft, und Gallas hatte in dem Schreiben auch seinen Wunsch, daß Arnim kommen möge, freundlich übermitteln lassen[91]. Die Protestanten zweifelten noch und zögerten, während in Pilsen die Gerüchte von Tag zu Tag anschwollen und platzten. Ein Diener Trčkas hatte einigen Franziskanermönchen den Zutritt mit der höhnischen Bemerkung verweigert, daß sein Herr ein guter Lutheraner sei; in der Nacht des 15. Februar verließ Piccolomini heimlich die Stadt, und niemand kannte den Grund; Wallenstein selbst kamen Zweifel an seiner Stärke. Nochmals ließ er seine führenden Offiziere zusammenrufen. Aldringer schützte Krankheit vor, und Gallas wurde ausgesandt, um ihn zu holen[92]; keiner von beiden kam zurück, auch Piccolomini nicht. Am 18. mußte Franz Albrecht die Möglichkeit einer Spaltung im Heer zugeben. »Denn es muß izo biegen oder brechen«, schrieb er an Arnim, »denn ich mercke wohl, er (d. h. Wallenstein) will denen auf den Halß gehen, so mit Aldringer halten wollen ... es sind noch die meisten officirer hier, die sind alle fix[93].« Der letzte Satz war eine Lüge; kaum mehr als dreißig Offiziere waren nach Pilsen zur zweiten von Wallenstein einberufenen Versammlung gekommen, und fast alle waren sie beunruhigt und mißtrauisch. Franz Albrechts Brief war am 18. Februar geschrieben, und am gleichen Tag machte er sich auf, um Bernhard von Sachsen-Weimar persönlich zu beschwören, nach Pilsen zu marschieren. Es war schon zu spät; am 18. Februar wurde ein kaiserliches Dekret unter den entfernter lagernden Abteilungen des Wallensteinschen Heeres kundgemacht, das allen Offizieren auftrug, in Hinkunft Befehle nur von Gallas entgegenzunehmen.

Am 20. Februar fand die zweite Zusammenkunft in Pilsen statt; Wallenstein empfing die Obersten zuerst in seinem Schlafgemach und ersuchte sie dann, sich mit Trčka und Ilow zurückzuziehen; aber seine beiden Getreuen konnten trotz aller Beredsamkeit und Diplomatie ihnen nicht mehr abringen als ein Versprechen, daß sie so lange zu Wallenstein stehen wollten, als nichts gegen den Kaiser geplant werde, und einige der Anwesenden verweigerten die Unterzeichnung jeglicher Verpflichtung, selbst wenn sie diese Vorbehaltsklausel enthielte[94].

Nun endlich wurden Wallenstein und die zwei verbliebenen Mitverschwörer sich ihres Fehlers bewußt. Sie hatten sich auf das Heer verlassen, aber das Heer ließ sie im Stich. Mit dem Mut der Verzweiflung spielten sie ihre letzte Karte aus. Trčka machte sich nach Prag auf, um die Hauptstadt zugunsten Wallensteins aufzuwiegeln; dieser sollte ihm folgen. Nach zwei Stunden kam Trčka zurück; er hatte unterwegs erfahren, daß Wallensteins Entlassung in Prag durch den Offizier, der im Augenblick die Garnison befehligte, kundgemacht worden war[95]. Wallenstein, der die Hoffnung noch nicht aufgab, ließ Oberst Beck holen, den Garnisonskommandanten von Prag, der sich gerade in Pilsen aufhielt, und forderte ihn auf, in die Hauptstadt zurückzukehren und das Verhalten seines Untergebenen öffentlich zu mißbilligen. Er stieß auf eine hartnäckige Kaisertreue, die er in einem Söldnerheer nicht erwartet hatte. Sie könnten mit ihm tun, was ihnen beliebe, sagte Beck, er werde sich nicht gegen den Kaiser verwenden lassen. Es hätte wenig Sinn gehabt, wenn Wallenstein von der ihm noch verbliebenen Autorität Gebrauch gemacht und Beck hätte erschießen lassen, und so gab er mit der letzten rätselhaften und dramatischen Geste seines Lebens seinem Untergebenen zum Abschied die Hand, indem er sagte, er habe es in der Hand gehabt, Frieden zu stiften, Gott sei gerecht.

In der Zwischenzeit ließ Trčka den Befehl zur Räumung Pilsens austrommeln und häufte, was er an Geld und Schätzen finden konnte, in seinen Troßwagen auf. Die von Gallas verlassene Wohnung wurde geplündert, und am 22. Februar 1634 flohen Wallenstein, Trčka und Ilow mit ungefähr tausend Mann und hunderttausend Gulden aus Pilsen[96].

Ihre Flucht überraschte Piccolomini. Er hatte geplant, die Stadt mit kaisertreuen Truppen einzuschließen und die Verschwörer zu zwingen, sich zu ergeben, und hatte Truppen zur Beherrschung der Straße nach Wien postiert, damit Wallenstein nicht nach dieser Richtung entweichen könne. Als er ihm nach Norden entkam, um sich unmittelbar mit den Sachsen zu vereinigen, war Piccolomini ratlos[97]. Er zog nach Pilsen, um sich wenigstens der Loyalität etwa dort verbliebener Truppen zu versichern, und dort bestand am 24. Februar ein aufgeregter irischer Geistlicher, Pater Taaffe, hartnäckig darauf, von ihm empfangen zu werden. Er schien der Beichtvater eines Obersten Butler zu sein, eines Offiziers, der mit einem Dragonerregiment auf Prag marschiert war, um sich den Kaisertreuen anzuschließen, dabei jedoch auf Wallenstein und dessen Gefolge stieß. Butler hatte nicht gewagt, sich dem Befehl des Feldherrn, mit ihm zu ziehen, zu widersetzen, doch gelang es ihm, Taaffe unbemerkt fortzuschicken, der eine in englischer Sprache geschriebene Loyalitätsverbürgung überbrachte und mit der mündlichen Botschaft beauftragt war, Verhaltungsmaßregeln zu erbitten. Wallenstein war auf dem Weg nach der Schlüsselfestung Eger, um sich mit Arnim und Bernhard von Sachsen-Weimar zu vereinigen. Piccolomini zögerte nicht, und Taaffe ritt sogleich mit dem Befehl an Butler ab, Wallenstein tot oder lebendig zur Stelle zu schaffen[98].

Bevor Taaffe ihn erreichen konnte, ja fast bevor Taaffe zu Piccolomini gekommen war, hatte sich Oberst Butler zu selbständigem Handeln entschlossen. Wallenstein und seine Gefährten trafen am 24. um die fünfte Nachmittagsstunde in Eger ein, wo John Gordon, einer von Trčkas Obersten, sie scheinbar bereitwillig aufnahm. Er öffnete jedoch die Tore ebenso sehr aus Furcht vor den Truppen Butlers wie vor denen Wallensteins, und als er in der Nacht erfuhr, daß Butler kaisertreu war, bedurfte es nur der Festigkeit seines Stellvertreters Leslie und Butlers, um ihn zu überreden, Wallenstein zu verraten[99]. Welchen Anteil jeder von ihnen an der Gesamtentscheidung hatte, ist schwer herauszufinden; wenigstens Butler scheint es als seine Pflicht empfunden zu haben, das Reich von einem Verräter zu befreien[100], aber das Verhalten der Drei war sehr söldnerhaft; wie gefährlich auch die Tat war, die Belohnung würde groß sein. Keinem von ihnen würde sich wohl jemals wieder eine so goldene Gelegenheit bieten.

Am nächsten Tag versuchte Ilow vergebens, von den Offizieren der Stadt Zusicherungen ihrer Treue zu erlangen[101]. In seinem Optimismus hielt er diesen Mißerfolg nicht für schwerwiegend, denn unmittelbar darauf nahm er Gordons Vorschlag an, daß er, Trčka und der böhmische Rebell Kinsky, der sich ihnen angeschlossen hatte, mit den Offizieren des Schlosses zu Nacht speisen sollten[102].

Danach war es eine einfache Sache. Butlers Dragoner drangen durch die Türen, als die Verräter beim Essen saßen, und überwältigten sie fast augenblicklich. Nur Trčka, der ungeheuer stark war, erkämpfte sich den Weg in den Schloßhof. Dort stieß er auf einen Trupp von Musketieren, die ihn um das Losungswort anriefen. »Sankt Jakob«, rief er ihnen zu. Es war das von Wallenstein ausgegebene Wort. »Haus Österreich«, schrien sie ihm entgegen und schlugen ihn mit den Musketenkolben nieder, worauf ihm einer mit einem Dolch den Gnadenstoß gab. Ein Engländer, der Hauptmann Devereux, tat Wallenstein ab. Er drang mit ein paar Kameraden in Wallensteins Quartier ein und fand ihn, als er die Tür zu seinem Schlafzimmer aufstieß, unbewacht. Wallenstein stand am Fenster; er wandte sich herum und erblickte seine Mörder, stolperte nach vorn, stöhnte etwas, das ein Schrei um Gnade gewesen sein kann, und brach durchbohrt zusammen. Ein riesiger Ire hob den zusammengekrümmten Körper auf und wollte ihn aus dem Fenster werfen, aber mit einem Rest von Menschlichkeit hinderte ihn Devereux daran und rollte den Leichnam schnell in den blutbefleckten Teppich ein, auf den er gefallen war[103].

Franz Albrecht von Sachsen-Lauenburg hatte die ganze Zeit Bernhard von Sachsen-Weimar gedrängt, auf Eger zu marschieren; aber Bernhard argwöhnte, daß Wallenstein falsches Spiel mit ihm treibe, und ließ sich erst am 26. Februar dazu herbei[104]. Arnim war sogar noch widerwilliger und brach erst am 27. sein Lager ab. Unterwegs erfuhren sie, daß Wallenstein tot und seine Mörder die Herren von Eger seien. Ihr erfolgloser Unterhändler Franz Albrecht, der mit der Meldung vorausgaloppierte, daß sie schon im Anmarsch seien, fiel ahnungslos den Leuten Butlers in die Hände und wurde als Gefangener nach Wien geschickt. Inzwischen wurde eine vereinzelt ausgebrochene Meuterei auf der Stelle unterdrückt, die verdächtigen Offiziere in Gewahrsam genommen, und das gesamte Heer, mit Ausnahme einer bedeutungslosen Minderheit, erklärte sich kaisertreu[105]. Die Mörder ließ man nach Wien kommen, dankte ihnen, feierte sie und belohnte sie reichlich mit Beförderung, Geld und Land.

Es war nicht nötig, die Familie des Verräters zu bestrafen, denn seine Gemahlin und seine jungen Töchter waren ebenso harmlos wie unschuldig; sein Haupterbe war sein Vetter Max, und Ferdinand, König von Ungarn, beeilte sich, dessen dauernde Freundschaft zu gewinnen. Das Organisationsgenie, das die Verpflegung des Heeres intakt erhalten hatte, war nicht mehr, aber mit ihm war auch die Möglichkeit geschwunden, daß der Nachschub vorsätzlich abgeschnitten würde, denn mit dem Tod Wallensteins waren die Privilegien erloschen, die seine Güter geschützt hatten. Zudem war der Kardinalinfant im Begriff, mit Truppen und Geld für die Sache der Habsburger die Alpen zu überschreiten.

Das Schreckgespenst von Wallensteins Verrat hatte sich als bloßer Angsttraum erwiesen. Seine Größe, die Europa geblendet und Wien in Furcht versetzt hatte, war unter dem Stoß des Mörder in nichts zerstoben. Das Netz der Ränke, das sich von Paris bis nach Wien gezogen hatte, wurde durch ein während eines abendlichen Zechgelages geschmiedetes Komplott dreier landesverwiesener Raufbolde zerrissen[106]. Beinahe bis zum Ende war Wallenstein eine furchtgebietende Gestalt; Furcht gibt den Briefen Aldringers, Gallas' und Piccolominis in diesen letzten Wochen einen besonderen Ton; Furcht zittert in den trotzigen, bestürzten Worten der zur letzten Besprechung in Pilsen versammelten Offiziere[107]; Furcht trieb Kaiser Ferdinand Tag für Tag in Einsamkeit und Gebet[108]. Taaffe hatte Butler flehentlich gebeten, lieber allein zu fliehen, als es zu wagen, bei Wallenstein zu bleiben; Gordon wollte lieber Eger aufgeben und auf seine Truppen und sein Ansehen verzichten als mit dem Willen des Feldherrn in Widerstreit geraten[109].

Und zu guter Letzt gab es nichts mehr zu fürchten als einen kampfunfähigen Mann, der um Gnade bat, und nachdem alles geschehen war, blieb noch der Leichnam, den Walter Devereux wegschaffen mußte. »Bald darauf schleiften sie ihn bei den Fersen aus dem Gemach, und sein Kopf schlug blutig auf jeder Stufe auf; sie warfen ihn in eine Kutsche und schafften ihn zum Schloß, wo die übrigen nackt dicht nebeneinander lagen ... Dort hatte er am rechten Flügel den rangobersten Platz, was das mindeste war, was sie für einen so großen Feldherrn tun konnten[110].«

# V

Der Tod Wallensteins hatte eine tiefere Wirkung auf die habsburgische als auf die bourbonische Sache. Obwohl in den letzten Februartagen die französischen und schwedischen Hoffnungen in Frankfurt einen gewaltigen Auftrieb erfahren hatten und kaum drei Tage vor der Kunde von seiner Ermordung noch die falsche Nachricht gekommen war, daß Wallenstein sich Böhmens für die Franzosen bemächtigt habe[111], brachte sein Tod diesen Hoffnungen, abgesehen von der Enttäuschung, weder eine Bestärkung noch eine Schwächung.

Aber die belebende Wirkung auf die Dynastie der Habsburger war bemerkenswert. Die Betrauung des bereits volkstümlichen Königs von Ungarn mit dem Oberbefehl und die kluge Verteilung von Belohnungen an die Kaisertreuen besänftigten und belebten das Heer. Der neue Feldherr, Matthias Gallas, war ungeeignet und ließ sich gehen, besaß aber die für eine Krise notwendigen Eigenschaften: Er war umgänglich, freundlich und ungeziert, es lag ihm an Beliebtheit, und er bemühte sich darum. Piccolomini, jünger an Jahren und sein Stellvertreter, war in Wirklichkeit von größerer Bedeutung, denn er erfaßte, was die Tatsachen forderten, und besaß Organisationsgabe und den nötigen Takt, um über eine schwierige Zeit hinwegzukommen. Eine glücklichere Verbindung als diese beiden hätte in jenem Zeitpunkt kaum gefunden werden können, so vorteilhaft stachen ihre Methoden von denen Wallensteins und seiner aufgeblasenen Anhänger ab.

Im April wurde der König von Ungarn in aller Form zum Generalissimus ausgerufen. Obwohl allgemein angenommen wurde, daß dieser sechsundzwanzigjährige junge Mann, der keine Kriegserfahrungen besaß, nur eine dekorative Figur sein werde, war er als solche bedeutsam, da seine Ernennung die Vollendung des habsburgischen Planes für einen geeinten, rein dynastischen Angriff auf die Feinde bezeichnete. Es bedeutete auch einen weiteren Fortschritt in der kaiserlichen Politik der Zentralisierung. Seit den zu Regensburg im Jahre 1630 eingetretenen Hindernissen und dem überwältigenden Vordringen der Schweden war die alte Politik Ferdinands in die Versenkung geraten. Aber sein Glück war ihm treu geblieben; 1630 hatte er vergeblich versucht, Wallenstein durch seinen Sohn zu ersetzen, 1634 gelang es ihm. Als Regensburg fiel und er Bayern aufgeben mußte, war Maximilian gezwungen, jeden Oberbefehl dem Wallensteins vorzuziehen, und er begrüßte ebendiese Ernennung, die er vor vier Jahren verhindert hatte.

Während der unmittelbar durch Wallenstein heraufbeschworenen Gefahren hatte sich das Verhältnis zwischen dem Kaiser und den verfassungstreuen Fürsten nicht geändert, und die Ernennung des Königs von Ungarn lief ihren Interessen 1634 nicht weniger zuwider als 1630. Als Maximilian in seiner Verzweiflung seinen Gesandten in Wien anwies, sich sogar mit der spanischen Partei zu verbinden, um Wallenstein loszuwerden, tat er vielleicht das einzig Mögliche, um Bayern vor der Zerstörung zu retten, aber er machte seine eigene Politik zunichte. Den Umständen, nicht Ferdinand, war er nicht gewachsen, und diesmal verdankte es der Kaiser wirklich seinem Glück und nicht seinem Verstand, daß aus Wallensteins Verrat der Ferdinand am Herzen liegende dynastische Erfolg erwachsen war.

Viel hing davon ab, welchen Gebrauch der König von Ungarn von seiner Stellung machen würde. Er betrat zum erstenmal öffentlich den politischen Schauplatz Europas, obwohl er seit seinem neunzehnten Lebensjahr im Rat des Kaisers tätig gewesen war. Der junge Ferdinand war der älteste der überlebenden Söhne, die der Kaiser von Maria, der Schwester Maximilians von Bayern, hatte. Er war in einer Umgebung aufgewachsen, wie sie, vom Gesichtspunkt des Herkömmlichen gesehen, nicht besser sein konnte. Sein Vater und seine Mutter, und später seine Stiefmutter, waren einander und ihren Kindern in ungetrübter Liebe zugetan und zogen die Kinder in der Steiermark schlicht und glücklich auf. Was immer die Erziehungstheorien des steirischen Haushaltes gewesen sein mögen, sie waren in mancher ungewöhnlichen Hinsicht erfolgreich. Klüger als sein Vater, erregte der junge Ferdinand niemals Eifersucht und fühlte sich auch nie zurückgesetzt; er kam am Ratstisch in Meinungsverschiedenheiten mit dem Kaiser, hatte seine eigene Partei bei Hofe, kritisierte die Politik seines Vaters, besonders seine Finanzwirtschaft, vermied aber völlig jene garstige Gegensätzlichkeit zwischen Herrscher und Nachfolger, die so oft eine dynastische Politik verbittert. Vater und Sohn bewunderten einander ob ihrer Vorzüge und kamen bei Meinungsverschiedenheiten stets zu einem Ausgleich.

Daß der junge Ferdinand außergewöhnlicher Zuneigung fähig war, zeigt sich in seinem Verhältnis zu seinem jüngeren Bruder Leopold. Dieser Erzherzog, der sich für den Fähigsten der Familie hielt, beklagte es, daß er der Thronfolge so fernstand. Seine Brüder waren beide schwächlich, und als der älteste, Karl, im Jahre 1619 starb, hatte niemand gedacht, daß der zweite, Ferdinand, ihn lange überleben werde. Aber Ferdinand stand nach wie vor zwischen Leopold und dem Thron, wuchs zum Mann heran, heiratete und schob seinen Bruder durch noch einen und noch einen Sprößling immer weiter von der Nachfolge weg. Der heranwachsende Leopold machte aus seinem Unmut bei Hofe kein Hehl, aber Ferdinand zeigte sich darüber nicht nur nicht ungehalten, sondern ging daran, seinen Bruder bei jeder möglichen Gelegenheit in den Vordergrund zu stellen, seine Machtgelüste zu befriedigen, ihn zu Rate zu ziehen und zu beschwichtigen. Leopolds politischer Groll war nicht zu beruhigen, aber die Brüder blieben trotz allem die festesten persönlichen Freunde[112].

Der König von Ungarn hatte die Gutmütigkeit seines Vaters, aber nicht seinen Frohsinn geerbt. Er hatte auch viel vom einnehmenden Wesen seines Vaters. Weniger geschwätzig, war er würdevoller, aber nicht weniger huldvoll, und seine Befähigung, sich mühelos in sieben Sprachen zu unterhalten, ermöglichte es ihm, viele seiner diplomatischen Angelegenheiten selbst zu erledigen. Äußerlich glich er der Familie seiner Mutter und hatte die melancholischen dunklen Augen, braunen Haare und markanten Gesichtszüge der Wittelsbacher. Obwohl er zum Jagdvergnügen erzogen worden war, widmete er sich in seinen Mußestunden lieber philosophischer Lektüre, musikalischen Kompositionen, dem Elfenbeinschnitzen oder Laboratoriumsexperimenten. Er hatte gelegentlich bei Hof einen Vortrag gehalten, und der alte Kaiser hatte vor väterlichem Stolz gestrahlt. Er war ruhig, nachdenklich, fast schwermütig. Ungleich seinem Vater, war er bis zur Knauserigkeit sparsam. Als Knabe ließ seine Zurückhaltung ihn einfältig erscheinen, aber als er selbstsicher wurde, machte er statt dessen den Eindruck eines tiefen Denkers[113], eines tieferen, als er wirklich war, denn alles in allem genommen, war er nur ein anständiger, phantasiebegabter Mensch, der sich mit Gedanken abquälte. Er besaß weder den starken Glauben an seine Sendung noch das Vertrauen auf Gott, die seinen Vater trugen; er war nicht von der Einzigartigkeit seines Zieles durchdrungen, was dem alten Kaiser einen solchen Zug von Größe verlieh. Er war zu klug, um glücklich, aber nicht klug genug, um erfolgreich zu sein. Ferdinand II. war entweder sehr schlau oder sehr vom Glück begünstigt; Ferdinand III. war keines von beiden.

Den größten Einfluß auf sein Leben, von seiner Heirat im Jahre 1631 bis zu ihrem Tod im Jahre 1646, hatte seine Gemahlin, die Infantin Maria von Spanien, die Schwester des Kardinalinfanten. Diese anziehende, intelligente Frau war das zwar inoffizielle, aber wirkliche Bindeglied zwischen den Höfen von Madrid, Brüssel und Wien[114]. Mehrere Jahre älter als ihr Gemahl, erfreute sie sich seiner Zuneigung und liebte ihn unverändert während ihrer gemeinsamen Lebenszeit.

Als König von Ungarn und später als Kaiser Ferdinand III. spielte er eine große Rolle in der Geschichte Europas; es erscheint daher nur recht und billig, daß die Lücke, die für seinen Charakter gewöhnlich offen bleibt, ausgefüllt wird. Es ist zur Genüge belegt, daß er auf seine Zeitgenossen mehr Eindruck machte als auf die Nachwelt.

Während so eine Lage geschaffen war, die den Habsburgern innerhalb des Reiches förderlich sein mußte, waren die anderweitigen Pläne dieser Dynastie herangereift. Die alte Erzherzogin Isabella starb im Winter. Fast mit ihren letzten Worten ermahnte sie den Herzog Gaston von Orléans, der zu Besuch gekommen war, seine jetzt aus Frankreich ausgewiesene Mutter nicht zu verlassen[115]. Vorher hatte sie die Prinzessin Margarete von Lothringen, Gastons Gemahlin, mit allen einer Königstochter gebührenden Ehren empfangen[116]. So versuchte sie durch ihre letzten Handlungen, diese geistlosen Unzufriedenen enger aneinanderzuknüpfen, damit keiner von ihnen mit dem König von Frankreich Frieden schließe[117], sondern damit sie vereinigt blieben, ein Werkzeug zum Gebrauch gegen die französische Monarchie. Nach ihrem Tod verwirklichte die provisorische Regierung in Brüssel ihre Absichten, indem sie ein Bündnis mit Gaston von Orléans schloß, den Herzog von Lothringen zum Aufruhr anstachelte und so abermals die Störenfriede Frankreichs in Bewegung brachte. Im Sommer unterdrückte die Regierung die Friedensrufe ihrer flämischen Untertanen, indem sie die Generalstände auflöste, während der flämische Abgesandte, der zu Philipp IV. geschickt worden war, um eine günstige Regelung zu fördern, in Madrid verhaftet wurde.

Die Schachzüge Richelieus vollendeten die andere Hälfte des Planes. Er erneuerte seinen Vertrag mit den Vereinigten Niederlanden[118], weigerte sich, die Heirat Gastons mit Margarete von Lothringen anzuerkennen, und entsandte ein Heer, um ihren unbezähmbaren Bruder, Herzog Karl, zu zügeln. In Paris tollte Mademoiselle, der überschäumende Wildfang, Gastons einziges Kind, durch den Louvre und sang die gemeinsten Spottlieder auf den Kardinal, die sie lernen konnte. Mit sieben Jahren war sie eine bevorrechtete und geduldete Rebellin[119].

Aber der Kernpunkt, auf den die Politik der Bourbonen und der Habsburger zielte, lag noch immer in Deutschland, wo Feuquières sorgsam und taktvoll fortfuhr, Richelieus Stellung auszubauen. Im Frühjahr 1634 trat die Liga von Heilbronn in Frankfurt am Main zusammen. Während der Monate seit ihrer letzten Tagung hatten sich kleine Veränderungen ereignet; oberflächlich gesehen, schien die Stellung Frankreichs und Schwedens fast die gleiche geblieben zu sein, aber näher betrachtet, war die Stellung Oxenstiernas schwächer und die Feuquières' stärker geworden.

Feuquières' Aufgabe war leichter. Er hatte in Deutschland nur ein einziges Ziel: den französischen Schutz unentbehrlich zu machen. Nach der Bildung der Heilbronner Liga ging er daran, die Fürsten und Staaten der Reihe nach von Schweden loszulösen, indem er zwar Oxenstiernas Organisation ausnützte, aber die Keile seiner Einflüsterungen und reichlichen Bestechungen[120] gewandt zwischen Oxenstierna und dessen Verbündete trieb. Das Vertrauen zu ihm wuchs im gleichen Maße, wie das Vertrauen zu Oxenstierna schwand.

Der schwedische Kanzler war nicht zu tadeln dafür, daß das Vertrauen seiner Verbündeten zu ihm abnahm. Er hatte mehr zu tun, als ein Mann leicht bewältigen konnte, und die Aufgabe erwies sich selbst für ihn als zu groß. Das Heer war die Quelle der Sorgen. Bei Lebzeiten Gustav Adolfs erfüllte dieses Gemengsel einheimischer schwedischer und angeworbener deutscher Truppen ein gewisser Geist der Einigkeit. Aber schon bevor der König starb, zog ein Sturm herauf, der dann über Oxenstierna hereinbrach.

Nach Lützen waren vier Hauptheere im Felde gewesen, unter Gustav Horn, Johan Baner, Wilhelm von Hessen-Kassel und Bernhard von Sachsen-Weimar. Von diesen Feldherren waren die ersten zwei schwedische Marschälle, die unstreitig der schwedischen Regierung unterstanden; Wilhelm von Hessen-Kassel war, mit Ausnahme Johann Georgs, der einzige wahrhaft unabhängige Verbündete, den der König gewonnen hatte, ein Fürst, dessen kleines, aber wohlgeleitetes Heer immer als unabhängige Einheit behandelt wurde. Ein schwieriger Fall war der vierte Feldherr, Bernhard von Sachsen-Weimar.

Er war gleich Horn oder Baner ein der schwedischen Krone unterstehender Feldherr[121]. Er hatte jedoch die Unverschämtheit, zu erklären, daß der König auf ihn eifersüchtig sei, und hatte schon vor Lützen erregt nach einem unabhängigen Kommando verlangt[122]; nach dem Sieg, zu dem seine Geschicklichkeit viel beigetragen hatte, machten ihn seine Anwesenheit auf dem Kriegsschauplatz und seine unleugbare Tüchtigkeit zum einzigen befähigten Nachfolger des Königs im Oberbefehl.

Bernhards Charakter ist nie ganz aufgehellt worden, und weder in seinen Schriften noch in seinen Taten zeigt er sich als einnehmende Persönlichkeit. Seine rauhen Tugenden können nicht geleugnet werden; *»imperare sibi maximum imperium est«*, schrieb er in platter Weise in das Stammbuch eines sächsischen Biedermannes[123], und er war wirklich selbstbeherrscht, mäßig, keusch, mutig und fromm. Aber das Gesicht, das uns aus zeitgenössischen Stichen entgegenblickt, wirkt mit seiner niedrigen Stirn, den strengen, phantasielosen Augen und dem gewöhnlichen, egoistischen Mund nicht anziehend. Sein älterer Bruder war jener Wilhelm von Weimar, der 1622 versucht hatte, eine Union der Patrioten zu gründen, und bei Stadtlohn gefangengenommen worden war[124]. Dieser pessimistische, sanfte und wohlerzogene Prinz[125] hatte auch ein Kommando im schwedischen Heer, aber Bernhard schob ihn brutal aus dem Weg. Ehrgeizig und sich seiner Nationalität und seines fürstlichen Ranges bewußt, war Bernhard nicht nur die schwedische, sondern jede Vormundschaft zuwider. Deswegen hat man ihn zu einem redlichen Patrioten gestempelt. Gewiß war er redlich, aber sein Patriotismus ist weniger bewiesen. »Ein ausgezeichneter Feldherr«, schrieb Richelieu, »aber so sehr auf sich selbst bedacht, daß niemand seiner sicher sein konnte[126].«

Der andere Anwärter auf den Oberbefehl über die zwei Heere war Gustav Horn. Zu Lebzeiten des Königs waren Horn und Oxenstierna seine zwei Arme genannt worden[127], und das Gleichnis war nicht unverdient, denn der Marschall war auf seinem Posten ebenso verläßlich und fähig wie der Kanzler. Horns Oberbefehl wäre Oxenstierna sicher am willkommensten gewesen, denn er war Horns Schwiegervater, und sie hatten durch viele Jahre Hand in Hand gearbeitet. Bernhard war jedoch entschlossen, dies zu verhindern; Berichten zufolge soll er gesagt haben, daß ein deutscher Fürst zehn schwedische Adelige aufwiege, und wenn er Horn nicht übergeordnet sein könne, so wolle er doch wenigstens ihm gleichgestellt und unabhängig sein. Als im vorhergehenden Sommer die beiden Feldherren sich an der bayrischen Grenze trafen, forderte Bernhard hochmütig den Titel eines Generalissimus, während Horn, weniger anmaßend, aber ebenso hartnäckig, ihm nur den Titel eines Generalleutnants anbot[128]. Tatsächlich bestanden zwischen ihnen ernste politische und strategische Meinungsverschiedenheiten. Horn, der konstruktivere, wenn auch technisch weniger glänzende Soldat, war für die Konzentrierung auf die das Rheintal beherrschenden Höhen, um dort ein Bollwerk gegen die vereinigte Macht der Spanier und Österreicher auszubauen. Bernhard war unmittelbarer am Krieg interessiert[129]; im Sommer 1633 verlangte er plötzlich das Herzogtum Franken. Dieser Schritt kann verschieden gedeutet werden; Bernhard mag um eine Belohnung besorgt gewesen sein, wie Mansfeld es gewesen war; oder er mag geglaubt haben, durch die Besitznahme von Land, selbst unter schwedischer Vorherrschaft, die Interessen der Deutschen gegen die Eindringlinge behaupten und wenigstens einen Teil des Vaterlandes retten zu können. Um ihn zu besänftigen, stellte ihm Axel Oxenstierna ein Patent aus, das ihn zum Herzog von Franken unter der schwedischen Krone machte[130], und löste die militärische Schwierigkeit zum Teil dadurch, daß er einem freien Bündnis mit dem neuen Herzog zustimmte, das nach dem Muster des jüngst mit Wilhelm von Hessen-Kassel erneuten gehalten war[131].

Solche Mißstimmungen wirkten auf Oxenstiernas Verbündete nicht gerade beruhigend und schufen überdies die Gelegenheit, auf die Feuquières wartete. Schon im April 1633 hatte dieser versucht, den ehrgeizigen Bernhard den Schweden abtrünnig zu machen und ihn an Frankreich zu binden[132]. Weiteren Grund zu Besorgnis gab das Verhalten der Truppen. Die französischen Subsidien wurden nicht pünktlich gezahlt, und Oxenstiernas System der Verteilung brach schon vor dem Tod des Königs arg zusammen; nachher verschlimmerte sich die Lage zusehends und gipfelte schließlich in offenen Unruhen unter den Offizieren und der Mannschaft und am Ende in Meuterei. Der Aufstand wurde durch die teilweise Befriedigung der Soldforderungen und durch die leichtfertige Beschenkung der unzufriedeneren Offiziere mit deutschen Gütern unterdrückt[133]. Für den Augenblick war die Gefahr vorüber, aber sie war nicht beseitigt. Oxenstierna erkannte, daß er nun den Frieden zwischen seinen zwei führenden Feldherren bewahren wie auch die Soldaten zufrieden erhalten mußte, wenn der Krieg überhaupt geführt werden sollte. Daß er die Offiziere mit Brocken deutschen Landes beruhigte, mußte seine deutschen Verbündeten der Heilbronner Liga verärgern. »*J'ai peur*«, schrieb ein holländischer Politiker im April 1634, »*qu'enfin tout ne s'éclate contre les Suédois*[134].«

Als die Ligavertreter sich im Frühjahr 1634 in Frankfurt versammelten, behandelten sie Oxenstiernas Vorschläge, besonders als er von Schwedens Schadloshaltung sprach, mit offenem Argwohn[135]. Das war betrüblich für den Kanzler, der vor allem zwei weitere Reichsteile, den nieder- und obersächsischen Kreis, als Mitglieder der Liga zu gewinnen suchte[136] und deren Abgesandte natürlich nicht wissen lassen wollte, daß unter denen, die bereits seine Verbündeten waren, Unzufriedenheit herrschte. Ein Versuch, Johann Georg zum Beitritt zu bewegen, endete mit einem Brief des Kurfürsten, worin er alle ehrlichen Deutschen vor ausländischen Scheinverbündeten warnte[137], eine Erklärung, die der Wahrheit zu gefährlich nahekam, um Oxenstierna zu gefallen.

In diese unerfreuliche Lage ließ der schlaue Feuquières einen neuen französischen Hilfsvorschlag einfließen. Sein König sei bereit, die protestantische Sache mit Geld, mit weit mehr Geld, als die schwedische

Krone geben könne, und diplomatisch zu unterstützen, wenn man ihm dafür eine ganz kleine Sicherheit stelle. Er verlange nur die Überlassung der Festung Philippsburg am Rhein auf Kriegsdauer[138]. Am rechten Rheinufer gelegen, im Gebiet des Bischofs von Speyer und nahe dem Zusammenflusse des Rheins und der Saal, hatte sich Philippsburg zu Beginn des Jahres den Schweden ergeben; so unterstand die Festung tatsächlich der Heilbronner Liga, und falls diese beschließen sollte, sie der französischen Regierung zu überlassen, konnte Oxenstierna kaum widersprechen, ohne einen Bruch herbeizuführen. Ein solches Zugeständnis würde die endgültige Verschiebung des Gleichgewichtes zu Gunsten Richelieus als Beschützers der deutschen Rechte bedeuten.

Der Vorschlag wurde im Juli 1634 gemacht. Inzwischen kamen die Heere in Süddeutschland längs der Donaulinie wieder in Bewegung. Die Verheerungen durch die Pest und die sich hinziehende Hungersnot[139] hinderten allerdings die Truppen Bernhards an der Ausführung jeglichen Vorhabens bis zum Spätsommer. Der Kardinalinfant war mit zwanzigtausend Mann auf dem Anmarsch aus Italien. Um ihm den Weg abzuschneiden, belagerte Horn die Festung Überlingen, die das Südufer des Bodensees schützte, auf dem die Spanier vorüberziehen würden. Diese Belagerung hielt ihn vier Wochen auf, bis er endlich, sehr gegen seinen Willen, zustimmte, sich Bernhard anzuschließen[140], um die Macht des Königs von Ungarn und seines Heeres zu brechen, bevor die spanischen Verstärkungen eintreffen konnten.

Arnim, der zwar in Verbindung mit einem schwedischen Heeresteil unter Baner handeln sollte, dessen Beziehungen zu Baner jedoch täglich verbitterter und mißtrauischer[141] wurden, war wieder einmal in Böhmen eingefallen. Es war daher für Horn und Bernhard der geeignete Augenblick, den unerfahrenen König von Ungarn und den untüchtigen Gallas anzugreifen, solange die sich nicht klar waren, ob sie Prag verteidigen oder dem Kardinalinfanten entgegenmarschieren sollten.

Am 12. Juli 1634 trafen sich in Augsburg Bernhard und Horn, die zusammen zwanzigtausend Mann[142] hatten, und zogen von hier gegen die bayrisch-böhmische Grenze. Sie wußten, daß der König von Ungarn auf Regensburg marschierte, und sie glaubten, daß der Anschein, als ob sie sich Arnim in Böhmen anschließen wollten, den König von Ungarn zur Umkehr bewegen werde. Am 22. Juli erstürmten sie Landshut, das von fast der gesamten bayrischen und einem Teil der kaiserlichen Reiterei besetzt war. Aldringer, der zu Hilfe eilte, kam zu spät, um den Widerstand zu organisieren, und wurde beim schlecht durchgeführten Rückzug[143] erschossen, von seinen eigenen Leuten, wie einige behaupteten. Dieser Sieg war aufsehenerregend genug, und fast zur selben Zeit erschien Arnim vor den Mauern Prags.

Der König von Ungarn verlor die Fassung nicht und ließ sich nicht von seinem Kurs abbringen. Horn und Bernhard hatten Landshut kaum genommen, als sie Regensburg verloren[144]. Statt, wie erwartet, einen hastigen Rückmarsch zur Verteidigung Prags anzustreben, hatte der junge Ferdinand aus der Abwesenheit des größeren Teiles des protestantischen Heeres Nutzen gezogen und dessen Verbindungslinie an der Donau angegriffen. Es war ein Wagnis, Böhmen so völlig zu entblößen, aber er rechnete richtig, denn kaum war Regensburg gefallen, als Bernhard und Horn kehrt machten und ihm nachmarschierten, während Arnim es sogleich für besser hielt, sich aus Prag zurückzuziehen und die weitere Entwicklung abzuwarten.

Der Fall von Regensburg war dem in Frankfurt weilenden Oxenstierna höchst unwillkommen; noch unwillkommener waren die Nachrichten, die während der folgenden drei Wochen von Horn und Bernhard einliefen. Ferdinand, der in Eilmärschen dem Kardinalinfanten entgegenzog, kam den beiden zuvor, und weder Horn noch Bernhard konnten ihre von Seuchen befallenen und schlecht ausgerüsteten Truppen dazu bringen, die gewaltige Anstrengung zu machen, die nötig war, um das kaiserliche Heer vor dem Eintreffen des Kardinalinfanten zu umgehen. Am 16. August überschritt Ferdinand die Donau bei Donauwörth; der Kardinalinfant war vom Schwarzwald her im Anmarsch; es konnte nur noch wenige Tage dauern, bis sie sich trafen. Aber in Nördlingen, nicht weit von Donauwörth, lag eine starke schwedische Besatzung, und Ferdinand konnte sich nicht einem Flankenangriff während des Marsches aussetzen. Er war Horn und Bernhard noch immer einige Tagemärsche voraus, und schwenkte nun ab, um sich zur Einnahme Donauwörths anzuschicken.

Mittlerweile war die Heilbronner Liga in Frankfurt ein Spielball der wachsenden Besorgnis, die Feuquières nur zu bereitwillig anfachte[145]. Oxenstiernas Bemühungen, seine Verbündeten wieder zu beruhigen, waren nutzlos, und als die deutschen Vertreter hörten, daß Ferdinand von Ungarn Donauwörth genommen habe, kamen sie überein, die Hilfe Richelieus durch die vorläufige Abtretung Philippsburgs zu erkaufen[146]. Die Bedingungen, welche den ersten diplomatischen Triumph Feuquières' darstellen, wurden am 26. August 1634 unterzeichnet, ungefähr zur Zeit, als die heraneilenden Heere Horns und Bernhards in Sicht des Lagers kamen, das der König von Ungarn auf den bewaldeten Höhen um Nördlingen bezogen hatte.

Horn und Bernhard verfügten über ungefähr zwanzigtausend Mann[147], der König von Ungarn über ungefähr fünfzehntausend, und in der dortigen Gegend war selbst ein einziges Heer schwer zu verpflegen. Bernhard hoffte anfangs, daß Hunger den Feind zum kampflosen Rückzug zwingen werde[148]. Er und Horn, die diesmal übereinstimmten, wußten, daß die Stadt nicht befreit werden konnte, wenn sie nicht einen Kampf auf einem besonders schwierigen und zerrissenen Gelände und mit kaum gleichstarken Truppen wagten[149]. Als es offenbar wurde, daß Ferdinand auf das Eintreffen des Kardinalinfanten zu warten beabsichtigte, zogen sie alle verstreuten Truppen, die sie erreichen konnten, zusammen, weil sie hofften, den König von Ungarn zum Rückzug zu zwingen, bevor die Spanier kämen. Ihre Hoffnung erfüllte sich nicht, denn die neuen Truppen waren so schwach, gering an Zahl und entmutigt, daß der König von Ungarn nicht wich.

Inzwischen verhinderte der Oberst der Besatzung in Nördlingen mit Mühe, daß die Bürger eine Übergabe erzwangen. Sie hatten begreiflicherweise kein Verlangen, das Schicksal Magdeburgs zu teilen. Es gelang Horn, ihnen Botschaften zu senden, die sie ermahnten, sechs Tage auszuhalten, und dann nochmals sechs Tage, aber Nacht für Nacht konnte er Notraketen zum dunklen Himmel aufsteigen sehen und untertags von Zeit zu Zeit den Donner der Kanonen hören, mit denen der König von Ungarn die Stadtmauern beschoß. Einmal, als eine lange Pause eintrat, war er überzeugt, daß die Stadt sich ergeben habe[150].

Unter den Kaiserlichen herrschte Jubel über das Herannahen des Kardinalinfanten, und am 2. September machte sich der König von Ungarn auf, um ihn zu treffen. Die beiden Vettern begegneten einander wenige Kilometer von Donauwörth, und als sie in Sichtweite waren, stiegen sie vom Pferd und liefen einander fast buchstäblich in die Arme[151]. Nach dem in so weiter Entfernung voneinander betriebenen Plan ihres gemeinsamen Vorhabens war es fast zu schön, um wahr zu sein, daß die Vettern wirklich die festen Freunde sein sollten, die sie so lange in Gedanken gewesen waren, aber es war so, und die Generale, die beauftragt waren, sie beratend zu leiten, wichen vor ihrer vereinigten Beharrlichkeit.

Auf beiden Seiten gingen nun die Dinge der Entscheidung entgegen. Horn bemühte sich, eine Schlacht zu vermeiden, bevor weitere Verstärkungen eintrafen, um die zahlenmäßige Ungleichheit zu verringern, aber er und Bernhard wußten, daß der Fall Nördlingens, so bald nach der plötzlichen Übergabe Regensburgs und Donauwörths, das Vertrauen ihrer deutschen Verbündeten wankend machen und die Heilbronner

Liga stark erschüttern mußte. Das politische Wagnis eines Rückzuges in zwölfter Stunde war größer als das militärische des Ausharrens[152].

Die Gegend südlich von Nördlingen mit ihren sanft gerundeten Höhenzügen und dicht verstreuten Wäldern war für eine regelrechte Schlacht, wie die Taktiker des siebzehnten Jahrhunderts sie liebten, nicht geeignet. Die kaiserlichen und spanischen Truppen hielten das flachere Gelände vor der Stadt besetzt und hatten eine Vorhut auf einem Hügelrücken, der die Straße zur Stadt beherrschte. Die schwedischen Truppen lagen ungefähr einen Kilometer südwestlich auf einem andern niedrigen Hügelzug. Bei einem Versuch, die Stadt zu befreien, mußten sie in das Tal hinabmarschieren und die bedrohlichen Vorposten des Feindes passieren.

Der draufgängerische Kardinalinfant schickte ein paar Musketiere zur Besetzung eines am Hügelsaum stehenden Wäldchens aus, das mitten auf dem Weg lag, den der Feind auf seinem möglichen Vormarsch nehmen mußte. Es war ein zu kleiner Trupp; am Abend des 5. September vertrieben ihn Bernhards Truppen und besetzten den Vorposten, womit sie einen wichtigen Punkt auf der zur Stadt führenden Straße gewannen. Der Major der Musketiere hatte sich ergeben und wurde sogleich Bernhard vorgeführt, der in seiner Kutsche beim Abendessen saß und offensichtlich sehr schlechter Laune war. Nach der Zahl der spanischen Verstärkungen gefragt, gab sie der Gefangene fast wahrheitsgemäß mit ungefähr zwanzigtausend Mann an. Bernhard fuhr ihn fluchend an; er habe Nachrichten, sagte er, daß es nicht mehr als siebentausend seien, und drohte, ihn auf der Stelle hängen zu lassen, wenn er nicht die Wahrheit sage. Der Major blieb bei seiner Angabe, und Bernhard ließ ihn abführen. Horn, der mit ihm in der Kutsche war, sagte nicht viel, aber Bernhards Zorn und die hastige Abführung des Gefangenen zeigten klar, daß Horns Entschluß zu kämpfen noch nicht feststand und er schwankend werden konnte, falls Bernhards optimistische Unterschätzung der spanischen Streitkräfte sich als irrig erwies[153].

Unterdessen fand im unweit gelegenen kaiserlichen Hauptquartier ein Kriegsrat statt. Gallas warf dem Kardinalinfanten offen vor, daß er das Wäldchen mit einer zu schwachen Abteilung besetzt habe, doch dieser begegnete dem Vorwurf mit der wenig originellen, aber tröstlichen Erklärung, daß Geschehenes nicht ungeschehen zu machen sei; im übrigen entwarfen die beiden Vettern den Schlachtplan für den folgenden Tag, ohne sich viel um die ihnen an Alter überlegenen Generale zu kümmern[154]. Sie ordneten an, daß die Truppen auf dem Hügel verstärkt würden, damit sie für den wahrscheinlichen Angriff des Feindes bereit seien. Der Hauptteil des Heeres sollte im offenen Gelände vor der Stadt massiert werden, die Deutschen an der Front und hinter ihnen die spanischen Truppen, zur etwa nötigen Verstärkung der Linie und zur Abwehr etwaiger Ausfälle aus der Stadt. Die erschöpfte Besatzung Nördlingens war so klein, daß wenig Gefahr bestand, sie könnte den Kaiserlichen erfolgreich in den Rücken fallen. Die zwei Habsburger verfügten über dreiunddreißigtausend Mann, ungefähr zwanzigtausend Fußsoldaten, einschließlich der vorzüglich ausgebildeten und disziplinierten spanischen Infanterie, und dreizehntausend Reiter[155].

Obwohl Bernhard es nicht glauben wollte, war er in der Minderzahl. Die vereinigten protestantischen Truppen beliefen sich auf wenig mehr als sechzehntausend Fußsoldaten und neuntausend Reiter, die unter Nachschubmangel litten. Die Befreiung Nördlingens war aber von wesentlicher Bedeutung. Horn und Bernhard kamen in gemeinsamer Beratung zu dem Schluß, daß Ferdinands Stellung vor der Stadt unhaltbar und er zum Rückzug gezwungen werden würde, falls sie nur erst den Feind aus der vorgeschobenen Hügelstellung werfen und diese selbst besetzen könnten. Sie planten daher, diese Stellung, womöglich ohne Entfeßlung eines allgemeinen Kampfes, durch geschicktes Manövrieren zu gewinnen. Horn auf dem rechten Flügel sollte in der Nacht gegen die Hügelabhänge vorrücken und bei Tagesanbruch angreifen; Bernhard, auf dem linken, auf der Talstraße in die offene Ebene ziehen, seine Truppen vor den feindlichen Linien in Stellung bringen und diese durch sein bedrohliches Erscheinen am Verstärken ihrer Kameraden auf dem Hügelrücken verhindern. Die beiden Feldherren sollten einverständlich vorgehen, obwohl ihre Kampfplätze weit voneinander lagen; aber sie berücksichtigten nicht die dazwischen liegenden Waldstriche, die noch voll belaubt waren und ihnen am Morgen gegenseitig die Aussicht versperrten. Ihre Eifersucht aufeinander war für einen gemeinsamen Angriff von übler Vorbedeutung, und obwohl am folgenden Tage keiner den andern verriet, gab doch nachher einer dem andern die Schuld.

Von Anfang an ging alles schief. Horn oder seine Offiziere verpfuschten den Nachtvormarsch. Das Fußvolk und die leichte Artillerie hätten zuerst vorgehen sollen; statt ihrer wurden aber die Troßwagen und schweren Kanonen mit der Vorhut geschickt, die, als sie auf dem schmalen, aufgeweichten Pfad bergauf steckenblieben und umstürzten, durch ihr Gerassel den Feind warnten und ihm durch die Verzögerung Zeit gaben, sich abwehrbereit zu verschanzen.

Als am 6. September die Sonne strahlend aufging, hatte Horn endlich seine Truppen an einen geschützten Platz am Fuß des Hügels gebracht. Er beabsichtigte nun, mit seiner Infanterie anzugreifen und, sobald diese die vordersten Reihen der Kaiserlichen an sich gebunden hatte, mit einer Reiterattacke eine Entscheidung herbeizuführen, indem er ihnen unerwartet in die Flanke fiel. Als er, wie er meinte, seine Absichten klargemacht hatte, ritt er weg, um von dem Hügel die Stellung bei Tageslicht zu überblicken. Sogleich gab einer seiner Obersten in Verkennung der Lage der Reiterei Befehl zur Attacke. Horns Befehle wurden so ins Gegenteil verkehrt, und obwohl seine Reiter einige der kaiserlichen Verteidiger aus dem Felde schlugen, mußte die schwedische Infanterie jetzt ohne Unterstützung durch ihre Reiterei unter unbarmherzigem Feuer angreifen. Trotzdem war der Angriff so nachdrücklich und wohlgeordnet, daß die Kaiserlichen, die seit Lützen von einer heilsamen Furcht vor den Schweden beseelt waren, ihre Batterien fluchtartig im Stich ließen. Zwei Vorfälle brachten die Schweden um die Früchte dieses Erfolges. Als sie in großer Eile gegen die Stellung vorgingen, hielt jede der beiden schwedischen Fußbrigaden die andere für den Feind, und es dauerte einige Zeit, bis man sie auseinanderbrachte. Inzwischen war ein Pulvermagazin, das die Kaiserlichen aufgegeben hatten, inmitten der siegreichen Truppen in die Luft geflogen.

Auf der gegnerischen Seite hatten die zwei Erzherzöge eine glücklichere Lösung ihrer Doppelverantwortung gefunden als Horn und Bernhard. Sobald der Angriff begann, hatten sie auf einer kleinen, aber auffälligen Böschung Aufstellung genommen, von wo sie die Ereignisse auf beiden Flügeln verfolgen konnten. Sie bemerkten daher den Verlust des Hügels und auch die plötzliche Verwirrung unter den siegreichen Schweden. Unverzüglich detachierte der Kardinalinfant eine spanische Abteilung Reiter und Fußsoldaten, um die Flucht der Deutschen zu verhindern und den Angriff auf den Hügel zu erneuern. Jetzt hätte Horn alles für seine Reiterei gegeben, die weit weg auf der rechten Flanke den Fliehenden zusetzte. Seine in Unordnung geratenen Fußtruppen brachen unter dem spanischen Vorstoß zusammen, und in einer Stunde hatte er den Hügel wieder verloren.

Als die Fußtruppen sich in ihre Ausgangsstellung zurückzogen, erblickten sie durch Lichtungen zwischen den Bäumen einen Teil von Bernhards Reitern in voller Flucht, und die von Horn mühsam unterdrückte Panik begann sich unter ihnen auszubreiten. Bernhard selbst war in der Ebene vollauf beschäftigt; durch wohlüberlegte zeitweilige Verwendung seiner Batterien versuchte er, seine Gegner an der Detachierung von Truppen gegen Horn zu hindern, als er aber einsah, daß der Feind ihm an Zahl überlegen war, hütete er sich, einen allgemeinen Angriff heraufzubeschwören.

Bis zur Mittagszeit hielt Horn auf seiner Hügelstellung aus, während seine Linien unter dem feindlichen Feuer gelichtet wurden. Er raffte seine Reiterei nochmals zusammen und warf sie abwechselnd mit dem Fußvolk gegen die spanische Stellung, aber ohne Erfolg. Die spanischen Fußtruppen des Zentrums bedienten sich eines Tricks, der jeder schwedischen Kriegslist gleichkam. Wenn der Feind vorrückte, knieten sie nieder, so daß die Geschosse über sie hinwegstrichen, um dann, bevor die Schweden wieder laden konnten, aufzuspringen und eine Salve in die anrückenden Linien zu feuern.

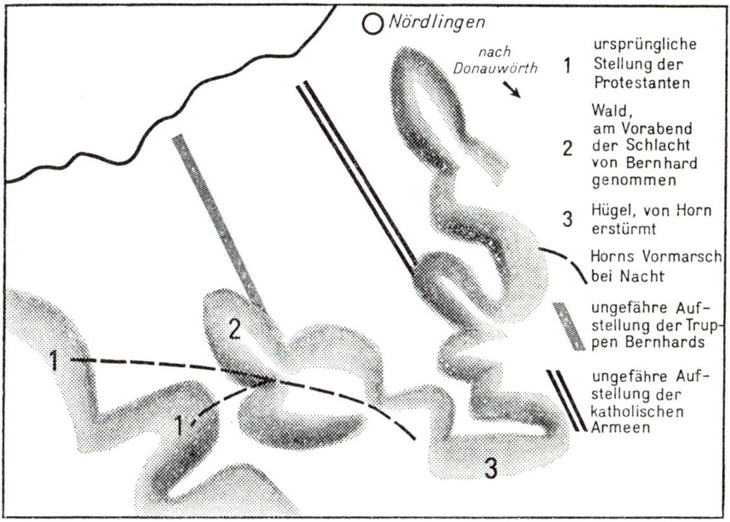


Immer wieder wichen die Schweden zurück und ließen ihre Toten im Stich; immer wieder schlossen sie unter Horns straffer Führung die Lücken in ihren Reihen und gingen vor. Die Spanier zählten fünfzehn Angriffe. Jeder Mißerfolg bestärkte Horns Entschlossenheit, einen Erfolg zu erringen. Es war so weit gekommen, daß es nach dem Geleisteten töricht schien, nicht noch das Wenige mehr zu tun, das den Ausschlag geben würde; jedesmal schien es, daß das nächste Mal den Wendepunkt bringen müsse. In dem die Sicht nehmenden Rauch der Geschütze ging es so durch sieben Stunden fort.

Die ganze Zeit über bombardierte Bernhard die Linien vor der Stadt, während der König von Ungarn und der Kardinalinfant von ihrer

Böschung nach allen Richtungen Kuriere aussandten, da und dort einen schwachen Punkt verstärkten und den keinen Augenblick müßigen Geschützen in Eile Munition zuführen ließen. Einmal wurde ein Hauptmann, der zwischen ihnen stand, niedergeschossen, und oftmals, aber vergeblich, wurden sie angefleht, ihre ungeschützte Stellung zu verlassen[156]. Zahlenmäßige Überlegenheit, verläßliche Offiziere und die prachtvolle Disziplin der spanischen Truppen hätten die Schlacht von Nördlingen wahrscheinlich auch ohne die Leitung der beiden unerfahrenen Erzherzöge gewonnen, aber für ihren Mut allein verdienen sie den Beifall, mit dem ganz Europa und ihre Soldaten sie später empfingen.

Zur heißen Mittagszeit waren Horns Truppen am Ende ihrer Kräfte; er schickte Bernhard die Meldung, daß er sich über das Tal zurückziehe, hinter Bernhards Linien, auf einen weiter weggelegenen Hügelrücken, wo er sich für die Nacht verschanzen könne. Er verließ sich dabei darauf, daß sein Kollege seine Überquerung des Tales decken würde.

Das war der Augenblick, auf den der Feind gewartet hatte. Kaiserliche und Spanier verließen ihre Stellungen vor der Stadt und griffen gemeinsam Bernhards übermüdete Truppen an. Der Schrei *»Viva España«* hallte ohrenbetäubend durch die Staubwolken. Bernhard trieb verzweifelt seine Leute zusammen, galoppierte von Batterie zu Batterie, überschüttete die schweißtriefenden Kanoniere mit Flüchen und drohte ihnen mit allen Martern der Hölle, falls sie einen Zoll breit wichen[157]. Aber es war aussichtslos. Seine Leute zerstoben in wilder Flucht, und Horns erschöpfte Truppen, die gerade das Tal durchquerten, empfingen in der Flanke den vollen Anprall der flüchtenden Truppen. Pferde brachen unter ihren Reitern zusammen; Bernhards Pferd stürzte, aber einer seiner Dragoner gab ihm seinen schäbigen Klepper, der noch flink und frisch war, und auf ihm floh der Fürst. Das Schlußkapitel wurde in der Nacht vom König von Ungarn in seinem Quartier kurz und bündig diktiert: »Der Feind auf solche Manier sich Zerstreut, das man nicht zehen Pferde bey einander gefunden ... Horn ist gefangen, Weimar weiß man nicht, ist er Tod oder Lebendig[158].«

Die Sieger schätzten die gefallenen Feinde auf siebzehntausend, die Gefangenen auf viertausend Mann[159], die fast alle, Offiziere und Soldaten, in kaiserlichen Dienst traten. Der Kardinalinfant nahm in einem kleinen Bauernhof Nachtquartier und überließ das große, für ihn bestimmt gewesene Haus den Verwundeten[160]. Später sandte er von den erbeuteten Standarten fünfzig nach Spanien; ebenso ein Bildnis der hl. Jungfrau mit ausgestochenen Augen, das er unter der schwedischen Beute gefunden hatte[161].

Wenige Tage darauf wurde der Kaiser in Ebersbach bei Wien, als er von einem Jagdausflug zurückkehrte, von der Kaiserin mit einem eben aus Nördlingen eingetroffenen Kurier erwartet. Bei der Nachricht von dem Sieg verschlug es dem Kaiser die Rede; der Stolz des Vaters, die Frömmigkeit des Katholiken und die Erleichterung des Habsburgers äußerten sich nur wortlos in einem Ausbruch von Freudentränen[162]. Alles, was bei Lützen verloren worden war, war bei Nördlingen wiedergewonnen worden, und der Feind, der Tilly und die Truppen der katholischen Liga zerschmettert hatte, war unter den von Gott gelenkten Schwertern Ferdinands von Ungarn und Ferdinands von Spanien gefallen.

## VI

Es sah wie das Ende der protestantischen Sache und der »deutschen Libertät« aus; es war das Ende für Schweden. Vierundsechzig Kilometer westlich von Nördlingen, zu Göppingen in Württemberg, schrieb zwei Tage nach dem Unglück Bernhard an Oxenstierna. Noch am 9. September war er ohne Nachricht von Horn und wußte nicht, ob er am Leben oder tot, frei oder gefangen, noch was aus dem schwedischen Heer geworden sei[163]. Er sandte an alle in Franken und Württemberg verstreuten Besatzungen Befehle zur augenblicklichen Räumung, um sich mit den Fliehenden, die er sammeln konnte, und mit den frischen Truppen der Besatzungen weiter westlich aufzustellen – viel weiter westlich. Er sprach davon, den Rhein zu halten, er, der vor nicht ganz zehn Monaten Regensburg genommen und mit seinen Truppen die Wörnitz und den Lech gehalten hatte. Es bedeutete einen Rückzug in eine Verteidigungsstellung zweihundertvierzig Kilometer hinter seiner ursprünglichen Front; es bedeutete die vollständige Trennung jeder Verbindung mit den Sachsen unter Arnim und den Schweden unter Baner in Schlesien. Es bedeutete das Aufgeben Frankens, dessen Herzog Bernhard war. Und selbst dann noch war er im Ungewissen, ob er den Rhein halten konnte[164].

Die Nachricht traf in Frankfurt am Main knapp vor den Bauern ein, die vor dem katholischen Anmarsch flüchteten, wie Vögel vor einem Sturm. Oxenstierna verbrachte wieder eine schlaflose Nacht, in der er gegen seine Sorgen ankämpfte[165]. Freuquières war nicht so unglücklich; für ihn hatte die Niederlage der Schweden, wenn sie auch zu drastisch war, um geradezu erfreulich zu sein, ihre gute Seite. Die Deputierten der Heilbronner Liga strömten herbei, um seinen Schutz anzuflehen;

die zwei sächsischen Kreise, die von der Möglichkeit eines abermaligen Vordringens der katholischen Kirche nach dem Norden entsetzt waren, schlossen sich dem Bündnis an, und alle gaben sich Richelieu in die Hand[166].

Vom religiösen Gesichtspunkt aus war die Schlacht bei Nördlingen für die Katholiken als Sieg ebenso erschütternd wie die Schlacht bei Breitenfeld als Niederlage; in dynastischer Hinsicht brachte sie das Ansehen der Habsburger auf den Höhepunkt; militärisch war sie der Todesstoß für den Ruf des schwedischen Heeres und die Ruhmeskrone des spanischen[167]; politisch aber brachte die Schlacht Richelieu die Lenkung der protestantischen Sache ein und ließ den Vorhang zum letzten Akt der deutschen Tragödie hochgehen, indem die Bourbonen und die Habsburger endlich ihren Kampf bis zum unvermeidlichen Ende offen ausfochten.

Die Schlacht bei Nördlingen, vielfach dramatischer und unmittelbarer verhängnisvoll als die von Breitenfeld, bildete in der europäischen Geschichte keinen Zeitabschnitt. Der Jubel auf der einen Seite und das Wehklagen auf der andern, die zur Zeit nicht weniger laut waren als nach der Schlacht bei Breitenfeld, verstummten. Im Kampfe der beiden Dynastien mußten die Bourbonen, die eine gesündere Politik trieben und elastischere Kräfte besaßen, die Habsburger besiegen, die von der Morschheit Spaniens angefault waren. Die Schlacht von Nördlingen, der folgende Aufstieg, die Wiederverjüngung der Dynastie unter den zwei Erzherzögen, das alles war nur das plötzliche Aufflackern einer zerrinnenden Kerze. Die Erzherzöge, die am Tag nach der Schlacht unter dem Widerhall der Rufe *»Viva España«*[168] die Linien abritten, zogen ihrer Wege – der eine langen, von Sorgen und Niederlagen erfüllten Jahren entgegen, der andere, vielleicht glücklichere, um vor dem endgültigen Erlöschen der Hoffnungen, die er erweckt hatte, in Brüssel zu sterben.

Sogleich nach dem Sieg drängte der König von Ungarn seinen Vetter, den Herbst über in Deutschland zu bleiben und das Werk zu vollenden, aber der Kardinalinfant wollte, nicht ohne Grund, so bald wie möglich in Brüssel sein[169]. Die Niederlande waren schließlich sein wirklicher Bestimmungsort. Ferdinands dringende Bitte stimmte ihn nicht um, und fast unmittelbar nach der Schlacht trennten sich das spanische und das kaiserliche Heer wieder, und der Kardinalinfant marschierte mit einigen deutschen Hilfstruppen unter Piccolomini auf den Rhein los, während der König von Ungarn seinen Weg westwärts durch Franken und Württemberg nahm.

Der Sieg hatte die Moral der kaiserlichen Truppen wiederhergestellt, und auf ihrem Vormarsch durch Württemberg ging alles gut. Johann von Werth, der bayrische Reiterführer, der von der Pike auf gedient hatte, und Isolani, der Befehlshaber des kroatischen Kontingents, brachen den schwachen Widerstand der letzten protestantischen Stützpunkte. Göppingen fiel am 15. September, Heilbronn am 16., Waiblingen am 18.; am 20. zog der König von Ungarn in Stuttgart ein und unterstellte ganz Württemberg der Obergewalt des Kaisers. Indessen waren Piccolomini und die Spanier nach dem Rhein unterwegs; sie nahmen am 18. September Rothenburg, überschritten am 19. den Main, eroberten am 30. Aschaffenburg und am 15. Oktober Schweinfurt, während die Heilbronner Liga in Eile aus Frankfurt nach dem vermeintlich sicheren Mainz übersiedelte. Oxenstierna harrte aus, um die flüchtigen Truppen zu empfangen, bloße zwölftausend Mann, heruntergekommen, aufrührerisch und ohne Sold[170]. Er sah ein, daß ihm, um die Lage zu retten, keine andere Wahl blieb, als Bernhard zum alleinigen Oberbefehlshaber zu machen und Richelieu um Geld anzuflehen[171].

Die Wogen des Unheils gingen noch höher, und der verzweifelte Oxenstierna mußte zusehen, wie die Heilbronner Liga Stück für Stück zerschlagen wurde. Nürnberg war am 23. September genommen worden, Kenzingen am 5. Oktober und Würzburg am 21. In Süddeutschland hielten nur Augsburg und die Veste Hohentwiel aus, am Main Hanau und im südlichen Rheinland Straßburg und Heidelberg. Zwei Kreise von den vieren der ursprünglichen Heilbronner Liga waren ganz verloren, und von den Städten alle wichtigen Mitglieder in Mittel- und Süddeutschland, mit der einzigen Ausnahme Augsburgs. In Schweden, wo wilde Gerüchte über einen nahen Frieden gingen[172], war kein Geld aufzutreiben, weil die Steuern des Landes erschöpft waren, und die Hilfsquellen der deutschen Verbündeten versiegten eine nach der anderen. Von Baner kam aus Schlesien die niederdrückende Nachricht, daß die Kurfürsten von Sachsen und Brandenburg bereit seien, von Schweden abzufallen, daß die hungernden und schlecht bekleideten Truppen in Norddeutschland von der Bevölkerung kein Geld erhalten könnten, daß ihnen in Schlesien Quartiere verweigert worden seien[173], und daß sie sich für den Winter bis nach Magdeburg und Halberstadt zurückziehen müßten[174].

Unter solchen Umständen verhandelten Bernhard und der Überrest der Heilbronner Liga verzweifelt mit Richelieu. Am 1. November 1634 unterzeichneten sie den sogenannten Vertrag von Paris, worin Ludwig XIII. zwölftausend Mann und eine sogleich zahlbare halbe Million Livres anbot[175] und als Gegenleistung die Sicherstellung des katholischen Glaubens in Deutschland verlangte, die Abtretung von Schlettstadt und Benfeld im Elsaß und die Beherrschung des Brückenkopfs von Straßburg. Kein Waffenstillstand oder Friede sollte ohne Frankreich geschlossen werden, auch war die französische Regierung nicht verpflichtet, sich offen am Krieg zu beteiligen oder mehr als die angebotenen zwölftausend Mann zu versprechen[176]. Axel Oxenstierna, der diese Verhandlungen zu billigen hatte, leistete nun den letzten Widerstand, indem er sich weigerte, den fertigen Vertrag im Namen der kleinen Königin von Schweden zu ratifizieren[177]. Er hatte recht, denn er sah, daß Richelieu in seinem Jubel über den Sturz seines allzu mächtigen Verbündeten verkannte, wie schwer gefährdet er selbst war. Sobald Richelieu das einsah — wie er früher oder später mußte —, würde er seine Bedingungen mäßigen. Oxenstierna behielt trotz der ihn bedrängenden Gefahr einen kühlen Kopf und trachtete Zeit zu gewinnen.

Anfang November überschritt der Kardinalinfant die flämische Grenze und zog mit großem Gepränge in Brüssel ein, nicht als Priester, sondern als Soldat, in Scharlachrot und Gold gekleidet, umgürtet mit dem Schwert seines burgundischen Vorfahren Karls V.[178]. Am Rhein ging Bernhard von Sachsen-Weimar auf das linke Ufer zurück, um sich den französischen Truppen anzuschließen, die in Eile zu seiner Hilfe aufgestellt worden waren[179], und der verhältnismäßige Friede des Winters senkte sich auf Deutschland.

## VII

Der Winter 1634/35 war die letzte Atempause vor dem offenen Zusammenstoß der Bourbonen und Habsburger, der letzte Augenblick, in dem es wenigstens theoretisch für das Reich noch die Möglichkeit eines wirklichen Friedens gab. Es war die Zeit, zu welcher Johann Georg, der dabei den Kurfürsten von Brandenburg mitzog, auf einer Schlichtung bestand und sie auch erzielte; aber die Bedingungen, die den Frieden sichern sollten, wurden in ein neues Kriegsbündnis umgebogen.

Die Verhandlungen, die einerseits zum Frieden von Prag führten, anderseits zur Kriegserklärung Frankreichs an Spanien, zeigen eine neue Epoche an. Die Lage des Reiches hatte eine weitere Schwierigkeit gezeigt, und die Hintergründe des Streites, die sich während der letzten siebzehn

Jahre unmerklich verändert hatten, waren jetzt fest umrissen. Der alternde Kaiser, die Kurfürsten von Sachsen, Brandenburg und Bayern, der schwedische Kanzler und Richelieu hielten noch ihren Kurs, aber um sie war ein neues Geschlecht von Kriegsleuten und Staatsmännern herangewachsen. Diese im Krieg herangewachsenen Männer trugen den Stempel ihrer Schulung in einer Vorsicht, einem Zynismus und einer Verachtung sittlicher und geistiger Ideale, die ihren Vätern fremd waren.

Sobald Gelüste und persönliche Zwecke in einer zerrütteten Gesellschaft die Oberhand gewinnen, muß der religiöseste Feldzug den Charakter der Heiligkeit verlieren, aber der Dreißigjährige Krieg verlor das wenige ihm an geistlicher Bedeutung Eigene aus anderen Gründen. »Einmal«, sagt Ranke, »hatte der große geistliche Kampf seine Wirkung in den Gemütern vollbracht[180].« Die Ursache hierfür war nicht weit zu suchen. Während eine gesteigerte Voreingenommenheit für die Naturwissenschaften der gebildeten Welt eine neue Philosophie erschlossen hatte, waren durch die traurigen Ergebnisse der in die Tat umgesetzten Glaubenslehren die Kirchen als Staatenlenker in Verruf gekommen. Nicht etwa, daß die Frömmigkeit der Massen nachgelassen hätte; selbst Gebildeten und Grüblern gab der Glaube noch immer einen starken Halt, aber er war persönlicher geworden, mehr zu einer Angelegenheit zwischen dem Einzelnen und seinem Schöpfer.

Friedrich von Böhmen war um seine Krone gekommen, weil er seine Untertanen beleidigt hatte, um seinem calvinistischen Hofprediger zu gehorchen; sein Sohn, Prinz Rupert, in Religiosität und Sittlichkeit Calvinist, focht in England für Anglikaner und Katholiken gegen Presbyterianer und Independenten, da ihm die Religion, wie den meisten seiner Altersgenossen, eine persönliche Angelegenheit war, die niemand etwas anging.

Es war unvermeidlich, daß das öffentliche Leben seine spirituelle Kraft einbüßte, dagegen die Religiosität inmitten persönlichen Sinnierens gedieh, und daß Priester und Pastoren, allmählich vom Staat im Stich gelassen, vergeblich gegen Philosophie und Naturwissenschaften kämpften. Während Deutschland mit Unfruchtbarkeit geschlagen war, dämmerte der neue Morgen über Europa, der von Italien über Frankreich, England und den Norden ausstrahlte. Es erschienen schon Schriften von Descartes und Hobbes, und die Entdeckungen Galileis, Keplers und Harveys hatten ihren Platz als Teil des allgemein anerkannten Wissensschatzes gefunden. Überall trat der dem Verstand dargebrachte Lippendienst an die Stelle der blinden Regungen der Seele.

Es war im wesentlichen nur Lippendienst. Die kleine Gruppe Gebildeter, die den Wert des neuen Wissens schätzte, verbreitete nur wenig von ihren Kenntnissen. Ein neuer Gefühlsauftrieb mußte gefunden werden, um den Platz religiöser Überzeugung zu füllen; das Nationalgefühl quoll auf, die Lücke zu schließen.

Das absolutistische und das ständische Prinzip verloren die Unterstützung der Religion; sie gewannen die des Nationalismusses. Das ist der Schlüssel zur Entwicklung des Krieges in seiner späteren Zeit. Die Ausdrücke »protestantisch« und »katholisch« verloren allmählich ihre Bedeutungskraft, und die Bezeichnungen »Deutscher«, »Franzose«, »Schwede« nahmen nach und nach einen bedrohlichen Klang an. Der Kampf zwischen der Dynastie der Habsburger und ihren Gegnern hörte auf, ein Streit zwischen zwei Religionen zu sein, und wurde zu einem Kampf der Nationen um das europäische Gleichgewicht. Die politische Welt erhielt einen neuen Maßstab von Recht und Unrecht. Die alte Ethik zerbrach, als der Papst sich zum Gegner des habsburgischen Glaubensfeldzuges aufwarf und das katholische Frankreich unter der Leitung seines großen Kardinals dem protestantischen Schweden Subsidien gab. Danach wich das Kreuz unmerklich, aber rasch der Nationalflagge, und der *»Sancta-Maria«*-Ruf vom Weißen Berge dem *»Viva España«* von Nördlingen.

Falls Ferdinand von Ungarn, der immer mehr den Platz seines Vaters als Staatsoberhaupt ausfüllte, die neue Lage beherrschen wollte, mußte er eine wichtige Wahl treffen. Er mußte sich entscheiden, ob er ein deutscher oder ein österreichischer Herrscher sein wollte. Er wählte Österreich. Das war seit langem unvermeidlich gewesen. Die Dynastie gehörte nach Empfinden und Charakter zum Süden; Kaiser Ferdinands Vorstoß nach Norden war vom König von Schweden zurückgeschlagen worden, und Ferdinand selbst hatte das Elbereich Wallensteins Spanien geopfert. Die Religion, seine Waffe zur Einigung Deutschlands, so lange eine Macht in der Steiermark seiner jungen Jahre, war in seiner Hand zerbrochen; von seiner Lebensarbeit war nichts geblieben außer den vereinigten Ländern Österreich, Böhmen, Ungarn, Schlesien, Steiermark, Kärnten, Krain und Tirol, der ungefähre Umriß der späteren österreichisch-ungarischen Monarchie.

Der König von Ungarn war weder kleinlich noch ohne Blick für die Zukunft, aber seine Fähigkeiten waren durch seine Umwelt bedingt, und seine Handlungen hingen von seiner unmittelbaren Erfahrung ab. Sein Vater wurde geboren und erzogen, als der Schatten des mittelalterlichen Reiches noch auf der Dynastie lag. Sein Geburtsort war der kleinstädtische Hof eines steirischen Erzherzogs, aber die Hauptstadt seiner Welt war Frankfurt am Main, die Stadt der Kaiserwahlen und der geistige Mittelpunkt des Heiligen Römischen Reiches. Für den jüngeren Ferdinand war Frankfurt lange Zeit eine feindliche Stadt, weit weg hinter feindlichen Heeren, das Hauptquartier des schwedischen Eindringlings. Im Jahre 1608 geboren, konnte er sich kaum einer Zeit erinnern, wo die deutschen Staaten nach außen hin in Frieden und untereinander in Einigkeit gelebt hatten. Das Reich war ihm bloß ein geographischer Sammelname für einander widerstrebende Bruchstücke. Es war unvermeidlich, daß er sich der deutlicher vorhandenen Gemeinsamkeit von Wien, Prag und Preßburg zuwandte und seine Welt darauf gründete.

Das war die Veränderung im politischen Hintergrund. Während des Krieges war noch ein anderes Problem entstanden. Seit Kriegsbeginn war das Söldnerheer eine bedrohliche Frage gewesen; daß der Krieg nahezu ein Menschenalter dauerte, hatte die Schwierigkeit gesteigert, bis sie zur Hauptfrage wurde. Das Heer als Organismus erforderte so sorgfältige Berücksichtigung und mußte so taktvoll behandelt werden wie nur irgendein politischer Verbündeter. Auf kaiserlicher Seite hatte sich dies während des Gegenanschlags der Wiener Regierung gegen Wallenstein erwiesen, und auf protestantischer bei den Verhandlungen, welche die Meuterei des Jahres 1633 zum Schweigen brachten.

Die Heere waren das Letzte, was vom wachsenden Nationalismus berührt wurde. Das schwedische Heer war von einem starken Vaterlandssinn erfüllt gewesen, als es mit dem König landete, aber seitdem war es mit so vielen deutschen und anderen fremden Rekruten durchsetzt worden, daß dieses ursprüngliche Empfinden verschwunden war. Manche einheimische Regimenter des spanischen Heeres hatten einen ausgeprägten Sinn für Nationalehre, der später auch im französischen Heer zur Entfaltung kam, aber die meisten der 1634 Kämpfenden betrachteten sich nur als Soldaten. Alle Völker waren bei beiden Parteien vertreten. Unter den Unterzeichnern des Pilsener Manifests waren Schotten, Tschechen, Deutsche, Italiener, Flamen und Franzosen, ein Pole, ein Kroate und ein Rumäne gewesen. Zu den schwedischen Kommandeuren zählten jetzt und früher der Hesse Falkenberg, der Böhme Thurn, der Pole Schafflitsky, die Schotten Ruthven und Ramsay, der Niederländer Mortaigne und der Franzose Duval. Die niedrigeren Ränge wiesen Iren, Engländer, Deutsche, Böhmen, Polen, Franzosen und gelegentlich Italiener auf. In bayrischen Regimentern dienten Türken und Griechen wie auch Polen, Italiener und Lothringer[181]. Es gab Katholiken in protestantischen Heeren und Protestanten in den katholischen; einmal meuterte ein kaiserliches Regiment als Protest gegen das Lesen einer Messe[182].

Von solchen Männern, die alle auf ihren Lebensunterhalt aus waren, konnte man nicht einmal militärische Treue erwarten, wenn Sold oder Verpflegung nicht zureichten. Von zweitausend Württembergern, die sich 1632 Horn anschlossen, desertierte mindestens die Hälfte in nicht ganz einem Monat[183]; die gemischte, unter spanischem Befehl stehende Besatzung von Philippsburg lieferte diesen festen Platz den Schweden durch das einfache Mittel aus, auf deren Seite überzutreten[184]; als Wallenstein in Schlesien Steinau nahm, schloß sich das »schwedische« Heer unter Thurn und Duval in den umliegenden Vorwerken, ohne zu zögern, den eindringenden Truppen an[185]. Dem Fall Arnims, eines Offiziers, der auf beiden Seiten hohe Befehlsposten innehatte, glichen andere, weniger ehrenhafte. Werth machte sich aus freien Stücken erbötig, von den Bayern zu den Franzosen hinüberzuwechseln[186]; Kratz vertauschte einen verantwortungsvollen Posten unter Wallenstein mit einem solchen bei den Schweden[187]; Götz begann unter Mansfeld und endete unter Maximilian von Bayern, und Franz Albrecht von Sachsen-Lauenburg kämpfte für die Kaiserlichen, die Schweden und zuletzt wieder für die Kaiserlichen. Sogar Aldringer stand im Verdacht, knapp vor seinem Tod einen Übergang zur anderen Seite vorbereitet zu haben[188]. Es gab noch andere sonderbare Fälle. Der Gouverneur der Singen überragenden Veste Hohentwiel, Konrad Wiederhold, der ungehalten war, als sein Herr, der Herzog von Württemberg, ihn ersuchte, den Kaiserlichen Platz zu machen, stellte der Schwäche des Herzogs seinen unerschütterlichen Protestantismus entgegen und hielt die Festung weiter – für Bernhard von Weimar.

Um diese Zeit hatte sich auch das zahlenmäßige Verhältnis der Truppen zur Zivilbevölkerung gründlich geändert. In den Ländern, durch welche die Heere zogen, hörten die Rekrutierungen nicht auf, und als das Leben der Bauern und Handwerker beschwerlicher wurde, nahm die Anziehungskraft des Soldatenlebens zu. Ehrgeizige junge Männer fühlten sich durch die Erzählungen jener wenigen, äußerst wenigen, angezogen, die von der Pike auf zu den höchsten Rängen emporgekommen waren; ihre Namen waren den jungen Rekruten ein Talisman – die Namen der Werth, Stalhans und St. André[189]. Andere dachten nur an Sold und Beute und an die vergleichsweise größere Sicherheit, die darin lag, der Räuber und nicht der Beraubte zu sein. Mit dem Anwachsen der Heere wuchs auch die gewaltige zusammengewürfelte Masse, die mit ihnen zog; dieser Anhang wuchs schneller als das Heer, so daß die alte

Schätzung von einem Burschen und einem Troßbuben auf je einen Soldaten nicht länger zutraf und die Zahl der Weiber, Kinder und Diener und des Gesindels im Gefolge des Heeres das Drei- bis Vierfache, später sogar das Fünffache der Soldaten betrug. Es war unvermeidlich, daß diese ungeheure Masse mit ihren Sonderinteressen, ihren Zukunftsplänen, ihren Weibern und Kindern die Eigentümlichkeiten einer selbstbewußten Klasse aufwies und für ihre eigenen Vorteile kämpfte. Arnim, zum Beispiel, fürchtete, daß seine Truppen meutern würden, wenn sie von seinen Friedensverhandlungen[190] Kenntnis erhielten. Marschall Baner nannte sein Heer »diesen weit ausgedehnten Staat«, und Oxenstierna machte nach der Unterdrückung der Meuterei von 1633 die Bemerkung, daß er sein Heer zum Rang eines politischen Standes erhoben habe[191]; das war von ihm kein Fehlgriff, denn sein Heer war an Größe jedem der schwedischen Stände gleich.

Diese Entwicklungen, der Wechsel des Hintergrundes und die unabhängige Bedeutung der Heere, geben den letzten Kriegsjahren und noch mehr den mit dem Frieden von Prag zusammenhängenden Verhandlungen ihren besonderen Charakter.

## VIII

Johann Georg und sein Feldherr hatten während des ganzen Jahres 1634 Friedensverhandlungen geführt, sehr zum Ärger Baners, der mit Arnim zusammenarbeitete, und Oxenstiernas. Der Kurfürst hatte seinen vollen Einfluß aufgeboten, um den Beitritt der zwei sächsischen Kreise zur Heilbronner Liga zu verhindern, ja sogar, um die Liga zu sprengen[192]. Es war ihm ernst mit dem Frieden und der Vertreibung der Eindringlinge; ebenso dem Kaiser, und zwar so sehr, daß er jetzt dazu bereit war, wogegen er sich vor vier Jahren gesträubt hatte, nämlich, das Restitutionsedikt aufzuheben. Das hieß seine geistliche seiner weltlichen Politik aufopfern, wofür Eggenberg die ganze Zeit eingetreten war, und wäre es schon 1630 zu Regensburg geschehen, es hätte Deutschland gegen Gustav Adolf geeinigt. Da dieses Opfer zu guter Letzt doch gebracht werden mußte, war es bedauerlich, daß es nicht schon früher geschehen war, aber Ferdinand pflegte seine Politik nie kampflos aufzugeben.

Bevor die Schlacht bei Nördlingen die Stellung der Habsburger festigte, war Ferdinand so weit gegangen, daß er nur noch den *Status quo* von 1620 verlangte; aber kaum war der Sieg errungen, als er seinen Anspruch erhöhte und alle Besitzungen verlangte, welche die Kirche bis zum November 1627 zurückgewonnen hatte[193]. Daran war nichts Unerträgliches. War doch fürwahr der offenbare moralische Sieg der gemäßigten Partei Johann Georgs vollständig, denn mit dem Restitutionsedikt war es aus, und der Kaiser hatte endlich einem Vergleich zugestimmt. Ferdinands moralischer Rückzug diente nur zur Deckung seines politischen Vordringens. Wenn er Johann Georg gewann, würde das die Wiedervereinigung der deutschen Fürsten unter kaiserlicher Vorherrschaft weitgehend fördern.

Dieser kluge Opportunismus mag zum Teil das Werk des Königs von Ungarn gewesen sein, der für die Verhandlungen hauptsächlich verantwortlich war. Die Bedingungen waren verführerisch großzügig. Sie enthielten volle Amnestie für jedermann, ausgenommen die Böhmen im Exil und die Familie Friedrichs. Das Bistum Magdeburg sollte Johann Georg unterstellt werden. Vor allem wurden Sonderbünde unter den deutschen Fürsten als künftighin ungesetzlich erklärt, wenngleich Johann Georg weiterhin den halb unabhängigen Oberbefehl über sein Heer als Verbündeter des Kaisers behalten sollte.

In seiner ruhigen und verständigen Behandlung der Schwierigkeiten, seiner breiten Vergleichsgrundlage, war es das beste Stück Friedensarbeit, das bisher auf einer der beiden Seiten, wenigstens dem Anschein nach, geleistet worden war. Die Richtigkeit dieser Gedankengänge bewies die schließliche Annahme eines großen Teiles der Materie beim westfälischen Frieden; ihre Unzulänglichkeit für die Umsetzung in die Tat trat jedoch in den Ereignissen zutage, die der Ratifikation auf dem Fuße folgten. Die kaiserlichen Unterhändler waren nämlich bei ihrer Arbeit nur zum Teil von Friedenshoffnung erfüllt und behielten gleichzeitig die Möglichkeit der Weiterführung des Krieges schlau im Auge. Falls die Abmachungen als solche fehlschlugen, würden sie doch wenigstens dazu dienen, Johann Georg und alle, die ihm folgen wollten, an die kaiserliche Sache zu binden. Der Vertrag stand allen offen, und falls ihn alle Kämpfenden unterzeichneten, würde er wirklich den Frieden bringen; in der Zwischenzeit jedoch mußte er großzügig genug sein, um möglichst viele Gemäßigte anzuziehen. Eine Verweigerung der Unterzeichnung mußte als völlig unvernünftig, und alle, die weiterkämpften – die Franzosen, die Schweden und ihre zusammenschrumpfenden Verbündeten –, mußten als Feinde des Gemeinwohls erscheinen. So war es gedacht. Wenn diese Ideen für die Wirklichkeit brauchbar waren, würden sie die Verbündung mit dem Kaiser zu einem dem Gemeinwohl dienlichen Schritt machen und die Unterzeichner um das habsburgische

Banner scharen. Aber solange die schwedischen Truppen in Deutschland verblieben, würde der Krieg weitergehen und der Friede von Prag bloß ein neues, allumfassendes Bündnis im Interesse Ferdinands sein.

In letzter Minute bedrohte ein Dutzend Hindernisse die Verhandlungen. Der Kaiser hatte eine letzte Anwandlung von Skrupeln wegen des Restitutionsedikts und dachte in seiner Gewissensnot einen Augenblick daran, den König von Frankreich durch die Schenkung des Elsasses dazu zu bewegen, sich vom Krieg zurückzuziehen, und so die finanzielle Unterstützung seiner Feinde zu zerstören. Der König von Ungarn verhinderte es; mehr Österreicher und Habsburger als Katholik, wollte er lieber Kirchenbesitz in Deutschland abtreten, als die Besitzungen seines Hauses verschenken und Frankreich zur Beherrschung des Rheins einladen.

Auf protestantischer Seite zeterten der Kurfürst von der Pfalz und der König von England über den Verrat[194], und näher dem Schauplatz, in Sachsen, tauchten im Volk Propheten auf, welche die Rache des Himmels an Johann Georg voraussagten, falls er die protestantische Sache im Stich ließ. Seine Gemahlin war gegen den Frieden, ebenso Arnim[195]. Dieser unglückliche Feldherr hatte seit 1632 unentwegt für eine Beendigung des Krieges gearbeitet – als der Friede von Prag fast geschlossen war, erfüllte ihn solche Freude, daß er sogar ein Gedicht darauf verfaßte[196] –, aber seine Ehre hinderte ihn, einen Vertrag anzunehmen, der die Schweden ausschloß[197]. Er wollte keinen nutzlosen Ausgleich dadurch erkaufen, daß er seine Verbündeten zynisch im Stich ließ. Der Vertrag war kein Friedensschluß, sondern ein neues Kriegsbündnis, und zwar mit der Gegenseite.

Der König von Ungarn unterzeichnete am 28. Februar 1635 in Laun einen vorläufigen Waffenstillstand mit den Sachsen, der später zu einem endgültigen wurde[198]. Der Abfall des Kurfürsten von Sachsen war jetzt unausbleiblich, und Johann Georg würde wahrscheinlich Georg Wilhelm von Brandenburg mit sich ziehen, der von Schweden keine Zusicherung erlangt hatte, daß ihm Pommern verbleiben würde. Richelieu war Oxenstiernas einzige Hoffnung, ja sein einziger Freund, denn Bernhard von Sachsen-Weimar setzte ihm auf schamlos opportunistische Söldnerart mit Erpressungen zu. Nach Nördlingen hatte Oxenstierna Feuquières eingestanden, er fürchte, Bernhard werde ohne den zurückhaltenden Einfluß Horns gefährlich sein; Feuquières machte sich sogleich auf, um Bernhard insgeheim zu sprechen und sich seines restlichen Heeres für Frankreich zu versichern[199]. Zu verschlagen, um sich drängen zu lassen, suchte Bernhard Zeit zu gewinnen und erhielt im Winter 1634/35 von

Sachsen wie auch vom Kaiser die Aufforderung, sich ihnen mit seinem restlichen Heer anzuschließen, eine Aufforderung, die er anscheinend auch erwog[200]. So konnte er Oxenstierna, die Heilbronner Liga und Feuquières zwingen, ihm alles Gewünschte anzubieten, wenn er sich nur herbeilassen wollte, in ihrem Interesse zu handeln. Er spielte seine Karten mit rücksichtsloser Geschicklichkeit aus und sicherte sich, was er wollte; im Frühjahr 1635 wurde er zum Oberkommandierenden in Deutschland für die Heilbronner Liga wie auch für den König von Frankreich ernannt. Er forderte die von politischer Oberaufsicht unabhängige Machtbefugnis, nach seinem Belieben Krieg zu führen und Kontributionen einzuheben, und beanspruchte eine zufriedenstellende Schadloshaltung für den Fall des Friedens[201]; die hilflosen Politiker beugten sich wieder einmal vor dem unentbehrlichen Soldaten.

Oxenstierna war darin ein Genie, daß er aus jedem Nachteil noch einen gewissen Vorteil zog. Obwohl er für die Zahlungen an Bernhard von Richelieu abhing, war Richelieu zum Teil von ihm abhängig, da Bernhard die Vorteile, die er aus dem doppelten Befehlsmandat zog, nur ungern aufgegeben hätte. Ähnlich verhielt es sich mit dem Abfall Sachsens; wie entsetzt auch Oxenstierna von der Aussicht auf ein feindseliges östliches und nordöstliches Deutschland war, beeilte er sich doch, darauf hinzuweisen, daß Richelieu unmöglich das schwedische Bündnis entbehren könne, da der Kaiser jetzt seine Macht durch die Gewinnung Johann Georgs verstärkt habe und die einzige im Elbegebiet verbliebene Unterstützung ein schwedisches Heereskontingent unter Baner sei[202].

Er hatte recht daran getan, den im November vom König von Frankreich und der Heilbronner Liga in Verzweiflung unterfertigten Vertrag nicht zu ratifizieren, denn aus seinem eigenen Unglück erwuchsen Richelieu zusehends Gefahren, und es war nicht seine eigene Stärke, sondern Richelieus Befürchtungen, durch welche Oxenstierna im Frühling bessere Bedingungen herausschlug. Der Rückzug Bernhards auf das linke Rheinufer, der Vormarsch der Spanier bis in gefährliche Nähe der französischen Grenze, das Erscheinen eines tatkräftigen Statthalters, des Kardinalinfanten, in den Niederlanden und die plötzliche Wiederbelebung und Wiedervereinigung der spanischen und österreichischen Habsburger führten Richelieu die Tatsache vor Augen, daß die Niederlage der Schweden bei Nördlingen ihre ungemein gefährliche Seite habe[203]. Vor Ende September kam die Nachricht, daß die Spanier noch mehr Heere in Sizilien und Sardinien aufstellten, und als es Oktober war, fürchtete er einen Seeangriff auf die Provence[204]. Er war fieberhaft am Werk und schloß im Februar 1635 ein neues Bündnis mit den Holländern, dessen Bedingungen seine Furcht widerspiegeln. Unter Druck erklärte er sich einverstanden, ein Heer von dreißigtausend Mann gegen Spanien ins Feld zu stellen und die Führung des gemeinsamen Krieges dem Prinzen von Oranien zu überlassen[205].

Axel Oxenstierna rechnete mit der üblichen schleppenden Eröffnung des Frühjahrsfeldzuges und schob den Abschluß der Vereinbarungen noch zwei Monate hinaus. Da er es für besser hielt, mit dem aalglatten Kardinal selbst zu verhandeln, als mit dessen noch glatteren Abgesandten, kam er im April nach Paris, wo er huldvoll empfangen wurde. Trotz des gegenseitigen Mißtrauens gingen die Verhandlungen gut vonstatten. Oxenstierna klagte wohl einmal, daß »die französische Art zu verhandeln seltsam sei und sehr von Finessen abhänge[206]«, aber seine eigene, nordische Methode, die Richelieu als *»un peu gothique et beaucoup finoise«* beschrieb[207], schien der französischen gewachsen zu sein. Am 30. April 1635 unterzeichneten sie den Vertrag von Compiègne. Auf Grund dieses Vertrages sollte die französische Regierung, als Gegenleistung für die Abtretung des linken Rheinufers von Breisach bis Straßburg, die Schweden als gleichberechtigte Verbündete anerkennen, ihnen die Herrschaft über Worms, Mainz und Benfeld einräumen, sich verpflichten, ohne Schweden keinen Frieden zu schließen und Spanien offen den Krieg zu erklären[208]. Es war das Beste, was Oxenstierna tun konnte, und war sehr viel besser als der Vertrag vom vorhergehenden November. Richelieu, der über größere Hilfsquellen verfügte, war natürlich der überlegene Partner, aber der Kanzler hatte sich wenigstens die Stellung eines Partners, nicht bloß die eines Vasallen gesichert. Da Oxenstierna sich klar war, daß er nichts anzubieten hatte außer einem im Grund genommen bankrotten Land unter einer streitsüchtigen Regentschaft und Baners meuterischen Truppen in Halberstadt und Magdeburg, hatte er jeden nur möglichen Vorteil aus der Lage gezogen.

Gemäß den Verpflichtungen der französischen Regierung verkündete am 21. Mai 1635 ein Herold auf dem Großen Platz zu Brüssel feierlich, daß der Allerchristlichste König, Ludwig XIII. von Frankreich, Seiner katholischen Majestät, Philipp IV. von Spanien, den Krieg erkläre. Der praktische Vorwand für diesen Schritt war der, daß spanische Truppen in Trier eingefallen waren und den Kurfürsten als Gefangenen fortgeführt hatten; während der letzten drei Jahre stand dieser zufolge eines Vertrages unter dem besonderen Schutz Frankreichs.

Neun Tage später wurden in Wien die Bedingungen des Friedens von Prag veröffentlicht. Der Beitritt stand jedem Herrscher frei, der sie annehmen wollte. Die Bedingungen waren sächsischerseits mit der vollen und auf kaiserlicher Seite wenigstens mit der teilweisen Absicht entworfen worden, Deutschland den Frieden zu bringen. Aber das Erscheinen Frankreichs als des Bundesgenossen Schwedens am linken Rheinufer und die Kriegserklärung Frankreichs an Spanien änderten die Lage. Die sich für den Frieden erklärt hatten, erkannten, daß sie nicht nur die schwedischen, sondern auch die französischen Heere aus Deutschland vertreiben mußten. Wenn sie mit Frankreich aneinandergerieten, mußten sie mit dem König von Spanien gemeinsame Sache machen. Der Friede von Prag verwandelte sich in ein Kriegsbündnis, und seine Unterzeichner verpflichteten sich, die Schlachten des Hauses Österreich zu schlagen.

»Sachsen hat seinen Frieden gemacht«, schrieb Richelieu, »aber das wird auf uns bloß die Wirkung haben, daß wir unsere Bemühungen erneuern, alles in Fluß zu erhalten[209].« Der letzte Akt der deutschen Tragödie hatte begonnen.

# DER KAMPF UM DEN RHEIN
## 1635—1639

Le sentiment de Sa Majesté est,
que vous teniez toutes sortes de propositions de paix
pour non seulement suspectes,
mais même très dangereuses,
comme moyens desquels vos ennemis se voudraient
servir pour vous surprendre

FEUQUIÈRES

### I

Nie war Kaiser Ferdinand II. in Deutschland mächtiger gewesen. Seine Heere und die seiner Verbündeten hielten fast das ganze rechte Rheinufer, Schwaben und Franken besetzt. Während diese neueroberten Gebiete für den Unterhalt der Truppen geschröpft wurden, konnten die österreichischen Länder aufatmen. Johann Georg hatte sich zum untergeordneten Verbündeten Ferdinands gemacht, und Maximilian von Bayern, der zwar protestierte, aber machtlos war, tat kurz darauf ein Gleiches.

Es blieb ihm nichts anderes übrig. Falls er die Unterzeichnung des Prager Friedensvertrages verweigert hätte, wäre ihm nur der Ausweg offen gestanden, sich Richelieu anzuschließen; aber Richelieu und sein Verbündeter Oxenstierna hatten sich der Sache der abgesetzten und jetzt vaterlosen pfälzischen Vettern Maximilians angenommen. Wieder – und nicht zum letztenmal – war Maximilian durch seine ehrgeizige Torheit vom Jahre 1622 der Rückzug abgeschnitten. Er mußte daher den Frieden von Prag annehmen, der Auflösung der katholischen Liga zustimmen und auch alle ihm verbliebenen Truppen zu den gleichen Bedingungen wie Johann Georg von Sachsen dem kaiserlichen Oberbefehl unterstellen. Zum erstenmal im Leben war er gezwungen, für die Sache des Erzhauses einzutreten, ohne daß ihm Handlungsfreiheit zugesichert wurde.

Ferdinand versüßte die bittere Pille mit ein paar billigen Zugeständnissen. Maximilian wurde in seiner Kurfürstenwürde und sein Bruder im Bistum Hildesheim bestätigt. Als weitere Bestechung wurde Maximilian als Nachfolgerin seiner kinderlos gestorbenen Gemahlin von

Ferdinand seine Tochter, Erzherzogin Maria Anna, angetragen, die fast vierzig Jahre jünger war als Maximilian. Maximilian nahm an. Die Hochzeit wurde in Wien gefeiert, und nach wenigen Wochen zahlte der Bräutigam für seine Braut durch die Ratifizierung des Friedens von Prag.

Der Kurfürst von Brandenburg, die Herzöge von Sachsen-Coburg, von Holstein, Mecklenburg und Pommern, der Regent von Württemberg, die Herrscher von Anhalt, Hessen-Darmstadt und Baden, die Städte Lübeck, Frankfurt am Main, Ulm, Worms, Speyer und Heilbronn hatten schon alle den trügerischen Friedensvertrag unterzeichnet. Die konstruktive Diplomatie des Königs von Ungarn hatte seinen Vater an die Spitze einer Koalition gebracht, welche die wenigen calvinistischen Fürsten isolierte und ihnen die mißliebige Rolle von Friedensstörern und von Verbündeten eines Ausländers aufnötigte. Nur der landesverwiesene Kurfürst von der Pfalz, der Landgraf von Hessen-Kassel und der Herzog von Braunschweig-Lüneburg blieben als Gegner des geeinigten Reiches übrig.

Außerhalb Deutschlands schien die Stellung des Kaisers fast ebenso stark zu sein. Die Feindschaft Schwedens brachte ihm die Freundschaft Christians von Dänemark. Er pflegte sie für einen Notfall; es konnte ihm gelegentlich zustatten kommen, Oxenstierna hinterrücks zu überrumpeln. Ladislaus IV., der dem verschlagenen Sigismund als König von Polen gefolgt war, erwies sich anfangs als wenig verläßlicher Verbündeter. Er hatte mit Schweden einen Waffenstillstand auf sechsundzwanzig Jahre geschlossen und seine Verehelichung mit einer so verdächtigen Person wie der ältesten Tochter Friedrichs von der Pfalz, Elisabeth, erwogen[1]. Dem begegnete der König von Ungarn damit, daß er ihm seine Schwester, Erzherzogin Cäcilia Renata, anbot, die, abgesehen vom Persönlichen, in jeder Hinsicht unstreitig die bessere Partie war. Ladislaus ließ sich verleiten und wurde wieder einmal zum Bundesgenossen Österreichs.

Für die spanischen Habsburger erwies sich die europäische Lage als gleich günstig. England, das mit Kleinangriffen der spanischen Schiffahrt sehr lästig fallen konnte, war untätig, und seine Flotte verfiel. Ganz vergeblich versuchten die Holländer und Schweden, es aufzurütteln. In den Niederlanden besänftigte der Kardinalinfant, wie vor sechzig Jahren Don Juan, die Flamen durch Takt und Liebenswürdigkeit[2]; als sie jetzt von Frankreich und den Vereinigten Niederlanden mit einem Angriff bedroht wurden, fürchteten sie, nicht befreit, sondern von den Eindringlingen aufgeteilt zu werden, und klammerten sich an das Haus Österreich als den Beschützer ihrer nationalen Unversehrtheit.

In den Vereinigten Niederlanden bestand eine ansehnliche Friedenspartei, obschon die Furcht vor den Folgen von Nördlingen sie vorübergehend zum Schweigen gebracht hatte. Die Volkstümlichkeit des Prinzen von Oranien war im Verebben; vielfach fürchtete man die Selbstherrlichkeit des Hauses Oranien mehr als Spanien. Das Bestehen dieser Gruppe mußte sich mit der Zeit auf die Kriegführung auswirken.

Das Haus Österreich versäumte jedoch, diese Vorteile voll auszunützen, und die wiedererwachten Kräfte waren im voraus zum Versagen verurteilt. Hätten Philipp IV. und Olivarez die Stärke und Klugheit ihrer Verbündeten in Österreich und den Niederlanden etwas zur Geltung kommen lassen, so wäre vielleicht alles gutgegangen. Statt dessen versteiften sie sich darauf, selber die Leitung auszuüben, und zwangen den Kaiser, als Gegenleistung für ihre Subsidien ihnen zu gehorchen. Sie widerriefen heimlich die Befugnisse des Kardinalinfanten, indem sie seinen nominellen Untergebenen, Aytona, der ihr Geschöpf war, bevollmächtigten, die Befehle Madrids über die des Kardinals zu stellen[3]. Obwohl selbst zur Lösung ihrer einfachsten heimischen Regierungsschwierigkeiten ganz untauglich, waren Olivarez und sein König entschlossen, die klügeren und besser unterrichteten Männer, die in Deutschland und in den Niederlanden tätig waren, völlig niederzuhalten.

Dem Kardinalinfanten war in seiner schlimmen Lage nicht zu helfen. Als Statthalter unterstand er dem König von Spanien und konnte keinen Einspruch erheben. Der Kaiser und der König von Ungarn hätten vielleicht mehr Freiheit fordern können, wenn sie nicht die Goldbarren aus den Bergwerken Perus benötigt hätten. Zu guter Letzt verkauften sie sich für ein Nichts. Als, wie unausbleiblich, das Unglück über Philipps IV. Regierung daheim hereinbrach, brauchte er sein ganzes Geld selbst; die Nachschübe blieben aus, und Spanien riß in seinem Sturz Österreich mit sich.

## II

Die Gefahr, in der die Habsburger schwebten, verbarg sich unter den augenblicklichen Erfolgen, und die Jahre 1635 und 1636 waren für die Sache der Bourbonen und Schweden die verhängnisvollsten des ganzen Krieges. Kaum war der Friede von Prag geschlossen, als Baners Truppen meuterten. Kein Zehntel der dreiundzwanzigtausend Mann, die er befehligte, war aus Schweden, die übrigen stammten aus allen möglichen Ländern, meistens aus Deutschland[4]. Unter diesen arbeiteten sächsische

Agenten, die ihnen bedeuteten, daß sie aus Pflichtgefühl und auch zu ihrem Vorteil von den Schweden desertieren sollten. Das werde Oxenstierna zwingen, Frieden zu schließen. Dadurch, daß er es nach Nördlingen nicht getan hatte, habe er ihr Leben einer hoffnungslosen Sache geopfert, denn er könne sie nicht bezahlen, und es bestehe keine Aussicht auf Sieg[5].

Die steigende Unzufriedenheit wurde im August 1635 unzulänglich unterdrückt, indem Oxenstierna die aufrührerischen Offiziere wie Verbündete und Gleichgestellte behandelte und mit ihnen ein formelles Bündnis einging. Aber die fortgesetzte Aufwiegelung durch die sächsischen Agenten brachte den Kessel bald wieder zum Sieden, und nachdem Oxenstierna verzweifelt versucht hatte, bei seinen Verbündeten Geld aufzutreiben[6], überließ er es Baner, sein Heer auf jede nur mögliche Art zu beruhigen. Der Marschall, ein grober, hemmungsloser Rohling, besaß weder die für eine solche Lage notwendige Geschicklichkeit noch genügend Brutalität, die er sicher erfolgreich hätte anwenden können, wenn die Meuterer in der Minderheit gewesen wären. Als es Oktober wurde, verzweifelte er; ganze Regimenter mißachteten seine Befehle, und er gab Oxenstierna gegenüber offen zu, daß er vorhabe, sich entweder persönlich Johann Georg zu ergeben oder bestenfalls mit Hilfe einer solchen Vorspiegelung für sich und seine wenigen treuen Schweden eine private Regelung zu erzielen, indem er die Meuterer ihrer Wege ziehen ließe[7]. Dieses drohende Unheil, das den Verlust des Elbetals und die endgültige Unterbrechung der Verbindungen zwischen Stockholm und dem Kanzler am Rhein bedeutet hätte, wurde in letzter Minute abgewendet. Durch den mit Polen geschlossenen Waffenstillstand wurden viele neu angeworbene schwedische Soldaten verfügbar, die für einen möglichen Krieg gegen Polen bereitgehalten worden waren und die sich jetzt, gerade zur richtigen Zeit, Baner anschlossen, um das Gleichgewicht knapp zu seinen Gunsten zu verschieben[8]. Die Meuterer, die sich von ihrem Vorgehen mehr Erfolg und mehr Beute erhofft hatten, erkannten, daß der von Angst befallene Baner ihnen wahrscheinlich bessere Bedingungen zugestehen würde als Johann Georg. Sie kamen überein, den Schweden treu zu bleiben. Die offene Meuterei wurde unterdrückt; von der Wiederherstellung einer auch nur leidlichen Disziplin konnte noch immer keine Rede sein. »Ich muß die Tatsache bedauern«, schrieb Baner, »daß jeder Offizier Befehle gibt, wie es ihm beliebt[9].« Er konnte es bloß bedauern, denn jede unkluge Geltendmachung seiner Autorität konnte eine neue Krise heraufbeschwören. Trotzdem machte er sich die erneute Anhänglichkeit seines Heeres zunutze, um vor dem Winter einen schnellen

Vormarsch auszuführen, überraschte die Vorposten bei Dömitz an der Elbe und besiegte die Sachsen bei Goldberg, wodurch er die Truppen in ihrem neuerlichen Glauben an seine Führerschaft bestärkte. Der Abfall seiner deutschen Verbündeten hatte für Schweden einen Vorteil; die schwedischen Truppen konnten jetzt das ganze Land als feindlich ansehen und ihre Vorräte durch Beschlagnahme noch rücksichtsloser auffüllen, als sie es sich gestattet hatten, solange die Komödie eines Schutzbündnisses anhielt.

Doch selbst bei diesem Vormarsch des schwedischen Marschalls mit seinem buntscheckigen Heer hatte Frankreich die Hand im Spiel, denn nur das Eingreifen eines französischen Diplomaten hatte den polnischen Waffenstillstand noch rechtzeitig zustande gebracht, um Baners Zusammenbruch zu verhindern[10].

Im Süden und im Südwesten hatten die Dinge sogar eine noch ernstere Wendung genommen. Nach fast sechsmonatiger Belagerung hatte sich Augsburg ergeben, und die Kaiserlichen zogen in eine unheimlich tote Stadt ein, in der die Menschen gespenstisch aussahen und selbst Soldaten auf Posten in Ohnmacht fielen. In den letzten drei Monaten hatten die Einwohner sich von Katzen, Ratten und Hunden genährt, und acht Wochen vor der Übergabe hatten sie Rindshäute zerschnitten, aufgeweicht und gekaut. Eine Frau gestand, den Leichnam eines in ihrem Hause gestorbenen Soldaten gekocht und gegessen zu haben. Trotz alledem feierten die Eroberer ihren Sieg mit einem Bankett und zechten bis spät in die Nacht, während die hungrigen Bürger lauschten und sich im stillen fragten, woher für sie selbst Lebensmittel kommen würden[11].

Hanau am Main hielt in nicht weniger gräßlichen Verhältnissen[12] mit vergeblichem Heldenmut mehr als anderthalb Jahre aus. Es wurde einmal befreit, dann aber wieder belagert und erobert; dem schottischen Kommandanten Sir James Ramsay wurde durch eine seltsame Vergünstigung gestattet, als Privatperson in der Stadt zu bleiben[13]. Diese Vergünstigung war unangebracht, da Ramsay später seinen Einfluß zur Anzettelung eines Aufstands benützte; aber die Kaiserlichen kamen ihm zuvor, und er endete seine kühne, wenn auch skrupellose Laufbahn als ihr Gefangener.

Am Rhein und an der Mosel fielen rasch nacheinander Philippsburg bzw. Trier den Spaniern in die Hände, und da Richelieu nicht rechtzeitig Truppen sandte, konnte Bernhard Heidelberg nicht befreien. Im November drang Gallas in Lothringen ein und stieß dort auf das kürzlich angeworbene, dem König persönlich unterstehende französische Heer. »Sie waren alle in scharlachrote, mit Silberspitzen besetzte Reitermäntel gekleidet«, schrieb einer von Gallas' Leuten erstaunt, »am nächsten Tag erschienen sie in heller Rüstung mit großen Federn, ein wunderschöner Anblick[14].« Die schmutzigen und verlausten alten Soldaten des kaiserlichen Heeres hatten so etwas Schönes seit vielen Jahren nicht mehr gesehen, aber Kälte, Hunger und Krankheit räumten unter den federgeschmückten Franzosen schneller auf als unter den weniger dekorativen Truppen Gallas'. Vor den wachsamen Augen der Kaiserlichen »schlichen und stahlen sich« die geputzten Kavaliere »fort« und überließen Gallas das Feld[15]. Es war aber Winter und bitter kalt; in dem hungernden Land fehlte es weit und breit an Nahrung für Mensch und Tier. Die in einem regnerischen Frühjahr und einem tropischen Sommer ausgebrütete Pest zerrüttete Heere wie Staaten. Gallas zog sich gegen Zabern in Winterquartiere zurück, von wo er die Vogesenlücke beherrschte und Frankreich bedrohte; aber die Pest und die Hungersnot unter seinen Leuten machten diese Bedrohung zunichte[16].

In diesem Jahr schlugen die Franzosen in den Niederlanden, wo sie unerwartet fast gleichzeitig mit ihrer Kriegserklärung eindrangen, die spanischen Streitkräfte in der Nähe von Namur[17] und zogen weiter, um sich mit dem Prinzen von Oranien bei Maastricht zu vereinigen; er zögerte jedoch, sich ihnen anzuschließen[18], und die undankbaren Generalstaaten schlugen vor, daß die Franzosen Flandern in Ruhe lassen und Spanien angreifen sollten[19]. Das Verhalten der vorsichtigen Holländer entsprang mehr politischer Klugheit als militärischer Nachlässigkeit, aber es erwies sich als unheilvoller, als erwünscht sein konnte. Es war zweifellos schwer, zwischen der Bekämpfung der Spanier bis zum letzten und ihrer bloßen Abhaltung einen Mittelweg zu finden, doch hatte Friedrich Heinrich den Eifer und die Beliebtheit des Kardinalinfanten völlig unterschätzt[20]. Vor Jahresende hatten sich die Franzosen entrüstet zurückgezogen, und Friedrich Heinrich sah, daß er Diest, Goch, Gennep, Limburg und Schenk verloren hatte. So waren seine Grenzen an drei Stellen bedroht, und Maastricht, seine wertvollste Eroberung, war fast abgeschnitten.

Die französischen Truppen hatten mehr Erfolge im Süden, wo Richelieu wieder eine norditalienische Liga gegen die Spanier zu bilden gedachte[21] und zwei erfolgreiche Einfälle machte, einen in die Franche-Comté[22] und einen in das Veltlin. Der letzte wurde von Rohan, dem ehemaligen Führer der Hugenottenpartei, unternommen; man glaubte, daß seine Religion ihn bei der protestantischen antispanischen Partei Graubündens beliebt machen werde. Diese Erwartung war gerechtfertigt, denn die Schweizer erhoben sich unter einem ihrer Prädikanten, dem unversöhnlichen Jürg Jenatsch, und zogen zur Eroberung und Bekehrung des Veltlins aus. Aus Tirol und Mailand wurden Truppen entsendet, um die Schlüsselstellung zu halten; in vier aufeinanderfolgenden Gefechten geschlagen, überließen sie Rohan das von ihm für den Schweizer Prädikanten und den französischen König eroberte Tal. Das war aber das einzige bemerkenswerte Ereignis des Jahres 1635, und Richelieu verdankte es weit mehr der Persönlichkeit, der Begeisterung und der Religion Rohans als seinen Truppen.

Die Diplomatie des Kardinals und sein politischer Ehrgeiz standen mit der militärischen Stärke Frankreichs nicht im Einklang. Diese Erkenntnis hatte ihn dazu gebracht, offenem Krieg so lange wie möglich auszuweichen. Als dieser unvermeidlich wurde, drängte er Feuquières, für ihn in Deutschland[23] Rekruten anzuwerben, wobei er sich beklagte, daß die in Frankreich aufgestellten Truppen unverläßlich, schlecht ausgebildet, desertionslustig und überwiegend protestantisch seien[24]. Eine andere Schwierigkeit bildete der Adel. Da die feudalistische Auffassung vom Heer anhielt, konnte schwer ein Krieg geführt werden, ohne die Macht jedes beliebigen jungen Adeligen zu stärken, dem es einfiel, einen Trupp Soldaten oder sogar ein Regiment in seinen eigenen Gebieten auszuheben, und der Adel als Klasse und besonders die jungen Edelleute waren Richelieus Verderben. Er fürchtete, daß sie ihre Ansprüche gegen die Monarchie erneuern könnten, außerdem gaben sie unbotmäßige Offiziere ab. Als einem dieser Herrchen gesagt wurde, daß die schlechte Verfassung seiner Kompanie dem König gemeldet werden würde, gab er seinem vorgesetzten Offizier einen Schlag auf den Kopf und rief: »Melde das dem König[25].« Mit solchen Truppen konnte Richelieu den Habsburgern und ihrem spanischen Heer keinen Widerstand leisten.

Seit 1633 hatte sich Richelieu um Bernhard von Sachsen-Weimar bemüht. Mit allem, was er tat, verfolgte er stets einen politischen und auch einen militärischen Zweck; Feuquières hatte ihn darauf hingewiesen, daß die deutschen Fürsten einen französischen Angriff auf den Rhein fürchteten, und Richelieu bildete sich ein, mit einem deutschen Feldherrn in seinen Diensten als Verbündeter willkommener zu sein, als wenn er bloß französische Marschälle zur Kriegführung verwendete.

Bernhard hatte die ihm 1633 gemachten Angebote abgelehnt, weil sie ihm nicht genügten. Im Jahre 1635 erwies er sich als zugänglicher; er hatte sein Herzogtum Franken in der Schlacht von Nördlingen verloren und wußte jetzt, daß Richelieu, und nicht Oxenstierna, ihm dafür etwas anderes verschaffen konnte. Er war sich bereits klar, was es sein sollte: das Elsaß. Bernhards Ehrgeiz paßte sehr gut zu Richelieus Absichten, denn Richelieu würde ein von einem deutschen Söldner Frankreichs erobertes Elsaß genauso nützlich sein wie ein von französischen Truppen erobertes, während dieser erklügelte Unterschied dazu dienen konnte, den Verdacht seiner deutschen Verbündeten zu zerstreuen. Schon im Juni 1635 verbreitete er das Gerücht, daß das Elsaß von der französischen Regierung als Belohnung für Bernhard ausersehen sei[26].

Bernhard war nicht leicht zu behandeln, obwohl eine Verständigung von beiden Seiten eifrig gewünscht wurde. Er mißtraute den französischen Geheimmethoden, und es machte ihm die gleiche Freude wie dem König von Schweden, die vertraulichen Angebote der französischen Regierung dem Urteil der Öffentlichkeit preiszugeben. Feuquières versuchte eines Abends, als Bernhard mit einem Teil seines Stabes um sein Lager ritt, in aller Ruhe mit ihm zu sprechen, und wählte einen Augenblick, als Bernhard von den übrigen ein wenig entfernt war, um ihm mit gedämpfter Stimme Subsidien zur Kriegführung und nachherige Belohnung anzubieten. Zu seinem Erstaunen erklärte Bernhard mit erhobener Stimme, wie froh er sei, daß die französische Regierung sich anschicke, ihm zu helfen, und daß er sie beim Worte nehmen wolle, denn seine Truppen verdienten sicher eine Entschädigung[27]. Diese Methode war zwar plump, aber erstaunlich schlau und wirksam; Richelieus Angebot war bald im ganzen Heer bekannt, so daß er es nicht zurückziehen konnte, während Bernhards geschickte Erwähnung der Interessen und Verdienste seiner Truppen natürlich sein Ansehen bei der Mannschaft erhöhte. Dem Söldnerführer war die gute Meinung seiner Leute mehr wert als Gold.

Der Sommerfeldzug war vor Unterzeichnung des Vertrages vorüber. Bernhard und eine Abteilung französischer Hilfstruppen unter Kardinal de la Valette wurden nach Überschreitung des Rheins zum Rückzug auf das linke Rheinufer gezwungen, wo sie den Winter verbrachten, da Bernhard behauptete, daß seine Offiziere zu desertieren drohten und die Mannschaft aus Geldmangel in meuterischer Stimmung sei, was nicht übertrieben war[28]. Die Lage war ernst, aber Bernhard war diplomatisch genug, sie bestens auszunützen, um die von der französischen Regierung angebotenen Bedingungen in die Höhe zu treiben. Richelieu konnte es sich nicht länger leisten zu feilschen, sondern unterzeichnete im Oktober 1635 einen Vertrag mit Bernhard, der später, nach einer persönlichen Zusammenkunft in Paris, erweitert und ratifiziert wurde: Bernhard sollte ein Heer von achtzehntausend Mann halten, sechstausend Reiter und zwölftausend Fußsoldaten, für das die französische Regierung ihm vier Millionen Livres jährlich versprach, außerdem einen persönlichen Zuschuß von zweihunderttausend Livres und den Oberbefehl über alle Hilfstruppen, die sie senden wollte. Es sollte nicht Friede geschlossen werden, ohne daß er für seine Verluste voll befriedigt würde; er sollte als Belohnung eine jährliche Pension von hundertfünfzigtausend Livres und, gemäß einer Geheimklausel, die Grafschaft Hagenau und die Landgrafschaft Elsaß erhalten. Es war nicht völlig klar, ob Bernhards Besitz ganz unabhängig sein sollte, aber da die französische Regierung nur mit dem Recht des Eroberers über Reichsgebiet verfügen konnte, legte man es offenbar so aus, daß Bernhard das Elsaß für Frankreich erobern und dann unter französischer Oberhoheit selber behalten sollte. Das war jedenfalls Richelieus Ansicht; Bernhard vertrat später eine etwas abweichende Auslegung. Eine andere Geheimklausel verpflichtete Bernhard, sich auf Kriegsdauer den Pariser Befehlen zu unterwerfen[29]. Um Auswege nie verlegen, versuchte Richelieu überdies vorsichtshalber, eine Heirat zwischen seinem neuen Verbündeten und Rohans Tochter zustande zu bringen und das Paar zum katholischen Glauben zu bekehren[30]. Damit würde er Bernhard von seinem eigensinnigen deutschen Nationalismus abbringen und in den französischen Adel eingliedern; aber Bernhard scheint diesem Plan nur so weit nahegetreten zu sein, daß er die junge Dame zwei- oder dreimal ins Theater begleitete.

Seine Einstellung zu dem Vertrag ist eine der ungelösten Fragen, mit denen sich die Nationalisten während der letzten hundert Jahre beschäftigt haben. Bernhard hat vielleicht vorgehabt, das Elsaß und auch Franken fremdem Einfluß zu entziehen und eine deutsche, auf seiner eigenen Territorialgewalt ruhende Partei zu gründen. Wie bei Wallenstein läßt auch bei Bernhard von Weimar das jähe Abbrechen seiner Laufbahn vor Vollendung des Planes den Geschichtsforscher im Dunkeln. Bernhard war sich seiner Nation und, wenigstens in Gedanken, seiner nationalen Pflichten voll bewußt. Er war fromm, selbstbeherrscht und despotisch — Eigenschaften, die bei dem, der sie besitzt, leicht jenen Glauben an eine Sendung erzeugen, der fanatischen Führern eigen ist. Daß er die Befreiung und Einigung Deutschlands für eine solche Sendung hielt, ist ganz gut möglich. Aber die vorhandenen Beweise hiefür sind nicht überzeugend, und viele davon können mindestens auch anders gedeutet werden. Als berufsmäßiger Führer eines dieser gefährlichen, vielsprachigen Gebilde, eines Söldnerheeres, besaß Bernhard wenigstens einige Charakterzüge eines Söldnerführers. In der Beschränktheit seiner persönlichen Hilfsquellen glich er eher Mansfeld als Wallenstein, und als jüngerer, unbegüterter Sohn war er darauf aus, Landbesitz zu erwerben. Franken und das Elsaß mögen ihm mehr bedeutet haben als Hagenau Mansfeld, aber das läßt sich nicht beweisen. Die zwei Seiten seiner Politik sind nicht unvereinbar; im Lauf der Geschichte ist oft der Patriot im Abenteurer aufgegangen und der Abenteurer im Patrioten, und Bernhard war wahrscheinlich weder ganz das eine noch ganz das andere.

Richelieu verfügte jetzt über ein Heer wie Ferdinand, als Wallenstein in seinen Diensten stand. Er konnte sich nicht völlig darauf verlassen, konnte ihm gewiß nicht nach Gutdünken Befehle geben, aber sicher sein, daß der Glücksritter nichts tun werde, was seine eigene Zukunft gefährdete, sondern sich bemühen werde, der Regierung, von der er belohnt zu werden hoffte, den Erfolg zu sichern. Die einzige ernstliche Gefahr war Richelieus Unfähigkeit, das Geld für seinen Anteil am Vertrag aufzubringen. Die in vieler Hinsicht so ausgezeichnete Verwaltung des Kardinals war finanziell nicht einwandfrei. Er verstand es nicht, die Staatseinkünfte zu organisieren, und konnte sich durch das dichte Gestrüpp der Privilegien und Gewohnheiten, das die französischen Finanzen dem klaren Blick entzog, nicht durchfinden. Es stand ihm daher jetzt, wo er die volle Wucht des Krieges aushalten und nicht nur Heere an der flämischen, italienischen und spanischen Grenze, sondern auch Bernhard bezahlen und die Küsten schützen mußte, als Einnahmequelle nur die Besteuerung zur Verfügung.

Die französischen Steuern wurden überwiegend von der ärmsten und widerspenstigsten Klasse des Landes, der Bauernschaft, aufgebracht, die als der größte Teil der Bevölkerung die Grundlage bildete, auf der das Land ruhte. Sparsam, unermüdlich und halsstarrig, waren die Bauern schnell bereit, sich gegen Unterdrückung aufzulehnen. Schon 1630 hatte die Besteuerung in Dijon Aufstände hervorgerufen, sodann 1631 in der Provence und 1632 in Lyon. Von 1635 an wurden die Unruhen schwerer und häufiger, so im Gebiet von Bordeaux, in der ganzen Gascogne und im Périgord, in Anjou und in der Normandie[31]. Das belastete unausbleiblich die Hilfsquellen der Regierung und zog Truppen ab, die an den Grenzen verwendet werden sollten. Den Beschwerden Bernhards, dessen Subsidien nicht eingingen und dessen Truppen nur spärlich verstärkt wurden, begegnete man mit nutzlosen Hilfeversprechungen[32].

Die Schwäche Frankreichs bewog Maximilian von Bayern, abermals eine neue Politik anzuregen. Er bedeutete dem Kaiser, daß ein unverzüglicher Angriff auf Paris Kardinal Richelieu wahrscheinlich verhandlungsbereit machen und den Krieg beenden werde. Dieser Plan, der zuerst mit Zweifeln aufgenommen wurde, gewann schließlich die begeisterte Unterstützung des Kardinalinfanten. Im Hochsommer 1636 bat er

Maximilian, ihm Johann von Werth mit der Auslese der bayrischen Reiterei zur Unterstützung seiner Truppen in der Pikardie zu senden, und vereinbarte mit Ferdinand, daß Gallas gleichzeitig durch die Franche-Comté einfallen solle[33].

Die Saumseligkeit, mit der sich der Kardinalinfant des Planes annahm, beraubte diesen leider teilweise seiner Wirkung. Werth hatte im Glauben, daß der Plan vorläufig aufgegeben sei, die Ausrüstung seiner Truppen vernachlässigt. Trotzdem schloß er sich dem Kardinalinfanten bei La Capelle an, und die beiden fielen mit einem Heer von zweiunddreißigtausend Mann in die Pikardie ein[34]. Sie überrannten das Gebiet zwischen der Somme und der Oise und jagten die französischen Verteidiger nach Paris zurück. Am 14. August besetzten sie die an der Straße nach Paris nahe bei Amiens gelegene Schlüsselfestung Corbie.

Im Süden rückte Gallas, unterstützt von Karl von Lothringen, durch die Lücke von Belfort vor und besetzte die ganze Franche-Comté. Inzwischen nahm Werth, der dem Hauptteil des Heeres vorausgeeilt war, Roye und Montdidier und erreichte Compiègne. Ganz Paris war in Aufregung. Die Bevölkerung stellte sich gegen Richelieu, und die mit den Verhältnissen bei Hof Vertrauten sagten seinen unmittelbar bevorstehenden Sturz voraus, aber Richelieu und sein königlicher Herr wurden während der Krise wieder beim Volk beliebt. Der Kardinal, der in der drohenden Gefahr standhaft blieb, gewann durch seine raschen Maßnahmen für die Sicherheit der Stadt wieder die Gunst des Pöbels, und der König zog aus, um sich seinen Truppen bei Senlis anzuschließen und als Verteidiger seines Volkes zu sterben[35].

Aber der Vormarsch kam plötzlich zum Stillstand, denn Gallas wurde zwischen Champlitte und Langres von Bernhard von Sachsen-Weimar so lange aufgehalten, daß seine Truppen durch Fahnenflucht und Pest zusammenschmolzen und die Nachricht vom Anmarsch der Schweden auf Brandenburg ihn zum Rückzug zwang. Ohne Gallas konnte der Kardinalinfant den Angriff nicht wagen, und Maximilian, über die hessischen Truppenbewegungen in seinem Rücken bestürzt, berief im November Werth ab. Die im Süden und Norden Eingedrungenen zogen sich verdrossen zurück.

Der mißlungene Einfall wurde für die Habsburger durch den unerwarteten Fehlschlag von Richelieus Politik im Veltlin teilweise ausgeglichen. Solange Rohan, der Führer der Hugenotten, die spanischen Katholiken bekämpfte, um das Tal den schweizerischen Protestanten zurückzugewinnen, ging alles gut; als er sich aber anschickte, einen für die Regierung des katholischen Frankreichs militärisch und politisch günstigen Frieden zu schließen, lehnten sich die Führer der Schweizer auf. Die Bedingungen, die Rohan ihnen aufnötigen wollte, verbitterten sie, und sie begaben sich ohne sein Wissen zu den Spaniern, um mit ihnen zu verhandeln, und als sie diese jetzt bereit fanden, die Benützung des Tales mit religiösen Zugeständnissen zu erkaufen, entledigten sie sich ihres französischen Bündnisses und trieben Rohan und seine Truppen geradezu aus dem Land[36]. In dieser unwirtlichen Gebirgsgegend hing jeder Erfolg vom guten Willen der Bevölkerung ab; als Rohan um diesen gekommen war, hatte er alles verloren.

Während die Dynastie der Habsburger so ihre wiedererlangte Macht in Europa bewahrte, plante Kaiser Ferdinand eine entscheidende Zurschaustellung der Reichseinheit in Deutschland. Mit Ausnahme der abgesetzten Prinzen von der Pfalz, Bernhards von Sachsen-Weimar, Wilhelms von Hessen-Kassel und des Herzogs von Braunschweig-Lüneburg hatte er alle deutschen Fürsten auf seiner Seite. Drei Kurfürsten, die von Bayern, Brandenburg und Sachsen, standen für seine Sache unter den Waffen; nie vorher hatte sich ihm eine so gute Aussicht geboten, die endgültige Bestätigung seiner Macht, nämlich die Wahl seines Sohnes zum Römischen König, zu erreichen. Zu diesem Zweck und auch zur Förderung und Bestätigung des Friedens von Prag berief er für den Herbst 1636 einen Kurfürstentag nach Regensburg ein.

Er eröffnete ihn am 15. September[37] und führte ihn, diesmal ohne französische Einmischung, glücklich zu Ende. Als Erzherzogin Maria Anna, die junge Gemahlin des alternden Maximilian von Bayern, einen Sohn gebar, schien der Segen des Himmels wieder über das habsburgische Bündnis zu kommen. Die zwei andern weltlichen Kurfürsten, die sich genötigt sahen, zwischen dem Kaiser und Oxenstierna zu wählen, hatten sich beim Frieden von Prag für den Kaiser entschieden und bestätigten diesen Entschluß im Frühling 1636 durch eine Kriegserklärung an ihren ehemaligen Verbündeten. Schließlich verstärkten die kriegerische Tapferkeit und die persönliche Beliebtheit des jungen Königs von Ungarn die plötzlich wehende Brise politischer Zuversicht, die das seemüde Schiff des alten Kaisers dem Hafen zutrieb.

Am 22. Dezember 1636 wurde der König von Ungarn in Regensburg einstimmig zum Römischen König gewählt. Die Fürsten forderten nur, daß er sich verbürge, soweit als möglich deutsche Offiziere für das Heer zu ernennen, daß er von unbeschränkten Einquartierungen im Reich Abstand nehme, seine österreichische Hauskanzlei an der Einmengung in Reichsangelegenheiten hindere und die Verfassung respektiere. Dieser Krönungseid forderte kaum mehr und würde wahrscheinlich weniger wirksam sein als der, den der alte Kaiser vor siebzehn Jahren geleistet hatte. So hatte die Verfassungspolitik Ferdinands II. in allem Erfolg gebracht: Er hatte die habsburgischen Länder zurückerobert, gefestigt und vom Irrglauben gesäubert, hatte sich ein eigenes Heer geschaffen und die Mehrheit der deutschen Fürsten gezwungen, mit ihm und für ihn zu kämpfen, und die Nachfolge seines Sohnes gesichert. Verfassungsmäßig stellt der Regensburger Kurfürstentag von 1636 den Gipfelpunkt der österreichischen kaiserlichen Macht in Deutschland dar.

Die Herrschaft des Kardinalinfanten in den Niederlanden war beim Volk beliebt, und der König von Ungarn war bereit, den Kaiserthron über die Leiche der Verfassungspartei hinweg zu besteigen. Das Veltlin war gesichert, das rechte Rheinufer besetzt, der Einfall in Frankreich hatte begonnen, und Paris wäre beinahe gefallen. Der verängstigte, verlassene Oxenstierna und die uneinige Regierung der Vereinigten Niederlande waren die einzigen Anhänger Richelieus; die deutsche Opposition bildeten Wilhelm von Hessen-Kassel mit einem kleinen Heer in Ostfriesland und Georg von Braunschweig-Lüneburg mit einem noch kleineren an der Weser, die beide untätig waren, Bernhard von Sachsen-Weimar, der am linken Rheinufer französische Subsidien forderte, und der Kurfürst von der Pfalz, der in London den englischen Adel für sich zu gewinnen suchte. In der Auseinandersetzung zwischen den Häusern Habsburg und Bourbon schien der Sieg dem Haus Österreich gesichert zu sein.

## III

Ferdinand II. war während des Regensburger Kurfürstentages so tätig wie immer gewesen, und hatte sich mit jeder kleinsten Einzelheit befaßt. Er hatte sich um ein eingestürztes Stück des Donaukais in Wien gekümmert, um ein Mädchen, das sich in Österreich als Prophetin ausgegeben hatte, und um Wildbret, das er der Königin von Ungarn gesandt hatte und das, wie er fürchtete, vielleicht zäh gewesen war[38]. Aber seine Gebrechen, besonders sein Asthma, nahmen zu, und seit der Wahl seines Sohnes sprach er heiter und hoffnungsvoll vom Jenseits. »Das Römische Reich bedarf meiner nicht mehr«, sagte er zufrieden, »denn es ist schon mit einem Nachfolger, und sogar einem ausgezeichneten, versorgt[39].«

Er war erst neunundfünfzig, aber ununterbrochene Kräfteanspannung, schwere Mahlzeiten und religiöse Kasteiungen hatten ihn schon zu einem alten Mann gemacht. Selbst bitterste Winterkälte hielt ihn nicht von seinen Andachtsübungen ab, und die Kaiserin sah ihn manchmal, wenn sie nachts erwachte, neben dem Bett ins Gebet versunken knien und langte nach seiner Hand und bat ihn erfolglos, sich wieder schlafen zu legen[40]. Auf dem Rückweg vom Kurfürstentag nach Wien fühlte er sich in Straubing so schwach, daß er an Pater Lamormaini schrieb und ihn um Erlaubnis bat, seine langen Morgenandachten abzukürzen[41]. Dieser erkannte sogleich, daß Ferdinand ernstlich, wenn nicht gar lebensgefährlich, krank sei, und beeilte sich, zu ihm zu kommen; aber Ferdinand schleppte sich auf der langen, kalten Rückreise nach Wien fort und traf am 8. Februar 1637 in seiner Hauptstadt als Sterbender ein.

Er starb eines ruhigen Todes, gegen seine Kissen gelehnt sitzend, mit den Tröstungen der Religion gestärkt, und nachdem er von Zeit zu Zeit seine Gemahlin und seine jüngere Tochter, die bei ihm wachten, friedlich angelächelt hatte[42]. Während des achtzehnjährigen Kampfes hatte er nie den Glauben an seine Sendung oder an Gott verloren und konnte am Ende voll Zufriedenheit sagen: »*Nunc dimittis*«, denn er hatte wirklich viel vom ehrgeizig Erstrebten erreicht. Er hatte Deutschland nicht völlig der Ketzerei entrissen, aber im Frieden von Prag den Anspruch der Kirche auf das volle Ausmaß ihres Besitzes vom Jahre 1624 verfochten, und das war im Verein mit der Säuberung Österreichs und Böhmens ein Gewinn, auf den er mit Recht stolz sein konnte. Damals hatte ihn in Linz der Anblick der Bekehrten, die in die Kirchen strömten, zu Dankestränen gerührt[43]. Im übrigen hatte er die österreichische Dynastie innerlich geeinigt, sie durch die Heirat seines Sohnes auf den spanischen Stammbaum gepfropft, die Verwaltung seiner eigenen Länder erfolgreich neugestaltet, die Liga und die Union zerstört und die meisten regierenden Fürsten, ob sie nun wollten oder nicht, unter dem Zepter seiner Herrschaft geeinigt. Was er errungen hatte, konnte er, im Licht seiner politischen Grundsätze gesehen, vor Gottes Richterstuhl mit einer gewissen bescheidenen Befriedigung vorweisen. Keine Zweifelsqualen scheinen die Ruhe, mit der er sich auf seine Rechnung mit dem Himmel vorbereitete, getrübt zu haben. Am 15. Februar in der neunten Morgenstunde trennten sich sein Körper und seine Seele, der eine, um im Grabgewölbe von Graz zu modern, die andere, um den Lohn zu empfangen, um den sie sich so lange gemüht hatte.

Seine politischen Errungenschaften waren ihn verhältnismäßig teuer zu stehen gekommen, was er erkannt haben würde, wenn er jemals die Kosten berechnet hätte. Auf dem Papier war die kaiserliche Macht in

Deutschland von überragender Bedeutung, in Wirklichkeit herrschten einzig die Soldaten. Die Soldaten, nicht die Feldherren; Baner gab offen zu, daß er nicht die geringste Gewalt über seine Truppen habe, und von der Plünderung Kemptens durch die Kaiserlichen, Landsbergs durch die Schweden und Calws durch die Bayern erzählte man sich Geschichten, die das Blut gerinnen ließen. Die Kaiserlichen hatten Kinder in Kellern abgeschlachtet, Frauen aus den Fenstern der oberen Stockwerke geworfen und eine Hausfrau in ihrem eigenen Kochkessel gesotten. Die Schweden hatten ihre Gefangenen mit Schießpulver bestreut und deren Kleider in Brand gesteckt; die Bayern unter Werth hatten die Bürger von Calw eingeschlossen, die Mauern beschossen, ihre Geschütze auf die Tore gerichtet und auf die Eingeschlossenen geschossen, als sie den Flammen zu entkommen versuchten. Diese Geschichten waren zwar übertrieben, beruhten aber auf der zunehmenden und jetzt allgemeinen Barbarei des Krieges. Tatsache war, daß Zivilgefangene an Halftern hinweggetrieben wurden und am Weg erfroren, daß Kinder entführt und zur Erlangung von Lösegeld festgehalten wurden, Priester unter die Wagen gebunden wurden, wo sie wie Hunde auf allen Vieren kriechen mußten, bis sie zusammenbrachen, und daß eingekerkerte Bürger und Bauern ohne Nahrung gelassen und bis an die Grenze des Erduldbaren oder Ersinnbaren gefoltert wurden, um das Geld und die Wertsachen zu finden, die sie versteckt hatten[44].

Infolge der rascheren und weiter ausgedehnten Truppenbewegungen in den letzten sechs Jahren hatten Seuchen und Hunger ins Maßlose gesteigerte Verheerungen angerichtet, die Bevölkerung Innerdeutschlands von der Scholle gerissen und sie zu einer fluktuierenden Masse von Flüchtlingen gemacht. Das ist die einzige Erklärung für die völlig verlassenen Dörfer und den Rückgang der Städte auf ein Zehntel und weniger als ein Zehntel ihrer ursprünglichen Größe. Diese Bevölkerungsflucht war nur eine vorübergehende Erscheinung, und viele Geflohene kehrten allmählich zurück, aber mittlerweile kam das Wirtschaftsleben zum Stillstand, und manche, die als wohlhabende Bürger fortgegangen waren, kehrten zu den verkohlten Ruinen ihrer Heimstätten bloß mit den Lumpen zurück, die sie am Leibe trugen. Bernhard von Sachsen-Weimar und Werth machten es sich zur Aufgabe, in den feindlichen Ländern, durch die sie zogen, alles niederzubrennen. Fürth, Eichstätt, Creußen, Bayreuth und Calw, von den zahllosen Dörfern nicht zu sprechen, waren zerstört worden, während die Ratten, die sich in den verlassenen Kellern gewaltig vermehrten und im Gefolge der Heere dick und fett wurden, das von den Soldaten zurückgelassene Getreide auffraßen und die Ernte zugrunde richteten[45]. Viele Kleinadelige, welche trachteten, ihre bequeme Lebensweise nicht aufgeben zu müssen, sagten sich von ihren altbegründeten Verpflichtungen los, zogen von ihren Wohnsitzen in die Städte oder kamen auf ihren alten Beruf des Wegelagerns zurück und überfielen die vorbeiziehenden Reisenden wie in vergangenen Tagen. In Mähren verbündeten sich sogar Regierungsbeamte und Gutsbesitzer mit herumziehenden Marodeuren und teilten mit ihnen die Beute[46].

Die nach der Schlacht von Nördlingen aus dem Süden Geflohenen starben im Flüchtlingslager zu Frankfurt oder in den überfüllten sächsischen Spitälern an Pest, Hunger oder Erschöpfung. Ihrer siebentausend wurden aus dem Kanton Zürich ausgewiesen, weil für sie weder Nahrung noch Unterkunft vorhanden war; in Hanau schloß man vor ihnen die Tore, und in Straßburg lagen sie in der Winterkälte so dicht auf den Straßen, daß die Bürger am Tage über sie wegstiegen und des Nachts durch das Stöhnen der Kranken und Hungernden wachgehalten wurden, bis der Magistrat sie, dreißigtausend an der Zahl, mit Gewalt aus der Stadt trieb. An vielen Orten kämpften die Jesuiten mannhaft gegen die Übergewalt des Unglücks an; nachdem Eichstätt niedergebrannt und verlassen worden war, suchten sie die Kinder zusammen, die sich, in Kellern versteckt, von Ratten nährten, und führten sie weg, um sie zu pflegen und zu erziehen; in Hagenau gelang es ihnen, die Armen aus ihren Vorräten zu verpflegen, bis die französischen Truppen ihren Kornspeicher plünderten und das Getreide für das Heer beschlagnahmten[47].

Es war eine Ironie des Schicksals, daß 1634 die Weinernte, die ausgezeichnet gewesen wäre, von den Flüchtlingen und den Eindringlingen nach der Schlacht bei Nördlingen niedergetrampelt wurde; die von 1635 erlitt das gleiche Schicksal, und im Winter wütete von Württemberg bis Lothringen die seit vielen Jahren schlimmste Hungersnot. In Calw sah der Pastor eine Frau das rohe Fleisch von einem toten Pferd nagen, an dem auch ein hungriger Hund und einige Raben fraßen. Im Elsaß wurden die Leichen der Verbrecher von den Galgen gerissen und gierig verzehrt; im ganzen Rheinland bewachte man die Friedhöfe gegen Marodeure, die das Fleisch der frisch Begrabenen als Nahrung verkauften; in Zweibrücken gestand eine Frau, ihr eigenes Kind gegessen zu haben. Eicheln, Ziegenhaut und Gras wurden im Elsaß gekocht; Katzen, Hunde und Ratten wurden auf dem Markt von Worms verkauft. In Fulda und Coburg und im großen Flüchtlingslager von Frankfurt fürchteten die Menschen ständig, von den vor Hunger Wahnsinnigen getötet und verzehrt zu werden. Bei Worms wurden im Kochkessel eines Zigeunerlagers halbgare Hände und Füße gefunden. Nicht weit von Wertheim entdeckte man in einer Grube frische Menschenknochen, die völlig abgenagt und aus denen sogar das Mark gesogen war[48].

Der englische Botschafter und sein Gefolge hatten auf ihrer Reise zur Kurfürstenversammlung zu Regensburg mit Entsetzen ein Land erblickt, in dem die Dorfbewohner, statt sie zu begrüßen, bei ihrem Herannahen flüchteten, da sie sie für neue feindliche Soldaten hielten; ein Land, in dem die Straßen so unsicher waren, daß einige Begleiter des Botschafters, einen Steinwurf weit von der Heerstraße und sechs Kilometer von Nürnberg entfernt, überfallen und ermordet wurden. Die Reise wirkte auf die friedlichen Engländern wie ein Angsttraum, und der Mann, der darüber berichtete, schreibt wie einer, der seinen Augen nicht traut, und so, als erzählte er einen Traum und nicht eine wirkliche Begebenheit. »Von Köln bis hierher (Frankfurt) sind alle Städte, Dörfer und Schlösser in Trümmern, ausgeraubt und niedergebrannt«; in Neunkirchen »fanden wir bei unserer Ankunft ein brennendes Haus und keine Seele im Dorf«, und später stolperten sie auf den Gassen über zwei Leichname, von denen einer »frisch aus dem Grab gescharrt worden war«. In Eilfkirchen »speisten« sie »von ihren eigenen Fleischvorräten, da nichts aufzutreiben war«; in Neustadt, »das einst eine schöne Stadt war, aber jetzt ausgeplündert und jämmerlich niedergebrannt . . ., sahen wir arme, fast verhungerte Kinder auf den Türschwellen sitzen«; in Bacharach »werden die armen Leute mit Gras im Mund tot aufgefunden«; in Rüdesheim »ließ Seine Exzellenz Geschenke unter die Armen verteilen, die fast verhungert schienen, so heftig entrissen sie einander die Gaben«; in Mainz »lagen viele arme Leute sterbend auf den Kehrichthaufen . . . und konnten kaum kriechen, um die Almosen Seiner Exzellenz in Empfang zu nehmen«; auch diese Stadt war »jämmerlich in Trümmern«, so daß die Reisenden auf dem Fluß in ihrem Schiff schliefen und speisten und den Bettlern am Ufer die Überbleibsel zuwarfen, »worauf sich die Bettler so heftig darum balgten, daß einige von ihnen in den Rhein fielen und wahrscheinlich ertranken[49]«.

Am ärgsten war es längs des Rheins, doch auch anderswo war es schlimm genug. In München hinterließen durchziehende spanische Truppen eine Seuche, die in vier Monaten zehntausend Menschen dahinraffte[50]. Baner behauptete, daß weder in Anhalt noch in Halle für seine Leute ein einziges Getreidekorn da sei[51].

Sogar in der Steiermark, Ferdinands Stammland, hatten sich die Bauern erhoben, was sechsunddreißig von ihnen an den Galgen und fünf aufs Schafott brachte[52]. Verrücktheit und Idealismus flammten unter den Unterdrückten manchmal feurig auf. Ein von seinem Besitz vertriebener protestantischer Bauer in Österreich, Martin Leimbauer, brachte mit Predigten und regierungsfeindlichen Prophezeiungen eine Anhängerschaft zusammen. Nach seiner Verhaftung wurde er als geisteskrank entlassen, kam aber zweimal zurück, um der Regierung Schwierigkeiten zu machen. Beim dritten Mal verrieten ihn seine eigenen Leute, sein Hauptquartier wurde umzingelt und er selber in seinem Schlupfwinkel unter den ausgebreiteten Röcken zweier alter Weiber schmählich hervorgezogen und mit seinem jungen Weib als Gefangener nach Linz gebracht. Hier brach er, nachdem er erklärt hatte, Gott habe ihn zu seinem Stellvertreter auf Erden gemacht, unter dem Todesurteil zusammen und ging als reuiger Katholik zum Richtblock. Sein Weib, das zu lebenslänglichem Gefängnis verurteilt wurde, entfloh am Vorabend der Hinrichtung ihres Mannes mit dem Gehilfen des Scharfrichters[53]. In ihrem rohen Humor, ihrer zynischen Moral und mit ihrem Anflug seelischer Größe ist diese Geschichte für die Zeit typisch.

## IV

Kaiser Ferdinand starb gerade, bevor der Wiederaufstieg der schwedischen Macht seinen Höhepunkt erreichte. Er wurde hinweggerafft, ehe er noch den wirklichen Verfall aller seiner Hoffnungen sehen konnte. Kaiserliche Truppen waren nach Brandenburg entsandt worden, um sich mit den Sachsen gegen Marschall Baner zu vereinigen; der aber, von seinem tüchtigen Landsmann Torstensson und zwei schottischen Offizieren, Lesley und King, unterstützt, kehrte den Spieß um. Durch sinnreiches Manövrieren schnitt er die verbündeten Heere in Wittstock an der Dosse, einem Nebenfluß der Havel, voneinander ab. Hier bezogen die Kaiserlichen am 4. Oktober 1636 auf einem Hügel Stellung, der gegen Baners Truppen durch einen langen, schmalen Waldstreifen geschützt war, verschanzten sich, brachten ihre Batterien in Stellung und verpalisadierten sich mit ihren Troßwagen. Baner plante, sie aus dieser starken Stellung herauszulocken und dann in der Ebene zu umzingeln. Er hatte sich daher vorbereitet, mit Torstensson und der Hälfte der Reiterei durch den Wald zu ziehen und den Feind dadurch herauszulocken, daß sie ihm scheinbar preisgegeben wären, wenn sie sich auf den unteren Hügelabhängen zeigten. Inzwischen sollte Lesley mit dem Fußvolk und King mit der übrigen Reiterei im Schutz des Waldes herankommen und den ahnungslosen Feind in der Flanke und im Rücken angreifen.

Der sinnreiche Plan wäre fast mißglückt. Baners Vormarsch lockte die Feinde aus ihrer Stellung, aber ihr Angriff war mörderisch, die schwedischen Truppen waren sehr in der Minderzahl, und es dauerte unerträglich lange, bevor Lesley oder King eintrafen. Als Lesley mit dem Fußvolk anlangte, brachte sein Flankenangriff auf die Kaiserlichen Baner und Torstensson nur eine sehr notwendige Atempause und vertrieb die kaiserlichen Batterien nicht von der Anhöhe. King, der das Gelände unpassierbar gefunden und seine Truppen auf einem weiten Umweg herangebracht hatte, erschien gerade, als Lesley und Baner alles für verloren hielten. Er kam noch knapp zurecht, und sein Eintreffen beendete die Schlacht in wenigen Minuten; auf drei Seiten angegriffen, flohen die kaiserlichen Kommandanten lieber, als daß sie sich ergaben. Neunzehn Standarten, über hundertdreißig Kanonen, der gesamte Troß und frische Waffenvorräte wurden auf der Anhöhe zurückgelassen. Das Schießpulver entging nur dadurch der Erbeutung, daß die Wagen in die Luft gesprengt wurden[54].

Als taktische Heldentat war Baners Plan gewagt und kostspielig, aber erfolgreich gewesen, und wenn sich auch der Sieg an Bedeutung nicht mit Nördlingen, Lützen oder Breitenfeld messen konnte, beeinflußte er doch die Volksmeinung stark genug, um das erschütterte Ansehen der Schweden wiederherzustellen. Von unmittelbarerer Bedeutung war es, daß er die militärische Macht der Sachsen lähmte und den untüchtigen Georg Wilhelm von Brandenburg wehrlos machte. Seine Länder wurden schnell wieder besetzt, und bis Mai 1637 hatten die Heere sich an der Grenze bei Torgau festgesetzt und schüchterten durch ihre wilde Schreckensherrschaft sogar Johann Georg ein. Leipzig stand vor dem Fall, und im Westen hatte der Vorstoß der Vorhut fast zum Einfall in Thüringen und zur Besetzung Erfurts geführt.

Die Wiedererstarkung der schwedischen Waffen war teilweise auf eine Veränderung in der Stockholmer Regierung zurückzuführen. Oxenstierna überließ Richelieu die Führung der deutschen Angelegenheiten, da er keine andere Wahl hatte, und kehrte in die Heimat zurück, um die Zügel der Regierung zu ergreifen. Bei seiner Ankunft in Stockholm erfuhr er, daß die Königinmutter mit ihrem Klüngel die Verheiratung ihrer Tochter mit einem dänischen Prinzen plane[55]; mittlerweile hatte sie ihre Wohnung in einem Zimmer aufgeschlagen, worin sogar die

Fenster mit schwarzen Behängen verdeckt waren, und beabsichtigte, Christine während ihrer ganzen Kindheit hier einzuschließen und ihr zur Unterhaltung nichts Besseres zu bieten als die Gesellschaft von Narren und Zwergen, deren koboldhafte Grimassen die kleine Königin nur anwiderten. Axel Oxenstierna rettete Christine aus dieser Gefangenschaft und auch vor der Heirat. Für seine Bemühungen erntete er zwar die unvergängliche und sich manchmal recht fühlbar machende Abneigung der Königinmutter, aber auch die Dankbarkeit der kleinen Königin, die in den kommenden Jahren, als sie zu einer klugen, politisch selbständigen Frau heranwuchs, zwischen ihm und ihrer ungnädigen Mutter oft vermittelte[56].

Da Oxenstierna in Stockholm wieder an der Macht war, konnten die schwedischen Marschälle des Nachschubs von Truppen und Geld in allen Ernstfällen sicher sein, ebenso jederzeitiger Unterstützung und der entschlossenen Verteidigung ihrer norddeutschen Land- und Seeverbindungswege gegen jeden dänischen Angriff.

Das Pendel, das so toll geschwungen hatte, kam langsam wieder in Gleichtakt. Dem Vorrücken der Schweden gesellte sich ein außergewöhnlicher Erfolg in den Niederlanden. Nach einer Belagerung, die ein halbes Jahr den Gesprächsstoff Europas gebildet hatte, ergab sich Breda am 10. Oktober 1637 dem Prinzen Friedrich Heinrich von Oranien. Die Festung war zwölf Jahre in spanischem Besitz gewesen, und ihr Verlust war, abgesehen von der Entblößung der brabantischen Grenze, die erste ernstliche Schlappe, die der Kardinalinfant erlitt. Daß es ihm mißlang, Breda zu befreien, schadete seinem Ansehen ebenso sehr wie dem Prinzen von Oranien der gleiche Mißerfolg vor zwölf Jahren.

Diese zwei Erfolge verminderten sogleich den Druck auf den Rhein, so daß Bernhard endlich den hartnäckigen Forderungen der französischen Regierung Folge leistete und sich nach mehr als zwei Jahren armseliger Verteidigung anschickte, den Fluß zu überschreiten. Er setzte sich Anfang Februar 1638 in Bewegung und wandte sich gegen die wichtige Brücke der kleinen Stadt Rheinfelden, wenige Kilometer östlich von Basel. An dieser Stelle fließt der Rhein fast genau in westlicher Richtung; Rheinfelden liegt am südlichen, linken Ufer. Bernhard schloß die Stadt von Süden her ein und bediente sich der etwas östlicher gelegenen Fähre von Beuggen, um eine Anzahl seiner Leute in vorgeschobene Stellungen auf der Nordseite überzusetzen, von wo aus er den Brückenkopf angreifen wollte. Der Angriff war für den 1. März geplant, aber bevor es dazu kam, waren die Kaiserlichen unter dem italienischen Söldnerführer Savelli und unter Werth aus dem Schwarzwald herbeigeeilt.

Als Savellis Vorhut von Säckingen längs des rechten Ufers herannahte, wurde sie von Bernhards Truppen glatt zurückgeschlagen. Sie zog sich zum Hauptheere zurück und machte sich nach einem Umweg durch das hügelige und bewaldete Gelände daran, Bernhards Flanke

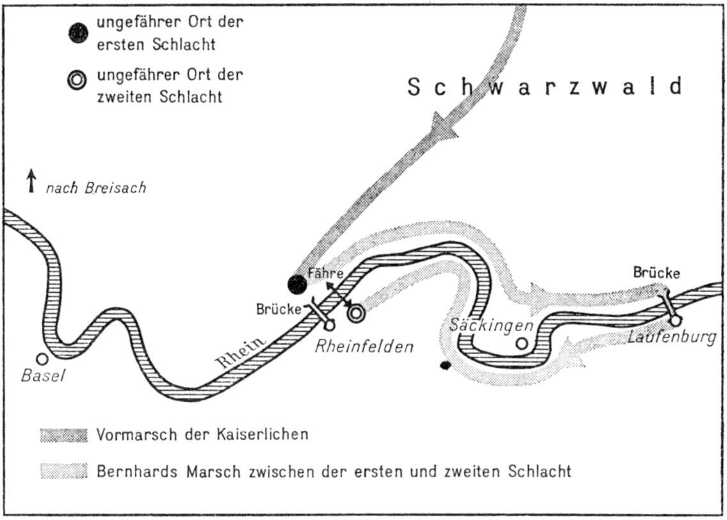


anzugreifen. Während der kurzen Erholungspause, die ihm dieses Manöver gewährte, brachte Bernhard in Eile einen Teil seiner Artillerie und Reiterei auf der Fähre vom linken Ufer über den Rhein. Die Zeit drängte, und als Savelli wieder erschien, war noch ungefähr die Hälfte von Bernhards Heer auf der anderen Seite des Flusses.

Er hatte diese angesammelten Truppen zusammengezogen, um den Brückenkopf zu verteidigen und Savelli an der Befreiung der Stadt zu hindern. Das Gelände war uneben, und die Truppen waren verstreut aufgestellt, so daß ein einheitliches Vorgehen auf der gesamten Front schwierig war und der Kampf sich in eine Reihe von Scharmützeln auflöste. Savelli, der in Bernhards linke Flanke drang, trieb sie in Auflösung zurück. Aber auf der andern Seite des Schlachtfeldes schlug Bernhards rechter Flügel den linken Flügel der Kaiserlichen zurück. Das Ergebnis dieser zwei Kampfhandlungen war, daß beide Heere sich fast vollständig um ihre eigene Achse drehten. Savelli nahm die Gelegenheit wahr und schlüpfte zwischen Bernhard und die Brücke, und der Tag endete damit, daß die Truppen einander in Stellungen gegenüberstanden, die beinahe das genaue Gegenteil ihrer Anfangsstellungen waren.

Bernhards Aussichten waren recht kläglich. Seine Verluste, ausgenommen die an Geschützen, waren nicht ernst, aber er war von seinem restlichen Heer am linken Flußufer abgeschnitten und hatte es zugelassen, daß Savelli sich der Brücke bemächtigte, wodurch er Rheinfelden beherrschte. Es gab für Bernhard nur eins: sich auf die nächstgelegene Übergangsstelle zurückzuziehen und die Sammlung seines Heeres zu versuchen. Mit dieser Absicht wich er gegen Laufenburg zurück, wobei er durch einen glücklichen Zufall den Truppenteilen entwischte, die Savelli im Schwarzwald zurückgelassen hatte. Dort überschritt er den Rhein, sammelte seine Streitkräfte und zog auf dem linken Ufer nach Rheinfelden hinunter.

Kurz nach sieben Uhr morgens am 3. März wurden Savellis Vorposten durch das Herannahen eines Heeres aufgeschreckt, das sie für vernichtet hielten. Sie ließen die Geschütze im Stich und liefen gegen Rheinfelden zurück, um Alarm zu schlagen. Bernhard hielt nur an, um mehrere seiner leichten Feldgeschütze wieder an sich zu bringen, und führte sie dann bei seinem Anmarsch gegen die Stadt mit. Er ließ dreimal auf Savellis Truppen feuern, als diese zur Verteidigung der Stadt eiligst Aufstellung genommen hatten, und ihre Reihen kamen schon vor dem letzten Feuerangriff ins Wanken; und dann zerstoben sie im Nu. Bernhards Reiterei verfolgte sie, und weitere Truppen, die zu spät aus der Stadt ausfielen, um ihren Kameraden zu helfen, gerieten zwischen zwei Feuer. Die eine Hälfte der Kaiserlichen floh, die andere ergab sich. Savelli wurde schmählich aus einem Dickicht hervorgezogen, Werth, der unberitten und ohne Begleitung war, erkannt und in ein benachbartes Dorf geschafft[57].

In Paris wurde ein Dankgottesdienst für Werths Gefangennahme abgehalten[58], und mit gutem Grund, denn Bernhard, dessen Heer durch die Gefangenen angewachsen war, stieß jetzt plötzlich wieder nach Norden vor, um das auf allen Seiten abgeschnittene Breisach zu nehmen.

Einen Krieg durch unverläßliche Verbündete führen zu lassen war ein gefährliches und Geschicklichkeit erforderndes Beginnen, und Richelieus Erfolg hing davon ab, ob er Bernhard und auch die Schweden in seiner Gewalt behalten und ihren getrennten Kampfhandlungen eine einheitliche Linie geben konnte. Kaum war der eine widerspenstige Verbündete in Reih und Glied zurückgebracht, als der andere am Halfter zu zerren begann: Während Bernhard nach Monaten der Untätigkeit sich endlich bewährt hatte, kämpfte Richelieu gegen eine neue, von den Schweden verursachte Schwierigkeit an. Der Vertrag ging zu Ende, und Oxenstierna, der den Augenblick für günstig hielt, um sich von einem Bündnis zu befreien, das einst notwendig, aber immer gefährlich gewesen war, beschloß, auf eigene Faust Frieden zu schließen[59].

Oxenstiernas Vermutung, daß der neue Kaiser Frieden wünschte, war richtig. Falls Ferdinand III. ihn zum Abfall von Richelieu brachte, würde er damit seine Flanke von einer ständigen Gefahr befreien und in den Niederlanden seinem Vetter, dem Kardinalinfanten, die notwendige Hilfe geben können. Richelieu, der die neue Gefahr erkannte, schickte einen Botschafter nach Hamburg, der sich mit Adler Salvius, dem Bevollmächtigten Oxenstiernas, auseinandersetzen sollte. Erneute Hilfeversprechen, im Verein mit der Abneigung des Kaisers, Pommern aufzugeben, und die Hoffnung, daß Baner bessere Waffenerfolge haben werde, wogen schließlich Schwedens Friedensbedürfnis auf, und es erneuerte sein altes Bündnis mit Frankreich im Vertrag von Hamburg[60].

Es war Ferdinand mißlungen, die Verbündeten auseinanderzubringen, und am 5. Juni 1638 erschien Bernhard von Weimar vor Breisach. Richelieu traf eiligst Vorbereitungen, ihm französische Verstärkungen zu senden, um die Gelegenheit zur Eroberung dieses Schlüsselpunktes der habsburgischen Strategie nicht zu versäumen. Der zu Hilfe herbeigeeilte bayrische Feldherr Götz wurde bei Wittenweiler am 30. Juli vernichtend geschlagen, und sechs Tage später vereinigte sich Bernhard mit den Franzosen unter Marschall Turenne. Die Belagerung begann Mitte August, und im Oktober wurde Karl von Lothringen, der auf Antreiben des Kaisers zum Entsatz der Stadt eilends Truppen heranführte, abgeschnitten und durch einen raschen Vorstoß Bernhards bei Sennheim aufgerieben.

Danach gab es keine Hoffnung auf Befreiung mehr; aber die Besatzung von Breisach hielt eine Woche nach der anderen aus, da sie immer noch hoffte, daß den Belagerern die Vorräte genauso ausgehen würden wie ihr selbst. Nur Hunger konnte Breisach, das auf einer steilen Anhöhe gelegen und auf einer Seite vom reißenden Rhein geschützt war, zu Fall bringen. Bernhards Angriffe mißlangen, aber er hatte Zeit, denn wie knapp auch die Vorräte in seinem Lager waren, in der Stadt waren sie noch knapper. Gegen November konnte man auf dem Markt die Frauen reicher Bürger ihren Schmuck gegen ein wenig Mehl eintauschen sehen. Pferde, Katzen, Hunde und Mäuse wurden als Nahrung verkauft und Rinds- und Schafshäute gesotten und gekocht. Am 24. November starb einer von Bernhards Soldaten, ein Gefangener, im Schloß; bevor der Leichnam zum Begräbnis entfernt werden konnte, hatten ihn seine Mitgefangenen in Stücke gerissen und das Fleisch verschlungen. In den folgenden Wochen starben noch sechs Gefangene, die auch verzehrt wurden. An einem einzigen Morgen wurden zehn Leichen auf dem Hauptplatz der Stadt gefunden, Bürger, die verhungert zusammengebrochen waren; und als es Dezember wurde, raunte man sich zu, daß arme, verwaiste Kinder verschwunden seien[61].

Es schien unmöglich, daß Breisach in dieser verzweifelten Lage noch lange aushalten könne. Zu dieser Zeit, als Richelieus vor langem entworfene Pläne endlich vom Glück begünstigt waren, als die Schlüsselfestung am Rhein fast in seinem Besitz war, erkrankte Pater Joseph; tagtäglich wartete man in Paris auf die Nachricht von der Übergabe Breisachs, aber die Festung hielt sich noch immer; mit jedem Tag ließ die Lebenskraft des alten Kapuziners nach. Eine wohlwollende Legende schreibt Richelieu eine plötzliche Äußerung menschlichen Zartgefühls zu. Er soll mit gutgespielter Freude in das Gemach des Sterbenden geeilt sein, sich über das ärmliche Lager des Mönchs gebeugt haben: »Pater Joseph, Breisach ist unser[62].« Vierundzwanzig Stunden bevor er starb, am 17. Dezember 1638, hatte sich Breisach ergeben. In Paris erfuhr man es erst zwei Tage später.

Das ganze Elsaß war jetzt von Truppen besetzt, die in französischem Sold standen; Breisach, der Schlüssel zum Rhein und das Tor nach Deutschland, war gefallen. Im Osten schlug Baner den Kurfürsten Johann Georg bei Chemnitz, besetzte Pirna und drang in Böhmen ein, nachdem er das Verteidigungsheer bei Brandeis zurückgeworfen hatte. In Flandern vermochte der Kardinalinfant die Einfälle der Franzosen nicht aufzuhalten und konnte daher keine Hilfstruppen nach Deutschland senden, wo sein Siegesgenosse von Nördlingen, der jetzt Kaiser war, sich mit ungenügenden Subsidien und schlechten Feldherren vergeblich abmühte, die steigende Flut zu dämmen. Piccolomini hatte sich nach den Niederlanden begeben, Arnim war zurückgetreten und Werth in französischer Gefangenschaft. Statt ihrer war Ferdinand auf Gallas angewiesen, der von Jahr zu Jahr sorgloser, trunksüchtiger und untüchtiger wurde[63]; auf Hatzfeld, einen einstigen Obristen Wallensteins, der wohl mit einem lächerlich kleinen Heer des Kurfürsten von der Pfalz bei Vlotho an der Weser aufgeräumt hatte, sonst aber ein unbegabter Kommißknopf war; auf Götz, einen mäßig begabten Überläufer, der anstelle Werths einen bayrischen Heeresteil befehligte. Die Truppenwerbung unter der entsetzlich zusammengeschmolzenen Bevölkerung, die Steuereintreibung in den bereits leergebluteten Erbländern und die

Besoldung und Ernährung des Heeres lasteten mit zunehmender Schwere auf Ferdinand. Aber im Frühjahr 1639 hemmte eine plötzliche Krise am Rhein Richelieu und gab dem Kaiser Zeit, sein weiteres Vorgehen zu planen[64].

Bernhard von Weimar versteifte sich auf seine Rechtsansprüche gegen die französische Krone. Laut des Vertrages, den er 1635 eingegangen war, sollte er zur Belohnung das Elsaß behalten dürfen; da es seine Truppen jetzt besetzt hielten, verlangte er rundweg, daß es ihm ohne weitere Berücksichtigung französischer Bedürfnisse oder Ansprüche einfach abgetreten werde; inzwischen erklärte er, daß Breisach sich nicht dem König von Frankreich, sondern ihm selbst ergeben habe, und er es behalten wolle. Er forderte die Unantastbarkeit deutschen Landes unter der Herrschaft eines deutschen Fürsten und das Recht, als ein den Schweden gleichwertiger Verbündeter behandelt zu werden[65].

## V

Der militärische Abenteurer und seine Belohnung waren seit Kriegsbeginn ein schwieriges Problem gewesen. Mansfeld hatte Hagenau verlangt, Wallenstein Mecklenburg, die Rheinpfalz, Brandenburg und Böhmen, die schwedischen Marschälle hatten Besitzungen gefordert, und Bernhard hatte Franken und jetzt das Elsaß beansprucht. Das mag nur persönlicher Ehrgeiz gewesen sein, aber die besondere Bedeutung des Elsasses in der späteren Geschichte hat Bernhards Handlungen mit einem Nimbus versehen, der denen Mansfelds und der schwedischen Marschälle überhaupt fehlt, wenngleich er denen Wallensteins nicht ganz abgehen mag.

Bernhards Ruf als Patriot beruht vor allem auf seinem Verhalten in den Monaten nach dem Fall von Breisach. Während dieser Zeit legte er in der elsässischen Frage Richelieu gegenüber fast offene Feindseligkeit an den Tag, indem er bedingungslose Abtretung forderte und jeden Kompromiß ablehnte. Aber sein Patriotismus war wirkungslos, wenn schon nicht unaufrichtig, da er keine Anstalten traf, eine Partei im Reich zu gründen oder die Sympathien der einflußreicheren Fürsten zu gewinnen. Im Gegenteil, er verwarf einen ihm von der Landgräfin von Hessen vorgelegten Plan zur Bildung einer deutschen Partei nach reiflicher Überlegung.

Das Beweismaterial ist wiederum nicht zwingend; er kann recht wohl die Aufrichtigkeit der Landgräfin bezweifelt haben. Daß er selbst jedoch keinerlei konstruktiven Vorschlag gemacht hat, beweist, daß der wie immer geartete, hinter seiner Opposition gegen Frankreich stehende Plan entweder hauptsächlich persönlich oder so unvollkommen war, daß er für die deutsche Politik keinen Wert hatte.

Bernhard stellte seine anfänglichen Forderungen im Februar 1639 und verlangte die volle Abtretung Breisachs und der vier sogenannten »Waldstädte« Laufenburg, Säckingen, Waldshut und Rheinfelden[66]. Während des ganzen Frühjahrs machten wiederholte Briefe aus Paris auf ihn keinen Eindruck, und als Marschall Guébriant sich ihm mit frischen Truppen anschloß, war er so starrköpfig wie immer[67]. Es gab keine Lösung außer der Bestätigung der von Bernhard geforderten militärischen und territorialen Gewalt — die ihn zur uneingeschränkten Stellung eines Wallenstein erheben würde.

Doch das Schicksal trat zwischen ihn und seine ehrgeizigen Bestrebungen. »Ein unzeitiger, verfrühter Tod gebot nach Gottes Ratschluß dem eilenden Fuß inmitten des Siegeszuges Halt und setzte seinem weiteren Ehrgeiz eine Schranke[68].« So heißt es in schwülstigem Latein in einem zeitgenössischen Bericht. Kaum eine Woche schied Bernhard, den drohenden Gegner, von Bernhard, dem bejammerten Helden, für den allgemeine Hoftrauer anbefohlen wurde[69].

Während der letzten Monate hatte er wiederholt Fieberanfälle erlitten[70], und um die Mitte des Juli wurde er von einer ihn rasch verzehrenden Krankheit befallen, die sein Leben in wenigen Tagen beendete. Sein Ende kam für Richelieu zu so gelegener Zeit, daß viele glaubten, er habe ihn vergiftet[71]. Das ist eine Legende; ein erschöpfter junger Mann, der viele Jahre seine Kräfte bis zum Äußersten angespannt hat, kann genausogut an einem Fieber sterben, wie ein tollkühner Soldat im Kampf fallen kann. Der Tod Bernhards war für Richelieu ein ebensolcher Glücksfall wie der Tod Gustav Adolfs vor sechs Jahren.

Bernhard hatte bald erkannt, daß es mit ihm zu Ende ging; er bestand darauf, daß seine Ärzte ihn durch Reizmittel von einer Stunde zur andern am Leben erhielten, und verfaßte und diktierte sein Testament[72], auf das sich sein Ruf als Patriot vor allem gründet. Er vermachte das Elsaß seinem älteren Bruder, falls er es haben wollte, muß dabei aber sicherlich gewußt haben, daß Wilhelm von Weimar die Neigung und auch die Macht dazu fehlte; wenn sein Bruder es ablehnte, sollte es an den König von Frankreich fallen. Er hatte allerdings festgesetzt, daß eine solche Abtretung nur auf Kriegsdauer gelten solle, traf aber keine Vorkehrungen, dies sicherzustellen. Sein gesamtes Heer übergab er seinem Stellvertreter Erlach, einem Schweizer, dem er immer vertraut hatte. Sein bestes Pferd hinterließ er Guébriant zum Trost für seine unnütz vergeudete Diplomatie[73]. Einem verfrühten Tod so nahe, hätte Bernhard wohl den Schleier von den wahren Zielen seines Ehrgeizes lüften können, indem er in letzter Minute eine Anstrengung zu ihrer Erreichung gemacht hätte. So bleibt das Testament trotz der unentwegten Bemühungen seiner Verteidiger genauso wenig überzeugend wie Bernhards übrige Politik. Es beweist bloß seine Erkenntnis, daß einzig Richelieu stark genug war, die protestantische Sache zu verteidigen, und daß ihm, Bernhard, in Deutschland keine Partei zur Verfügung stand, der er das Elsaß oder sein Heer hinterlassen konnte.

Er starb einen guten Tod; den kühl Tugendhaften plagten wenige persönliche Sünden, und was seine Verpflichtungen gegen das Gemeinwohl betrifft, so lag ihm wahrscheinlich ebenso wenig an der Verheerung des Rheinlands, an der schmählichen Zerstörung Landshuts oder den Bränden in Bayern wie dem verstorbenen Kaiser Ferdinand II. an der völligen Zertrümmerung des Reiches. Die Sache seiner Partei rechtfertigte alles, und worauf sein Ehrgeiz auch gezielt haben mag, es besteht kein Zweifel, daß Bernhard ein ebenso frommer Protestant war wie Ferdinand Katholik. »In deine Hände, Herr Jesus, empfehle ich meinen Geist«, flüsterte er mit seinem letzten schweren Atemzug. Er war fünfunddreißig, als er starb.

Auf Grund der vorhandenen Zeugnisse kann er weder ganz verurteilt noch ganz freigesprochen werden. Der Tod schnitt das Verhör ab und ließ es zu keinem beweiskräftigen Urteilsspruch, ob nun für oder wider ihn, kommen.

## VI

Wie wenig Bernhard die deutschen Fürsten auf eine Geltendmachung ihrer nationalen Interessen vorbereitet hatte, zeigte sich in den Ereignissen, die seinem Tod unmittelbar folgten. Die Herren des Elsasses und Breisachs waren Bernhards Soldaten, und ihr Meister war Erlach. Wer sich mit Erlach einigen konnte, gewann den Oberrhein. Von allen deutschen Herrschern bemühte sich ein einziger darum.

Karl Ludwig, der dreiundzwanzigjährige Kurfürst von der Pfalz, war ein nüchterner, auf sich bedachter, gewissenhafter junger Mann, der zeitig gelernt hatte, für sich selbst einzustehen. Seine Zweifel an der Menschheit – daheim hatte er den Spitznamen Timon – waren damals von sorglosem Jugendoptimismus gemildert. Im Oktober 1638 war das

Heer, das er mit englischer Geldhilfe aufgestellt hatte, bei Vlotho vernichtet und sein jüngerer Bruder gefangengenommen worden, während er knapp dem Tod entronnen war. Diese jämmerliche Flucht ließ ihn nicht verzagen, und vor Jahresfrist ging er daran, sich zum Herrn über Bernhards Heer und damit über den Oberrhein zu machen.

Indem Karl Ludwig die protestantische Sache, das seinem Vater widerfahrene Unrecht, seine eigene zweifellos deutsche Abstammung und seine daraus folgende Befähigung, einem deutschen fürstlichen Kollegen nachzufolgen, für seine Zwecke ausnützte, indem er ferner Andeutungen über Subsidien von seinem vermeintlich reichen Onkel, dem König von England, machte, schuf er sich innerhalb Bernhards Heer eine Partei, die groß genug war, um Richelieus Besorgnis zu erregen. Er machte einen einzigen, und zwar kindischen, Fehler. Als er auszog, um zu den Truppen zu stoßen, reiste er geradenwegs durch Frankreich. Richelieu bemächtigte sich seiner bei Moulins und ließ ihn als Gefangenen nach Vincennes bringen[74], wo er in ohnmächtiger Entrüstung verblieb, bis Erlach das Heer an Ludwig XIII. verschachert hatte.

Falls Bernhard ein Held sein soll, dann ist Erlach, der nach Bernhards Tod dessen Heer an Richelieu verdingte und diesem das Elsaß und Breisach auslieferte, der gemeinste Verräter. War jedoch Bernhard bloß ein ehrgeiziger Söldnerführer, dann war Erlach weder besser noch schlechter als Bernhard, da er nichts anderes tat, als den Soldaten, deren Verpflegung und Besoldung ihm oblagen, einen neuen Dienstgeber zu finden. Die Schuld, wenn es eine gibt, daß Bernhards Heer an Frankreich verlorenging, trifft nicht Erlach, sondern die deutschen Fürsten, die ihm kein Angebot gemacht hatten. Er mußte nach dem Besten greifen, und das kam von Richelieu[75]. Am 9. Oktober 1639 wurde vom König von Frankreich und von den Truppen, die von nun an die Weimaraner genannt wurden, ein Vertrag unterzeichnet. Die Truppen sollten im Sold der französischen Regierung verbleiben, dem französischen Oberkommandierenden am Rhein unterstehen, aber weiterhin eine besondere Einheit unter ihrem eigenen Feldherrn bilden, der allein die niederen Offiziere ernennen konnte, und sie sollten gewisse Festungen, besonders Breisach, unter der Oberhoheit der französischen Krone besetzt halten. Erlach schrieb, fast sich entschuldigend, an den Kurfürsten von der Pfalz: »Es war unmöglich, noch länger ein Heer zu erhalten, das schon so viel erduldet hatte und das der nahende Winter mit dem unvermeidlichen Zusammenbruch bedrohte[76].«

Dieser Vertrag, der dem Tod Bernhards auf dem Fuß folgte, bezeichnet den endgültigen Verzicht der deutschen Extremisten auf eine auch nur teilweise Beeinflussung des Krieges ihrer Verbündeten. Die Landgrafen von Hessen-Kassel bewahrten weiter ihre Unabhängigkeit und waren gleichberechtigte Verbündete Richelieus und Oxenstiernas, aber sie schlugen einen beschränkten eigenen Kurs ein, da sie weder die militärische noch die territoriale Macht besaßen, den Fortschritt des Krieges zu beeinflussen. Was Bernhards Absichten auch gewesen sein mögen, er übte zu Lebzeiten als einheimischer Feldherr einen Einfluß aus, den zu mißachten Richelieu und auch Oxenstierna nicht wagen konnten. Mit Bernhards Tod und der Unterstellung seiner Truppen unter fremden Befehl entartete der Krieg völlig zu einer auf deutschem Boden ausgefochtenen Auseinandersetzung zwischen dem König von Frankreich und dem König von Spanien.

# DER ZUSAMMENBRUCH SPANIENS
## 1639—1643

L'Espagne est comme le chancre qui ronge et
mange tout le corps où il s'attache

RICHELIEU

### I

In Madrid gab man dem Kardinalinfanten die Schuld am Fall Breisachs; er hätte, wie Olivarez sinnlos behauptete, Verstärkungen schicken sollen, um es zu retten[1]. Wie er dies mit der immer geringeren Geldhilfe und angesichts der einander stets widersprechenden Befehle, die er aus Madrid erhielt, hätte tun können, war nicht einzusehen. Jedoch die Schwierigkeiten der Spanier häuften sich so schnell, daß es nur menschlich war, wenn der König und sein Günstling die überwältigende Schuld auf andere abwälzten. Die unglücklichen, hauptsächlich durch sie beide verschuldeten Ereignisse wogen zu schwer, um von ihnen allein getragen zu werden.

Die öffentliche Unzufriedenheit, die sich unter Philipp II. zeitweilig flüsternd bemerkbar gemacht hatte, schwoll unter Philipp III. zu einem beständigen Gemurmel an und wurde, als Philipp IV. zur Regierung kam, zur ohrenbetäubenden Begleitmusik aller seiner Handlungen. Weiteres Herumpfuschen an der Währung hatte eine so erschreckende Inflation zur Folge, daß in einigen Landesteilen die Bevölkerung zum Tauschhandel Zuflucht nahm[2]. Anfangs der vierziger Jahre wurden schätzungsweise drei Viertel der Waren, die in spanische Häfen kamen, von holländischen Schiffen gebracht; so sehr waren die Handels- und die Kriegsflotte zusammengeschrumpft, daß dieser gesetzwidrige Handelsverkehr — denn das Embargo für feindliche Schiffe bestand noch — nicht nur nicht abgestellt werden konnte, sondern für die Existenz Spaniens tatsächlich notwendig war. Eine große spanische Flotte von siebenundsiebzig Schiffen wurde 1639 von dem hervorragenden, kühnen holländischen Admiral Tromp dazu getrieben, in englischen Gewässern Zuflucht zu suchen, und dort, sowohl den Seegesetzen wie auch den ohnmächtigen Protesten der Engländer zum Trotz, in ungünstiger Lage angegriffen. Siebzig Schiffe wurden versenkt oder gekapert. Dieser gewaltige Sieg war der Tod der spanischen Seemacht; der hohle Koloß, der seit der Niederlage von 1631 nur noch auf schwankenden Füßen stand, war zusammengebrochen, um sich nie wieder zu erheben.

Richelieu griff mittlerweile nach dem Grenzherzogtum Savoyen, dem kleinen, den Alpen rittlings aufgesetzten Staat, den die Habsburger seit langem als Einfallstor nach Frankreich zu benützen versucht hatten. Savoyen wurde jetzt von der Herzoginwitwe Christina, einer Schwester Ludwigs XIII., für ihren jungen Sohn regiert. Durch eine plötzliche, fast gewaltsame Einmischung in die inneren Angelegenheiten des Herzogtums brachte es Richelieu unter seine Macht.

Was Deutschland betraf, so erklärte Olivarez, daß die Kurfürsten von Bayern und Köln im Sold Frankreichs stünden, während der Kaiser, dessen Herrschaft so hoffnungsvoll begonnen habe, jetzt eine Belastung sei. Seine Minister seien treulos und seine Untertanen verräterisch[3]. So übel nahm Olivarez die Versuche Ferdinands auf, zunächst lieber sich als die spanische Monarchie zu retten.

In Spanien selbst bewahrte der bankrotte Hof seine Fassade blenderischer Pracht. Der König alterte, seine Gesundheit ließ nach, und er hatte sich der Melancholie und der Religion ergeben; dennoch verschwendete er weiter Geld für Maskenspiele, Theateraufführungen und Stierkämpfe und an Mätressen und Bastarde[4]. Mittlerweile entwickelte sich die französische Verteidigung in Flandern wie an der Pyrenäengrenze zum Angriff. An beiden Fronten wehrten die Spanier den Feind noch ab, aber es war nur ein Aufschub, falls sich in Madrid nicht ein Wunder ereignete.

Es ereignete sich kein Wunder. In Katalonien und Portugal brachen 1640 Aufstände aus. Innerhalb von Jahresfrist wurde der sanftmütige Herzog Johann von Braganza, wider Willen von der Welle der dortigen Unzufriedenheit getragen, als Johann IV. in Lissabon eingesetzt; er erzielte ein politisches Bündnis mit Frankreich[5], einen Waffenstillstand mit den Holländern[6] und Handelsverträge mit England und Schweden[7]. In Katalonien war der Aufstand sogar noch gefährlicher; Richelieu war zwar an dessen Ausbruch unschuldig, setzte sich aber sogleich mit den Führern in Verbindung, als er dessen Bedeutung erkannte. Schon im Dezember 1640 unterzeichnete er einen Vertrag mit den Katalanen, und im neuen Jahr traf er Anstalten, ihnen die französische Flotte zu Hilfe zu senden, während sie als Gegenleistung Ludwig XIII. zum von der spanischen Krone unabhängigen Herzog von Barcelona wählten[8].

So wurden die spanischen Niederlande ein steuerloses Schiff, das vor dem Sturm trieb. Die Madrider Regierung konnte nicht helfen, wollte aber die Herrschaft nicht aufgeben. Selbst wenn es Philipp möglich gewesen wäre, Soldaten oder Geld zu entbehren, konnte er sie nun nicht mehr in Sicherheit auf dem Land- oder Seeweg senden, denn die Holländer hatten die Meerengen und die Franzosen Breisach besetzt. Die großen Verkehrsadern des Habsburgerreiches von Italien nach Flandern waren verstopft, so daß das Veltlin nicht länger von Bedeutung war. Durch den bezeichnend benannten »ewigen Frieden« von Mailand wurde das Tal den Graubündnern gegeben und den Spaniern zynischerweise das Durchzugsrecht über die jetzt wertlosen Pässe gewährleistet[9].

Nichtig war nun der Sieg von Nördlingen, nichtig die Strategie des Kardinalinfanten an den Grenzen von Flandern und Brabant. Im Jahre 1640 wurde jede Hilfe eingestellt, ja, Don Fernando erhielt die dringende, in einen Befehl gekleidete Bitte, Waffen und Munition, welche man gegen Portugal benötigte, nach Spanien zu senden[10]. Der Kardinalinfant, der sich mit Befehlen und Gegenbefehlen aus Madrid herumschlug sowie mit Gerüchten und Gegengerüchten aus Portugal und Katalonien[11], arbeitete unermüdlich weiter. Während des ganzen Jahres 1640 hielt er die Holländer zurück, und 1641 brachten ihnen alle ihre Anstrengungen zu Lande nur Gennep ein, das sie vor sechs Jahren verloren hatten. Das konnte nicht so weitergehen; rastlose Arbeit, die durch seine unsicheren Beziehungen zum spanischen Hof verursachte Spannung und die physische Erschöpfung durch das Leben im Felde brauchten die schwache Gesundheit Don Fernandos vollends auf. Im Spätherbst 1641 kränkelte er; am 8. November sah er sechs Depeschen an den König von Spanien durch und unterschrieb sie[12], und am 9. November starb er. So stark sein Geist bis zuletzt war, so schwach war sein Körper.

## II

Weniger glücklich war das Schicksal seines Vetters, des Kaisers Ferdinand III. Während die spanische Monarchie zusammenbrach, spannte er alle Kräfte an, um die österreichische Dynastie aufrechtzuerhalten. So nahe kam er dem Erfolg, trotz der Beschwerden und Vorwürfe, mit denen er von Madrid bestürmt wurde[13], daß die Tragödie seines Mißerfolges sich um so düsterer abhob. Als König von Ungarn hatte er im Frieden von Prag den Grund zu einer Regelung im Sinne der kaiserlichen

Interessen gelegt. Als Kaiser brauchte er nur den von ihm festgelegten Grundlinien zu folgen. Schritt für Schritt brachte er, bis auf drei, alle deutschen Fürsten auf seine Seite zum Kampf gegen Richelieu und Oxenstierna. Der eine der drei, der Kurfürst von der Pfalz, machte ihm keine Sorgen, da er kein Land hatte; der zweite war der selbstsüchtige Gewalthaber Georg von Braunschweig-Lüneburg, der sich von Anbeginn mit Gustav Adolf verbündet und als Anhänger der Schweden die Vergrößerung seiner Macht auf diese eine Karte gesetzt hatte; und der dritte war Landgraf Wilhelm V. von Hessen-Kassel.

Der Tod des Landgrafen hatte Ferdinand mit der Hoffnung erfüllt, daß dessen Witwe, die für ihren jungen Sohn die Regentschaft führte, nach Frieden trachten werde. Er hatte seine Rechnung ohne die unbezähmbare Persönlichkeit der Landgräfin gemacht. Eine Enkelin Wilhelms des Schweigers und selber regierende Gräfin von Hanau, war Amalia Elisabeth eine Frau von ungeheurer Entschlossenheit und hohem Verstand. Sie hatte auch ihre Grundsätze. Sie war eine begeisterte Calvinistin, aufrecht und glaubenstreu; sie hegte auch ein starkes dynastisches Gefühl und hielt es für ihre Pflicht, den Besitz ihres Gemahls ihrem Sohn nicht um einen Viertelmorgen Landes vermindert, sondern wenn möglich vergrößert zu hinterlassen.

Seit Kriegsbeginn hatten die in Hessen-Darmstadt und Hessen-Kassel regierenden Familien einander mit kühler Eifersucht betrachtet. In Darmstadt war man Anhänger des Kaisers, in Kassel war man seinen Gegnern nähergekommen, bestärkt durch die 1623 auf dem Kurfürstentag zu Regensburg gewaltsam durchgeführte Übertragung eines Großteiles ihres Besitzes auf die Vettern. Die Bedeutung der Kasseler Linie für die protestantische Partei, besonders die holländische und französische, lag nicht in ihrem Gebiet um Kassel, sondern in dem großen Besitzanteil, den sie an Ostfriesland hatte. Dazu kam, daß Wilhelm V. ein fähiger Feldherr und angesehener Staatsmann war, der seine Stellung als Verbündeter des Königs von Schweden zu behaupten wußte. Seine Witwe war gleichermaßen entschlossen, keinen schmählichen Frieden zu schließen und ihre Stellung als unabhängige Verbündete Frankreichs zu wahren. Richelieu würde, wie sie vermutete, ihre Witwenschaft wahrscheinlich dazu ausnützen, sie in eine abhängige Stellung zu zwingen, damit er das kleine, aber tüchtige hessische Heer wie sein eigenes verwenden konnte.

Amalia Elisabeth besaß keinen staatsmännischen Weitblick. Sie hat nicht den geringsten Anspruch auf das Verdienst, an Deutschlands Unversehrtheit gedacht zu haben oder dafür eingetreten zu sein. Sie besaß gesunde Grundsätze, war aber nicht von übertriebenen Bedenken geplagt. Soweit Hessen-Kassel und ihr Sohn in Frage kamen, handelte sie mit Schlauheit, Folgerichtigkeit und Umsicht. Der Kaiser warb darum, daß sie Frieden schließe, und sie unterzeichnete einen Waffenstillstand, wobei sie aber Richelieu und nicht Ferdinand im Auge hatte. Die simple List glückte. Durch ihren Abfall erschreckt, beeilte sich der Kardinal, der auf ihre Subsidien, ihr Heer und ihre Besitzungen nicht verzichten konnte, ihr Bedingungen zu bieten, die sogar günstiger waren als diejenigen, deren sich ihr Gemahl erfreut hatte. Sie unterzeichnete in rascher Folge gesonderte Bündnisverträge mit dem König von Frankreich und dem Herzog von Braunschweig-Lüneburg und brach dann kaltblütig mit Ferdinand. Im engen Gesichtskreis ihrer hessischen Politik hatte der Kaiser für sie seinen Zweck erfüllt und konnte jetzt beiseite geworfen werden.

Der Mißerfolg bei Amalia Elisabeth hielt Ferdinand nicht davon ab, seine Politik, die Verbündeten auseinanderzubringen, fortzusetzen. Ein Versuch bei Georg von Braunschweig-Lüneburg war mit Verachtung aufgenommen worden[14], aber er hegte noch immer die Hoffnung, Oxenstierna von Richelieu zu trennen. In den Jahren 1639 und 1640 besprachen seine Abgesandten in Hamburg immer wieder die Möglichkeit einer Vereinbarung. Daß er der schwedischen Regierung Stralsund und Rügen anbot, brachte Ferdinand fast den erstrebten Erfolg, denn ihr Vertrag mit den Franzosen ging zu Ende, und in Stockholm war man sehr der Ansicht, daß Richelieu die auf ihn gesetzten Hoffnungen nicht gerechtfertigt habe. Schwedische Diplomaten fingen an, das unmittelbare Einschreiten des französischen Heeres in Innerdeutschland zu fordern, indem sie sich beklagten, daß Verbündete, die sich nur um den Rhein kümmerten und sie bei der Verteidigung der Elbe und dem Angriff auf die österreichischen Erbländer im Stich ließen, für sie wertlos seien. Richelieu brachte sie zur Vernunft, indem er ihnen jeden Nachschub abschnitt, und nachdem er so bewiesen hatte, daß sie ohne ihn sogar zum Friedenschließen zu schwach waren, erneuerte er das alte Bündnis[15].

Für Ferdinand war, wenn er die Verbündeten nicht zu entzweien vermochte, das Nächstbeste, was er tun konnte, sich seiner Verpflichtungen gegen Spanien zu entledigen, da diese der einzige Grund der Feindschaft Frankreichs waren. Trautmansdorff, dem er von seinen Ratgebern am meisten vertraute, drängte ihn zu diesem Schritt, aber er hatte zuerst gegen persönliche Vorurteile und angeborene Neigung anzukämpfen, die unüberwindlich schienen. Die spanische Partei hatte ihren Rückhalt an der Kaiserin, die als Gattin ebenso geliebt wie liebevoll war, und an Ferdinands ehrgeizigem, von ihm überschätztem Bruder Leopold.

Ferdinand gab dem Drängen dieser Partei nach und machte Leopold zum Oberbefehlshaber[16]. Es war eine unglückliche Ernennung, denn der Erzherzog war kein Soldat. Er hatte wenig Menschenkenntnis, und auf Einschätzung von Gelegenheiten verstand er sich überhaupt nicht. Kaum war er im Hauptquartier eingetroffen, als er dem Einfluß des jämmerlichen Gallas unterlag. Dieser Feldherr war wegen des Zustandes seiner Truppen und wegen seines unmäßigen Trinkens sehr angegriffen worden. Der Erzherzog berichtete jedoch nach Wien, daß die niederen Offiziere die Schuldigen seien und daß der Feldherr sich infolge der feindseligen Kritiken dem Trunk ergeben habe[17]. Solche Einfältigkeit macht Leopold wenig Ehre, und es ist nicht erstaunlich, daß er selbst, sooft er auf dem Schlachtfeld erschien, geschlagen wurde. Er besaß zwar ein gewisses Maß von Intelligenz und ein sehr gutmütiges Wesen, war aber unheilbar eingebildet; und als die Enttäuschungen schließlich sein Selbstvertrauen erschütterten, wurde er unerwartet verbittert und rachsüchtig. Der unglückliche Leopold, der sich eingebildet hatte, ein weit tüchtigerer Kaiser als sein Bruder sein zu können, erwies sich als ein weit weniger tüchtiger Feldherr.

Die Umstände trugen sicherlich nicht zur Erleichterung bei, denn auf beiden Seiten hatte theoretische Strategie ihren Wert verloren. Das Aufbringen der Verpflegung in einem verhungernden Land war zu einem Leitgedanken der Kriegführung geworden. Truppenbewegungen konnten nicht länger nach rein strategischen Erwägungen befohlen werden. Große Truppenkörper der einen oder der andern Seite besetzten gewöhnlich einen Landstrich und blieben dort von der Aussaat bis zur Ernte, wobei sie in Gegenden, die zuwenig Bauern hatten, um die Felder für sie zu bestellen, ihr eigenes Getreide ansäten und ernteten und etwaigen Überschuß verkauften.

Im kaiserlichen Heer verhinderte die Verringerung der spanischen Hilfsgelder die regelmäßigen Soldzahlungen, und im Verpflegungswesen herrschte abscheuliche Mißwirtschaft, da weder Gallas noch der Erzherzog Organisationstalente waren. »Wir mußten selber für uns vorschneiden, denn wir erhielten keine andere Bezahlung[18]«, schrieb einer der Soldaten. Die Zentralgewalt war auf beiden Seiten erschlafft, und Hauptleute zogen mit ihren Kompanien aus, um weit entfernt zu furagieren. Ein Offizier, der Sinn für erfolgreiches Plündern besaß, konnte sich als kleiner Wallenstein gebärden und seinen Vorgesetzten unbeschränkte Zeit Trotz bieten. Das Überlaufen von einem Regiment zu einem andern war immer schwer zu verhindern gewesen, nun aber wechselten die Soldaten von einer Kompanie zur andern, wo ihnen die beste Beute und Nahrung winkten, ohne danach zu fragen, zu welcher Partei der Hauptmann gehörte. »Ich wanderte . . ., ich weiß nicht wohin, und folgte, ich weiß nicht wem[19]«, gestand der englische Söldner Poyntz ohne Gewissensbisse. Über ganz Deutschland waren zerlumpte Banden verstreut, die sich nicht um die Sache ihres Feldherrn scherten, nichts von strategischen Plänen wußten und bloß die eine Sorge hatten, etwas Eßbares aufzustöbern und einen ernsten Kampf zu vermeiden. Sie bekämpften nur ihre Rivalen in der Nahrungssuche, gleichgültig, welcher Partei sie angehörten.

Diese Erscheinung verursachte die unübersichtlichen Feldzüge im letzten Jahrzehnt des Krieges. Die Kämpfe waren zusammenhanglos und stoßartig, da das Oberkommando außerstande war, die Truppen leicht oder zweckentsprechend zu verschieben. Die eine Hauptlinie, an der Schweden, Kaiserliche und Sachsen kämpften, lief die Elbe hinauf in die habsburgischen Länder, die andere, an der französische kaiserlichen und bayrischen Truppen gegenüberstanden, zog sich am Oberrhein entlang und durch den Schwarzwald. Dazwischen aber raubten allerorten aufflammende Gefechte jeder großen Offensive die Kraft und zogen die Entscheidung endlos hinaus. So hart das Soldatenleben war, es war für einen großen Teil der Bevölkerung der einzig mögliche Lebensunterhalt, und als die Soldaten im Verhältnis zu den Zivilisten zunahmen, wurde die Auflösung dieser großen Menschenmassen im Falle des Friedensschlusses zu einer immer beklemmenderen Aufgabe.

Während die Heere wie kriechende Parasiten das Reich kahlfraßen, plante Ferdinand, Frieden zu machen. Auf einer Kurfürstenversammlung Anfang 1640 in Nürnberg war er bis zu der Andeutung gegangen, daß er die Bedingungen des Friedens von Prag abändern wolle, falls er dadurch die Herrscher von Hessen-Kassel und Braunschweig-Lüneburg und den Kurfürsten von der Pfalz zur Niederlegung der Waffen bewegen könne. Er sah, daß die Kurfürsten weitgehend seiner Meinung waren; sogar Maximilian sagte widerwillig zu, daß er die Herausgabe eines Teiles des von ihm genommenen pfälzischen Landes erwägen wolle[20]. Mit Zustimmung aller Kurfürsten beschloß der Kaiser, vor Jahresende einen Reichstag einzuberufen.

Ferdinand III. eröffnete den Reichstag zu Regensburg am 13. September 1640 und schloß ihn am 10. Oktober 1641. Während dieser Zeit gelangte seine Herrschaft an ihre Wende; der geringe, aber deutliche Anstieg seines Glücks erreichte den Höhepunkt, und dann fiel es jäh ab.

Bis Januar 1641 ging alles gut. Der erste Ruf des Kaisers nach Frieden und Verständigung fand freundlichen Widerhall[21]. Am 9. Oktober beschloß der Reichstag, den Gesandten von Hessen-Kassel und Braunschweig-Lüneburg freies Geleit zu gewähren[22]; am 4. November stimmte er Ferdinands Verlangen zu, angesichts eines schwedischen Vorstoßes Truppen in der Stadt und deren Umkreis einquartieren zu dürfen – ein Verlangen, das in den vorhergegangenen fünfzig Jahren jederzeit als ein Versuch, die Versammlung einzuschüchtern, heftig zurückgewiesen worden wäre[23]. Am 21. Dezember bestätigten die Reichstagsteilnehmer die gegenwärtige Stärke des kaiserlichen Heeres und ihre Beiträge zu dessen Kosten[24]; am 30. stimmten sie einer Amnestie für das ganze Reich zu, ferner der Besprechung der Frage, wie Schweden befriedigt werden konnte, und der Erwägung der Bedingungen für eine allgemeine, auf dem Frieden von Prag beruhende Regelung der schwebenden Probleme[25]. Im Januar waren sie sogar so weit, daß sie Elisabeth von Böhmen und ihren Töchtern freies Geleit für den Fall anboten, daß sie sich mit einer Pension und Mitgiften bescheiden wollten, wie sie einer deutschen Fürstenwitwe und deren Kindern ziemten[26]. Hingegen wurde ihrem Sohn, dem Kurfürsten von der Pfalz, und seinen Brüdern kein freies Geleit angeboten[27], was kaum zu verwundern ist, da einer von ihnen in der holländischen Armee diente, ein anderer in der schwedischen, einer in Paris weilte und ein vierter mehr als zwei Jahre in kaiserlicher Gefangenschaft gewesen war, wo er keine Gelegenheit versäumt hatte, seinen Wächtern mit der Verteidigung der gerechten Sache seines Vaters bis zum Überdruß in den Ohren zu liegen[28].

In der zweiten Januarwoche 1641 erschien ein schwedisches Heer unter Baner vor der Stadt und forderte die Übergabe. Die Donau war zugefroren, und der Feldherr war bereit, den Fluß zu überschreiten und die Stadt einzuschließen[29]. Ferdinand, der rühmlichen Mut und kühle Überlegung zeigte, erkannte dies als einen bloßen Schreckschuß, um die Versammlung zu sprengen und seinen Triumph zu vereiteln, und da er gewiß war, daß der Feind seine Stellung nicht halten könne, weigerte er sich, den Reichstag zu schließen. Statt dessen befestigte er die Stadt und verstärkte die außerhalb liegenden Besatzungen. Er hatte richtig geschätzt; der Fluß taute auf, und der Feind zog sich zurück, wobei er unter anderen Schäden die Gerippe von zwanzig kaiserlichen Falken zurückließ, die ihm in die Hand gefallen und von den Soldaten, da sie

sie für Fasane hielten, gekocht und gegessen worden waren[30]. Ferdinands kühle Überlegung gewann ihm schließlich die Zustimmung seiner fürstlichen Untertanen. Es war der Höhe- und der Wendepunkt.

Die alte Verfassungspartei war beim Frieden von Prag zusammengebrochen: Johann Georg von Sachsen für immer, Maximilian von Bayern für mehrere Jahre. Der Einfall der Franzosen in Deutschland und der Abfall fast aller deutschen Verbündeten von den Schweden hatten einen Bürgerkrieg in einen Krieg gegen äußere Feinde verwandelt, und Widerstand gegen den Kaiser mußte nach dem Frieden von Prag jeden, der ihn förderte, in eine böse Lage bringen. Ferdinand hatte es so eingerichtet, daß die kaiserliche Politik für die Unversehrtheit des deutschen Bodens gegen die Franzosen und Schweden eintrat. Solange Ferdinand durch seine spanischen Vettern nicht bloßgestellt wurde, war es für einen sich nicht offen auflehnenden deutschen Fürsten unmöglich, sich ihm zu widersetzen. Plötzlich jedoch wurde in der achtzigsten Sitzung des Reichstages vom Kurfürstenkollegium selbst ein Angriff gegen den Kaiser unternommen. Der Vertreter Brandenburgs erklärte nachdrücklich, daß sein Herr den Frieden von Prag in keiner Weise für eine geeignete Verhandlungsgrundlage halte. Trotz des hartnäckigen Widerstandes der Kurfürsten von Bayern, Köln und Sachsen[31] folgten die kleineren protestantischen Fürsten sogleich der Führung Brandenburgs und setzten die Bestrebungen der extremen protestantischen Partei verfassungsmäßiger Opposition gegen den Kaiser gleich[32]. Nur die Furcht vor einem Einbruch äußerer Feinde hatte einen Verdacht verhüllt, der niemals geschwunden war, und ein unglücklicher Wechselfall hatte Ferdinands Reichstag aus einer Bekundung von Reichseinheit in eine Enthüllung der Reichsschwäche verwandelt.

Es war nur ein Wechselfall. Ferdinand hatte den Reichstag einberufen und eröffnet, als noch der alte Georg Wilhelm unter der Leitung seines ersten Ministers Schwarzenberg, eines dem kaiserlichen Haus ergebenen Katholiken, in Brandenburg regierte. Aber der kaum mehr als vierzigjährige Georg Wilhelm war bereits ein siecher Mann und beendete sein schwächliches Leben am 1. Dezember 1640. Sein Erbe, Friedrich Wilhelm, war zwanzig und glich seinem Vorgänger nur in der Körpergröße und persönlichen Würde. Barg jedoch der männliche Wuchs des Vaters eine zaghafte, stumpfe und nichts wagende Seele, so war der nicht weniger mächtige Wuchs des Sohnes von einem kühnen, entschlossenen und unternehmungslustigen Geist erfüllt. Aus der Kriegsgeneration stammend, besaß Friedrich Wilhelm deren Opportunismus und Skrupellosigkeit wie ihre Mißachtung aller nicht praktischen Rücksichten[33]. Er hätte alles gewagt und erduldet, was er der Wohlfahrt seiner Dynastie für förderlich hielt und – um ihm Gerechtigkeit widerfahren zu lassen – vielleicht auch der Wohlfahrt seiner Untertanen; aber er hätte nicht einen Taler für einen Grundsatz aufs Spiel gesetzt. In seinem späteren Leben erließ er eine bemerkenswerte Kundgebung, in der er die Notwendigkeit betonte, die deutschen Wasserwege für die Deutschen zu sichern; sein Ziel war, einen bestimmten Wasserweg sich selber zu sichern. Noch später empfing er französische Subsidien mit zynischer Gleichgültigkeit und erstaunlicher Heimlichkeit. Er gab Pommern für Magdeburg her und löste jenes durch eine List wieder ein. Seine innere Politik war hart, gesund, wirksam und unbeliebt; seine Außenpolitik schuf den preußischen Staat aus den verstreuten Ansätzen, die sein Vater ihm hinterlassen hatte, und an dieser Schöpfung muß er gemessen werden.

Der Charakter des neuen Kurfürsten war noch unbekannt, als er zur Regierung kam. Er war teilweise im Haag erzogen worden und hatte einen Großteil seiner Zeit bei seinen Vettern, den Kindern Friedrichs von der Pfalz, verbracht. Er hatte sich geweigert heimzukehren, als sein Vater es ihm befahl, und als er endlich unwillig gehorchte, lebte er mit Schwarzenberg, den er eines Vergiftungsversuches verdächtigte, auf Kriegsfuß[34].

Seit der Zustimmung des alten Kurfürsten zum Frieden von Prag hatten seine Truppen für den Kaiser gegen die Schweden gekämpft, und so unwirksam seine militärischen Bestrebungen auch gewesen waren, Ferdinand konnte es sich nicht leisten, ihn zu verlieren, am wenigsten während der Sitzungen des Reichstages, wo so viel vom Anschein der Einigkeit abhing. Unter Friedrich Wilhelm kamen jedoch die Dinge in Brandenburg ins Rollen. Der neue Kurfürst wollte vor allem für sein Land Frieden. Er kam in Gebieten zur Regierung, die völlig verwüstet und von fremden Truppen besetzt waren oder von seinem eigenen undisziplinierten Heer, das von Raub lebte[35]; er trat eine Erbschaft an, die durch Verkauf und Verpfändung der besten Gebiete entblößt war; und er gelangte in den Besitz eines Einkommens, das weniger als ein Achtel dessen betrug, was sein Vater einst gehabt hatte[36]. Er war gezwungen, fürs erste in Königsberg zu leben, weil das Dach seines Schlosses in Berlin am Einsturz und die Provinz zu knapp an Lebensmitteln war, um den kurfürstlichen Haushalt zu versorgen[37]. »Pommern ist dahin, Jülich ist dahin, Preußen haben wir wie einen Ahl beim Schwanz, und die Marke wollen wir auch vermarquetentiren«, klagte einer seiner Ratgeber[38].

Friedrich Wilhelm beabsichtigte, weder die Mark zu verpfänden noch weiteres Land oder Geld an den Kaiser zu verlieren. Er gab sogleich Befehl, daß seine Truppen sich auf die Abwehr beschränken sollten. Als die Schweden in sein Land eindrangen, fragte er sie, unter welchen Bedingungen sie ihm Neutralität gewähren wollten. Der verzweifelte Schwarzenberg versuchte, eine Meuterei anzuzetteln. Er wurde im Januar entlassen und starb kurz darauf, vermutlich an dem Schock[39].

Anfang März 1641 hatte Ferdinand in Regensburg genug in Erfahrung gebracht, das ihn einen Sonderfrieden zwischen Brandenburg und Schweden befürchten ließ. Vor Mai hatte der Kurfürst bereits Abgesandte nach Stockholm geschickt; Anfang Juli stimmte die schwedische Regierung einem Waffenstillstand zu, den man zu verlängern dachte[40]; am 24. waren bereits die Bedingungen einer zeitlich unbegrenzten Einstellung der Feindseligkeiten vertraulich unterzeichnet[41]; und Anfang September wurde durch den kurfürstlichen Vertreter zu Regensburg öffentlich bekanntgegeben, daß Brandenburg und Schweden die Feindseligkeiten völlig eingestellt hätten[42].

Friedrich Wilhelm hatte Ferdinand gezwungen, vorzeitig zu handeln. Der Kaiser wollte aufrichtig Frieden, jedoch unter Bedingungen, die keine zu großen Opfer an dem von seinem Haus in so langjährigen Kämpfen Erworbenen erforderten. Er hielt am Frieden von Prag fest, wobei er wahrscheinlich übersah, daß eine Regelung, die vor Richelieus unmittelbarem Eingreifen im Jahre 1635 großzügig geschienen hätte, 1640 keine Regelung mehr war, sondern nur noch der Schrei: »Kein Kompromiß!« Der neue Kurfürst von Brandenburg räumte mit diesem leeren Schein auf. Er war ein Bundesgenosse des Reiches, kümmerte sich nicht um die Regensburger Verhandlungen und schloß seinen eigenen Waffenstillstand. Es sah wie eine offene Anklage gegen den Kaiser aus, daß er sich weigere, Frieden zu machen.

Die Bedeutung von Friedrich Wilhelms Vorgehen wurde durch ein Buch unterstrichen, das unter dem Titel *Dissertatio de ratione status in Imperio nostro Romano-Germanico* einige Monate vorher erschienen war. Es war mit solchem Schwung, solcher dramatischer Geschicklichkeit und logischer Gewalt geschrieben, daß es fast sogleich überaus beliebt wurde. Der Verfasser war unter dem wortspielerischen Pseudonym Hippolithus à Lapide verborgen, in Wirklichkeit war er Bogislav von Chemnitz, der spätere Historiograph der schwedischen Krone. In diesem zeitgerechten Werk untersuchte er die Art und Weise, wie die Dynastie der Habsburger die Verfassung des Reiches zur Erweiterung ihres persönlichen Einflusses ausgebeutet hatte, und enthüllte mit erbarmungsloser Folgerichtigkeit die tatsächliche Schwäche ihrer Stellung, und wie diese auf List und Gewalt und auf der Ausnützung von Notfällen gegen die noch immer bestehenden Rechte der Fürsten beruhte.

Ferdinand hatte den Reichstag, wie er glaubte, mit einem Ölzweig in der Hand eröffnet. Im Mai 1641 sprach man in Europa allgemein davon, daß er nur Krieg wolle[43] und daß die Verhandlungen zu Regensburg nur eine Wiederholung der glänzenden List seien, deren er sich beim Frieden von Prag bedient habe: ein neuer und mit stärkerem Druck ausgeübter Versuch, seine Verbündeten zusammenzuhalten und die Gegenpartei weiterhin mit dem Anschein zu belasten, daß sie im Unrecht sei.

Ferdinand war kein Narr. Er sah, was geschehen war, und setzte dem Geschehenen das einzig Mögliche entgegen. Er hatte einen Ölzweig hingehalten, und es war ihm bedeutet worden, daß er ein nacktes Schwert halte. Die einzige Hoffnung, das Ansehen seiner Regierung zu retten, lag in dem Beweis, daß seine Behauptung richtig war. Als er die Nachricht erhielt, daß der Waffenstillstand zwischen Schweden und Brandenburg unwiderruflich geschlossen war, machte er gute Miene zum bösen Spiel und nahm sie mit der selbstverständlichen Freude des aufrichtigen Friedensfreundes auf. Diese gewandte Schwenkung lenkte den Schlag ab, denn seine verbindliche Zustimmung entwaffnete die streitsüchtigen Anhänger des Kurfürsten von Brandenburg. Ferdinand ergriff die Gelegenheit und ersuchte jene, ihre Ansichten über den Frieden nochmals zu erwägen. Nur die Gegnerschaft des Kurfürsten von Brandenburg und der Extremisten, behauptete er, hindere jetzt die Eröffnung einer allgemeinen Friedenskonferenz. So schob er die Schuld an der Obstruktion geschickt dem Kurfürsten von Brandenburg in die Schuhe[44]. Um diesem Anwurf auszuweichen, stimmten die Vertreter des Kurfürsten den Vorschlägen zu[45]. Am 10. November 1641 verabschiedete Ferdinand den Reichstag mit der Entscheidung, daß Bevollmächtigte gewählt werden sollten, die mit den Aufständischen und den eingefallenen Feinden auf der Grundlage des Friedens von Prag und einer allgemeinen Amnestie Friedensbedingungen erörtern sollten[46].

Die Krise war nur hinausgeschoben, nicht vermieden. Früher oder später würde Ferdinand ernstliche Friedensverhandlungen beginnen müssen, und da Friedrich Wilhelm freundschaftlichen Beziehungen zu Schweden und Frankreich zutrieb, konnten solche Friedensverhandlungen dem kaiserlichen Ansehen sehr abträglich sein. Früher oder später würde das von Ferdinand und auch von Friedrich Wilhelm so entrüstet zurückgewiesene Schwert des Krieges von einem der beiden wieder geschwungen werden müssen.

## III

Am 30. November 1641 wurde der kaiserliche Amnestieerlaß in Kölln an der Spree, im Land des Kurfürsten von Brandenburg, angeschlagen, aber Wind und Regen zerfetzten ihn während der Nacht und wirbelten die Fetzen verächtlich durch die Straßen[47]. Der Vorfall entsprach so sehr der allgemeinen Meinung über die friedlichen Absichten des Kaisers, daß zynische und boshafte Bemerkungen der Zeitgenossen nicht ausblieben.

In Hamburg waren inzwischen kaiserliche, schwedische und französische Abgesandte mit den Vorarbeiten für eine Friedenskonferenz beschäftigt. Ferdinand sandte nacheinander drei verschiedene Botschafter, von denen nicht einer die Schweden oder Franzosen davon überzeugte, daß es der kaiserlichen Regierung Ernst sei. »Sie ersetzten Kurtz durch Lützow, Lützow durch Aversberg. Die Männer wechselten, aber jeder erzählte dieselbe alte Geschichte[48]«, klagte der französische Gesandte. In Wirklichkeit paßte ihm die Lage ausgezeichnet, da die Pariser Regierung überzeugt war, daß die Verzögerung den Habsburgern neues Unheil bringen werde; die Wiener Regierung war gegenteiliger Meinung. Die Abgesandten hielten untereinander die Verhandlungen durch Wochen und Monate mit einem Vorwand nach dem andern auf. Die Franzosen forderten für die Herzogin von Savoyen einen Titel, den ihr die Österreicher verweigerten, und groß war der Ärger beider Parteien, als der dänische Vertreter eine Lösung der Schwierigkeit vorschlug, die keine von ihnen mit Anstand zurückweisen konnte[49]. Den Österreichern gelang es jedoch, die Präliminarien wieder auf ein totes Geleise zu bringen, indem sie sie in einem Dokument ratifizierten, das so erstaunlich unbestimmt und gegen jede Regel war, daß die Franzosen es ablehnten und das Spiel des Aufschiebens fröhlich weiterging und eine Partei die andere heftig beschuldigte, die Einigung zu verschleppen[50].

Die kaiserliche Regierung zeigte jenen leichtlebigen Optimismus, dessentwegen Österreich in späteren Zeiten berühmt wurde, und ließ sich durch Kleinigkeiten immer wieder zu unangemessenen Hoffnungen verleiten. Kurz nach dem Reichstag starb der unversöhnliche Herzog von Braunschweig-Lüneburg, und seine Erben wandten sich von den Schweden ab, um mit dem Kaiser einen Sonderfrieden zu schließen[51], worauf nur noch Hessen-Kassel und der vertriebene Kurfürst von der Pfalz in offenem Aufstand verblieben. Ferdinand rechnete auch auf die Feindseligkeit zwischen Schweden und Dänemark, aber obwohl er durchgesetzt hatte, daß Christian IV. zum Vermittler bei den Friedensverhandlungen bestellt wurde, worüber sich die Schweden mit Recht vernehmlich beklagten[52], kam es noch nicht zum offenen Bruch.

Auch zwischen Schweden und Brandenburg herrschte Unstimmigkeit. Christine, die junge Königin, war nicht gewillt, den Kurfürsten zu heiraten, und der Besitz Pommerns war eine Quelle lebhafter Meinungsverschiedenheit. Ferdinand hatte Grund, eine vollständige Entfremdung zwischen beiden zu erhoffen[53].

Die Feindseligkeit zwischen Schweden und Dänemark und die Spannung zwischen Brandenburg und Schweden erweckten in Wien Hoffnungen, die durch die Kriegsereignisse teilweise bestätigt wurden. Die Lage im schwedischen Kampfabschnitt war während der zwei auf den Tod Bernhards von Weimar folgenden Jahre ungemein gefährlich. Johan Baner war ein Marschall der schwedischen Königin, aber er war ein Adeliger aus einer alten Familie und der Sohn eines Mannes, der unter Karl IX. als Rebell hingerichtet worden war. Wie die meisten militärischen Befehlshaber, nicht nur schwedische, trachtete er nach Landbesitz in Deutschland, und sein Verhalten während der letzten Jahre hatte klar gezeigt, daß er nicht weniger nach persönlicher Macht strebte. Die Laufbahn von Männern wie Mansfeld, Wallenstein und Bernhard eröffnete Möglichkeiten, die keinem Mann von Ehrgeiz gleichgültig sein konnten. Baner war ehrgeizig, herrschsüchtig und skrupellos. Weiter hatte die Vernichtung des Großteils des Hornschen Heeres bei Nördlingen ihm eine starke Stellung geschaffen. Auf viele Jahre hinaus blieb Baner der einzige Aktivposten seiner Regierung. Er war das alleinige Bollwerk gegen die Kaiserlichen, die Sachsen und die Brandenburger in Norddeutschland. Er schützte die Verbindungslinie zwischen Schweden und dem Rhein oder Innerdeutschland; sein Rückzug hätte Oxenstiernas Bundesgenossenschaft für Richelieu wertlos gemacht und Schweden zu einem schmählichen Frieden gezwungen.

Das von ihm befehligte Heer, schlecht bezahlt, wie es war, und unter dem Druck der feindlichen Angriffe oft elend untergebracht, war außergewöhnlich unverläßlich. Seine Berichte an Oxenstierna gestehen das offen ein. »Quartiermeister Ramm .... ist ohne meine Zustimmung in Mecklenburg zurückgeblieben, und ich weiß nicht, was aus ihm geworden ist[54]«, schrieb er; und weiter: »Ich konnte nicht mehr tun als ihnen im Namen Ihrer Majestät immer wieder Bezahlung versprechen ... mit den glaubwürdigsten Ausreden, die ich ersinnen konnte[55]«; und schließlich: »Es wären keine Lücken in den Reihen, wenn nur die Nachzügler, Plünderer und Räuber, deren verantwortungsloses Treiben ... nicht abzustellen ist, zu ihren Fahnen zurückkehrten[56].« Baner gestand, daß es keine Disziplin mehr gab[57], daß die Fußsoldaten wiederholt ihre Ausrüstung gegen Lebensmittel eintauschten[58], und kam immer wieder darauf zurück, daß es so nicht weitergehen könne.

Baner malte die Zustände in seinem Heer zu kraß, denn tatsächlich gelang es ihm, sich zu halten. Er wollte zweifellos den Eindruck erwecken, daß seine eigene Fähigkeit und Klugheit den Zusammenbruch verhüteten, und gab Berichte, die auf Wahrheit beruhten, aber manchmal in übertriebene Schilderungen verfielen. Es war sicher wahr, und Oxenstierna wußte es, daß die Regierung in Stockholm mit den meuterischen Banden nicht allein fertig werden konnte und daher der Marschall mit der äußersten Rücksicht behandelt werden mußte. Baner wurde für Oxenstierna zusehends der Mann, der Bernhard für Richelieu gewesen war. Zur Zeit von Bernhards Tod hinderte nur der Geldmangel Baner daran, Erlach und die herrenlosen Truppen über Richelieus Kopf hinweg zu kaufen[59]. Da ihm dies mißlang, trachtete er seine Stellung durch eine eindrucksvolle Offensive zu festigen. Im Jahre 1639 fiel er in Böhmen ein, und nur die geschickte Verteidigung Prags durch Piccolomini, die Weigerung der Bauern, sich für ihn zu erheben, und der Mangel an Verpflegung verhinderten es, daß Baner sich zum Herrn des ganzen Landes machte[60]. »Ich habe nicht geglaubt, das Königreich Böhmen so heruntergekommen, verwüstet und ausgeplündert zu finden«, schrieb er an Oxenstierna, »denn zwischen Prag und Wien ist alles dem Erdboden gleichgemacht, und im ganzen Land ist kaum eine lebende Seele zu sehen[61].«

Er nützte dennoch jede Gelegenheit aus, und die schwedische Regierung wurde bald durch die Nachricht aufgestört, daß er auf eigene Faust Friedensverhandlungen begonnen habe und mit einem Angebot spiele, das ihm Güter in Schlesien und den Titel eines Reichsfürsten in Aussicht stellte[62]. Die Aufdeckung seiner Ränke machte sie vorübergehend zunichte, aber 1640 eröffnete er einen neuen Feldzug mit einem eindrucksvollen Marsch nach Süden auf Erfurt, wo er sich mit dem Bernhardschen Heer unter dem französischen Marschall Guébriant und mit einem Truppenteil aus Hessen und Braunschweig vereinigte. Obwohl er jetzt über vierzigtausend Mann verfügte, zeigte sein Handeln ein gewisses Zögern. Die Kaiserlichen wichen einer Schlacht aus, und er machte keine Anstrengung, die Donau zu erreichen; statt dessen folgte er dem alten Beispiel Wallensteins und begann mit Erzherzog Leopold zu verhandeln. Hinter den kaiserlichen Linien betrachtete der Kaiser diese Verhandlungen mit äußerstem Mißtrauen[63], während im französisch-schwedischen Lager die gleiche Ungewißheit über Baners Absichten zum Rücktritt Peter Melanders führte, des hessischen Feldherrn, der nachher, ziemlich unerwartet, ein Kommando im bayrischen Heer annahm. Der französische Kommandant Guébriant hatte mehr Grund, sich zu beklagen, denn Baner hatte wieder kaltblütig versucht, die Bernhardschen Truppen zum Übertritt aus den französischen in seine Dienste zu verleiten[64].

Als Baner dies mißlang, zog er sich an die Weser zurück. Sein reger, aber nicht scharfer Geist verfiel schließlich durch schweres Trinken, dem er sich seit vielen Jahren hingegeben hatte, und der Tod seiner Gemahlin Elisabeth im Juni 1640 ging ihm sehr nahe. Sie hatte ihn auf den meisten Feldzügen begleitet, eine gütige, sanfte, aber entschlossene Frau, die es allein verstand, ihren übellaunigen, ehrgeizigen, ungeduldigen Gatten richtig zu behandeln. Die Soldaten, hieß es, blickten zu ihr mit Ehrfurcht und Zuneigung wie zu einer Mutter auf, und die unglücklichen Zivilisten hatten sie oft gebeten, zwischen ihnen und ihrem sie zu Zahlungen pressenden Gatten zu vermitteln; einmal hatte in einer Stadt der Rat es sogar für klug gehalten, mit ihrer Kammerjungfer auf gutem Fuß zu stehen[65].

Beim Begräbnis seiner Gemahlin fiel das Auge des Marschalls auf die junge Tochter des Markgrafen von Baden, die er in seiner tiefen, schmerzlichen Erschütterung sogleich mit seinen kraftvollen, aber jetzt des Objektes ermangelnden Liebesregungen umwarb. Die Hochzeit fand in skandalös kurzer Zeit statt, und der Marschall und seine junge Frau verbrachten fortan, zum Ärger seiner Offiziere, drei Viertel jeder Nacht in Zechgelagen mit ihren Freunden und drei Viertel jedes Tages im Bett[66].

Wenn auch der Beginn dieser Ehe hauptsächlich auf Baners weinerlichen Schmerz und seine schlecht beherrschte Begierde zurückzuführen ist, so spielte wahrscheinlich doch auch die Stellung der Dame in Deutschland etwas mit. Baner hatte als Schwiegersohn des Markgrafen von Baden für sich im Reich einen Einsatz gemacht, der ihm eines Tages, wenn er sich gegen die schwedische Krone behaupten wollte, von Nutzen sein konnte. Er konnte die Verbindung benützen, um sich unter den deutschen Fürsten eine Partei zu schaffen. Er mußte in sein Feldlager, was ihn, da er Amateursoldaten verabscheute[67], sehr verdroß, einen jüngeren Bruder des Kurfürsten von der Pfalz aufnehmen, der die Kriegskunst erlernen wollte. Baners Verhalten gegen den Prinzen war zuerst beleidigend kühl, milderte sich aber zu einer anmaßenden Vertraulichkeit, als er durch seine Heirat, wie er meinte, auf die gleiche gesellschaftliche Stufe gehoben wurde[68].

Es war ein schwacher Strohhalm, an den Baner sich da klammerte, aber sein unberechenbares Verhalten kann ganz gut von seinem persönlichen Ehrgeiz bestimmt gewesen sein; jedenfalls wurde er so streitsüchtig, daß er als Verbündeter fast unbrauchbar war. Mit plötzlich wiedererwachter militärischer Tatkraft rückte er abermals auf Erfurt vor, wo er sich im Dezember 1640 wieder mit den Bernhardschen Truppen unter Marschall Guébriant vereinigte und mit ihnen einen blitzartigen Vorstoß auf Regensburg unternahm, ja sogar eine Salve von Kanonenschüssen über den Fluß auf die Stadt abgab. Aber das Wetter und seine stürmischen Zerwürfnisse mit Guébriant machten den Feldzug unmöglich, und er zog sich Ende Januar 1641 allmählich nach Zwickau in Sachsen und schließlich nach Halberstadt zurück. Sein Verhalten trug in seinem Wechsel von Tätigkeit und Trägheit sowie darin, daß er sich um den entscheidenden Angriff drückte, unverkennbar den Stempel des militärischen Karrieremachers. Er hatte seine Bemühungen, die Bernhardschen Truppen zu verleiten, fortgesetzt, und es war ihm gelungen, sie aufzuwiegeln[69]. Aber Baner hatte, wie vor ihm Wallenstein, sein Heer falsch beurteilt. Er selber war niemals beliebt gewesen, und der Tod seiner ersten Frau entzog seiner Befehlsmacht eine sehr wirkliche, einigende Kraft. Er kümmerte sich immer weniger um Disziplin, Sold und Vorräte, und das Heer war in meuterischer Erregung[70]. Bevor sie zum Ausbruch kam, starb er am 20. Mai 1641 in Halberstadt und überließ es der schwedischen Regierung, mit einer Lage fertig zu werden, die so schlimm geworden war, wie er sie nur je geschildert hatte.

Als Oxenstierna von Baners Tod erfuhr, ernannte er zum Nachfolger Lennart Torstensson[71], einen Kriegsmann, der unter Gustav Adolf ausgebildet worden war und dem er, wie er fühlte, vertrauen konnte. Aber es würde mehrere Wochen, wenn nicht gar Monate dauern, bevor Torstensson, der noch in Schweden war, seinen Posten antreten konnte, und in der Zwischenzeit fiel die Aufgabe der Führung des Heeres Karl Gustav Wrangel zu, einem fähigen, aber unbeliebten Offizier. Unter seinem Befehl wehrte das Heer im Juni 1641 kaiserliche Streitkräfte bei Wolfenbüttel ab[72], aber sehr bald darauf hob das, wenn auch teilweise durch den Sieg beschwichtigte Murren im Heer wieder an. Mortaigne, ein hoher, sehr angesehener Offizier, führte die Meuterei an. Sie forderten augenblickliche Soldzahlung, sonst würden sie, wie sie drohten, mit den Bernhardschen Truppen ins Rheinland abziehen und die schwedische Regierung ohne Heer lassen[73]. Die Ankunft Torstenssons rettete die Lage.

Er traf Mitte November ein, ein rauher, herrischer, schwer gichtkranker Mann, der aber weder durch Wrangels Jammerberichte noch durch seine Krankheit, die ihn zum Krüppel machte, entmutigt war. Er brachte siebentausend schwedische Soldaten und, was erstaunliche Mühe gekostet hatte, genug Geld mit, um die lästigsten Meuterer zu befriedigen. Durch die weise Verteilung des Gebrachten, durch den Sauerteig, den er in Form der neuen schwedischen Rekruten dem Heer beimengte, und durch die hartnäckige Weigerung, sich von den Meuterern einschüchtern oder beeinflussen zu lassen, konnte Torstensson schließlich die Ruhe herstellen[74].

Er war ein verläßlicherer Führer als Johan Baner und war der Krone treuer ergeben. Als Organisator überragte er seinen Vorgänger; und er brauchte diese Gabe. Die französischen Subsidien trafen immer unzulänglich und gewöhnlich verspätet ein und bildeten die einzige wirkliche Hilfsquelle des schwedischen Heeres. Torstensson entwickelte eine neue Methode: Er warb nicht länger Rekruten dadurch an, daß er ihnen Bezahlung für ihre Dienste versprach. Der verarmten Bauernschaft, aus welcher die ständig zusammenschmelzenden Truppen immer wieder aufgefüllt wurden, bot er Lebensmittel, Kleidung und Waffen an, und jede Beute, die sie machte. Damit anerkannte und legalisierte er nur eine bereits bestehende Lage und mußte so bloß Geld für die altgedienten Soldaten auftreiben, die schon vor seinem Eintreffen unter Waffen gestanden hatten[75]. Seuchen, Hunger und zügelloses Leben verminderten von Jahr zu Jahr den Prozentsatz dieser alten Soldaten.

Eine Bande konzessionierter Räuber konnte nur durch grimmige Disziplin zusammengehalten und zur Erfüllung ihrer militärischen Pflichten gezwungen werden, und Torstensson war der Mann dafür. Er machte sich nichts aus Popularität, weshalb er auch nicht danach strebte; seine Soldaten haßten ihn, und er übte von seiner unbequemen Krankentrage, an die ihn sein Zustand die meiste Zeit fesselte, eine Schreckensherrschaft über sie aus. Wäre er ein weniger fähiger Feldherr gewesen, würde er kaum einer verhängnisvollen Meuterei entgangen sein, aber selbst sein ärgster Feind konnte an seiner Kriegsführung nichts aussetzen. Er gab seinen Leuten Beute, und er gab ihnen Siege. Sie verfluchten ihn, weil er rücksichtslos hängen, erschießen und prügeln ließ, aber sie erhoben sich nicht gegen ihn.

Das Eintreffen Lennart Torstenssons vernichtete die Hoffnung des Kaisers auf eine glücklichere Wendung der Dinge. Der schwedische Marschall eröffnete im Frühling 1642 seinen Feldzug, indem er geradenwegs gegen die habsburgischen Länder losschlug. Ein sächsisches Heer wurde bei Schweidnitz unter großem Verlust an Artillerie und Munition schwer geschlagen[76], und Torstensson drang ungehindert in Mähren ein. Es gab wenig mehr zu plündern, aber in einem Kloster brachen die Soldaten die Gräber auf und schnitten den toten Äbten die mit Ringen besteckten Finger ab, zertrümmerten die Truhen mit den Meßkleidern und marschierten nach Olmütz weiter. Sie hatten die Meßgewänder und Altartücher wie Mäntel über ihre schmutzigen Lederjoppen geworfen und schwenkten die Banner mit den heiligen Sinnbildern[77]. Olmütz fiel im Juni, und Torstensson, brutal und gründlich, begann sogleich, die Stadt zu befestigen. Pflanzungen wurden schonungslos niedergehauen, um Unterkünfte für den Winter zu bauen; Studenten, Kranke und Hilflose wurden als nutzlos ausgewiesen[78] und der kaiserliche Gouverneur als gefährlicher Verräter gezwungen, mit Frau und Kindern die Stadt zu Fuß zu verlassen[79]. Die dortige Bauernschaft wurde der Anhänglichkeit an den Kaiser verdächtigt; Torstensson unterdrückte ihre schwachen Angriffe, indem er ihre Dörfer niederbrannte, die Gefangenen foltern und hängen und furchtbare Strafen für alle ankündigen ließ, die Heeresgut stahlen[80].

Bevor noch die kaiserlichen Feldherren, Erzherzog Leopold und Piccolomini, eine Streitmacht sammeln konnten, die groß genug war, um gegen Torstensson zu marschieren, war dessen Reitervortrupp schon keine vierzig Kilometer mehr von Wien entfernt. Torstensson aber war vorsichtig. Mit dem Hauptteil seiner Truppen zog er sich durch Schlesien nach Sachsen zurück, wo er den schlecht bewaffneten Johann Georg bezwingen wollte, ehe das kaiserliche Heer eintraf. Er belagerte Leipzig, als am 2. November 1642 Erzherzog Leopold gesichtet wurde. Torstensson, der sich nach Norden, gegen Breitenfeld, zurückzog, wurde von Leopold verfolgt, der auf ein zweites Nördlingen begierig war. Es wurde ein zweites Breitenfeld.

Der Erzherzog griff die Schweden mit einer fürchterlichen Kanonade an, mit der er seine Stellung zu decken hoffte, während sich die Kavallerie auf den Flügeln zum Angriff sammelte. Er bediente sich des Kettenschusses, der zu jener Zeit eine noch hinreichende Neuerung war, um das schwedische Heer für eine Weile zu entmutigen. Doch erkannte Torstensson sogleich, daß er die überlegenen feindlichen Truppen in einen Kampf verwickeln mußte, bevor sie kampffertig waren, und griff den feindlichen linken Flügel an. Die unausgerichteten Reihen brachen sogleich auseinander, und obwohl der Erzherzog selber die Flüchtenden mit Flüchen, Drohungen und Schlägen zusammenzuhalten suchte, kümmerten sich weder Offiziere noch Mannschaften im geringsten darum.

Auf dem andern Flügel hatte die kaiserliche Reiterei die Schweden zurückgeschlagen, und das kaiserliche Fußvolk bedrängte das schwedische Zentrum. Aber Torstenssons siegreiche Reiterei auf dem rechten Flügel kam, nachdem sie die Kaiserlichen auseinandergetrieben hatte, dem Zentrum zu Hilfe und zwang die angreifenden Fußsoldaten zum Rückzug. Die Truppen Torstenssons mußten jetzt nur noch in voller Stärke den isolierten rechten Flügel der kaiserlichen Reiterei umzingeln. Einige ergaben sich, wo sie standen, die meisten flohen, und die Schweden verfolgten sie viele Kilometer weit über das flache Land. Ganze Kompanien Reitertrupps warfen die Waffen weg, ergaben sich den Siegern und waren bereit, in schwedische Dienste zu treten. Nach niedriger Schätzung verlor der Erzherzog ein Viertel seines Heeres auf dem Schlachtfeld und ein weiteres Viertel an den Feind. Die Schweden schätzten seine Toten auf fast fünftausend und ihre Gefangenen auf viertausendfünfhundert; auch hatten sie sechsundvierzig Kanonen erbeutet, fünfzig Wagen mit Munition und die Kanzlei und die Kriegskasse des Erzherzogs[81]. Er selbst, der mit dem nackten Leben entkam, zog sich nach Böhmen zurück. Dort stellte er den Obersten und die Offiziere eines ganzen Regimentes, das, wie er behauptete, zuerst versagt und leichtfertig den Widerstand des linken Flügels erschüttert hatte, vor ein Kriegsgericht. Die Niederlage verbitterte sein sonst heiteres Temperament; er ließ alle höheren Offiziere köpfen, die niederen hängen, die Mannschaft durch Erschießen dezimieren und den Rest unter das übrige Heer aufteilen. Nachdem dies geschehen war, begab er sich nach Pilsen, um öffentlich die Kommunion zu empfangen und um Hilfe zu beten[82].

Wenige Wochen später kamen schlimme Nachrichten aus dem entgegengesetzten Teil des Reiches. Wiederhold, jener unabhängige Protestant, der sich vor acht Jahren geweigert hatte, die Burg Hohentwiel dem Kaiser zu übergeben, war gegen die Stadt Überlingen am Nordufer des Bodensees gezogen und hatte sie für die Franzosen erobert[83].

Als das Glück der Habsburger so tief gesunken war, berief der Kurfürst von Mainz einen Deputationstag nach Frankfurt am Main, um die Fragen zu besprechen, die den Krieg verursacht hatten oder durch ihn aufgeworfen worden waren[84]. Ferdinand hoffte, daß diese Versammlung sich das Recht anmaßen werde, die deutschen Schwierigkeiten zu lösen, und daß er dadurch Frankreich und Schweden jedes Anspruchs auf Einmischung in die Reichsangelegenheiten bei den Friedensbesprechungen berauben könne. Dieser Plan wurde durch einen schwedischen Gegenzug geschickt vereitelt: Die schwedischen Bevollmächtigten in Hamburg erließen ein Manifest, worin sie alle Stände Deutschlands einluden, ihre Beschwerden vor eine internationale Friedenskonferenz zu bringen[85].

Inzwischen waren als Versammlungsorte Osnabrück für Schweden und Münster für Frankreich bestimmt und die Zusammenkunft auf den 25. März 1642 festgesetzt worden. Ferdinand drückte sich auf ungeschickte Weise um eine Entscheidung: Er schob die Ratifizierung des Übereinkommens hinaus, bis der Termin verstrichen war, und stellte seinen Bevollmächtigten keine Beglaubigungsschreiben aus.

Die österreichischen Ausflüchte wurden aber jetzt sogar von Ferdinands katholischen Verbündeten mißbilligt. Maximilian von Bayern, dessen bewegliche Loyalität durch seine Heirat mit der Erzherzogin vorübergehend einen Halt gefunden hatte, neigte nun wieder Frankreich zu und zog die Kurfürsten von Mainz und Köln mit sich. Ihrer geographischen Lage entsprechend, wollten die Drei die am Rhein herrschende Macht versöhnen; die Kurfürsten von Mainz und Köln, um sich unmittelbaren Schutz zu sichern, und Maximilian, um sein Kurfürstentum und seine rheinischen Eroberungen bestätigt zu erhalten.

Ein Familienzwist brach Ferdinands Widerstandskraft. Beim Tod seines Vetters, des Kardinalinfanten, hatte sich Olivarez zuerst für Erzherzog Leopold als Nachfolger entschieden[86]. Dieser hatte sich in Deutschland nicht hervorgetan, war aber nicht unverständig, besaß etwas vom einnehmenden Wesen des Kardinalinfanten und würde als kaiserlicher Prinz vom snobistischen Brüsseler Mob und der flämischen Beamtenschaft wahrscheinlich gut aufgenommen werden. Philipp von Spanien, der diesem Vorschlag zuerst zugänglich war, überlegte es sich jedoch plötzlich anders und erklärte, daß er, um das leidenschaftliche Verlangen des flämischen Volkes nach einem Mann königlichen Geblütes zu befriedigen, lieber seinen Sohn Don Juan zum Statthalter ernennen wolle[87]. Don Juan war wohl der Sohn des Königs, aber seine Mutter war die Schauspielerin Maria Calderon; er war, allen Berichten nach, tugendhaft und verständig[88], doch erst zwölf Jahre alt. Alle Schichten der Bevölkerung, mit der Beamtenschaft angefangen, waren mit Recht ungehalten, daß sie unter einen Bastard gestellt werden sollten, und die Spitzen der Regierung erkannten sogleich, daß Philipp durch die Ernennung eines Kindes versuchte, die Macht Madrids über ihren unterdrückten Staat zu verschärfen. Unterwürfige, aber nachdrückliche Proteste bewogen schließlich Philipp, die Entsendung Don Juans auf unbestimmte Zeit hinauszuschieben und mittlerweile Don Francisco de Melo zum Regenten in den Niederlanden zu ernennen[89].

Die Lage war nicht gerettet. Für die österreichischen Habsburger war es eine bittere Kränkung, daß nach so langjähriger Bundesgenossenschaft der spanische König seinen Bastard dem ältesten Erzherzog, dem erklärten Führer der spanischen Partei in Wien, vorziehen wollte. Da nun das moralische Band durch Philipps abgeschmackte Anmaßung zerrissen war, bedurfte es nur noch der Unfähigkeit Melos, um die spanischen Niederlande vollends ins Unglück zu stürzen und dem Kaiser einen weiteren Anreiz zu geben, sich vom sinkenden Schiff der spanischen Monarchie zu retten.

## IV

Der Krieg zwischen Frankreich und Spanien ging ruckweise vorwärts, neigte sich aber immer mehr zugunsten Frankreichs. Die Schwierigkeiten, die Richelieu mit seinem Heer hatte, hörten nicht auf; er brauchte seine besten Truppen stets für Deutschland, wo die Gefahr am größten war, und mißtraute oft den Adeligen, die seine Truppen in den Pyrenäen, in Flandern und in Burgund befehligten. Dennoch hatte er als besonders vertrauenswürdig den Herzog von Enghien herausgehoben, den ältesten Sohn des Prinzen von Condé, einen Mann anfangs der Zwanziger, von dem er sich viel erwartete[90]. Auf seine Veranlassung wurde dieser im Winter 1642 zum Oberbefehlshaber der Truppen an der flämischen Grenze gemacht.

Der Herzog von Enghien hatte sich anderen gegenüber weniger verläßlich gezeigt, als er Richelieu erschien. Als Knabe war er ein solcher Hitzkopf, so launenhaft und zuzeiten so hemmungslos gewesen, daß man zweifelte, ob er zu einem normalen Mann heranreifen werde. Als er zweiundzwanzig wurde, hatte er diese Schwächen überwunden, blieb aber außergewöhnlich impulsiv und überraschend unkonventionell und konnte keinen Widerspruch vertragen.

Auch das französische Heer hatte sich während der letzten Jahre geändert. Richelieu, der Geld sparen und die Macht der Kommandanten, besonders der hochadeligen, zügeln wollte, hatte sein Augenmerk mehr auf technische Fertigkeit als auf zahlenmäßige Größe gerichtet[91]. Mit Unterstützung des Königs hatte er versucht, eine strengere Disziplin zu erzwingen, indem er drakonische Strafen für so kleine Vergehen wie Fluchen androhte[92]; er hatte getrachtet, die Zahl des Lagervolks, besonders der Weiber, zu vermindern, aber nicht immer mit Erfolg[93]. Ferner hatte er dadurch, daß er so weit wie möglich einem Emporkommen durch Begabung, nicht durch Einfluß, den Weg bahnte, ehrgeizigen, aufgeweckten Söhnen von Bauern, Handwerkern, Krämern und natürlich von verarmten Adeligen eine verlockende Laufbahn eröffnet. So hatte sich im letzten Jahrzehnt rasch eine hochausgebildete Heeresmaschinerie entwickelt, die im Belagerungskrieg besonders verwendbar und widerstandsfähig war. Auch war der Charakter des Heeres nicht ständig durch Aufnahme von Überläufern und Gefangenen verfälscht worden. Das Heer entwickelte und bewahrte ein so starkes Nationalgefühl, wie es einst das schwedische besessen hatte, und Gefangene wurden entweder schnell ausgetauscht, oder man nützte ihre Arbeitskraft brutal aus, indem man sie als Galeerensklaven in die französische Flotte steckte[94].

Richelieu war es nicht vergönnt, die Krönung seiner langen politischen Arbeit durch den letzten bedeutenden, ihm seine Ernennung verdankenden Mann zu erleben. Das Jahr 1642 war dadurch gekennzeichnet, daß vor dem Tod Richelieus die ihm gefährlichste Mine explodierte. Cinq Mars, der schöne Günstling des Königs, revoltierte und zog einige Adelige mit sich — zu wenige, um ihre Sache zu retten, aber genug, um das Vertrauen des Kardinals zu erschüttern[95]. Zum letztenmal triumphierte Richelieu, und Cinq Mars folgte früheren Rädelsführern aufs Schafott. Sein Besieger überlebte ihn um kaum drei Wochen. Am 28. November 1642 erkrankte Richelieu schwer, und vier Tage später bat er, sein Amt niederlegen zu dürfen. Sein so lange von immer wiederkehrender und zunehmender Krankheit gequälter Körper war endlich erschöpft. Der König wollte den Rücktritt nicht zur Kenntnis nehmen; dagegen besuchte er seinen Minister, saß an seinem Bett, nährte ihn mit Eidotter und zeigte so auf seine verhaltene, gehemmte Art alle Zärtlichkeit, deren er fähig war[96]. Sie waren einander immer nur verstandesmäßig, ohne den leisesten Unterton herzlichen Gefühls nahegestanden; der Kardinal hielt zum König als dem »Baumstamm« des Staates und der König zum Kardinal als der Hauptstütze seiner Macht. Ihre Verbindung hatte oft darunter gelitten, daß der König sich nach einem jungen, lebensprühenden Menschen sehnte, der ihm das Glücksgefühl geben konnte, das er weder in der Ehe noch in der Macht fand; aber bei Ludwig war, ungeachtet aller unausgeglichenen Sehnsüchte, der Kopf stärker als das Herz, und Richelieus überragender Einfluß blieb unerschüttert.

Der König kam am 2. Dezember; am folgenden Abend empfing Richelieu die Letzte Ölung und verfiel langsam in das Koma. Am 4. Dezember um die Mittagszeit starb er, und die Pariser strömten mehr aus Neugierde als aus Trauer herbei, um von dem Mann Abschied zu nehmen, der nie volkstümlich, aber immer geachtet und gefürchtet gewesen war und den man in Zeiten der Krise stets vertrauensvoll angerufen hatte.

Im folgenden Frühjahr begann Enghien mit l'Hopital und Gassion, zwei erfahrenen Kommandanten, die Operationen an der flämischen Grenze. Ein Schatten von Ungewißheit hing über dem Feldzug, denn in Paris war Ludwig XIII. krank, und seine Ärzte hatten wenig Hoffnung für seine Genesung. Richelieus Politik war von Kardinal Mazarin, der in letzter Zeit sein Vertrauter und seine rechte Hand gewesen war, übernommen worden. Falls aber der König sterben sollte, würde sein Nachfolger ein kaum fünfjähriges Kind unter der Regentschaft seiner Mutter und eines Rates sein. Solange der König am Leben war, mochten die unruhigen Machtelemente Frankreichs, der Adel und der Pariser Pöbel, sich die Leitung durch Mazarin gefallen lassen, wenn aber diese schwache Schranke fiele, würden sie wahrscheinlich die Herrschaft der spanischen Königin und des italienischen Kardinals nicht dulden.

Unter so drohenden Befürchtungen brachte Enghien seine Truppen zur Verteidigung der Maaslinie in Stellung. Im Louvre lag der König Tag für Tag auf seinem riesigen Bett, aber sein siecher Körper, der während der letzten Jahre niemals wirklich den Eindruck gemacht hatte, lebendig zu sein, konnte nicht sterben. Der Puls schlug in dem zum Skelett Abgemagerten hartnäckig weiter. Tag für Tag lag er fast regungslos, manchmal in unruhigen Schlaf versunken, manchmal halb bewußtlos, manchmal murmelnd, während seine Gemahlin an seinem Bett laut weinte. Hofleute und Ärzte kamen und gingen, und inmitten der pompösen Großartigkeit und der weniger erhabenen Vorgänge des Krankenzimmers spielte der Dauphin ruhig mit einem kleinen Freund, während der Herzog von Anjou auf dem Schoß einer fremden Gräfin laut nach seiner Kinderfrau schrie, die das Zimmer nicht betreten durfte[97]. Knapp vor seinem Tod erwachte der König aus einem kurzen Schlaf und sagte zu Condé, der bei ihm wachte: »Herr von Condé, ich habe geträumt, Ihr Sohn habe einen großen Sieg errungen[98].« Am frühen Morgen des 14. Mai 1643 starb er.

Am 17. Mai abends erreichte die Nachricht Enghien, der bei seinen Truppen irgendwo zwischen Auberton und Rumigny im Flachland westlich der Maas war[99], auf dem Marsch zur Befreiung Rocroys, einer starken Grenzfestung, die von Melo belagert wurde. Er hielt es zuerst für klüger, nichts verlauten zu lassen, damit im Heer keine Panik ausbräche; am folgenden Morgen berief er in Rumigny seine Offiziere zu sich und teilte ihnen seine Pläne mit. Rocroy ragt auf einer Anhöhe über die Umgebung hinaus, aber das Gelände zwischen Rocroy und Rumigny ist ziemlich eben, sandig und vielfach von Buschwald und schmalen, sumpfigen Wasserläufen durchsetzt. Vor der Stadt ist das Gelände offen und frei von Gehölzen. Melo lag gut verschanzt mit achttausend Reitern und achtzehntausend Fußsoldaten zwischen Enghien und der Stadt. Der Herzog plante, durch die engen Waldlichtungen gegen Rocroy vorzurücken und den Troß und die Geschütze zurückzulassen. Sollte diese Bewegung Melo aus seiner Stellung herauslocken, dann würde er ihn umgehen und von hinten gegen Rocroy vorrücken; falls er ihn nicht dazu verleiten konnte, wollte er ihn zwingen, den Entscheidungskampf vor der Stadt zu versuchen. Nachdem er diesen Plan, dem Gassion zustimmte, den l'Hopital aber ablehnte, dargelegt hatte, unterrichtete Enghien die Offiziere vom Tod des Königs und bat sie eindringlich, zum neuen Herrscher und zur Regentschaft zu stehen[100].

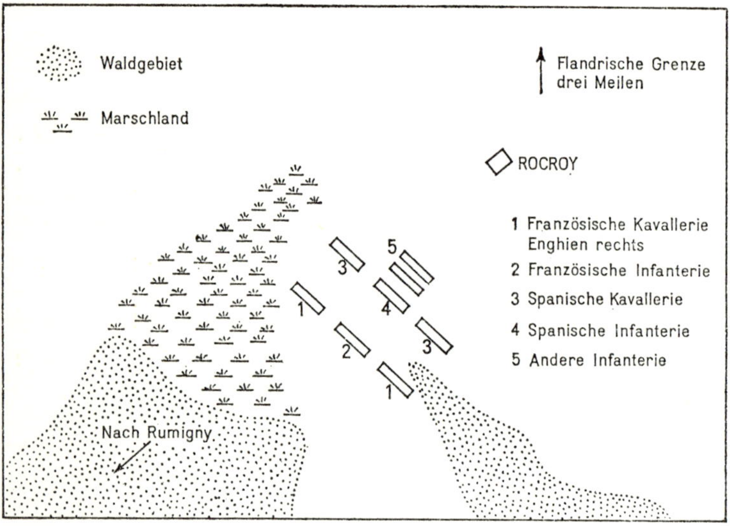


Am folgenden Tag, dem 18. Mai, wurde der erste Teil des Planes erfolgreich ausgeführt, da Melo das gesamte französische Heer, fünfzehntausend Fußsoldaten und siebentausend Reiter, aus den engen Lichtungen unbelästigt in das offene Gelände marschieren ließ. Er glaubte, seiner Sache besser zu dienen, wenn er das ganze französische Heer einschlösse und gefangennähme, als wenn er es bloß in die Flucht schlüge. Seine Truppen waren dem Feind an Zahl – wenn auch weniger, als er dachte – und an Ausbildung überlegen, denn ihm unterstand die Blüte der spanischen Infanterie, die Truppen des Kardinalinfanten, des Erben der Tradition Spinolas. Als er aber die Truppen Enghiens auftauchen sah, war er fassungslos, denn der Prinz hatte es so eingerichtet, daß die Bewegungen der Infanterie teilweise durch die der Reiterei verdeckt waren, die an der Spitze und zu beiden Seiten vorrückte. Vergeblich sandte Melo kleine Trupps aus, um die Reiterei zum Kampf zu verlocken und so die Zahl der Fußsoldaten im Zentrum schätzen zu können; sie hatten keinen Erfolg oder brachten so verschiedene Berichte, daß er nicht wußte, was er glauben sollte.

Bis sechs Uhr abends hatte Enghien seine Truppen in der Ebene in Kanonenschußweite von den Spaniern aufgestellt. Sein rechter Flügel, den er selber befehligte, stand auf leicht ansteigendem Gelände, war aber von der Reiterei des Herzogs von Albuquerque durch einen schmalen Waldstreifen getrennt, in welchem Melo Musketiere stehen hatte, um Enghien am Vormarsch zu hindern. Der linke Flügel unter Senneterre und l'Hopital befand sich auf einem tieferen Gelände, das gegen einen Flankenangriff durch einen Sumpf geschützt war. Melo befehligte den spanischen rechten Flügel gegenüber Senneterre, und der alte flämische General Fontaine hatte den Befehl über die Infanterie, die das sanft ansteigende Gelände im Zentrum der spanischen Linien besetzt hatte. Die Höhenunterschiede sind zu wenig betont, als daß man von richtigen Bergen und Tälern sprechen könnte, aber zwischen den Heeren war eine Niederung, so daß ein Angriff bergab begonnen und dann bergauf beendet werden mußte.

Um sechs Uhr abends war es bei dem schönen Maiwetter noch zeitig genug, den Kampf zu beginnen, und das hätte Enghien getan, wenn nicht Senneterre plötzlich, ohne einen Befehl dazu, die Hälfte seiner Reiterei losgelöst hätte, um die Spanier zu umgehen und Rocroy zu befreien. Das war ein schlechtüberlegter Zug, da Senneterre den Sumpf an seiner linken Flanke gerade vor dem spanischen Heer überqueren mußte, und Melo, der seine Gelegenheit gekommen sah, war daran, anzugreifen, als Enghien vom anderen Flügel mit Verstärkungen zu diesem Punkt eilte, Senneterre zurückbeorderte und seinen Rückzug deckte. Melo ließ sich die Gelegenheit entschlüpfen, und die Nacht brach über die beiden Heere herein, ohne daß etwas geschehen war.

Bei Tagesanbruch rückte Enghien gegen den Waldstreifen zwischen seinen Truppen und den gegnerischen Spaniern vor und säuberte ihn bald von den Musketieren. Das Hindernis war gefallen, bevor Albuquerque es bemerken konnte, und er verließ sich noch immer darauf, daß es ihn schützen werde, als er gleichzeitig in der Flanke von Gassion und in der Front von Enghien angegriffen wurde. Albuquerques Truppen verteidigten sich standhaft, wichen aber allmählich zurück und brachen schließlich unter dem Angriff völlig zusammen. Enghien überließ Gassion die Verfolgung der Fliehenden und richtete seine Aufmerksamkeit auf den Mittelpunkt des Kampfes. Weit draußen auf seinem linken Flügel war l'Hopitals Angriff von Melo zurückgeschlagen worden, und die Reiterei, die sich ungeordnet zurückzog, hätte den Kampfplatz verlassen, bevor er sie wieder sammeln konnte, wenn nicht die Reserven zu Hilfe gekommen wären. Dennoch war die Lage auf dem linken Flügel ernst, und im Zentrum blieb die Infanterie, die den spanischen und flämischen Truppen an Tüchtigkeit und Zahl nicht gewachsen war, in der Verteidigung.

Enghien, der die Lage mit einem Blick erfaßte, sammelte seine Reiterei und ging mit genialer Unbekümmertheit daran, sich einen Weg durch das spanische Zentrum zu hauen. Die erste Linie der feindlichen Infanterie, alterprobte spanische Soldaten, kämpften gegen die französische Infanterie, der sie hart zusetzte; Enghien stieß zwischen sie und die zweite und dritte Linie vor, die aus italienischen, deutschen und wallonischen Truppen bestanden. Weniger gut ausgebildet als die Spanier, wichen sie bald vor dem unerwarteten Vorstoß, und Enghien befand sich nach einem scharfen Kampf auf der andern Seite des Schlachtfeldes in einer Stellung, aus der er Melo in den Rücken fallen und die erschöpften Truppen Senneterres und l'Hopitals von ihren Angreifern befreien konnte. Melos Reiter, die zwischen zwei Angreifer geraten waren, brachen gegen den Sumpf an ihrer rechten Flanke aus und flohen, von beiden Seiten ungestüm verfolgt, vom Schlachtfeld.

Die ungefähr achttausend Mann starke spanische Infanterie war jetzt für sich allein auf der niedrigen Anhöhe. Wenn sie, mit einem erklecklichen Aufwand an Ausdauer, ihren Platz zu behaupten vermochte, bis Verstärkungen herangebracht waren, konnte Enghien vielleicht noch geschlagen werden. Zuerst schien es fast möglich zu sein. Die französische Infanterie kam bis auf fünfzig Schritte heran, wurde aber von einem plötzlichen Feuerhagel der Musketiere empfangen, der sie in Auflösung brachte und schneller zurückjagte, als sie gekommen war. Enghien verstärkte die Linie mit Reiterei, aber der gemischte Angriff hatte genausowenig Erfolg, und die Franzosen wurden dreimal mit schweren Verlusten an Toten zurückgeworfen. Inzwischen hatten Gassion und Senneterre die Fliehenden weit genug verfolgt, um sich zu sichern, und sie kehrten mit ihrer Reiterei auf den Kampfplatz zurück. Enghien führte einen neuen Angriff aus, und die spanische Infanterie erkannte, daß sie nun von allen Seiten umzingelt war. Ihr Kommandant, Fontaine, war durch eine verirrte Kugel getötet worden, und alle Hoffnung auf einen erfolgreichen Widerstand war geschwunden; die Offiziere baten durch Signale um Waffenstillstand.

Enghien war gar nicht abgeneigt, ihn unter gewissen Bedingungen zu gewähren. Es war schon spät am Abend, und er hatte kein Verlangen, um jeden Preis weiterzukämpfen. Er ritt mit wenigen Begleitern den Hügel hinauf, aber ein paar feindliche Soldaten, die diese Bewegung für einen neuen Angriff hielten, begannen zu feuern. Mit Entrüstungsschreien strömten die französischen Truppen heran, um ihren Führer zu schützen, und die Kunde, daß er in Gefahr sei, drang schnell durch die Linien, bis sich von allen Seiten Infanterie und Kavallerie um die spanische Stellung schlossen. Vergeblich schrie Enghien seine Leute an, Pardon zu geben; in ihrer Wut über den Angriff auf ihren Führer hieben sie alle nieder, auf die sie stießen, und Enghien selbst rettete nur mühsam einige Feinde, die sich im Handgemenge an seine Steigbügel klammerten und seinen persönlichen Schutz anriefen. Die Nacht brach über dem Unglück des spanischen Heeres herein; von achtzehntausend Fußsoldaten waren siebentausend gefangen und achttausend getötet worden, zumeist Spanier. Vierundzwanzig Kanonen, unzählige Waffen und der Heeresschatz fielen Enghien in die Hand, und am nächsten Tag zog er im Triumph in Rocroy ein, ein Ereignis, das bis zum heutigen Tag auf den Toren der kleinen Stadt verzeichnet ist[101].

Es war das Ende des spanischen Heeres. Allerdings hatte die Reiterei die Niederlage überlebt, aber ihre Disziplin und Moral waren so zusammengebrochen, daß sie ohne die prächtige Infanterie, welche die Stärke des Heeres gebildet hatte, wertlos war. Diese war bei Rocroy nicht um ihren guten Ruf gekommen, wie die Schweden bei Nördlingen, aber sie war gestorben, um ihn zu erhalten. Die alten, kampferprobten Soldaten waren dahin, die Tradition zerbrochen, und niemand war geblieben, um ein neues Geschlecht zu schulen. Im Mittelpunkt ihrer einstigen Stellungen vor Rocroy steht heute ein kleines modernes Denkmal, ein anspruchsloser grauer Monolith: der Grabstein des spanischen Heeres; man möchte fast sagen, der Grabstein spanischer Größe.

# DEM FRIEDEN ZU
## 1643—1648

Wir müssen sterben oder Sklaven sein, denn das
Messer sitzt uns an der Kehle

ISAAC VOLMAR
(Kaiserlicher Generalbevollmächtigter zu Münster)

### I

Fünf Wochen nach der Schlacht von Rocroy, am 23. Juni 1643, gab Kaiser Ferdinand III. seine Zustimmung zu Verhandlungen mit Frankreich und Schweden. Der Kongreß von Münster wurde erst am 4. Dezember 1644 eröffnet; diesmal war Ferdinand nicht allein an der Verzögerung schuld. Sie hatte drei Ursachen: Die erste war ein Streit zwischen dem Kaiser und den deutschen Ständen; die zweite eine Schwächung der Stellung Frankreichs und ein Bruch mit den Vereinigten Niederlanden; und die dritte ein Riß zwischen Schweden und Dänemark.

Der Kaiser hatte dem Zusammentritt des Deputationstages in Frankfurt am Main in der Hoffnung zugestimmt, daß diese Versammlung die inneren Schwierigkeiten Deutschlands beheben und vor allem den religiösen Frieden ohne fremde Einmischung bringen werde. Welche ausländischen Verbündeten die einander befehdenden Parteien auch immer gefunden hatten, die Hoffnung schien berechtigt zu sein, daß man einer rein deutschen Versammlung gestatten werde, rein deutsche Fragen zu lösen. Ferdinand unterschätzte die Überheblichkeit der Schweden und Franzosen und überschätzte sein eigenes Ansehen.

Seit der deutlichen, wenn auch nicht offen ausgesprochenen Beschuldigung durch den Kurfürsten Friedrich Wilhelm während des Kurfürstentages von Regensburg und ganz besonders seit der Verbreitung jener verheerend wirkenden Flugschrift, der *Dissertatio de ratione status*, war jede Handlung Ferdinands verdächtig; ja in Frankfurt am Main bezichtigte ihn der Vertreter Brandenburgs, daß er den Frieden mutwillig verhindere[1]. Daher wurde, als zuerst die schwedischen[2], dann die französischen[3] und schließlich nochmals die schwedischen Abgesandten[4] die deutschen Stände aufriefen, alle Beschwerden vor den internationalen Kongreß zu bringen, diese Anregung bereitwillig aufgenommen. Ferdinand erließ vergeblich einen Gegenaufruf[5]; man glaubte nicht an die Lauterkeit seiner Beweggründe, und dies um so weniger, als er vorher die Frankfurter Versammlung um fast dreizehn Millionen Gulden Subsidien gebeten hatte, die er nur benötigen konnte, wenn er den Krieg weiterführen wollte. Als er die deutschen Vertreter vom Friedenskongreß nicht fernzuhalten vermochte, sprach er ihnen das Recht ab, in Münster oder Osnabrück ihre Stimmen abzugeben. Das war in Wirklichkeit eine Warnung, daß sie entweder ihre Beschwerden in Frankfurt oder gar nicht vorbringen sollten. Die Stände, die sich durch ihre ausländischen Verbündeten und unter der Führung Friedrich Wilhelms von Brandenburg stark genug fühlten, erhoben so nachdrücklich Einspruch, daß Ferdinand sich schließlich ins Unvermeidliche fügte und den westfälischen Beratungen die Bedeutung von Reichstagsverhandlungen zuerkannte; so würde jeder dort beschlossene, von ihm unterfertigte Vertrag Reichsgesetz werden[6].

Druck von außen trug dazu bei, daß er schließlich nachgab. Die Landgräfin von Hessen-Kassel hatte sich geweigert, ihren Fall dem Frankfurter Deputationstag zu unterbreiten[7], ein Anzeichen, daß sie ihn bloß als einen Ableger eines voreingenommenen kaiserlichen Gerichtshofes betrachtete, und Maximilian von Bayern hatte gedroht, einen Sonderfrieden zu schließen, falls Ferdinand nicht nachgäbe[8]. Die Widerspenstigkeit der Landgräfin war von geringerer Bedeutung als die Maximilians, aber sie zeigte klar, daß die extreme Partei durch keine Regelung in Frankfurt zufriedenzustellen war. Maximilians Drohung wirkte unmittelbarer, da sein Abfall den Zusammenbruch der kaiserlichen Waffengewalt bedeutet hätte.

Maximilians Stellung hatte sich seit dem Frieden von Prag geändert, als er 1635 seiner von ihm so gehegten Liga beraubt und gezwungen worden war, als Ferdinands Verbündeter, ja, fast als sein Vasall Krieg zu führen. Zu jener Zeit war ihm nur ein Bruchteil eines Heeres verblieben, der nicht groß genug war, um ihm einen Einfluß auf die kaiserliche Politik zu geben, während sein Mitverbündeter Johann Georg ein beträchtliches Heer mit klar umschriebenen Unabhängigkeitsrechten unter einem guten Feldherrn besaß. Aber während der selten nüchterne Johann Georg im alten Schlendrian verblieben war, zuerst seinen Feldherrn Arnim verlor und dann allmählich sein Heer zusammenschrumpfen ließ, hatte Maximilian mit seinen Mitteln hausgehalten und sein Heer so verbessert, daß er sich wieder eine überragende Stellung geschaffen hatte. »Er respektiert den Kaiser«, sagte der venezianische Botschafter 1641, »aber tut alles auf seine eigene Art[9].« Im

Jahre 1644 schien er seine zerrütteten Finanzen wieder in Ordnung gebracht zu haben[10], und seine Truppen waren nach und nach zum Rückgrat der kaiserlichen Streitkräfte geworden.

Mittlerweile hatte die spanische Regierung die Macht Ferdinands geschwächt: Sein Heer, das nach der zweiten Schlacht von Breitenfeld[11] von dem unermüdlichen Piccolomini durch strengen Drill wieder in gute Verfassung gebracht worden war, verfiel nach Rocroy rasch, und nun wurden Piccolominis Dienste in den Niederlanden verlangt. Seines besten Heerführers beraubt, blieb Ferdinand nichts anderes übrig, als Werth, Maximilians aus französischer Gefangenschaft zurückgekehrten Reitergeneral, mit dem Oberbefehl über die Reiterei zu betrauen. Werths taktische Begabung und Findigkeit machten mittlerweile den seinen Dienstgebern als Franz von Mercy bekannten französischen Berufsoffizier zur Hauptfigur auf kaiserlicher Seite, obwohl er in Wirklichkeit nur die bayrischen Truppen befehligte. Im Herbst 1643 rückten die Franzosen, geführt von Guébriant und im Vertrauen auf die kampferprobten Weimaraner, vom Elsaß durch den Schwarzwald nach Württemberg vor und nahmen Rottweil. Jetzt kehrten Mercy und Werth den Spieß um; sie überraschten die französischen Truppen in ihren verstreut liegenden Quartieren bei Tuttlingen, verjagten sie, indem sie ihnen einen schweren Verlust an Troß und Mannschaft beibrachten, und befreiten Rottweil. Mazarin, der bestürzter war, als seine Gesandten in Münster zugeben wollten, sammelte schnell Verstärkungen und betraute Turenne mit der Wiederherstellung des französischen Ansehens, während die Kaiserlichen den europäischen Ländern ihren Sieg als hinreichende Antwort auf die Niederlage von Rocroy verkündeten[12].

Das war dieser Sieg nicht. Aber er erwies, daß, solange Mercy Württemberg verteidigte, Turenne die Vereinigung mit den schwedischen Truppen unter Torstensson ernstlich schwerfallen würde. Er machte auch Maximilian von Bayern, den Herrn Mercys und Werths, zu einem für Ferdinand unentbehrlichen Bundesgenossen und überzeugte die französische Regierung, daß sie wieder einmal Maximilians Freundschaft kaufen müsse, wenn sie sicher sein wollte, die Macht des Kaisers zu brechen. Das bestätigte sich, als Mercy im Mai 1644 Überlingen und im Juli Freiburg belagerte und eroberte[13]. In einer dreitägigen Schlacht, in der er Turenne und Enghien gegenüberstand, verteidigte er seine Stellung ausgezeichnet; er war aber zahlenmäßig schwächer und wurde durch ein von Enghien vorgetäuschtes Umgehungsmanöver, das ihn von seiner Operationsbasis in Schwaben abzuschneiden drohte, zum Rückzug gezwungen[14].

In der Schlacht von Freiburg zeigten die Franzosen so viel Mut und Geschicklichkeit, daß sie später viel gepriesen wurde; in Wirklichkeit behauptete aber Mercy seine ursprüngliche Stellung in Württemberg auf Kosten schwerer Verluste des französischen Heeres. Die bayrischen Truppen blieben das Hauptbollwerk des Reiches. Das ging so weit, daß Ferdinand Maximilians Drohungen, er werde einen Sonderfrieden schließen, Mercy zurückziehen und Turenne das Einfallstor ins Reich offen lassen, nicht mißachten konnte.

Der von seinem Verbündeten übervorteilte Ferdinand schöpfte aus der Schwächung der Stellung Frankreichs einige Hoffnung. Vor allem war die neue Regierung weniger gesichert als ihre Vorgängerin. Richelieu war zwar niemals populär gewesen, hatte aber wenigstens schüchterne Bewunderung erweckt. Für Kardinal Mazarin hegte das Volk nicht das gleiche Gefühl. Der lebhafte, hübsche Sizilianer mit seinen kleinlichen persönlichen Eitelkeiten, seiner kindlichen Prahlerei, seinem Vergnügen an Verschlagenheit und Ränken, besaß keine Eigenschaften, die Eindruck machten. Ebensowenig war er ein umfassendes Genie wie Richelieu; er hatte kein Verständnis für die innere Politik Frankreichs, und es gelang ihm auch nicht, sie zu beherrschen. Er war hauptsächlich ein Intrigant, kein Staatsmann.

Doch war diese Kleinlichkeit Mazarins in vieler Beziehung ein Glück. Seine Schlauheit, sein Vergnügen an Intrigen, sein Verständnis für unbedeutende und widerspruchsvolle Nebenfragen waren für die verwickelte Diplomatie des Friedenskongresses von Münster wie geschaffen. Richelieu hätte die Lage nicht besser meistern können.

Selbst in inneren Angelegenheiten war Mazarin sein Charakter von großem Vorteil. Der verstorbene König Ludwig XIII. hatte die Königin Anna als Haupt eines Regentschaftsrates für ihren fünfjährigen Sohn eingesetzt. Anna von Österreich, die ältere Schwester der Kaiserin, des Königs von Spanien und des Kardinalinfanten, war zu Lebzeiten ihres Gemahls der Eingenommenheit für die spanische Sache verdächtigt worden, und beim Tod des Königs machten sich die Höfe von Wien und Madrid große Hoffnungen. Sie wurden jäh zunichte, denn Anna von Österreich versprach sogleich dem schwedischen Geschäftsträger in Paris, an der Politik ihres Gemahls festzuhalten[15], und überließ bald alle ihre Machtbefugnisse bereitwillig Mazarin, der ungesäumt Oxenstierna seiner Anhänglichkeit versicherte[16]. Das Verhältnis zwischen der Königin und ihrem Minister wird immer zweifelhaft bleiben; seine Briefe an sie sind voll schmeichlerischer Zärtlichkeit[17], er hielt sich aber in Grenzen, und man ist unwiderstehlich an den ehrbaren Flirt Disraelis und Königin Victorias erinnert. Mazarin und die Königin waren noch nicht fünfzig und übten jedes auf das andere Geschlecht eine starke Anziehungskraft aus, der höfische kleine Kardinal mit seinen strahlenden, forschenden Augen und seinem einschmeichelnden Lächeln, die Königin mit ihrer lässigen Grazie, ihrem glatten, reinen Teint und ihrem träge-beschaulichen Blick. Annas Jugendlebhaftigkeit war zu einem ruhigen reiferen Alter abgekühlt, in dem sie sich von ihrem Minister scheinbar lieber verehren ließ, als daß sie ihn erhörte[18].

Diese Freundschaft Mazarins und der Königin, der Hintertreppentratsch der Memoirenschreiber, das gebrauchsfertige Material der Romanschreiber, war in der europäischen Geschichte von ausgesprochener Bedeutung. Sie sorgte dafür, daß die Regentschaft Frankreichs in der Richtung blieb, die Richelieu vorgezeichnet hatte, und vernichtete so die eitlen Hoffnungen des Hauses Österreich.

Wiewohl die spanische Regierung von dieser Regentschaft nichts erhoffen konnte, hatte sie doch andere, begründete Hoffnungen. Die Schlacht von Rocroy hatte das Heer vernichtet, das der einzige Schutz Flanderns war; sie hatte Frankreich zur vorherrschenden Macht in Europa gemacht, nicht nur auf künstlerischem, sondern auch auf militärischem Gebiet. Die Zweifel, die in den letzten dreizehn Jahren in den Vereinigten Niederlanden laut geworden waren, wurden jetzt nicht zur Begleitung, sondern zum Thema der holländischen Diplomatie; Frankreich war jetzt mehr gefürchtet als Spanien. Im Jahre 1643 war in den Niederlanden die spanische zur Friedens-, die französische zur Kriegspartei geworden, und die spanische Partei war größer.

Die Bürger der Vereinigten Niederlande fürchteten Verschiedenes. Sie fürchteten Frankreich an ihren Grenzen und den französischen Wettbewerb, sie fürchteten, fast abergläubisch, die verkappten Katholiken in ihrer Mitte, und sie fürchteten den Despotismus des Hauses Oranien. Prinz Friedrich Heinrich von Oranien, der zehn oder fünfzehn Jahre hindurch ungemein beliebt gewesen war, hatte mit zunehmendem Alter die Gunst des Volkes eingebüßt[19]. Wiederholten Gicht- und Gelbsuchtsanfällen unterworfen, war er ein persönlich uneinnehmender und bedrückter Mann geworden. Die Vorsicht und die Mäßigung, die ihn in seiner Jugend ausgezeichnet hatten, waren scheinbar zu Unentschlossenheit und Schlaffheit entartet[20]. Mehr und mehr unterlag er dem Einfluß seiner Gemahlin[21], und diese, die einst strahlend schöne Amalia von Solms, war jetzt eine beleibte, eitle, gebieterische Frau, voller Ehrgeiz für die dynastische Sicherheit ihres einzigen Sohnes. Im Jahre 1640 hatten sie den erst Zwölfjährigen mit der neunjährigen Tochter des englischen Königs vermählt; das war in den Augen der republikanischen Holländer ein verdächtiger Schachzug, und als es kurz darauf in England zwischen dem König und dem Parlament zum Bürgerkrieg kam, sympathisierten die holländischen Stände mit dem englischen Parlament, während der Prinz von Oranien so töricht war, der englischen Königin und verschiedenen Adeligen zu gestatten, den Haag als Mittelpunkt ihrer Rekrutierungstätigkeit und als Sammelstelle für die finanzielle Unterstützung des Königs zu benützen. Ja, Friedrich Heinrichs Ehrgeiz war so bekannt, daß die Spanier versucht hatten, durch das Angebot wichtiger Gebiete für seine Familie einen Sonderfrieden von ihm zu erkaufen[22].

Daß Friedrich Heinrich französischer Muttersprache und der Sohn einer Französin war, daß er seinen Sohn an eine ebenfalls halbfranzösische Prinzessin verheiratet hatte und daß Amalia zahllose Geschenke von Frankreich erhielt[23], das alles erweckte bei den holländischen Bürgern den Verdacht, daß die ehrgeizigen Bestrebungen des Hauses Oranien irgendwie von Frankreich unterstützt würden. Es gab hierfür keinen Beweis außer dem, daß die französische Regierung, die als Vertreterin einer Monarchie im Verkehr mit einer Republik etwas befangen war, dem Prinzen von Oranien den Titel »Hoheit« gab[24] und ihn allzu offensichtlich so behandelte, als ob er der Sprecher der holländischen Stände wäre und nicht bloß der Statthalter von sechs der sieben Provinzen.

Auch die religiöse Frage trieb die Holländer von Frankreich weg und Spanien zu. Die Duldung von Katholiken in den Niederlanden war immer einer jener Punkte gewesen, an denen die Friedensverhandlungen scheiterten; aber die Spanier behandelten die Frage wenigstens offen. In den letzten Jahren hatten die Holländer den Verdacht gehegt, daß auch die Franzosen auf ihre religiöse Geschlossenheit Absichten hätten, deren Verschleierung sie nur noch schändlicher machte. Die Regierung Frankreichs ging von einem Kardinal auf einen andern über, und warum waren katholische Kardinäle mit protestantischen Mächten im Bund, wenn nicht aus undurchsichtigen Beweggründen? Sicherlich hatten die Katholiken der Vereinigten Niederlande den Verdacht der protestantischen Mehrheit dadurch verdichtet, daß sie sich an die französische Regierung mit der Bitte wendeten, für sie einzuschreiten[25].

Im Zusammenhang mit dieser Spannung reiste ein französischer Abgesandter auf dem Weg nach Münster durch den Haag. Claude d'Avaux war ein recht kluger Mann; bei den Verhandlungen mit den Deutschen und Schweden in Hamburg hatte er seine Sache gut gemacht, aber er kannte die Holländer nicht. Voll Stolz auf seine früheren diplomatischen Erfolge, voll Verachtung für die büffelhaften Holländer und zu selbstsicher, um den Rat seines Kollegen Abel Servien zu erbitten, der die Lage besser kannte, entblödete er sich nicht, am 3. März 1644 den holländischen Ständen zu sagen, daß es nach der Meinung des Königs von Frankreich am besten wäre, wenn sie die Katholiken duldeten[26].

Diese Rede entfesselte einen Sturm, dessen Plötzlichkeit und Gewalt das Boot des französisch-holländischen Bündnisses fast zum Kentern brachte. Nur sehr umständliche Erklärungen und die französische Versicherung, daß nichts Umstürzlerisches beabsichtigt gewesen sei, beschwichtigten den Sturm für einige Zeit, aber auch dann noch war er mehr unterdrückt als verweht, hing über den ganzen Verhandlungen von Münster und konnte jede Minute wieder losbrechen[27].

Noch eine Gefahr bedrohte die Stellung Frankreichs. Der bejahrte Papst Urban VIII. starb 1644, und ihm folgte Innozenz X. Im Gegensatz zu Maffeo Barberini, der die Interessen Frankreichs gefördert hatte, stand sein Nachfolger Giambattista Pamfili ihnen feindlich gegenüber. Es hieße die Politik des neuen Papstes zu hoch anschlagen, wollte man sagen, daß ihm die Interessen Spaniens am Herzen lagen. Soweit er in der päpstlichen Geschichte überhaupt hervortritt, erscheint er als negative Größe. Kleinmütig, nervös und voll guter Absichten, war er kein schlechter Mensch und kein schlechter Papst. Vielleicht war er überhaupt kaum ein Papst. Sein Ruhm bei der Nachwelt beruht nicht auf dem, was er tat, sondern darauf, daß er von Velasquez gemalt wurde. Er lebte im Vatikan, in dessen prächtigen Gärten er dem Kugelspiel huldigte, unterzeichnete päpstliche Bullen und erfüllte die religiösen Pflichten eines Heiligen Vaters, aber sein politisches und sein Privatleben litten unter der Geschäftigkeit einer ehrgeizigen Schwägerin, die seine Stellung als Sprungbrett für ihr gesellschaftliches Emporkommen und als Waffe in ihren persönlichen Zwistigkeiten benützte. Was seinen Eindruck als ein »heiliger Vater« betrifft, so hat jemand die unfreundliche Bemerkung gemacht, daß sogar die Kinder vor ihm davonliefen, *»tant il était effroyable à voir*[28]*«*.

Seine Wahl, die die französische Regierung sogleich für Simonie erklärte[29], bedeutete für sie den Entzug einer ihr sehr nützlichen Stütze. Die ganze phantastische Allianz protestantischer Mächte unter einem katholischen Geldgeber — Schwedens, der Vereinigten Niederlande, Hessen-Kassels und der alten Heilbronner Liga unter Frankreich — war durch die Billigung des Papstes sogar in den Augen des französischen

Mittelstandes gerechtfertigt. Außerdem hatte Urban VIII. es noch erlebt, seinen ihm ergebenen Nuntius, Fabio Chigi, als Friedensunterhändler für den Vatikan nach Münster entsenden zu können. Jetzt fürchtete Mazarin, daß Chigi von Innozenz X. abberufen und für ihn ein spanischer oder von Spanien bezahlter Nuntius geschickt würde[30]. Er hätte sich jedoch keine Sorgen zu machen brauchen, denn Innozenz X. war kein Mann der Tat, und Chigi blieb. Mazarins Besorgnisse waren nur hinsichtlich Italiens gerechtfertigt, wo die Politik des neuen Papstes zum Abbruch der diplomatischen Beziehungen zwischen Paris und dem Vatikan und zu einem Zank im Lande führte[31]. Das war kostspielig und entnervend, hatte aber am Ende überraschend wenig Einfluß auf den westfälischen Friedenskongreß.

Die Stellung Frankreichs wurde auf die Dauer nicht so arg geschwächt, wie die Spanier gehofft hatten. Diese wurden aber durch die laufenden Ereignisse, durch die zunehmende Friedensbereitschaft der Vereinigten Niederlande und deren wachsende Abneigung gegen die Franzosen und dadurch, daß Mazarin die päpstliche Unterstützung entzogen wurde, ermutigt, die Gelegenheit zum Abschluß eines vorteilhaften Friedens zu benützen. Nachdem ihre militärische Hoffnung bei Rocroy vernichtet worden war, griffen sie hastig nach der diplomatischen Gelegenheit.

Die Franzosen waren der Meinung, der nach Münster und Osnabrück einberufene Kongreß solle den Krieg in Deutschland beenden, ja, den Frieden vom Kaiser erzwingen und ihn so von Spanien loslösen. Was Mazarin am allerwenigsten wünschte, war ein allgemeiner Friede, in den Spanien einbezogen wäre. Spanien solle sich nicht aus dem Krieg schleichen, um seine Wunden zu heilen und dann nach zehn Jahren, neugestärkt, Frankreich wieder angreifen. Es solle isoliert und gerüstet bleiben, um bis zum Tod zu kämpfen. Die französischen Abgesandten waren daher sehr empört, als in Münster, wo sie im März 1644 nach einer bei naßkaltem Schneewetter[32] überstandenen Reise eintrafen, außer einem kaiserlichen auch ein spanischer Delegierter sie erwartete. Um eine Ausflucht nicht verlegen, erklärten sie, mit ihm unmöglich verhandeln zu können, da sein Beglaubigungsschreiben sich auf den König von Spanien als König von Navarra und Herzog von Barcelona bezöge[33]; ihr Herr, erklärten sie, sei der alleinige König von Navarra und Herzog von Barcelona, und sie anerkennten nur Johann von Braganza als König von Portugal. Nachdem sie so die spanische Frage geschickt aufgehalten hatten, gingen sie daran, die Besprechungen noch weiter hinauszuziehen, indem sie den spanischen Vertreter in einen wütenden Disput darüber verwickelten, welcher der beiden Könige den Vorrang haben solle[34].

Der Streit des Kaisers mit den deutschen Ständen, die Schwächung der Stellung Frankreichs und das Eingreifen Spaniens verzögerten den Kongreß, drohten aber weniger, ihn völlig zum Scheitern zu bringen, als der Bruch zwischen Schweden und Dänemark, zu dem es um die gleiche Zeit kam. Seitdem Christian von Dänemark sich 1629 zurückgezogen hatte, war er immer wieder mit Angeboten, zwischen den Kriegführenden zu vermitteln, hervorgetreten und hatte sich 1640 durch seine Gesandten mit wechselndem Erfolg als »unbefangene Partei« in die Besprechungen von Hamburg eingeschaltet. Die Schweden waren jedoch weit davon entfernt, seine Unparteilichkeit als gegeben zu betrachten; er hatte die Hand im Spiel gehabt, als die Königinmutter von Schweden mit ihrer Zustimmung entführt wurde, ein Ereignis, das leicht zu ernsten inneren Zerwürfnissen in Schweden hätte führen können. Er hatte einen Handelsvertrag mit Spanien unterschrieben. Er hatte seinen Sohn an eine Tochter des Kurfürsten von Sachsen, eines offenen kaiserlichen Verbündeten, verheiratet. Im Frühling 1643 hatte er Hamburg eingeschlossen, und seine Einhebung der Sundzölle, mit denen er die ständigen Fehlbeträge seines Staatshaushalts ausgleichen wollte, schädigte den schwedischen Handel und machte ihn zum verhaßtesten Mann an der Nordsee.

In dieser kritischen Zeit, als Christian keinen einzigen Freund im Norden hatte, handelte Oxenstierna und befahl Torstensson im September 1643, die dänischen Besitzungen anzugreifen. Der Marschall wartete nur, um sich seiner Grenzverteidigungen in Böhmen und Mähren zu vergewissern, und wandte sich zum Erstaunen der Dänen mit dem Großteil seines Heeres nach Nordosten, fiel im Dezember in Holstein ein und überrannte vor Ende Januar 1644 Jütland. Erst dann geruhte die Stockholmer Regierung, eine Kundgebung zu erlassen, das ihr Handeln rechtfertigte. Eine Kriegserklärung erfolgte nicht.

Welche Ausrede die Schweden für ihr Vorgehen auch hatten, ihre Handlungsweise wurde mit Recht viel kritisiert. Die Volksstimmung im Haag nahm nachdrücklich für die harmlosen Dänen Partei. Mazarin war ebenso entrüstet; er ärgerte sich, weil er eine unzeitgemäße schwedische Wiedererstarkung fürchtete, die sie zu weniger fügsamen Verbündeten machen würde; ja, er faßte kurz nachher den einschneidenden Entschluß, die Zahlung von Subsidien einzustellen, wenn sich Torstensson nicht sogleich aus Jütland zurückziehe[35].

Zwei dänische Gesandte hatten sich während dieser Zeit in Münster und Osnabrück niedergelassen. Sie drängten jetzt die schwedischen Vertreter, ihnen Aufklärung über den Angriff zu geben; als sie keine Genugtuung erhielten, zogen sie sich erzürnt von der Konferenz zurück. Die Geste erwies sich als völlig wirkungslos; die übrigen Gesandten beschlossen, den Kongreß ungeachtet des Bruches fortzusetzen[36].

Dennoch war die Aussicht auf Frieden im Frühling 1644 schwer bewölkt. Der Kaiser unterstützte die Dänen und setzte seine restlichen Mittel aufs Spiel, um ein Heer zur Unterstützung der Dänen auszurüsten. Es sollte Torstensson im Rücken angreifen und ihn zwingen, sich zu ergeben. Der Plan war gut, aber die Ausführung wäre lächerlich gewesen, wenn sie sich nicht als tragisch erwiesen hätte. Gallas, der jetzt nur noch selten nüchtern war, stieß ungehindert fast bis Kiel vor; dort schlüpfte Torstensson, Wrangel zur Kriegführung in Jütland zurücklassend, ungehindert an den Vorposten vorbei und marschierte auf die nun unverteidigten habsburgischen Länder los. Gallas, der ihm langsam nachfolgte, wurde gestellt und bei Aschersleben vernichtend geschlagen. Mit den ihm verbliebenen Truppen gelangte er irgendwie nach Böhmen zurück[37]. Diesmal rührte sich kein Erzherzog Leopold mit der Erklärung, daß er ein ausgezeichneter, aber mißverstandener Feldherr sei; von seinem ganzen Heer hatte er nicht einmal ein Drittel – gerüchtweise nur ein Zehntel – zurückgebracht und war überall im Reich wenig schmeichelhaft als »der Heerverderber« bekannt. Angesichts des bitteren und berechtigten Hohnes erbat er seine Entlassung und zog sich ins Privatleben zurück, wo er dem Laster frönte, das ihn zu Fall gebracht hatte.

Der dänische Krieg ging zu Ende. Der König, der seine Flotte in einem lange währenden Seegefecht vor Kolberg selber befehligte, verhinderte einen Angriff auf Kopenhagen vom Meer her, aber als Gallas ihn im Stich ließ, war es klar, daß er nicht länger am Landkrieg teilnehmen konnte.

Inzwischen wurde am 18. September 1644 die achtzehnjährige Königin Christine in Schweden die tatsächliche Herrscherin. Die Wirkung dieser Regierungsänderung machte sich bald auf dem Kongreß und auch im dänischen Krieg fühlbar, denn die Königin war keine leicht zu beschmeichelnde und zu täuschende bloße Null, sondern eine hartnäckige und kluge junge Person. Ganz die Tochter ihres Vaters, besaß sie den für die Lage nötigen Mut und konnte um so kühner und leichter darauf verzichten, an seiner Politik aus Sentimentalität festzuhalten. Sie wollte vor allem Frieden, selbst ohne Gebietsvergrößerung Schwedens.

Als Christine die Herrschaft antrat, gab die Stockholmer Regierung den Widerstand auf und begann, mehr auf eine Beendigung des Krieges hinzuarbeiten[38]. Von da an war der dänische Krieg so gut wie zu Ende, und die Unterzeichnung des Friedensvertrages, die später zu Brömsebro erfolgte, war vorauszusehen, als im November 1644 die Stockholmer Regierung sich bereit erklärte, den Streit der Vermittlung Brandenburgs zu unterbreiten[39].

Nachdem so die Haupthindernisse teilweise aus dem Weg geräumt waren und man sich über alle weiteren Ausreden für eine Verzögerung hinweggesetzt hatte, wurde der Kongreß am 4. Dezember 1644 eröffnet, anderthalb Jahre nachdem der Kaiser seine Zustimmung gegeben hatte, und mehr als zweieinhalb Jahre nach dem ursprünglich von den Gesandten in Hamburg festgesetzten Datum. Während dieser ganzen Zeit und auch noch durch drei Jahre und zehn Monate nach dem Zusammentritt des Kongresses dauerte der Krieg in Deutschland fort.

## II

Die Stimmung im Reich hatte nie einen gemeinsamen Ausdruck gefunden, der Friedenssehnsucht war nie ein Weg, sich zu äußern, offengestanden. Die Friedensbitten der herrschenden Mächte — nicht bloß der Fürsten, sondern aller organisierten Gruppen, die sich Gehör verschaffen konnten — waren immer allgemein gehalten; wenn es zum Handeln kam, waren sie immer bereit gewesen, noch ein Weilchen weiterzukämpfen, um ihre Sonderziele zu erreichen — und einen dauerhafteren Frieden zu schließen. So war es selbst in den letzten Jahren während des westfälischen Kongresses. Nicht nur der Kurfürst von Brandenburg, die Landgräfin von Hessen-Kassel, der Kurfürst von der Pfalz und ein Dutzend anderer waren immer gewillt weiterzukämpfen, immer noch ein wenig länger, um etwas zu vermeiden oder zu erreichen; sogar eine so hilflose Gruppe wie die ausgewiesenen böhmischen Protestanten forderte beim Friedensschluß noch immer, der Friede solle nicht ratifiziert werden, bevor nicht ihrer Sache zum Recht verholfen sei.

In Deutschland hatte immer eine tiefe Friedenssehnsucht bestanden; sie war aber die stumme Sehnsucht derer, die ihr erlittenes Unrecht nicht zum Ausdruck bringen konnten, desjenigen Standes, aus dem der Krieg seine Lebenskraft an Menschen, Nahrung und Geld zog und der keine Möglichkeit hatte, den Krieg zu lenken oder zu verhindern. Die Bauern besaßen nur ein einziges Mittel, ihre Leiden laut werden zu lassen — den Aufstand; daß so ein Aufstand stets für alle mit einer Niederlage und für die Anführer mit dem Tod endete, schreckte sie nicht. Oft genug waren ihre Führer nicht von der Hoffnung verblendet, sie würden mehr Glück haben als andere, sondern kämpften bloß, um ihren schweren Leiden, die sich nicht in Worte fassen ließen, durch die Tat Erleichterung zu verschaffen.

Daß es in den letzten acht Kriegsjahren seltener zu solchen Erhebungen kam, hatte zwei Gründe. Es gibt einen Punkt, über den hinaus der Mensch, einzeln und in Gemeinschaft, nicht weiter auf Leiden zu reagieren vermag und nicht noch tiefer erniedrigt werden kann. Die angehäufte Menge sozialer Zeugnisse aus dem Dreißigjährigen Krieg beweist, wie lange es dauert, bis dieser Punkt erreicht ist. Als der Kongreß in Münster zusammentrat, war er erreicht worden.

Im ganzen Land herrschte ohne Erbarmen und ohne Rücksicht der Soldat. Torstensson selbst verglich die Plünderung Kremsiers im Juni 1643 mit der Magdeburgs[40]; Baner äußerte sich leichthin über das Niederschießen von Zivilisten und die Plünderung einer Stadt, die sich nur durch die Weigerung, seine Soldaten zu verpflegen, vergangen hatte, was sie wahrscheinlich auf keinen Fall hätte tun können. In Olmütz mußten die Töchter der reichsten Bürger auf Verlangen des Obersten seine emporgekommenen Offiziere heiraten[41]. In Thüringen wurde einem Vater, der um Gerechtigkeit flehte, weil ein Soldat seine Tochter geschändet und ermordet hatte, vom kommandierenden Offizier in roher Weise bedeutet, daß das Mädchen noch am Leben wäre, wenn es mit seiner Jungfernschaft nicht so gegeizt hätte. Auch dort bedienten sich die Schweden eines gewaltsamen Verfahrens, um nicht nur Verpflegung, Unterkunft und Bekleidung, sondern auch die rückständigen Soldzahlungen von der Stadtbevölkerung zu erpressen[42]. Die Nordseehäfen litten ständig und immer mehr darunter, daß die Schweden und auch die Dänen erhöhte Schiffszölle und noch ärgerlichere Abgaben eintrieben[43].

Aber in Münster und Osnabrück wurden die Vorräte trotz der in der Umgebung herrschenden Hungersnot[44] nicht knapp, und niemand hatte es eilig. Nach der Eröffnung des Kongresses dauerte es ein halbes Jahr, bevor man sich über die Sitzordnung und den Vorrang der Gesandten einigte. Die französischen Gesandten disputierten mit den schwedischen[45] und brandenburgischen[46] und auch mit den Spaniern, mit den Vertretern der Hanse[47] und dem venezianischen Vermittler[48], und am ärgsten untereinander[49]; die Deputierten von Brandenburg und Mainz sprachen sich gegenseitig den Vorrang ab[50], ebenso der venezianische Vermittler und der Bischof von Osnabrück[51]; der führende französische Abgesandte, Longueville, wollte nicht erscheinen, wenn ihm nicht der Titel »Hoheit« gegeben würde[52], und konnte niemals mit den spanischen Abgesandten zusammentreffen, da man sich über die Formalitäten nicht einigen konnte[53]; der päpstliche Nuntius ließ sich in der Hauptkirche einen Baldachin errichten, und die Franzosen bestanden darauf, daß er ihn wieder abtragen ließ[54]; die Spanier plünderten das Haus des portugiesischen Delegierten[55], die Holländer verlangten den Rang einer Monarchie[56], und die Diener der französischen Delegierten hatten einen Raufhandel mit den Straßenräumern von Münster, die allnächtlich ihre Fäkalienfuhren unter unerträglichem Lärm und Gestank an ihren Fenstern vorbei aus der Stadt karrten[57]. Wie jemand bemerkte, würde das Kind, mit dem die Gemahlin des französischen Gesandten jetzt schwanger ging, vor Ende des Kongresses erwachsen, gestorben und begraben sein[58].

Ein anderer Mißgriff war die Fortsetzung der Feindseligkeiten während des Kongresses; ein allgemeiner Waffenstillstand hätte die Verhandlungen rascher zum Abschluß gebracht, aber solange der Krieg andauerte, ließen sich die Diplomaten in Münster und Osnabrück in ihren Entscheidungen von den Kriegsereignissen beeinflussen und waren stets bereit, alles immer noch ein wenig länger hinauszuziehen, da sie sich einige neue Vorteile vom Kampf erhofften. Vor allem waren die Franzosen, mit größeren Hilfsmitteln versehen und weniger in einer wirtschaftlichen und sozialen Zwangslage als ihre Gegner, gewillt, die Entscheidung auf unbestimmte Zeit zu verschieben. Ein guter Teil ihrer Taktik bestand darin, daß sie mit ihrer Bereitwilligkeit prahlten, lieber endlos auszuhalten, als um den gewünschten Erfolg zu kommen. Ihr Delegationschef Longueville pflanzte um seinen Wohnsitz einen Garten und ließ seine Frau kommen, damit sie ihm Gesellschaft leiste, bloß um zu zeigen, daß er für immer in Münster bleiben könne und wolle. Gleichzeitig drängte Mazarin seine Heerführer, die Verhandlungen durch eine große kriegerische Schaustellung zu beschleunigen[59].

Die französischen Gesandten waren jedoch nur mittelmäßig begabte Männer. Claude de Mêsmes, Marquis d'Avaux, besaß gewisse Fähigkeiten, war aber zu sehr von sich eingenommen, um vorsichtig zu sein, und der Mißgriff, den er gemacht hatte, als er den Holländern die Duldung der Katholiken empfahl, war für ihn bezeichnend. Unerträglich hochmütig und leicht beleidigt, vertrug er sich nicht mit den anderen Abgesandten, am wenigsten mit seinem Kollegen Servien, der ihm in einem Zornesausbruch schrieb: »Man müßte ein Engel sein, um ein Heilmittel für alle Eure Schwächen zu finden[60].« Abel Servien, Marquis de

Sablé, war nicht so oberflächlich und eingebildet wie Avaux, aber seine Briefe, und noch deutlicher die Streitereien mit seinem Kollegen, beweisen, daß er ebenso selbstbewußt war. Er war Mazarins rechte Hand, und Avaux war auf ihn eifersüchtig und fürchtete ihn[61], ohne daß Servien etwas dagegen tat. Schlauer in seinen Verhandlungen mit den anderen Gesandten, war Servien zweifellos der bessere Diplomat, aber da es in Krisenzeiten häufig vorkam, daß die zwei französischen Gesandten nicht miteinander sprachen, waren sie, getrennt oder vereint, oft im Nachteil. Der dritte französische Gesandte, der Herzog von Longueville, war nur entsendet worden, um der Delegation Glanz zu geben und zu verhüten, daß er in Frankreich Unheil anrichte[62].

Eine ähnliche Mißstimmung bestand zwischen den schwedischen Vertretern. Ihr Führer, Johan Oxenstierna, verdankte seine Stellung nur dem Umstand, daß er der Sohn Axel Oxenstiernas war. Er war ein großer Mann mit einem roten Gesicht, ziemlich beschränkt, leicht erregbar, sehr hochmütig und dem Wein und den Frauen zu sehr zugetan[63]. Er ließ die Stunden seines Aufstehens, Speisens und Schlafengehens mit Fanfaren verkünden, die in ganz Osnabrück zu hören waren. Sein Untergebener, Johan Adler Salvius, war einer der wenigen verhältnismäßig fähigen Männer des Kongresses, entschlossen, ein offener Kopf, findig und von angenehmem Humor. Oxenstierna war angeblich gegen einen Frieden, weil ein solcher seine und seines Vaters Bedeutung schmälern würde. Salvius hatte aber von der Königin Weisung, Oxenstierna daran zu hindern, die Verhandlungen unnötig aufzuhalten; sie hatte ihm gesagt, daß ihr jeder Friede erwünscht sei, ohne Rücksicht auf die privat oder öffentlich geäußerten Wünsche Oxenstiernas und seines Sohnes[64]. So stand Salvius zu Oxenstierna fast im selben Verhältnis wie Servien zu Avaux: Beide waren untergeordnete Abgesandte, unterhielten aber zu den Mächten daheim engere persönliche Beziehungen als ihre Vorgesetzten.

Der spanische Gesandte Graf Guzman de Peñaranda zeichnete sich nicht durch Klugheit aus. Ein schöner Mann mit glatten Umgangsformen und äußerst stolz, galt er für impulsiv und falsch[65]. Es haftete ihm zu stark die spanische Neigung an, sich in Einzelheiten zu verlieren und darüber die Hauptsachen zu versäumen. Soweit die spanische Diplomatie in Münster Erfolge erzielte, geschah es durch seinen außergewöhnlich begabten Stellvertreter Antoine Brun[66], einen gelehrten Humanisten, der aber in der Beamtenklasse und den besten bürokratischen Überlieferungen, wie Sinn für praktische Bedürfnisse und Kompromisse, herangewachsen war.

Die führenden Abgesandten der Vereinigten Niederlande waren Adrian Pauw für Holland und Jan van Knuyt für Zeeland, zwischen denen eine ähnliche Spannung herrschte, obwohl sie nie offen zum Ausbruch kam. Pauw vertrat die spanische oder Friedenspartei, die Frankreich mißtraute; Knuyt die Oranienpartei, die Frankreich zuneigte. Beide waren fähige Männer, Pauw vielleicht ganz besonders. Man sagte, er sei der einzige Mann, der jemals Richelieu überlistet habe[67]. Keiner der Holländer erweckte Zutrauen, aber sie verrieten sich niemals, und obgleich die Franzosen und Schweden gegen ihre Handlungen stärksten Verdacht hegten, fanden sie ihn immer erst bestätigt, wenn es zu spät war.

Die zwei Mediatoren oder Vorsitzenden, wie wir sie nennen würden, waren der päpstliche Nuntius Fabio Chigi und der venezianische Abgesandte Alvise Contarini. Sie übten gerade genug Einfluß aus, um fast von jedermann der Voreingenommenheit bezichtigt zu werden, und doch zu wenig, um entscheidend auf die Verhandlungen einzuwirken. Chigi war im allgemeinen umgänglich und bereit, die Angelegenheiten nach besten Kräften zu schlichten; Contarini hingegen war schwerer zu behandeln und verlor leicht die Ruhe, wenn man ihm widersprach[68].

Im übrigen gab es unter den hundertfünfunddreißig in Münster und Osnabrück versammelten Gesandten einige Männer, die sich auf anderen Lebensgebieten ausgezeichnet hatten: Theologen, Schriftsteller und Philosophen. Aber bei näherer Betrachtung der Verhandlungen muß man zugeben, daß, abgesehen von Pauw, Brun und Salvius, außer einer gutartigen oder berechnenden Konfusion nichts Besonderes zu bemerken ist. Sogar die Erfolge der französischen Diplomatie gegen Ende des Kongresses waren vorwiegend der Einfalt Peñarandas und den Siegen Turennes zuzuschreiben.

Ein anderer Mann, der, wenn schon nicht hervorstechende Begabung, so doch wenigstens große Zähigkeit und viel Takt zeigte, war der kaiserliche Gesandte Trautmansdorff. Er traf aber nicht vor Ende November 1645 in Münster ein. Bis zu dieser Zeit wurde die kaiserliche Sache von Isaac Volmar verteidigt, einem findigen Juristen und Regierungsbeamten, den jedoch die Franzosen seines Ranges wegen beharrlich als seinem Amt nicht gewachsen betrachteten. Der Kaiser hatte in Voraussicht dieses Einwandes der Delegation den umgänglichen Grafen Johann von Nassau als bloßen Aufputz beigegeben. Dennoch erklärten die Franzosen, sie würden, solange er nicht einen Mann entsende, der an Rang und ebenso an Fähigkeiten der Aufgabe gewachsen sei, nicht an die guten Absichten des Kaisers glauben[69]. Daher wurden, bevor Trautmansdorff elf Monate nach den Eröffnungsfeierlichkeiten eintraf, nur die einfachsten Vorfragen besprochen.

## III

Der Kongreß hatte schon fast ein Jahr getagt, als die Delegierten sahen, daß sie noch immer über die *subjecta belligerantia* im Zweifel waren. Es wurde daher in einer Debatte klarzulegen versucht, wofür gekämpft worden sei und noch gekämpft werde und welche Fragen die Friedenskonferenz behandeln solle[70]. Es überrascht nicht, daß sie das Bedürfnis fühlten, sich über diese Fragen klarer zu werden. Auf die einfachste Formel gebracht, waren vier Hauptthemen zu besprechen: die Beschwerden der Reichsstände, die Bedingungen für eine Begnadigung der Aufständischen, die Befriedigung der ausländischen Verbündeten und die Entschädigung der Enteigneten. Das erste Thema umfaßte fast alle inneren Ursachen des Krieges; es umfaßte den Fall Donauwörth, der seit 1608 unentschieden war; die Cleve-Jülichsche Erbfolge, die noch immer nicht dauernd geregelt war; das lästige Problem der Gerichtsbarkeit des Reichshofrates; die verfassungsmäßigen Rechte des Kaisers; die Stellung der Calvinisten; und vor allem die Verteilung des Landes zwischen katholischen und protestantischen Herrschern.

Das zweite Thema betraf die Fragen im Zusammenhang mit einer Amnestie; darunter war die Frage der Wiedereinsetzung des Kurfürsten von der Pfalz und seines Onkels, des Grafen von Pfalz-Simmern, sowie die des Landgrafen von Baden-Durlach in Gebiete, die er während des Krieges an Baden-Baden verloren hatte, und auch die der Landgräfin von Hessen-Kassel namens ihres Sohnes in die Hessen-Darmstadt verliehenen Länder, und die Frage der Heimkehr der verbannten Protestanten.

Das dritte Thema, die Befriedigung der Verbündeten, übertraf alle andern Kongreßfragen an Bedeutung. Es konnte nicht Friede sein, solange die Verbündeten nicht zufriedengestellt waren, es konnte aber Friede sein, und war es auch, bevor alle inneren Streitfragen geregelt wurden. Schweden forderte Pommern, Schlesien und, weniger ernsthaft, Wismar und die Bistümer Bremen und Verden und auch Geld zur Abrüstung. Frankreich beanspruchte das von seinen Heeren seit langem besetzte Elsaß mit Breisach, die Bestätigung seiner Anrechte auf Metz, Toul und Verdun und, im kaiserlichen Italien, die Festung Pinerolo.

Es verlangte auch eine Zusicherung, daß der Kaiser den Spaniern nicht weiter beistehen werde.

Das vierte Thema hing mit dem zweiten und dritten eng zusammen. Es betraf die Frage der Entschädigung für diejenigen, die während des Krieges oder infolge des Friedens gelitten hatten und noch leiden würden. Dazu käme z. B. die Frage der Schadloshaltung des Kurfürsten von Brandenburg, wenn Pommern durch den Friedensschluß an Schweden fiele, die Befriedigung Maximilians von Bayern, falls er Land oder Titel an den Kurfürsten von der Pfalz herausgeben mußte.

Der Kongreß teilte sich ungefähr in zwei Gruppen: Schweden und die deutschen Protestanten in Osnabrück und Frankreich und die deutschen Katholiken in Münster. In Münster wurde auch über zwei Separatfrieden verhandelt: den Frieden zwischen Spanien unnd den Vereinigten Niederlanden und den Frieden zwischen Frankreich und Spanien. Frankreich und Spanien waren an allen diesen Friedensverhandlungen interessiert, Frankreich als Bundesgenosse der Holländer am Frieden zwischen Spanien und den Vereinigten Niederlanden, und Spanien als Bundesgenosse des Kaisers am Frieden zwischen dem Reich, Frankreich und Schweden.

Die Leitung der Friedenskonferenz war daher ebenso verwickelt und leidenschaftlichen Meinungsverschiedenheiten der Verbündeten genauso ausgesetzt wie der Krieg selbst. Die Franzosen und die Schweden betrachteten einander mit dem schwersten Mißtrauen, und den Franzosen war besonders daran gelegen, die schwedische Einmischung in Deutschland auszuschalten. Sie wollten eine vorwiegend katholische Verfassungspartei schaffen, um den Kaiser in Schach zu halten, wogegen die Schweden, die die protestantischen Gesandten in Osnabrück leidenschaftlich unterstützten, ein vorwiegend protestantisches Reich erstrebten. Die Schweden verlangten volle Wiedereinsetzung des Kurfürsten von der Pfalz, Abschaffung des geistlichen Vorbehalts und den religiösen *status quo* von 1618. Die Franzosen, die in ihren Versuchen, Maximilian vom Bündnis mit dem Kaiser abzubringen und für sich zu gewinnen, niemals ermüdeten, wollten, daß er seine Kurfürstenwürde und die gewonnenen Länder behalte, und unterstützten im übrigen die deutschen katholischen Delegierten in Münster, indem sie den religiösen *status quo* von 1627 forderten, der durch den Frieden von Prag festgelegt worden war.

Die Verbitterung zwischen den Franzosen und ihren holländischen Verbündeten hielt mit wechselnder Heftigkeit an, während auf der Gegenseite Maximilian von Bayern den Wiener Hof ständig in Angst hielt und die Freundschaft zwischen Österreich und Spanien mehr als einmal einem Bruch nahekam.

Die Gesandten der einzelnen Länder hatten die doppelte Aufgabe, sich für ihre eigenen Regierungen um den Frieden zu bemühen und ihre Feinde zu entzweien. Die spanische Diplomatie hinsichtlich der Holländer bezweckte, die französisch-holländische Koalition zu spalten, was ihr auch schließlich gelang. Die kaiserliche Diplomatie hinsichtlich der Franzosen beabsichtigte, das französisch-schwedische Bündnis zu zerschlagen und die deutschen Verbündeten der Franzosen gegen sie aufzubringen[71]. Die französische Diplomatie hinsichtlich der katholischen Deutschen zielte auf die Loslösung Bayerns von Österreich[72]. Dieses ausgeklügelte Spiel einander kreuzender Interessen wurde weiter verwickelt durch die Anwesenheit verschiedener kleinerer Mächte aus den Randgebieten des europäischen Konfliktes, der Vertreter des Königs von Portugal, der schweizerischen Eidgenossenschaft und der Herzöge von Savoyen und Lothringen.

Der Krieg war noch immer zu einem, wenn auch nur geringen Teil ein deutscher Bürgerkrieg, und wie wenig vielleicht die innerdeutschen Interessen den Kongreß in Westfalen beherrschten, konnte man sie doch nicht ganz vergessen. Außerstande, im Krieg ihren Einfluß zu behaupten, trachteten die zwei Fürsten, die immer wieder versucht hatten, eine deutsche Partei zu bilden, nochmals, beim Frieden ihre Rechte geltend zu machen. Johann Georg von Sachsen und Maximilian von Bayern handelten nicht in Übereinstimmung; die Partei der Mitte hatte zu oft und zu kläglich versagt, als daß ihre Wiederholung in Frage gekommen wäre. Doch liefen in dem verwickelten Gewebe der Verhandlungen von Münster und Osnabrück die getrennten Fäden der sächsischen und bayrischen Politik demselben Ende zu: die Reichsangelegenheiten soweit als möglich zu regeln, ohne einer ausländischen Macht einen bestimmenden Einfluß einzuräumen.

In diesem Schwanengesang der beiden Fürsten legte jeder von ihnen die für seine Politik seit langem bezeichnenden Eigentümlichkeiten an den Tag; Johann Georg, indem er wie stets in seinen Plänen zu geradeaus, und Maximilian, indem er zu umwegig war. Johann Georg trachtete die ganze Zeit über, die Hauptstreitigkeiten zwischen den katholischen und protestantischen Deutschen beizulegen, da er hoffte, daß dann keine der beiden Parteien versucht sein werde, sich zur Beilegung dieser wesentlichsten Schwierigkeiten ausländischer Hilfe zu bedienen. Seine Politik wäre wirksamer gewesen, wenn sie zeitiger Erfolg gehabt hätte. Deutschland löste sein religiöses Problem selbst, aber erst als die

Franzosen und Schweden daraus ihren gewünschten Vorteil gezogen hatten.

Maximilians Politik war verwickelter. Er fürchtete Spanien mehr als Schweden oder Frankreich und verlangte daher die volle Befriedigung aller Ansprüche Frankreichs und Schwedens, die Abtretung des Elsasses an Frankreich und Pommerns an Schweden, damit beiden jeder weitere Vorwand für eine Einmischung in Deutschland genommen wäre. Dann würde es, wie er meinte, leicht sein, die im Stich gelassenen Protestanten zu unterdrücken, und einer starken katholischen Verfassungspartei würde es möglich sein, sich gegen den Kaiser und seine spanischen Verbündeten ohne weiteres ausländisches Eingreifen zu behaupten. Er war bereit, die territoriale Unversehrtheit Deutschlands zu opfern, um es gegen den Kaiser und Spanien innerlich zu festigen[73].

Die Politik Maximilians beeinflußte den Kongreß mehr als die Sachsens, und dieser Einfluß war nur verhängnisvoll. Er sicherte den Schweden Pommern und den Franzosen das Elsaß, ohne die Zusicherung zu erlangen, daß sie von einer Einmischung in Verfassungsprobleme des Reiches abstehen würden, und ohne die katholische Partei gegen den Kaiser zu einigen. Das Reich bewahrte weder seine verfassungsmäßige noch seine territoriale Unversehrtheit, die Franzosen nützten Maximilian aus, und die Schweden nahmen von ihm keine Notiz. Die kleineren deutschen Herrscher bedienten sich in Osnabrück und Münster weiter jeder ausländischen Macht, die ihnen im Augenblick wahrscheinlich am besten helfen konnte. Johann Georg und Maximilian bewährten sich in dieser letzten Krise genauso schlecht wie in den vorhergegangenen.

## IV

Während des ersten Kongreßjahres, von der Eröffnung im Dezember 1644 bis zur Ankunft Trautmannsdorffs im November 1645, hatte sich die militärische Lage für den Kaiser verschlimmert. Anfang 1645 überschritt Torstensson, der die Schweden an der Elbe befehligte, das Erzgebirge[74], und Ende Februar zog er schon in Eilmärschen auf Prag. In Jankau, ungefähr fünfzehn Kilometer von Tabor entfernt, schnitt ihm eine aus Kaiserlichen und Bayern bestehende Streitmacht den Weg ab und zwang ihn zum Kampf. Er war von Anfang an im Vorteil. Das Gelände war sehr uneben und dicht bewaldet, so daß es mehr zu einer Reihe von Scharmützeln kam als zu einer richtigen Schlacht, in der die Überzahl der Kaiserlichen sich geltend gemacht hätte[75]. Torstensson führte zuerst Götz, den gegnerischen Reitergeneral, irre, griff ihn an, als er im Nachteil war, und schlug seine Truppen in die Flucht. Götz selbst fiel auf der Flucht, und die Nachricht von seinem Tod drang zur Infanterie, die bei ihrer wilden Flucht die Geschütze zurückließ. Als die bayrische Reiterei unter Mercy und Werth und die kaiserlichen Reserven unter Hatzfeld die Schweden zurückhalten wollten, führten ihre tapferen Bemühungen auf schwierigem Gelände mit zahlenmäßig schwächeren Truppen nur zu schweren Verlusten. General Hatzfeld wurde gefangengenommen, und der Rest der bayrischen und kaiserlichen Reiterei floh gegen Prag[76].

Jankau war in gewisser Hinsicht das Rocroy Deutschlands, denn es vernichtete die bayrische Reiterei, das Rückgrat des Heeres, wie Rocroy die spanische Infanterie vernichtet hatte[77]. Von unmittelbarer Bedeutung war Jankau dadurch, daß es Torstenssons siegreichem Heer den Weg nach Prag freigab. In den habsburgischen Ländern herrschte Bestürzung. Ferdinand, der in Prag weilte, holte den unfähigen Gallas aus seinem kurzen Ruhestand herbei, damit er die Reste des kaiserlichen Heeres sammle und organisiere. Er gab alle Hoffnung auf, seine Hauptstadt Prag zu retten, und reiste sogleich mit nur wenigen Dienern nach Regensburg ab; von dort reiste er die Donau hinunter über Linz, wo er seine Gemahlin traf, nach Wien. Sein eigenes Volk nannte diese Reise seine »Friedrichsflucht«, und er war tatsächlich fast ebenso eilig und allein gereist wie vor einem Vierteljahrhundert der Winterkönig[78]. Ferdinand blieb wohl in Wien; wie groß aber seine Furcht gewesen sein muß, kann man daran ermessen, daß er seine Stiefmutter und seine Kinder nach Graz sandte[79].

Die Lage wurde teilweise durch die große Armut Böhmens gerettet, das zwar Wein, aber kein Brot für die schwedischen Soldaten aufbringen konnte[80], durch das Versagen Sigismunds von Siebenbürgen, auf dessen Hilfe Torstensson, wie vor langem Friedrich auf Bethlen Gabor, gezählt hatte[81], und durch die hartnäckige Widerstandskraft Brünns, das unter einem französischen militärischen Abenteurer den schwedischen Vormarsch fast fünf Monate aufhielt, bis endlich die eingedrungenen Feinde von der Belagerung abließen und sich wieder an die Grenzen zurückzogen[82].

So erwies sich die Schlacht von Jankau von weniger unmittelbarer Wirkung, als man gehofft oder gefürchtet hatte, und erzielte beim Kongreß von Münster nur, daß der Kaiser sich entschloß, den Kurfürsten von Trier freizulassen. Er tat es auf die Bitten des Papstes, der anderen geistlichen Kurfürsten und der Franzosen[83].

Inzwischen wurde der gleichzeitige Einfall Turennes von Werth aufgehalten, der aus Böhmen zurückgeeilt war, die Franzosen bei Mergentheim überrascht und ihnen eine verlustreiche Niederlage beigebracht hatte[84]. Sich gegen den Rhein zurückziehend, fühlte sich Turenne zuerst verpflichtet zurückzutreten, wurde aber durch die vorbildliche Zuversicht Mazarins wieder ermutigt und schloß sich einem neuen Heer unter Enghien an. Im Sommer 1645 zogen sie in Eilmärschen gegen die Donau und stellten eine Verbindung mit einem schwedischen Heeresteil unter Königsmarck her[85]. Mercy zog sich vorsichtig nach Süden zurück. Er war an Zahl schwächer und konnte gerade nur hoffen, die Donaulinie zu halten. In diesem Augenblick wurde jedoch Königsmarck plötzlich nach Böhmen zurückberufen, und die Lage änderte sich. Mercy entschloß sich, den französischen Vormarsch zu bekämpfen, und verschanzte sich am 24. Juli 1645 auf einer Hügelgruppe südöstlich von Nördlingen bei Allerheim.

Als Enghien angesichts der verschanzten bayrischen Artillerie den Befehl zur Erstürmung des Hügels gab, soll Mercy, wie berichtet wird, freudig erregt seiner Frau mit dem Ausruf um den Hals gefallen sein: »Jetzt haben sie sich mir in die Hand gegeben.« Das ist erfunden, denn Mercy war unverheiratet und neigte auch nicht zu Gefühlsausbrüchen[86].

Entgegen allen Voraussagen eroberte die *furia francese* die bayrische Verteidigungsstellung. Aber es war ein Pyrrhussieg, denn Enghien und Turenne waren zu abgemattet, um die Verfolgung aufzunehmen, und ihre Verluste an Mannschaften und Offizieren machten sie kampfunfähig. Die Bayern zogen sich glücklich nach Donauwörth zurück, ihrem ursprünglichen Ziel, und verschanzten sich gut gegen weitere Angriffe[87]. Ein unersetzlicher Verlust traf die Bayern und die kaiserliche Sache: Franz von Mercy, ihr weitaus bester Feldherr, der Mann, der den Schwarzwald zwei Jahre lang gegen Turenne und die altbewährten Weimaraner gehalten hatte, war gefallen.

Der Einmarsch in Böhmen und das Vordringen der Franzosen längs der Donau waren teilweise aufgehalten worden, aber weder die Truppen noch die Diplomatie des Kaisers konnten den Abfall der deutschen Verbündeten aufhalten. Schon im Juni 1644 hatte Kurfürst Friedrich Wilhelm von Brandenburg mit Schweden Frieden geschlossen; dadurch stand Johann Georg im Nordosten Torstensson allein gegenüber, und Ferdinand war zu schwach, um ihm Truppen zu Hilfe zu senden. Johann Georgs Familie, die stets des Vaters Hinneigung zur kaiserlichen Seite mißbilligt hatte, drängte ihn, dem Beispiel Brandenburgs zu folgen, und Torstensson, der sich dieser wunderbaren Gelegenheit, die Feinde im Rücken und in der Flanke loszuwerden, gewachsen zeigte, bot gute Bedingungen. Ein vorläufiger Waffenstillstand wurde im August 1645 zu Kötzschenbroda geschlossen[88].

Diese Beseitigung der letzten Schranke, die den Vormarsch der Schweden auf die habsburgischen Länder aufhielt, war für Ferdinand ein vernichtender Schlag. Was noch schlimmer war, es lockerte sich dadurch die bereits schlaffe Bundesgenossenschaft Maximilians, der ein viel zu nüchtern denkender Mensch war, um lange allein auf einem sinkenden Schiff zu bleiben. Er hatte schon durch seinen Vertreter in Münster andeuten lassen, daß er jedem seinen Interessen Rechnung tragenden Sonderfrieden zugänglich sei, und die französische Regierung, die ihre alte Politik eines Bündnisses mit ihm gegen die Habsburger nie ganz aufgegeben hatte, begrüßte diese neue Möglichkeit. Die kaiserliche Allianz, die in den letzten zwei Jahren schwächer und schwächer geworden war, hing im Frühling 1646 nur noch an einem Faden, und das hatte eine merkbare Wirkung auf den Kongreß von Münster.

## V

Während dieses Tiefstandes der kaiserlichen Geschicke traf Graf Trautmansdorff spät abends am 29. November 1645 mit persönlichen Instruktionen des Kaisers inkognito in Münster ein. Erst am nächsten Morgen ließ er seine Ankunft verlautbaren[89], und dann wurde die kluge Art seines Eintreffens von beiden Seiten gelobt. Der französische Hauptgesandte, Longueville, war zum Ärger seiner Gegner mit großer Prunkentfaltung eingezogen[90]. Der Spanier Peñaranda hatte sich lächerlich gemacht, indem er seinen feierlichen Einzug mit unzulänglichem Gefolge für eine Stunde ansetzte, in der es in Strömen regnete, weshalb es der Bürgermeister und die Stadträte, die in ihren besten, unter regenfesten Überwürfen zusammengedrückten Kleidern zu seinem Empfang erschienen waren, sehr eilig hatten und Peñarandas Gefolge nicht zur Geltung kam. Nur eine einzige Kutsche war offen, und aus ihr nickte ein herausgeputzter Diplomat den spärlichen Zuschauern huldvoll zu, bis durch sein höfliches Gestikulieren ein Stoß Töpferwaren, die auf der engen Gasse zum Verkauf standen, klirrend zu Boden fiel, worauf er sich schleunigst ins Innere der Kutsche zurückzog[91]. Trautmansdorff vermied durch die völlige Geheimhaltung seiner Ankunft Neid und Spott und bereitete seine Gegner darauf vor, einem

Mann zu begegnen, der praktischen Hausverstand besaß und anspruchslos war.

Er sprach erst beim spanischen und dann beim französischen Gesandten vor; dieser war geneigt gewesen, sich beleidigt zu fühlen, weil Trautmansdorff ihn nicht zuerst besucht hatte, wurde aber durch Trautmansdorffs guten Humor fast sogleich entwaffnet[92]. Beiden bot sich der Anblick eines unförmig großen, außergewöhnlich häßlichen Mannes, der in seinem Äußeren nichts Aristokratisches aufwies; er hatte eine flache Nase, hohe Backenknochen und dunkle, sehr tief liegende Augen unter dichten, finsteren Brauen, und sein Gesicht war von einer schäbigen Perücke umrahmt, deren heruntergekämmte Fransen über die Augenbrauen hingen[93]. Trotz dieses sonderbaren Äußeren scheint Trautmansdorff auf die zwei Gesandten und später auf die Schweden den Eindruck eines geradsinnigen, fähigen Mannes gemacht zu haben, der die Wünsche seines Herrn kannte.

Sein Eintreffen war an und für sich ein endgültiger Beweis, daß der Kaiser nicht länger zögerte, denn Maximilian Graf Trautmansdorff war sein engster Freund; er war seit Eggenbergs Tod erster Staatsminister und seit dem Heranwachsen Ferdinands sein Hauptberater. Falls jemand in Münster die Wirkung jeder neuen Entwicklung auf den Kaiser richtig auslegen und demgemäß handeln konnte, war Trautmansdorff der Mann. Zudem hatte er nie zur spanischen Partei in Wien gehört, ja, er war ihr Gegner und bei der Kaiserin nicht beliebt. Sein Kommen bewies daher nicht nur, daß Ferdinand friedenswillig, sondern auch, daß er an Spanien kein Interesse mehr nahm.

Trautmansdorff erfuhr, daß der französische und der kaiserliche Vertreter ihre Forderungen bereits ausgetauscht hatten, aber zu keinem Ergebnis gekommen waren. Der Grund hiefür war das Elsaß. Ferdinand hatte erklärt, er werde das Elsaß unter keinen Umständen an die französische Krone ausliefern, und dabei blieb es. In seiner ersten Rücksprache mit d'Avaux und Servien bot Trautmannsdorff statt des Elsasses Pinerolo, Moyenvic in Lothringen, Metz, Toul und Verdun an. Mit Rücksicht auf die bedrängte Lage Ferdinands war das ganz gewiß nicht genug; bevor er jedoch die Franzosen merken ließ, daß er mehr hergeben werde, reiste Trautmansdorff nach Osnabrück und machte eine letzte Anstrengung, die Schweden zu einem Sonderfrieden zu drängen[94].

Die Franzosen argwöhnten seine Winkelzüge, denn sie hatten kurz nachher erfahren, daß ihrem Agenten in Osnabrück, einem Herrn de la Barde, der Zutritt zu den Beratungen verweigert worden war, ein Umstand, der sie beunruhigte[95]. Sie hätten sich keine Sorgen zu machen brauchen: Die einzige Bestechung, welche die Schweden zu einem Sonderfrieden hätte verleiten können, war Pommern, und das konnte der Kaiser nicht ohne Bewilligung des Kurfürsten von Brandenburg herausgeben. Ferdinand, der den Kurfürsten inständig bat, der Abtretung zuzustimmen und sich darauf zu verlassen, daß seine kaiserliche Freigebigkeit ihm einen gleichwertigen Ersatz schaffen werde, schrieb auch heimlich an Trautmansdorff, er solle das Elsaß an Frankreich abtreten, falls die Schweden und Brandenburg sich gleich halsstarrig erwiesen[96].

Maximilians Gesandter beschleunigte den Abschluß. In einer Unterredung mit Trautmansdorff am 24. März 1646 drohte er wieder, mit Frankreich einen Sonderfrieden zu schließen, falls der Kaiser nicht maßvolle Bedingungen biete[97]. Maximilians Berechnung war so einfach und selbstsüchtig wie immer: In Paris machte sein Botschafter geltend, Maximilian sei »alt und gebrochen«, habe »junge Kinder« und wolle vor seinem Tod Frieden haben; was er aber vor allem wollte, war Schutz durch Frankreich gegen die Schweden und ihren Günstling, den Kurfürsten von der Pfalz[98], und er war bereit, Frankreich gute Dienste zu leisten, um diesen Schutz zu erkaufen. Während aller Verhandlungen zeigte sich Maximilian nicht im geringsten um die Unversehrtheit des Reiches besorgt. Es war in den letzten zwei Jahren seine dritte Drohung, den Kaiser zu verlassen, und Trautmansdorff nahm sie ernst[99]. Vierzehn Tage darauf bot er den Franzosen das Elsaß an[100]. Noch immer war es nicht genug; Servien und d'Avaux verlangten schleunigst auch Breisach. Es lag am andern Rheinufer, aber sie hatten es erobert und wollten es behalten. Trautmansdorff war empört, aber hilflos; noch zweimal in einem Monat drohte der bayrische Vertreter, einen Sonderfrieden zu schließen[101], die Schweden hatten ganz Norddeutschland überrannt, das katholische Bistum Paderborn besetzt und waren angeblich auf dem Weg nach Münster, um die kaiserliche Partei einzuschüchtern[102], und in Osnabrück trat der Gesandte des Kurfürsten von Brandenburg, Wittgenstein, in weiteren endlosen Ausführungen für Pommern ein.

Trautmansdorff gab Schritt für Schritt nach. Die spanischen Abgesandten baten ihn dringend, fest zu bleiben, aber die vereinigte Gegnerschaft der französischen und bayrischen Gesandten war zu stark. Am 11. Mai warfen ihm die Franzosen vor, daß er die Verhandlungen aufhalte; als Widerlegung bot er ihnen zuerst das Elsaß mit voller Souveränität an, und dann die Abtretung von Benfeld, Zabern und Philippsburg[103]. Sie forderten immer noch Breisach, und vier Tage später, am 16., gab er nach[104]. Zur gleichen Zeit wurde der Kurfürst von Brandenburg schwankend. Auf der Reise nach dem Haag war er durch Westfalen gekommen. Da er einsah, daß die schwedische Politik seiner eigenen zu heftig widerspreche, hatte er den Plan, Christine zu heiraten, aufgegeben und war jetzt bemüht, sein Geschick mit dem des Hauses Oranien zu verbinden, wovon er sich die Unterstützung seiner Ansprüche im Streit um Cleve und Jülich erhoffte. Bis Juni 1646 wurde seine Haltung in der pommerschen Frage schwächer; Mitte Oktober stimmte er einem Vergleich zu, der Pommern zwischen ihm und den Schweden so teilte, daß diese sich Stettin sicherten[105]. Anfang November versuchte er plötzlich, sich Bergs als seines rechtmäßigen Anteils in der Erbfolge von Cleve und Jülich zu bemächtigen, und die Kaiserlichen, welche jetzt seinen deutlichen Hinweis aufgriffen, daß es ihn gelüste, nach Westen gegen die Besitzungen derer vorzudringen, mit denen er zur selben Zeit durch Heirat ein Bündnis anstrebte, boten ihm die Bistümer Halberstadt und Minden und die Rückgabe Magdeburgs an Stelle Pommerns an. Er stimmte zu[106]. Am 7. Dezember 1646 wurde er mit Louise, der ältesten Tochter des Prinzenpaares von Oranien, verlobt und eine Woche später erklärte er sich nach Zureden einverstanden, Berg zu räumen, wobei er zuversichtlich hoffte, mit der Unterstützung des Prinzen von Oranien im Fall Cleve und Jülich durch Einfluß mehr zu erreichen als durch Gewalt[107].

In diesen Verhandlungen über das Elsaß und Pommern hatten die Herrscher in beiden Fällen so gehandelt, als ob sie über ihr eigenes Hab und Gut verfügten, nicht über wesentliche Bestandteile des Reichs. Die Pommern hatten eine Abordnung nach Münster geschickt, die, nachdem man alles geregelt und sie im Stich gelassen hatte, erbarmenswert beharrlich, aber vergeblich weiterjammerte, daß die Pommern nicht den Schweden ausgeliefert werden wollten[108].

Den Elsässern ging es kaum besser. Hier bestand wirklich ein seltsamer Widerspruch, denn der Kaiser wünschte das abgetretene Gebiet ganz vom Reich abzutrennen, ein Vorschlag, dem sich der König von Frankreich heftig widersetzte[109]. Die scheinbare Gleichgültigkeit Ferdinands und die Großherzigkeit der Franzosen hatten ihren guten Grund. Sollte das Elsaß vom Reich ganz losgelöst werden, so würde dies bloß eine Grenzänderung bedeuten, wenn aber Frankreich das Elsaß unter der Oberhoheit der kaiserlichen Krone besäße, dann würde der König von Frankreich einen Vertreter in den Reichstag entsenden und ständig in deutsche Angelegenheiten hineinreden können. Schließlich wurde ein so verwickelter Vergleich geschlossen, daß ein Schriftsteller ihn »*une sémence éternelle de guerres*« – eine ewige Kriegssaat – nannte[110]. Der Kaiser trat seine Rechte im Elsaß an den König von Frankreich ab. Das Ausmaß dieser Rechte blieb unumschrieben, und die Städte behielten ihre Sonderrechte als Reichsstädte. Als Gegenleistung aber für die völlige Entwaffnung des rechten Rheinufers von Basel bis Philippsburg erklärten sich die Franzosen bereit, von ihrem Anspruch auf einen Sitz im Reichstag abzustehen. Keine der beiden Parteien war zufrieden, und der Wortlaut der Klauseln war so zweideutig, daß jede Partei ihre Ansprüche auf die ihr genehme Lösung aufrechterhalten konnte[111].

Während dieser Verhandlungen liefen sich die Vertreter Straßburgs und der Dekapolis, der zehn Reichsstädte des Elsasses, auf ihren ständigen Wegen zwischen der französischen und der österreichischen Gesandtschaft in Münster die Füße ab und brachten geduldig ihre eigenen Ansichten vor. Sie machten nicht den geringsten Eindruck auf diejenigen, die nur im Hinblick auf den König von Frankreich, den Kaiser und die europäische Lage über ihr Geschick entschieden.

## VI

So waren bis zum Winter 1646 die Gebietsansprüche der Verbündeten befriedigt. Es verblieben nur noch die Schwierigkeiten des Reiches, die Streitigkeiten der einzelnen Fürsten und die Fragen der verfassungsmäßigen und religiösen Rechte, deretwegen der Krieg geführt worden war.

Nach endlosen Zänkereien kam man endlich zu einer Entscheidung über die Kurpfalz. Maximilian, der den Papst um Beistand anrief[112], wies entrüstet den Vorschlag zurück, daß die Kurwürde abwechselnd innegehabt werden solle[113]. Ebenso sehr war Karl Ludwig, der Sohn Friedrichs von der Pfalz, verärgert, als vorgeschlagen wurde, eine neue Kurwürde für ihn zu schaffen, die ihm nur Heidelberg und die Rheinpfalz zurückbringen und im Kurfürstenkollegium an letzter Rangstelle stehen sollte. Diese Regelung paßte jedoch Maximilian und den Franzosen ausgezeichnet, und es gelang ihnen leicht, die Schweden zu überreden, die anfangs die Rechte Karl Ludwigs hartnäckig verteidigt hatten[114]. Von den Schweden, seinen einzigen mächtigen Verbündeten, verlassen und durch den Zusammenbruch der Macht seines Onkels, König Karls I., in England geschwächt, gab der Kurfürst von der Pfalz endlich nach. Er fühlte sich bewogen, eine Denkmünze prägen zu lassen, die ihn in voller Rüstung mit dem ihm verwundet und erschöpft zu Füßen liegenden pfälzischen Löwen zeigt und die Inschrift trägt: *Cedendo non cedo*[115].

Die Landgräfin von Hessen-Kassel, der es gelungen war, sich den Franzosen und Schweden als Kriegsteilnehmerin wertvoll zu machen, schnitt besser ab als der Kurfürst, der immer nur eine Belastung gewesen war. Sie erhielt den Großteil des beanspruchten Gebietes und eine halbe Million Taler, um ihr Heer zufriedenzustellen[116].

Noch mehr Glück hatten die Schweizer, die es dank der Klugheit und dem politischen Sinn ihrer Regierung fertiggebracht hatten, dem Krieg fernzubleiben, und sich nun beeilten, am Frieden beteiligt zu werden. Sie waren seit mehr als dreihundert Jahren ein unabhängiger, wachsender Bundesstaat, der jetzt, außer den Urkantonen Uri, Schwyz und Unterwalden, auch Luzern, Zürich, Basel, Graubünden, Solothurn, Sankt Gallen, Appenzell und Freiburg umfaßte; sein Bestand hatte aber niemals Anerkennung gefunden. Sie forderten sie nun und erhielten sie auch.

Die Frage der Bezahlung des schwedischen Heeres war ernsterer Art. Alexander Erskine, der zum Kongreß entsendet worden war, um die Interessen des Heeres zu verteidigen, erklärte, was wahr genug war, daß ohne Geld zu ihrer Bezahlung die Truppen nicht abgezogen werden könnten. Er forderte dafür sechs Millionen Taler, die Kaiserlichen antworteten mit einem Angebot von drei Millionen, und man einigte sich schließlich auf fünf[117].

Die Fragen der Reichsgerichtsbarkeit, der Rechte des Reichshofrates und der Aufhebung des 1608 über Donauwörth verhängten Urteils wurden unter allgemeiner Zustimmung bis zur nächsten Reichstagssitzung aufgeschoben, so auch, was unvermeidlich war, die noch immer unerledigte Angelegenheit der Erbfolge in Cleve und Jülich. Die Frage aber, welche sich die regste Anteilnahme aller Parteien erzwang, war die der Religion. Zuerst kam man auf ein totes Geleise, denn die katholischen Gesandten in Münster weigerten sich glattweg, mit den protestantischen Gesandten in Osnabrück zu verhandeln, und der Vermittler, der päpstliche Nuntius, erklärte, mit Irrgläubigen nicht im gleichen Raum sitzen zu wollen[118]. Nach Überwindung dieser Anfangsschwierigkeiten nahm jede Partei einen unnachgiebigen Standpunkt ein; die Katholiken beanspruchten alle Gebiete, welche die Kirche im Jahre 1627 besessen hatte, die Protestanten forderten eine Rückkehr zur Lage von 1618. Johann Georg leistete seinen größten Friedensbeitrag, als er sie bewog, sich auf den Stand von 1624 zu einigen[119].

Im übrigen wurde das Restitutionsedikt für immer ad acta gelegt und das Recht der Fürsten, ihre Religion und die ihrer Untertanen nach Belieben zu ändern, bestätigt. Es wurde Vorsorge getroffen für die Gleichberechtigung von Katholiken und Protestanten in gewissen unwiderruflich gespaltenen Städten, von denen Augsburg und Regensburg die bedeutendsten waren.

Als Versöhnungsgeste hatte sich Ferdinand III. zu Beginn der Besprechungen bereit erklärt, den Calvinismus als dritte Religion im Reich anzuerkennen[120], aber als alles gütlich geregelt schien, machte er die Protestanten stutzig, brachte die Katholiken sehr auf und gefährdete das noch unsichere Übereinkommen, indem er unerwartet einen Fanatismus, der dem seines Vaters nicht nachstand, an den Tag legte. Er weigerte sich entschieden, den Protestanten in den habsburgischen Ländern Duldung zu gewähren, und rief den Papst um Beistand an[121]. Er weigerte sich auch, 1624 als das Jahr für die Regelung des Kirchenlandbesitzes gelten zu lassen, indem er verbissen an dem Jahr 1627 festhielt, das seine Diplomatie beim Frieden von Prag durchgesetzt hatte.

Trautmansdorff, der sich die ganze Zeit über diplomatisch und umgänglich gezeigt hatte, unterstützte jetzt unerwartet seinen Herrn und sagte, als er die vorgeschlagene religiöse Regelung sah, daß er, selbst wenn der Kaiser als Gefangener in Stockholm säße, ihm nicht raten würde, sie zu unterzeichnen. Am 16. Juli 1647 hatte er eine weitere Unterredung über das Thema mit Salvius, und als er nicht zufriedengestellt werden konnte, reiste er am gleichen Abend nach Wien ab. Er reiste aber, wie gesagt wurde, mit außergewöhnlich zufriedener Miene ab, und er hatte tatsächlich Grund dazu.

## VII

Die ganze Zeit über hatte den Unterhändlern der Boden unter den Füßen gewankt, und Ferdinand, der verzweifelt war, als er Trautmannsdorff im Winter 1645 schickte, war voller Hoffnung, als dieser anderthalb Jahre später zurückkehrte.

Diese anderthalb Jahre waren Zeugen einer anhaltenden Schwächung der kaiserlichen Stellung gewesen, aber im Sommer 1647 nahm das Schicksal eine trügerische Wendung, die noch einmal einen Aufschub möglich und den Sieg für die Dynastie der Habsburger denkbar erscheinen ließ.

Anfang 1646 hatte die schwedische Regierung der dringenden Bitte Torstenssons nachgegeben, ihn wegen seiner Kränklichkeit abzuberufen[122]: Er war oft wochenlang ans Bett gefesselt und hatte Gichtknoten an den Händen, die ihn oft unfähig machten, einen Befehl zu unterschreiben[123]. Sie hatte Karl Gustav Wrangel zu seinem Nachfolger ernannt. Stolz, grausam und unbeliebt[124], war Wrangel dennoch ein geschickter Feldherr — zu geschickt, um den Franzosen genehm zu sein. Im Sommer 1646 unternahm er einen siegreichen Vormarsch auf Bayern. Mazarin, der sich mehr vor schwedischen Eroberungen fürchtete als sich nach neuen Lorbeeren für die vereinigten Heere sehnte, tat sein Bestes, um Turenne zurückzuhalten oder wenigstens Bayern zu schonen[125]. Aber die vereinigten Heere Schwedens und Frankreichs konnten, ob nun Turenne wollte oder nicht, den Finessen der Diplomatie zuliebe nicht in Ruhestellung bleiben. Wrangel wollte einen entscheidenden Einfall nach Bayern, seine Leute mühelose Beute.

Johann von Werth, der zu Hilfe eilte, lenkte die Wucht des Vormarsches von Augsburg ab, konnte aber den Einfall nicht verhindern, der im Herbst 1646 Bayern überflutete. Maximilian, der einen Bauernaufstand fürchtete, verweigerte seinen wehrlosen Untertanen Waffen und brachte durch die zur Aushungerung der Eingefallenen angeordnete Zerstörung von Mühlen und Lagerhäusern Hungersnot über sein eigenes Volk[126]. Im Frühjahr bat er dringend um einen Waffenstillstand; im März unterschrieb er ihn, und erst im April stellte Wrangel die Feindseligkeiten ein[127].

Aber dem Haus Österreich gegenüber hatte Mazarin es mit einer Hydra zu tun; wie schwach das Ungeheuer auch wurde, jedem abgeschlagenen Kopf wuchs ein neuer nach. Den Abfall Bayerns wogen neue Lebensregungen auf. Das Eintreffen Trautmansdorffs in Münster hatte den Anschein erweckt, daß der Kaiser sich von seiner spanischen Politik abgewendet habe. Wenige Monate später verstärkte der Tod seiner Gemahlin, der Infantin Maria, die Hoffnung, Ferdinand werde mit Spanien brechen. Mazarin, der diese verheißungsvolle Gelegenheit ergriff, hatte sogar im Sinn, das österreichisch-spanische Bündnis zu sprengen und Ferdinand zu einem raschen Frieden zu verleiten, indem er ihm als Braut den Wildfang »Mademoiselle«, die Tochter Gastons von Orléans, anbot. Das Angebot wurde mit der Begründung abgelehnt, daß der Kaiser noch in zu tiefer Trauer sei, um an eine zweite Ehe zu denken; aber wie echt Ferdinands Schmerz ohne Zweifel auch war, er hinderte ihn nicht, sich eine Gemahlin in seiner eigenen Familie zu suchen. Die erwählte Braut war seine Base Maria Leopoldine von Tirol.

Diese Verlobung wirbelte in Europa weniger Staub auf als der gleichzeitige Heiratspakt des Königs von Spanien. Philipp IV., der seine Gemahlin und auch seinen einzigen Sohn kurz nacheinander verloren hatte, ging mit ungebührlicher Hast daran, sich eine junge Braut zu suchen. Er war kein begeisternder Ehemann; für einen Vierziger war er alt und mürrisch, einsilbig und stupid, als Herrscher ein unnützes Idol. Seine Zuneigung galt nur dem einzigen Kind, das ihm geblieben war, der flatterhaften kleinen Infantin, die trotz der Madrider Förmlichkeit und der Pracht von Versailles zeitlebens ein törichter, impulsiver, immer gutmütiger Backfisch blieb[128]. Das spanische Weltreich war im Absterben, aber der König von Spanien bewarb sich um eine österreichische Erzherzogin. Er freite um seine eigene Nichte, Ferdinands Tochter Maria Anna, und Ferdinand gab seine Zustimmung[129].

Das war nicht alles. Um seine österreichischen Verwandten fester an sich zu binden, sah Philipp auf Anregung Peñarandas von der Ernennung seines Bastards ab und machte Erzherzog Leopold zum Statthalter der Niederlande[130]. Im gleichen Augenblick, in dem Mazarin das bayrische Bündnis brach, erneuerte Spanien seinen Einfluß auf Österreich und entzog dem Kardinal die holländische Unterstützung.

Die Franzosen hatten im Winter und im Frühjahr 1646 den Spaniern vorgeschlagen, das jetzt von französischen Truppen besetzte Katalonien gegen die Niederlande auszutauschen[131]. Die Spanier griffen diesen Plan auf; ob ernstlich oder nur, weil sie wußten, daß er zwischen den Holländern und Franzosen Feindschaft säen werde, ist schwer zu sagen. Jedenfalls begannen die Holländer, sobald ihnen der beabsichtigte Austausch bekannt wurde, in ihrer Wut über diese Umtriebe eines längst verdächtigten Verbündeten, Friedensbedingungen vorzubereiten, die für Spanien annehmbar waren und die französischen Interessen vollständig mißachteten[132].

Dieses Mißgeschick hielt die Franzosen nicht ab, sich von der spanischen Diplomatie weiter täuschen zu lassen. Da Philipps Sohn gestorben war, begünstigten sie den Plan der Verheiratung der Infantin, der nunmehrigen Alleinerbin Spaniens, mit dem achtjährigen König von Frankreich. Diesmal verheimlichten die Franzosen den Holländern alles, und ihr kindisches Doppelspiel fand den verdienten Lohn, als die Spanier, die den Plan nicht ernst genommen hatten, ihn plötzlich aufdeckten und die Franzosen allein die Suppe auslöffeln ließen[133]. Diesmal halfen keine Verneinungen, Proteste und Sonderdeputationen[134]. Sogar die Schweden waren entrüstet[135], und die Vereinigten Provinzen, die nun von ihrem Verbündeten genug hatten, unterzeichneten einen Waffenstillstand mit

Spanien[136] und überließen es ihren unzuverlässigen Freunden, sich allein aus der Schlinge zu ziehen.

Daß die Franzosen ihr Vorhaben, die Niederlande abzutreten, aufgeben mußten, trieb sie, den Krieg in den Niederlanden wieder eifriger zu führen. Das war um so mehr der Fall, seit Erzherzog Leopold, der in Eile und inkognito gereist war, zu Beginn des neuen Jahres, 1647, die Grenze von Brabant überschritten hatte und jetzt neue Feldzüge gegen Frankreich mit einer Begeisterung vorbereitete, die an den Kardinalinfanten erinnerte[137]. Da Bayern zur Neutralität gezwungen war, wollte Mazarin, daß Turenne seine gesamten Truppen in Deutschland gegen die Niederlande verwende[138].

Der Plan hatte hinsichtlich der bayrischen Neutralität und auch hinsichtlich des Angriffes Turennes auf Flandern eine ernstliche Schwäche. Auf bayrischer Seite hatte Johann von Werth, der Feldherr Maximilians, nicht die Absicht, die aufgezwungene Neutralität anzunehmen, und auf französischer Seite war das alte weimarische Heer nicht gewillt, Turenne zu gehorchen. Zwei Aufstände spielten im Sommer 1647 den Habsburgern in die Hände und brachten zum letztenmal die herangereiften Pläne Frankreichs zum Scheitern. Ende Juni meuterten die Weimaraner am Rhein gegen ihre französischen Kommandanten, und Anfang Juli erklärte Werth seine Loyalität dem Kaiser, und nicht dem Kurfürsten von Bayern. Kein Wunder, daß Trautmansdorff geschmunzelt hatte, als er am Abend des 16. Juli 1647 Münster verließ.

Maximilian war mit Werth lange genug in schlechtem Einvernehmen gewesen; Werth war ohne jede Selbstzucht, von niedriger Abkunft, hatte abstoßende Manieren und konnte kaum schreiben; obschon der Kurfürst zugab, daß Werth ein bewundernswerter Reiterführer sei, hielt er ihn offen für einen tölpelhaften Trunkenbold und weigerte sich, seinem Verlangen nach dem Feldmarschallstitel zu willfahren. Es war daher Ferdinand ein leichtes gewesen, den skrupellosen, unzufriedenen Karrieremacher mit wenigen wohlüberlegten Andeutungen zu bestechen. Als Maximilian Ende Juni von dem Anschlag erfuhr, schickte er nach seinem Feldherrn, hatte aber keine stichhaltigen Beweise, und Werth, der einer nicht beweisbaren Anschuldigung gegenüberstand, beschwor seine Unschuld mit sorgloser Mißachtung aller Höllenqualen und ritt zu seinen Leuten zurück, um alles zum augenblicklichen Handeln vorzubereiten. In der ersten Juliwoche des Jahres 1647 marschierte er an der Spitze seines Heeres, um sich dem Kaiser anzuschließen.

Mittlerweile war in Straßburg das Maß der Unzufriedenheit des weimarischen Heeres voll geworden. Turenne hatte das lange erwartet.

Drei Jahre früher war eine schwere Meuterei in Breisach nur durch den Mut und die Beliebtheit Erlachs unterdrückt worden[139]. Seitdem hatte sich Erlach zurückgezogen, und Turenne, der mit ihm schlecht genug ausgekommen war, kam mit seinem Nachfolger Reinhold von Rosen sogar noch schlechter aus. Die Truppen waren, und nicht mit Unrecht, überzeugt, daß die Franzosen sie langsam mit dem Hauptheereskörper verschmelzen wollten; sie führten an, daß ihnen französische Offiziere vorgesetzt seien, daß ihre Interessen unberücksichtigt blieben, und schließlich, daß zufolge ihrer Dienstbedingungen Turenne nicht berechtigt sei, sie nach Flandern zu schicken. Einmal ausgebrochen, verbreitete sich die Meuterei mit Windeseile; Rosen, der die unglückliche Idee hatte, die Truppen beeinflussen zu können, stellte sich an ihre Spitze, und als Turenne so abgeschmackt war, ihn verhaften zu lassen, wählten die Weimaraner einen Anführer aus ihren Reihen und zogen, viertausend Mann stark, los, um sich den Schweden anzuschließen[140].

Jetzt konnte Turenne, der beträchtlich geschwächt war, nicht mehr nach Flandern marschieren. Überdies machte der Zusammenbruch der bayrischen Neutralität seine Anwesenheit in Deutschland notwendig. Aber auch hier hemmte die Meuterei seine Handlungsfreiheit, denn Wrangel hatte, nachdem er für einen Augenblick in Verlegenheit gewesen war[141], kaltblütig die weimarischen Truppen in seine Dienste genommen, und Turenne weigerte sich zuerst, gemeinsam mit einem Heer zu kämpfen, das mit Rebellen aus seinen eigenen Reihen angefüllt war[142]. Es war gefährlich, ohne die Hilfe der Schweden zu handeln und, wie die Umstände lagen, unmöglich mit ihr.

Der Aufstand der Weimaraner war vom Standpunkt der Meuterer erfolgreich, aber Werths Meuterei kam nur dem Kaiser zugute. Werth war nämlich nicht der Mann, seine Truppen mit sich fortzureißen; die meisten seiner Anhänger kehrten zu Maximilian zurück, und Werth, auf dessen Kopf ein Preis gesetzt war, überschritt die österreichische Grenze fast allein[143]. Dennoch war Maximilian bereits aus seiner Friedenspolitik aufgeschreckt worden. Am 27. September 1647 erfuhren die gereizten Gesandten in Münster, daß er sich mit seinen gesamten Truppen Ferdinand wieder angeschlossen hatte[144]. Sie wären noch betrübter gewesen, wenn sie gewußt hätten, daß ein wenig später der einstmalige hessische General Melander, der jetzt Generalissimus der kaiserlichen und bayrischen Truppen war, sich Friedrich Wilhelm von Brandenburg angeschlossen hatte, um zu versuchen, in zwölfter Stunde eine »deutsche« Partei zu bilden und diesen vom Ausland überwachten Frieden zunichte zu machen[145].

Am 30. Januar 1648 schlossen Spanien und die Vereinigten Niederlande den Frieden von Münster[146]. Für die unglücklichen spanischen Niederlande war damit die Blütezeit vorüber; die Spanier waren bereit gewesen, die treuen Provinzen, die für sie gekämpft hatten, zu opfern, um bessere Bedingungen für sich selbst herauszuschlagen. Die Schelde war gesperrt und Antwerpen zugrunde gerichtet, um Amsterdam Platz zu machen. Aber wenn auch Frankreich am Frieden ein gewichtiges Interesse hatte, entstammte es nicht der Liebe zu Flandern; seine Gesandten faßten nach mehrfachen unwirksamen Protesten[147] den Entschluß, ihre Verhandlungen mit den Spaniern abzubrechen, wobei sie als Entschuldigung anführten, daß Peñaranda Münster verlassen habe und sie nicht mit einem Mann von geringerer Bedeutung verhandeln könnten. Sie rechneten damit, daß der Bruch zwischen Österreich und Spanien ihnen als Gegenposten für ihren Bruch des Bündnisses mit Holland dienen werde. Der Kaiser würde sich den zu Münster und Osnabrück von den versammelten deutschen Ständen und deren ausländischen Verbündeten festgelegten Bedingungen nicht widersetzen können. Sobald er sie unterzeichnete, würde er auf alles von Spanien in Deutschland Gehaltene verzichten und sich verpflichten müssen, nicht weiter zu helfen.

Der Erfolg der französischen Diplomatie wurde durch ihre Heere bestimmt. Der Abfall Bayerns zwang Turenne, im Einverständnis mit Wrangel zu handeln und seinen flämischen Plan aufzugeben; nachdem sie ihre Meinungsverschiedenheiten über das weimarische Heer zurückgestellt, freilich nicht geklärt hatten, verbündeten sich die beiden Feldherren endlich zum Angriff auf Süddeutschland[148]. Oberflächlich gesehen, waren die Aussichten nicht sehr hoffnungsvoll. Wrangel, der fürchtete, das Kriegsende werde auch das Ende seiner Macht sein, war nur dadurch zum Handeln gezwungen worden, daß der Vetter der Königin zum Oberkommandierenden ernannt worden war, und die Nachricht, daß dieser auf dem Weg nach Deutschland sei, stachelte den ehrgeizigen Marschall zu weiteren Bemühungen an. Falls der Krieg beendet werden müsse, dann wolle er ihn lieber selber beenden als dies einem andern überlassen[149]. Er zögerte aber nicht, das Gerücht zu verbreiten, daß Turenne dem Kampf auszuweichen suche, um den Krieg zu verlängern[150]. Die Schwäche des Feindes machte es wirklich unmöglich, eine weitere Verschleppung zu rechtfertigen. Melander, seit dem Vorjahr kaiserlicher Feldmarschall, verschanzte sich an der Donaulinie. Aber die vereinten bayrischen und kaiserlichen Heere waren schwächer als das schwedische und das französische, und Groensfeld, der bayrische

Kommandant, verhinderte ihr gemeinsames Vorgehen, indem er den Vorrang vor Melander verlangte[151]. In dieser mißlichen Lage wurden sie in einem unzusammenhängenden, welligen Gelände nicht weit von Augsburg ganz nahe bei dem Dorf Zusmarshausen überrascht. Durch einen unerträglichen Anhang von Nichtkämpfern behindert – sie waren, wie man schätzte, der Soldatenanzahl vierfach überlegen – bemühte sich Melander, die Artillerie und den Troß wegzubringen, und überließ es dem italienischen General Montecuculi, die Nachhut zu verteidigen. Mit verbissenem Mut zog sich Montecuculi von einem Hügelrücken zum andern zurück, indem er seine Reiterei zur Abwehr der feindlichen Angriffe benützte, während das Fußvolk zurückwich. Melander, der ihm zu Hilfe kam, wurde tödlich verwundet. Der Italiener entschloß sich, lieber das Heer als den Troß, der jetzt in einem hoffnungslosen Durcheinander war, zu retten, und zog sich nach Landsberg zurück, wobei er außer den Truppen alles verlor.

Als die Not am höchsten war, kam Piccolomini nach Österreich zurück, um die Lage zu retten; aber es bedurfte mehr als seiner ungeheuren Tatkraft und Zähigkeit, um aus den verstreuten, verkommenen Resten der Truppen, die nach Zusmarshausen übriggeblieben waren, ein Heer zu machen, und Maximilian erleichterte die Lage nicht, als er Groensfeld nach der Schlacht sogleich wegen Verrats verhaften ließ[152].

Turenne und Wrangel überrannten mittlerweile Bayern und nahmen an der Bevölkerung furchtbare Rache für die wankelmütige Politik ihres Herrschers. Dem Kurfürsten stand wirklich, wie ihm Wrangel klar und bündig schrieb, nur ein einziger Weg zur Rettung seines Landes offen: noch einen Waffenstillstand zu schließen.

Ein zweites schwedisches Heer, unter Königsmarck, fiel in Böhmen ein und forderte Prag zur Übergabe auf. Am 26. Juli 1648 nahmen die Schweden die Kleinseite, und es schien alles verloren zu sein, aber die katholisch und habsburgisch restaurierte Stadt kämpfte für ihren Glauben und ihren König wie nie zuvor. In den Jahren 1620 und 1635 fast ohne einen Schuß eingenommen, hätte sie 1648 bis zum letzten Mann ausgehalten. Studenten, Mönche und Bürger verteidigten die Karlsbrücke Schulter an Schulter mit den Soldaten, ohne zu erlahmen. Wie lange sie hätten Widerstand leisten können oder wollen, läßt sich nicht sagen. Auf Entsatz konnten sie kaum hoffen, und doch hielten sie mehr als drei Monate aus, und der Friede, nicht die Übergabe, endete ihre lange Verteidigung.

Während die Bevölkerung Prags in ärgster Bedrängnis war, weigerte sich Ferdinand, der sich an seine religiösen Überzeugungen, die geistige

Erbschaft seines Vaters und seine dynastischen Verpflichtungen klammerte, Frieden zu schließen. Das offensichtliche Hindernis war die religiöse Regelung, und doch hatte Ferdinand politische Gründe. Konnte er seine spanischen Verwandten im Stich lassen, da sie doch mit den Holländern Frieden geschlossen und wenigstens die Hoffnung hatten, den Franzosen als Gleichwertige gegenüberzutreten[153]? Sein eigener vielgeliebter Bruder unterstützte den verzweifelten Streit in den Niederlanden, weil er darauf baute, nicht verlassen zu werden.

Erzherzog Leopold hatte sich vom Beginn seiner Statthalterschaft an als tätiger Kommandant und als ein Mann erwiesen, der streng auf Disziplin hielt; er war an der französischen Grenze durchgebrochen und hatte Armentières, Comines, Lens und Landrecies zurückerobert. In jenen ersten Monaten seiner Herrschaft war er dem Erzherzog späterer Jahre seltsam unähnlich, dem schmächtigen, enttäuschten Mann, der auf den fotografieartigen Bildern David Teniers' zu sehen ist, wie er mit einem zierlichen Stöckchen auf ein Lieblingsgemälde in einem hohen Brüsseler Atelier zeigt[154]. In jenem ersten Jahr war er dem Kardinalinfanten ebenbürtig, aber dann, im August 1648, ließ er sich bei Lens durch Unachtsamkeit, Unfähigkeit oder Mißgeschick, oder durch alles zusammen, von Enghien in eine Falle locken, und sein ganzes Heer wurde vernichtet[155].

Das war das Ende für Ferdinand: Bayern bei Zusmarshausen verloren, Prag belagert, Leopold bei Lens vernichtend geschlagen. Er fügte sich ins Unvermeidliche, nahm die religiöse Regelung an und war bereit, Frieden zu schließen. Aber die Gesandten zu Münster hatten nicht drei Jahre zur Schaffung eines Friedens gebraucht, um ihn in wenigen Minuten zu unterzeichnen. Als Ferdinands endgültiger Entschluß in Münster einlangte, war der Chiffreschlüssel verlorengegangen, so daß das Dokument nicht entziffert werden konnte. Nachdem dieses Hindernis überwunden worden war, begann eine endlose Auseinandersetzung über die Reihenfolge der Unterschriften auf dem Friedensvertrag, und erst am Sonnabend, dem 24. Oktober, fast drei Wochen nach der Lösung aller politischen Schwierigkeiten, wurde er tatsächlich unterzeichnet. Selbst an diesem Tag wurde den Gesandten, nachdem sie von neun bis ein Uhr in Münster gewartet hatten, bedeutet, um zwei Uhr wiederzukommen. Erst dann erschienen die führenden Gesandten und wurden beide Friedensverträge unterzeichnet. Das Ereignis wurde durch drei Salven aus siebzig Kanonen begrüßt, die auf den Wällen standen.

Es waren nicht die letzten Schüsse des Dreißigjährigen Krieges. Während aller dieser Wochen, dieser Tage und dieser letzten flüchtigen

Stunden wurde in Prag gekämpft, und der Kampf ging noch neun Tage weiter, bevor auch dort die Nachricht vom Frieden eintraf[156]. Dann feuerten auch die Prager ihre Salven gegen den Himmel, sangen ihr Tedeum und läuteten ihre Kirchenglocken, weil der Krieg zu Ende war.

# DER FRIEDE – UND NACHHER

Je crois qu'il se faudra contenter que
chacun demeure avec ses prétensions et explique le traité
comme il l'entend

SERVIEN (Januar 1649)

## I

Nach dreißig Jahren war in Deutschland Friede geworden. In Prag übertönte der Schall der Kirchenglocken den letzten Kanonendonner, und längs des Mains flammten von den Uferhügeln Freudenfeuer zum nächtlichen Himmel empor[1], aber zu Olmütz in Mähren, wo das schwedische Heer seit acht Jahren lag, waren die bestürzten Soldaten in einer trübseligen Stimmung, und auf den Feldern vor der Stadt standen die Lagerweiber in verzweifelten Gruppen beisammen. »Ich wurde im Krieg geboren«, sagte eine, »ich habe kein Zuhause, kein Vaterland und keine Freunde, der Krieg ist meine ganze Habe, und wohin soll ich jetzt gehen[2]?« Während die Olmütz verlassenden Troßwagen und Nachzügler in einer Kette von fast fünf Kilometern ihres Weges zogen, versammelten sich die überlebenden Bürger in ihrer seit langem ausgeraubten Kirche zu einem Dankgesang:

»Aber von deinem Schelten flohen sie, von deinem Donner fuhren sie dahin.
Die Berge gingen hoch hervor, und die Täler setzten sich herunter zum Ort, den du ihnen gegründet hast.
Du hast eine Grenze gesetzt, darüber kommen sie nicht und dürfen nicht wiederum das Erdreich bedecken[3].«

Aber zwei Jahre nach dem Friedensschluß war es noch immer zweifelhaft, ob die Soldaten nicht wiederum das Erdreich bedecken und ob die in Münster und Osnabrück beschlossenen Artikel Deutschland einen besseren als den vor dreizehn Jahren in Prag unterzeichneten Frieden bringen würden.

Erskine hatte während der Verhandlungen erklärt, daß die Interessen des schwedischen Heeres gesondert von denen des schwedischen Staates berücksichtigt werden müßten, und die letzten Verzögerungen in Münster entstanden durch die gemeinsame Forderung der Verbündeten, ihren Heeren auf ein weiteres Jahr Quartiere zu geben[4]. Das war bloß ein Hinausschieben der entscheidenden Stunde. Die französische Regierung, die mit Spanien noch im Krieg lag und Herr über ihr vorwiegend aus Franzosen bestehendes Heer war, hatte nicht mit Schwierigkeiten zu kämpfen. Ganz anders die schwedischen Behörden, die fast hunderttausend Mann abzurüsten hatten, meistens Deutsche, die von der Zukunft nur das erhofften, was ihnen die Soldatenlaufbahn verheißen hatte. Eine kleine Minderheit unter den Soldaten der Schweden bildeten die aus den habsburgischen Ländern geflohenen Protestanten – Böhmen und Österreicher –, die darüber aufgebracht waren, daß die Regierung, für die sie gekämpft hatten, ihre Interessen geopfert hatte, um Frieden zu schließen. Da waren ferner die heruntergekommenen Reste des Bernhardschen Heeres, die sich den Schweden angeschlossen hatten, weil sie von ihnen besser behandelt zu werden hofften als von Turenne, und die endgültige Auflösung des Heeres fürchteten.

Auf der kaiserlichen Seite war die Lage nur verhältnismäßig weniger bedrohlich. Piccolomini stand vor der Aufgabe, gegen zweihunderttausend ihrer einzigen Lebensmöglichkeit beraubte Männer und Frauen zu entlassen. Die Wiedereingliederung einer solchen Masse in die Zivilbevölkerung hätte sogar dann Schwierigkeiten gemacht, wenn die Soldaten und ihre Familien ein brauchbareres Menschenmaterial gewesen wären, als sie wirklich waren.

Es drohten zwei Gefahren: erstens, daß infolge des Verbleibens der Besatzungsheere die Unzufriedenheit des einen oder des andern Friedenssignatars zum Wiederaufleben des Krieges führen könnte, solange die Mittel dazu noch zu Gebote standen; zweitens, daß die Soldaten sich selbst Recht verschaffen, sich gegen ihre Feldherren erheben und weiter von der im Land gemachten Beute leben könnten, nun aber nicht mehr als reguläre Truppen, sondern als Räuberbanden. Beide Gefahren bestanden wirklich. In Wien fürchtete man, daß die schwedischen und bayrischen Truppen sich zum Kampf gegen die Friedensschließenden vereinigen könnten[5]. Die Ernennung Karl Gustavs, eines Vetters der Königin Christine, zum Oberkommandierenden stärkte die politische Zuversicht nicht. Der Prinz war jung, ehrgeizig und kriegerisch, und es ärgerte ihn, daß er keine ruhmreichere Aufgabe als die Abrüstung des Heeres haben sollte.

Mittlerweile setzte der auffallende Mißerfolg der Verhandlungen in Westfalen bei der Lösung gewisser Schwierigkeiten das ganze Friedensinstrument einer gefährlichen Kritik aus. Weder die Katholiken noch die Protestanten waren mit den Kompromißentscheidungen zufrieden, welche hinsichtlich ihrer Gebiete getroffen worden waren. Zudem war nichts zur Durchführung dieser Beschlüsse vorgesehen, und jeder Versuch, sie gewaltsam zur Geltung zu bringen, konnte leicht den Krieg wiederaufleben lassen.

Der päpstliche Nuntius brachte einen andern Mißton in die Verhandlungen, indem er gegen alle Vereinbarungen wetterte, weil sie den Interessen der Kirche zuwiderliefen; die spanische Regierung sandte entrüstete Proteste an den Kaiser, weil er sie böswillig verlassen habe; der Freibeuter Karl von Lothringen wurde von den Verhandlungen ganz ausgeschlossen und hielt weiter die auf deutschem Boden gelegene Feste Hammerstein besetzt, ohne sich um Proteste zu kümmern; die Spanier kündigten ihre Absicht an, in Frankenthal zu bleiben; der Herzog von Mantua erhob Einspruch, weil die französische Regierung einen Teil seines Gebietes ausgeliefert hatte, ohne ihn auch nur um seine Zustimmung zu fragen[6].

Fünfeinhalb Jahre nach Unterzeichnung des Friedens, im Mai 1654, zog die letzte feindliche Besatzung aus Deutschland ab[7]. Während der ersten zwei Jahre dieses Zeitraumes war die Fortsetzung des Krieges noch immer sehr wahrscheinlich, während der letzten drei Jahre war die allgemeine Sicherheit nur in einigen Gegenden bedroht.

In Prag war der Friede Mitte November 1648 verkündet worden. Bis Ende Dezember waren die schwedischen und kaiserlichen Feldherren wiederholt zu Beratungen zusammengekommen, was die Bevölkerung verleitete, eine rasche Abrüstung zu erwarten. Am Ende des Jahres waren die Feldherren nur einen einzigen Schritt vorwärtsgekommen, nämlich zu der Entscheidung über die genaue Höhe des einstweiligen Beitrages, der von den kaiserlichen Untertanen zur Erhaltung der Truppen bis zu ihrer Auflösung eingehoben werden sollte[8]. Die Auflösung selbst war noch nicht einmal besprochen worden, und alle Vorkehrungen wurden bis zur Abhaltung eines neuen Kongresses in Nürnberg aufgeschoben, der sich damit befassen sollte, wie die Bedingungen erfüllt werden konnten und die Abrüstung durchzuführen wäre.

Groß war die Bestürzung in ganz Deutschland, als die Höhe der einstweiligen Einschätzung bekanntgegeben wurde. In Straßburg dämpfte die Nachricht den Freudenjubel[9], und Karl Gustav gefährdete den Frieden, indem er Truppen in das Bistum Lüttich sandte, um das Geld unter Androhung von Waffengewalt zu erpressen[10]. Aber so tief ging die Sehnsucht, zu einem Ende zu kommen, daß die Mehrzahl der Bevölkerung keine Anstrengung scheute, um die verlangten ungeheuren Summen aufzubringen, und mit Hilfe schweizerischer und einheimischer Bankiers den ganzen veranschlagten Betrag deckte[11].

Die Verantwortung ruhte jetzt auf den Feldherren Karl Gustav,

Wrangel und Piccolomini, die sich ihrer Aufgabe mit unerwartetem Erfolg entledigten. Im September 1649 konnte Karl Gustav die glückliche Lösung der Hauptstreitfragen feiern, indem er seinen Kollegen in Nürnberg ein Friedensbankett gab, bei dem Wrangel vor freudiger Erregung seine Pistole gegen die Decke abfeuerte und sagte, er brauche nun keine Munition mehr[12]. Karl Gustav hatte sich mittlerweile mit der ihm zugewiesenen Aufgabe abgefunden und zeigte ebensoviel Genie, Mut, Entschlossenheit und Umsicht wie später in der Heeresführung. Durch Entlassung überzähliger Offiziere und Zusammenziehung unvollständiger Truppenteile brachte er zunächst die nominelle Stärke des Heeres in ein richtiges Verhältnis zur wirklichen. Regimenter, die er im Verdacht meuterischer Absichten hatte, löste er auf und verteilte Mannschaft und Offiziere auf verschiedene Gegenden, so daß sich nicht leicht ein Aufstand verbreiten konnte, und wenn Meuterei ausbrach, unterdrückte er sie mit unbarmherziger Gründlichkeit.

Auf beiden Seiten versuchten die Herrscher die Lage dadurch zu erleichtern, daß sie eine Anzahl Soldaten auf dem Land ansiedelten, ein Plan, der in Bayern, Hessen und in der Pfalz recht mäßigen Erfolg hatte[13]. Im allgemeinen zog es der unzufriedene Soldat vor, für sich selbst zu sorgen. Hauptleute und ganze Kompanien desertierten, indem sie abmarschierten, um sich den Franzosen, den Spaniern, dem Herzog von Savoyen, den Venezianern, den Engländern, dem Fürsten von Siebenbürgen, ja sogar dem russischen Zaren zu verdingen. Es gab aber ein Überangebot an Soldaten, und die zu spät kamen, fanden keine Interessenten. Andere wieder verzogen sich in die Berge und Wälder und bildeten Räuberbanden. In ein oder zwei Bezirken war es – wenn auch nur für kurze Zeit – notwendig, eine kleine Truppe gegen diese Marodeure zu unterhalten[14], und noch viele Jahre reisten die Kaufleute lieber in größeren Gruppen und wohlbewaffnet.

Mehr als einmal wurde die Lage gefährlich. Unter den schwedischen Truppen kam es zu Meutereien in Überlingen, Neumarkt, Langenarch, Meinau und Eger. Ein ernstlicher Aufstand in Schweinfurt mußte von Wrangel durch persönliches Eingreifen niedergeschlagen werden. Mehreren Regimentern gelang es, sich des zu ihrer Abfertigung bestimmten Geldes zu bemächtigen, das ihren Kommandanten geschickt worden war, und sich damit davonzumachen. In Anhalt mußte im Juli 1650 eine Meutererbande, die gefährlicher und erfolgreicher als sonst eine war, überlistet, umstellt und niedergeschossen werden[15]. Eine Meuterei unter den bayrischen Truppen wurde ebenso unnachsichtig unterdrückt; der Kurfürst ließ schwere Geschütze auffahren, welche die Meuterer niedermähten, und fünfzehn Rädelsführer wurden für die Geltendmachung ihrer vermeintlichen Rechte gehängt[16].

Noch im Sommer 1650 verursachte die Entdeckung, daß kaiserliche Truppen in spanische Heere versetzt wurden, entrüstete Einsprüche der Schweden und Franzosen, und wenige Tage schien es in Nürnberg, als ob es zum Krieg käme. Es hieß, daß die Abrüstung eingestellt sei, ja es wurde berichtet, daß die Schweden Soldaten anwürben. Aber die Krise ging vorüber, und am 14. Juli 1650 kamen die Unterhändler zum letztenmal zu einem großen Bankett zusammen, das ihnen diesmal Piccolomini gab. Er hatte vor der Stadt ein Riesenzelt aufschlagen lassen, das mit Spiegeln, Armleuchtern, Blumen und allegorischen Bildern geschmückt war. Vor dem Zelt stand eine mit Feuerwerk gefüllte Festung aus Pappendeckel. Nach den üblichen Unannehmlichkeiten, diesmal durch den Streit Wrangels und eines kaiserlichen Feldherrn um den vornehmeren Sitz verursacht, nahmen die Gäste um fünf Uhr abends zu einem riesigen Mahl Platz, bei dem sie zu ohrenbetäubenden Salven auf das Wohl des Friedens und aller Anwesenden tranken. Nach dem Bankett brannte Piccolomini selbst die Lunte an, und die Pappendeckelfestung flog inmitten eines Raketenwirbels in die Luft. Für die Bevölkerung war ein friedlicher hohler Löwe mit einem Ölzweig in seinen harmlosen Pranken errichtet, aus dessen Rachen ständig Wein floß[17].

Nachdem die Hauptunterhändler abgereist waren, beschäftigte sich die Konferenz noch während eines Jahres mit der Regelung verschiedener untergeordneter Punkte. Aber auch dann blieben viele Fragen unerledigt. Die Spanier zogen aus Frankenthal erst ab, als ihnen der Kaiser im Jahre 1653 Besançon abtrat; Karl von Lothringen räumte Hammerstein erst anfangs 1654, und im Mai des gleichen Jahres war der schwedischen Besatzung zu Vechta die zweifelhafte Ehre beschieden, als letzte Deutschland zu verlassen. Aber die Räumung hielt seit der Konferenz von Nürnberg ununterbrochen an, und zur Erntezeit des Jahres 1650 glaubte man in den meisten Gegenden Deutschlands, daß nun ruhig die Rückkehr des Friedens gefeiert werden könne. Eindrucksvoll unter diesen erbarmungswerten kleinen Dankeskundgebungen war die von Schulkindern in Dollstedt, die in weißen Kleidern und mit grünen Kränzlein singend in einer Prozession zogen[18], und eine andere, die den lange verbannten Kurfürsten Karl Ludwig an der Grenze der Pfalz willkommen hieß[19]. Sie waren die Zukunft, die Hoffnung — in einigen Orten die einzige Hoffnung.

## II

Nicht zum erstenmal war Deutschland mehr als eine Generation lang einem ununterbrochenen Krieg ausgesetzt gewesen, aber den Dreißigjährigen Krieg umgibt eine Legende, die ihn in der deutschen, wenn nicht gar in der europäischen Geschichte einzigartig macht. Bis mindestens zur Mitte des neunzehnten Jahrhunderts war keine Schätzung des Verlustes an Leben und Gütern zu übertrieben, um nicht geglaubt zu werden. Man nahm an, daß die Bevölkerung um drei Viertel gesunken und der Verlust an Vieh und an sonstigem Gut noch weitaus größer gewesen sei, daß die Landwirtschaft in einigen Gegenden erst nach zwei Jahrhunderten wieder zur vormaligen Blüte gebracht und der Handel in vielen Städten ganz vernichtet worden sei. Jedes Übel, das den Staatsorganismus befiel, wurde bereitwillig dem Dreißigjährigen Krieg zugeschrieben, angefangen mit den Unklarheiten der Reichsverfassung bis zur späten Entwicklung eines deutschen Überseereiches.

Die kritischere Forschung der letzten hundert Jahre hat zwei bisher unbemerkte Ausblicke auf diese Fragen eröffnet:

Erstens, daß Deutschland im Jahre 1618 auf dem Weg der Zerstörung schon weit fortgeschritten war, und zweitens, daß die zeitgenössischen Zahlen unverläßlich sind. Herrscher, die finanzielle Verpflichtungen umgehen wollten, Staaten, die Schadensersatz beanspruchten, Bürger, die um Steuerbefreiung nachsuchten, malten natürlich die Lage ihres Landes in den düstersten Farben. Auf der Schadensersatzliste, die für die schwedische Regierung zusammengestellt wurde, war die Zahl der in einigen Bezirken als zerstört ausgewiesenen Dörfer höher als die Gesamtzahl der Dörfer, die es überhaupt gegeben hatte[20]. Journalisten und Pamphletisten beider Seiten schrieben in einem ständigen Superlativ, der seinen eigenen Zweck vereitelt.

Doch ist diese Übertreibung als solche bezeichnend, denn sie wäre, wenigstens in amtlichen Dokumenten, nicht ohne eine Spur von Wahrheit möglich gewesen. Und wenn zeitgenössische Schriftsteller in zu langer und zu lauter Eintönigkeit das gleiche Jammerlied singen, so ist dies bezeichnend, wenn nicht für eine Tatsache, so mindestens für eine Stimmung, die irgendwie in der Wirklichkeit wurzeln mußte. Ob nun Deutschland drei Viertel oder einen kleineren Teil seiner Bevölkerung verlor, sicher ist, daß nie vorher in der deutschen Geschichte der Schrecken eines durchlebten Zeitabschnittes so allgemein empfunden wurde und so weiten Kreisen zum Bewußtsein kam.

Beim Sammeln der verhältnismäßig spärlichen einwandfreien Tatsachen und beim Sieben der Unmenge übertriebener Legenden und Darstellungen tritt ein krasser Unterschied zwischen allgemeinen Erscheinungen und Teilauswirkungen zutage, der erstaunlich ist. Der einzelne Bauer litt grausam während des Krieges, er konnte sich gegen die schwere Besteuerung, gegen Plünderung, Gewalt und Ausweisung, denen er ausgesetzt war, nicht wehren; aber im Vergleich mit den übrigen Gesellschaftsschichten ging die Bauernschaft im allgemeinen aus dem Krieg doch gefestigter hervor, als sie je gewesen war. Um den Boden wieder ertragreich zu machen, waren die Gutsbesitzer auf die Arbeitskraft der Bauern angewiesen, deren Zahl für diese Aufgabe nicht zureichte. Dadurch hatten sie endlich einmal Gelegenheit, erfolgreich auf ihren Rechten zu bestehen[21]. Auf dem Gebiet des alltäglichen Wirtschaftslebens besteht der gleiche Widerspruch. Von ungefähr 1622 an und während der nächsten fünfzig Jahre fielen die Preise andauernd[22]. Diese Preissenkung war von einer allgemeinen Steigerung des Lohnniveaus begleitet, so daß während des ganzen Krieges die Kosten des Lebensunterhalts fielen und die Lebenshaltung selbst stieg. Dies alles erleichterte nicht im geringsten die Leiden, die durch zeitweilige und strichweise Hungersnöte verursacht wurden. Gemäß der graphischen, des Persönlichen entkleideten Darstellung waren die Weizenpreise in Augsburg gewiß im Sinken, aber jedes plötzliche Aufwärtsschnellen der Kurve, wenn auch nur für kurze Zeit, bedeutete Hunger und Tod[23].

Wie übertrieben die Berichte und Ziffern der Zeitgenossen auch sind, sie geben doch wenigstens einen allgemeinen Eindruck von den Zuständen, wie sie denen erschienen, die 1648 vor der Aufgabe standen, Deutschland wiederaufzubauen. Ob nun wahr oder falsch, haben diese Berichte einen menschlichen Wert, der, wenn auch ohne Belang für den Volkswirt, dem Historiker wichtig ist. Die Schweden allein wurden beschuldigt, fast zweitausend Schlösser, achtzehntausend Dörfer und über fünfzehnhundert Städte zerstört zu haben[24]. Bayern behauptete, achtzigtausend Familien und neunhundert Dörfer verloren zu haben, Böhmen fünf Sechstel seiner Dörfer und drei Viertel seiner Bevölkerung. In Württemberg war angeblich die Zahl der Einwohner auf ein Sechstel gefallen, in Nassau auf ein Fünftel, in Henneberg auf ein Drittel und in der verwüsteten Pfalz auf ein Fünfzigstel der ursprünglichen Zahl[25]. Die Bevölkerung von Colmar war auf die Hälfte gesunken, die von Wolfenbüttel auf ein Achtel, die von Magdeburg auf ein Zehntel, die von Hagenau auf ein Fünftel und die von Olmütz auf weniger als ein Fünfzehntel[26]. Minden, Hameln, Göttingen und Magdeburg waren nach ihren eigenen Angaben Trümmerhaufen[27].

Soweit die Legende. Wo stichhaltigere Beweise zu finden sind, geben die Zahlen der Überlieferung wenigstens eine gewisse Rechtfertigung, wenn sie sie schon nicht vollinhaltlich bestätigen. München zählte 1620 zweiundzwanzigtausend Einwohner, 1650 siebzehntausend; Augsburg 1620 achtundvierzigtausend, 1650 einundzwanzigtausend[28]. Chemnitz sank von fast tausend unter zweihundert, Pirna von achthundertsechsundsiebzig auf vierundfünfzig[29]. Die Bevölkerung Marburgs, das zwölfmal besetzt war, schrumpfte auf die Hälfte zusammen, und die städtische Schuld vergrößerte sich auf das Siebenfache; zweihundert Jahre später zahlten die Bürger noch immer Zinsen für die während des Krieges gemachten Anleihen[30]. Die Bevölkerung von Berlin-Kölln nahm um ein Viertel ab, und die von Neubrandenburg fast um die Hälfte. In der Altmark hatten Salzwedel, Tangermünde und Gardelegen fast ein Drittel der Einwohner eingebüßt, Seehausen und Stendal mehr als die Hälfte, Werben und Osterburg zwei Drittel[31]. Bis zu zweihundert Schiffe waren vor 1621 jährlich aus den Häfen Ostfrieslands über den Sund gesegelt; im letzten Jahrzehnt des Krieges war der Jahresdurchschnitt zehn[32].

»Ob man mir wohl viel davon gesagt, habe ich es doch nicht geglaubt, daß das Land so könne verderbt sein, wenn ich es nicht mit eigenen Augen gesehen«, erklärte General Mortaigne in Nassau[33]. Für diese Verwüstung zeugen die angestrengten Bemühungen der Herrscher um die Wiederbelebung der Landwirtschaft.

Der Verlust an Ackerboden und Vieh ist schwer abzuschätzen, da verläßliche Zahlen für die Zeit unmittelbar vor und nach dem Krieg selten sind. Nichts ist leichter, als den Mangel an Vieh und Bodenbebauung, der ein Gebiet schon immer charakterisiert hat, dem Krieg zuzuschreiben. Trotz bitterer Klagen gelang es den Heeren, bis zum Kriegsende vom Land zu leben und wenigstens einen Teil ihrer Kavallerie beritten zu halten – offenbar wurden nicht immer Pferde als Reittiere verwendet – und ihren Troßwagen die nötige Bespannung zu sichern. Auch konnte ein Dorf, das abseits vom Weg oder geschützt am Ende eines Tales lag, der Aufmerksamkeit marodierender Truppen entgehen, wieweit diese auch manchmal von ihrem Standort ausschwärmen mochten.

Leipzig ging 1625 bankrott, aber die finanzielle Lage der Stadtverwaltung war schon vorher unsicher gewesen[34]. Einige Städte erlitten kaum einen Rückschlag, und einige wenige zogen sogar aus dem Krieg Vorteil. Erfurt versuchte eine jährliche Messe einzuführen, die mit Leipzig wetteifern sollte, das 1623–1633 von Truppen besetzt war[35].

Die Bevölkerung Würzburgs nahm ständig zu[36]. Bremen gelang es, den englischen Leinwandmarkt für sich zu gewinnen[37], Hamburg hatte den Zucker- und Gewürzhandel seiner Rivalen an sich gerissen und war aus dem Dreißigjährigen Krieg als eine der angesehensten Städte Europas hervorgegangen, die es im Ostseehandel mit Schweden und den Vereinigten Niederlanden aufnehmen konnte[38]. Die Grafschaft Oldenburg, hatte dank der erlauchten Unehrlichkeit ihres aufgeklärten Herrschers im Wechsel der Bündnisse eine solche Wendigkeit bewiesen, daß sie nicht nur stets auf der Seite des Siegers stand, sondern auch eine Besetzung des Landes vermeiden konnte. Frankfurt am Main war nach den mageren Jahren, die auf Nördlingen folgten, wieder aufgeblüht und verhältnismäßig reich geworden. Die Bevölkerung Dresdens holte durch die aufgenommenen Flüchtlinge wieder auf, was sie durch die Pest verloren hatte, und hatte am Ende des Krieges weder zu- noch abgenommen[39].

Vor allem darf nicht vergessen werden, daß die Zerstörungskraft der Heere damals weitaus kleiner war, als sie heute ist. Das Fehlen jeder Macht, die Zivilbevölkerung zu schützen, die Unzulänglichkeit der Wohlfahrtseinrichtungen und der vollständige Mangel an Disziplin im heutigen Sinne gaben dem unmittelbaren Druck des Krieges ein überwältigendes Gewicht. Es kam aber nicht zu einer ausgebreiteten Zerstörung und Vergiftung des gesellschaftlichen Untergrunds, wie sie heutzutage einträte. Die zerstörten Gebäude waren Holzhäuser, die schnell wiederaufgebaut werden konnten; Stein und Ziegel spotteten im siebzehnten Jahrhundert der Zerstörungswut der Soldaten. Der Wiederaufbau ging daher in einigen Gegenden so rasch vor sich, daß er bei manchen Skeptikern Zweifel erweckte, ob der Krieg wirklich so schrecklich gewesen sei.

Die Verluste an Geld waren niemals so groß, wie man aus den Klagen der Behörden schließen könnte. Viel von dem Reichtum, der als Kriegskontribution abgenommen wurde, wechselte lediglich den Eigentümer und floß als Zahlung für die Bedürfnisse der Soldaten in die Taschen der Bevölkerung zurück. Verhältnismäßig wenig wurde von sparsamen Generalen erübrigt und von ihnen an ausländische Banken und ins Ausland gesandt[40]. Dieses Wenige wurde reichlich durch das Geld ausgeglichen, welches mit den Heeren aus Spanien, Schweden, den Vereinigten Niederlanden und vor allem aus Frankreich ins Land kam.

Dennoch machte sich die Kapitalknappheit während des Krieges, wenigstens in einigen Gebieten, stark bemerkbar. Zwischen 1630 und 1650 wurden von der sächsischen Regierung nur zweieinhalb Millionen

Taler geprägt, gegen mehr als das Zweifache dieser Zahl in den letzten zwanzig Jahren des vorhergegangenen Jahrhunderts[41]. Das stetig abnehmende Steueraufkommen beweist die Entwertung des Besitzes und die verschlechterte Lage des Steuerzahlers. Es ist ein schmerzlicher Gedanke, daß die Einnahmen des Leipziger Ratskellers auf weniger als ein Viertel sanken[42].

Manchmal kam die Bauernschaft in diesem finanziellen Durcheinander gut weg. Die Soldaten hielten sich nicht damit auf zu handeln, und der Dorfjunge, der für einen Krug Bier einen silbernen Kelch[43] eintauschte, machte kein schlechtes Geschäft. Während der schwedischen Besetzung von Augsburg gelang es einigen schlauen Bauern, erbeutetes Vieh zu lächerlichen Preisen zu kaufen, da die Soldaten keine Ahnung vom Wert der gestohlenen Tiere hatten[44]. Auch den Zusammenbruch der Obrigkeit machten sich Skrupellose sehr zunutze. Wenn ihre ängstlichen Nachbarn geflohen waren, konnten habgierige Bauern leicht zu Geld kommen, indem sie die Produkte des Nachbarbesitzes, vor allem Holz, verkauften, als ob es sich um ihre eigenen handelte[45]. Gegen Kriegsende war ein Geschlecht herangewachsen, das es verstand, aus der ungewöhnlichen, der Schwäche der Zivilbehörden entspringenden Freiheit den größten Nutzen zu ziehen.

Der unglaubliche Bevölkerungsrückgang, der für so viele Gegenden geltend gemacht wird, rührte bis zu einem gewissen Grad von vorübergehender Abwanderung her, und eine sorgfältige Untersuchung der Vor- und Nachkriegsverhältnisse in Deutschland zeigt, daß die Bevölkerung eher entwurzelt als vernichtet war. Aber die Spuren dieser Entwurzelung zeigten sich noch lange, nachdem die Wurzeln schon wieder Boden gefaßt hatten.

Der tatsächliche Bevölkerungsverlust läßt sich schwer genau abschätzen. Eine ins Einzelne gehende Untersuchung der Verhältnisse in der Altmark ergibt eine Abnahme von zwei Fünfteln in den Städten und von fünfzig Prozent auf dem offenen Land[46]. Dieser Verlust betraf die männliche und die weibliche Bevölkerung fast in gleichem Ausmaß, denn es muß bei der Einschätzung der durch den Krieg entstandenen Verluste berücksichtigt werden, daß die Sterblichkeit der Zivilbevölkerung im Verhältnis ebenso groß, wenn nicht größer war als die der Soldaten. Es gab kein schweres soziales Problem, wie es einem Krieg zu folgen pflegt, in dem die Verluste hauptsächlich auf die Männer beschränkt sind.

Das alte Märchen, daß die Bevölkerung von sechzehn auf vier Millionen zurückging, beruht auf Phantasie; beide Ziffern sind unrichtig. Das deutsche Reich, mit dem Elsaß, aber ohne die Niederlande und Böhmen, zählte 1618 wahrscheinlich einundzwanzig Millionen Einwohner und 1648 gewiß weniger als dreizehneinhalb Millionen[47]. Manche Historiker halten den Verlust für geringer[48], aber das sind meistens solche der militaristischen Epoche, die gern das häßliche Schreckbild zerstören möchten, das einen so langen Schatten über die ruhmreiche Vergangenheit wirft.

## III

Der Zusammenbruch geordneten Zusammenlebens und der ständige Wechsel der Behörden und Religionen in so vielen Gegenden trugen zu einem Zerfall des Gesellschaftskörpers bei, der wesentlich ernster war als die unmittelbaren Kriegsschäden.

Die leichte Besserung in der Lage der Bauernschaft, die in einigen Gegenden eingetreten war, weil die Macht der Zentralbehörde nachgelassen hatte, war nicht gefestigt genug, um die Zustände zu überdauern, die sie hervorgebracht hatten. Besonders in Sachsen war der Anbruch des Friedens vom Verlangen des verdrossenen Adels nach Regierungshilfe gegen die Bauern begleitet. In den früheren Zeiten konnte der Leibeigene seine ländliche Arbeitsstätte nicht verlassen, aber in dem Wirrwarr des Krieges waren viele in die Städte geraten, wo sie ein Gewerbe lernten. Sie kehrten zurück, um die Lebenshaltung daheim zu verbessern, und die Kinder der Landarbeiter wuchsen nun zu emsigen gewerblichen Heimarbeitern heran und steigerten das Einkommen der Familie[49]. Solange der Krieg dauerte, war der Landadel hilflos gegen diese Vorgänge, die er mit scheelen Augen betrachtete; als aber Friede wurde, änderte sich das alles. In Sachsen zwangen die Landedelleute dem Kurfürsten – der ihnen Geld schuldete – eine Reihe von Gesetzen ab, die dem Bauern das Verlassen seines Dorfes und auch gewerbliche Heimarbeit verboten[50]. So wurde die einzige Besserung, die der Krieg gebracht hatte, zunichte gemacht.

Fortschritt und Verfall des landlosen Bauern waren am stärksten in Sachsen ausgeprägt, aber der gleiche Vorgang spielte sich weniger heftig in fast allen Ländern ab. Die wirtschaftlichen Folgen dieser schamlosen Klassengesetzgebung waren nicht so verheerend wie die gesellschaftlichen. Die Landadeligen wollten ihre Güter ertragreich machen und waren zwar engstirnige, aber im Grunde keine schlechten Herren. In den Nachkriegsjahren waren überall wissenschaftliche und verständige

Fortschritte in der Bodenbearbeitung bemerkbar, aber moralisch und sozial hatte diese Unterdrückung unleugbar üble Folgen. Feudale Schranken wurden wiederaufgerichtet, wo feudale Verpflichtungen schon längst aufgehört hatten, und die Saat eines bis ins zwanzigste Jahrhundert bestehenden Kastenbewußtseins faßte Wurzel und kam zur Blüte.

Solche Unterschiede gab es auch zwischen Stadt und Land, zwischen Kaufleuten und Bauern und Edelleuten, und sie wurden dadurch verschärft, daß die herrschenden Klassen sich bemühten, ihre soziale Stellung ungeachtet der wirtschaftlichen Not zu behaupten. Mittlerweile hatten die Kriegsverwüstungen eine Adelsklasse ohne Landbesitz geschaffen, anmaßende Schmarotzer, die auf Kosten ihrer Verwandten lebten, sich durchschlugen, so gut es ging, und auf Generationen hinaus die Gesellschaft plünderten. Trotz des Klassenausgleichs, den manche für die Wirkung einer schweren, sich hinziehenden Notlage halten, ging die soziale Hierarchie aus dem Krieg mit unverminderter Starrheit hervor. Selten gelang es einem erfolgreichen Feldherrn, ein Gut zu kaufen oder in den Adel einzuheiraten und eine adelige Familie zu gründen. Johann von Werth zog sich reichbegütert zurück und heiratete ein Fräulein von Kufstein; der Bauernsohn Melander wurde in den Grafenstand erhoben und hinterließ ein Vermögen von einer Viertelmillion Taler. Das scheinen aber Ausnahmefälle gewesen zu sein. Trotz aller Beute, die gemeine Soldaten angehäuft hatten, war es außerordentlich schwer, von der Pike auf Offizier zu werden. Sogar die ausländischen Abenteurer, die emporkamen, stammten fast immer aus adeligen, wenn auch verarmten Familien. Piccolomini entstammte einer vornehmen Sieneser Familie, Isolani rühmte sich adeliger Vorfahren in Zypern, und die schwedischen Offiziere waren fast alle Abkömmlinge des Landadels[51]. Ja, Männer wie die Mörder Wallensteins nannten sich *gentlemen*. Sozialer Rang feite gegen den Druck militärischer Nötigung, und obwohl es auf beiden Seiten unter den Offizieren viele ungebildete Flegel gab, machten doch die meisten auf Herkunft von Familien Anspruch, die ein Wappen führten. Eine solche Auszeichnung, die praktisch ganz sinnlos war, hatte in den Augen der Zeitgenossen hohen Wert. Es ist bemerkenswert, daß unter den ausländischen Söldnern Namen aristokratischen Klanges vorherrschen — Devereux, Ruthven, Montecuculi. Unter den deutschen Offizieren sind Abkömmlinge alter Familien 1648 nicht weniger häufig zu finden als 1618. Es sind noch immer die Falkenberg und Kufstein, und nicht die Müller und Schmidt.

Wenn der Krieg auch keine Klassenmischung zur Folge hatte, bewirkte er doch bis zu einem gewissen Grad eine Mischung der Völker. Der Zustrom von spanischen, schwedischen, italienischen, kroatischen, flämischen und französischen Soldaten muß einen Einfluß auf die rassische Zusammensetzung der Massen gehabt haben. Die mittleren und oberen Klassen können davon nicht sehr betroffen worden sein. Von einer grundlegenden Änderung des körperlichen Charakters der Bevölkerung kann natürlich keine Rede sein. Der rassische Einfluß der schwedischen Besatzung auf die Tschechen besteht nur im Volksglauben, und die zahlreichen »Schwedenschanzen« in Deutschland verdanken ihren Namen fast alle der Entstellung älterer Wortformen[52].

Man hat behauptet, daß der deutsche Militarismus auf den Dreißigjährigen Krieg zurückgeführt werden könne. Tatsächlich haben aber die Deutschen immer eine große Zahl militärischer Abenteurer hervorgebracht, von den Kreuzzügen bis ins sechzehnte Jahrhundert. Wenn der Krieg das Volk etwas gelehrt hat, dann ein sklavisches Erdulden seines Geschicks. Falls die Verteidiger des Kriegs dies im Sinn haben, mag an ihrer Behauptung etwas Wahres sein, da diese Eigenschaft im Militarismus des zwanzigsten Jahrhunderts ein wesentliches Element zu bilden scheint.

Der kaufmännische Mittelstand, dessen Einfluß schon lange nachgelassen hatte, wurde durch den Krieg ganz zugrunde gerichtet; das zukünftige Bürgertum setzte sich nicht aus unabhängigen Kaufleuten, sondern aus abhängigen Beamten zusammen, einer Klasse, die nicht frei und unternehmend, sondern schmarotzerisch war und am Hergebrachten hing[53]. Indem sie Trabanten der herrschenden Klasse wurden und die Interessen der Regierenden zu den ihren machten, haben die Stadtbewohner den Pufferzustand zwischen dem Adel und der Bauernschaft so gut wie zerstört.

Die Bedeutung und die Kultur der kleinen Städte blieben erhalten, aber sie hingen jetzt vom Wohlwollen des Fürsten ab, der dem wiedererwachenden städtischen Leben seinen Schutz angedeihen ließ und die befestigten Städte als strategische Punkte zur Verteidigung seines Landes ausnützte. Die spontane, lebensvolle Kunst der städtischen Gemeinschaft machte der gezwungenen, verfeinerten Kultur der kleinen Fürstenhöfe Platz. Es war eine nachahmerische, überfeinerte Kultur, ohne Zusammenhang mit dem Leben des Volkes, oft ohne Zusammenhang mit der natürlichen Lebensäußerung der Deutschen, aber in ihren besten Leistungen international, zivilisiert und bedeutsam, wie es die Kultur der Kleinstadt niemals sein konnte. Indem sich ihre nationale Starrheit auflockerte, vermischte sich die deutsche Kultur dem Hauptstrom der europäischen Entwicklung, was damals bedeutete: der Kultur Frankreichs.

Der Nationalist bedauert diesen Wandel; ein unbegründeter Glaube an den Wert der Unvermischtheit macht ihn gegen die Vorzüge des Ausländischen und der Mischung blind. Sind denn die Künste durch die bedeutungslosen geographischen Grenzen so beschränkt, daß wir die emporstrebende Leuchtkraft der Tiepolo-Decke im Würzburger Schloß und die Pariser Grazie des Dresdener Zwingers bedauern müssen? Sollen wir unsere Ohren gegen die Musik des achtzehnten Jahrhunderts verschließen, weil in ihr so viel aus nichtdeutschen Ländern stammt?

Das deutsche völkische Bewußtsein überlebte den Krieg in unverändert aggressiver Form. Das Volk lehnte die französische Kultur vom Augenblick ihres Eindringens ab, und nicht nur, weil sie mit dem kriegerischen Einfall der Franzosen und der Niederlage des Reiches kam. Die besiegten Österreicher nahmen sie am besten auf und machten von ihr den besten Gebrauch. Im Norden und im Westen wurde sie, zwar nicht begeistert, aber doch aufgenommen. Die Fürsten ließen dem Volk keine Wahl und überließen es den bürgerlichen Schriftstellern, vergeblich dagegen zu protestieren – so Philander von Sittewald, einem Rufer in der Wüste gegen eine jüngere Generation, für die alles *à la mode* sein mußte und die alles, was sie nicht mochte, als »altfränkisch« bezeichnete[54].

Für diese Überflutung der deutschen Kultur war der Krieg selbst nicht verantwortlich. Das französische Vorbild hielt seinen Siegeszug über die ganze Welt, in Italien, in England und in den Vereinigten Niederlanden, ja sogar in Schweden und Dänemark.

## IV

Die politischen Auswirkungen des Krieges waren deutlicher als seine sozialen und wirtschaftlichen Folgen. Die Grenzen des Reiches hatten sich geändert. Die Anerkennung der Unabhängigkeit der Schweiz und der Vereinigten Niederlande bestätigte nur einen schon bestehenden Zustand. Das Elsaß und Hinterpommern dagegen, obwohl theoretisch noch Teile des Reiches, standen tatsächlich unter der Herrschaft fremder Mächte, die dann für das Elsaß eine dauernde wurde. So waren die Mündungen der vier großen Flüsse in fremden Händen: Das Rheindelta unterstand den Spaniern und Holländern, die Elbe den Dänen, die Oder den Schweden und die Weichsel den Polen. Was die Elbe und die Weichsel betrifft, so hatte sich gegen 1618 nichts geändert, aber daß das angriffslustige Holland die Rheinmündung so gut wie beherrschte[55] und die Schweden sich der Oder bemächtigt hatten, mußte sich auf die Reste des deutschen Handels und des deutschen Selbstbewußtseins ungünstig auswirken.

Es ist schwer, die genauen Zusammenhänge der innerpolitischen Verhältnisse des Reiches mit dem Krieg festzustellen. Die Elemente, aus denen der Krieg entstanden war, hatten sich neu gruppiert, und einige wenigstens waren bei dieser Umbildung verschwunden. Die Verlagerung des Gleichgewichts zwischen Kirche und Staat hatte 1618 begonnen und wäre vielleicht ohne unnötiges Blutvergießen vollendet worden. Der Calvinismus, obschon amtlich nicht anerkannt, hatte vor dem Krieg mehr Anhänger als nachher. Der Kampf gegen den Absolutismus in Deutschland war von Anfang an durch die Eifersüchteleien unter den bevorrechteten Klassen behindert gewesen. Wenn auch der Sieg der Fürsten und ihrer separatistischen Willkürherrschaft über den Kaiser und die Stände im Jahre 1618 nicht bestand, war er doch sehr wahrscheinlich.

Der Krieg beschleunigte die Entwicklung, indem er die Fürsten als die einzige Macht übrigließ, an die sich die Bevölkerung in ihrer Zerrüttung wenden konnte. Autorität schien notwendig zu sein, um den Staat am Leben zu erhalten; Despotismus war für die Wirklichkeit brauchbarer als eine Volksregierung, Bürokratie beständiger als Auslese.

Das Reich sank zu einem bloßen geographischen Begriff herab. Ferdinand III. hatte sich in dem von seinem Vater geschaffenen »Österreich« verschanzt; er hatte in Münster als Monarch von Österreich und dessen umliegenden Ländern gehandelt und würde weiter so handeln. Durch die Bestätigung des Rechtes der Fürsten, selbständig ausländische Bündnisse zu schließen, vollendete der Friede den Zerfall des Reiches als eines noch wirksamen Staates. Aus seinem Verfall erstanden Österreich, Bayern, Sachsen und Brandenburg — das zukünftige Preußen — zu selbstbewußtem, neuem Leben.

Durch die Zerschlagung Österreichs hatte Frankreich einer neuen Macht in Deutschland den Weg geöffnet. Friedrich Wilhelm von Brandenburg und seine Nachkommen achteten darauf, daß diese neue Macht nicht Bayern oder Sachsen oder ein wiederbelebtes Österreich wäre. Es ist richtig, daß sich Friedrich Wilhelms Charakter nicht ausschließlich durch den Krieg geformt hat: Wenn auch die geschichtlichen Ereignisse während seiner Jugend manche seiner Eigenschaften verstärkt haben, gewisse Fähigkeiten waren ihm angeboren. Der Krieg war für ihn eine Gelegenheit, die er in seinem Sinn ausnützte.

Doch trug der Krieg in Norddeutschland zu jenem Argwohn gegen die Habsburger bei, der sich schließlich zum Haß auswuchs und sie zum Sündenbock für jedes Unheil machte. Sie seien es gewesen, die das Reich ihrem Österreich zum Opfer gebracht und den Frieden auf Kosten des deutschen Landes erkauft hätten. Ihre Politik, behauptete man, habe den Schweden die Oder ausgeliefert und dem gierigen Frankreich das Elsaß in den Rachen geworfen. Vergeblich der Einwand, daß sie in Wirklichkeit mannhaft für die Einigung eines widerspenstigen Deutschlands gekämpft und daß die Schweden den Separatismus der Fürsten ausgenützt haben, um an der Ostseeküste Fuß zu fassen; vergeblich, den schlagenden Beweis vorzubringen, daß Maximilian von Bayern einen widerstrebenden Kaiser gezwungen hat, das Elsaß zu opfern. Es bleibt die psychologische Tatsache, daß nach dem Dreißigjährigen Krieg Haß und Beschuldigung zur natürlichen Reaktion des Nordens gegen die Dynastie wurden, die im Süden herrschte. Wenn der Krieg nichts anderes gezeitigt hätte, die Entfremdung zwischen Deutschland und Österreich hätte er unvermeidlich gemacht.

Es ist oft behauptet worden, daß ohne den Krieg Deutschland die größte oder wenigstens eine der größten Kolonialmächte geworden wäre. Diese Annahme ruht auf einer unsicheren Grundlage. Das Reich hatte 1618 keinerlei Anzeichen für die Entwicklung zu einer Kolonialmacht erkennen lassen; es hatte auch nicht im geringsten den Wettbewerb mit den Holländern, Spaniern oder Engländern aufgenommen. Deutschlands Begabung lag im Handel, ganz besonders im Markthandel und Güteraustausch, eine Begabung, die nicht unbedingt die gleiche ist, die für bahnbrechende Kolonisierung benötigt wird. Der Rückgang des Unternehmungsgeistes der Städte war einer der betrüblichsten Züge des Deutschlands vor 1618. Nur eine plötzliche und unwahrscheinliche Wiederbelebung, zusammen mit dem Auftauchen einer starken lenkenden Macht, hätte das Reich von 1618 nochmals in einen führenden Handelsstaat umwandeln können.

Die kolonisatorischen Unternehmungen Spaniens, Portugals, Englands und der Vereinigten Niederlande beruhten entweder auf der planmäßigen Politik eines Staates, der stark genug war, solche Wagnisse zu finanzieren, oder auf privater Unternehmungslust, die sich auf ungeheure Privatmittel stützte, oder auf der verzweifelten Notwendigkeit, ein von religiöser Tyrannei freies Land zu finden. Im Reich gab es keine zentrale planende Autorität, der Privatreichtum war im Verfall, und der Grundsatz *cuius regio eius religio* bedeutete, daß der Mensch ein gewisses Maß von Gewissensfreiheit haben konnte, ohne den atlantischen Ozean überqueren zu müssen. Niemand wird leugnen wollen, daß es Deutschlands Mißgeschick war, mit seinen kolonialen Bestrebungen so spät zu kommen, aber es hat nichts mit dem Dreißigjährigen Krieg zu tun.

## V

Deutschland hatte sich sein Unglück im wesentlichen selbst zuzuschreiben. Ohne die Taten Richelieus, Olivarez', der zwei Ferdinande und des Königs von Schweden zu entschuldigen, kann man doch erkennen, daß die Gelegenheit dazu ihnen gegeben, aber nicht von ihnen geschaffen wurde. Immer erwies es sich als so leicht, politische Verbündete zu entzweien, die Sonderbestrebungen der Herrscher auszunützen und sie gegeneinander auszuspielen. Brandenburg und Sachsen waren erst entzweit und dann einzeln unterworfen worden, als 1631 das Leipziger Manifest die leise Hoffnung erweckte, daß es zwischen den aufeinanderprallenden ausländischen Interessen zur Bildung einer deutschen Partei kommen werde. Sachsen und Bayern wurden jedes für sich in den Frieden von Prag einbezogen und zum Bündnis mit dem Kaiser überlistet, als es 1635 den Anschein hatte, daß geeinte Friedensbestrebungen vorhanden seien. Es überrascht nicht, daß der nüchterne Egoismus einer Herrscherin wie der Landgräfin von Hessen-Kassel oder sogar eines Abenteurers wie Bernhards von Sachsen-Weimar gelobt und in einen Beweis für deutschen Patriotismus verdreht wurde, denn es ist in diesem höllischen Zwielicht verworrener Absichten eine gewaltige Erleichterung, irgendeinen Herrscher mit einer klaren politischen Auffassung zu finden.

Die Verantwortung für den Zusammenbruch ist so vielfach aufgespalten, daß sie jeder Bemühung spottet, festzustellen, wo sie liegt. In gewissem Sinn ist jedem Mann und jeder Frau von Einfluß in jedem deutschen Staat diese entsetzliche Untätigkeit zur Last zu legen, die dem Krieg gestattete, sich auszubreiten. Doch steht die Größe der Verantwortung im Verhältnis zur Größe der Macht, und es sind jene am schwersten anzuklagen, die den Krieg hätten verhindern können, es aber nicht taten.

Friedrich V. und Ferdinand II., die Hauptgegenspieler des Jahres 1618, können für sich wenigstens die Rechtfertigung beanspruchen, daß jeder den Auftrag einer höheren Macht auszuführen glaubte. Danach muß ihr Handeln beurteilt werden. So war es bei Johann Georg und Maximilian nicht, und es ist nur recht und billig, an sie einen andern Maßstab anzulegen. Jeder von beiden war vernünftig genug, um aus dem Konflikt Vorteil zu ziehen. Sie hätten aber auch vernünftig genug sein sollen, um seine Fortsetzung zu verhindern. Sie gaben den Ausschlag zu Kriegsbeginn und hätten ihn daher auch leicht am Ende geben können.

Es erinnert an die Geschlossenheit eines Werkes der Dichtung, daß sie unter den wenigen waren, die den Anfang und das Ende des Krieges erlebten; Johann Georg starb hochbetagt 1654 im Kreise seiner Kinder und Enkel in seinem Schloß zu Dresden, und Maximilian drei Jahre nach ihm, in einer kahlen Zelle bei den Jesuiten in Ingolstadt.

Wenn sich diese zwei Männer vom Ehrgeiz ihrer Kirchturmspolitik hätten losmachen können, wären sie imstande gewesen, eine Zentralpartei zu bilden, stark genug, um Ferdinands Ehrgeiz zu dämpfen und Friedrichs Krieg zu ersticken, ohne daß Spanien oder Frankreich auf der einen oder andern Seite eingegriffen hätten. Sie hatten es versucht, als sie sich 1620 mit Ferdinand verbündeten, um zu verhindern, daß er sich an Spanien wendete. Aber Maximilian hatte seine Stellung geopfert, um von Ferdinand ganz schamlos Länder und einen Titel zu erhaschen, und Johann Georg allein war machtlos. Es war ein Fehler, daß er die Lausitz verlangte, aber Ferdinand war wenigstens berechtigt, über die Lausitz zu verfügen. Auf die Pfalz traf das nicht zu, und Maximilians Forderung war ein gefährlicher, verbrecherischer Mißgriff. Nachher konnte er nie wieder seine frühere Stellung erlangen. Die Kurwürde stand immer zwischen ihm und seiner Pflicht als Deutscher. Er konnte nie wieder sein Geschick einer Zentralpartei anvertrauen, da keine Zentralpartei den glatten Raub billigen konnte, den er mit kaiserlicher Zustimmung begangen hatte. Dieser Raub trieb ihn gegen seinen Willen in das schwedische Lager, als die Schweden kamen und französische Hilfe ausblieb; er trieb ihn endlich zu Bütteldiensten für Frankreich beim westfälischen Frieden, wo er das Elsaß vom Reichskörper losriß, um es Mazarin zu geben. Die Abtretung des Elsasses war der Preis, den Deutschland zahlte, damit Maximilian die Pfalz behalten dürfe.

Er hatte das Zeug zu einem Verfassungsanhänger; er war ein kluger Kopf und mochte das Eingreifen eines Fremden in deutsche Angelegenheiten nicht, aber seine Untat trieb ihn aus dem deutschen in das spanische Lager, und aus dem spanischen in das französische. Hätte er im entscheidenden Zeitpunkt an Deutschland und nicht an Bayern gedacht, so hätte er den Krieg beenden können; 1620 hielt er alle Trümpfe in der Hand, aber er verzettelte sie. Nach dem einen Staat gemessen, über den er herrschte, kann er vielleicht als großer Mann gelten; er erweiterte die Grenzen seines Landes und wurde der angesehenste weltliche Fürst Deutschlands. Legt man an ihn aber den größeren Maßstab der ganzen Nation, der er angehörte, und den des Reiches, dem unerschütterlich ergeben zu sein er sich rühmte, so ist er entweder ein Betrogener oder ein Betrüger, wahrscheinlich bis zu gewissem Grade beides.

Johann Georg von Sachsen wehrte sich länger und unter weniger günstigen Bedingungen gegen den Einbruch der europäischen Heere in sein Land. In den Jahren 1624 und 1631 trat er als der mögliche Führer einer deutschen Zentralpartei hervor, wurde aber zuerst von dem angstbesessenen Maximilian und dann vom König von Schweden beiseite geschoben. Doch erschien er in den Jahren zwischen Gustav Adolfs Tod und dem Frieden von Prag nochmals auf der Bildfläche und versuchte tapfer, die Flut zu dämmen, indem er gegen die einander kreuzenden Strömungen schwedischer, französischer und spanischer Einmischung ankämpfte. Da er keine Unterstützung fand, wurde er, durch die Verkehrung des Friedens von Prag in eine kaiserliche Kriegskoalition, von seinem Kurs abgetrieben. Diese Verkehrung, die das Ergebnis des französisch-schwedischen Streites und auch von den Habsburgern beabsichtigt war, zwang den Patrioten Arnim zum Rücktritt. Johann Georg, der seinen Posten nicht verlassen konnte, blieb übrig, um jämmerlich mit der Strömung dahinzutreiben.

Es war keine glanzvolle Laufbahn, aber wenigstens eine Laufbahn ehrlicher Absichten, und wenn auch die Nachwelt bedauern mag, daß Johann Georg seiner Pflicht nicht gewachsen war, kann sie ihn doch nicht beschuldigen, sie verraten zu haben.

## VI

Für Deutschland war der Krieg ein restloses, ungemildertes Unheil; er war das auch für das übrige Europa, wenngleich auf andere Art. Der Friede, der die Streitigkeiten in Deutschland verhältnismäßig erfolgreich beendet hatte, weil die Leidenschaften abgekühlt waren, versagte bei der Lösung der europäischen Schwierigkeiten völlig. Die unbestimmte und der Bevölkerung höchst unwillkommene Abtretung des Elsasses führte geradewegs zum Krieg; die Besitznahme von halb Pommern durch die schwedische Krone war nur deswegen weniger unheilvoll, weil die schwedische Krone offenkundig zu schwach war, um diesen Besitz zu halten. Das hinterlistige Anwachsen des bourbonischen Einflusses am Rhein und Mazarins wohlerwogene Politik, strategisch wichtige Grenzpunkte zu besetzen, untergruben die Friedensvereinbarungen. Der westfälische Friede legte wie die meisten Friedensschlüsse durch die Umgestaltung der Landkarte Europas die Keime zum nächsten Krieg.

Der westfälische Friede ist als in der europäischen Geschichte epochemachend beschrieben worden, und man nimmt gewöhnlich an, daß er es wirklich war. Er grenzt angeblich die Zeit der Religionskriege gegen die der bloßen Nationalkriege ab, die ideologischen von den bloßen Angriffskriegen. Aber die Abgrenzung ist genauso erkünstelt, wie es solche willkürliche Scheidungen gewöhnlich sind. Aggressivität, dynastischer Ehrgeiz und Fanatismus sind alle gleicherweise im nebelhaften Hintergrund der Wirklichkeit des Krieges vorhanden, und der letzte der Religionskriege ging unmerklich in die pseudonationalen Kriege der Zukunft über.

Zu Lissa in Polen schrieb der aus Böhmen geflüchtete Protestant Comenius: »Sie haben uns in den Verträgen von Osnabrück hingeopfert ... Ich beschwöre euch bei den Wundmalen Christi, daß ihr uns, die wir um Christi willen verfolgt werden, nicht verlasset.« Vom Vatikan aus verdammte Innozenz X. feierlich den Frieden als »null und nichtig, ungültig, unbillig, ungerecht, verdammenswert, verwerflich, nichtssagend, inhalts- und wirkungslos für alle Zeiten«. Nach dreißigjährigem Kampf waren die extremen Katholiken und die extremen Protestanten noch immer unbefriedigt. Ferdinand III. und auch Christine von Schweden mußten ihre Geistlichen daran hindern, den Frieden öffentlich zu verdammen[56], und die feierlich kundgemachte päpstliche Bulle hatte auf den Verlauf der Politik genausowenig Wirkung wie der Hilferuf der vertriebenen Böhmen.

Nachdem so viele Menschenleben für einen so geringen Zweck vergeudet worden waren, hätten die Menschen begreifen müssen, wie durchaus vergeblich es ist, Glaubensmeinungen dem Urteil durch das Schwert zu überlassen. Statt dessen verwarfen sie die Religion als Kampfobjekt und fanden andere.

Wie kein zwingender Grund für einen Krieg vorhanden war, der trotz der offensichtlichen Erbitterung der Parteien nur langsam in Gang kam und angestrengt geschürt werden mußte, so verschaffte auch sein unrühmliches Ende keiner Rechtsbehauptung Geltung. Der Krieg löste keine Schwierigkeit. Seine unmittelbaren und mittelbaren Wirkungen waren entweder negativ oder verheerend. Sittlich umstürzlerisch, wirtschaftlich zerstörend, sozial herabsetzend, verworren in seinen Ursachen, schwankend in seinem Verlauf und geringfügig in seinem Erfolg, ist dieser Krieg in der europäischen Geschichte das hervorragende Beispiel eines sinnlosen Konflikts. Die überwältigende Mehrheit in Europa, einschließlich Deutschlands, wollte keinen Krieg; da diese Mehrheit machtlos war und sich nicht Gehör verschaffen konnte, war es nicht einmal notwendig, ihr einzureden, daß sie einen Krieg wolle. Die Entscheidung wurde getroffen, ohne an sie auch nur zu denken. Doch von allen, die sich der Reihe nach in den Krieg ziehen ließen, waren nur wenige des Verantwortungsgefühls bar, und fast alle sehnten sich wirklich nach einem endgültigen und besseren Frieden. Fast alle – ausgenommen den König von Schweden – wurden mehr von Angst als von Eroberungslust und Glaubenseifer getrieben. Sie wollten den Frieden, und sie kämpften dreißig Jahre, um ihn zu sichern, aber sie lernten damals nicht, und man hat es seither nicht gelernt, daß Krieg nur Krieg gebiert.

# ANMERKUNGEN

## DEUTSCHLAND UND EUROPA
### 1618

1 *La Nunziatura di Francia del Cardinale Guido Bentivoglio. Lettere a Scipione Borghese* . . . ed. L. de Steffani. Florenz 1863–70, II, S. 409.
2 Ebenda, II, S. 394, 520; N. BAROZZI - G. BERCHET, *Relazioni dagli Ambasciatori Veneti, Francia.* Venedig 1856–78, II, S. 101.
3 *Relazioni dagli Ambasciatori Veneti, Francia.* II, S. 99.
4 *Nunziatura di Bentivoglio,* II, S. 435, 498.
5 *Taylor his Travels: from the Citty of London in England to the Citty of Prague in Bohemia . . . with many relations worthy of note.* London 1620.
6 J. V. ANDREAE, *Vita,* Berlin 1849, IV, S. 120.
7 HERMANN WÄSCHKE, *Eindrücke vom Kurfürstentag zu Regensburg 1630.* Deutsche Geschichtsblätter, XVI, iii und iv, S. 67.
8 STRECKFUSS, *500 Jahre Berliner Geschichte.* Berlin 1900, S. 206–7.
9 RIEZLER, *Geschichte Bayerns.* Gotha 1903, VI, S. 29.
10 JANSSEN, VI, S. 500.
11 PAULSSEN, *Geschichte des gelehrten Unterrichts. Dritte Auflage,* hsg. von R. Lehmann. Leipzig 1919, I, S. 471.
12 RANKE, *Sämtliche Werke.* Leipzig 1872–85, XXXVIII. *Die Römischen Päpste,* II, S. 261.
13 WELLER, *Annalen der poetischen National-Literatur der Deutschen.* Freiburg i. B. 1862–64, S. 267; KHEVENHÜLLER, *Annales Ferdinandei.* Leipzig 1721, XII, S. 1281.
14 SAWYER, *Memorials and Affairs of State in the reign of Elizabeth and King James I, collected from the original papers of Sir Ralph Wimwood.* London 1725, II, S. 95; CANOVAS DEL CASTILLO, *Bosquejo Historico,* Madrid 1911, S. 221.
15 *Spannische Sturmglock und Teutsches Warnglöcklein,* 1616, S. 2.
16 R. EHRENBERG, *Das Zeitalter der Fugger. Geldkapital und Kreditverkehr im 16. Jahrhundert.* Jena 1896, II, S. 199–200, 259; ALTAMIRA Y CREVEA, *Historia de España,* Barcelona 1900, III, S. 447 f.; E. J. HAMILTON, S. 74 f.
17 *Relazioni dagli Ambasciatori, Spagna,* I, S. 566.
18 *Opere del Cardinal Bentivoglio.* Venezia 1644, S. 63–4.
19 Ebenda, S. 57.
20 GEYL, *Geschiedenis van de Nederlandsche Stam,* II, S. 9; H. G. R. Reade, *Sidelights on the Thirty Years War,* I, S. 133.
21 *Obras del Ilustrissimo excellentissimo y venerable siervo de Dios Don Juan de Palafox Mendoza.* Madrid 1762, X; *Dialogo politico del estado de Alemania,* S. 63.

22 ROMMEL, *Geschichte von Hessen.* Marburg, Kassel 1820–43, II, S. 14; DOMKE, *Die Viril-Stimmen im Reichsfürstenrat von 1495–1654. Untersuchungen zur deutschen Staats- und Rechtsgeschichte,* No. xi, Breslau 1882, S. 111 ff.; J. S. PÜTTER, *Historical Development of the Political Constitution of the German Empire,* London 1790, I, S. 14.

23 DOMKE, S. 23; PÜTTER, S. 14–15.

24 JANSSEN, IV, S. 360.

25 Ebenda, S. 204.

26 Ebenda, S. 201.

27 Ebenda, V, S. 533.

28 Ebenda, V, S. 61–2.

29 Ebenda, V, S. 426.

30 Ebenda, V, S. 538.

31 STRECKFUSS, S. 200 ff.

32 STRECKFUSS, S. 195; JANSSEN, IV, S. 44, 116; V, S. 105; ADALBERT HORAWITZ, *Die Jesuiten in Steiermark. Historische Zeitschrift,* XXVII, S. 134.

33 PALAFOX, *Diario del Viaje a Alemania,* S. 91; *Dialogo politico,* S. 67.

34 HANDSCHIN, *Die Küche des 16. Jahrhunderts nach Johann Fischart. Journal of English and German Philology,* V, S. 65.

35 *Philip Hainhofers Reisetagebuch im Jahr 1617. Baltische Studien,* II, S. 173.

36 JANSSEN, VIII, S. 173–4.

37 THOLUCK, *Die Vorgeschichte des Rationalismus.* Halle 1853, 1861, II, i, S. 212–13.

38 GOTHEIN, *Die oberrheinischen Lande vor und nach dem dreißigjährigen Kriege. Zeitschrift für die Geschichte des Oberrheins. Neue Folge,* I, S. 40.

39 RIEZLER, *Geschichte,* VI, S. 64 f.; *Hainhofers Reisetagebuch,* S. 29.

40 KARL SCHULTZE-JAHDE, *Der dreißigjährige Krieg und deutsche Dichtung. Historische Zeitschrift,* CXLIII, S. 266–7.

41 FRIEDENSBURG, *Münzkunde und Geldgeschichte der Einzelstaaten.* München und Berlin 1926, S. 118; W. A. SHAW, *Monetary Movements of 1600–21 in Holland and Germany. Transactions of the Royal Historical Society,* Second Series, IX, S. 199–200; MAYR, S. 11.

42 EHRENBERG, *Das Zeitalter der Fugger,* I, S. 184–6, 210, 225, 234.

43 BRUCHMÜLLER, *Die Folgen der Reformation und des dreißigjährigen Krieges.* Crossen 1897, S. 17.

44 Ebenda, S. 20.

45 JANSSEN, VIII, S. 135–50.

46 *Relazioni Veneziane. Venetiaansche berichten over des Vereenigde Nederlanden van 1600–1795, verzameld en uitgegeven door Dr. P. J. Blok. Rijksgeschiedkundige publicatien,* No. 7, S. 63.

47 *Taylor his Travels.*

48 KONSTANTIN HÖFLER, *Böhmische Studien. Archiv für österreichische Geschichte,* XII, Wien 1854, S. 388.

49 Gindely, *Geschichte des dreißigjährigen Krieges*, Prag 1869.

50 Sawyer, *Memorials*, III, S. 494.

51 Spanheim, *Mémoires sur la vie et la mort de Loyse Juliane. Electrice Palatine.* Leyden 1645, S. 315.

52 Friedrich Schmidt, *Geschichte der Erziehung der pfälzischen Wittelsbacher. Monumenta Germaniae Paedagogica.* Berlin 1899, XIX, S. XLV f.; 61 f.

53 Wäschke, XVI, v, S. 124.

54 Londorp, Frankfurt 1688, III, S. 603; siehe auch J. K. Krebs, *Christian von Anhalt und die kurpfälzische Politik am Beginn des dreißigjährigen Krieges.* Leipzig 1872, S. 1–60.

55 Lonchay et Cuvelier, I, S. 492.

56 Khevenhüller, *Jahrbücher.* Leipzig 1778, I, S. 4.

57 Hurter, *Geschichte Kaiser Ferdinands II. und seiner Eltern.* Schaffhausen 1850–61, S. 436, 589; IV, S. 593.

58 Ebenda, III, S. 410.

59 *Relationen venetianischer Botschafter*, ed. Fiedler, *Fontes Rerum Austriacarum*, II, xxvi, Wien 1866, S. 102.

60 Carafa, *Relatione dello stato dell' imperio. Archiv für österreichische Geschichte*, XXIII, Wien 1859, S. 265.

61 Fiedler, S. 114.

62 Carafa, S. 296.

63 Barthold, *Geschichte der Fruchtbringenden Gesellschaft.* Berlin 1848, S. 54.

64 *Hainhofers Reisetagebuch*, S. 239–40.

65 Kern, *Deutsche Hofordnungen*, II, S. 67.

66 *Hainhofers Reisetagebuch*, S. 188.

67 Ebenda, S. 211 f.

68 Tholuck, II, i, S. 213.

69 Voigt, *Des Grafen von Dohna Hofleben. Historisches Taschenbuch. Dritte Folge*, IV, S. 135, 137.

70 Barthold, *Geschichte der Fruchtbringenden Gesellschaft*, S. 55.

71 H. Knapp, *Matthias Hoë von Hoenegg.* Halle 1902, S. 77.

72 Hurter, *Ferdinand II.*, VIII, S. 77.

73 Ludwig Schwabe, *Kursächsische Kirchenpolitik im dreißigjährigen Kriege. Neues Archiv für sächsische Geschichte*, XI, S. 300.

74 Knapp, S. 12.

75 Schwabe, S. 302–4.

76 Riezler, *Geschichte*, VI, S. 61 f.; *Geschichte der Hexenprozesse in Bayern*, Stuttgart 1896, S. 194–5.

77 Palafox, *Dialogo Politico*, S. 65.

78 Carafa, S. 336 f.

79 Carafa, S. 338.

80 Riezler, Geschichte, V, S. 116.

81 *La Nunziatura di Bentivoglio*, III, S. 406. Es wurde versucht, die Unterstützung der französischen Regierung für dieses Vorhaben zu gewinnen. Siehe TAPIE, *Politique étrangère de la France au début de la Guerre de Trente Ans*, S. 252.

## EIN KÖNIG FÜR BÖHMEN
### 1617–1619

1 GINDELY, *Geschichte*, I, S. 156.
2 *Taylor his Travels*.
3 GINDELY, *Geschichte*, I, S. 137 ff.
4 Ebenda, I, S. 138 ff.
5 HURTER, *Ferdinand II.*, VI, S. 694.
6 J. SVOBODA, *Die Kirchenschließung zu Klostergrab und Braunau und die Anfänge des dreißigjährigen Krieges. Zeitschrift für katholische Theologie*, X, Innsbruck 1886, S. 404. GINDELY, *Geschichte*, I, S. 133–4.
7 Ebenda, S. 117–19.
8 Ebenda, S. 140–1.
9 Ebenda, S. 90–2.
10 Ebenda, S. 56.
11 Ebenda, S. 167 ff.
12 HURTER, *Ferdinand II.*, VII, S. 243.
13 GINDELY, *Geschichte*, I, S. 242–5.
14 Siehe die erschöpfende Abhandlung Svobodas in der *Zeitschrift für katholische Theologie*, X, S. 385 f., der diese Fragen sorgfältig untersucht.
15 GINDELY, *Geschichte*, I, S. 275.
16 *P. Skaly ze Zhore Historie Ceska*, ed. K. TEEFTRUNK. Prag 1865; *Monumenta Historiae Bohemica*, II, S. 132–3; *Pameti Nejvyssiho Kanclere Kralovstvi ceskeho Vilema Hrabete Slavata*, ed. JIRICEK. Prag 1866; *Monumenta Historiae Bohemica*, I, S. 81. – Slavata schmückte später die Geschichte mit einer umständlichen Aufzählung, wie oft er bei seinem Sturz aufschlug, aus, in welcher Form er sie zwölf Jahre später dem jüngeren Christian von Anhalt erzählte. Eine kurz nach dem Vorfall in Spanien kursierende Version fügte die erfundene Einzelheit hinzu, daß der Schreiber so wenig verletzt war, daß er behend aufsprang und sich entschuldigte, weil er so rücksichtslos auf seine Herren gefallen sei. (PALAFOX, *Dialogo Politico*, S. 59.)
17 *Annales*, IX, S. 32.
18 LÜNIG, *Teutsches Reichsarchiv*, Leipzig 1710, VI, ii, S. 133 f.
19 *Epitome Historica Rerum Bohemicarum, authore Bohuslao Balbino e Societate Jesu*. Prag 1677, S. 626–9.
20 STANKA, *Böhmische Confföderationsakten*, S. 74 ff.

21 LÜNIG, VI, ii, S. 141 f.
22 LÜNIG, VI, ii, S. 144 f.
23 BENTIVOGLIO, *Opere*, S. 650.
24 *Letters and Documents*, I, S. 12; LONCHAY ET CUVELIER, I, S. 524 f.
25 *La Nunziatura di Bentivoglio*, II, S. 500, 518.
26 *La Nunziatura di Bentivoglio*, II, S. 528.
27 KREBS, *Christian von Anhalt*, S. 94 ff.; LUNDORP, III, S. 606.
28 KREBS, *Christian von Anhalt*, S. 596, 603.
29 GINDELY, *Geschichte*, I, S. 387.
30 LONDORP, I, S. 502 f.
31 Ebenda, S. 508 f.
32 KLOPP, *Tilly im dreißigjährigen Kriege*. Stuttgart 1861, I, S. 215–6.
33 *Letters and Documents*, I, S. 9; LUNDORP, I, S. 503 ff.
34 WEIGEL, *Franken, Kurpfalz und der böhmische Aufstand*, I, S. 192 ff. und S. 145 ff.
35 WEIGEL, *Franken, Kurpfalz und der böhmische Aufstand*, I, S. 144–5.
36 GINDELY, *Geschichte*, I, S. 445.
37 LONDORP, III, S. 608.
38 STIEVE, *Ernst von Mansfeld. Sitzungsberichte der philosophisch-philologischen und historischen Classe der königlich bayerischen Akademie der Wissenschaften*. 1890, S. 521.
39 DELBRÜCK, S. 171 ff.
40 KLOPP, III, I, S. 228.
41 *The Diary of Thomas Crosfield, hsg.* v. F. S. BOAS für die Royal Society of Literature. London 1935, S. 67.
42 LONDORP, III, S. 619, 632 f.
43 Ebenda, S. 632 ff.
44 VOIGT, S. 127–8.
45 LONDORP, I, S. 559–72.
46 Ebenda, S. 496–7, 503–8, 535–7, 575–6.
47 Ebenda, I, S. 643 f.
48 GINDELY, *Geschichte*, I, S. 476.
49 SVOBODA, S. 414.
50 GINDELY, *Geschichte*, I, S. 472; *Letters and Documents*, I, S. 198.
51 LÜNIG, VI, ii, S. 947 ff.
52 *Letters and Documents*, I, S. 88; siehe auch LUNDORP, I, S. 610 f.
53 *La Nunziatura di Bentivoglio*, III, S. 379.
54 Ebenda; LONCHAY ET CUVELIER, I, S. 537 f.
55 *Letters and Documents*, I, S. 107.
56 GINDELY, *Geschichte*, II, S. 74 f.
57 LAMMERT, *Geschichte der Seuchen, Hungers- und Kriegsnot*. Wiesbaden 1890, S. 49.
58 HURTER, *Ferdinand II.*, VII, S. 553.
59 *Annales*, XII, S. 2386–7.

60 Die Erzählung, daß einer der Deputierten ihn mit »Nandel« – der volkstümlichen Abkürzung von Ferdinand – ansprach und ihn an den Wamsknöpfen packte, ist nicht einwandfrei belegt. SCHMERTOSCH, *Vertriebene und bedrängte Protestanten in Leipzig. Neues Archiv für sächsische Geschichte,* XVI, S. 271.

61 GINDELY, *Geschichte,* II, S. 76–80; KLOPP, I, S. 353–4.

62 *Theatrum Europaeum,* Frankfurt 1635, I, i, S. 153.

63 LONDORP, I, S. 657 ff.

64 GINDELY, *Geschichte,* II, S. 148–9.

65 *Relazioni dagli Ambasciatori Francia,* II, 134; *La Nunziatura di Bentivoglio,* S. 405–6.

66 LÜNIG, VII, iv, S. 286–7.

67 *Annales,* IX, S. 414.

68 Siehe STANKA, 74 f.

69 ARETIN, *Beiträge zur Geschichte und Literatur,* VII, *Sammlung noch ungedruckter Briefe des Churfürsten Friedrich V. von der Pfalz,* München 1806, S. 148.

70 LÜNIG, VI, i, S. 167 f.; LUNDORP, I, S. 675 f.

71 ARETIN, *Beiträge,* VII, S. 148.

72 GINDELY, *Geschichte,* S. 227–8.

73 *Letters and Documents,* I, S. 199.

74 D'ELVERT, *Beiträge zur Geschichte des dreißigjährigen Krieges in Mähren,* Brünn 1867, I, S. 45; LUNDORP, I, S. 657 ff.

75 *Letters and Documents,* II, S. 31.

76 MOSER, *Patriotisches Archiv,* Frankfurt 1781, VII, S. 45.

77 HURTER, *Ferdinand II.,* VIII, S. 50.

78 GINDELY, *Geschichte,* II, S. 230.

79 MOSER, *Patriotisches Archiv,* VII, S. 109.

80 HAEBERLIN, *Neueste Teutsche Reichsgeschichte.* Halle 1774–1804, XXIV, S. 376–7.

81 *Letters and Documents,* II, S. 2.

82 Ebenda, S. 1.

83 Ebenda, I, S. 110.

84 GINDELY, *Geschichte,* I, S. 447.

85 *Ambassade extraordinaire de Messieurs les Duc d'Angoulême, Comte de Béthune . . . en l'année MDCXX,* ed. H. DE BÉTHUNE, Paris 1667, S. 95.

86 *Ambassade extraordinaire etc.,* S. 64.

87 LÜNIG, V, i, S. 691 ff.

88 JOHN HARRISON, *A Short Relation of the Departure of the Most High and Mighty Prince Frederic.* Dort 1619.

»SPANNISCHE STURMGLOCK UND TEUTSCHES WARNGLÖCKLEIN«

1619–1621

1 Titel einer 1616 erschienenen Schrift.
2 LONDORP, III, S. 616; HÖFLER, S. 391; BÉTHUNE, S. 97 f.
3 HÖFLER, S. 393.
4 LÜNIG, VI, ii, S. 150 f.
5 HÖFLER, S. 391.
6 BRUCHMANN, *Archivalia inedita zur Geschichte des Winterkönigs.* Breslau 1909, S. 10.
7 HÖFLER, S. 394; LUNDORP, I, S. 850.
8 LAMMERT, S. 50.
9 *Annales,* IX, S. 414; GINDELY, *Geschichte,* II, S. 286.
10 LÜNIG, VI, ii, S. 179.
11 LONDORP, I, S. 724 ff., 926; D'ELVERT, I, S. 62 f.
12 LONDORP, I, S. 727.
13 BÉTHUNE, S. 143.
14 J. G. DROYSEN, *Geschichte der preußischen Politik.* Berlin 1885–86; III, S. 23–4.
15 SCHWABE, S. 306, 315; KNAPP, S. 15.
16 GINDELY, *Geschichte,* II, S. 301 f.
17 LONDORP, III, S. 678.
18 Ebenda, II, S. 12 f.; LÜNIG, VI, i, S. 321 f.
19 GARDINER, *History of England,* London 1883, III, S. 24.
20 *Letters and Documents,* II, S. 23.
21 *Calendar of State Papers. Domestic Series 1619–23.* London 1858, S. 132 und an anderen Stellen.
22 *Letters and Documents,* II, S. 189; LUNDORP, I, S. 860.
23 G. GROEN VAN PRINSTERER, *Archives de la Maison d'Orange-Nassau.* Leyden, Haag, Utrecht 1835 ff., II, ii, S. 572.
24 LONDORP, II, S. 19.
25 H. v. ZWIEDINECK-SÜDENHORST, *Die Politik der Republik Venedig.* Stuttgart 1882–85, I, S. 101–3.
26 *Letters and Documents,* II, S. 31.
27 GINDELY, *Geschichte,* II, S. 283 f.; III, S. 156.
28 LONDORP, I, S. 545–6.
29 HÖFLER, S. 400.
30 GINDELY, *Die Berichte über die Schlacht auf dem Weißenberge bei Prag. Archiv für österreichische Geschichte.* LVI. Wien 1878, S. 23–4.
31 RICHELIEU, *Mémoires, ed. Societé de l'histoire de France,* Paris 1907, II, S. 400–1.
32 BENTIVOGLIO, *Opere,* S. 668.
33 PONCHARTRAIN, *Mémoires.* Petitot, II, xvii, Paris 1822, S. 297; *Nunziatura di Bentivoglio,* I, S. 110–11, III, S. 504, IV, S. 9, 153.

34 RICHELIEU, *Mémoires*, III, S. 112 f.; LÜNIG, V, i, S. 285; BÉTHUNE, S. 144 f., 163 f.

35 Siehe TAPIE, *Politique Étrangère de la France au commencement de la Guerre de Trente Ans*, S. 510 f., 624 f.

36 *Nunziatura di Bentivoglio*, IV, S. 295, 308.

37 BÉTHUNE, S. 225–31.

38 GINDELY, *Geschichte*, II, S. 406.

39 E. A. BELLER, *Caricatures of the Winter King of Bohemia*, 1928, a.v.O.

40 LONCHAY ET CUVELIER, S. 510, 564.

41 Ebenda, I, S. 547; HÖFLER, S. 399; *Fortescue Papers*, S. 91.

42 Ferdinands beschworene Wahlkapitulationen sind wiedergegeben in: LÜNIG, III, S. 57 f.

43 LONCHAY ET CUVELIER, I, S. 550.

44 LONDORP, II, S. 171.

45 FIEDLER, S. 117.

46 BÉTHUNE, S. 227.

47 DROYSEN, *Preußische Politik*, III, S. 30 ff.

48 HURTER, VIII, *Ferdinand II.*, S. 673.

49 GINDELY, *Geschichte*, II, S. 442.

50 LONDORP, I, S. 986; D'ELVERT, I, S. 113.

51 ARETIN, *Beyträge*, VII, S. 155, 158.

52 ARETIN, *Beyträge*, II, vi, S. 74–5; VII, S. 153.

53 LUNDORP, I, S. 859–60, 987.

54 MOSER, *Patriotisches Archiv*, VII, S. 65.

55 LÜNIG, VI, ii, S. 172, 175; *Calendar of State Papers. Domestic Series*, 1619–1623, S. 131.

56 *Annales*, IX, S. 1002.

57 B. DUDIK, *Chronik der Stadt Olmütz über die Jahre 1619, 1620. Schriften der historisch-statistischen Section der mährisch-schlesischen Gesellschaft zur Beförderung des Ackerbaues*, I, S. 44.

58 *The Appollogie of Ernestus, Earle of Mansfielde*, 1622, S. 34–5.

59 LOYSE JULIANE, *Mémoires*, S. 164.

60 LONDORP, I, S. 925–6; RIEZLER, *Kriegstagebücher aus dem ligistischen Hauptquartier, 1620. Abhandlungen der königlichen Akademie der Wissenschaften. Historische Classe, XXIII.* München 1906, S. 187.

61 *Taylor his Travels.*

62 GINDELY, *Geschichte*, II, S. 308.

63 HURTER, *Ferdinand II.*, VIII, S. 126; LONDORP, I, S. 926, 861.

64 HURTER, a.a.O.; HÖFLER, S. 400; H. PALM, *Acta Publica. Verhandlungen und Correspondenzen der schlesischen Fürsten und Stände.* Jahrgang 1620. Breslau 1872, S. 132 f.

65 HURTER, a.a.O.

66 LONDORP, I, S. 923 ff.; *Kriegstagebücher*, S. 205.

67 LONDORP, II, S. 221.

68 *Berichte über die Schlacht auf dem Weißenberge*, S. 130.
69 Morel Fatio, *L'Espagne au XVI et au XVII siècle*, Heilbronn 1878, S. 348.
70 *Kriegstagebücher*, S. 117; Klopp, I, 545.
71 *Kriegstagebücher*, S. 114, 147.
72 Morel Fatio, S. 340; Lonchay et Cuvelier, I, S. 553.
73 Ebenda, S. 552.
74 Prinsterer, II, ii, S. 571, 572.
75 A. Wilson, *The History of Great Britain*, London 1653, S. 136.
76 Londorp, II, S. 127.
77 M. A. E. Green, S. 153.
78 Wilson, S. 139.
79 Morel-Fation, S. 360 ff.
80 Aretin, *Beyträge*, VII, S. 163.
81 *Theatrum Europaeum*, I, S. 373.
82 Siehe Reuss, *Ernst von Mansfeld im böhmischen Kriege*. Braunschweig 1865, S. 86 ff.
83 Ebenda, S. 89.
84 Aretin, *Beyträge*, III, i, S. 88, 99, 100.
85 *Kriegstagebücher*, S. 128–9, 176.
86 Aretin, *Beyträge*, III, S. 112; *Berichte über die Schlacht auf dem Weißenberge*, S. 142.
87 *Annales*, XII, S. 2405.
88 *Kriegstagebücher*, S. 171.
89 Die besten Darstellungen finden sich in: *Berichte über die Schlacht auf dem Weißenberge* und *Kriegstagebücher*. Krebs, *Die Schlacht am Weißenberge bei Prag*. Breslau 1879, ist eine sorgfältige Rekonstruktion der Ereignisse.
90 *Annales*, ix, S. 1116; Krebs, *Schlacht*, S. 126; Scott, *Rupert, Prince Palatine*, London 1899, S. 5.
91 *Berichte über die Schlacht auf dem Weißenberge*, S. 133.
92 Ebenda, S. 136.
93 Höfler, S. 404.
94 Béthune, S. 347.
95 *Berichte über die Schlacht auf dem Weißenberge*, S. 56.
96 Aretin, *Beyträge*, VII, S. 173; D'Elvert, III, S. 89; Palm, 1620, S. 265 f.; Londorp, II, S. 381.
97 *Berichte über die Schlacht auf dem Weißenberge*, S. 42.
98 Londorp, II, S. 481.
99 Opel und Cohn, *Der dreißigjährige Krieg*, Halle 1862, S. 122; Beller, *Caricatures*, a.v.O.
100 *Kriegstagebücher*, S. 105.
101 Aretin, *Beyträge III, i, S. 56*.
102 *Kriegstagebücher*, S. 72.
103 Krebs, *Schlacht*, S. 130.

104 *Kriegstagebücher*, S. 138 f.
105 Haeberlin, XXV, S. 67.
106 *Archaeologica*, XXIX, S. 161.
107 Aretin, *Beyträge*, VII, S. 174–5.
108 Londorp, S. 243.
109 Ebenda, II, S. 444.
110 Camon, *Condé et Turenne*, Paris 1933, S. 3.
111 *Kriegstagebücher* S. 156–7.
112 Mansfelds *Appollogie*, S. 23.
113 Gindely, *Geschichte*, IV, S. 32.
114 Hurter, Ferdinand II., VIII, S. 211–12.
115 Londorp, II, S. 307 f.; Lünig, VI, i, S. 88 f.
116 Londorp, II, S. 377.
117 Lonchay et Cuvelier, I, S. 584.
118 Londorp, II, S. 382.
119 Ebenda, S. 400.
120 Ebenda, S. 391 f.
121 *Calendar of State Papers. Domestic Series*, 1619–1623, S. 198.
122 Béthune, S. 346.
123 Gindely, *Geschichte*, IV, S. 23.

## KAISER FERDINAND UND KURFÜRST MAXIMILIAN
### 1621–1625

1 Londorp, II, S. 381.
2 Gindely, *Geschichte*, III, S. 377; IV, S. 49.
3 D'Elvert, II, S. 1 f.
4 Ebenda, S. 7.
5 Ebenda, S. 31 f.
6 Ebenda, S. 41, 45, 55, 58–9.
7 D'Elvert, II, S. 47–8; Londorp, II, S. 555.
8 D'Elvert, II, S. 54, 56.
9 Fiedler, S. 109.
10 D'Elvert, II, S. 67 f.; Hurter, *Ferdinand II.*, VIII, S. 596.
11 D'Elvert, II, S. 76.
12 *Annales*, IX, S. 1310; Londorp, II, S. 428.
13 Reiferscheid, *Quellen zur Geschichte des geistigen Lebens*. Heilbronn 1899. S. 114.
14 Hennequin de Villermont, *L'Infante Isabelle*, Paris, I, S. 162 f.; Rodriguez-Villa, *Ambrosio Spinola*, Madrid 1904, I, S. 731.
15 *Relazioni dagli Ambasciatori, Spagna*, I, S. 600 f.
16 Richelieu, *Mémoires*, III, S. 203.

17 *Relazioni dagli Ambasciatori, Spagna,* I, S. 65.
18 LONDORP, II, S. 376; LÜNIG, VI, i, S. 339 f.
19 HURTER, *Ferdinand II.,* IX, S. 77.
20 LAMMERT, S. 55 f.
21 Ebenda, S. 56.
22 Ebenda, S. 57.
23 WALTHER, *Straßburger Chronik,* S. 14–15.
24 *Annales,* XI, S. 1701; *Acta Mansfeldica,* S. 118 f.; REUSS, *Alsace au dixseptième Siècle,* Paris 1898, S. 61.
25 M. A. E. GREEN, S. 250.
26 OPEL, *Elisabeth Stuart, Königin von Böhmen, Kurfürstin von der Pfalz. Historische Zeitschrift,* XXIII, S. 320.
27 WERTHEIM, *Der tolle Halberstädter,* I, S. 223–4.
28 Ebenda, S. 230.
29 Ebenda, S. 217 f.; KLOPP, II, S. 151.
30 OPEL, S. 306; WERTHEIM, I, S. 200 f.; Wertheims Neucharakterisierung Christians und seiner Verdienste mag ein wenig übertrieben sein, aber seine Würdigung der militärischen Geschicklichkeit Christians beruht auf keiner geringeren Autorität als der Delbrücks, und die Verteidigung seines aufrechten Charakters ist durchaus gerechtfertigt und war längst notwendig.
31 BLOK, *Relazioni Veneziani,* S. 223.
32 WERTHEIM, I, S. 232.
33 RODRIGUEZ-VILLA, *Correspondencia de la Infanta, Isabella Clara Eugenia con el Duque de Lerma.* Madrid 1906, S. 241.
34 AITZEMA, *Saken van Staet en Oorlogh.* Haag 1657, I, S. 116.
35 *Annales,* IX, S. 1705.
36 WESKAMP, *Das Heer der Liga.* München 1891, S. 50, 86.
37 KLOPP, II, S. 151.
38 DU CORNET, *Histoire Générale des Guerres de Savoie, de Bohème, du Palatinat et des Pays Bas.* Brüssel 1868, S. 30.
39 CARAFA, S. 371; DU CORNET, S. 32; *Westenrieders Beyträge,* München 1792, IV, S. 110–11.
40 DIEFFENBACH, *Das Großherzogtum Hessen,* Darmstadt 1877, S. 159.
41 WERTHEIM, II, S. 412 f.
42 LUDWIG SCHÄDEL, *Der Gründer der Ludoviciana in der Haft des Winterkönigs. Mitteilungen des oberhessischen Geschichtsvereins. Neue Folge.* XIV, S. 54.
43 WERTHEIM, II, S. 512 f.; DU CORNET, S. 51.
44 ARETIN, *Beyträge,* VII, S. 185.
45 KLOPP, II, S. 194–5. Hier schließe ich mich wieder Wertheims Lesart an. Wenn er auch etwas zu sehr zu Gunsten Christians spricht, so hat er doch viel Material zusammengetragen, das seine Ansicht stützt.
46 SCHÄDEL, S. 54–5.
47 WERTHEIM, II, S. 516 f.

48 Hurter, *Ferdinand II.*, IX, S. 121.

49 Klopp, II, S. 194–5; Wertheim, I, S. 227.

50 Reuss, *Alsace*, S. 61, 65; Klopp, II, S. 200 f.

51 Gardiner, *History of England*, IV, S. 323, 339.

52 Lundorp, II, S. 636.

53 Aretin, *Beyträge*, VII, S. 188; Ritter, *Untersuchungen über die pfälzische Politik, Historische Zeitschrift*, LXXIV, S. 410 ff.

54 Du Cornet, S. 69–70; J. A. Worp, *Briefwisseling van Constantin Huygens.* Haag 1911, I, S. 125; *Theatrum Europaeum*, I, S. 66–8.

55 Londorp, II, S. 630, 743–53; *Die Schicksale Heidelbergs im dreißigjährigen Kriege. Archiv für die Geschichte der Stadt Heidelberg II.* Heidelberg 1869, S. 29 f.

56 Siehe Ritter, *Untersuchungen über die pfälzische Politik. Historische Zeitschrift*, LXXIV, S. 407–41.

57 R. Coke, *State of England*, S. 109.

58 Zwei lange, ins Einzelne gehende Darstellungen der Versammlung finden sich in Goetz, *Briefe und Akten*, Leipzig 1907, II, i, S. 10–22 und 26–46.

59 Londorp, II, S. 630.

60 *Annales*, IX, S. 1653, 1799; Londorp, II, S. 605, 631, 649–52.

61 Droysen, *Preußische Politik*, II, S. 638.

62 *Annales*, X, S. 86, 117–18; Goetz, *Briefe und Akten*, II, i, S. 4, 22–3.

63 Goetz, *Briefe und Akten*, II, i, S. 568; *Schicksale Heidelbergs*, S. 188; Carafa, *Germania Sacra Restaurata*, Köln 1637, I, S. 340 f.

64 Gindely, *Geschichte*, IV, S. 383.

65 Goetz, *Briefe und Akten*, II, i, S. 20.

66 Londorp, II, S. 501.

67 Ebenda, S. 657 ff.

68 Lünig, III, ii, S. 64 f.; V, i, S. 693 f.; Londorp, II, S. 673, 676.

69 Goetz, *Briefe und Akten*, II, I, S. 44–5.

70 *Annales*, X, S. 71; Goetz, *Briefe und Akten*, II, i, S. 76, 101.

71 Londorp, II, S. 733; Gindely, *Geschichte*, IV, S. 515.

72 Londorp, II, S. 733 f.; Gindely, *Geschichte*, IV, S. 501 ff.

73 Goetz, *Briefe und Akten*, II, i, S. 48–64.

74 Ebenda, II, i, a. v. O.

75 Goetz, *Briefe und Akten*, II, i, S. 137–44.

76 Dies scheint die richtigste Form des Namens zu sein; er ist vermutlich eine Entstellung von La Moire Mannie in den Ardennen, aus welchem Ort die Familie stammt. *Correspondenz Kaisers Ferdinand II.*, herausgegeben von Dr. B. Dudik, *Archiv für österreichische Geschichte*, LIV, S. 228.

77 Kardinal Khlesl, siehe S. 74

78 Gindely, *Geschichte*, IV, S. 523.

79 Noch 1638 fürchtete Maximilian, daß der Transport eines Sohnes Friedrichs als Kriegsgefangenen durch die Oberpfalz zu Unruhen führen könnte.

80 Hoegl, *Die Bekehrung der Oberpfalz.* Regensburg 1903, S. 52–3.

81 Hoegl, *Die Bekehrung der Oberpfalz.* Regensburg 1903, S. 85 ff.
82 Ebenda, S. 52.
83 D'Elvert, III, S. 114; IV, S. 118.
84 Ebenda, II, S. 151 f.
85 D'Elvert, III, S. 119; II, S. 33; R. Wuttke, *Zur Kipper- und Wipperzeit in Kursachsen. Neues Archiv für sächsische Geschichte,* XVI, S. 155; Walther, S. 15.
86 Gindely, *Geschichte,* IV, S. 326–9.
87 Gindely, *Geschichte,* IV, S. 338; D'Elvert, III, S. 117, 128.
88 Gindely, *Geschichte der Gegenreformation in Böhmen. Nach dem Tode des Verfassers herausgegeben von T. Tupetz.* Leipzig 1894, Kapitel VIII.
89 D'Elvert, II, S. 257, 258, 261.
90 Siegl, *Wallenstein auf der »hohen Schule« zu Altdorf. Mitteilungen des Vereins für Geschichte der Deutschen in Böhmen,* XLIX, S. 127–52.
91 Ernstberger, *Wallenstein als Volkswirt im Herzogtum Friedland.* Reichenberg 1929, S. 96–9, 46; siehe auch Hunziker, *Wallenstein als Landesherr, insbesondere als Herzog von Mecklenburg.* Zürich 1875.
92 Ernstberger, S. 88.
93 Van Dyck hat Wallenstein niemals gesehen. Das Porträt in der Alten Pinakothek in München, das oft wiedergegeben wird, ist ein Phantasiebildnis aus einer Serie von Bildern berühmter Feldherren. Das ausgezeichnete Porträt in der Wiener Liechtenstein-Galerie kann Wallenstein darstellen oder auch nicht, aber selbst wenn er es wirklich ist, was mehr als zweifelhaft erscheint, kann es nicht nach dem Leben gemalt sein.
94 Priorato, *Historia della Vita di Alberto Valstein, Duca di Fritland.* Lyon 1643, S. 64.
95 Helbig, *Der Kaiser Ferdinand und der Herzog zu Friedland während des Winters 1633–4.* Dresden 1852, S. 62–71.
96 Ranke, *Sämtliche Werke,* XXIII. *Geschichte Wallensteins,* S. 12.
97 Stieve, *Wallenstein bis zur Übernahme des ersten Generalats. Historische Vierteljahrsschrift,* 1899, S. 228.
98 Siehe ihre Briefe in Foerster, *Wallenstein als Feldherr und Landesfürst.* Potsdam 1834, S. 320 ff.
99 Lünig, XXIII, S. 1454–7.
100 Siehe Ferdinands Gleichgültigkeit gegen die Möglichkeit einer Einmischung Sachsens. Goetz, *Briefe und Akten,* II, ii, S. 67–70.
101 D'Elvert, II, S. 98; Carafa, S. 151.
102 Goetz, *Briefe und Akten,* II, i, S. 67 ff.
103 Londorp, II, S. 631, 633.
104 Gindely, *Geschichte der Gegenreformation,* S. 246.
105 Ebenda, S. 245.
106 Ebenda, S. 255; Hurter, *Ferdinand II.,* X, S. 163.
107 Gindely, *Geschichte der Gegenreformation,* S. 221 ff.
108 Hurter, *Ferdinand II.,* X, S. 162.

109 Ernstberger, S. 88; Ranke, *Geschichte Wallensteins*, S. 17.
110 Carafa, S. 251–2.
111 Gindely, *Geschichte der Gegenreformation*, S. 195 ff.
112 Siehe auch Carafa, *Germania Sacra Restaurata*, S. 283 ff.
113 Kröss, *Zur Geschichte der katholischen Gegenreformation in Böhmen unter Ferdinand III. Zeitschrift für katholische Theologie*, 1916, S. 772.
114 Gindely, *Geschichte der Gegenreformation*, S. 475 f.; Carafa, *Germania Sacra Restaurata*, I, S. 162.
115 *Bericht über die Diöcese Olmütz durch den Kardinal Franz von Dietrichstein, von* B. Dudik. *Archiv für österreichische Geschichte*, XLII, S. 223; Wolny, *Die Wiedertäufer in Mähren. Archiv für österreichische Geschichte*, V, S. 124–5; D'Elvert, I, S. 147, 229, 282.
116 Londorp, III, S. 770 f.; Carafa, *Germania Sacra Restaurata*, I, S. 225, 288.
117 Siehe Bidermann, *Geschichte der österreichischen Gesammtstaatsidee*. Innsbruck 1867, I, S. 27–36.
118 Goetz, *Briefe und Akten*, II, i, S. 568; *Schicksale Heidelbergs*, S. 182–4.
119 Goetz, *Briefe und Akten*, II, i, S. 124–5.
120 Londorp, II, S. 728–9.
121 Rusdorf, *Mémoires et négociations secrètes*, Leipzig 1789, I, a. v. O.; Goetz, II, i.
122 Londorp, II, S. 758–9.
123 Lünig, V, iv, S. 108.
124 Londorp, II, S. 768 ff.; Gindely, *Beiträge zur Geschichte des dreißigjährigen Krieges. Archiv für österreichische Geschichte*, LXXXIX, S. 22.
125 Aitzema, I, S. 231; Hurter, *Ferdinand II.*, ix, S. 295; Lundorp, II, S. 769.
126 Opel, *Elisabeth Stuart*, S. 323.
127 Rusdorf, I, S. 117.
128 Aitzema, I, S. 131.
129 Gindely, *Beiträge*, S. 28–9.
130 Reiferscheid, S. 153.
131 *Calendar of State Papers. Domestic Series*, 1623–1625; Gindely, *Beiträge*, S. 120.
132 Rusdorf, I, S. 287.
133 W. Mommsen, *Richelieu als Staatsmann. Historische Zeitschrift*, CXXVII, S. 230 f.
134 G. Hanotaux und Le Duc de la Force, *Histoire de Richelieu. Revue des Deux Mondes*, Juillet 1934, S. 97.
135 Richelieu, *Mémoires*, IV, S. 46–7.
136 Rydberg och Hallendorf. *Sverges Traktater*, Stockholm 1877, V, i, S. 317 f.; 321 f.
137 *Calendar of State Papers. Domestic Series*, 1623–1625, S. 195.
138 Goetz, *Briefe und Akten*, II, i, S. 549.
139 Goetz, *Briefe und Akten*, II, i, S. 557–67; Gindely, *Beiträge*, S. 57.
140 Goetz, *Briefe und Akten*, II, i, S. 115.

141 Ebenda, II, i, S. 283.
142 GOETZ, *Pater Hyacinth. Historische Zeitschrift*, CIX, S. 117.
143 GOETZ, *Briefe und Akten*, II, i, S. 67, 104, 108.
144 RUSDORF, I, S. 156 ff.
145 GOETZ, *Briefe und Akten*, II, i, S. 452–510.
146 Ebenda, II, i, S. 516 f., 528 f.; FAGNIEZ, *Fancan et Richelieu. Revue Historique*, CVII, S. 61 f.; WIENS, *Fancan und die französische Politik*, 1624–1627. Heidelberg 1908, S. 18, 17.
147 GOETZ, *Briefe und Akten*, II, ii, S. 19, 23–4, 28, 39, 40.
148 Ebenda, II, i, S. 620, 635, 642, 651.

## DER OSTSEE ZU
## 1625–1628

1 GINDELY, *Waldstein während seines ersten Generalats im Lichte der gleichzeitigen Quellen*. Prag–Wien 1886, I, S. 46 ff.; ZWIEDINECK-SÜDENHORST, II, S. 223.
2 HURTER, *Zur Geschichte Wallensteins*, Schaffhausen 1855, S. 27.
3 GOETZ, *Briefe und Akten*, II, ii, S. 39–40.
4 STIEVE, *Wallenstein bis zur Übernahme des ersten Generalats*, S. 229–30.
5 D'ELVERT, III, S. 135; GOETZ, *Briefe und Akten*, II, ii, S. 148.
6 GINDELY, *Waldstein*, S. 54.
7 AITZEMA, S. 269.
8 BLOK, *Relazioni Veneziane*.
9 Siehe MOSER, *Patriotisches Archiv*, XI, S. 175–206.
10 RUSDORF, I, S. 485.
11 AITZEMA, I, S. 405.
12 Ebenda, I, S. 408, 416.
13 MESSOW, *Die Hansestädte und die Habsburger Ostseepolitik*, S. 11.
14 GINDELY, *Die maritimen Pläne der Habsburger*. Wien 1891, S. 2–3.
15 HALLWICH, *Fünf Bücher zur Geschichte Wallensteins*. Leipzig 1910, III, S. 12.
16 HURTER, *Zur Geschichte Wallensteins*, S. 20–1.
17 RUSDORF, I, S. 439 f.; MOSER, *Patriotisches Archiv*, V, S. 107.
18 RUSDORF, I, S. 464, 496, 545–9; II, S. 29.
19 Ebenda, I, S. 554 f.; s. auch MOSER, *Patriotisches Archiv*, V, S. 159 ff. u. a.
20 Ebenda, VI, S. 21.
21 BENTIVOGLIO, *Opere*, S. 90.
22 BENTIVOGLIO, *Opere*, S. 90.
23 LONDORP, III, S. 807.
24 Ebenda, S. 812, 813.

25 Ebenda, S. 824 ff.
26 GOETZ, *Briefe und Akten*, II, ii, S. 324.
27 Ebenda, S. 355, 377.
28 GINDELY, *Waldstein, I*, S. 63.
29 GOETZ, *Briefe und Akten*, II, ii, S. 377–8.
30 LAMMERT, S. 67 f.; *Theatrum Europaeum*, I, S. 999; D'ELVERT, II, S. 193 f.; III, S. 138 f.; GOETZ, *Briefe und Akten*, II, ii, S. 308.
31 GOETZ, *Briefe und Akten*, II, ii, S. 408.
32 Ebenda, S. 438.
33 GOETZ, *Briefe und Akten*, II, ii, S. 441.
34 Ebenda, S. 407.
35 HURTER, *Ferdinand II.*, VIII, S. 658–60.
36 RANKE, *Geschichte Wallensteins*, S. 29.
37 RITTER, *Das Kontributionssystem Wallensteins. Historische Zeitschrift*, XC, S. 211–20, 239–46.
38 V. LOEWE, *Die Organisation und Verwaltung der Wallensteinschen Heere* Leipzig 1895.
39 AITZEMA, I, S. 482; LONDORP, III, S. 802.
40 RUSDORF, II, S. 58, 189.
41 WESKAMP, *Das Heer der Liga*, S. 137.
42 C. F. BRICKA og J. A. FRIDERICIA, *Kong Christian den Fjerdes egenhaendige Breve*. Kopenhagen 1878–91, I, S. 461–2.
43 TADRA, *Briefe Albrechts von Waldstein an Karl von Harrach, 1625–1627. Fontes Rerum Austriacarum*, II, xli, S. 356; HALLWICH, *Gestalten aus Wallensteins Lager*, Leipzig 1885, II, S. 118 f., 144 f.
44 HALLWICH, *Fünf Bücher*, I, S. 375.
45 HALLWICH, *Fünf Bücher*, III, S. 42.
46 HALLWICH, *Gestalten aus Wallensteins Lager*, S. 144, 163, 164.
47 ARETIN, *Bayerns auswärtige Verhältnisse*. Passau 1839, *Urkunden*, S. 224–40.
48 LONDORP, II, S. 876 f.; BRICKA og FRIDERICIA, II, S. 31–2; H. VOGES, *Die Schlacht bei Lutter am Barenberge*. Leipzig 1922.
49 LONDORP, III, S. 977 f., 991–2.
50 POYNTZ, S. 50.
51 HAEBERLIN, XXV, S. 471; POYNTZ, S. 50.
52 LUNDORP, III, S. 767 f.
53 GINDELY, *Die Gegenreformation und der Aufstand in Oberösterreich im Jahre 1626. Sitzungsberichte der philosophisch-historischen Klasse der kaiserlichen Akademie der Wissenschaften*, CXVIII, Wien 1889, S. 7 f.
54 Siehe das Lied bei STIEVE, *Der oberösterreichische Bauernaufstand*, München 1891, I, S. 90:

»Von Bayerns Joch und Tyrannei
Und seiner großen Schinderei
Mach uns, o lieber Herr Gott, frei!«

55 Gindely, *Die Gegenreformation und der Aufstand*, S. 21.
56 Hartmann, *Historische Volkslieder*, München 1907, I, S. 177.
57 Londorp, III, S. 927; Czerny, *Bilder aus der Zeit der Bauernunruhen in Oberösterreich*. Linz 1876, S. 61 f.
58 Londorp, III, S. 925–7; Hurter, *Ferdinand II.*, x, S. 92.
59 Stieve, *Bauernaufstand*, I, S. 228.
60 Stieve, *Bauernaufstand*, I, S. 298–303; Lundorp, III, S. 952.
61 Czerny, *Ein Tourist in Österreich*, Linz 1874, S. 17.
62 Jacob Franc, 1626–27, S. 81.
63 Walther, S. 20.
64 Duhr, *Geschichte der Jesuiten in den Ländern deutscher Zunge*. Freiburg, 1907, II, ii, S. 130.
65 Gebauer, *Kurbrandenburg in der Krisis des Jahres 1627*. Halle 1896, S. 9
66 Lammert, S. 80 f.
67 *Tägliche Aufzeichnungen des Pfarrherrn Garcaeus*. Brandenburg 1894, S. 75.
68 Poyntz, S. 48.
69 Krebs, *Zacharias Allerts Tagebuch aus dem Jahre 1627. Jahresbericht der schlesischen Gesellschaft für vaterländische Kultur*, LXIV, S. 24 f.
70 *Allerts Tagebuch*, S. 22–6.
71 Opel, *Das Kurfürstentum Brandenburg in den ersten Monaten des Jahres 1627*. Historische Zeitschrift, LI, S. 194.
72 Gebauer, *Kurbrandenburg in der Krisis*, S. 9.
73 Opel, *Das Kurfürstentum Brandenburg*, S. 194.
74 Opel, *Das Kurfürstentum Brandenburg*, S. 199–202.
75 Ebenda, S. 202.
76 Opel, *Das Kurfürstentum Brandenburg*, S. 203, 205.
77 Klopp, a. a. O., II, S. 707.
78 Gindely, *Beiträge*, S. 155 f.
79 Londorp, III, S. 1021–2.
80 Gindely, *Beiträge*, S. 223–4.
81 Hallwich, *Fünf Bücher*, S. 140–1.
82 Ebenda, III, S. 327.
83 Moritz Ritter, *Zur Geschichte Wallensteins. Deutsche Zeitschrift für Geschichtswissenschaft*, IV, S. 24–38.
84 Ebenda, S. 31; Stieve, *Wallenstein bis zur Übernahme des Generalats*, S. 228.
85 Hallwich, *Fünf Bücher*, I, S. 677; Ritter, *Zur Geschichte Wallensteins*, S. 15–40.
86 G. Droysen, *Gustav Adolf*, Leipzig 1869, I, S. 286–7; J. G. Droysen, *Geschichte der preußischen Politik*, III, i, S. 13.
87 Droysen, *Preußische Politik*, III, i, S. 52–3.
88 Gindely, *Die maritimen Pläne der Habsburger*. S. 4 f.
89 *Annales*, X, S. 1227; Lundorp, III, S. 941–80.

90 OPEL, *Das Kurfürstentum Brandenburg*, S. 204.
91 OPEL, *Das Kurfürstentum Brandenburg*, S. 215–17.
92 LONDORP, III, S. 985–6.
93 OPEL, *Das Kurfürstentum Brandenburg*, S. 205 f.
94 RUSDORF, I, S. 604, 611; MOSER, *Patriotisches Archiv*, VI, S. 106.
95 MOSER, *Patriotisches Archiv*, VI, S. 109; M. A. E. GREEN, *Elizabeth Queen of Bohemia*, revised by S. C. LOMAS. London 1909, S. 258.
96 MOSER, *Neues Patriotisches Archiv*, I, S. 77.
97 LONDORP, III, S. 952–60; RUSDORF, II, a. v. St.
98 GEBAUER, *Kurbrandenburg in der Krisis*, S. 2; BRICKA OG FRIDERICIA, II, S. 94–5; LUNDORP, III, S. 461.
99 LUNDORP, III, S. 977–9.
100 Ebenda, S. 976–8.
101 Siehe DENIS, *La Bohème depuis la Montagne Blanche*, Paris 1903, S. 107–19; D'ELVERT, II, S. 204 f., 266 f.
102 D'ELVERT, II, S. 206 ff.
103 GINDELY, *Geschichte der Gegenreformation*, S. 514.
104 PISTORIUS, *Historische Beschreibungen*, 1627–28, S. 47.
105 BRETHOLZ, *Geschichte Böhmens und Mährens*, Reichenberg 1921, S. 16.
106 GINDELY, *Die maritimen Pläne der Habsburger*, S. 17.
107 CHLUMECKY, *Wallensteins Briefe an Collalto*, Brünn 1856, S. 55.
108 GINDELY, *Die maritimen Pläne der Habsburger*, S. 11–12.
109 Ebenda, S. 11.
110 Ebenda, S. 17.
111 LONDORP, III, S. 1012.
112 GINDELY, *Waldstein*, I, S. 368.
113 LONDORP, III, S. 1009.
114 Ebenda, S. 996.
115 Ebenda, S. 998 f.
116 LÜNIG, V, i, S. 695–700.
117 Dies war die Möglichkeit, die der ältere Ferdinand, wie behauptet wird, fürchtete. Siehe RUSDORF, II, S. 367.
118 LONDORP, III, S. 1012–17.

## STILLSTAND
### 1628–1630

1 GAEDEKE, *Zur Politik Wallensteins und Kursachsens in den Jahren 1630 bis 1634. Neues Archiv für sächsische Geschichte*, X, S. 35.
2 CARAFA, S. 264.
3 DUDIK, *Correspondenz Kaiser Ferdinands II.*, S. 273.
4 Siehe S. 170.
5 Siehe RICHELIEU, *Mémoires*, VIII, S. 114 ff.

6 Hanotaux und de la Force. *Revue des Deux Mondes*, März 1935, S. 62.
7 Brants, *Albert et Isabelle*, Louvain 1910, S. 180.
8 H. G. R. Reade, *Sidelights on the Thirty Years War*, I, S. 75.
9 Quazza, *Guerra di Mantova*, I, S. 130; Lünig, X, ii, S. 694–6; Richelieu, *Mémoires*, VIII, S. 184.
10 *Annales*, XI, S. 1504; Fiedler, S. 190.
11 Abreu y Bertodano, *Collection de los Tratados*, Madrid 1740, IV, S. 89 f.
12 Londorp, III, S. 1006–7, 1083.
13 Gindely, *Die maritimen Pläne*, S. 28–9.
14 *Sverges Traktater*, V, i, S. 242–5.
15 Monro, I, S. 67, gibt eine abweichende Darstellung des Vorfalles.
16 Chlumecky, S. 75; Foerster, *Wallenstein*, I, S. 342 ff.
17 Droysen, *Gustav Adolf*, I, S. 346–7.
18 Chlumecky, S. 78.
19 Kiewning, *Nuntiatur des Pallottos*, Rom 1895, I, S. 81.
20 Riezler, *Geschichte Bayerns*, VI, S. 170.
21 Dudik, *Correspondenz*, S. 316.
22 *Annales*, IX, S. 93; Londorp, III, S. 1009, 1042.
23 Ebenda, S. 1023.
24 Aretin, *Wallenstein*, Regensburg 1846, I, S. 20; Gindely, *Wallenstein während seines ersten Generalats*, I, S. 87.
25 Londorp, III, S. 1018–19; auch Hallwich, *Fünf Bücher*, III, S. 355–6.
26 Kiewning, I, S. 82.
27 Londorp, III, S. 998–1000; Ritter, *Der Ursprung des Restitutionsediktes. Historische Zeitschrift*, LXXVI, S. 94–5.
28 Carafa, S. 374.
29 Siehe Londorp, III, S. 1054–7.
30 Ritter, *Ursprung des Restitutionsediktes*, S. 85.
31 Londorp, IV, S. 1021–2.
32 Wittich, *Magdeburg als katholisches Marienburg. Historische Zeitschrift*, LXV, S. 416.
33 Fiedler, S. 194.
34 Chlumecky, S. 94.
35 Londorp, III, S. 1045–7.
36 Ebenda, IV, S. 1–2; Lünig, S. 71–80.
37 Ebenda, S. 3–8.
38 Siehe Riezler, *Geschichte*, V, S. 137.
39 Hurter, *Ferdinand II.*, X, S. 265.
40 Ranke, *Die römischen Päpste*, S. 363.
41 Hurter, *Ferdinand* II., IV, S. 67.
42 Londorp, IV, S. 25–7, 35–6.
43 *Hauschronik der Familie Holl*, München 1910, S. 87.
44 Londorp, IV, S. 31 f.
45 Kiewning, I, S. 130, 141, 242.

46 Ebenda, I, S. 141.

47 Ebenda, I, S. 158–9.

48 Ranke, *Die römischen Päpste*, S. 358.

49 *Relazioni dagli Ambasciatori, Roma*, I, S. 319, 339, 360.

50 Lonchay und Cuvelier, S. 471, 482.

51 *Annales*, XI, S. 831–1; 400–1. Siehe auch Rodriguez Villa, *Spinola*, S. 461 f.; Hennequin de Villermond, II, S. 259; Lonchay und Cuvelier, II, S. 471.

52 Siehe Chlumecky, 1628–9.

53 Priorato, Valstein, S. 27–8.

54 Ranke, *Wallenstein*, S. 166 f.

55 Gindely, *Die maritimen Pläne der Habsburger*, S. 15.

56 Ebenda, S. 30.

57 *Riksradet G. G. Oxenstiernas Berättelse om Mötel mellan Gustaf Adolf och Kristian IV. Historiske Handlingar*, VIII, iv, S. 4–16; Oxenstierna Brefvexling, II, i, S. 463–4; II, iii, S. 173–4; Fridericia, II, S. 179.

58 Chlumecky, S. 131–3.

59 Fridericia, II, S. 195–6, 237 f.

60 Chlumecky, S. 132.

61 Londorp, IV, S. 1092–3.

62 Ebenda, S. 19.

63 *Sverges Traktater*, V, i, S. 347–56; Richelieu, *Mémoires*, ed. Petitot, II, XXV, S. 133 f.

64 Siehe Gindely, *Die maritimen Pläne der Habsburger*, S. 53–4.

65 Abreu y Bertodano, IV, S. 105 f., 113 f.

66 Ebenda, S. 127 f.

67 Rodriguez Villa, *Correspondencia de la Infanta*, S. XXXI; *Spinola*, S. 590 f.

68 Rodriguez Villa, *Spinola*, S. 590 ff.

69 Hallwich, *Briefe und Akten zur Geschichte Wallensteins*, Wien 1912, I. S. 33; siehe auch Kiewning, I, S. 147–8; II, S. 26, 377, 462.

70 *Svenska Riksradets Protokoll*, II, S. 2.

71 Archenholtz, *Historische Merkwürdigkeiten*, Leipzig 1751, II, S. 29.

72 Richelieu, *Mémoires*, ed. Petitot, II, XXV, S. 119.

73 Hurter, *Ferdinand II.*, X, S. 231.

74 Foerster, *Wallenstein*, I, S. 387.

75 Chlumecky, S. 218.

76 *Sir Thomas Roe's Negotiations. Camden Miscellany*, Band VII, London 1870, S. 43. (Sir Thomas Roe [1581–1644], einer der begabtesten, erfolgreichsten Diplomaten König Jakobs I., verband mit Elisabeth von der Pfalz lebenslange Anhänglichkeit und Freundschaft, wovon viele Briefe Zeugnis geben. Er hat sich auch als Forschungsreisender und Manuskriptsammler einen Namen gemacht. Anm. d. Übers.)

77 Lundorp, III, S. 1084–8.

78 Ebenda, IV, S. 45.
79 ANDREAE, III, S. 109.
80 HOGL, *Die Gegenreformation in Waldsassen*, Regensburg 1905, S. 78.
81 LAMMERT, S. 97, 109.
82 Ebenda, S. 119.
83 GEBAUER, *Kurbrandenburg in der Krisis des Jahres 1627*, S. 127–9.
84 ROE, *Negotiations*, S. 36–8.
85 ZIEGLER, *Deutsche Soldatenlieder*, Leipzig 1884, S. 18.
86 COSMUS VON SIMMERN, *Bericht über die von ihm erlebten Geschichtsereignisse. Baltische Studien*, XL, S. 28, 47–8.
87 COSMUS VON SIMMERN, *Bericht* etc., S. 34.
88 J. KREBS, *Die Drangsale der Stadt Schweidnitz. Zeitschrift des Vereins für Geschichte und Altertum Schlesiens*, XIV, S. 36.
89 HURTER, *Zur Geschichte Wallensteins*, S. 47.
90 SIMMERN, S. 37.
91 LONDORP, III, S. 996.
92 EINERT, *Ein Thüringer Landpfarrer*, Arnstadt 1893, S. 2–3.
93 GINDELY, *Waldstein während seines ersten Generalats*, I, S. 348 f.
94 *Die Bauernchronik des Hartich Sierk*, Flensburg 1925, S. 173–5.
95 GRIMMELSHAUSEN, Simplicissimus, I, IV, XIV. – Obwohl der Verfasser des Romans einige der geschilderten Vorfälle selbst erlebt hat, gestattete er sich natürlich eine gewisse Freiheit der Darstellung. Ein Kritiker hat auf die verdächtige Ähnlichkeit zwischen einer der Romanszenen und einer denselben Gegenstand, die Plünderung eines Bauernhauses, darstellenden Radierung von Callot hingewiesen. Beiden liegt die Absicht zugrunde, alle Formen von Grausamkeit auf einmal darzustellen. Ich habe im Text sorgfältig nur solche Dinge erwähnt, die durch andere Zeugnisse hinlänglich belegt sind.
96 LONDORP, IV, S. 40.
97 GEBAUER, *Das Restitutionsedikt in Kurbrandenburg*, S. 72–88.
98 RICHELIEU, *Mémoires*, ed. Petitot, II, xxv, S. 115; *Relazioni dagli Ambasciatori, Roma*, I, S. 296, 337.
99 HURTER, *Zur Geschichte Wallensteins*, S. 247–8.
100 Vielleicht nur der unglückliche Friedrich von Böhmen. Ein Fall von poetischer Gerechtigkeit?
101 H. GÜNTER, *Die Habsburger Liga*, Berlin 1908, S. 213–23.
102 LONDORP, III, S. 1103; IV, S. 111–16.
103 GINDELY, *Die maritimen Pläne der Habsburger*, S. 21.
104 LONDORP, IV, S. 53–4.
105 Ebenda, S. 59 f.
106 Ebenda, S. 61 f.
107 HERMANN WÄSCHKE, *Tagebuch Christians II. von Anhalt. Deutsche Geschichtsblätter*, XVI, v, S. 122.
108 RICHELIEU, *Mémoires*, ed. Petitot, II, XXVI, S. 285.

109 HERMANN WÄSCHKE, *Tagebuch* etc., S. 132.
110 LONDORP, IV, S. 73.
111 Ebenda, S. 65–72.
112 WÄSCHKE, *Tagebuch* etc., S. 129 f.
113 LONDORP, IV, S. 72–3.
114 DUDIK, *Correspondenz*, S. 173.
115 HALLWICH, *Briefe und Akten*, S. 54–5, 75 f.
116 *Annales*, XI, S. 1133; PEKAR, *Wallenstein*.
117 *Relazioni dagli Ambasciatori, Francia*, II, S. 272.
118 RICHELIEU, *Mémoires*, ed. Petitot, II, XXVI, S. 377.
119 Ebenda, VI, S. 360.
120 WÄSCHKE, XVI, v, S. 104, 110, 116.
121 LONDORP.
122 WÄSCHKE, S. 131.
123 LONDORP, IV, S. 116–25.
124 Ebenda, S. 103–14.
125 Siehe HEYNE, *Der Kurfürstentag zu Regensburg von 1630*, Berlin 1866, S. 190–1.

## DER KÖNIG VON SCHWEDEN
### 1630–1632

1 John Durie (1596–1680), ein schottischer, in Frankreich und Holland ausgebildeter Geistlicher, lebte 1628 in Elbing, das damals von den Schweden besetzt war. Gustav Adolf unterstützte ihn in seinen Bemühungen, die Lutheraner und Calvinisten zu versöhnen. (Anm. d. Übers.)
2 AVENEL, *Lettres de Richelieu*, Paris 1853, III, S. 878.
3 MOSER, *Patriotisches Archiv*, VI, S. 133 f.
4 G. DROYSEN, *Gustav Adolf*, II, S. 151; *Gustav Adolfs Landungsgebet. Mitteilungen des Instituts für österreichische Geschichtsforschung, XXII*, S. 269–87.
5 CHEMNITZ, *De Bello Suecico*, Stettin 1648, I, S. 55.
6 HAEBERLIN, XXVI, S. 28–9.
7 ROE, *Negotiations*, S. 56.
8 *Oxenstiernas skrifter och brefvexling*, Stockholm 1888, I, i, S. 247–8.
9 Siehe DROYSEN, *Gustav Adolf*, II, S. 71.
10 *Brefvexling*, I, i, S. 351–459; die besten jüngsten Bücher über Gustav Adolf sind: AHNLUND, *Gustav Adolf den Store*. Stockholm 1932; G. WITTROCK, *Gustav Adolf*, 1932; JOHANNES PAUL, *Gustav Adolph*. 3 Bände, Leipzig 1927–32. Es gibt auch eine interessante Abhandlung über seine Strategie in Deutschland von TINGSTEN in *Historisk Tidskrift*, 1928.

11 Siehe DROYSEN, *Gustav Adolf*, I, 59–60, 77.
12 G. WESTIN, *Negotiations about Church Unity*. Upsala 1932, S. 208.
13 *Annales*, XI, S. 1326.
14 ROE, *Negotiations*, S. 74.
15 MOSER, *Patriotisches Archiv*, V, S. 8.
16 ARCHENHOLTZ, *Historische Merkwürdigkeiten*. Leipzig, Amsterdam 1751, 1752, II, S. 46.
17 LORENTZEN, *Die schwedische Armee im dreißigjährigen Kriege und ihre Abdankung*. Leipzig 1894, S. 9.
18 DITFURTH, *Die historisch-politischen Volkslieder des dreißigjährigen Krieges*. Heidelberg 1882, S. 177 f.
19 *Annales*, XI, S. 1757; *Brefvexling*, I, vi, S. 584 f.; II, i, S. 619; I, v, S. 10, 16, 46, 316; GEBAUER, *Ein schwedischer Militärprozeß. Historische Zeitschrift*, XCVIII, S. 547 f.
20 SONDEN, *Axel Oxenstierna och hans Broder*, Stockholm 1903, S. 18; WITTROCK, S. 251.
21 DROYSEN, *Gustav Adolf*, II, S. 76.
22 ROE, *Negotiations*, S. 57.
23 BOETHIUS, *Gustav II. Adolfs instruktion för Salvius den 30. juni 1630. Historisk Tidskrift*, 1913, S. 120.
24 LONDORP, IV, S. 73–77; LÜNIG, VI, i, S. 359–65.
25 LONDORP IV, S. 80.
26 ROE, *Negotiations*, S. 60–1.
27 *Zacharias Bandhauers Deutsches Tagebuch der Zerstörung Magdeburgs*, hsg. v. P. P. Klimesch. *Archiv für österreichische Geschichte*, XVI, Wien 1856, S. 279.
28 *Brefvexling*, II, ix, S. 846.
29 *Sverges Traktater*, V, i, S. 438–42.
30 L. WEIBULL, *Gustave-Adolphe et Richelieu. Revue Historique*, CLXXIV, S. 219–25.
31 ROE, *Negotiations*, S. 39.
32 Ebenda, S. 69.
33 ROE, *Negotiations*, S. 39–40.
34 GAEDEKE, *Zur Politik Wallensteins und Kursachsens. Neues Archiv für sächsische Geschichte*. X, S. 36–7.
35 Siehe GEBAUER, *Kurbrandenburg und der Restitutionsedikt von 1629*. Halle 1899, S. 72–89, 132–7.
36 LONDORP, IV, S. 133–4.
37 Ebenda, S. 142–3.
38 Siehe HURTER, *Friedensbestrebungen Kaiser Ferdinands II*. Wien 1860, S. 9–10.
39 LONDORP, IV, S. 143–4.
40 *Arkiv till upplysning om Svenska Krigens*, I, S. 413; MONRO, II, S. 34.
41 LONDORP, IV, S. 148–58.

42 ERNSTBERGER, *Wallenstein als Volkswirt*, S. 34–5; ERNSTBERGER, *Wallensteins Heeressabotage und die Breitenfelder Schlacht. Historische Zeitschrift*, S. 46–9, 51–3; PEKAR, I, S. 75 ff.; II, S. 32–6.

43 HALLWICH, *Briefe und Akten*, I, S. 204–5, 210–12, 214–15, 232, 251, 255, 288–90.

44 *Brefvexling*, II, viii, S. 34, 37; HALLWICH, *Briefe und Akten*, I, S. 308.

45 WITTICH, *Dietrich von Falkenberg*. Magdeburg 1892, S. 73–4.

46 R. USINGER, *Die Zerstörung Magdeburgs. Historische Zeitschrift*, XIII, S. 388; *Brefvexling*, II, viii, S. 39.

47 WITTICH, *Falkenberg*, S. 159; DROYSEN, *Gustav Adolf*, I, S. 313–14.

48 DITFURTH, *Volkslieder*, S. 143 ff.; *Bandhauers Tagebuch*, S. 267.

49 DROYSEN, *Gustav Adolf*, II, S. 295.

50 Ebenda, S. 296.

51 *Brefvexling*, II, viii, S. 45; II, i, S. 695.

52 DROYSEN, *Gustav Adolf*, II, S. 289.

53 *Sverges Traktater*, V, i, S. 449–54.

54 W. LAHNE, *Magdeburgs Zerstörung in der zeitgenössischen Publizistik*. Magdeburg 1931, S. 33; USINGER, S. 391–3.

55 KLOPP, III, ii, S. 167–8; FOERSTER, *Wallenstein*, II, S. 94.

56 F. SPANHEIM, *Le Soldat Suédois*. Genf 1633, S. 30.

57 *Bandhauers Tagebuch*. S. 276 ff.

58 WITTICH, *Magdeburg, Gustav Adolf und Tilly*, Berlin 1874, I, S. 15.

59 Siehe STIEVE, *Abhandlungen*, Leipzig 1900, S. 181–94; auch WITTICH, *Dietrich von Falkenberg*, und *Magdeburg, Gustav Adolf und Tilly*. Die Frage der Verantwortung ist verschieden, aber niemals restlos beantwortet worden.

60 *Bandhauers Tagebuch*, S. 278.

61 Ebenda, S. 282.

62 *Bandhauers Tagebuch*, S. 287; WITTICH, *Magdeburg als katholisches Marienburg. Historische Zeitschrift*, LXV, S. 433.

63 Ebenda, S. 444.

64 *Bandhauers Tagebuch*, S. 280–1.

65 USINGER, S. 399.

66 LONDORP, IV, S. 214–15.

67 *Sverges Traktater*, V, i, S. 457–63.

68 Siehe DROYSEN, *Gustav Adolf*, II, S. 303, 351–3; REINHOLD VON KOSER, *Gustav Adolfs letzter Besuch in Berlin. Festschrift zum 50jährigen Jubiläum des Vereins für die Geschichte Berlins*. Berlin 1917, S. 3–10; MONRO, II, S. 43.

69 LÜNIG, VIII, S. 78–9.

70 GARDINER, *History of England*, VII, S. 188.

71 LONDORP, IV, S. 175–8.

72 HALLWICH, *Briefe und Akten*, I, S. 389–90.

73 PEKAR, S. 75.

74 *Sverges Traktater*, V, i, S. 476 ff.
75 LONDORP, S. 199–204.
76 HALLWICH, *Briefe und Akten*, S. 473.
77 WITTICH, *Zur Würdigung Hans Georgs von Arnim. Neues Archiv für sächsische Geschichte*, XXII, S. 31.
78 *Sverges Traktater*, V, I, S. 513–16.
79 Siehe FOERSTER, *Wallenstein*, II, S. 120.
80 FOERSTER, *Wallenstein*, II, S. 109.
81 DROYSEN, *Gustav Adolf*, II, S. 401.
82 FOERSTER, *Wallenstein*, II, S. 104.
83 DELBRÜCK, S. 132 f.; DROYSEN, *Gustav Adolf*, II, S. 404.
84 FOERSTER, *Wallenstein*, II, S. 108.
85 Die Beschreibung der Schlacht ist aus den verschiedenen zeitgenössischen Berichten zusammengestellt, die in folgenden Schriften veröffentlicht sind: *Archiv für sächsische Geschichte*, VII, S. 342 ff.; *Arkiv till upplysning Svenska Krigens*, S. 492–5; *Brefvexling*, II, i, S. 739–42; FOERSTER, *Wallenstein*, S. 119 ff.; MONRO, *His Expedition*, II, S. 63–7; und einige Andeutungen in Sydnam POYNTZ, *Relation*. Siehe auch *Sveriges Krig 1611–1632*, S. 477–523.
86 G. MÜLLER, *Dresden im dreißigjährigen Kriege. Neues Archiv für sächsische Geschichte*, XXXVI, S. 255.
87 Siehe GAEDEKE, *Wallensteins Verhandlungen mit den Schweden*. Frankfurt 1885, S. 108–9; IRMER, *Die Verhandlungen Schwedens und seiner Verbündeten mit Wallenstein*, Leipzig 1888, I, S. 87.
88 POYNTZ, S. 58.
89 Siehe FOERSTER, *Wallenstein*, II, S. 168 f.; GAEDEKE, *Die Eroberung Nordböhmens, Neues Archiv für sächsische Geschichte*. IX, S. 243 ff.
90 DROYSEN, *Gustav Adolf*, II, S. 437; MONRO, II, S. 81.
91 GEBAUER, *Das Restitutionsedikt in Brandenburg*, S. 201.
92 POYNTZ, S. 56, 62.
93 *Sverges Traktater*, V, i, S. 1631–2.
94 DROYSEN, a.a.O., II, S. 464–7; *Arkiv till upplysning Svenska Krigens*, I, S. 546–8.
95 DITFURTH, S. 180, 241.
96 *The Swedish Intelligencer*, II. Teil, S. 68.
97 *Annales*, XII, S. 2399.
98 SPANHEIM, S. 122–3.
99 CHEMNITZ, I, S. 297.
100 HALLWICH, *Briefe und Akten*, I, S. 306.
101 HALLWICH, *Briefe und Akten*, I, S. 648–9.
102 FOERSTER, *Wallenstein*, II, S. 186–92.
103 HALLWICH, *Briefe und Akten*, I, S. 657 ff.
104 PAUL, III, S. 84–6.
105 *Sverges Traktater*, V, i, S. 601–3.

106 Hallwich, *Briefe und Akten*, I, S. 501.
107 *Brefvexling*, II, viii, S. 69.
108 Geyl, S. 127.
109 Abreu y Bertodano, IV, S. 342 f.
110 Abreu y Bertodano, IV, S. 330 f.
111 Fagniez, *Le Père Joseph et Richelieu*, Paris 1894, II, S. 494–500.
112 Avenel, IV, S. 251–4.
113 Ebenda, IV, S. 257–9.
114 Londorp, IV, S. 275–8.
115 *Brefvexling*, II, i, S. 760.
116 Hallwich, *Briefe und Akten*, I, S. 527 f.
117 Irmer, *Die Verhandlungen Schwedens*, I, S. 107–8.
118 Droysen, G., *Die Verhandlungen über den Universalfrieden im Winter 1631–32. Archiv für sächsische Geschichte. Neue Folge, VI, S. 223–6.*
119 R. Schulze, *Das Projekt der Vermählung Friedrich Wilhelms von Brandenburg mit Christina von Schweden.* Halle 1898, S. 2–3 f.
120 Westin, *Negotiations about Church Unity, S. 135–6;* Gebauer, *Das Restitutionsedikt in Kurbrandenburg*, S. 235–6.
121 Kretzschmar, *Gustav Adolfs Pläne und Ziele in Deutschland und die Herzöge von Braunschweig und Lüneburg*, Hannover 1904, S. 176.
122 *Arkiv till upplysning Svenska Krigens*, I, S. 521.
123 F. Bothe, *Gustav Adolfs und seines Kanzlers wirtschaftspolitische Absichten.* Frankfurt 1910, S. 179; Irmer, *Die Verhandlungen Schwedens*, I, S. 111.
124 Spanheim, S. 226.
125 Aitzema, I, S. 1260–61.
126 Moser, *Patriotisches Archiv*, VI, S. 176–84.
127 Hurter, *Friedensbestrebungen Ferdinands II.*, S. 14 f.; Irmer, *Die Verhandlungen Schwedens*, S. 8–68; Droysen, *Die Verhandlungen über den Universalfrieden*, S. 144–5.
128 Irmer, *Die Verhandlungen Schwedens*, I, S. 109; Spanheim, S. 211.
129 Moser, *Patriotisches Archiv*, IV, S. 466–73.
129a Monro, II, S. 111.
130 Hallwich, *Briefe und Akten*, II, S. 277.
131 Lammert, S. 120, 124.
132 Droysen, *Gustav Adolf*, II, S. 553.
133 Foerster, *Wallenstein*, II, S. 196 f., 202 f.
134 Droysen, *Gustav Adolf*, II, S. 537.
135 Chemnitz, I, S. 310; siehe auch *Brefvexling*, II, viii, S. 55; Poyntz, S. 65; *Swedish Intelligencer*, II, S. 142.
136 Gindely in *Historische Zeitschrift*, XCVII, und in *Waldsteins Vertrag mit dem Kaiser, Abhandlungen der Classe für Philosophie, Geschichte und Philologie der Königlich böhmischen Gesellschaft der Wissenschaften*, VII, iii, 1890; Ritter, *Der Untergang Wallensteins. Historische Zeitschrift*,

LXXXVIII; GLIUBICH, *Gli ultimi successi di Alberto di Waldstein narrati dagli Ambasciatori Veneti. Archiv für österreichische Geschichte.* Wien 1863, XXVIII, S. 361–2.

137 ERNSTBERGER, *Wallenstein als Volkswirt*, S. 20–2, 38–9, 47.

138 GAEDEKE, *Wallenstein und Arnim*, S. 11–13.

139 *Chronik des Jakob Wagner.* Augsburg 1902, S. 10–12.

140 KLOPP, III, ii, S. 646.

141 DUDIK, *Waldsteins Correspondenz, Archiv für österreichische Geschichte.* Wien 1866, XXXVI, S. 222.

142 SPANHEIM, S. 272.

143 *Swedish Intelligencer*, II, S. 161; SPANHEIM, S. 211.

144 HALLWICH, *Briefe und Akten*, II, S. 404 f.; ARCHENHOLTZ, *Mémoires concernant Christine, Reine de Suède*, II, App. S. 21–4.

145 *Brefvexling*, II, viii, S. 56.

146 *Brefvexling*, II, viii, S. 56; FOERSTER, *Wallenstein*, II, S. 225 f.

147 *Brefvexling*, II, viii, S. 56; DROYSEN, *Gustav Adolf*, II, S. 557 f.

148 W. MICHAEL, *Wallensteins Vertrag mit dem Kaiser im Jahre 1632. Historische Zeitschrift*, LXXXVIII, S. 387.

149 HILDEBRAND, *Wallenstein und die Schweden.* Frankfurt 1885, S. 10.

150 *Letter from George Fleetwood giving an account of the battle of Lützen. Camden Miscellany*, I, London 1847, S. 5.

151 *Brefvexling*, II, i, S. 766, 798 f.

152 IRMER, *Die Verhandlungen Schwedens*, I, S. 211.

153 *Annales*, XII, S. 24.

154 HALLWICH, *Briefe und Akten*, II, S. 644–5.

155 HURTER, *Wallensteins vier letzte Lebensjahre.* Wien 1862, S. 155–6; HALLWICH, *Briefe und Akten*, III, S. 95.

156 *Swedish Intelligencer*, III, S. 38 ff.

157 *Chronik Jakob Wagners*, S. 20–1; siehe auch *The Swedish Intelligencer*, III, S. 24.

158 WESTIN, S. 208.

159 *Brefvexling*, I, i, S. 540–3 ff.

160 *Brefvexling*, I, vii, S. 574.

161 Ebenda, II, viii, S. 73; SCHULZE, S. 5 f.

162 SONDEN, *Lars Tungels Efterlämnade Papper. Historiska Handlinger. Nyföljd*, XXII, S. 45.

163 *Brefvexling*, II, viii, S. 57.

164 SPANHEIM, S. 411.

165 ARETIN, *Bayerns auswärtige Verhältnisse.* Passau 1839, I; *Urkunden*, S. 343.

166 IRMER, *Die Verhandlungen Schwedens*, I, S. 249–50; *Konung Gustaf Adolfs Skrifter*, hrsg. v. C. G. Styffe, Stockholm 1861, S. 553.

167 SONDEN, *Lars Tungel*, S. 611.

168 HALLWICH, *Briefe und Akten*, III, S. 231 f.

169 Spanheim, S. 427–8.
170 *Brefvexling*, II, i, 855–69.
171 *Fleetwood, Camden Miscellany, I, S. 5–6; Fyra relationer om slaget vid Lützen. Historisk Tidskrift*, 1932, S. 302.
172 *Fleetwood*, S. 6.
173 Foerster, *Wallenstein*, II, S. 273.
174 Hallwich, *Briefe und Akten*, III, S. 500.
175 *Fleetwood*, S. 6.
176 Ebenda, I, S. 7.
177 Foerster, *Wallenstein*, II, S. 308.
178 *Fleetwood*, S. 6; Fiedler, *Diodatis Bericht über die Schlacht bei Lützen. Forschungen zur deutschen Geschichte*, IV. Göttingen 1865, S. 561.
179 Poyntz, S. 126.
180 Poyntz, S. 126.
181 Hallwich, *Briefe und Akten*, III, S. 503.
182 Es gibt einige Berichte über Lützen. Ich habe hauptsächlich benützt: Fleetwood in *Camden Miscellany*, I. Bd.; *Diodatis Bericht über Lützen*; Holks Bericht in Hallwich, *Briefe und Akten*, III, S. 499–503; *Fyra relationer om slaget vid Lützen. Historisk Tidskrift*, 1932, S. 299–309; *Swedish Intelligencer*, III, S. 127 f.; Monro, II, S. 162–5.
183 Sonden, *Lars Tungel*, S. 72; Ditfurth, S. 261.
184 Archenholtz, II, S. 46.
185 *Annales*, XII, S. 109.
186 Walther, S. 28.
187 *Fleetwood*, S. 10.
188 Lammert, S. 114; *Theatrum Europaeum*, II, S. 658, 645.
189 *Brefvexling*, II, vi, S. 89.
190 Hanauer, S. 175.
191 Lammert, S. 114.
192 Ebenda, S. 113 f.; Duhr, II, i, S. 406.
193 Lammert, S. 120; *Chronik des Jakob Wagner*, S. 28.
194 C. G. von Murr, *Beyträge zur Geschichte des dreißigjährigen Krieges.* Nürnberg 1790, S. 62.
195 Westin, S. 208–9.
196 Riezler, *Geschichte*, V, S. 420 f.
197 *Annales*, XII, S. 144.
198 Furtenbach, *Jammerchronik*, S. 67 f.
199 Hanauer, *La Guerre de Trente Ans à Hagenau*, Colmar 1909, S. 172.
200 Droysen, *Die Verhandlungen über den Universalfrieden*, S. 179.
201 Irmer, *Die Verhandlungen Schwedens*, I, S. 176, 177.
202 Aretin, *Beyträge*, VII, S. 270.
203 Moser, *Neues Patriotisches Archiv*, II, S. 113–32.

1 S. Leman, *Urbain VIII*, passim.
2 Leman, *Urbain VIII*, S. 134 f., 563–4.
3 Abreu y Bertodano, IV, S. 262 f.
4 Avenel, IV, S. 416, 419, 431–4; VIII, S. 248, 252; Feuquières, *Lettres et négociations*, Amsterdam 1753, I, S. 5–6.
5 *Brefvexling*, II, 1, S. 870.
6 Feuquières, II, 1, S. 10–26.
7 N. A. Kullberg, *Svenska Riksrådets Protokoll. Händlingar Sveriges Historia*, 1878, III, S. 12.
8 *Brefvexling*, a.a.O., I, VII, S. 637.
9 Struck, *Johann Georg und Oxenstierna*, Stralsund 1899, 19–20.
10 Hallwich, *Wallensteins Ende*, Leipzig 1879, I, S. 47, 102; Irmer, *Die Verhandlungen Schwedens*, II, S. 11–12.
11 A. Küsel, *Der Heilbronner Konvent*, Halle 1878, S. 18.
12 Helbig, *Wallenstein und Arnim*, Dresden 1850, S. 15; Hallwich, *Wallensteins Ende*, II, S. 254.
13 *Brefväxling mellan Oxenstierna och Svenska Riksrådet, Händlingar rörande Skandinaviens Historia*, XXV, S. 196.
14 *Sverges Traktater*, V, II, S. 18 ff.; Lundorp, VI, S. 317 f.
15 Feuquières, passim.
16 Feuquières, I, S. 75–6, 94, 112, 113, 135–6.
17 Ebenda, S. 140, 147.
18 Ebenda, S. 85–8, 217.
19 Feuquières, I, 113, 221; *Sverges Traktater*, V, II, S. 12–18.
20 Feuquières, I, S. 64–5, 141.
21 *Brefväxling mellan Oxenstierna och Svenska Riksrådet. Händlingar rörande Skandinaviens Historia*, XXV, S. 207; Hallwich, *Wallensteins Ende*, I, S. 355.
22 Helbig, *Wallenstein und Arnim*, S. 18; siehe auch G. Droysen, *Holks Einfall in Sachsen. Neues Archiv für sächsische Geschichte*, I, S. 53 ff.
23 Geyl, S. 132–3.
24 Ebenda, S. 96.
25 Waddington, *Les Provinces Unies en 1630*. Paris 1893, S. 6 f.
26 Siehe Waddington, *La République des Provinces Unies*, Lyon 1891, S. 400–5; Londorp, IV, S. 287–9; ein vollständiger Bericht findet sich in: Hennequin de Villermont, *L'Infante Isabelle*, II, S. 388 f.
27 Gachard, *Actes des États Généraux en 1632*, Brüssel 1853, S. 22–60.
28 Ebenda, S. 76–80, 165–8.
29 Lonchay und Cuvelier, a.a.O., II, S. 659, 664.
30 Prinsterer, a.a.O., II, III, S. 37, 39–40.
31 Gachard, S. 147 f., 162 f.

32 *Relazioni dagli Ambasciatori.* Spagna, I, S. 658.
33 *Relazioni dagli Ambasciatori.* Spagna, I, S. 658.
34 LONCHAY und CUVELIER, II, S. 659.
35 GINDELY, *Waldsteins Vertrag,* S. 33; HALLWICH, *Wallensteins Ende,* I, S. 412; siehe auch PEKAR, S. 71–104.
36 Siehe PEKAR, *Wallenstein,* I, S. 51 f.
37 HALLWICH, *Wallensteins Ende,* II, S. 22.
38 Vergleichende Faksimiles finden sich in: FOERSTER, *Wallenstein,* III.
39 VEIT VALENTIN, *Wallenstein after Three Centuries,* Slavonic Review, 1935, S. 160.
40 *Bandhauers Tagebuch,* S. 268.
41 KHEVENHÜLLER, *Conterfet Kupfferstich,* Leipzig 1722, II, S. 261.
42 FOERSTER, *Wallenstein als Feldherr und Landesfürst,* S. 436.
43 HALLWICH, *Wallensteins Ende,* I, S. 41–2.
44 Siehe SRBIK, *Wallensteins Ende,* Wien 1920, S. 31 ff.; GLIUBICH, S. 368; FOERSTER, *Wallenstein,* II, S. 316; IRMER, *Die Verhandlungen Schwedens,* II, S. 24.
45 POYNTZ, S. 136; PRIORATO, *Historia delle Guerre,* 1643, S. 98; GINDELY, *Wallenstein während seines ersten Generalats,* I, S. 74.
46 Der Name wurde zu *Terzka* und in Schillers *Wallenstein* zu *Terzky* germanisiert.
47 OPEL und KOHN, S. 342.
48 RITTER, *Deutsche Geschichte,* III, S. 558.
49 *Brefvexling,* II, viii, S. 97, 99, 117.
50 HALLWICH, *Wallensteins Ende,* I, S. 117.
51 *Brefvexling,* II, viii, S. 119.
52 Ebenda, S. 97, 110, 124, 126 f.
53 HALLWICH, *Wallensteins Ende,* I, S. 98, 149, 224, 230, 239, 260, 273, 300, 312, 327, 379.
54 Ebenda, S. 246.
55 IRMER, *Die Verhandlungen Schwedens,* II, S. 136–41; AUBERY, *Mémoires pour l'histoire du Cardinal Duc de Richelieu,* Paris 1860, II, S. 399–401; FEUQUIÈRES, I, S. 152 f.
56 *Brefvexling,* II, viii, S. 100.
57 HALLWICH, *Briefe und Akten,* IV, S. 124–6.
58 LONCHAY und CUVELIER, III, S. 2.
59 SRBIK, S. 39.
60 GAEDEKE, *Wallensteins Verhandlungen,* S. 173.
61 HALLWICH, *Wallensteins Ende,* I, S. 546–7.
62 GAEDEKE, *Holks Einfall,* S. 153; SONDÉN, *Lars Tungel,* S. 176.
63 HALLWICH, *Wallensteins Ende,* I, S. 553–4.
64 GAEDEKE, *Holks Einfall,* I, S. 179.
65 FEUQUIÈRES, II, S. 274; SONDÉN, *Lars Tungel,* S. 166, 459–60, 462–4; GAEDEKE, *Wallensteins Verhandlungen,* II, S. 305, 339, 341.

66 IRMER, *Die Verhandlungen Schwedens*, II, S. 188–9; HALLWICH, *Wallensteins Ende*, I, S. 548 ff.
67 Ebenda, S. 594.
68 HALLWICH, *Wallensteins Ende*, I, S. 583.
69 GAEDEKE, *Wallensteins Verhandlungen*, S. 139.
70 SONDÉN, *Lars Tungel*, I, S. 190.
71 HALLWICH, *Wallensteins Ende*, II, S. 44–66.
72 ARETIN, *Beyträge*, II, III, S. 63 ff.
73 *Brefvexling*, II, VII, S. 141.
74 ARETIN, *Beyträge*, II, III, S. 70 f.
75 HALLWICH, *Wallensteins Ende*, I, S. 540.
76 Ebenda, II, S. 153, 157.
77 ARETIN, *Wallenstein*, I, S. 58.
78 IRMER, *Die Verhandlungen Schwedens*, III, S. 68–74.
79 GAEDEKE, *Wallensteins Verhandlungen*, S. 214–215.
80 SONDÉN, *Lars Tungel*, S. 106–7.
81 FEUQUIÈRES, I, 155–60, 258, 290–1; II, S. 1–9, 68.
82 IRMER, *Die Verhandlungen Schwedens*, III, S. 95.
83 FOERSTER, *Wallenstein*, III, S. 114–28.
84 SRBIK, S. 381; GLIUBICH, S. 418.
85 HALLWICH, *Wallensteins Ende*, II, S. 136–7.
86 IRMER, *Die Verhandlungen Schwedens*, III, S. 168; PEKAR, S. 600.
87 FOERSTER, *Wallenstein*, III, S. 177.
88 SRBIK, S. 84–6.
89 Siehe SRBIK, a.a.O., S. 82.
90 Ebenda, S. 82.
91 GAEDEKE, *Wallensteins Verhandlungen*, S. 259–60.
92 IRMER, *Die Verhandlungen Schwedens*, III, S. 287.
93 GAEDEKE, *Wallensteins Verhandlungen*, S. 281–2.
94 HALLWICH, *Wallensteins Ende*, II, S. 229–35.
95 IRMER, *Verhandlungen*, III, S. 289; HALLWICH, *Briefe und Akten*, IV, S. 616.
96 FOERSTER, *Wallenstein*, III, S. 230, 254.
97 IRMER, *Die Verhandlungen Schwedens*, III, S. 210, 211, 276.
98 MAILATH, *Geschichte des österreichischen Kaiserstaates*. Hamburg 1842, III, S. 368–71.
99 MAILATH, *Geschichte des österreichischen Kaiserstaates*. III, S. 373–5.
100 Ebenda, S. 370.
101 SRBIK, S. 385, 390.
102 Ebenda, S. 185.
103 SRBIK, S. 386; IRMER, *Die Verhandlungen Schwedens*, III, S. 291–3.
104 Ebenda, S. 284, 301, 306.
105 IRMER, *Die Verhandlungen Schwedens*, III, S. 383.
106 Siehe Taaffes Bericht in: MAILATH, III, S. 373–5.

107 Siehe HALLWICH, *Wallensteins Ende.*
108 GLIUBICH, S. 418.
109 MAILATH, III, S. 369, 374.
110 POYNTZ, S. 99.
111 FEUQUIÈRES, II, S. 214, 225–7.
112 FIEDLER, S. 122.
113 CARAFA, S. 268–9; FIEDLER, S. 189–90, 277–8.
114 CARAFA, S. 279.
115 A. LANGEL, *Le Duel de Marie de Médicis et de Richelieu. Revue des Deux Mondes,* Nov. 1877, S. 362.
116 AVENEL, IV, S. 480.
117 LONCHAY und CUVELIER, II, S. 718.
118 AITZEMA, a.a.O., II, S. 94–5.
119 *Mémoires de la Grande Mademoiselle,* ed. Petitot, II, XL, S. 373.
120 FEUQUIÈRES, S. 96–8, 103, 195, 253, 285.
121 STRUCK, S. 20, Anm. 3.
122 ROESE, *Herzog Bernhard der Große,* Weimar 1828–29, I, S. 174–5.
123 *Melchior Jauch und sein Stammbuch. Archiv für sächsische Geschichte,* IV, S. 208.
124 Ebenda, Kapitel IV, VI.
125 AUBERY, *Mémoires de Richelieu,* S. 395.
126 HANOTAUX und LE DUC DE LA FORCE, *Revue des Deux Mondes,* März 1935, S. 380.
127 J. V. ANDREAE, *Gustavi Adolphi Suecorum Regis Memoria,* Berlin 1844, S. 13.
128 *Brefvexling,* II, VIII, S. 126 ff.; PUFENDORF, VIII, S. 40.
129 K. JAKOB, *Von Lützen nach Nördlingen,* Straßburg 1904, S. 65–6, 166–7.
130 *Sverges Traktater,* V, II, S. 92–100.
131 Ebenda, S. 105–9, 71–4.
132 FEUQUIÈRES, II, S. 96.
133 *Brefvexling,* II, VIII, S. 97, 110, 124, 248 f.; VI, S. 51–2.
134 PRINSTERER, II, III, S. 55.
135 LONDORP, IV, S. 425–7.
136 *Brefväxling mellan Oxenstierna och Svenska Regeringen. Handlungen rörande Skandinaviens Historia,* XXIX, S. 251–2.
137 LONDORP, IV, S. 384–9.
138 Ebenda, S. 416–18; FEUQUIÈRES, II, S. 357.
139 *Brefvexling,* II, vii, S. 201.
140 *Brefvexling,* II, viii, S. 275.
141 Ebenda, vi, S. 122 ff.
142 Ebenda, I, i, S. 205.
143 *Brefvexling,* II, viii, S. 162; BROHM, *Johann von Aldringen,* Halle 1882, S. 109.

144 *Brefvexling,* II, viii, S. 164.
145 FEUQUIÈRES, II, S. 387.
146 *Sverges Traktater,* V, ii, S. 200–5.
147 *Brefvexling,* I, i, S. 205.
148 Ebenda, II, vii, S. 233.
149 Ebenda, S. 131.
150 *Brefvexling.*
151 D. DE AEDO Y GALLART, *Viaje del Infante Cardenal Don Fernando de Austria,* Antwerpen 1635, S. 114.
152 CHEMNITZ, II, Stockholm 1653, S. 529.
153 AEDO Y GALLART, S. 127; siehe auch CANOVAS DEL CASTILLO, *Estudios del Reinado de Felipe IV,* Madrid 1888, IV, S. 436.
154 AEDO Y GALLART, S. 128.
155 AEDO Y GALLART, S. 130.
156 GUALDO PRIORATO, *Historia di Ferdinando III Imperatore,* Wien 1672, S. 492; CHEMNITZ, II, S. 534.
157 POYNTZ, S. 111.
158 *Bandhauers Tagebuch,* S. 313; die Schilderung der Schlacht ist, mit Ausnahme der Erwähnung anderer Quellen, aus Horns Bericht in *Brefvexling,* II, viii, zusammengestellt; ferner aus dem spanischen Bericht in AEDO Y GALLART, S. 130 f.; aus den zeitgenössischen Dokumenten in CANOVAS DEL CASTILLO, *Estudios del Reinado de Felipe IV,* S. 427–42; unter neueren Gewährsmännern sind LEO, *Schlacht bei Nördlingen,* Halle 1900, sowie die kurze, aber meisterliche Darlegung DELBRÜCKS, S. 243–8, hervorzuheben.
159 OXENSTIERNA schätzte hingegen den Gesamtverlust auf zwölftausend Tote und Gefangene. (Seine Schätzung ist wahrscheinlich ebenso einseitig großzügig wie die der Kaiserlichen.) *Brefvexling,* I, i, S. 208.
160 AEDO Y GALLART, S. 146–7.
161 Ebenda, S. 151.
162 PRIORATO, *Historia,* III, 1672, S. 495; *Annales,* XII, S. 1230.
163 *Brefvexling,* II, vii, S. 235.
164 *Brefvexling,* I, i, S. 208–9; FEUQUIÈRES, II, S. 422, 426, 427–9.
165 ARCHENHOLTZ, II, S. 46.
166 FEUQUIÈRES, II, S. 426.
167 CANOVAS, *Bosquejo Historico,* S. 253.
168 AEDO Y GALLART, S. 146.
169 LONCHAY und CUVELIER, III, S. 21.
170 *Brefvexling,* II, vii, S. 241.
171 Ebenda, I, i, S. 209–11.
172 Ebenda, II, iii, S. 347 f.
173 Siehe Baners Briefe aus dem Jahre 1634 in *Brefvexling,* II, vi, S. 122–50.
174 *Brefvexling,* I, i, S. 216.
175 Ebenda, S. 224.

176 *Sverges Traktater,* V, ii, S. 241–54; LÜNIG, V, i, S. 297–301.

177 *Brefvexling mellan Oxenstierna och Svenska Regeringen. Händlingar rörande Skandinaviens Historia,* XXXII, S. 198, 201, 206; XXXIII, S. 3.

178 AEDO Y GALLART, S. 194.

179 *Brefvexling,* I, i, S. 224; AVENEL, IV, S. 603, 618–9.

180 RANKE, *Sämtliche Werke,* XXXVIII: *Die römischen Päpste,* S. 376.

181 RIEZLER, *Geschichte,* VI, S. 164.

182 Ebenda, V, S. 536.

183 *Brefvexling,* II, viii, S. 101.

184 *Annales,* XII, S. 1299.

185 HALLWICH, *Wallensteins Ende,* I, S. 633.

186 AVENEL, V, S. 380–1.

187 Nach seiner Gefangennahme bei Nördlingen wurde er als Verräter enthauptet; er hatte den Fehler begangen, zur anderen Seite zu desertieren, ohne die Formalität der Niederlegung seines Offizierspatentes erfüllt zu haben.

188 H. HALLWICH, *Aldringens letzter Ritt. Mitteilungen des Vereins für die Geschichte der Deutschen in Böhmen,* XLV, S. 27.

189 GRIMMELSHAUSEN, *Simplicissimus.*

190 GAEDEKE, *Wallensteins Verhandlungen,* S. 163.

191 *Brefvexling,* II, vi, S. 529.

192 *Brefvexling mellan Oxenstierna och Svenska Regeringen. Händlingar rörande Skandinaviens Historia,* XXX, S. 84–5.

193 HURTER, *Friedensbestrebungen Ferdinands II.,* S. 71.

194 DÄSSLER, *Ein diplomatischer Zusammenstoß zwischen England und Sachsen. Neues Archiv für sächsische Geschichte,* LVI, S. 113 f.

195 OPEL, *Eine politische Denkschrift. Neues Archiv für sächsische Geschichte,* VIII, S. 189; siehe auch HITZIGRATH, *Die Publicistik des Prager Friedens,* Halle 1880.

196 IRMER, *Hans Georg von Arnim,* Leipzig 1874, S. 307, 316 f.

197 IRMER, *Hans Georg von Arnim,* S. 316 f.

198 LÜNIG, VI, i, S. 391–3.

199 ROESE, II, S. 437–9.

200 Ebenda, S. 444, 447.

201 ROESE, S. 457–61, 463–6.

202 *Händlingar rörande Skandinaviens Historia,* XXXIII, S. 27 f.

203 Siehe FEUQUIÈRES, S. 429–30, 458.

204 AVENEL, IV, S. 612, 630.

205 AITZEMA, II, S. 117 ff., 198–201; *Mémoires de Frédéric Henri,* S. 174; siehe auch WADDINGTON, *La République des Provinces Unies,* S. 421, 432–3; AVENEL, IV, S. 424.

206 *Brefvexling mellan Oxenstierna och Svenska Regeringen. Händlingar rörande Skandinaviens Historia,* XXXIV, S. 12.

207 Avenel, IV, S. 735.
208 *Sverges Traktater*, V, ii, S. 18–19; siehe auch *Brefvexling*, I, i, S. 558–9.
209 Avenel, V, S. 82–3.

## DER KAMPF UM DEN RHEIN
## 1635–1639

1 Feuquières, III, S. 41.
2 Gualdo Priorato, *Historia delle Guerre*, Teil I, S. 240.
3 Lonchay und Cuvelier, III, S. 18–19.
4 Lorentzen, S. 53.
5 *Händlingar rörande Skandinaviens Historia*, XXXVI, S. 368 ff.
6 Ebenda, S. 375.
7 *Brefvexling*, II, vi, S. 225.
8 Lorentzen, S. 63.
9 *Brefvexling*, II, vi, S. 254.
10 Lorentzen, S. 63.
11 *Chronik des Jakob Wagner*, S. 55–69; *Annales*, XI, S. 1765.
12 Wille, *Hanau im dreißigjährigen Krieg*, Hanau 1888, S. 669.
13 Londorp, IV, S. 687–8.
14 Poyntz, S. 120.
15 Ebenda, a.a.O.
16 *Chronik des Jakob Wagner*, S. 32.
17 Avenel, V, S. 30.
18 Ebenda, IV, S. 757.
19 Prinsterer, II, iii, S. 78–9.
20 *Relazioni dagli Ambasciatori. Spagna*, II, S. 108.
21 Avenel, V, S. 103–8.
22 Ebenda, S. 209–10.
23 Avenel, IV, S. 606.
24 Ebenda, S. 603, 606, 690.
25 Le Comte de Caix de Saint-Aymour, *L'enlèvement d'une princesse de Hohenzollern au XVII*[e] *siecle. Revue des Deux Mondes*, Juli 1915, S. 146.
26 Avenel, V, S. 47.
27 Feuquières, III, S. 211–13.
28 Feuquières, III, S. 260–77.
29 Lünig, VIII, S. 430–2.
30 *Brefvexling*, II, ii, S. 169.
31 Avenel, V, S. 485; Fagniez, *Le Père Joseph à Ratisbonne. Revue Historique*, XXVIII, S. 306–7.
32 Roese, II, S. 483, 509, 515–17; Avenel, VI, S. 114; VIII, S. 306–7.
33 Schulze, S. 31–40.

34 Ebenda, S. 44 f.
35 *Brefvexling*, II, ii, S. 215–6, 222, 230, 231–2; AVENEL, V, S. 514–674 u. a.; PUYSEGUR, *Mémoires sur les règnes de Louis XIII et XIV*, Paris 1881, S. 197 f.; VINCART, *Relacion de la Campaña de Flandres en 1636*, Madrid 1873.
36 AVENEL, V, S. 762–3; DUMONT, VI, S. 146–7.
37 LONDORP, IV, S. 576–80.
38 *Briefe Ferdinands II. und III. und S. von Breuner. Archiv für österreichische Geschichte*, Wien 1852; *Notizenblatt*, II, ii, S. 152–5.
39 *Annales*, XII, S. 2415.
40 *Annales*, XII, S. 2398.
41 DUDIK, *Correspondenz Kaiser Ferdinands II.*, S. 278.
42 *Annales*, XII, S. 2362.
43 HURTER, *Ferdinand II.*, X, S. 118.
44 MORGENBESSER, *Geschichte von Schlesien*, Breslau 1908, S. 235, 239; NEBELSIECK, *Geschichte des Kreises Liebenwerda*, Halle 1912, S. 36; RIEZLER, *Geschichte*, V, S. 421; SIERK, S. 182, 186; EINERT, S. 43.
45 *Annales*, XII, S. 1955–7; CZERNY, *Tourist*, S. 53–4; LAMMERT, S. 133.
46 RIEZLER, *Geschichte*, V, S. 538; D'ELVERT, I, S. 451.
47 BOTHE, *Geschichte der Stadt Frankfurt*, Frankfurt 1929, S. 450; LAMMERT, S. 185; WALTER, S. 31–2; REUSS, *Alsace*, S. 113; DUHR, II, i, S. 131; WILLE, S. 167.
48 KAYSER, *Heidelberg*, S. 412; PUFENDORF, VIII, S. 44; REUSS, *Alsace*, S. 129; *Annales*, XII, S. 2357–2359; LAMMERT, S. 228.
49 CROWNE, S. 3–4, 8–12, 46, 60–1.
50 LAMMERT, S. 168.
51 *Brefvexling*, II, vi, S. 298.
52 A. MELL, *Der windische Bauernaufstand. Mitteilungen des Historischen Vereins für Steiermark*, XLIV, S. 212–57.
53 *Annales*, XII, S. 1955–8; CZERNY, *Tourist*, S. 53–4.
54 CHEMNITZ, III, S. 39–40; *Brefvexling*, II, vi, S. 856–63. TINGSTEN, *Baner och Torstensson*, gibt einen ausgezeichneten Schlachtplan.
55 SCHULZE, *Die Vermählung Friedrich Wilhelms von Brandenburg*, S. 14.
56 Siehe Christines Selbstbiographie bei ARCHENHOLTZ, II, S. 46, 63, 66.
57 MUNCH, *Geschichte des Hauses und Landes Fürstenberg*, Leipzig 1832, Anhang, Bd. III, passim; LEUPOLD, *Journal der Armee des Herzogs Bernhard von Sachsen-Weimar. Basler Zeitschrift*, XI, S. 303–8, 347–8, 354–61; NOAILLES, *Épisodes de la Guerre des Trente Ans*, Paris 1908, II, S. 269–80.
58 AVENEL, VI, S. 140.
59 PUFENDORF, *De rebus Suecicis*, Utrecht 1686, VIII, S. 59.
60 FAGNIEZ, II, S. 355; *Sverges Traktater*, V, ii, S. 424–9.
61 *Alemannia*, XLII, S. 55–8; ROESE, II, S. 521.
62 FAGNIEZ, II, S. 409.
63 FIEDLER, S. 125.

64 Roese, II, S. 528 ff.
65 Roese, II, S. 528 ff.
66 Roese, II, S. 528, 536.
67 Ebenda, S. 539 ff.; Avenel, VI, S. 408–10.
68 *Alemannia,* 1915, S. 190. »Mors praecox et immatura, statuente sic aliud Jehova, festinantem et in media victoriarum via currentem pedem sistere jussit et conatibus ejus ulterioribus finem imposuit.«
69 Avenel, VI, S. 462.
70 Ebenda, S. 304.
71 *Brefvexling,* II, ii, S. 655.
72 Droysen, *Bernhard von Weimar,* Leipzig 1885, II, S. 572.
73 Roese, II, S. 554–6.
74 *Brefvexling,* II, ii, S. 649, 660; Avenel, VI, S. 601.
75 Siehe Gonzenbach, *General von Erlach,* Bern 1880, I, S. 203 f.
76 Siehe Gonzenbach, I, S. 236 f.

## DER ZUSAMMENBRUCH SPANIENS 1639–1643

1 Lonchay und Cuvelier, III, S. 298.
2 Canovas del Castillo, *Bosquejo Historico,* S. 225 ff.; *Decadencia de España,* Madrid 1910, S. 232–3; E. J. Hamilton, S. 84, 86.
3 Canovas del Castillo, *Estudios del Reinado de Felipe IV,* I, S. 414–15.
4 *Relazioni dagli Ambasciatori. Spagna,* II, S. 11, 107; Canovas del Castillo, *Decadencia de España,* S. 234 ff.
5 Abreu y Bertodano, V, S. 570.
6 Avenel, Zusatzband, S. 653.
7 *Sverges Tractater,* V, ii, S. 486–500.
8 Vassal-Reig, *Richelieu et la Catalogne,* S. 220–30.
9 Abreu y Bertodano, V, S. 313.
10 Lonchay und Cuvelier, III, S. 392.
11 Ebenda, S. 392 ff.
12 Ebenda, S. 451–3.
13 *Relazioni dagli Ambasciatori. Spagna,* II, S. 114.
14 Londorp, IV, S. 905–11.
15 G. H. Bougeant, *Histoire des guerres et des négociations qui précédèrent le Traité de Westphalie,* Paris 1767, S. 31 f., 94–104, 116.
16 Dudik, *Die Schweden in Böhmen und Mähren,* Wien 1879, S. 13 f.
17 Koch, *Geschichte Ferdinands III.,* Wien 1865, I, S. 179–80.
18 Poyntz, S. 127.
19 Poyntz, S. 128.
20 Brockhaus, *Der Kurfürstentag zu Nürnberg,* Leipzig 1883, S. 99, 126–7.

21 LONDORP, a.a.O., V, S. 863–6.
22 Ebenda, S. 935.
23 Ebenda, S. 954.
24 Ebenda, S. 1099–112.
25 Ebenda, S. 1116–18.
26 Ebenda, V, S. 35–6.
27 FIEDLER, S. 273.
28 SCOTT, *Rupert, Prince Palatine,* S. 45.
29 *Dispacci Ridolfi,* Regensburg 1871, S. 279.
30 KOCH, I, S. 256; *Dispacci Ridolfi,* S. 279.
31 *Urkunden und Aktenstücke zur Geschichte Friedrich Wilhelms,* Berlin 1864, I, S. 728–32.
32 *Urkunden und Aktenstücke,* I, S. 744.
33 Siehe seine eigene, dem Prinzen von Oranien 1646 gegebene Skizzierung seiner Methoden. GROEN VAN PRINSTERER, II, iv, S. 172.
34 PUFENDORF, *De Rebus Gestis Friderici Wilhelmi,* Leipzig 1733, XIX, S. 102.
35 *Urkunden und Aktenstücke,* XV, S. 259, 322–3; X, S. 61.
36 PHILIPPSON, *Der Große Kurfürst Friedrich Wilhelm von Brandenburg,* Berlin 1897, I, S. 29.
37 Ebenda, S. 28; STRECKFUSS, S. 223.
38 MEINARDUS, *Protokolle und Relationen des Geheimenrates,* Leipzig 1889, I, S. 45.
39 *Urkunden und Aktenstücke,* XXIII, S. 1–8; I, S. 382–3; XV, S. 388–9, 398–434.
40 Ebenda, XV, S. 713–24, 522 ff.; XXIII, I, S. 9.
41 *Sverges Traktater,* V, ii, S. 475–83.
42 *Urkunden und Aktenstücke,* XXIII, i, S. 11.
43 *Urkunden und Aktenstücke,* XXIII, i, S. 535, 550.
44 *Urkunden und Aktenstücke,* I, S. 775.
45 Ebenda, S. 775–6.
46 LONDORP, V, S. 734–5.
47 *Urkunden und Aktenstücke,* I, S. 488. Der Text bei LÜNIG, III, ii, S. 129–33.
48 LE CLERC, *Négotiations Secrètes,* Den Haag 1725, I, S. 128 f.
49 BOUGEANT, II, S. 209–12; LONDORP, V, S. 761, 768–9.
50 LE CLERC, I, S. 113–52.
51 LONDORP, V, S. 762–8.
52 Ebenda, S. 1067; BOUGEANT, II, S. 304–5.
53 *Urkunden und Aktenstücke,* XXIII, i, S. 17 ff.
54 *Brefvexling,* II, vi, S. 349.
55 Ebenda, S. 529.
56 Ebenda, S. 840.
57 Ebenda, S. 538.
58 Ebenda, S. 530.
59 AITZEMA, II, S. 830.

60 *Brefvexling*, VI, S. 634.
61 Ebenda, S. 625.
62 BOUGEANT, a.a.O., S. 66–7.
63 LONDORP, a.a.O., IV, S. 237–9 f.
64 NOAILLES, *Épisodes de la Guerre de Trente Ans*, III, S. 147.
65 M. SCHILLING, *Zur Geschichte der Stadt Zwickau, 1639–40. Neues Archiv für sächsische Geschichte*, IX, S. 291, 298–9.
66 BOUGEANT, II, S. 132–3.
67 *Brefvexling*, II, vi, S. 802.
68 *Calendar of State Papers. Domestic*, 1640–1, S. 469.
69 NOAILLES, III, S. 180–2.
70 *Urkunden und Aktenstücke*, I, S. 537–41.
71 *Brefvexling*, II, viii, S. 348.
72 Ebenda, S. 570–2.
73 Ebenda, S. 352; PUFENDORF, XIII, S. 37, 52.
74 CHEMNITZ, IV, S. 92–104; PUFENDORF, XIII, S. 52–5.
75 LORENTZEN, S. 76; MEIERN, *Acta Pacis Executionis*, Hannover 1736, I, S. 19.
76 *Brefvexling*, II, viii, S. 369, 376.
77 *Chronik des Minoriten-Guardians in Olmütz*. Archiv für österreichische Geschichte, LXV, S. 481.
78 Ebenda, S. 472, 482; LXV, S. 322, 348.
79 Ebenda, S. 334.
80 Ebenda, S. 328–31, 337–8.
81 CHEMNITZ, IV, ii, S. 139, 142; *Brefvexling*, II, Viii, S. 376–8. Die Schlacht ist bei TINGSTEN, *Johan Baner och Lennart Torstensson*, S. 213–20, kritisch beschrieben, wo auch ein ausgezeichneter Plan zu finden ist.
82 CHEMNITZ, IV, ii, S. 153.
83 HEILMANN, *Die Feldzüge der Bayern*, Leipzig 1851, S. 4–6.
84 LONDORP, V, S. 821–2.
85 MEIERN, *Acta Pacis Westphalicae*, Hannover 1734, I, S. 11–12.
86 LONCHAY und CUVELIER, III, S. 456.
87 LONCHAY und CUVELIER, III, S. 459.
88 *Relazioni dagli Ambasciatori. Spagna*, II, S. 112, 113.
89 LONCHAY und CUVELIER, III, S. 488.
90 HANOTOUX und LE DUC DE LA FORCE, *Revue des Deux Mondes*, April 1935, S. 612.
91 HANOTOUX und LE DUC DE LA FORCE, *Revue des Deux Mondes*, März 1935, S. 73 f.
92 NOAILLES, I, S. 567–71.
93 Ebenda, a.a.O.; siehe HANAUER, S. 190–1, 193, 263 f.
94 AVENEL, V, S. 277.
95 Ebenda, VII, S. 866–7.
96 *Un récit inédit de la mort du Cardinal de Richelieu. Revue Historique*, LV, S. 304–8; AVENEL, VI, S. 507–8, 696, 704.

97 M. L. CIMBER, *Archives Curieuses de l'histoire de France*, Paris 1834, II, v, S. 427–39.

98 Ebenda, S. 436.

99 DE BESSÉ, *Relation des campagnes de Rocroy et de Fribourg*, Paris 1673, S. 283.

100 Ebenda, S. 284–6.

101 Der Bericht über die Schlacht ist entnommen aus: H. DE BESSÉ, *Relation des campagnes de Rocroy et de Fribourg*, S. 287–305; CANOVAS DEL CASTILLO, *Estudios del Reinado de Felipe IV*, ii, S. 449–83. Siehe auch RODRIGUEZ VILLA, *El Duque de Albuquerque en la Batalla de Rocroy*, und LE DUC D'AUMALE, *La Première campagne de Condé. Revue des Deux Mondes.* April 1883, S. 733 ff.

## DEM FRIEDEN ZU
### 1643–1648

1 *Urkunden und Aktenstücke*, I, S. 832–3.

2 MEIERN, *Acta Pacis*, I, S. 11–12.

3 LONDORP, V, S. 905 f.

4 Ebenda, S. 912–13.

5 MEIERN, *Acta Pacis*, I, S. 223–8.

6 STÖCKERT, *Die Reichsstände und der Friedenskongreß*, Kiel 1869, S. 23.

7 LONDORP, V, S. 831–3.

8 KOCH, I, S. 469 f.

9 FIEDLER, S. 283.

10 DENGEL, *Kardinal Rossettis Wanderung. Forschungen und Mitteilungen zur Geschichte Tyrols und Vorarlbergs*, I, S. 267.

11 ELSTER, *Piccolomini-Studien*, S. 101 ff.

12 CHÉRUEL, S. 475–9; HEILMANN, S. 91; CHEMNITZ, IV, iii, S. 185–6.

13 HEILMANN, S. 97 f., 122–5.

14 Ebenda, S. 138–55; BESSÉ, *Relation de Rocroy et de Fribourg*, S. 356–7, 365 f.

15 *Hugo Grotii Bref till Svenska Konungahuset. Historiska Handlingar. Ny följd*, XIII, ii, S. 6.

16 CHÉRUEL, I, S. 40–1.

17 MAZARIN, *Lettres à la Reine*, ed. Ravenel, Paris 1886, S. 31, 338.

18 Siehe FEDERN, *Mazarin*, S. 90–2.

19 PRINSTERER, II, iv, S. 272.

20 HUYGENS, *Mémoires*, S. 90.

21 PRINSTERER, IV, S. 159.

22 GEEST, *Amalia van Solms en de Nederlandsche politiek*, Baarn 1909, S. 21.

23 DOHNA, *Mémoires*, Königsberg 1898, S. 31.

24 Aitzema, II, S. 417.
25 Waddington, *La République des Provinces Unies*, S. 383–5.
26 Le Clerc, S. 193.
27 Chéruel, S. 656, 690.
28 *Relazioni Veneziane*. Roma, II, S. 69–70, 88–9; Coville, *Mazarin et Innocent X*, S. 30.
29 Brosch, *Geschichte des Kirchenstaates*, Gotha 1880, I, S. 410.
30 Bougeant, III, S. 107–8.
31 Siehe Coville, *Mazarin et Innocent X*, wo ein vollständiger Bericht über die Schwierigkeiten gegeben wird.
32 Ogier, *Journal du Congrès de Munster*, Paris 1893, S. 51.
33 Prestage, *Diplomatic Relations of Portugal to France, England and Holland*, Watford 1925, S. 17.
34 Fiedler, S. 301–2; Meiern, *Acta Pacis*, S. 195–7.
35 Meiern, *Acta Pacis*, I, S. 88–116, 175; Bougeant, III, S. 119–26.
36 Gärtner, *Westphälische Friedenscanzlei*, Leipzig 1731, II, S. 337–9.
37 Chemnitz, III, iv, S. 167–8.
38 Chanut, *Mémoires*, Paris 1675, I, S. 28.
39 *Urkunden und Aktenstücke*, XXIII, I, S. 67.
40 *Brefvexling*, II, viii, S. 408.
41 *Chronik des Minoriten-Guardians*, S. 466, 469.
42 Einert, S. 35.
43 *Brefvexling*, S. 630.
44 Le Clerc, II, S. 22.
45 Ebenda, S. 22, 25.
46 Meiern, *Acta Pacis*, I, S. 393.
47 Ebenda, S. 363–8.
48 Bougeant, II, S. 411.
49 Meiern, *Acta Pacis*, I, S. 382; Le Clerc, II, S. 123.
50 Gärtner, V, S. 5.
51 Bougeant, III, S. 256.
52 Meiern, *Acta Pacis*, I, S. 424, 495–6.
53 Fiedler, S. 315.
54 Bougeant, II, S. 416.
55 Prestage, *Diplomatic Relations*, S. 18.
56 Bougeant, III, S. 247.
57 Le Clerc, II, S. 4.
58 Ogier, S. 88.
59 Chéruel, II, S. 306–7; Le Clerc, III, S. 136–7.
60 Le Clerc, I, S. 102.
61 Fiedler, S. 300; *Correspondencia diplomatica de los plenipotenciarios Españoles en el congreso de Munster*, 1643–1648, Madrid 1884, II, S. 344.
62 Bougeant, IV, S. 61–2.
63 Fiedler, S. 310–11.

64 Fiedler, S. 394; Chanut, I, S. 26, 28, 83.
65 Fiedler, S. 334; Wicquefort, *L'Ambassadeur*, Haag 1681, S. 208.
66 Ebenda, S. 296–7; siehe auch Truchis de Varenne, *Un diplomate Franc-Comtois*, Dôle 1932.
67 F. de Dohna, *Mémoires*, S. 35.
68 Le Clerc, III, S. 96.
69 Bougeant, III, S. 25–6.
70 Meiern, *Acta Pacis*, II, S. 75.
71 Chéruel, II, S. 122–3.
72 Ebenda, S. 754; Fiedler, S. 327.
73 Siehe H. Egloffstein, *Bayerns Friedenspolitik*, Leipzig 1878, S. 43 u. a.
74 Paul Gantzer, *Torstenssons Einfall und Feldzug in Böhmen 1645. Mitteilungen des Vereins für die Geschichte der Deutschen in Böhmen*, XLIII, S. 3.
75 Tingsten, *Johan Baner och Lennart Torstensson*, S. 267–279; siehe auch den ausgezeichneten Plan in diesem Werk.
76 Chemnitz, II, v, S. 40–3; *Brefvexling*, II, viii, S. 446–8.
77 Ebenda, S. 44.
78 Chemnitz, II, v, S. 45.
79 Ebenda, S. 50.
80 Ebenda, S. 101.
81 *Brefvexling*, II, viii, S. 637.
82 D'Elvert, *Die Schweden vor Brünn*, S. 51–75.
83 Meiern, *Acta Pacis*, I, S. 389 f.
84 Heilmann, S. 200–2, 203–8.
85 Chemnitz, II, v, S. 118–21.
86 Heilmann, S. 270; Chemnitz, II, v, S. 186–9.
87 Riezler, *Die Schlacht bei Allerheim. Sitzungsberichte der Kgl. Bayrischen Akademie der Wissenschaften*, 1901; Heilmann, S. 270–90.
88 Londorp, V, S. 1031; siehe auch K. G. Helbig, *Die sächsisch-schwedischen Verhandlungen zu Kötzschenbroda und Eilenburg 1645 und 1646. Archiv für sächsische Geschichte*, V, S. 269–79.
89 Ogier, S. 140.
90 Fiedler, S. 314–15; Ogier, a.a.O., S. 125–9.
91 Le Clerc, a.a.O., S. 376–7.
92 *Correspondencia diplomatica*, I, S. 211; Fiedler, S. 318.
93 Le Clerc, I, S. 468.
94 Le Clerc, II, b. S. 242.
95 Le Clerc, III, S. 18.
96 *Urkunden und Aktenstücke*, XXIII, i. S. 86; K. Jacob, *Die Erwerbung des Elsaß durch Frankreich*, Straßburg 1897, S. 316–18.
97 Cortreius, *Corpus juris publici*.
98 Chéruel, II, S. 104, 147–9.
99 Cortreius, IV, S. 167–8, 174.

100 MEIERN, *Acta Pacis*, III, S. 5–7.
101 Ebenda, S. 3, 22–3; GÄRTNER, IX, S. 126–7.
102 LE CLERC, III, S. 171.
103 MEIERN, *Acta Pacis*, III, S. 24–6; *Correspondencia diplomatica*, I, S. 302, 305, 318, 319.
104 Ebenda, S. 29.
105 Siehe *Urkunden und Aktenstücke*, XXIII, i, S. 81–9; iv, S. 443, 463.
106 *Urkunden und Aktenstücke*, IV, S. 220 f.; MEIERN, *Acta Pacis*, III, S. 752 f.; *Urkunden und Aktenstücke*, XXIII, i, S. 101.
107 *Urkunden und Aktenstücke*, XXIII, iv, S. 245.
108 *Baltische Studien*, IV, v, *des öfteren;* MEIERN, *Acta Pacis*, II, S. 231–2; Buch XXIV u. XXVI; siehe auch G. BREUCKER, *Die Abtretung Vorpommerns an Schweden*, Halle 1879.
109 LE CLERC, III, S. 102, 161.
110 VAST, *Les Grands Traités du règne de Louis XIV*, Paris 1886, S. 7.
111 Siehe B. AUERBACH, *La France et la Sainte Empire Germanique*, Paris 1912, S. 7–36.
112 *Quellen und Forschungen aus italienischen Archiven*, IV, S. 245.
113 MEIERN, *Acta Pacis*, III, S. 587–9.
114 LE CLERC, III, S. 249, 255.
115 *Die Schicksale Heidelbergs*, S. 236.
116 *Sverges Traktater*, VI, i, 209–14.
117 MEIERN, *Acta Pacis*, V, S. 849–50, 854, 877–83.
118 Ebenda, II, Buch xv.
119 Ebenda, V, S. 718–23.
120 MEIERN, *Acta Pacis*, II, S. 8–11. Okt., 45 Dok.
121 W. FRIEDENSBURG, *Regesten zur deutschen Geschichte aus der Zeit des Pontifikats Innocenz' X. Quellen und Forschungen aus italienischen Archiven*, IV, S. 251, 254.
122 CHEMNITZ, II, iii, S. 29, 79; IV, S. 166.
123 Ebenda, II, vi, S. 200.
124 CHÉRUEL, III, S. 2; *Detlev Ahlefeldts Memoiren*, hsg. von L. Bobé, Kopenhagen 1896, S. 54–5.
125 LE CLERC, III, S. 189–90, 345, 348.
126 CZERNY, S. 91, 95.
127 LUNDORP, VI, S. 186–91; *Brefvexling*, II, viii, S. 728.
128 *Relazioni dagli Ambasciatori, Spagna*, II, S. 128, 131, 141.
129 ABREU Y BERTODANO, VII, S. 97 f.
130 LONCHAY und CUVELIER, III, S. 615; *Correspondencia Diplomatica*, I, S. 65–6.
131 LE CLERC, III, S. 14, 21; *Correspondencia Diplomatica*, I, S. 281, 285–6.
132 LE CLERC, III, S. 49, 83.
133 Ebenda, S. 373.
134 Ebenda, S. 387; IV, S. 86 f.

135 Chanut, I, S. 25.
136 Abreu y Bertodano, VII, S. 111.
137 Lonchay und Cuvelier, III, S. 625–6, 629.
138 Chéruel, a.a.O., II, S. 419, 431, 439.
139 Chemnitz, IV, iv, S. 34; Chéruel, I, S. 710; Gonzenbach, II, S. 45.
140 Heinrich Altmann, *Turenne und Reinhold von Rosen. Historische Zeitschrift*, XXXVI, S. 368–409; Walther, *Straßburger Chronik*, S. 40; Gonzenbach, II, S. 66–71.
141 *Brefvexling*, II, viii, S. 736–7.
142 Chéruel, III, S. 63–5.
143 Riezler, *Die Meuterei Johanns von Werth. Historische Zeitschrift*, LXXXII, S. 40 ff.; Pufendorf XIX, S. 34.
144 Ogier, S. 192.
145 W. Hofmann, *Peter Melander Reichsgraf zu Holzappel*, München 1882.
146 Aitzema, III, S. 259 ff.
147 Siehe Chéruel, II, S. 359–64.
148 Siehe Chéruel, II, S. 536–45, 568–71; III, S. 63–5, 103.
149 Ebenda, S. 119.
150 Chéruel, III, S. 142.
151 Steckzén, *Arriärgardesstriden vid Zusmarshausen. Historisk Tidskrift*, 1921, S. 136.
152 Dudik, *Die Schweden in Böhmen*, Wien 1879, S. 397.
153 Chéruel, III, S. 191.
154 Es gibt mehrere solcher Bilder, ein besonders gutes im Kunsthistorischen Museum zu Wien.
155 Chéruel, III, S. 181, 198–9; Canovas, *Estudios*, S. 488–98.
156 Am 2. November vereinbarte man einen Waffenstillstand, und am 9. November wurde die Nachricht vom Frieden bestätigt; Dudik, *Die Schweden in Böhmen*, S. 342; Pufendorf, XX, S. 65.

## DER FRIEDE – UND NACHHER

1 Bothe, *Geschichte Frankfurts*, S. 451.
2 *Chronik des Minoriten-Guardians*, S. 600.
3 Psalm 104, 7–9 (Luthers Übersetzung).
4 Chéruel, III, S. 227.
5 Koch, II, S. 520.
6 B. Erdmannsdörffer, *Deutsche Geschichte*, Berlin 1892, S. 5–6; Lorentzen, S. 179–81, 189.
7 B. Erdmannsdörffer, *Deutsche Geschichte*, Berlin 1892, S. 5–6; Lorentzen, S. 179–81, 189.
8 Ebenda, S. 155.

9 WALTHER, S. 41.
10 MEIERN, *Acta Executionis*, II, S. 686 f.
11 LORENTZEN, S. 179–81, 189.
12 MEIERN, *Acta Executionis*, ii.
13 RIEZLER, *Geschichte*, V, S. 660; LORENTZEN, S. 207.
14 LORENTZEN, S. 204.
15 LORENTZEN, S. 188–9.
16 RIEZLER, *Geschichte*, V, S. 658.
17 MEIERN, *Acta Executionis*, II, S. 444–6.
18 FREYTAG, *Bilder aus der deutschen Vergangenheit*, Leipzig 1859, II, S. 202.
19 L. HÄUSSER, *Geschichte der rheinischen Pfalz*, Heidelberg 1856, II, S. 583.
20 DUDIK, *Die Schweden in Böhmen*, S. 377.
21 WUTTKE, *Gesindeordnung und Gesindezwangsdienst*, Leipzig 1893, S. 62, 69–70.
22 ELSAS, S. 22–5.
23 ELSAS, S. 34–5, 41–2, 48–9, 54.
24 DUDIK, *Die Schweden in Böhmen*, S. 37.
25 MEIERN, *Acta Pacis*, V, S. 774; INAMA-STERNEGG, *Die volkswirtschaftlichen Folgen des dreißigjährigen Krieges. Historisches Taschenbuch. Vierte Folge*, V, S. 16; SPIELMANN, *Geschichte von Nassau*, Wiesbaden 1910, I, S. 86; BRÜCKNER, *Beitrag zur Statistik und Geschichte des dreißigjährigen Krieges. Zeitschrift für deutsche Kulturgeschichte*, 1857, S. 212–13; HÄUSSER, *Geschichte der rheinischen Pfalz*, II, S. 583.
26 REUSS, *L'Alsace au XVII$^{e}$ siècle*, S. 110–12; HEINEMANN, *Geschichte von Braunschweig*, Gotha 1892, III, S. 100 f.; HAENDKE, *Deutsche Kulturgeschichte im Zeitalter des dreißigjährigen Krieges*, Leipzig 1906, S. 186; HANAUER, S. 397; D'ELVERT, IV, S. XXIX, CCLXXVI.
27 HEINEMANN, S. 100 f.
28 ELSAS, S. 79.
29 WUTTKE, *Gesindeordnung*, S. 65.
30 KÜRSCHNER, *Geschichte Marburgs*, S. 135–6, 149, 150, 151, 166.
31 KAPHAHN, *Die wirtschaftlichen Folgen des dreißigjährigen Krieges*, Gotha 1911, S. 37, 45.
32 HAGEDORN, *Ostfrieslands Handel und Schiffahrt*, Berlin 1912, S. 504.
33 INAMA-STERNEGG, S. 11.
34 KROKER, *Handelsgeschichte der Stadt Leipzig*, Leipzig 1925.
35 Ebenda, S. 128.
36 ELSAS, S. 79.
37 B. HAGEDORN, Ostfrieslands Handel und Schiffahrt, S. 510.
38 AUBÉRY DU MAURIER, *Mémoires de Hambourg*, S. 28 f.
39 MÜLLER, *Dresden im dreißigjährigen Kriege. Neues Archiv für sächsische Geschichte*, XXXVI, S. 248.
40 KAPHAHN, S. 56–7.
41 WUTTKE, *Gesindeordnung*, S. 66.

42 Wuttke, *Gesindeordnung*, S. 63, 64; Kroker, S. 129, 130.

43 Einert, S. 52.

44 Wagner.

45 Ehrenberg, *Aus dem dreißigjährigen Kriege (Altona unter schauenburgischer Herrschaft)*, V, Altona 1892, S. 33.

46 Kaphahn, S. 98.

47 Elsas, S. 78.

48 Hoeniger, *Der dreißigjährige Krieg und die deutsche Kultur. Preußische Jahrbücher*, CXXXVIII, S. 421, 425–6. Er mißt dem Krieg keine große Bedeutung bei. Nach seiner Meinung hatte er die ausgezeichnete Wirkung, ein Geschlecht von Soldaten heranzuziehen.

49 Wuttke, S. 68.

50 Wuttke, S. 72, 77.

51 Delbrück, S. 20.

52 Hebbe, *Svenskarna i Böhmen*. Stockholm 1932, S. 135–50.

53 Gebauer, *Deutsche Kulturgeschichte*, S. 111.

54 Siehe Sittewald, *Visiones de Don Quevedo*, 2. Teil; K. Bidermann, *Der dreißigjährige Krieg und seine Wirkungen auf die gesellschaftlichen und die sittlichen Zustände Deutschlands. Zeitschrift für deutsche Kulturgeschichte*, 1856, S. 165.

55 Es darf nicht übersehen werden, daß im Frieden von Münster die Schelde für den Verkehr gesperrt wurde, weshalb der gesamte Rheinhandel nun durch die holländischen Häfen gehen mußte.

56 Chanut, S. 367.

# TABELLE ZU DEN HEIRATEN DER HABSBURGER-DYNASTIE

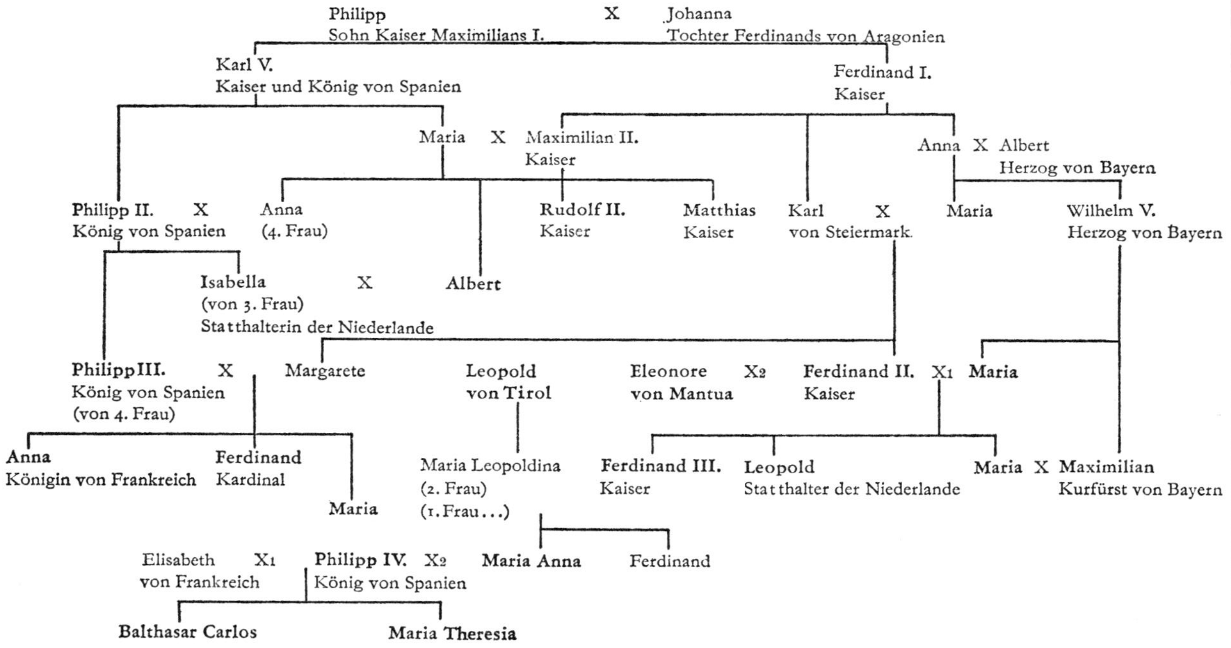


*Personen, die im Zusammenhang mit dem Krieg erwähnt werden, sind fett gesetzt*

# TABELLE ZU DEN VERBINDUNGEN DER FÜHRENDEN PROTESTANTISCHEN DYNASTIEN

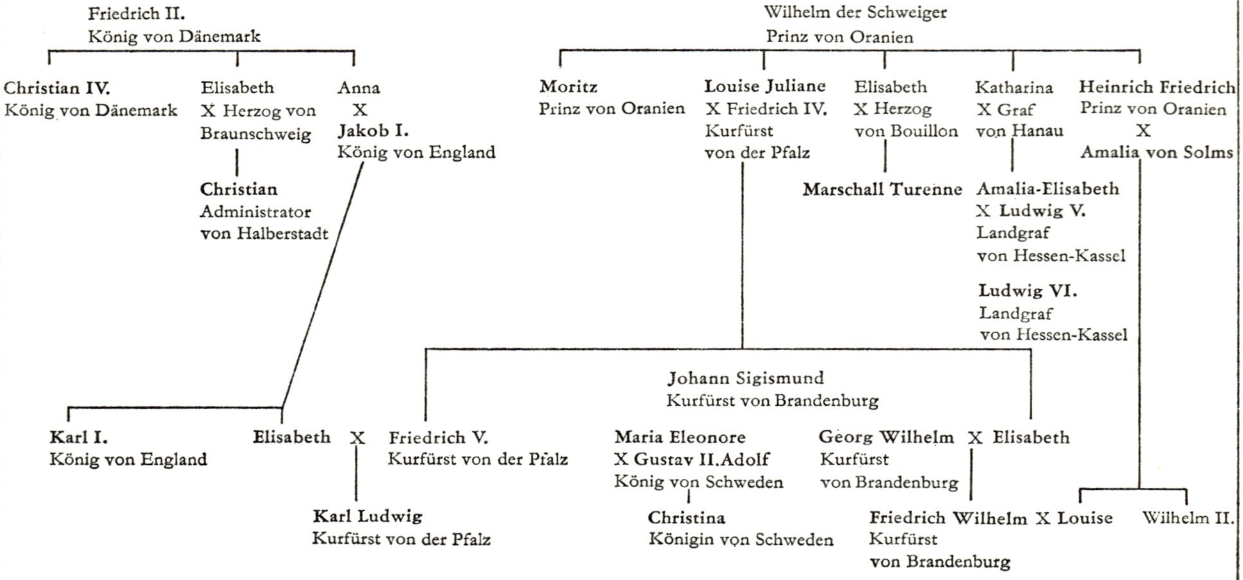


*Personen, die im Zusammenhang mit dem Krieg erwähnt werden, sind fett gesetzt*

# BIBLIOGRAPHISCHE NOTE

Die Geschichte des Dreißigjährigen Krieges von C. V. Wedgwood ist erstmals im Jahre 1938 erschienen. Seitdem ist die historische Forschung nicht stillgestanden. Die wichtigeren wissenschaftlichen Arbeiten zur politischen und militärischen Geschichte des Großen Krieges und seiner Protagonisten, die seit 1938 erschienen sind und meist selbst wieder ausführliche Literaturangaben enthalten, werden im folgenden aufgeführt.

Umfangreiche Literaturverzeichnisse bieten einige zusammenfassende, handbuchartige Darstellungen, in denen auch die wichtigsten Forschungsprobleme diskutiert werden: E. W. ZEEDEN, *Das Zeitalter der Glaubenskämpfe*, in: B. Gebhardt, Handbuch der deutschen Geschichte, 8. Aufl., hrsg. von H. Grundmann, Band II, 1956; E. PRÉCLIN-V.-L. TAPIÉ, *Le XVIIe Siècle*, in: Clio. Introduction aux études historiques, Band VII, 1, 2. Aufl. 1949. Weitere lesenswerte Gesamtdarstellungen unseres Themas sind: G. PAGÈS, *La Guerre de Trente Ans*, Paris 1949; G. MANN, *Der Dreißigjährige Krieg*, in: Propyläen-Weltgeschichte, Band VII, Berlin 1964. Zahlreiche Literaturhinweise auch zur allgemeinen Geschichte der Epoche enthält F. X. SEPPELT – G. SCHWAIGER, *Geschichte der Päpste*, Band V, München 1959.

An größeren Aktenpublikationen sind vor allem die *Briefe und Akten zur Geschichte des Dreißigjährigen Krieges* zu nennen: I. Abt. Band I (1618/20), bearb. von G. FRANZ, München 1966; II. Abt. Band IV (1628/29), bearb. von W. GOETZ, München 1948; II. Abt. Band V (1629/30), bearb. von D. ALBRECHT, München 1964.

Vorgeschichte und erste Jahre des Krieges sind in einer knappen, aber zuverlässigen Darstellung behandelt von H. STURMBERGER, *Aufstand in Böhmen*, München 1959. Vom gleichen Autor stammt eine Biographie des Führers der österreichischen Aufständischen: H. STURMBERGER, *Georg Erasmus Tschernembl. Religion, Libertät, Widerstand*, Graz 1953. Einer der wichtigsten Berater Friedrichs V. von der Pfalz hat inzwischen seine Biographie erhalten: F. H. SCHUBERT, *Ludwig Camerarius*, Kallmünz 1955; hier sind auch viele Hinweise auf die Motive der pfälzischen Politik geboten. Ergänzungen bieten: F. H. SCHUBERT, *Die pfälzische Exilregierung im Dreißigjährigen Krieg*, in: Zeitschrift für die Geschichte des Oberrheins 102 (1954), und A. ERNSTBERGER, *Ludwig Camerarius und L. F. Behaim 1636–1648*, München 1961. Eine Biographie der Pfälzer Kurfürstin ist C. OMAN, *Elizabeth of Bohemia*, London 1938. Die Beziehungen zwischen dem revolutionären Böhmen und England behandelt J. POLISENSKY, *Anglie a Bílá Hora. The Bohemian War and British Policy 1618–1620*, Prag 1949.

Über den Gegenspieler des Winterkönigs und Führer der Katholischen Liga, Kurfürst Maximilian von Bayern, ist erschienen: I. BEZZEL, *Kurfürst Maximilian I. als Reichsfürst 1623–1627*, Phil. Diss. München 1957; D. ALBRECHT, *Die auswärtige Politik Maximilians von Bayern 1618–1635*, Göttingen 1962; K. SCHWEINESBEIN, *Die bayerisch-französischen Beziehungen 1639–1644*, Phil. Diss. München 1964. Manches kulturgeschichtliche Detail bietet K. PFISTER, *Maximilian und sein Jahrhundert*, München 1948.

Die Diskussion über Maximilians Konkurrenten und schließlichen Feind Albrecht von Wallenstein ist immer noch nicht beendet, jedoch scheint sich das (negative) Urteil des monumentalen Werkes von J. PEKAR, *Wallenstein. Tragödie einer Verschwörung*, 2 Bände, Berlin 1937, das von C. V. Wedgwood bereits benützt wurde, durchzusetzen. Die 1920 erstmals erschienene, Wallenstein insgesamt positiv beurteilende Monographie von H. v. SRBIK, *Wallensteins Ende*, kann zwar in der 2. Auflage von 1952 auf die Argumente Pekars eingehen, vermag sie aber nicht zu entkräften. Neue Gesichtspunkte bietet P. SUVANTO, *Wallenstein und seine Anhänger am Wiener Hof z. Zt. des zweiten Generalats 1631–1634*, Helsinki 1963 (mit reichen Literaturangaben). Auch für Wallenstein selbst ist wichtig A. ERNSTBERGER, *Hans de Witte. Finanzmann Wallensteins*, Wiesbaden 1954.

Der Bedeutung von Pekars Wallensteinwerk entspricht die der Biographie Gustav Adolfs von Schweden von M. ROBERTS, *Gustavus Adolphus. A History of Sweden 1611–1632*, 2 Bände, 2. Aufl., London 1962/64. Das Werk verzeichnet alle neuere Literatur; es wird für lange Zeit die umfassendste kritische Biographie des Königs bleiben. Die große, 1888 begonnene Edition der politischen Briefe von Gustav Adolfs Kanzler Oxenstierna: *Rikskansleren Axel Oxenstiernas Skrifter och Brevväxling*, nähert sich mit Band XIII, 1 (1961) ihrem Abschluß. Für die schwedische Politik in der zweiten Kriegshälfte werden die Bände der Acta Pacis Westphalicae (siehe unten) grundlegend werden.

Das wissenschaftliche Interesse für den bedeutendsten Staatsmann des Zeitalters, Kardinal Richelieu, hat zahlreiche Arbeiten hervorgebracht, von denen nur einige wichtigere genannt werden können. Zwei großangelegte Biographien Richelieus sind nunmehr zum Abschluß gelangt: Die 1893 begonnene von G. HANOTOUX und dem DUC DE LA FORCE mit den Bänden V (1944) und VI (1947); die von C. J. BURCKHARDT 1934 begonnene mit dem Band II (1965) und dem Band III (1966); Band IV, der wohl 1967 erscheinen wird, wird Verzeichnisse und Register enthalten. Mehr als durch diese Biographien ist jedoch die Diskussion um das politische Wollen Richelieus gefördert worden durch verschiedene Arbeiten von F. DICKMANN: In dessen Darstellung der Westfälischen Friedensverhandlungen (siehe unten), in einem Aufsatz über Rechtsgedanke und Machtpolitik bei Richelieu, in: Historische Zeitschrift 196 (1963) sowie in der Edition der Instruktion Richelieus für den Westfälischen Friedenskongreß (siehe unten). Das Politische Testament Richelieus wurde 1947 von L. ANDRÉ erstmals in einer kritischen Edition veröffentlicht; über die sich hieran knüpfende Diskussion handeln E. HASSINGER, *Das Politische Testament Richelieus*, in: Historische Zeitschrift 173 (1952) und J. ENGEL, *Zur Frage der Echtheit von Richelieus Testament Politique*, in: Festschrift für G. Kallen, Bonn 1957. Wichtig ist ferner V.-L. TAPIÉ, *La France de Louis XIII et Richelieu*,

Paris 1952, und R. v. ALBERTINI, *Das politische Denken in Frankreich z. Zt. Richelieus*, Marburg 1951.

Alle allgemeinen Probleme der spanischen Politik werden berührt in dem unvollendet gebliebenen Werk von A. v. d. ESSEN, *Le Cardinal-Infant et le politique européenne de l'Espagne 1609–1641*, Band I, Löwen-Brüssel 1944. Die spanisch-kaiserlichen Beziehungen behandelt G. MECENSEFFY, *Habsburger im 17. Jahrhundert. Die Beziehungen der Höfe von Wien und Madrid während des Dreißigjährigen Krieges*, in: Archiv für österreichische Geschichte 121, 1955. Auch in dem Werk von B. CHUDOBA, *Spain and the Empire 1519–1643*, Chicago 1952, nimmt der Dreißigjährige Krieg breiten Raum ein. Die Biographie des leitenden Ministers Olivares durch G. MARANÓN ist 1939 in deutscher Übersetzung erschienen. Über Olivares und Richelieu handelt A. LEMAN, *Richelieu et Olivares. Leurs négociations secrètes de 1636 à 1642 pour le rétablissement de la paix*, Lille 1938. Einen spanischen Diplomaten unserer Epoche, der auch geistesgeschichtliche Bedeutung hat, behandelt M. FRAGA IRIBARNE, *Don Diego de Saavedra y Fajardo y la diplomacia de su epoca*, Madrid 1956.

Mit besonderer Intensität hat sich die Forschung der letzten Jahre der päpstlichen Politik im Dreißigjährigen Krieg zugewandt, die zwischen Habsburg und Bourbon zu lavieren suchte. Grundlegend hierfür ist K. REPGEN, *Die römische Kurie und der Westfälische Friede*, bisher 2 Bände (bis 1644), Tübingen 1962/65, wo auch die weitere Literatur verzeichnet ist. Ergänzend ist zu nennen: A. KRAUS, *Die auswärtige Politik Urbans VIII.*, in: Festschrift für Kardinal Tisserant, Città del Vaticano 1964, sowie A. KRAUS, *Das päpstliche Staatssekretariat unter Urban VIII.*, Freiburg 1964. Über die Brüsseler Nuntiatur des bedeutenden päpstlichen Diplomaten Guidi di Bagno hat B. DE MEESTER, *Correspondance du Nonce G. F. Guidi di Bagno 1621–1627*, 2 Bände, Brüssel-Rom 1937/38 gehandelt; über seine Pariser Nuntiatur wird 1968 eine Monographie von G. LUTZ erscheinen. Der Gegenreformation und katholischen Reform ist die Edition von H. TÜCHLE, *Acta S. C. de Propaganda Fide Germaniam spectantia 1622–1649*, Paderborn 1962, gewidmet. Weitere Literatur verzeichnet die eingangs erwähnte Papstgeschichte von SEPPELT-SCHWAIGER.

Für einige weitere Einzelprobleme sind zu nennen: A. WANDRUSZKA, *Reichspatriotismus und Reichspolitik z. Zt. des Prager Friedens von 1635*, Graz-Köln 1955; H. HAAN, *Der Regensburger Kurfürstentag von 1636*, Münster 1967; H. F. SCHWARZ, *The Imperial Privy Council in the 17th Century*, Cambridge/Mass. 1943; L. HAAS, *Schwedens Politik gegenüber der Schweizer Eidgenossenschaft während des Dreißigjährigen Krieges*, in: Schweizer Beiträge zur allgemeinen Geschichte 9 (1951); H. LAHRKAMP, *Jan van Werth*, Köln 1962.

Ebenso wie die päpstliche Politik ist auch die Geschichte der Westfälischen Friedensverhandlungen in den letzten Jahren in besonderer Weise untersucht und mit mannigfachen Ergebnissen behandelt worden. Unsere Kenntnis dieser Probleme wurde vor allem vermehrt durch das bereits klassische Werk von F. DICKMANN, *Der Westfälische Frieden*, 1959, 2. Aufl. 1965. Daneben ist eine vielbändige Publikation der europäischen Akten zur Geschichte der Friedensverhandlungen im Erscheinen begriffen: *Acta Pacis Westphalicae*, Münster 1962 ff. Bisher sind drei Bände erschienen: Instruktionen Band I (Frankreich, Schweden, Kaiser), 1962; Stadtmünsterische Akten, 1964; Schwedische Korrespondenzen Band I (1643–1645), 1965. Eine 1078 Titel umfassende Bibliographie zur Geschichte des Westfälischen Friedens von H. THIEKÖTTER befindet sich in dem Sammelband *Pax optima rerum*, hrsg. von E. HÖVEL, Münster 1948. Einzelprobleme behandeln K. REPGEN, *Fabio Chigis Instruktion für den Westfälischen Friedenskongreß*, in: Römische Quartalschrift 48 (1953); F. WOLFF, *Corpus Catholicorum und Corpus Evangelicorum auf dem Westfälischen Friedenskongreß*, Münster 1966; *Forschungen und Studien zur Geschichte des Westfälischen Friedens*, Münster 1965.

Über die wirtschaftlichen Folgen und insbesondere die Bevölkerungsverluste, die der Dreißigjährige Krieg nach sich zog, unterrichtet G. FRANZ, *Der Dreißigjährige Krieg und das deutsche Volk*, 3. Aufl., Stuttgart 1961.

Prof. Dr. Dieter Albrecht

# PERSONEN- UND SACHREGISTER


**A**

Alba, Herzog von 125
Albrecht, Erzherzog 24 f., 52, 82, 100, 126
Albuquerque, Herzog von 398 f.
Aldringer, Johann von 183, 258, 276, 305, 307–309, 311, 315, 323, 338
Andreae, Johann Valentin 42
Anhalt, Christian von 49–51, 54, 59, 68, 74, 76 f., 80 f., 85 f., 88, 91, 93, 95–98, 102, 105 f., 109–114, 159
Anhalt, Christian von (Sohn des Vorigen) 112
Anjou, Herzog von 397
Anna, Königin von Frankreich 405 f.
Ansbach, Markgraf von 91
Arminius 43
Arnim, Hans-Georg von 194, 247, 249–251, 256 f., 262, 266, 272, 279 f., 283, 290, 293–296, 298 f., 305 f., 311, 313 f., 323 f., 331, 338 f., 341, 368, 403, 456
Avaux, Claude d' 407 f., 414 f., 424 f.
Aversberg 386
Aytona 347

**B**

Baden-Durlach, Markgraf Georg Friedrich von 131–134, 158
Bärwalde, Vertrag von 242 f., 298
Baner, Marschall 320, 323, 331, 333, 339, 342 f., 347–349, 359, 361–363, 367 f., 381, 387–391, 413
Baner, Elisabeth 389
Barde, De la 424
Bayern, Kurfürst Maximilian I. von 22, 55, 57–61, 76, 81, 84, 89 f., 95, 99, 102, 104, 107–115, 119, 123, 127–129, 138–145, 151, 158–160, 169–171, 173 f., 186 f., 192–194, 197–200, 202, 206–208, 211 f., 220 f., 224 f., 227, 229–231, 233, 236, 242, 254–256, 270 f., 275 f., 278–283, 289, 298, 301, 305 f., 308 f., 316 f., 335, 338, 345 f., 354–356, 375, 380, 382, 394, 403–405, 418–420, 423, 425, 427, 430, 432 f., 435, 441, 453, 455 f.
Beck, Oberst 312 f.
Berlichingen, Götz von 32
Bethlen Gabor, 85 f., 88, 92 f., 97, 109–111, 114, 137, 146, 156, 160, 164, 168 f., 182–185, 283, 421
Borgia, Kardinal 294
Bouillon, Herzog von 49, 89, 91 f., 98, 136
Brandenburg, Prinz Christian Wilhelm von 210, 241, 251
Brandenburg, Kurfürst Friedrich Wilhelm von 272 f., 282, 296, 382–387, 402 f., 412, 418, 422, 425 f., 433, 452 f.
Brandenburg, Kurfürst Georg Wilhelm von 102 f., 137–139, 141–143, 159, 169 f., 172, 178, 190 f., 193 f., 197, 201 f., 209, 216, 219 f., 224 f., 229–231, 245–248, 250 f., 254 f., 257 f., 272, 280, 282, 288, 293 f., 296, 333–335, 341, 346, 356, 363, 382
Brandenburg, Kurfürst Johann Sigismund von 60, 87
Braunschweig, Christian von 130–137, 158–163, 174, 181 f., 185
Braunschweig-Lüneburg, Georg von 357, 377 f., 380, 386
Breisach, Belagerung von 367 f.
Breitenfeld, 1. Schlacht bei 259–265; 2. Schlacht 392 f.
Brézé, Marquis de 271 f.
Brûlart 228, 230
Brun, Antoine 415 f.

Buckingham, Herzog von 164, 189
Bucquoy, General 109–112, 117
Butler, Oberst 313–315

**C**

Cäcilia Renata, Erzherzogin 346
Calderon, Maria 394
Calvin, Johannes 17 f.
Carafa, Kardinal 146, 153, 155 f., 294
Charnacé, Hercule de 272, 295, 300
Chemnitz, Bogislav von 384
Chigi, Fabio 409, 416, 428, 440
Christian IV., König von Dänemark 26, 96, 121 f., 137, 159–161, 163 f., 167, 171, 176–179, 181–185, 189, 191–195, 197, 205 f., 210, 217–220, 222, 234, 272 f., 291, 296, 346, 386, 410 f.
Christine, Königin von Schweden 220, 272 f., 282, 295 f., 334, 363 f., 387, 411, 415, 426, 434, 439, 457
Cinq Mars, Herzog von 396
Collalto, General 183, 220
Comenius, Johann Amos 457
Compiègne, Vertrag von 343
Condé, Prinz von 395, 397
Contarini, Alvise 416
Cordoba, General 128, 132–135, 137

**D**

Dänemark, Prinz Friedrich von 159, 161, 167, 178, 185, 410
Descartes, René 335
Dessauer Brücke, Schlacht an der 182 f.
Devereux, Hauptmann 314 f., 449
Dietrichstein, Kardinal 155
Disraeli 405
Duval 307, 337 f.

**E**

Eggenberg, Ulrich von 53 f., 102, 145, 149, 190, 192, 230, 306, 339, 424
Eleonore, Kaiserin 196
Elisabeth I., Königin von England 150
Enghien, Herzog von 395–401, 404, 422, 436
Erlach, Hans Ludwig von 371 f., 388, 433
Erskine, Alexander 428, 438

**F**

Fadinger, Stefan 187
Falkenberg, Dietrich von 249–252, 337
Ferdinand II., Kaiser 22, 51–56, 59 f., 65–69, 74, 76, 81–105, 109, 114–117, 119–121, 123–125, 127, 129–131, 136, 138–149, 151–164, 167, 169–174, 176, 178–180, 183, 185–187, 189–193, 195–211, 213–218, 220–222, 224–231, 233 f., 240 f., 243–249, 255, 257, 259, 264–269, 271–276, 280, 287 f., 290, 292–294, 299–302, 305–312, 315–318, 331, 333, 335 f., 339–342, 345–347, 354–358, 362, 371, 436, 452, 454 f.
Ferdinand III., Kaiser 22, 196, 199 f., 202, 204 f., 216, 221, 228 f., 269, 273, 276, 295, 301 f., 306, 310 f., 315–319, 323–333, 336 f., 340 f., 346 f., 356–358, 367–369, 375–388, 391–395, 402–405, 409–412, 416–418, 420–427, 429, 431–436, 440, 442, 452–454, 457
Ferdinand, Infant von Spanien 300 f., 306, 315, 318, 323–332, 334, 342, 346 f., 350, 354, 357, 364, 367 f., 374, 376, 394, 398, 436
Feria, Herzog von 307
Feuquières, Marquis de 295, 297 f., 305, 309, 319 f., 322, 324, 331, 341 f., 351 f.
Fontaine, General 399 f.
Frankreich, Prinzessin Henriette von 167, 172
Fürstenberg, Graf von 261
Fugger, Bankhaus 44

## G

Galilei, Galileo 16, 335
Gallas, Matthias 310–313, 315 f., 323, 326, 349 f., 355, 368, 379, 411, 421
Gassion, Marschall 397–400
Götz, General 338, 367 f., 421
Gordon, John 313–315
Grimmelshausen 224
Groensfeld 434 f.
Grotius, Hugo 235
Guébriant, Marschall 370 f., 388–390, 404
Gustav Adolf, König von Schweden 26, 96, 102, 130, 160, 167, 171, 176, 178, 192, 194 f., 197 f., 205, 210, 214, 217–221, 225, 230–232, 234–252, 254–298, 300, 302, 308, 320–322, 336 f., 339, 352, 370, 377, 390, 454, 456, 458

## H

Hamburg, Vertrag von 367
Harrach, Graf 102, 151
Harrach, Isabella von 151
Harvey, William 16, 335
Hatzfeld, General 306, 368, 421
Haug, Bankhaus 44
Hein, Piet 215
Heinrich IV., König von Frankreich 22, 45
Herbersdorf, Graf Adam von 187 f.
Hessen-Darmstadt, Landgraf Georg von 268, 274 f., 290
Hessen-Darmstadt, Landgraf Ludwig von 134, 138, 158
Hessen-Kassel, Landgraf Moritz von 158, 182
Hessen-Kassel, Landgraf Wilhelm von 241, 246, 256, 267 f., 320, 322, 346, 356 f., 377 f., 380
Hessen-Kassel, Landgräfin Amalia Elisabeth von 369, 377 f., 403, 412, 417, 428, 454
Hieronymus von Prag 63
Hobbes, Thomas 335
Höchst, Schlacht bei 135
Hoë von Hoënegg, Matthias 57, 94
Holk, General 282 f., 285–287, 304–307, 310
Holl, Elias 42, 213
Hopital, L', General 397–400
Horn, Marschall 268, 275, 279, 305 f., 311, 320 f., 323–331, 338, 341, 387
Hus, Jan 62 f.

## I

Ilow, Christian 310, 312–314
Innozenz X., Papst 408 f., 421, 427, 429, 457
Isabella, Erzherzogin 24 f., 52, 126, 128, 131 f., 139 f., 142, 169 f., 201, 215 f., 227, 294, 300 f., 319
Isolani, General 333, 449

## J

Jakob I., König von England 47 f., 50, 76, 80, 88, 96, 108, 128, 130 f., 137, 139 f., 159 f., 163 f., 167 f., 170 f., 175, 177, 193
Jankau, Schlacht bei 420 f.
Jenatsch, Jürg 351
Johann IV., König von Portugal 375, 409
Jonson, Ben 12
Joseph, Pater 166, 208, 228, 230, 368
Juan, Don (unehelicher Sohn Philipps IV. von Spanien) 394 f.
Juan d'Austria, Don 346

## K

Karl der Große 30
Karl V., Kaiser 144, 210, 214, 334
Karl I., König von England 99, 130, 164, 167, 172, 204, 341, 372, 407, 427
Karl IX., König von Schweden 387
Kepler, Johannes 16, 150, 335

Khlesl, Kardinal 69, 73 f.
King, General 362 f.
Kinsky, Graf 305, 309, 314
Knuyt, Jan van 416
Köln, Kurfürst von (Ferdinand von Bayern) 61, 85 f., 98, 138, 207 f., 270, 345, 375, 382, 394
Königsmarck, Graf 422, 435
Kolowrat, Graf 154
Kratz 338
Kurtz, Graf 386

**L**

Ladislaus IV., König von Polen 346
Lamormaini, Pater 145, 206, 208, 214, 358
Leimbauer, Martin 362
Lens, Schlacht bei 436
Leopold, Erzherzog (Bruder Kaiser Ferdinands II.) 83, 156, 172, 206
Leopold, Erzherzog (Sohn Kaiser Ferdinands II.) 158, 160, 210–212, 317 f., 379, 388, 392–395, 411, 431 f., 436
Lesley, General 362 f.
Leslie, Major 313
Liechtenstein, Karl von 123–125, 147–149, 153, 173 f.
Liga, Katholische 59 f., 84, 89, 95, 99, 101, 143–145, 171, 193, 212, 231, 271, 331, 345
Liga von Heilbronn 297–299, 319 f., 322–325, 331, 333, 339, 342, 408
Longueville, Herzog von 414 f., 423
Lothringen, Herzog Karl III. von 203, 269 f., 319, 355, 367, 440, 442
Lothringen, Margarete von 270, 319
Loyola, Ignatius von 18, 22
Ludwig XIII., König von Frankreich 9, 23, 74, 80, 96, 98–100, 163–166, 168, 170, 193, 203, 230, 271, 295, 298, 311, 319, 322, 334, 341–343, 349, 351, 355, 369 f., 372 f., 375, 378, 395–397, 405
Ludwig XIV., König von Frankreich 397, 405, 408–410, 426 f., 431
Lübeck, Friede von 219
Lützen, Schlacht bei 284–287
Lützow, Graf 386
Luther, Martin 16–18
Lutter, Schlacht bei 184 f.
Luynes, Herzog von 98, 164, 166

**M**

Magdeburg, Belagerung und Einnahme von 249–254
Mainz, Kurfürst von, Johann Schweikard 60, 86 f., 138, 140, 142, 169–171, 199, 202; Anselm Casimir 221, 267, 393 f.
Mainzer Akkord 120
Manlich, Bankhaus 44
Mansfeld, Ernst von 75, 77–81, 84, 97, 105, 108 f., 113 f., 116–118, 122, 127–129, 132–137, 146, 159–161, 163 f., 173–175, 181–186, 189 f., 193, 195, 321, 338, 353 f., 369, 387
Margarete, Erzherzogin 201
Maria, Infantin von Spanien 204 f., 295, 301, 318, 379, 430
Maria von Medici 269, 319
Maria Anna, Erzherzogin (Tochter Kaiser Ferdinands II.) 346, 356
Maria Anna, Erzherzogin (Tochter Kaiser Ferdinands III.) 431
Maria Leopoldine, Erzherzogin 430
Marie Eleonore Regina, Königin von Schweden 268, 273, 287, 295, 363 f., 410
Martinitz, Jaroslav 69–73
Matthias, Kaiser 48, 52, 61, 64 f., 67–70, 73 f., 76, 81
Mazarin, Kardinal 397, 404–406, 409 f., 414 f., 422, 430–432, 455, 457
Mecklenburg, Herzöge von 185, 191, 195, 198, 241, 246, 248, 268

Melander, Peter 389, 433–435, 449
Melo, Francisco de 394 f., 397–400
Mercy, Franz von 404 f., 421 f.
Mergentheim, Schlacht bei 422
Mitzlaff, General 195
Montecuculi, General 435, 449
Morgan, Oberst 181
Mortaigne, General 337, 390, 445

**N**

Nassau, Graf Johann von 416
Nepomuk, Johann von 154
Neuburg, Herzog von 141, 227
Nevers, Herzog Karl von 204, 214, 221, 229 f.
Nördlingen, Schlacht bei 326–330

**O**

Olivarez, Graf 126, 128, 169, 171, 176, 219 f., 233 f., 294, 299–301, 347, 374 f., 394, 454
Oñate, Graf 102
Opitz, Martin 42
Oranien, Friedrich Heinrich von 174 f., 181, 203 f., 215, 270, 294, 299 f., 343, 347, 350, 364, 406 f., 426
Oranien, Louise von 426
Oranien, Moritz von 25 f., 77, 88, 97 f., 101, 107 f., 116, 122, 137, 160 f., 170, 174 f., 236
Oranien, Wilhelm von (Wilhelm der Schweiger) 10, 25, 49, 88, 125, 175, 377
Orléans, Gaston von 269 f., 319, 430
Oxenstierna, Axel 237–240, 267, 282–284, 287, 294–299, 320–324, 331, 333–335, 339, 341–343, 345 f., 348, 351, 356 f., 363 f., 367, 373, 377 f., 387 f., 390, 405, 410, 415
Oxenstierna, Johan 415

**P**

Pappenheim, Graf Gottfried Heinrich von 188, 207, 249, 251 f., 259–261, 263, 265, 283–286, 289, 303 f., 310
Pauw, Adrian 416
Peñaranda, Guzman de 415 f., 423, 431, 434
Pfalz, Kurfürstin Elisabeth von der, Königin von Böhmen 47, 51, 85 f., 88, 93, 99, 105–109, 112–114, 116, 122, 130 f., 137, 164, 167, 175, 196, 381
Pfalz, Kurfürst Friedrich V. von der, König von Böhmen 47–51, 54–56, 58, 60, 68, 74–77, 80 f., 84–110, 112–122, 125–127, 129 f., 132–143, 146 f., 159 f., 162–164, 167 f., 170 f., 175, 191, 193, 195–197, 202, 241, 243–246, 255, 268, 274, 291 f., 297, 335, 340, 346, 372, 381, 383, 421, 427, 454 f.
Pfalz, Kurfürst Karl Ludwig von der 297, 341, 346, 357, 368, 371 f., 377, 380 f., 386, 389, 412, 417 f., 425, 427 f., 442
Pfalz, Prinzessin Louisa Hollandina von der 130
Pfalz, Prinz Moritz von der 116
Pfalz, Prinz Rupert von der 93, 303, 335
Pfalz-Zimmern, Philipp Ludwig von 297
Philipp II., König von Spanien 23 f., 51 f., 264, 374
Philipp III., König von Spanien 51 f., 98–100, 102, 125 f., 374
Philipp IV., König von Spanien 22, 126, 139 f., 169 f., 172, 201, 203, 214, 226, 271, 300–302, 306, 319, 343 f., 347, 373 f., 376, 394 f., 409 f., 431
Piccolomini, Octavio 286 f., 310–313, 315 f., 332 f., 368, 388, 392, 404, 435, 439, 441 f., 449
Podiebrad, Georg von 63, 152, 154
Pommern, Herzog Bogislaw von 240 f., 246
Poyntz, Sydnam 380

Prag, Friede von 340 f., 343–347, 376, 382, 384 f.,
Prager Fenstersturz 71 f.

**R**

Rákóczi, Stefan 283
Raleigh, Sir Walter 10
Ramsay, Sir James 337, 349
Ranke, Leopold von 335
Rheinfelden, Schlacht bei 364–366
Richelieu, Kardinal 130, 164–172, 176, 181, 189, 193, 195, 203 f., 208, 214, 219–222, 224, 230 f., 233 f., 236, 242 f., 245, 255, 264, 269–271, 275, 279, 288, 292, 294–296, 298 f., 319, 321, 323 f., 332–336, 341–345, 349–355, 363, 366–373, 375, 377 f., 384, 387 f., 395–397, 405 f., 416, 454
Rocroy, Schlacht bei 398–401
Roe, Sir Thomas 223, 240, 243, 287
Rohan, Herzog von 350 f., 353, 355 f.
Rosen, Reinhold von 433
Rudolf II., Kaiser 64, 67
Ruthven 337, 449

**S**

Sablat, Schlacht bei 84
Sachsen, Kurfürst Johann Georg von 55–57, 59 f., 68, 76 f., 81, 84, 86 f., 94–96, 102–104, 108, 114, 120, 123 f., 137–143, 153, 155, 158 f., 169–171, 178, 191, 198, 202, 206, 209–211, 213, 216, 224–226, 228–231, 233, 243–248, 250, 255–262, 265 f., 272, 274, 277, 279 f., 282–284, 288, 292 f., 295–299, 302 f., 306, 320, 322, 333–335, 339–341, 345, 348, 356, 363, 368, 382, 392, 403, 410, 419 f., 422, 428, 448, 455 f.
Sachsen, Kurfürstin Magdalena Sibylla von 56 f.
Sachsen-Lauenburg, Herzog Franz Albrecht von 116, 310–312, 314, 338
Sachsen-Weimar, Bernhard von 267 f., 275, 283, 285–287, 296, 305 f., 308, 311–314, 320–331, 333 f., 338, 341 f., 349, 351–357, 359, 364–367, 369–373, 387–390, 454
Sachsen-Weimar, Wilhelm von 159, 162, 268, 321, 370
Salvius, Adler 240, 272, 367, 415 f., 429
Savelli, General 365 f.
Savoyen, Herzog Karl Emanuel von 74 f., 77, 80, 84, 88, 96, 159, 172
Savoyen, Herzogin Christina von 375, 386
Schafflitsky 337
Schlick, Graf Andreas von 66–71, 75, 86, 124 f.
Schütz, Heinrich 42, 55
Schultz, Prediger 49 f., 88, 106
Schwarzenberg, Graf 245, 382–384
Schweden, Prinz Karl Gustav von 434, 439–441
Senneterre, Marschall 398–400
Servien, Abel 408, 414 f., 424 f.
Siebenbürgen, Sigismund von 421
Sigismund III., König von Polen 27, 92, 96, 102, 139, 177, 197, 214, 217–220, 346
Sillery, Marquis de 166
Sittewald, Philander von 451
Slavata, Wilhelm 69–73
Solms, Amalia von 175, 406 f.
Spinola, Ambrogio 24, 46 f., 52, 100–102, 107 f., 117, 120, 126, 128, 137, 172, 174 f., 204, 219, 398
Stadtlohn, Schlacht bei 161 f.
Stalhans 338
St. André 338
Stephan der Heilige 214
Stralsund, Belagerung von 205 f., 217

**T**

Taaffe, Pater 313, 315
Tacitus 43
Teniers, David 436
Thurn, Graf Heinrich Matthias von 66–72, 74 f., 77, 82–85, 109, 114, 116, 124, 279 f., 302, 307, 337 f.
Tilly, Graf 107 f., 110–112, 117, 128, 132–135, 137, 140, 143, 146, 160–163, 167, 170–172, 176, 179–182, 184, 189 f., 195, 206 f., 221, 223, 227, 231, 241, 249–263, 265, 275 f., 278, 302, 308, 331
Torstensson, Lennart 362 f., 390–393, 404, 410 f., 413, 420–422, 430
Trautmansdorff, Graf 306, 378, 416 f., 420, 423–425, 429, 432
Trčka, Adam 304 f., 309–314
Trier, Kurfürst von, Lothar von Metternich 60 f., 84, 86, 94, 138; Philipp von Sötern 270, 272, 343, 421
Tromp, Admiral 374
Turenne, Marschall 367, 404 f., 416, 422, 430, 432–435, 439
Tuttlingen, Schlacht bei 404

**U**

Ulm, Vertrag von 99–101, 121
Union, Protestantische 47 f., 50, 59 f., 75–77, 80, 88 f., 94 f., 99–102, 108, 114, 120
Urban VIII., Papst 168 f., 214 f., 219, 224, 243, 264, 268, 270 f., 294, 336, 408 f.

**V**

Valette, Kardinal de la 352
Velasquez 408
Vere, Sir Horace 108, 121, 127 f., 137
Vergil 81
Victoria, Königin von England 406
Volmar, Isaac 416

**W**

Wallenstein, Albrecht von 149–152, 154, 173–175, 179–184, 189–195, 197–203, 205–208, 210–213, 216–221, 223 f., 227, 229–231, 233, 245, 247–249, 251, 256, 258, 264, 266, 269, 272, 275–287, 289–291, 293, 296, 298 f., 301–317, 336–338, 353 f., 368–370, 387 f., 390, 449
Wallenstein, Max von 315
Weißer Berg, Schlacht am Weißen Berge 110–113
Welser, Bankhaus 44
Wenzel IV., tschechischer König 154
Wenzel (Wenzeslaus), Heiliger 62, 106, 152, 154, 214
Werth, Johann von 333, 338, 355, 359, 365 f., 368, 404, 421 f., 430, 432 f., 449
Westfälischer Friede 402–437
Wiederhold, Konrad 338, 393
Wimpfen, Schlacht bei 133 f.
Wittgenstein, Graf 425
Wittstock, Schlacht bei 362 f.
Wrangel, Karl Gustav 390 f., 411, 430, 433–435, 441 f.
Württemberg, Ludwig von 43

**Z**

Ziska 63, 93, 152, 154
Zusmarshausen, Schlacht bei 435